Christa Lindner-Braun
Soziologie des Selbstmords

Christa Lindner-Braun

Soziologie des Selbstmords

Westdeutscher Verlag

Der Westdeutsche Verlag ist ein Unternehmen der Verlagsgruppe Bertelsmann International.

Umschlaggestaltung: Horst Dieter Bürkle, Darmstadt
Druck und buchbinderische Verarbeitung: Weihert-Druck, Darmstadt
Printed in Germany

ISBN 3-531-12088-3

Inhalt

Verzeichnis der Abbildungen

Verzeichnis der Übersichten

Einleitung: Selbstmord als universelles Problem und Stand der Selbstmordforschung

Selbstmord steht als Todesart unter 50 Todesursachen nach internationalen Statistiken an neunter Stelle. Damit bringen sich ungefähr ebenso viele Menschen um, wie Menschen Opfer von Verkehrsunfällen werden. In Zahlen ausgedrückt bedeutet dies, daß sich allein in der Bundesrepublik Deutschland einschließlich West-Berlin 1986 11.599 Menschen das Leben nahmen[1]. Selbstmordversuche sind noch weitaus zahlreicher: Farberow und Shneidman (1961) rechnen mit einem Verhältnis von 8:1, d.h., auf acht Selbstmordversuche mit nicht-tödlichem Ausgang kommt ein tödlich endender Selbstmordversuch[2]. Suizidale Handlungen sind ein universelles Phänomen, d.h., zu allen Zeiten der menschlichen Kulturgeschichte wird über Selbstmorde berichtet. Für die Indianer Südamerikas und Malaien auf Indonesien waren geringste Anlässe – Kränkungen, Ärger – ein Grund, sich das Leben zu nehmen. Bei Negerstämmen in Afrika waren Selbstmorde aus Rache – eine betrogene Ehefrau konnte durch ihren Selbstmord den Ehemann zur Rückzahlung des Brautgeldes zwingen – keine Seltenheit (Amelunxen 1962).

Ebenso läßt sich das Interesse am Selbstmord als einer dem Menschen vorbehaltenen Handlung bis zu den Anfängen menschlicher Kulturgeschichte zurückverfolgen (vgl. Hirzel 1907). Entsprechend zahlreich sind die bekanntgewordenen Abhandlungen über Selbstmord (vgl. Rost 1927). Trotz neuer Publikationsrekorde (vgl. Resnik et al. 1974, McIntosh 1985), aber auch angesichts der Tatsache, daß die Zahl der Selbstmorde für manche Bevölkerungsgruppen im Ansteigen begriffen ist und groß angelegte Kriseninterventionszentren in den USA keinen Rückgang der Selbstmordfälle registrieren können, sind Zweifel am Erkenntnisfortschritt der Selbstmordforschung angebracht[3]. Als wenig hilfreich erweist sich in diesem Zusammenhang die derzeit zu beobachtende Faszination an der ‚suizidalen Vielfalt' (vgl. Améry 1979, Bächler 1980). Heinrich schreibt z.B.:

---

1 Vgl. World health statistics report 27, 1974, 198; Statistisches Jahrbuch 1988, S. 390.

2 Selbsttötungen, Selbstmord- und Suizidhandlungen werden im folgenden synonym gebraucht. Unter suizidalen Handlungen werden sowohl Selbstmordversuche mit tödlich endendem Ausgang als auch nicht tödlich endende Selbstmordversuche verstanden, unter Suizidenten Selbstmörder und unter Suizidversuchern Personen, die ihren Selbstmordversuch überlebt haben. Dispositionen für suizidale Handlungen, die keine hinreichenden und notwendigen Bedingungen darstellen, tragen die Bezeichnung ‚suizidär'.

3 Vgl. zu einem Überblick über vorliegende Selbstmordtheorien und zu ihrer Kritik Lettieri (1978), Akers (1977), Resnik et al. (1974), Braun (1971).

„Ich versuche nach dem Stellenwert von Suizidalität in der biographischen Anamnese zu fragen[4]. Mir scheint die theoretische Frage nach dem Unterschied zwischen Suizid und Suizidversuch (Stengel) weniger bedeutend als eben der Unterschied zwischen der Suizidalität des einen und des anderen. Ich bin mir nämlich nicht mehr so sicher, daß die Entstehung der Suizidalität in einer einheitlichen Theorie zu fassen ist" (Heinrich 1981, S. 3).

Hier werden subjektive Erscheinungsvielfalt und phänomenologisch gewonnene singuläre Aussagen zum methodologischen Prinzip erhoben. Theoretischen Erkenntnisfortschritt läßt diese Strategie jedoch nicht erwarten (vgl. Albert 1970, 1971). Hilfreicher wäre es, Versäumnisse oder Defizite eines Wissensgebietes aufzudecken. Für die Suizidologie sind mehrere solcher Defizite charakteristisch. Erstens geht die empirische Forschung auf gesamtgesellschaftlicher, aber auch auf individueller Ebene nach wie vor nicht über die Erfassung leicht zugänglicher, demographischer Merkmale und ökologisch-deskriptiver Korrelate hinaus. Den wichtigsten soziologischen Theorien fehlt es daher an empirischer Evidenz[5]. Aber auch im klinischen Bereich, in dem die meisten Untersuchungen durchgeführt werden, überwiegen immer noch demographisch-deskriptive Daten[6]. Vor allem aber beschränken sich diese Untersuchungen meistens auf Personen, die ihren Selbstmordversuch überlebt haben. Dieser Personenkreis entstammt jedoch einer besonderen Population. Man muß aus verschiedenen Gründen annehmen, daß tödlich endende und nicht tödlich endende Suizidhandlungen verschiedene soziale Phänomene darstellen. Das zweite Defizit betrifft den Entwicklungsstand der Selbstmordtheorien. So wird z.B. selten versucht, bewährte und informative Aussagen aus Theorien über allgemeines Verhalten auf Suizidverhalten anzuwenden (vgl. Opp 1974, S. 11ff., 75ff.), obwohl dadurch neue Hypothesen über suizidäres Verhalten deduzierbar sind, die gerade für die Auswahl und Interpretation schwer zugänglicher empirischer Daten besonders wertvoll sind.

Welche Anforderungen wären an einen theoretischen Ansatz zur Erklärung von Selbstmord zu stellen?

Erstens muß Selbstmordverhalten theoretisch definiert werden, eine Forderung, die angesichts der in der Suizidologie immer noch vorherrschenden atheore-

---

4 Biographische Ansätze (z.B. Jacobs 1971, 31, 110) bieten hier keinen Ausweg. Sie betonen die Wichtigkeit zurückliegender Ereignisse und das prozeßhafte Geschehen, ohne dabei jedoch zu überprüfbaren Hypothesen zu kommen; vielmehr erfüllen phänomenologisch orientierte deskriptive Aussagen eher heuristische Zwecke, die außerdem kaum neue Erkenntnisse liefern. Z.B. stellt Jacobs vor allem die ‚Wichtigkeit bedeutsamer sozialer Beziehungen' heraus (vgl. Jacobs 1971, 113), ein Ergebnis, zu dem unter anderen Erkenntnissen bereits Durkheim in seiner nicht-biographischen, auf die gesellschaftliche Ebene bezogenen Selbstmordtheorie kam.

5 Vgl. z.B. die bekannten empirischen Untersuchungen von Durkheim (1967), Gibbs und Martin (1964), Henry und Short (1954) und neuerdings Bock und Webber (1972), Wenz (1979), Gibbs (1982b), Maris (1981); zur methodisch-methodologischen Kritik soziologischer Theorien vgl. Braun 1971, 24-71, 108ff. und Teil 2 der Arbeit.

6 Motivsammlungen, aber auch Persönlichkeitsprofile (vgl. z.B. Colson 1973) und Risikoskalen dokumentieren eine empirisch-induktive Vorgehensweise, die aus empirischen und theoretischen Gründen die genannten Defizite nicht beseitigen können (vgl. Braun 1971, 78ff.).

tischen Klassifizierung und Typologisierung von Suizidhandlungen als Theorieersatz verständlich wird. Zweitens liegt es nahe, tödlich endende und nicht tödlich endende Suizidhandlungen ebenso wie andere verwandte Verhaltensphänomene, z.B. Alkoholismus und Drogenabhängigkeit, theoretisch zu unterscheiden. Viele Gründe sprechen dafür, daß ihre unterschiedliche Verbreitung von jeweils unterschiedlichen Bedingungen abhängt (vgl. Abschnitt 2.1.1, S. 29, Anm. 10). Dies gilt auch – drittens – für erste und wiederholte Suizidhandlungen. Von besonderer Problematik ist dabei die Prognose und Bewertung von tödlich endenden Suizidversuchen einerseits und vollendeten Selbstmorden nach vorausgehenden nicht tödlich endenden Selbstmordversuchen andererseits.

Viertens müssen die Hypothesen einer Theorie des Selbstmords im Einklang mit einer Reihe häufig festgestellter empirischer Regelmäßigkeiten stehen, aber auch die Ausnahmen dieser empirischen Beobachtungen erklären können. Eine generelle Selbstmordtheorie müßte z.B. befriedigende Erklärungen für die extrem unterschiedlichen nationalen Selbstmordraten, aber auch für die bereits von Durkheim festgestellte relative Konstanz nationaler Selbstmordraten finden. Ein solcher Ansatz müßte erklären können, warum sich bei wirtschaftlicher Hochkonjunktur die Selbstmordfälle häufen, die Selbstmordraten in Kriegszeiten aber weltweit abnehmen, und warum ganz bestimmte Berufsgruppen, z.B. die Angehörigen (privilegierter) professioneller Berufe, besonders gefährdet sind. Plausible Erklärungen verlangt auch die Tatsache, daß Frauen im Vergleich zu Männern immer noch als relativ immun gegenüber Selbstmord gelten können, während Frauen bei nicht tödlich endenden Selbstmordversuchen überrepräsentiert sind. Da diese empirischen Regelmäßigkeiten in der Suizidologie noch nicht den Status von Gesetzesaussagen haben – im Gegensatz etwa zu dem gesetzesartigen Zusammenhang zwischen Alter und Kriminalität (vgl. Hirschi und Gottfredson 1983) – müssen auch die Ausnahmen empirischer Generalisierungen erklärt werden – Ausnahmen wie die z.B., daß in vielen, aber nicht in allen Gesellschaften die Selbstmordgefahr mit dem Alter zunimmt und Frauen in professionellen Berufen ihre geschlechtsspezifische Selbstmordimmunität verlieren.

Der in dieser Arbeit zu entwickelnde Ansatz versucht, diesen Anforderungen gerecht zu werden. Im folgenden Abschnitt wird die theoretische Grundlage des Ansatzes kurz skizziert und die Fragestellung abgegrenzt.

I. Soziale Motivationstheorie zur Erklärung von Selbstmord- und Selbstmordversuchshandlungen

1. Anwendungs- und Geltungsbereich des Erklärungsansatzes

Zur Erklärung von Selbstmord- und Selbstmordversuchshandlungen auf individueller und gesamtgesellschaftlicher Ebene wurde die Motivationstheorie von Atkinson ausgewählt. Sie hat gegenüber anderen theoretischen Ansätzen[1] eine Reihe von Vorteilen, die insbesondere bei der Erklärung eines sozialen Phänomens, das zwar massenhaft in einer Gesellschaft auftritt, aber gleichzeitig ein relativ seltenes Ereignis ist und deswegen Minderheiten betrifft, bedeutsam werden. Die Tatsache, daß Individuen auf gleichartige Situationen – wie Kriegsereignisse – oder auch auf ähnliche Lebensumstände, die durch das Alter und das Geschlecht vorgegeben sind, ganz unterschiedlich und in der Regel nicht mit Selbstmord reagieren, setzt zur Erklärung dieses Phänomens voraus, daß *subjektive Wahrnehmungen* der Situation in der Theorie berücksichtigt werden.

Die Motivationstheorie von Atkinson, auch Risiko-Wahl-Modell genannt, erklärt individuelles Handeln sowohl über die Wahrnehmung von Reizen als auch vor allem durch die subjektive Wahrnehmung von situativen Reizen, den subjektiv erwarteten Anreizen. Dies setzt *erstens* voraus, daß kognitive Konstrukte die Wahrnehmungsprozesse situativer Anreize repräsentieren. Die Motivationstheorie von Atkinson, die auf Tolman und Lewin aufbaut, enthält ebenso wie die soziale Lerntheorie von Rotter[2] und die Lerntheorie von Hull[3] mediatisierende Konstrukte

1 Atkinson 1964; vgl. auch Braun 1971, S. 142f.; die relative Überlegenheit dieser Theorie wurde hier bereits demonstriert im Zusammenhang mit alternativen Selbstmordtheorien, insbesondere der soziologischen Theorie von Durkheim, und ökologisch-deskriptiven Ansätzen, den psychologischen Theorien, insbesondere den psychoanalytischen Theorien von Menninger und Hendin sowie dem sozialpsychologischen Ansatz von Henry und Short. Die wichtigsten Bedingungen dieser und vor allem neuerer Selbstmordtheorien – z.B. der kognitiven Selbstmordtheorien, die im Bereich der Depressionsforschung entwickelt wurden, und der sozialen Lerntheorie – werden innerhalb des hier zu entwickelnden Ansatzes im Hinblick auf ihren empirischen und theoretischen Stellenwert geprüft.

2 Zu einem Vergleich der sozialen Lerntheorie von Rotter und der Motivationstheorie von Atkinson vgl. Lindner-Braun 1976, S. 279ff., 316f.
Vereinfacht läßt sich in der hier verwendeten Terminologie die Motivationstheorie und die soziale Lerntheorie von Rotter (1954) in der nachfolgenden Variablenskizze gegenüberstellen.

Die Aufspaltung der Motive im Anspruchsniveau, Kausalattribution und Anreizgewichte stammt von dem Motivationstheoretiker Heckhausen, wobei diese ‚Variablen' zum

mit motivational-kognitiven Erklärungsmatrizen. Diese lösten die mechanistischen Stimulus-Response-Theorien, denen auch die als Selbstmordtheorie konzipierte differentielle Assoziationstheorie von Akers zuzuordnen ist, ab. Deren intervenierende Konstrukte sind nicht-kognitiver Art und unterstellen physiologisch-neurologische Prozesse, wie z.B. die Theorien von Thorndike, Watson und Spence (vgl. Bolles 1974; Birch et al. 1974).

Zweitens müssen die kognitiven Konstrukte subjektiv konzeptualisiert sein. Auch dies ist durch die Wert-Erwartungs-Theorie von Atkinson erfüllt, indem Wertintensitäten und ihre Wahrscheinlichkeiten über subjektiv erwartete Anreize repräsentiert werden. Andere soziologische Handlungstheorien, die gleichfalls individuelles Handeln erklären, gehen im Gegensatz dazu von der Gleichartigkeit der Anreizklassen bzw. Präferenzen der Akteure aus und unterstellen insofern objektive Wahrscheinlichkeitskalküle der Akteure (vgl. Frey 1980, S. 24). Dies ist für Handlungstheorien des ökonomischen Ansatzes typisch, soweit sie bisher auf abweichendes Verhalten – Kriminalität und Selbstmord – Anwendung gefunden haben[4].

Der *dritte* Vorzug der Motivationstheorie von Atkinson bei der Erklärung relativ seltener gesellschaftlicher und paradox erscheinender Ereignisse wie Selbstmord liegt darin, daß außer der Wahrnehmung situativer Anreizkonstellationen auch situationsunabhängige Bedingungen, die Motive, enthalten sind. Die Motive, die die subjektive Wertintensität der Anreize und subjektive Erwartungen moderieren, sind zunächst als Persönlichkeitsvariablen aufzufassen, die individuelle Lernerfahrungen repräsentieren. Ihre Konzeptualisierung und auch ihr experimenteller Nachweis durch McClelland und Mitarbeiter, lassen jedoch die Unterschiede zu ad hoc und empiristisch-induktiv gewonnenen Persönlichkeitsvariablen (‚traits') erkennen. Die theoretische Weiterentwicklung der Motivkonzepte beruht auf einer expliziten Formulierung der „situativen Anregungsbedingungen" für Motive.

Als Anschlußtheorien zur Erklärung wahrgenommener situativer Reizkonstel-

---

Teil in den Annahmen des Risiko-Wahl-Modells über Präferenzen einzelner Motivklassen (Anreizgewichtung) und die Präferenzen für den Schwierigkeitsgrad (Anspruchsniveau) sowie in den Annahmen über die Anregungsbedingungen der Motive bereits implizit enthalten sind.

	Anspruchsniveau =	}			
Atkinson	Kausalattribution mit	}	Motive →	erwartete →	Handlungs-
	Anreizgewichtung =	}		Anreize	tendenz
Rotter	Generalisierte	→	erwartete →	Handlungs-	
	Erwartungen		Belohnungen	potential	

Darstellung der theoretischen Konstrukte der Motivationstheorie von Atkinson und der sozialen Lerntheorie von Rotter.

3 Die Lerntheorie vom Hull in ihrer Anwendung auf Persuasionsprozesse durch R.F. Weiss (1968) wird im Unterschied zur Motivationstheorie von Atkinson und deren Anwendung auf Persuasionsprozesse in Lindner-Braun (1976, S. 121ff.) dargestellt und diskutiert.

4 Vgl. Becker (1968), Ehrlich (1973) zu ökonometrischen Kriminalitätstheorien und Hamermesh und Soss (1974) zu einer ökonomischen Selbstmordtheorie (vgl. Abschnitt 2.2.1.2, S. 233).

lationen enthalten sie Kausal- und Moralprinzipien, die Motive in kognitive und affektive Motivkomponenten aufspalten und situationsunabhängige Kausalattributionen und Anspruchsniveausetzungen repräsentieren. Damit lassen sich aber nicht nur biographische Erfahrungen des einzelnen über die Wahrnehmung und Selektion situativer Anreizkonstellationen theoretisch erfassen – ein Hauptanliegen bei der Erklärung abweichender und paradox erscheinender Verhaltensweisen –, es erübrigt sich auch, daß relevante Anreize und ihre Wahrscheinlichkeiten ad hoc eingeführt werden – ein übliches Verfahren in ökonomischen Nutzentheorien –, weil die Parameter und die Ausprägungen erwarteter Anreize eben durch diese Bedingungen erklärt werden können.

Mit diesen Argumenten zugunsten der hier ausgewählten Erklärungsgrundlage – der Motivationstheorie von Atkinson und motivationstheoretischer Fortentwicklungen – ist gleichzeitig das Programm der vorliegenden Arbeit zur Erklärung von Selbstmord und Selbstmordversuchshandlungen festgelegt.

Im ersten Teil der Arbeit wird der Erklärungsansatz entwickelt. Er bildet auf der Seite der unabhängigen Variablen vier Erklärungsstufen ab. Die ersten drei Erklärungsstufen enthalten Bedingungen über Selbstmord- und Selbstmordversuchshandlungen – *das Ergebnis- und das Handlungsmodell* – und Bedingungen für Handlungstendenzen zum Selbstmord bzw. Selbstmordversuch – das *Instrumentalitätsmodell*. Dabei läßt sich auch die Frage beantworten, unter welchen Bedingungen nach dem Erklärungsansatz das suizidale Verhalten nicht nur erstmalig auftritt, sondern unter welchen Bedingungen mit der Wiederholung eines Selbstmordversuchs zu rechnen ist. Die vierte Erklärungsstufe *(das Motivationsmodell)* enthält Bedingungen aus Hypothesen einer Anschlußtheorie zur Erklärung der Voraussetzungen für suizidale Handlungen; diese Bedingungen repräsentieren situationsunabhängige Kausal- und Moralprinzipien, die die Entstehung spezifischer und nicht mehrheitlich zu erwartender Wahrnehmungen situativer Anreizkonstellationen erklären sollen. Daran schließt sich der Versuch an, diesen Entstehungsprozeß im Zeitablauf aufzuzeigen. Es handelt sich dabei um eine Dynamisierung der Motivationsprozesse zur Beschreibung suizidaler Karrieren.

Im zweiten Teil der Arbeit wird der entwickelte Ansatz auf die Entstehung suizidaler Handlungen in sozialen Institutionen angewandt. Dabei interessiert der Einfluß sozialer Institution – der der Familie, des Berufs und der Massenmedien – auf suizidale Handlungen. Als erstes wird geprüft, ob die postulierten Bedingungen der einzelnen Erklärungsstufen, insbesondere die suizidrelevanten Anreizkonstellationen vorliegen. Dann werden Hypothesen über die Veränderung bzw. die Sozialisation von situativen Anreizkonstellationen und suizidären Kausal- und Moralprinzipien innerhalb sozialer Interaktionsbeziehungen postuliert und untersucht. Grundlage dieser Nachprüfung sind empirische Befunde, die größtenteils aus der Suizidforschung stammen. Diese Nachprüfung kann nicht mehr als eine ex post Interpretation vorliegender Daten unterschiedlicher methodischer Qualität sein. Es handelt sich daher auch nicht um einen unabhängigen empirischen Test der Hypothesen, sondern um die Konfrontation der postulierten theoretischen Aussagen mit relevanten empirischen Beobachtungen, die als erste Plausibilitätsprüfung explorativen Charakter trägt.

Wenn – wie in dieser Arbeit – der Einfluß sozialer Institutionen auf die Entstehung suizidaler Handlungen interessiert, müssen soziale Interaktionsprozesse berücksichtigt werden. Deswegen wird der Ansatz als soziale Motivationstheorie bezeichnet.

Bei dem auf suizidales Handeln anzuwendenden Erklärungsansatz handelt es sich um eine Theorie, die individuelles Handeln erklärt. Wenn es aber um die Erklärung massenhaften Verhaltens in einer Gesellschaft geht, muß das Phänomen auf gesamtgesellschaftlicher Ebene, als Selbstmordrate einer Gesellschaft, erklärt werden können. Die Selbstmordrate einer Gesellschaft errechnet sich aus der Anzahl von Selbsttötungen, die pro Zeiteinheit in der Regel jährlich auf 100.000 Personen der Bevölkerung entfallen. Die Selbstmordrate einer Gesellschaft läßt sich als Aggregation von Einzelhandlungen auffassen. Unter hier als erfüllt anzusehenden Bedingungen[5] sind jedoch generelle Aussagen über Bedingungen für wahrscheinliche Suizidhandlungen als individualistische Aussagen aus kollektivistischen Aussagen ableitbar (vgl. Opp und Hummell 1973, S. 89; Hummell und Opp 1971; Opp 1979). Diese Erklärungsgrundlage definiert auch verschiedene Formen des Suizids und kann wegen ihres Charakters als generelle Handlungstheorie alle Formen des Suizids erklären. Die vorliegende Arbeit befaßt sich aber in erster Linie mit Selbstmord als abweichendem Verhalten, wie er für Industriegesellschaften vorwiegend westlicher Prägung typisch ist. Der seltenere Selbstmord, den Durkheim als altruistischen Selbstmord bezeichnete, der in primitiven Gesellschaften vorherrschte und als konformes Verhalten einzuordnen ist, gehört weitgehend der Vergangenheit an. Allerdings sind auch in der Gegenwart Selbstmorde beobachtbar, die als überwiegend konformes Selbstmordverhalten einzustufen sind. Dazu gehören die Selbstmordkommandos islamischer Untergrundkämpfer im Libanon,

---

5 Dazu gehört z.B. die Unabhängigkeit der zu erklärenden Einzelhandlungen, die zum Zeitpunkt der Suizidhandlung als erfüllt anzusehen ist. Der sog. ‚Werther-Effekt', wie er im Abschnitt über die Wirkung von Massenmedien auf Selbstmord untersucht wird, berührt die Annahme der Unabhängigkeit einzelner Suizidhandlungen nicht. Zum reduktionistischen Problem der Struktureffekte mit Systemkonsequenzen, die nicht als Werte von einzelnen Individuen aufgefaßt werden könnten, sondern allenfalls als Werte von Mengen von Individuen in Form konstanter Randbedingungen vgl. Hummell 1973, S. 123ff., 149 und zur Problematik der Struktureffekte mit Systemkonsequenzen, die sich aus der Anwendung theoretischer Modelle ergeben, vgl. Boudon 1974. Eine Diskussion dieser Probleme kann an dieser Stelle nicht geführt werden, zumal sie für die Erklärung und Vorhersage aggregierter Selbstmordhandlungen, die das unterschiedlich häufige Auftreten von Selbstmord in verschiedenen Gesellschaften charakterisieren, irrelevant ist. Auch wenn Selbstmord als abweichendes Verhalten aufgefaßt wird, benötigt man nach der hier vorgenommenen Definition von abweichendem Verhalten, d.h. die subjektive Kenntnis gesellschaftlicher Ablehnung von Suizid, keine soziologische Randbedingung. Die gesellschaftliche Bewertung des Suizids schlägt sich vielmehr in der subjektiven Wert-Erwartungs-Bilanz nieder. Ebenso werden die aus den Anschlußtheorien entwickelten strukturellen Bedingungen des Handlungsspielraums und der Informationsstruktur nur dann handlungsrelevant, wenn sie die individuellen Kausal- und Moralprinzipien tangieren.

die Selbstmorde der RAF-Terroristen oder die Massenselbstmorde der Jim-Jones-Sekte aus dem Jahre 1978 in Jonestown. Aus diesem Grund erfolgt eine kurze Gegenüberstellung beider Selbstmordformen in Abschnitt 3.1.3.2.3 bei der Untersuchung altruistischer Anreize, die für beide Selbstmordformen relevant werden können.

Wenn das Selbstmordgeschehen von Industriegesellschaften untersucht wird, muß eine adäquate Randbedingung expliziert werden, da Randbedingungen von Aussagensystemen den Informationsgehalt der Aussagen über die Festlegung der Zahl der zu erklärenden Ereignisse bestimmen. Im vorliegenden Fall bezieht sich die zu explizierende Randbedingung auf eine soziale Bewertung von Selbstmordhandlungen durch die Mitglieder einer Gesellschaft. Eine solche Norm ist dann gültig, wenn aus ihr eine unterschiedlich intensive Ablehnung von Selbstmordhandlungen durch die Mitglieder dieser Gesellschaft folgt.

Opp definiert abweichendes Verhalten als ein Verhalten, das die Erwartungen der quantitativ größten Zahl der Mitglieder einer Gesellschaft verletzt (vgl. Opp 1974, S. 38). Diese Definition von abweichendem Verhalten schließt nicht nur juristische Strafbestände ein, die formell sanktioniert werden, sondern auch Tatbestände, die durch die meisten Gesellschaftsmitglieder informell negativ sanktioniert werden. Weil Selbstmord in den meisten Ländern nicht mehr strafrechtlich verfolgt wird und dennoch gegen ‚mehrheitlich akzeptierte Erwartungen' verstößt, eignet sich diese relativ weite Begriffsbestimmung von abweichendem Verhalten, das auch Selbstmord einschließen soll, besonders gut. Damit wäre eine Randbedingung für Aussagen einer Selbstmordtheorie expliziert. Um zu vermeiden, daß diese Randbedingung sich mit anderen Bedingungen der Selbstmordhypothesen überschneidet, muß sie jedoch in handlungsrelevante Bedingungen transformiert werden. Dies ist über die Variable „wahrgenommene Konsequenzen einer sozialen Norm" möglich. Soll nun die Selbstmordrate von Gesellschaften, in denen der Selbstmord mehrheitlich abgelehnt wird, erklärt werden, muß man des weiteren annehmen, daß die handelnden Personen, das sind die potentiellen Selbstmörder und Suizidversucher, diese Norm auch kennen[6].

Eine Kenntnis der Norm wird sich nach dem vorliegenden Ansatz in Form subjektiv erwarteter Konsequenzen der Handlung, z.B. negativer Sanktionen, niederschlagen. Damit ist über die Ausprägung und Wirkung dieser Variablen noch nichts ausgesagt. Inwieweit diese Variablen als subjektiv erwartete negative oder positive Sanktionen das Selbstmord- bzw. Selbstmordversuchsverhalten auch entscheidend beeinflussen, wird im Laufe der Arbeit zu untersuchen sein.

---

6 Diese Bedingung wird zum Beispiel in Theorien zur Normeneinhaltung expliziert (vgl. Opp 1975). Es gibt aber wenig Anhaltspunkte dafür, daß sozial relevante Normen, die ein Verhalten wie Selbstmord betreffen, nicht allgemein bekannt wären. Ob Suizidgefährdete die Norm kennen und mit ihr übereinstimmen, z.B. Selbstmord selbst für verwerflich halten, ist mit dieser Bedingung noch nicht festgelegt (vgl. Abschnitt 3.1.3.1.3 über die moralischen Kosten suizidaler Handlungen). Selbstverständlich müßte aber in einer empirischen Prüfung des Ansatzes diese individualistisch definierte Randbedingung erhoben werden.

Wenn die gesellschaftliche Randbedingung, d.h. die Einstellung von Gesellschaftsmitgliedern zu Verhaltensvorschriften – „Ablehnung oder Akzeptierung von Suizid“ – umfaßt, als Handlungsdeterminante formuliert wurde, läßt sich demonstrieren, daß der Ansatz auf alle Selbstmordformen anwendbar ist. Herrscht in einer Gesellschaft z.B. Selbstmordverbot, ist diese gültige Norm mit einer näher zu bestimmenden, d.h. mehr oder weniger wahrscheinlichen, subjektiven Erwartung negativer Sanktionen verknüpft. Ein Selbstmordgebot wäre hingegen u.a. mit der Erwartung positiver Sanktionen verbunden. Zweitens werden diese so transformierten Variablen einer theoretischen und empirischen Prüfung zugänglich und drittens sind Überschneidungen der Variablen durch die Eliminierung der Randbedingung ausgeschlossen.

Die soziale Motivationstheorie besteht aus vier Erklärungsstufen: dem *Motivationsmodell* mit den Determinanten für negative Wert-Erwartungs-Matrizen, dem *Instrumentalitätsmodell* mit den Determinanten für suizidale Handlungstendenzen und dem *Handlungs- und Ergebnismodell* mit Determinanten für den Handlungsbeginn und das Handlungsergebnis. Zunächst interessiert der eigentliche Handlungsablauf, der die Determinanten des Handlungsbeginns – das sind die Selbstmord- und Selbstmordversuchstendenzen und das subjektive Mittelpotential – und die des Handlungsergebnisses umfaßt. Die Determinanten des Handlungsbeginns sind dem Handlungsmodell und die des Handlungsergebnisses dem Ergebnismodell zuzurechnen. Die dritte vorgelagerte Erklärungsstufe wird die Determinanten suizidaler Handlungstendenzen, der Handlungstendenzen zum Selbstmord bzw. Selbstmordversuch behandeln. Diese Determinanten sind die als weiterreichende Folgen der Suizidhandlungen erwarteten bzw. als Folge nicht ausgeführter Handlungsalternativen nicht zu erwartenden Anreize. Sowohl die Suizidhandlung wie auch die nicht ausgeführten Handlungsalternativen sind instrumentell für die Erreichung oder Vermeidung bestimmter Anreize. Dieser Erklärungsvorgang wird daher als Instrumentalitätsmodell bezeichnet, während die Determinanten negativer Wert-Erwartungs-Matrizen auf der letzten Erklärungsstufe, dem Motivationsmodell, untersucht werden.

2. Handlungs- und Ergebnismodell: Determinanten für den Handlungsbeginn und das Handlungsergebnis

2.1 Handlungsmodell: Selbstmord- und Selbstmordversuchstendenz als Determinante des Handlungsbeginns

Bevor das zu erklärende Phänomen Selbstmord vor allem im Hinblick auf eine Abgrenzung zu anderen selbstschädigenden Handlungen definiert wird, sollen die hypothetischen Zusammenhänge des suizidalen Handlungsablaufes postuliert und untersucht werden. Nach dem motivationstheoretischen Ansatz von Vroom, der in dieser Hinsicht das später zugrunde gelegte Risiko-Wahl-Modell von Atkinson ergänzt[7], ist das Ergebnis einer Handlung von zwei Bedingungen abhängig: erstens den ‚objektiven‘ Fähigkeiten des Handelnden und zweitens der psychologischen Kraft (‚force‘), die die zielgerichtete Handlung ausübt (vgl. Vroom 1964, S. 18; House und Wahba 1972, S. 465)[8].

Die erste Bedingung der individuellen Fähigkeit zur Handlungsausübung ist innerhalb soziologischer Fragestellungen nicht auf psychometrisch erfaßbare Fähigkeiten beschränkt, wie Heckhausen vermutet und daher der Variablen keine Bedeutung einräumt (vgl. Heckhausen 1980, S. 231), sondern darunter sollen allgemein die Ressourcen, das Mittelpotential einer Person oder Personengruppe verstanden werden. Diese Ressourcen beeinflussen das ‚objektive‘ Handlungsergebnis, den Handlungserfolg Selbstmord oder Selbstmordversuch.

Die ‚psychologische Kraft‘, die auf die Ausführung einer Handlung ausgerichtet ist, aber die tatsächliche Handlung noch nicht repräsentiert, entspricht der zielgerichteten Handlungstendenz bei Atkinson. Bevor diese Determinante als Handlungsbereitschaft theoretisch definiert und vor allem als Suizid- bzw. Suizidversuchsbereitschaft auf der Grundlage der motivationstheoretischen Vorstellungen von Atkinson unterschiedlich definiert werden kann, sei der postulierte Handlungsablauf, wie er im vorliegenden Kapitel 2 untersucht wird, kurz skizziert. Dabei werden zwei Handlungsaspekte unterschieden, einmal der bereits genannte Handlungserfolg und zum zweiten der vorausgehende Beginn der Handlung. Wenn über das Handlungsergebnis der Handlungsbeginn (3) und die Anwendung objektiv adäquater Mittel (4) entscheidet, ist für die Vorhersage des Beginns suizidaler

---

7 Atkinson unterscheidet zwar Handlungstendenzen von tatsächlichen Verhaltensweisen, nennt jedoch keine differentiellen Bedingungen für die Ausführung von Handlungen.

8 Vroom postuliert folgende Funktionsgleichung:
Handlungserfolg = f (Fähigkeit x Kraft); wobei die Kraft das Produkt aus Wertintensität bzw. Valenz eines Handlungsergebnisses und dessen Erwartung ist (E x V). Hinsichtlich der von Vroom untersuchten Explananda unterscheidet Heckhausen drei Modelle bei Vroom (1) Instrumentalitätsmodell, das die erwarteten Handlungsfolgen eines Handlungsergebnisses bewertet (Instrumentalitäten von Handlungsfolgen, die Valenzen besitzen) und (2) das Handlungsmodell (Valenzen eines erwarteten Handlungsergebnisses (E x V)), und (3) das Ausführungsmodell (Erklärung eines Handlungsergebnisses als Produkt aus Fähigkeit und erwarteter Valenz einer Handlung (vgl. Heckhausen 1980, S. 231)).
Auf diese Einteilung wird im folgenden Bezug genommen, wobei die Valenzen eines Handlungsergebnisses teilweise über die subjektive Adäquatheit des Mittelpotentials erfaßt werden (Variablen mit den Kennnummern 2 in Übersicht 1). Dabei wird von handlungsimmanenten Anreizen ausgegangen, die in Abhängigkeit des Mitteleinsatzes bei der Handlungsausführung erwartet werden. Zusammen mit den suizidalen Handlungstendenzen (1) läßt sich damit der Handlungsbeginn (3) voraussagen. Diese Variablenkombination ist dem Vroomschen Handlungsmodell vergleichbar, während das objektiv adäquate Mittelpotential (4), das zusammen mit dem Handlungsbeginn (3) das Handlungsergebnis (5) determiniert, dem Vroomschen Ausführungsmodell nahekommt und mit den Variablen (3), (4) und (5) als Ergebnismodell bezeichnet wird. Das Instrumentalitätsmodell bei Vroom entspricht weitgehend – Interaktionsannahmen der Determinanten sind zu unterscheiden – den später zu untersuchenden ‚weiterreichenden‘ Konsequenzen des Handlungsergebnisses als Determinanten der suizidalen Tendenzen.

Handlungen die Verfügung über subjektiv adäquate Mittel (2) und die Suizidbereitschaft (1) notwendig. Das subjektiv und objektiv adäquate Mittelpotential wird gleichfalls in den folgenden Abschnitten zu definieren sein. Es umfaßt die subjektiven oder objektiven Erwartungen bezüglich der Eignung von Selbstmordmethoden für bestimmte Ziele, z.B. der Selbsttötung, Schmerzfreiheit etc.

Die im vorliegenden Kapitel zu untersuchenden Variablen lassen sich in ihren hypothetischen Beziehungen daher zusammenfassend wie folgt skizzieren:

Übersicht 1: *Determinanten gelungener suizidaler Handlungen*

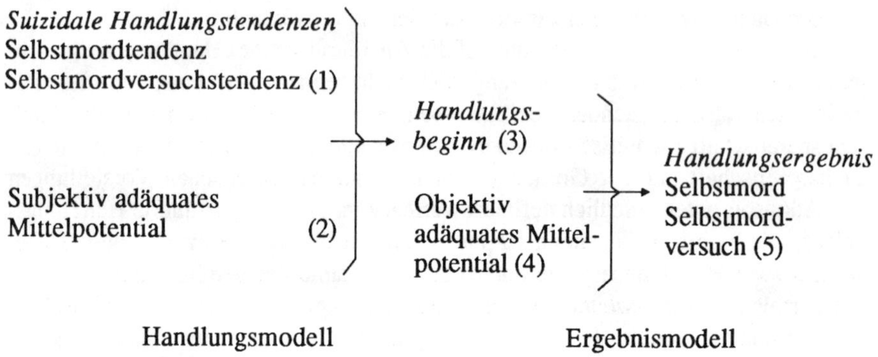

Ein wichtiges Kennzeichen dieses Prozeßmodells suizidaler Handlungen ist nicht nur die Unterscheidung des Beginns der Handlung vom objektiv definierten Handlungserfolg, sondern es ist die analytische Trennung der suizidalen Handlungstendenzen und ihrer Determinanten von dem subjektiven Mittelpotential, d.h. den Determinanten der Mittelwahl und der Verfügbarkeit über Mittel. Damit werden einmal Valenzen der Ausführung einer Handlung und andererseits Valenzen der Folgen des Handlungsergebnisses unterschieden. Diese Unterscheidung wird der Komplexität der Entscheidung, Selbstmord zu begehen, insoweit gerecht, als trotz der Verfügbarkeit über subjektiv adäquate Mittel zur Selbsttötung eine Suizidgefährdung nicht vorliegen muß, und trotz ausgeprägter Suizidgefährdung wegen fehlender attraktiver Mittel ein Suizid nicht ausgeführt wird.

2.1.1 Definition von Selbstmord- und Selbstmordversuchshandlungen

Wenn suizidale Handlungen als Selbstmord- und Selbstmordversuchshandlungen erklärt werden sollen, ist eine definitorische Abgrenzung einerseits zu anderen selbstschädigenden Handlungen – wie wagemutiges Verhalten, das mit dem Tod oder Verletzungen endet, oder selbstschädigendes Verhalten, z.B. Rauchen, exzessiver Alkohol- und Drogenkonsum mit tödlichen Folgen – und andererseits zu Fremdeinwirkungen mit Todesfolgen notwendig. Zur Abgrenzung von selbstschädigenden Handlungen und schädigenden Fremdeinwirkungen muß ein Zusammenhang zwischen Handlungserfolg und der Person des Handelnden postuliert werden[9]. Der folgende erste Definitionsversuch schließt Fremdeinwirkungen aus und charakterisiert gleichzeitig die Art der Handlung, indem aktive Handlungen, z.B. Herabstürzen von einem hohen Gebäude, wie auch passive Handlungen, deren Hauptcharakteristikum darin besteht, lebensnotwendige Aktivitäten zu unterlassen, z.B. Verweigern von Nahrungsaufnahme, der Klasse selbstschädigender Aktivitäten zugerechnet werden:

D_1: Von einer suizidalen Handlung soll dann gesprochen werden, wenn eine Person durch aktive oder passive Handlungen den eigenen Tod oder die eigene Verletzung herbeiführt.

In dieser Definition sind jedoch alle Arten selbstschädigender Verhaltensweisen enthalten, die auch als Selbstmord auf Zeit bezeichnet werden – wie z.B. exzessiver Alkohol- oder Nikotingenuß –, die aber auch extremes Risikoverhalten, wie z.B. Stierkampf, extremes Bergsteigen, beinhalten. Die Tatsache, daß die meisten Leistungssportarten mit einiger Wahrscheinlichkeit zu Selbstverletzungen führen, demonstriert, daß suizidale Verhaltensweisen noch enger zu definieren sind. Die letztgenannten selbstschädigenden Handlungen haben mindestens ein Merkmal gemeinsam. Der Tod oder der körperliche Schaden tritt nicht sofort nach der ersten Handlung oder Unterlassung ein, sondern erst nach einer nicht genau bestimmten Zeit, die in der Regel eine Wiederholung der ‚selbstschädigenden‘ Handlung voraussetzt. Da exzessiver Alkohol- und Drogenkonsum besonders unter Suizidversuchern[10] häufiger vorkommt und umgekehrt sowohl Alkoholiker als auch Drogen-

9 Über die Möglichkeit einer kriminaltechnischen Unterscheidung berichtet Amelunxen (1962).

10 Nach Ritson (1968) begingen 2,7 % der untersuchten 300 Alkoholiker Selbstmord. In der UdSSR, einem Land mit einer hohen Alkoholikerrate, waren 19 % der Selbstmörder Alkoholiker. Miles (1977) schätzt aufgrund einer Längsschnittstudie, daß 15 % der Selbstmörder Alkoholiker und 10 % Drogenabhängige sind. Goodwin (1973) faßt eine Literaturstudie, die auf Untersuchungen beruht, die bis zum Jahre 1825 zurückreichen, dahingehend zusammen, daß Alkoholiker häufiger nicht-fatale Selbstmordversuche als vollendete Suizidhandlungen begehen und ältere Alkoholiker weniger suizidgefährdet sind als jüngere Alkoholiker. Diese sozio-demographische Charakterisierung von Alkoholikern stimmt mit der altersspezifischen Gefährdung von Suizidversuchen nicht, aber mit der von Selbstmördern überein. Unter den Suizidversuchen finden sich im Gegensatz zu den älteren Selbstmördern vornehmlich junge Personen. Auch in der jüngsten Untersuchung von Maris (1981) sind die Suizidversucher stärker alkohol- und drogengefährdet als die Selbstmörder (vgl. Maris 1981, S. 328). Im Vergleich zu der Kontrollgruppe Verstorbener hatten die Selbstmörder sogar weniger Alkohol- und Drogenprobleme (vgl. S. 324). Die Tatsache, daß Alkohol und Drogen unmittelbar vor der Tatausführung eines tödlich endenden Suizids eingenommen werden, ist ein gut bestätigter Befund (Lester und Lester 1971, Ringel und Rotter 1957). Er spricht aber nicht dafür, daß Alkoholiker und Suizidenten derselben Population entstammen. Vielmehr kann dieser Umstand die These erhärten, daß dem vollendeten Suizid eine dominierend negative Handlungstendenz zugrunde liegt, d.h., daß der Suizid nicht die attraktivere Alternative, sondern allenfalls im Vergleich zu den verbleibenden Handlungsalternativen die weniger abstoßende Handlung darstellt, die vor allem Todesfurcht und Ungewißheit erwarten läßt. Das sind erwartete negative Konsequenzen, die durch die Einnahme von

abhängige ein erhöhtes Suizidrisiko haben, kann eine Überschneidung beider Populationen angenommen werden, nicht aber von einer Identität beider selbstschädigender Verhaltensklassen und ihrer Determinanten ausgegangen werden, d.h., es handelt sich um verschiedene soziale Probleme, die aber vermutlich eine Reihe von Erklärungsfaktoren gemeinsam haben. Allerdings muß die Schnittmenge beider Verhaltensklassen als relativ klein angesehen werden.

Dies spricht für die Ausgrenzung dieser selbstschädigenden Verhaltensweisen. Sie gelingt über eine genauere zeitliche Festlegung der Handlungskonsequenzen: Je kürzer der Zeitraum zwischen einer Handlung und dem Handlungsergebnis ist, und je sicherer die Ausführung der Handlung für das Handlungsergebnis – den Tod oder die Selbstverletzung – ist, um so eher kann von einer suizidalen Handlung gesprochen werden. Die Definition einer tatsächlich ausgeführten Handlung mit objektivem Handlungsergebnis verlangt unmittelbares Eintreten der Handlungsfolge.

SM, SMV = D_1': Eine tödlich endende Suizidhandlung bzw. eine mit einer Selbstverletzung endende Handlung liegt dann vor, wenn eine Person durch eine aktive oder passive Handlung den eigenen Tod oder die eigene Verletzung bewirkt. Die tödliche oder verletzende Handlungsfolge muß unmittelbar in einem absehbaren Zeitraum nach Beginn der Ausführung der suizidalen Handlung eintreten (SM, SMV).

$M_{i,j} = D_2$: Mit der *Ausführung einer Handlung* wird *begonnen,* wenn die Mittel zur Handlungsausführung tatsächlich eingesetzt werden ($M_{i,j}$).

Wenngleich nun Fremdeinwirkungen und gesundheitsschädigende Verhaltensweisen aus der Klasse selbstschädigender Handlungen, die erst später oder nach Wie-

---

Drogen oder Alkohol reduzierbar sind (vgl. Abschnitt 3.1.3.1).
Auch die Tatsache, daß Corey et al. (1977) eine signifikante Korrelation bei der Veränderung von Alkohol- und Suizidraten in Kalifornien festgestellt haben, spricht nicht für identische, sondern eher für teilweise gemeinsame Erklärungsfaktoren.
Ein direkter Nachweis für unterschiedliche Korrelate bei Drogenabhängigkeit und Suizidversuch liefert die Untersuchung von Harris et al. (1979). Sie stellten fest, daß 26 % der untersuchten Drogensüchtigen einen nicht-fatalen Suizidversuch unternommen hatten, diese Suizidversucher unter den Drogensüchtigen sich von den nicht-suizidalen Drogenabhängigen jedoch signifikant im Hinblick auf eine Reihe von Merkmalen unterschieden: Die drogenabhängigen Suizidversucher waren depressiver, ängstlicher, unsicherer und verwendeten andere Drogen als die nicht-suizidalen Drogenabhängigen.
Diese Befunde ließen sich z.B. dahingehend interpretieren, daß die drogenabhängigen Suizidgefährdeten ‚schlechte' und untypische Drogenkonsumenten waren, die nicht wegen euphorischer Effekte Drogen nahmen, sondern um damit anderen unangenehmem Situationen zu entgehen. (Vgl. hierzu die Untersuchung von McAuliffe und Gordon 1974, die im Widerspruch zur klassischen These von Lindesmith (1968) steht, der ausschließlich die Vermeidung negativer Erlebnisse beim Beginn physiologischer Abhängigkeit postuliert.) Insofern wäre die Anreizkonstellation dieser Personen der Anreizkonstellation von Suizidversuchern vergleichbar: geringfügige positive Anreize bei der Drogeneinnahme und beim Suizidversuch, denen weitgehend negative Konsequenzen der alternativen Handlungen gegenüberstehen. Für typische Drogen- und Alkoholkonsumenten wäre hingegen eine schwächere negative Anreizkonstellation der alternativen Handlungen bei gleichzeitig erwarteten stärkeren positiven Anreizen durch den Alkohol- und Drogenkonsum zu erwarten (vgl. zu den Wert-Erwartungs-Bilanzen von Selbstmördern und Suizidversuchern Abschnitte 3.1 und 3.2).

derholung der Handlung zum Tod führen oder selbstverletzende Folgen zeigen, ausgegrenzt sind, sind nach der Definition jedoch noch alle gefährlichen Handlungen von Personen, die zum Teil auch Berufe kennzeichnen, z.B. Stierkämpfer, Sprengmeister, den suizidalen Verhaltensweisen zuzurechnen. Auch lassen sich damit irrtümlich mißlungene Selbstmordhandlungen oder versehentlich tödlich endende Suizidversuchshandlungen nicht identifizieren. Dazu ist die Einführung einer subjektiven Handlungsintention notwendig, wie bereits Durkheim Selbstmord als absichtsvolles Handeln auffaßt:

„On appelle suicide tout cas de mort qui résulte directement ou indirectement d'un acte positif ou négatif, accompli par la victime elle-même et qu'elle savait devoir produire ce résultat" (Durkheim 1967, S. 5).

Die Bestimmung der Handlungsintention ist auf zwei Variablenebenen denkbar. Als erste Möglichkeit sei die Erfassung der Handlungsintention zum Zeitpunkt der Handlungsausführung genannt. Die zweite Möglichkeit besteht darin, die Handlungsabsicht vor Ausführung der Handlung auf der Einstellungsebene mit der Handlungsdeterminante ‚Handlungstendenz' zu erheben. Die Intention bezieht sich dabei auf ein Ziel, das mit der Handlungsausführung angestrebt wird: der medizinisch feststellbare Tod oder die körperliche Verletzung. Es handelt sich dabei um einen unmittelbar nach Beginn der Handlung eintretenden Zielzustand und – zur Unterscheidung später zu untersuchender Handlungskonsequenzen mit affektivem Charakter –, um medizinisch-physiologische Handlungsfolgen. Sie werden deswegen als ‚handlungsimmanente' Ziele bezeichnet und absichtsvolles Handeln, wie es in der nachfolgenden Handlungsdefinition und in der Handlungstendenz zum Ausdruck kommt, ist auf handlungsimmanente medizinisch-physiologische Zielzustände des Todes oder der Selbstverletzung ausgerichtet.

Auf der Verhaltensebene hat die Einführung einer intentionalen Definition den Vorteil, über Rekonstruktionen des Mitteleinsatzes zu Operationalisierungen zu gelangen, die die Qualität der Daten auf individueller oder gesamtgesellschaftlicher Ebene erhöhen[11].

Als subjektiv intendierte Selbstmord- oder Selbstmordversuchshandlung kann daher folgende Definitionsbestimmung über den subjektiv für wahrscheinlich gehaltenen Handlungserfolg als Konsequenz der Ausführung einer Handlung aufgefaßt werden:

sm, smv = D_3: Eine *subjektiv intendierte Selbstmord (Selbstmordversuchs-)handlung* (SM, SMV) liegt dann vor, wenn die handelnde Person zum Zeitpunkt der Ausführung einer aktiven oder passiven Handlung die tödliche (nicht-tödliche) Selbstverletzung als Folge dieser Handlung in einem absehbaren Zeitraum unmittelbar nach Beginn der Handlungsausführung für wahrscheinlich hält.

11 Vgl. Anm. 12, S. 32. Obwohl es sich bei den folgenden Hypothesen über den Zusammenhang zwischen Handlungstendenz und tatsächlicher Handlung als subjektiv intendierter Handlung nicht um eine tautologische Beziehung handelt, wird explizit nur der Zusammenhang zwischen Handlungstendenz und tatsächlicher Handlungsausführung (D_3 bzw. $D_{1'}$) berücksichtigt.

Wenn der Tod oder die eigene Verletzung unmittelbar nach Ausführung der Handlung für wahrscheinlich gehalten wird, sind auch gefahrvolle Tätigkeiten wie Rennfahren, Entschärfen von Sprengsätzen etc. aus der Fragestellung ausgeschlossen, weil bei diesen Handlungen zwar tödliche oder verletzende Folgen wahrscheinlicher sind als bei anderen Aktivitäten, sie aus der Sicht des Handelnden jedoch ‚kalkulierbar' sind, das heißt, sie stellen nicht die wahrscheinlichste Alternative dar.

Außerdem sind nun auch intendierte Handlungen mit diskrepanten Handlungsergebnissen auf der Verhaltensebene identifizierbar[12]. Nach den bisherigen definitorischen Bestimmungen auf der Verhaltensebene ($D_{1'}$, D_2 und D_3) läßt sich ein erfolgreicher Selbstmord oder Selbstmordversuch unter folgenden Bedingungen bestimmen:

D_4: Ein erfolgreicher Selbstmord oder Selbstmordversuch liegt vor, wenn das Handlungsergebnis ($D_{1'}$) mit der subjektiven Handlungsintention zum Zeitpunkt der Handlungsausführung (D_2, D_3) übereinstimmt (D_4: sm, smv = SM, SMV).

Erst bei Kenntnis des objektiven Handlungserfolgs im Vergleich zur Intention des Handelnden bei Handlungsbeginn oder zu einem früheren Zeitpunkt läßt sich ein diskrepantes, d.h. mißlungenes oder übereinstimmende, d.h. erfolgreiches Handlungsergebnis feststellen. Bedingungen für das Handlungsergebnis sind das objektive Mittelpotential (vgl. Abschnitt 2.3) sowie der Handlungsbeginn bzw. dessen Determinanten, das subjektiv adäquate Mittelpotential (vgl. Abschnitt 2.2) und die suizidalen Tendenzen, die nachfolgend auf motivationstheoretischer Grundlage definiert werden.

2.1.2 Definition von Selbstmord- und Selbstmordversuchstendenzen

Wann liegt eine Bereitschaft zu suizidalen Handlungen vor? Die unübersehbare Zahl von Typisierungen und Klassifizierungen von Selbstmord bietet – aufgrund atheoretischer, willkürlicher und oft widersprüchlicher Klassifikationskriterien, die zwischen dem zu erklärenden Ereignis und den Prämissen der Erklärung für Suizid oft nicht unterscheiden[13] – weder eine Grundlage für eine Definition von Suizidbe-

---

12 Zur Gewinnung reliabler Daten aus offiziellen Selbstmordstatistiken wäre die Identifizierung mißlungener suizidaler Handlungen mit ungewolltem nicht-tödlichen Ausgang oder tödlichem Ausgang hilfreich (vgl. zu den Mängeln offizieller Statistiken Opp 1974, Kap. IV; Braun 1971, S. 20-23; Resnik und Hathorne 1974). Bradshaw (1973) vermutet, daß dies 25 % der Selbstmordfälle betrifft. Nach Rudfeld (1962) läßt sich eine 10 %ige Unterschätzung vermuten, wobei in diesen Daten die über 60jährigen mit ambivalenten Unfällen überproportional häufig der Unterschicht entstammen. Als Unfall kaschierte Suizide finden sich vor allem bei Verkehrsunfällen (vgl. Peterson 1975; Phillips 1979).

13 Eine der berühmtesten Einteilungen stammt von Menninger (1933, 1974). Nach ihm hat ein Selbstmörder entweder den Wunsch, zu töten, den Wunsch, getötet zu werden oder aber den Wunsch, zu sterben. Während hier die Klassifikationskriterien der psychoanalytischen Theorie entstammen und somit als theoretische Variablen zu bezeichnen sind,

reitschaft noch für die Erklärung suizidaler Handlungen. Im folgenden soll daher in Anwendung der motivationstheoretischen Aussagen von Atkinson die Bereitschaft zu suizidalen Handlungen definiert werden. Von Vorteil ist dabei, daß Selbstmord und Selbstmordversuch als verschiedene, aber dennoch ähnliche Phänomene aufgefaßt werden können.

Die Handlungstendenz repräsentiert nach Atkinson ähnlich der psychologischen Kraft bei Vroom eine auf einen spezifischen Akt ausgerichtete Tendenz, die zielgerichtet ist[14] und nach Richtung – positiv oder negativ – und Stärke bestimmbar ist (vgl. Atkinson 1964, S. 275). Unter Verwendung einstellungstheoretischer Konzepte umfaßt diese Handlungstendenz sowohl eine affektive Evaluierung des Einstellungsobjektes ‚Handlung' als auch eine konative, verhaltensbezogene Dimension[15]. Wenn erstere Dimension eine Präferenz unterschiedlicher Ausprägung

---

deren hypothetischer Zusammenhang allerdings kaum empirisch nachprüfbar ist (vgl. Braun 1971, S. 92ff.), sind andere Klassifikationsversuche außerordentlich verwirrend und wenig fruchtbar: Hirschfeld unterscheidet etwa den Selbstmord psychisch Labiler (Persönlichkeitsaspekt), den Selbstmord als vollüberlegte Tat (Planungsaspekt), den Selbstmord im Affekt (Gemütszustand bei der Tatausführung) und den Selbstmord von Geisteskranken und Alkoholikern. Ältere Autoren, unter ihnen Brockhaus, typisieren Selbstmord als Theater, als Kurzschluß oder als Flucht (vgl. Gruhle 1940). Aber auch gegenwärtig gehört die Klassifikation vom Selbstmordhandlungen – man muß sagen – als oft geübter Theorieersatz zum Alltag vieler Selbstmordforscher. Bächler unterscheidet z.B. den eskapistischen, den aggressiven, den Selbstmord mit Opfercharakter und den Selbstmord mit Spielcharakter (Bächler 1979). Obwohl der letztgenannte Autor einheitlich bestimmte Motive zur Charakterisierung verwendet, ist die Aufzählung und Zahl der so gewonnenen Arten von Selbstmord atheoretisch und willkürlich. Ähnlich zu bewerten sind empirisch-induktiv gewonnene Klassifikationsversuche, deren Gültigkeit von der Zahl und Art der ausgewählten Stichprobe und den erhobenen Daten abhängig ist. Bagley et al. (1976) identifizierten so z.B. drei statistisch unabhängige Selbstmordtypen, den depressiven, den soziopathischen und den medizinisch-kranken Selbstmörder.

14 Die Richtung der Tendenz ist aus der Bewertung der zu meidenden bzw. aufzusuchenden Ziele (G) erkenntlich, wobei r eine spezifische Handlung indiziert: $T_{r,g}$ als positive und $T_{f,-g}$ als positive Handlungstendenz (vgl. Atkinson 1964, S. 275). Als Grundannahme dieser Handlungstheorie gilt außerdem die Vorstellung, daß Handlungstendenzen je nach Stärke spezifischer Handlungstendenzen und ihrer Handlungsalternativen beibehalten bzw. mit variierender Stärke fortgesetzt oder verändert werden, daß aber der lebende Organismus konstant aktiv ist, selbst im Zustand des Schlafs oder der nur augenscheinlichen Ruhe (vgl. Atkinson 1964, S. 300ff.). Obwohl Selbstmordhandlungen in dieser Arbeit als negativ motivierte Handlungen aufgefaßt werden, bleibt diese Grundannahme, daß Selbstmord eine aktive Handlung ist, erhalten, da sie lediglich aus der Summe abstoßender Kräfte resultiert, d.h. eine dominierend negative Handlungstendenz darstellt.

15 Zum Einstellungsbegriff vgl. Nelson 1939; Ryle 1949; Rosenberg 1960; De Fleur und Westie 1963; McGuire 1969; Krech und Crutchfield 1962, S. 140); zu einem Überblick über Einstellungstheorien: Insko 1967; Kiesler et al. 1969; McGuire 1969; zu einer Anwendung der Motivationstheorie von Atkinson auf die Entstehung von Einstellungen, vgl. Lindner-Braun 1976 und zur Kritik affektiver, kognitiver und konativer Einstellungskomponenten vgl. Lindner-Braun 1976, S. 2. In motivationstheoretische Aussagen sind bislang einstellungstheoretische Befunde aus Theorie und Empirie nicht integriert

und Richtung ausdrückt (‚ich befürworte oder lehne die Handlung x ab'), bezieht sich die verhaltensbezogene Dimension auf die Handlungsabsicht, eine bestimmte Handlung, Selbstmord oder Selbstmordversuch, auszuführen, deren spezifische Handlungskomponenten – aktive oder passive Handlung – entsprechend den Begriffsbestimmungen für suizidale Handlungen bereits festgelegt wurden.

Die Ausführung einer Handlung ist nicht schon dann zu erwarten, wenn eine Handlungstendenz vorhanden ist, sondern erst dann, wenn die Handlungstendenz dominierend ist, d.h. stärker ausgeprägt ist als die Tendenz, alternative Handlungen auszuführen. Entsprechend der hedonistischen Grundannahme, Angenehmes aufzusuchen und Unangenehmes zu meiden und bei wenig restriktiven Rationalitätsannahmen[16], zwischen Alternativen abzuwägen, ist eine Handlungstendenz dominant, wenn sie positiver ausgeprägt ist als Handlungsalternativen oder wenn sie weniger negativ ausgeprägt ist als andere Handlungsalternativen. Im ersten Fall wird von einer positiven, im zweiten Fall von einer negativen Handlungstendenz gesprochen.

Mit Hilfe der letztgenannten Konstellation überwiegend negativer Handlungstendenzen, die bei den zu erklärenden Handlungstendenzen wie auch ihrer nicht ausgeführten Handlungen, den Handlungsalternativen eine negative Ausprägung voraussetzt, lassen sich Selbstmordtendenzen theoretisch definieren. Das Postulat vom Selbstmord als einer dominierend negativen Handlungstendenz wird im weiteren Verlauf der Arbeit insbesondere in den Abschnitten über die Determinanten negativer Handlungstendenzen erklärt und empirisch an Hand des verfügbaren Ma-

---

worden, obwohl insbesondere die Einstellungstheorien von Rosenberg (1960); Peak (1955) oder Carlson (1953) bzw. das später darauf aufbauende Integrationsmodell von Fishbein (Ajzen und Fishbein 1973) einen Vergleich nahelegen. Rotter definiert das Handlungspotential, das der Handlungstendenz bei Atkinson vergleichbar ist, explizit als Einstellung (1954, S. 211ff.). Der Vergleich zeigt z.B., daß zwei verschiedene Dimensionen – die affektive und die konative – im Begriff der Handlungstendenz enthalten sind. Dies legt nicht nur verschiedene Messungen, wie sie in der Einstellungsforschung entwickelt wurden, nahe, sondern es ist auch eine analytische Trennung beider ‚Tendenzen' möglich, die sich in folgender zeitlich angeordneter Bewertung von Handlungen und Handlungsabsichten herausbilden könnten:

Affektive Bewertung der Handlung Selbstmord	→	Affektive Bewertung des Mittelpotentials	→	Konative Einstellung gegenüber der Selbstmordhandlung (Suizidabsicht)	→	Selbstmordhandlung

16 Im Hinblick auf die Stärkung oder Schwächung von Handlungsimpulsen, die durch antizipierte belohnende oder bestrafende erwartete Anreize ausgelöst werden, sind Entscheidungs- und Wert-Erwartungs-Theorien der Tolmanschen oder Lewinschen Tradition gleichzusetzen (vgl. Atkinson 1964, S. 212) und auch im Hinblick auf die selektive und gerichtete Wirkung dieser Anreize. Im Gegensatz zu ökonomischen Nutzentheorien sind aber die Rationalitätsannahmen im Hinblick auf kognitive und affektive Diskriminierungen weit weniger restriktiv. Es wird keine Nutzenmaximierung, keine unendliche Diskriminierung auf einem Nutzenkontinuum und keine vollständige Information bei Abwägung von Handlungsalternativen und ihrer Wahrscheinlichkeiten angenommen (vgl. Atkinson 1964, S. 205ff.).

terials geprüft. Die These besagt, daß ein Selbstmord die Wahl des kleineren Übels ist; anders ausgedrückt, Suizidgefährdete sind einer negativen Konfliktsituation, dem ‚avoidance-avoidance'-Konflikt ausgesetzt, und sie entscheiden sich gegen das Weiterleben, weil diese wahrgenommenen Handlungsalternativen unerträglich erscheinen, und der Suizid wegen dieser wahrgenommenen Handlungsalternativen weniger unerträglich erscheint.

Die Tendenz, Selbstmord zu begehen, läßt sich daher wie folgt definieren:

D5: Eine Suizidtendenz liegt dann vor, wenn die Handlungstendenz negativ ist, aber in geringerem Maße negativ als alternative negative Handlungstendenzen oder alternative positive Handlungstendenzen, die den Wert Null annehmen oder schwach positiv ausgeprägt sind (D5 = sm).

Eine entsprechend formalisierte Verhaltensungleichung würde beinhalten, daß für den Suizidenten nur negative Handlungstendenzen existieren. Alternative positive Handlungstendenzen, die sich aus der Präsenz positiver, aufzusuchender Zielvorstellungen ergeben, besitzen keine Wertausprägungen oder sie sind nur schwach positiv ausgeprägt und können die aggregierten negativen alternativen Handlungstendenzen nur geringfügig vermindern. Von allen verfügbaren Handlungstendenzen ist daher die Suizidtendenz trotz der negativen Bewertung relativ attraktiv. Es handelt sich um eine dominierend negative Handlungstendenz.

Für die nachfolgenden Erörterungen sind zwei Implikationen wichtig:

1. Über die absolute Stärke der Suizidtendenz, insbesondere das Ausmaß ihrer negativen Ausprägung, besagt die Annahme einer dominierend negativen Handlungstendenz nichts. Aufgrund verschiedener noch zu untersuchender Konsequenzen der Suizidhandlung kann es sich um eine sehr schwach ausgeprägte negative oder stark ausgeprägte negative Handlungstendenz zum Suizid, die kaum durch positive Konsequenzen abgeschwächt wird, handeln. Je stärker negativ die resultierende Tendenz zum Suizid ausgeprägt ist, um so eher ist ein Vergleich mit den lerntheoretischen Paradigmen der gelernten Hilflosigkeit angebracht; mit dem Unterschied allerdings, daß die negativen Konsequenzen des Suizids nicht erlernt, d.h. negativ verstärkt worden sein können, sondern daß es sich um antizipierte negative Anreize handelt.
2. Nach dieser theoretischen Konzeptualisierung ist die Entscheidung für den Suizid weniger in der schwächer ausgeprägten negativen Tendenz zu suchen, sondern in der stark abstoßenden Wirkung der Handlungsalternativen, die alle Aktivitäten des ‚Weiterlebens' betreffen. Auf das Zustandekommen dieser negativen Tendenzen und ihrer Determinanten bleiben daher die sich anschließenden Erklärungen mit Hilfe von Anschlußtheorien beschränkt.

Die Handlungstheorie von Atkinson erlaubt auch eine Definition der zweiten Klasse von zu erklärenden Handlungen der Selbstmordversuche. Es wurde eingangs bereits darauf hingewiesen, daß es sich nach dem gegenwärtigen Stand der Erkenntnisse aus der Selbstmordforschung um ein ähnliches, aber nicht identisches soziales Phänomen handeln muß, das einer differentiellen Erklärung bedarf. Für die Vermutung, daß Suizidversucher einer anderen Population entstammen als

Selbstmörder, sprechen insbesondere verschiedene sozio-demographische Korrelate[17] von Selbstmord- und Selbstmordversuchsverhalten.

Während ein Selbstmörder häufiger männlichen Geschlechts und 45 bis 60 Jahre alt, geschieden oder verwitwet und nicht-katholischer Konfession ist sowie der weißen Rasse angehört, unternimmt einen nicht-tödlich endenden Selbstmordversuch eher eine Frau jüngeren Alters (20 bis 30 Jahre), die verheiratet oder auch alleinstehend, Hausfrau von Beruf und ortsansässig ist, mit Eheschwierigkeiten kämpft und unter Depressionen leidet sowie den Selbstmordversuch mit weichen Methoden (z.B. Barbituraten) unternommen hat[18].

Bei den suizidversuchsgefährdeten Personen handelt es sich um soziale Gruppen, denen in bestimmten Situationen von den übrigen Gesellschaftsmitgliedern in Notsituationen eher geholfen wird als anderen Personen. Es sind vornehmlich junge Menschen und Frauen. Hilfe oder soziale Aufmerksamkeit, die durch andere Handlungen als den Suizidversuch nicht mehr erhofft werden können, könnten dadurch den Suizidversuch als relativ attraktive Handlung erscheinen lassen. Der Suizidversuch könnte daher als dominierend positive Handlungstendenz aufgefaßt werden, bei gleichzeitig wirkenden negativ ausgeprägten Alternativen zum Suizidversuch. Folgende Definition ergibt sich dann für eine Suizidversuchstendenz:

D_6: Eine Suizidversuchstendenz liege dann vor, wenn die Handlungstendenz schwach positiv ist und positiver bewertet wird als verfügbare alternative negative Handlungstendenzen und schwach positive alternative Handlungstendenzen. Die aggregierten alternativen Handlungstendenzen sind überwiegend negativ (D_6 = smv).

Die beiden wichtigsten Implikationen dieser postulierten Handlungstendenz und ihrer Alternativen betreffen wieder einmal die Stärke dieser Handlungstendenz, d.h., die Suizidversuchstendenz kann sehr schwach positiv ausgeprägt sein, und zwar dann, wenn die später zu untersuchenden erwarteten Konsequenzen des Suizidversuchs auch negativer Art sind und die positiven Konsequenzen dadurch geschwächt werden. Da einer Suizidversuchstendenz positive Ausprägungen unterstellt werden, ist auch zweitens denkbar, daß die Handlungsalternativen zum Suizidversuch zwar negativ sind, aber weniger stark negativ ausgeprägt sind, als die Handlungsalternativen zum Suizid. Der Abstoßungseffekt wäre dann bei Suizidten-

---

17 Die Risikoskalen erfassen in der Regel diese vorwiegend demographischen Daten (vgl. z.B. Pöldinger 1968; Miskimins et al. 1967). Die LASP-Skala (Los Angeles suicide prevention scale) bestimmt das Selbstmordrisiko einer Person über das Alter, das Geschlecht, Streß, Planung eines Suizids, die wirtschaftlichen Verhältnisse, das vorangegangene suizidäre Verhalten, medizinische Aspekte, die Kommunikationssituation und Reaktionen auf den signifikanten anderen.

18 Vgl. Farberow und Shneidman 1955; Lendrum 1933; Stengel 1964, 1969; Beck et al. 1974; Maris 1969; Weiss et al. 1961; Dorpat und Bosswell 1963; Tuckman und Youngman 1963; für Frankreich: Raymondis et al. 1965; Oeconomo 1961; für die DDR: Panssgrau 1962; BRD: Böcker 1972; Hilbert 1971.
Das Verhältnis der Selbstmorde zu Selbstmordversuchen schwankt in verschiedenen Untersuchungen zwischen einer im Vergleich zum Selbstmord zehn- bis hundertfach erhöhten Selbstmordversuchsgefahr: Farberow 1:8, Stengel 1:10, 7, Ruegsegger 1:10, Litman 1:30, Jakobziner 1:100, Weissman 1:25 (Decke 1974); vgl. A2.

denzen größer als bei Suizidversuchstendenzen.

Damit sind auch die vermuteten Unterschiede und Gemeinsamkeiten beider suizidaler Handlungstendenzen aufzeigbar. Beiden suizidalen Handlungstendenzen stehen negative Tendenzen zur Ausführung von Handlungsalternativen gegenüber. Während der Selbstmordversuch jedoch als relativ attraktive Handlung erscheint, von der man sich positive Handlungskonsequenzen erwartet, liegt dem Selbstmord eine negative Handlungstendenz zugrunde, dessen erwartete Handlungskonsequenzen überwiegend negativ sind, die jedoch angesichts stärker negativ bewerteter Handlungsalternativen weniger abschreckend erscheinen. Insofern ist der Selbstmord kein positiver bewerteter Ausweg aus einer ausweglos erscheinenden Situation, sondern eine letzte verbliebene Alternative, die nicht anzieht, aber weniger abstoßend wirkt als alle Arten von Handlungen, die mit dem Weiterleben verbunden sind.

2.2 *Subjektiv adäquates Mittelpotential als Determinanten des Handlungsbeginns (Handlungsmodell)*

2.2.1 Entscheidung für eine Selbstmordmethode: Mittelwahl

Nach den zu Beginn des Abschnitts vorgestellten Hypothesen sind sowohl die Kenntnis der Bereitschaft zu suizidalen Handlungen, d.h. die Tendenz zum Selbstmord oder Selbstmordversuch, als auch die Kenntnis darüber, ob subjektiv adäquate Mittel zur Verfügung stehen, notwendig, um den Beginn einer suizidalen Handlung voraussagen zu können. Unter dem subjektiv adäquaten Mittelpotential ist die Wahl einer bestimmten Selbstmord- bzw. Selbstmordversuchsmethode zu verstehen. Die Determinanten der Wahl ergeben einen Entscheidungsprozeß, der nach Abschnitten gegliedert im folgenden erörtert wird.

1. Wahl einer Selbstmordmethode: Verfügung über Mittel $m_{i,j}$
2. Determinante der Mittelwahl: die relative Attraktivität von Selbstmordmethode m_i als Handlungstendenz, das Mittel m_i dem Mittel m_j vorzuziehen ($HT_{mi} > HT_{mj}$).
3. Determinanten der relativen Attraktivität von Mittel m_i: Erwartete Eignung von Mittel m_i im Hinblick auf die Realisierung bzw. Verhinderung von positiven bzw. negativen Zielzuständen ($A_{e1,...n}$; $A_{m1,...n}$).

Das Vorliegen der zweiten Bedingung – Verfügungsgewalt über subjektiv adäquate Mittel – scheint auf den ersten Blick nur für Extremfälle[19] – z.B. bei einer voll-

19 Böhme (1971) berichtet über einen tragischen Fall, der deutlich macht, daß in extremen Situationen die Suizidhandlung an dieser fehlenden Bedingung scheitert: Eine alte und gebrechliche Frau wurde vollständig gelähmt und sagte: ‚Hätte ich mich nur früher umgebracht, jetzt kann ich es nicht mehr.' Auch die Sterbehilfe, die der Arzt Hackethal einer krebskranken Frau leistete, demonstriert die Schwierigkeit, in bestimmten Situationen geeignete Mittel zu finden und anzuwenden (vgl. Spiegel Nr. 18, 1984).

ständigen Lähmung, die auch einen Suizid durch Unterlassenshandlungen weitgehend ausschließt – relevant zu sein und würde daher empirisch kaum nachweisbar sein. Geeignete Mittel – z.B. ein hohes Gebäude, die Möglichkeit sich zu erhängen, tiefes Gewässer oder die Verweigerung der Nahrungsaufnahme – scheinen universell und immer für jede Person verfügbar zu sein.

Zahlreiche empirische Befunde über die gewählte Selbstmordmethode weisen jedoch auf geschlechts-, nationen- und kulturspezifische Präferenzen für unterschiedliche Selbstmordmethoden hin und lassen vermuten, daß für einen Handelnden ein Mittel nicht schon dann ‚subjektiv adäquat' ist, wenn es in seiner Sicht geeignet ist, ein Ziel, z.B. die Selbsttötung, zu erreichen. Auch reicht die Kenntnis solcher Mittel nicht aus, um die Ausführung suizidaler Handlungen vorhersagen zu können. Desgleichen zeigt sich die eigenständige Bedeutung der Variablen ‚subjektiv adäquates Mittelpotential' z.B. daran, daß ein erschwerter Zugang zu Mitteln etwa in Kliniken oder Gefängnissen, die Selbstmordwahrscheinlichkeit nicht eindeutig senkt, aber Präferenzen für spezifische Methoden, z.B. Erhängen, beobachtbar sind (vgl. Burgmayer 1974).

Im folgenden sind daher die Bestimmungsgründe für die Entscheidung zugunsten einer bestimmten Selbstmordmethode zu untersuchen.

Unter der Entscheidung für eine Selbstmordmethode, der Mittelwahl, soll die Beschaffung und die Verfügbarmachung von Mitteln zur Ausführung einer suizidalen Handlung verstanden werden. Dazu gehört der tatsächliche *Besitz* von Mitteln wie auch das subjektiv notwendige *Wissen zur Anwendung* von Mitteln. Letzteres setzt nicht nur z.B. die subjektive Kenntnis einer schädlichen oder tödlichen Dosis voraus, sondern auch die subjektive Kenntnis der Latenzzeit eines Mittels, die es erlaubt, unerwünschte soziale Interventionen bei der Planung der Ausführung einer intendierten Selbstmordhandlung auszuschließen[20]. Die Mittelwahl ist daher als ein Verhalten anzusehen, das zeitlich dem Einsatz dieser Mittel, der Handlungsausführung, vorausgeht. Die Wahl einer Selbstmordmethode und der Einsatz eines Selbsttötungsmittels kann jedoch auch als zeitlich zusammenhängendes Ereignis wahrgenommen werden.

2.2.2 Determinanten der Mittelwahl

2.2.2.1 Relative Attraktivität der Mittel

Wird ein Mittel gewählt und dadurch verfügbar gemacht, stellt diese Entscheidung für ein Mittel eine Handlung dar, die noch nicht mit dem Handlungsbeginn einer Selbstmord- oder Selbstmordversuchshandlung gleichzusetzen ist. Nach den bisher

20 Während die Anwendung des Wissens sich als beobachtbarer Akt manifestiert – z.B. Abzählen der Tabletten, Auflösung der Tabletten etc. – betrifft das vorausgesetzte Wissen ‚Hypothesen', die subjektiv oder objektiv als Erwartungen bzw. Kontingenzbeziehungen zwischen dem Mitteleinsatz und Wirkungen für das Ziel ‚Tötung' konzeptualisiert sind (vgl. Abschnitt 2.3).

entwickelten handlungstheoretischen Vorstellungen geht der Handlung eine Handlungstendenz voraus, in diesem Fall die Handlungstendenz, sich ein Mittel zu beschaffen.

Unter Verwendung einstellungstheoretischer Terme soll zur Kennzeichnung der affektiven Evaluierung von suizidalen Methoden die Handlungstendenz einer Mittelwahl als relative Präferenz eines Mittelpotentials gegenüber anderen Mitteln bezeichnet werden.

Nach empirischen Befunden über Selbstmordmethoden variieren die angewandten Selbstmordmethoden sehr stark nach Geschlecht, Nation und sind auch zeitlichen Schwankungen unterworfen. So bevorzugen Frauen eher sogenannte weiche oder passive Selbstmordmethoden wie Gift, während Männer häufiger sogenannte harte oder aktive Selbstmordmethoden (Erhängen, Erschießen) anwenden; die früher häufig beobachtete Methode der Leuchtgasvergiftung ist heute nicht mehr verbreitet (vgl. Thomas 1964; Resnik und Hathorne 1974; Lester 1983, S. 91ff.; Low et al. 1981). Auch nationale bzw. kulturspezifische Variationen in den Präferenzen für Selbstmordmethoden sind festzustellen. So ist der Anteil von Suizidenten, die sich erhängen, in Norwegen besonders hoch. Er liegt nach Hendin (1978) bei einem Anteil von 15 %, während er in anderen Ländern 1 bis 2 % nicht übersteigt. Hirzel (1907/1908) berichtet, daß bei den Römern Erhängen verpönt, im mittelalterlichen Florenz jedoch besonders beliebt war. In Schottland dominierten nach einer Untersuchung von Ripley (1973) allgemein weichere Methoden, als dies für die Vergleichsgruppe amerikanischer Bürger aus Seattle typisch war.

Eine Erklärung dieser korrelativen Zusammenhänge wirft zwei theoretische Fragen auf:

Die *erste* Frage betrifft den vermuteten kausalen Zusammenhang zwischen der Wahrnehmung subjektiv adäquater Mittel zur Handlungsausführung und der Suizidbereitschaft, d.h. den suizidalen Handlungstendenzen. Kann die Wahrnehmung subjektiv adäquaten Mittelpotentials erst die Absicht zu suizidalen Handlungen hervorrufen oder bestimmt umgekehrt – wie dies im vorliegenden Ansatz vermutet wird – die Suizid- und Suizidversuchsbereitschaft partiell die Einschätzung und Auswahl subjektiv adäquater Mittel, indem ein Mittel im Hinblick auf die erhoffte Realisierung der handlungsimmanenten Ziele der Selbsttötung bzw. Selbstverletzung gewählt wird? Wäre die erste Annahme richtig, könnten veränderte Zugangschancen die Selbstmord- bzw. Selbstmordversuchshäufigkeit beeinflussen, oder es wären die geschlechtsspezifischen Präferenzen der Frauen für weichere und ‚ungefährlichere' Methoden für die geringe Selbstmord-, aber hohe Selbstmordversuchsrate der Frauen verantwortlich zu machen.

Wenn die Annahme, daß die Verfügbarkeit von Mitteln erst die Suizidbereitschaft entstehen läßt, anzuzweifeln ist, müssen jedoch andere Faktoren, die größtenteils unabhängig von den Bedingungen für die Herausbildung suizidaler Tendenzen wirken, die Mittelpräferenz und Wahl bestimmen.

Die *zweite* Frage, die bei einer Erklärung der Präferenz für verschiedene Selbstmordmethoden untersucht werden muß, betrifft den Versuch und die Beurteilung dieses Versuchs über die gewählte Selbstmordmethode, die ‚Ernsthaftigkeit' der Handlung abzuschätzen, wie dies häufig auch mittels der Konstruktion sogenannter Selbstmordrisikoskalen versucht wird (vgl. Anm. 17, S. 36).

Diesen Fragen wird im folgenden Abschnitt mit Hilfe motivationstheoretischer Hypothesen über das Zustandekommen der Präferenzen für ein Mittelpotential nachgegangen.

2.2.2.2 Motivationstheoretische Hypothesen über die Determinanten der relativen Attraktivität von Selbstmordmethoden

Die relative Attraktivität von Selbstmordmethoden – diese Variable entspricht der bereits eingeführten Handlungstendenz (HT) – ist nach motivationstheoretischen Aussagen erstens abhängig von den *Wertintensitäten* einer Klasse von Zielvorstellungen, den *Anreizen* (A_g). Diese können positive (A_e) oder negative Werte (A_m) annehmen, sind daher einmal auf Erfolg (A_e) und zum anderen auf die Vermeidung von Mißerfolg (A_m) ausgerichtet und repräsentieren die in einer bestimmten Situation als Folge der Handlung erhofften Belohnungen oder befürchteten Bestrafungen (vgl. Atkinson 1964, S. 279/280[21]). Das Ausmaß von Hoffnungen bzw. Befürchtungen bezüglich der Erreichung bestimmter Zielzustände kennzeichnet die zweite Determinante: Die Bewertung von Handlungstendenzen, die hier die Bewertung von Selbstmordmethoden betreffen (HT_m), ist zum zweiten abhängig von den subjektiven Wahrscheinlichkeiten, mit denen positive oder negative Anreize als Folge der Mittelbewertung bzw. des Mitteleinsatzes ($m_{i,\,j}$) für erreichbar angesehen werden ($W_{mi,\,j,\,Ae}$; $W_{mi,\,j,\,Am}$).

Bezüglich der relativen Attraktivität des Mittelpotentials m_i gegenüber dem Mittelpotential m_j kann folgende Hypothese aufgestellt werden:

H_m1: Ein Mittelpotential zur Ausführung von Suizid- und Suizidversuchshandlungen Sm bzw. Smv ist attraktiver als ein Mittelpotential ($HT_{mi} > HT_{mj}$) zur Ausführung der Handlung Sm bzw. Smv, wenn durch den Einsatz des Mittelpotentials m_i mehr Zielvorstellungen mit positivem Anreizwert ($A_{e1\text{-}n}$) größerer Intensität für wahrscheinlicher gehalten werden als negative Anreizwerte ($A_{m1\text{-}n}$) geringerer Intensität für weniger wahrscheinlicher gehalten werden im Vergleich zum Mittelpotential (m_j), das relativ mehr und intensivere negative Anreizwerte durch die Ausführung von Suizid- bzw. Suizidversuchshandlungen und/oder weniger positive Anreize mit geringerer Intensität erwarten läßt[22].

---

21 Die verhaltenskontingenten Anreize (A_g) bilden nach dem Risiko-Wahl-Modell von Atkinson zusammen mit den Motiven (M_g) – Leistungs-Affiliations- und Machtmotiv –, die als relativ stabile, weitgehend situationsunabhängige Dispositionen, Klassen von Anreizen moderieren, die sogenannten Valenzen. Die Valenzen und die subjektiven Wahrscheinlichkeiten (W_g), mit denen verhaltenskontingente Anreize realisiert werden, sind multiplikativ verknüpft, was die Nullausprägung einer Variablen ausschließt. Die Verhaltensgleichung, die in dieser Arbeit in weniger stringenter Form angewandt wird, lautet dann wie folgt:
$HT = f(A_g \times W_g \times M_g)$. Die Motive werden im vorliegenden Ansatz als Determinanten der erwarteten Anreize untersucht.

22 Ähnlich wie bei den nachfolgend zu erörternden erwarteten Anreizen als mittelbare

2.2.2.2.1 Erwartete Eignung der Mittel im Hinblick auf die Anreize Selbsttötung und Selbstverletzung

Das wichtigste Ziel bei der tatsächlichen Anwendung eines Mittelpotentials betrifft seine Eignung im Hinblick auf das unmittelbare Handlungsergebnis, die Selbsttötung (A_{e11}) oder die Selbstverletzung (A_{e12}).

Ein Mittelpotential m_i würde daher bei dem unterstellten Handlungsziel Selbsttötung dann positiver bewertet als ein Mittelpotential m_j, wenn das erste Mittel nach Einschätzung des Handelnden geeignet erscheint, dieses Handlungsziel zu erreichen im Gegensatz zu einem Mittel m_j, das möglicherweise eine Selbstverletzung, aber nicht den intendierten eigenen Tod bewirken könnte. So entdeckten Kockott et al. (1970) einen signifikanten Zusammenhang zwischen der Selbstmordabsicht einer Person und der Gefährlichkeit des Mittelpotentials, insbesondere der Schwere der Vergiftungserscheinungen. Fox und Weissman (1975) beobachteten bei untersuchten nicht-tödlich endenden suizidären Handlungen von Personen, die sogenannte weiche Methoden wählten, daß diese im Vergleich zu den wenigen überlebenden Personen, die sich einer sogenannten harte Methode – Erschießen oder Erhängen – bedient hatten, ihre Tat schlechter geplant hatten und weniger ausgeprägte Selbsttötungsabsichten hegten.

Diese Untersuchungen bestätigen den postulierten Zusammenhang zwischen den erwarteten Zielvorstellungen, die durch das Mittelpotential erreicht werden wollen, insbesondere dem in diesem Zusammenhang wichtigsten Ziel der Selbsttötung oder Selbstverletzung, und den bevorzugten Methoden. Diese Anreize scheinen außerdem nicht nur eine technisch definierte Methode, sondern auch das hier als Mittelpotential bezeichnete Wissen um Einsatz des Mittels, das bedeutet bei Methoden mit längerer Latenzzeit auch die Planung von Zeit und Ort der Mittelanwendung, zu bestimmen[23].

Ähnlich interpretieren lassen sich die wiederholt festgestellten Befunde, daß nur eine Minderheit der Selbstmordversucher als sogenannte ernsthafte Suizidanten eingestuft werden können und häufiger weiche Selbstmordmethoden verwenden. Linden (1969) fand z.B., daß nur 7,5 % der Überlebenden eines Selbstmordversuchs durch Zufall gerettet wurden, während 18,8 % aktiv Hilfe suchten, bei einem Viertel der untersuchten Fälle die Rettung wahrscheinlich und bei der Hälfte

---

Handlungskonsequenzen des Handlungsergebnisses ‚Selbsttötung' bzw. ‚Selbstverletzung' wird eine nicht-additive Verknüpfung der Anreize und ihrer Wahrscheinlichkeiten angenommen, über die Aggregierung der einzelnen mit den Wahrscheinlichkeiten gewichteten Anreize wird jedoch keine weitergehende Annahme gemacht (vgl. Abschnitt 3.1.1, S. 56f.).

23 Die Planungsvorkehrungen der Handelnden ließen sich auch als Indikatoren für eine bestimmte Suizidintention heranziehen, wie dies bei manchen Untersuchungen und Risikoskalen geschieht (vgl. z.B. Linden 1969; LASP-Skala).
Der Nachteil solcher Verhaltensindikatoren liegt darin, daß die subjektive Kenntnis von zu erwartenden sozialen Interventionen, das Wissen über die Anwendung der Mittel, nicht identisch sein muß mit den tatsächlichen Ereignissen während der Tatausführung und daher die subjektive Intention nur unzuverlässig wiedergeben.

(47,1 %) die Rettung von vornherein gesichert war.

Mit diesen Befunden läßt sich zwar ein Zusammenhang zwischen Suizidbereitschaft und gewählter Methode belegen; die hier unterstellte kausale Beziehung, daß die Bereitschaft zur Selbsttötung der Wahl geeigneter Selbsttötungsmethoden vorangeht, ist damit nicht zweifelsfrei zu ermitteln, vor allem dann nicht, wenn es sich um die üblichen post hoc Befragungen der Suizidversucher handelt. Es wäre deswegen auch die umgekehrte Beziehung denkbar, daß eine verfügbare und möglicherweise unterschiedlich leicht zugängliche Selbstmordmethode die Suizidbereitschaft bestimmt und nicht, wie dies in der obigen Hypothese vermutet wird, die antizipierte Zielvorstellung die Mittelpräferenz und Mittelwahl bestimmt. Einige empirische Befunde sprechen zunächst für eine umgekehrte Kausalbeziehung. Nachdem Ärzte und ärztliches Personal (vgl. Blachley et al. 1968) einen leichteren Zugang zu geeigneten Suizidmitteln (vgl. Farmer 1980, S. 30) haben und gleichzeitig auch besonders suizidgefährdet sind, könnte dies zugunsten der Vermutung angeführt werden, daß die Entstehung von Suizidintentionen durch leichtere Zugänglichkeit geeigneter Mittel begünstigt wird. Wenn für diesen Berufsstand jedoch gleiche Zugänglichkeiten zu geeigneten Mittel unterstellt wird, widersprechen die beobachteten unterschiedlichen Selbstmordraten verschiedener Fachrichtungen dieser Annahme (vgl. Blachley et al. 1968).

Die Tatsache, daß Frauen relativ immun gegenüber Selbstmord sind, bei nicht-tödlich endenden Selbstmordversuchen jedoch überrepräsentiert sind und weitaus häufiger sogenannte weiche und damit ungefährlichere Methoden benutzen, läßt zunächst gleichfalls die Vermutung zu, daß geschlechtsspezifisch bedingte Zugänglichkeit zu weicheren und infolge der verlängerten Wirkzeiten ungefährlicheren Methoden die Wahl ‚nur' selbstverletzender Methoden bestimmt, der eine erhöhte Suizidversuchsrate und verminderte Suizidrate entspricht. Auch diese Vermutung ist aufgrund sehr verschiedener Befunde nicht haltbar. Erstens ist allenfalls für einige, nicht aber für alle sogenannten harten Methoden eine geschlechtsspezifische Zugangsbeschränkung denkbar. Sie gilt vielleicht für Schußwaffen, aber nicht für Erhängen oder den Sturz von hohen Gebäuden. Zweitens sind – wie oben gezeigt wurde – auch weiche Methoden gefährlich, nämlich dann, wenn z.B. Dosis und Planung der Tatausführung den eigenen Tod wahrscheinlich machen. Drittens unterliegt die Präferenz für weiche Methoden bei Männern und Frauen beträchtlichen Variationen, die nicht an das Geschlecht, wohl aber an die Absicht, einen Selbstmord oder aber einen Selbstmordversuch zu begehen, gebunden zu sein scheinen:

1. Bei nicht-tödlich endenden Selbstmordhandlungen verwenden Männer *und* Frauen in erster Linie ‚weiche' Methoden, wenngleich die wenigen Männer, die einen gefährlichen Selbstmordversuch, d.h. einen Selbstmord bei Anwendung harter Methoden überlebten, diese Methode häufiger angewandt haben als Frauen (vgl. Linden 1969, S. 11).
2. Wenn Frauen ihren Selbstmordversuch nicht überleben, dann haben sie häufiger harte und damit sicherere Methoden gewählt als weiche. Im Jahre 1959 haben sich 31,1 % der Selbstmörderinnen erhängt – diese Tötungsmethode wähl-

ten im Vergleich dazu 50,7 % der Männer –, aber nur 25,5 % der Frauen starben an Schlafmittelvergiftungen (vgl. Thomas 1964, S. 11; Linden 1969).

3. Nach Dotzauer ist in den letzten Jahren für beide Geschlechter eine Zunahme der weichen Methoden zu beobachten (vgl. Linden 1969, S. 11).
4. Die Gefährlichkeit der Selbstmordhandlungen nimmt mit dem Alter und auch mit der Zahl der Selbstmordversuche zu (Parnitzke 1961; Dorpat und Boswell 1963). Rentnerinnen und Invalidinnen wählten relativ häufig harte Selbstmordmethoden (Fuchs 1974).
5. Mit zunehmendem Bildungsgrad der Frau verändert sich die Präferenz zugunsten harter Methoden (Fuchs 1974).

Auch auf nationaler Ebene läßt die beobachtete Variation einer Selbstmordrate bei gleichzeitig veränderter Zugänglichkeit zu leicht verfügbaren Selbstmordmethoden keine Bestätigung für die Vermutung zu, daß die Verfügbarkeit von Mitteln über die Bildung von Suizidtendenzen bzw. Suizidversuchstendenzen als intervenierender Variablen, die Höhe der Selbstmord- bzw. Selbstmordversuchsrate determinieren würde. Zwar wurde in Australien mit der Entgiftung von Haushaltsgas eine nachfolgende Senkung der Selbstmordrate beobachtet (vgl. Oliver und Hetzel 1972; Whitlock 1975, in: Lester 1983, S. 91), Kreitman (1976) stellte in England jedoch nach der Entgiftung von Haushaltsgas fest, daß lediglich diese Selbstmordmethode, nicht jedoch andere Selbstmordmethoden seltener angewandt wurden.

Wird daher der Zugang zu einem bislang gebräuchlichen Mittel erschwert, läßt sich eher vermuten, daß sich die Präferenzen auf andere Selbstmordmethoden verlagern, ohne daß die Suizidbereitschaft dadurch verändert würde, was sich in einer gesunkenen Selbstmordhäufigkeit niederschlagen müßte. Selbstmordschwankungen als Folge eines einzelnen Ereignisses – Eliminierung einer Selbstmordmethode – zu betrachten, begünstigt außerdem Fehlschlüsse, die nur über die Kontrolle simultan wirkender und suizidrelevanter Faktoren eingegrenzt werden können[24].

Auch die beobachtete relative Konstanz der Selbstmordrate einzelner Länder zueinander, die bei temporären Schwankungen erhalten bleibt (vgl. Abschnitt 4.3.2.2.2.3), spricht gegen den moderierenden Einfluß veränderter Zugangsmöglichkeiten zu geeigneten Selbstmordmethoden. Trotz erschwertem Zugang zu geeigneten Selbstmordmethoden in Gefängnissen und Krankenhäusern, ist Selbstmord nicht zu verhindern, bestimmte Methoden, wie z.B. Selbstmord durch Erhängen in Gefängnissen, kommen aber häufiger vor (vgl. Burgmayer 1974). Wenn in den letztgenannten Befunden vor allem ein fehlender Zusammenhang zwischen Selbstmordhäufigkeit und variierenden Selbstmordmethoden zum Ausdruck

---

24 Multivariate Verfahren allein genügen hier nicht, solange wichtige Einflußgrößen außer acht gelassen werden. Low et al. (1981) stellten in einer Zeitreihenanalyse für einen Zeitraum von 100 Jahren fest, daß die zeitweilige Verfügbarkeit von Kohlegas als Tötungsmittel in England zwar die weibliche Selbstmordrate beeinflußte, beim männlichen Selbstmordverhalten aber der Anteil Arbeitsloser weitaus wichtiger war. Arbeitslosigkeit steht aber in keinem konsistenten Zusammenhang zum weiblichen Selbstmordverhalten (vgl. Sainsbury et al. 1980). Andere Faktoren hätten daher kontrolliert werden müssen.

kommt, wird damit nicht der fehlende Zusammenhang zwischen der hier behaupteten notwendigen Verfügbarkeit von geeignet erscheinenden Methoden und Selbstmord nachgewiesen, sondern eher die plausible Vermutung bestätigt, daß zwar ohne geeignete Selbstmordmittel Selbstmord ausgeschlossen ist, geeignete Selbstmordmethoden aber universell verfügbar sind. Dies gilt allerdings nur, wenn die Eignung eines Mittels beide Ziele, Selbsttötung bzw. Selbstverletzung, einbezieht. Werden andere Zielvorstellungen, die für den potentiellen Suizidanten bei der Mittelwahl wichtig sind, berücksichtigt, können restriktive Maßnahmen für besonders beliebte und momentan nicht ersetzbare Mittel[25] die Selbstmordhäufigkeit kurzfristig beeinflussen.

Welche anderen Zielvorstellungen spielen bei der Bewertung von Selbstmordmethoden eine Rolle? Die Präferenzen für einzelne Methoden variieren – wie bereits festgestellt wurde – nach Geschlecht, Nation und Kulturkreis. Im folgenden Abschnitt sollen die unterschiedlichen Präferenzen erklärt werden.

2.2.2.2.2 Erwartete Eignung der Mittel im Hinblick auf affektiv-physiologische Anreizklassen

Zu weiteren Zielvorstellungen bzw. Anreizen, die die Bewertung eines Mittelpotentials bestimmen, gehören affektiv-physiologische Anreize negativer Ausprägung, z.B. zu meidende Schmerzen beim Einsatz des Mittelpotentials (A_{m1}), oder positiver Ausprägung, z.B. anzustrebende Vertrautheit mit der sozialen Umgebung (A_{e2})[26], oder passives versus aktives Agieren (A_{e3}) während der Handlungsausführung, d.h. dem Mitteleinsatz. Zusammen mit den bereits erwähnten Anreizen der Selbsttötung bzw. Selbstverletzung (A_{e11} bzw. A_{e12}) läßt sich die Attraktivität eines Selbstmord- bzw. Selbstmordversuchspotentials (HT_{mi}; HT_{mj}) bestimmen.

Bei gleicher Eignung im Hinblick auf das handlungsimmanente Ziel, des Mitteleinsatzes, d.h. dem Beginn der suizidalen Handlung, würde unter Berücksichtigung dieser zusätzlichen Anreizklassen – den physiologisch bedingten und zu meidenden Schmerzzuständen, den affektiv-emotionalen Anreizen der Vertrautheit und damit des Bekanntheitsgrades der sozialen Situation oder dem erforderlichen Aktivierungsgrad – dasjenige Mittel als relativ attraktiv bewertet und gewählt werden, das weniger Schmerzen und bei der Tatausführung die größere Vertrautheit in der Situation verspricht.

---

25 Die praktische Schlußfolgerung, durch Verbote oder erschwerten Zugang zu Selbstmordmitteln die Selbstmordrate zu beeinflussen, muß daher – vor allem unter Berücksichtigung möglicher Gewichtungen der einzelnen Anreize – skeptisch beurteilt werden (vgl. hierzu Abschnitt 2.2.3).

26 Es gibt einige Hinweise aus der Todesforschung und auch aus der anthropologischen Forschung, daß der Mensch beim Sterben – der Zeit bis zum Eintritt des Todes – nicht allein sein will (vgl. Kübler-Ross 1971). Wenn einem Selbstmörder wegen zu erwartender sozialer Interventionen, die bei einer Suizidintention unerwünscht sind, dies verwehrt ist, kann die Vertrautheit mit der sozialen Umgebung ein Ersatz sein.

Übersicht 2: *Subjektives Mittelpotential und suizidale Handlungstendenzen als Determinanten des Handlungsbeginns und des Handlungsergebnisses*

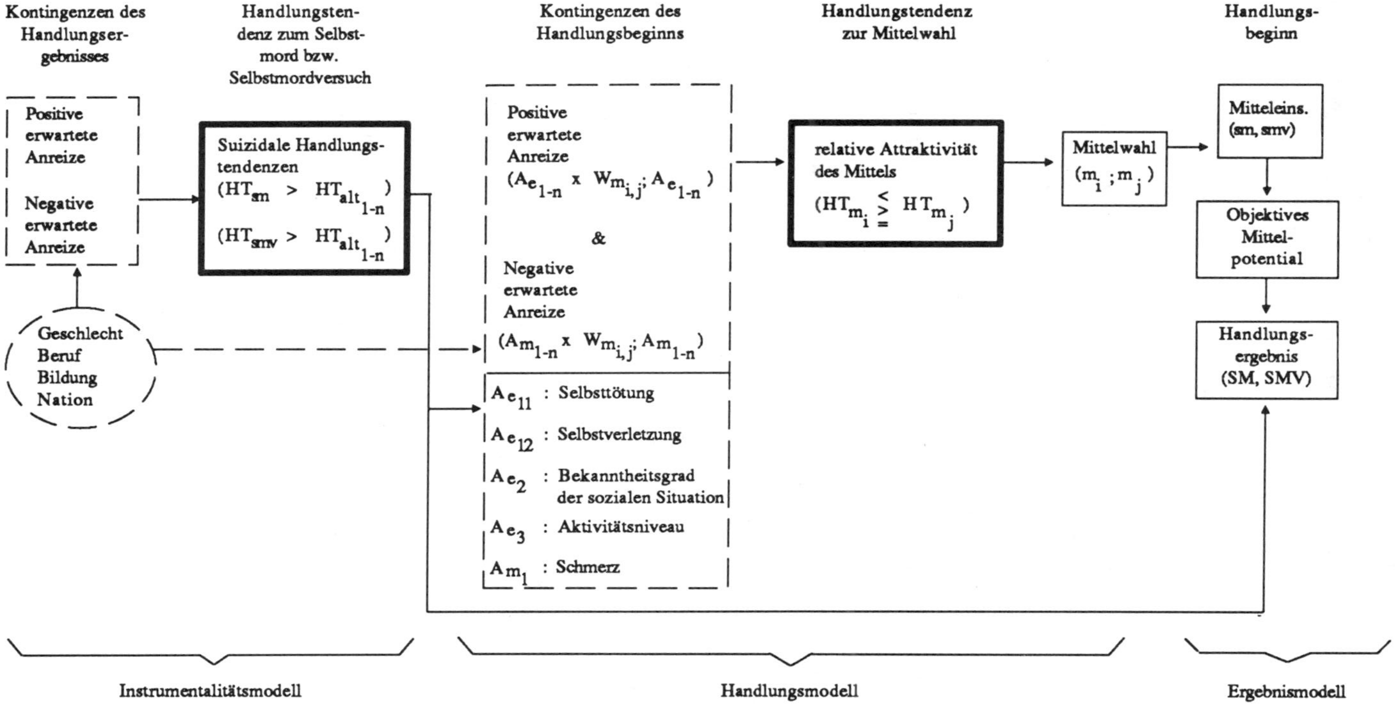

Damit ließen sich nun einige Präferenzverteilungen nach Geschlecht, Nation und Kulturkreis erklären. Wenn Frauen, wie dies oben bereits festgestellt wurde, häufiger als Männer sogenannte passive oder weiche Selbstmordmethoden anwenden, und diese relative Präferenz zwar in Abhängigkeit der Handlungsintention variiert, dennoch eine relative Bevorzugung weicher Methoden auch bei einem erhöhten Anteil harter Methoden übrig bleibt, könnte diese Variation mit entsprechenden geschlechtsspezifisch verteilten Wertvorstellungen erklärt werden. Mit rollenkonformen Wertvorstellungen der Frauen würde die häufiger festgestellte Einnahme von Drogen und der seltenere Gebrauch von Schußwaffen übereinstimmen, wenn Drogeneinnahme Vertrautheit mit der sozialen Situation gewährt und weniger Mut bei der Handlungsausführung voraussetzt. Ähnlich könnten kulturspezifische Präferenzen für die Methode des Erhängens oder Erschießens mit in dieser Kultur verbreiteten Wertvorstellungen für mutiges oder statusbezogenes Verhalten konvergieren.

Die genannten Anreizklassen ließen sich ergänzen[27], z.B. mit materiellen Kosten, die bei unterschiedlichen Zugangschancen für einzelne Methoden – z.B. die Notwendigkeit, sich illegal Medikamente zu beschaffen – erhöht sein könnten und damit auch die Attraktivität vermindern.

Vorausgesetzt, daß Geschlechts-, Berufs-, Nationen- oder Kulturzugehörigkeit mit attraktivitätsrelevanten Anreizen variieren, kann auch angenommen werden, daß diese als vorwiegend sozio-demographische Merkmale, die zeitlich der Herausbildung spezifischer und auch situationsabhängiger Anreizwerte vorausgehen, die Anreizwertbildung beeinflussen. Notwendige Bedingungen stellen diese soziodemographischen Merkmale jedoch nicht dar. Dies lassen die uneinheitlichen Befunde zur geschlechtsspezifischen oder auch nationenspezifischen Variation der Methodenpräferenz vermuten, nach denen sich – wie bereits festgestellt wurde – z.B. Männer im Laufe der Zeit weicherer Methoden bedienen oder bestimmte Selbstmordmethoden, wie z.B. Erhängen, nur während einer zeitlich begrenzten Epoche verbreitet waren. Faßt man die erwarteten Anreize wie in diesem Ansatz als intervenierende Variablen auf, wären die infolge der zahlreichen inkonsistenten Befunde allenfalls als hinreichende Bedingungen einzustufenden sozio-demographischen Variablen mit Hilfe der erwarteten Anreize zu relativieren. Frauen würden z.B. nur dann passive Methoden bevorzugen, wenn diese alle immanenten Handlungsziele – Selbsttötung oder soziale Vertrautheit – realisierbar erscheinen lassen. In der Übersicht 2 sind die Beziehungen zwischen den genannten soziodemographischen Variablen und den erwarteten Anreizen abgebildet, ebenso die Konsequenzen relativer Mittelattraktivität, die Mittelbeschaffung und der Handlungsbeginn.

Allen bisher genannten Anreizen ist gemeinsam, daß sie handlungsimmanent sind und nicht wie die später zu untersuchenden Determinanten der suizidalen Ten-

---

27 Peterson (1975) führt als „Vorteile", die weitere Anreizklassen repräsentieren, bei einem vorgetäuschten Kraftfahrzeugunfall an, daß diese Methode leicht zugänglich und geeignet ist, die Selbstmordabsicht zu verdecken, sowie eine mögliche Affektentladung während der Ausführung der Tat gestattet.

denzen auf ‚weiterreichende' Folgen des unmittelbaren Handlungsergebnisses Selbsttötung bzw. Selbstverletzung abzielen. Es sind Zielzustände, deren Realisierung während der Handlungsausführung als Folge des Mitteleinsatzes, aber vor Beendigung der Handlung erwartet werden. Dem Alltagssprachverständnis nach sind es antizipierte Zustände während des *Sterbens*, das durch die Mittelwahl erträglicher gemacht werden will, obwohl die Mittelwahl paradoxerweise auf das erfolgreiche Sterben, den Tod bei Suizid oder den ‚Tod auf Zeit' beim Suizidversuch ausgerichtet ist. Im Gegensatz dazu betreffen die Erwartungen, die die suizidalen Tendenzen herausbilden, die weiterreichenden Konsequenzen des Todes und nicht die unmittelbaren des Sterbens.

Des weiteren kann man annehmen, daß handlungsimmanente Ziele der Selbsttötung bzw. Selbstverletzung weitgehend unabhängig von anderen Anreizen sind, d.h. ohne Interaktionseffekte die Mittelpräferenzen bestimmen. Diese alternativen affektiv-physiologischen Anreize – wie soziale Vertrautheit oder Vermeidung von Schmerzen – sind aber vermutlich von nachrangiger Bedeutung, d.h., das Ziel Selbsttötung bzw. Selbstverletzung stellt eine notwendige Bedingung, die anderen antizipierten Zielzustände stellen allenfalls hinreichende Bedingungen dar. Mit dieser Hypothese über das Zusammenwirken der Präferenzdeterminanten, die in den obigen Hypothesen nicht zum Ausdruck kommen, stimmen auch die beobachteten geschlechtsspezifischen Variationen der Mittelpräferenzen überein. Sie könnten erklären, warum bei Konstanz unterstellter suizidaler Intentionen Variationen in der Mittelwahl erkennbar sind – diese wären auf unterschiedliche Anreizkonstellationen der alternativen Anreize zurückzuführen –, aber andererseits suizidale Intentionen, unabhängig von Geschlecht, Nationzugehörigkeit etc., für ähnliche Mittelwahlen bestimmend wären. Am Beispiel der geschlechtsspezifischen Mittelwahl kann die angenommene unterschiedliche suizidale Intention die häufigere Anwendung sogenannter harter Methoden durch Selbstmörderinnen im Vergleich zu weiblichen Selbstmordversuchen erklären. Wenn Frauen andererseits dennoch häufiger als Männer bei gleich starker suizidaler Intention weiche Selbstmordmethoden bevorzugen, kann dies darauf zurückgeführt werden, daß von einem Mittel noch andere Effekte als die eines sicheren Todes erwartet werden.

2.2.2.3 *Zusammenfassung:* Determinanten der Mittelwahl

Zusammenfassend kann man sagen, daß die relative Attraktivität eines Mittelpotentials abhängig ist von der wahrgenommenen Realisierung der Anreize, die beim potentiellen Einsatz dieser Mittel während des Beginns suizidaler Handlungen antizipiert werden. Diese erwarteten Zielzustände können als zu meidende Anreize, z.B. Schmerzen, die der Mitteleinsatz vermutlich auslöst, die Attraktivität des Mittels mindern oder als erwünschte Zielzustände – Vertrautheit mit der sozialen Situation, erforderlicher Aktivierungsgrad – die Attraktivität erhöhen. Ein Mittelpotential gilt dann als subjektiv adäquat, wenn die Bewertung des Mittelpotentials über die aggregierten, mit der Wahrscheinlichkeit gewichteten negativen und positiven Anreizwerte positiv ist. Ein Mittelpotential m_i ist attraktiver als ein Mittelpotential m_j, wenn die aggregierten und mit der Wahrscheinlichkeit gewichteten Anreize des Mittelpotentials m_i positiver ausgeprägt sind als die erwarteten Anreize des Mittelpotentials m_j.

In Analogie zum oben erwähnten motivationstheoretischen Modell von Vroom läßt sich der Handlungsprozeß aufspalten in ein Handlungsmodell, das hier aus der Bewertung des subjektiven Mittelpotentials (S.P.) als einer Voraussetzung für den Handlungsbeginn besteht, und in ein Ergebnismodell mit dem objektiven Mittelpotential (O.M.) als einer Determinante des Handlungserfolgs. Die nachfolgende Variablenskizze faßt diese Beziehungen noch einmal zusammen, wobei die mittelbaren Handlungskonsequenzen, die als Folgen des Handlungsergebnisses und nicht nur als unmittelbare Folgen des Handlungsbeginns in Abschnitt 3. untersucht werden, das Instrumentalitätsmodell repräsentieren. Ausführlich sind die Variablen der drei Modelle in Übersicht 2 zusammengefaßt.

Übersicht 3: *Determinanten des Handlungsbeginns und des Handlungsergebnisses*

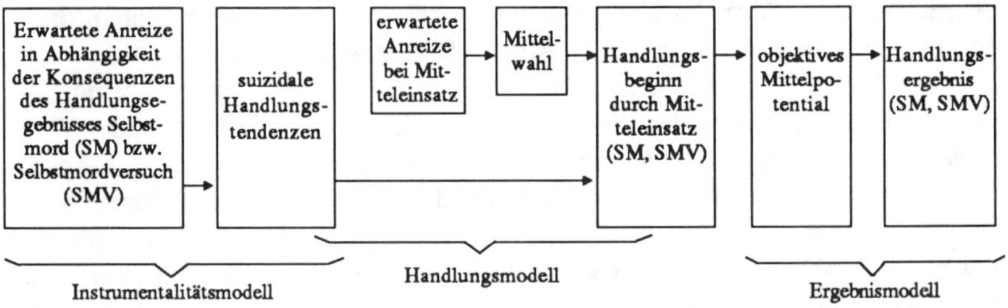

Der *Vorteil* des Ansatzes besteht darin, daß sonst nur schwer zu erklärende empirische Variationen der Selbstmordmethoden unter Zuhilfenahme relativierender Bedingungen erklärt werden können. Auch ist eine theoretisch orientierte neue Konzeptualisierung der ‚Ernsthaftigkeit' eines Selbstmordversuchs oder des ‚Selbstmordrisikos', wie dies in den Selbstmordrisikoskalen über empirisch induktiv gewonnene Items oder Selbstmordkorrelate versucht wird (vgl. Anm. 17, S. 36), möglich.

Praktische Schlußfolgerungen dieses Ansatzes betreffen die vermutete Kausalwirkung zwischen suizidaler Intention und Mittelbeschaffung. Dafür, daß selbstschädigende Ziele primär die Mittelwahl beeinflussen und nicht umgekehrt die Verfügbarkeit geeigneter Selbstmordmethoden herausbilden, gibt es einige empirische Hinweise. Zugangsbeschränkungen von Selbstmordmethoden wären nach dieser theoretischen Implikation nicht geeignet, die suizidalen Tendenzen zu beeinflussen, sie blieben auch wirkungslos im Hinblick auf eine Beeinflussung ausgeführter Selbstmordhandlungen, wenn gleichzeitig eine Vielzahl anderer Selbstmordmethoden verfügbar bliebe und der Substituierungsgrad dieser Mittel im Hinblick auf ihre Eignung zur Selbsttötung oder Selbstverletzung ähnlich ist. Dies soll im folgenden Abschnitt noch einmal näher untersucht werden.

2.2.3 Vermutete Auswirkungen von veränderten Zugangschancen zu einzelnen Suizidmethoden: Substituierbarkeit von Suizidmethoden

Ein gesellschaftlich erschwerter Zugang zu bestimmten Selbstmordmethoden läßt sich nach dem hier vertretenen Ansatz in veränderten Anreizen und Erwartungen beim Einsatz dieser Methoden ausdrücken. Wird z.B. die ärztliche Verschreibung von gefährlichen Drogen restriktiv gehandhabt, ist das Mittel Drogeneinnahme wegen der dann gegebenen Möglichkeit zu nur geringer Dosierung mit reduzierter Wahrscheinlichkeit geeignet, das Ziel ‚Selbsttötung' zu realisieren, oder aber die Beschaffung ausreichender Mengen ist mit zusätzlichen materiellen sowie psychischen Kosten verbunden. Die Wert-Erwartungs-Matrix für das Mittel ‚Drogen' würde sich daher infolge wahrscheinlicher negativer Anreize zugunsten anderer Methoden verschlechtern. Der Zugang zu subjektiv geeigneten Mitteln kann sich auch durch andere Umstände verändern, z.B. Krankheit, die die Anwendung bestimmter Selbstmordmethoden verhindert oder erschwert.

Wie wirken sich veränderte, d.h. erschwerte oder erleichterte Zugangschancen zu einzelnen Selbstmordmethoden auf die Selbstmordwahrscheinlichkeit aus? Diese Frage ist von großer praktischer Bedeutung sowohl bei einer beabsichtigten Zugangsbeschränkung für Drogen, Schußwaffen und dergleichen als auch umgekehrt für Erleichterungen bei der Beschaffung selbsttötender Mittel, wie dies Befürworter der Sterbehilfe fordern. Die Frage läßt sich unter bestimmten Voraussetzungen, die sich aus den bisher entwickelten Vorstellungen über den Zusammenhang zwischen Suizidtendenzen, Mittelattraktivität bzw. Mittelpotential und Beginn der suizidalen Handlungen wie folgt beantworten:

Veränderte Zugangschancen für mindestens eine Selbstmordmethode beeinflussen die Selbstmordhäufigkeit in der Gesellschaft, in der die restriktiven Maßnahmen getroffen werden, nicht wesentlich, auch dann nicht, wenn diese Selbstmordmethode vor Einsatz der restriktiven Maßnahmen verbreitet war.

Diese Schlußfolgerung gilt, obwohl postuliert wurde, daß sich durch restriktive Maßnahmen die relative Attraktivität der beschränkten Selbstmordmethode verschlechtert und die Erreichung der handlungsimmanenten Ziele ‚Selbsttötung' und ‚Selbstverletzung' unwahrscheinlicher erscheint. Als Folge davon wäre aber die Verfügungsgewalt über eine subjektiv adäquate Selbstmordmethode in Frage gestellt und da sie als notwendige, wenn auch nicht hinreichende Bedingung für die Ausführung einer suizidalen Handlung eingestuft wurde, könnten die restriktiven Maßnahmen erfolgreich suizidale Handlungen eindämmen. Dem steht jedoch die oben ausgeführte Annahme entgegen, daß alternative Selbstmordmethoden universell verfügbar bleiben. Ein hohes Gebäude oder ein hoher Felsen, tiefes Gewässer oder die Verweigerung der Nahrungsaufnahme sind kaum kontrollierbare Methoden, die zumindest im Hinblick auf die Ziele der ‚Selbsttötung' oder ‚Selbstverletzung' auch *subjektiv adäquat* (1) erscheinen und der Verfügungsgewalt nahezu aller Personen überall und zu allen Zeiten unterliegen, das heißt, ein in dieser Hinsicht eingeschränktes Mittelpotential für alle Personen vorhanden ist (2). Erweitert man diese Annahme dahingehend, daß erstens diese alternativen Methoden auch im Hinblick auf andere Ziele vollkommen substituierbar sind und/oder die Ziele der Selbsttötung bzw. Selbsttötung von höherer Intensität als alternative Zielvorstellungen sind, dann können bei Vorliegen der hinreichenden Bedingung ‚Suizidale Tendenz' (3) restriktive Maßnahmen die Selbstmordhäufigkeit nicht entscheidend beeinflussen.

Die letztgenannte Voraussetzung – Konstanz der suizidalen Tendenzen, das bedeutet in diesem Zusammenhang vor allem, daß eine Beeinflussung der suizidalen Tendenz durch eine veränderte Attraktivität der Selbstmordmethoden auszuschließen ist – wurde bereits oben ausführlich erörtert und kann plausiblerweise angenommen werden. Inwieweit die erste Voraussetzung empirisch gültig ist, läßt sich nach den vorliegenden, bereits diskutierten Untersuchungen nicht entscheiden, da diese die postulierte Ähnlichkeit der durch die Methode erhofften Vorteile bzw. zu vermeidenden Nachteile nicht berücksichtigen. Die erwähnte Tatsache jedoch, daß Restriktionen einzelner Selbstmordmethoden – Entgiften von Leuchtgas z.B. – nicht eindeutig und langfristig mit einer Senkung der Selbstmordhäufigkeit verbunden war, spricht zugunsten der postulierten Schlußfolgerung, ohne daß die Voraussetzungen dabei empirisch geprüft worden wären (vgl. Anm. 27, S. 46).

Diese Voraussetzungen machen auch deutlich, warum die Schlußfolgerung unabhängig von der Verbreitung einer Selbstmordmethode in einer sozialen Gruppe aufrechterhalten werden kann. Auch wenn viele Suizidgefährdete eine Methode wählen und sie sich daher ähnliche Vorteile erhoffen bzw. ähnliche Nachteile durch Anwendung der Methode bei der Handlungsausführung befürchten, könnte die angenommene Substituierbarkeit der kontrollierten Methode im Hinblick auf das Ziel Selbsttötung bzw. Selbstverletzung oder auf eine eindeutige Zielhierarchie dieser beiden Ziele im Vergleich zu anderen anzustrebenden oder zu vermeidenden Zielzuständen auch eine häufig angewandte Selbstmordmethode betreffen.

Die obige Schlußfolgerung über die Beziehung zwischen einer Beschränkung einzelner Methoden und deren Auswirkung auf die Selbstmordrate gilt daher unter den drei genannten obigen Voraussetzungen:

$H_{sm,\ smv}$ 2: Veränderte Zugangschancen in einer Gesellschaft zu einzelnen Mitteln (m_{i-n}), die der Selbsttötung oder Selbstverletzung dienen, sind nicht mit einer nachfolgenden Veränderung der Selbstmord- bzw. Selbstmordversuchsrate in dieser sozialen Gruppe verbunden, wenn die Suizid- und Suizidversuchstendenz der Suizidgefährdeten in der Gesellschaft konstant ist (3) und die Suizid- bzw. Suizidversuchsgefährdeten die Mittel (m_{i-n}) zur Handlungsausführung nur im Hinblick auf erwartete Realisierung des Ziels ‚Selbsttötung' bzw. ‚Selbstverletzung' auswählen bzw. alternative handlungsimmanente Anreize, deren Realisierung durch den Mitteleinsatz erhofft bzw. vermieden werden will (1), relativ schwach ausgeprägt sind und alternative Selbstmordmethoden ($m_{j...n}$) bezüglich dieser Zielhierarchien subjektiv adäquat und universell verfügbar sind (2)[28].

28 Diese Beziehung wurde als Hypothese formuliert, da eine Veränderung der ‚objektiven Zugangschance' zwar definitorisch mit subjektiven Chancen der Verfügbarkeit gleichgesetzt werden könnte, eine empirische Beziehung aber die Nachprüfung der Auswirkung ‚objektiver Maßnahmen' auf subjektive Bewertungen verlangt.

Wie wirkt sich ein erleichterter oder erschwerter Zugang auf die Selbstmordhäufigkeit aus, wenn die unterstellte eindimensionale Bewertung der Selbstmordmethoden – Tötungs- und Verletzungsfolge – nicht zutrifft? Geschlechts-, nationen- und kulturspezifische Variationen der Präferenzen für Suizidmethoden könnten – wie gezeigt wurde – mit Hilfe einer mehrdimensionalen Bewertung von Selbstmordmethoden erklärt werden. Dann wäre nicht mehr ein Ziel – die Selbsttötung bzw. Selbstverletzung – dominant, sondern es würden andere Ziele wie ‚Schnelligkeit der Wirkung' oder ‚Schmerzfreiheit' der angewandten Mittel in ähnlichem Ausmaße beim Einsatz der Mittel verfolgt werden. Eine universelle Verfügbarkeit solcher in ihren Eigenschaften genau bestimmten Methoden kann dann nicht mehr angenommen werden. Insofern könnte bei einer Beschränkung dieser Mittel zumindest für einen begrenzten Zeitraum mit einer Senkung der Selbstmordrate gerechnet werden. Umgekehrt wäre bei einer vollständigen Freigabe dieser Mittel mit einer Erhöhung der Selbstmordhäufigkeit zu rechnen. Allerdings erlauben die verfügbaren Untersuchungsergebnisse keine Aussage über die Verbreitung solcher multidimensionalen Bewertungen von Selbstmordmethoden. Eine erfolgreiche Beschränkung spezieller Mittel, wie z.B. Drogen, dürfte allerdings schwierig zu realisieren sein, wie dies die Bekämpfung des illegalen Drogenhandels zeigt. Eine vollständige Freigabe würde daher unter Umständen die subjektive Verfügbarkeit nicht wesentlich verändern, so daß die ohnehin nur bei Konstanz der suizidalen Tendenzen erwartete Erhöhung der Selbstmordhäufigkeit nicht eintreten würde. Eine Veränderung der Selbstmordhäufigkeit wäre also zusammenfassend unter folgenden Voraussetzungen zu erwarten:

$H_{sm,\, smv}$ 2': Veränderte Zugangschancen in einer Gesellschaft zu einzelnen Mitteln ($m_{r...n}$), die sich zur Selbsttötung bzw. Selbstverletzung eignen, sind dann mit einer nachfolgenden Veränderung der Selbstmord- bzw. Selbstmordversuchsrate verbunden, wenn bei konstanter Selbstmord- bzw. Selbstmordversuchstendenz in dieser Gesellschaft (3) die Mittel $m_{r...n}$ von Suizid- bzw. Suizidversuchsgefährdeten nicht nur im Hinblick auf deren erwartete Eignung zur Realisierung der Ziele Selbsttötung bzw. Selbstverletzung, sondern auch im Hinblick auf erwartete alternative Anreize mit ähnlichen Anreizwerten (2) gewählt werden und die subjektive Wahrscheinlichkeit für die Realisierung dieser Zielvorstellungen durch den Mitteleinsatz entsprechend der Restriktionen verändert wird (1).

2.3 *Objektiv adäquates Mittelpotential als Determinanten des Handlungsergebnisses (Ergebnismodell)*

Der Beginn einer suizidalen Handlung läßt sich entsprechend den Begriffsfestlegungen in Abschnitt 2.1.2 über den tatsächlichen Mitteleinsatz ($M_{i,\, j}$) beobachten. Die Voraussetzungen hierfür wurden bisher untersucht. Als notwendige und hinreichende Bedingungen für den Beginn einer suizidalen Handlung wurden die Verfügungsgewalt über relativ attraktive Selbstmordmethoden und vorhandene suizidale Tendenzen postuliert. Das Handlungsergebnis wird entsprechend den oben eingeführten Definitionen für vollendete Selbstmord- und Selbstmordversuchshandlungen dann als Selbstmord- bzw. Selbstmordversuchshandlung bezeichnet, wenn aktive oder passive Handlungen unmittelbar nach Handlungsbeginn zum eigenen Tod oder zur eigenen Verletzung führen. Dieser ‚objektive' Handlungserfolg – Selbstmord (SM) oder Selbstmordversuch (SMV) – muß mit dem intendierten Handlungserfolg (sm, smv), der über die suizidalen Tendenzen oder – wie oben dargelegt – auch auf der Handlungsebene erfaßbar ist, nicht übereinstimmen. Diskrepante Handlungsergebnisse sind dann zu erwarten, wenn das subjektive Mittelpotential im Hinblick auf die Realisierung der handlungsimmanenten Ziele der Selbsttötung falsch eingeschätzt wurde. Der mißlungene Selbstmord als nicht tödlich endender Selbstmordversuch oder der mißlungene Selbstmordversuch als tödlich endender Selbstmordversuch ist dann die Folge. Wann liegt eine falsche Einschätzung der subjektiven Adäquatheit des Mittelpotentials vor? Was könnte unter einem ‚richtigen' oder ‚objektiven' Mittelpotential, das adäquate Handlungsergebnisse erklären oder vorhersagen könnte, verstanden werden? Das subjektive Mittelpotential enthält subjektives Wissen über Wahrscheinlichkeitsbeziehungen zwischen dem potentiellen Mitteleinsatz und möglichen Folgen für die Realisierung bestimmter Zielzustände während der Handlungsausführung. Dieses Wissen kann richtig und falsch sein. Falsche Einschätzungen der vom Handelnden zu beurteilenden Selbstmordmethoden sind in zweierlei Hinsicht denkbar. Erstens kann es sich um empirisch falsche Wahrscheinlichkeitsaussagen handeln, in der Weise, daß die gewählten Selbstmordmethoden unter keinen Umständen geeignet sind, das handlungsimmanente Ziel zu erreichen. Dies ist z.B. der Fall, wenn die Dosierung eines Gifts zu niedrig gewählt wurde. In wissenschaftstheoretischen Termen ausgedrückt war das angewandte Wissen des Handelnden bzw. die zugrunde gelegte Prämisse falsch, die nach der Handlungstheorie den subjektiven Wahrscheinlichkeitsbeziehungen zwischen Mitteleinsatz und erwarteten Zielrealisierungen entsprechen. Zweitens ist denkbar, daß bei richtigem Wissen – also richtigen Prämissen – die Methode zum Zeitpunkt der Handlung falsch angewandt wurde, d.h. die singulären Anfangsbedingungen nicht realisiert wurden. So könnte z.B. die Dosierung einer tödlichen Droge richtig gewesen sein, aber besondere situativ-konstitutionelle Bedingungen des Selbstmörders könnten eine Realisierung der Anfangsbedingung verhindert haben. Damit sind für die ‚Richtigkeit' oder ‚objektive' Adäquatheit des Mittelpotentials wissenschaftstheoretische Geltungskriterien – die Adäquatheitsbedingungen für Prämissen bzw. ihre vorläufige empirische Bestätigung (vgl. Popper 1964, S. 97; Albert 1964; Hempel 1965) – für die Erklärung und Vorhersage suizidaler Ereignisse eingeführt worden. Der Unterschied zu den vorangegangenen subjektiven Hypothesen über die Mitteleignung liegt jedoch nicht nur in den möglicherweise unterschiedlichen Geltungskriterien von handelnden Personen für die Übernahme von kognitiven Aussagen, sondern auch darin, daß nur *ein* erwarteter Zielzustand – das zu erklärende Ereignis – die Selbsttötung bzw. die Selbstverletzung bei der Konzeptualisierung des objektiven Mittelpotentials herangezogen werden braucht[29]. Des weiteren lassen sich beim objektiven Mittel-

29 Die Realisierung der anderen Zielzustände – z.B. Vermeidung von Schmerzen während

potential die wissenschaftlichen Hypothesen, die für das zu erklärende Ereignis des Handlungserfolges Selbstmord bzw. Selbstmordversuch herangezogen werden, entsprechend der disziplinären Herkunft als naturwissenschaftliche Hypothesen, die den Tod oder die Verletzung durch die Anwendung eines Mittels erklären, aber auch als sozialwissenschaftliche Hypothesen bezeichnen. Wenn erstere Aussagen vor allem die physiologische Wirkung des Mittels betreffen, sind sozialwissenschaftliche Hypothesen vor allem auf die Folgen des Mitteleinsatzes für menschliche Handlungen ausgerichtet, im besonderen auf potentielle Interventionen, die die physiologische Wirkung unterbrechen oder verhindern können und damit das Handlungsergebnis beeinflussen. Aber auch bei diesen sozialwissenschaftlichen Hypothesen kommen ‚objektive', d.h. nach wissenschaftlichen Geltungskriterien ausgezeichnete, mehr oder weniger komplexe Gesetzesaussagen (G_{1-n}) zur Anwendung, die Bedingungen (X_{1-n}) über die Wirkung auf das Handlungsergebnis Selbstmord (SM) oder Selbstmordversuch (SMV) enthalten.

Diese Bedingungen (X_{1-n}) sind als Teil der Prämissen den oben definierten subjektiven Mitteln vergleichbar, und wenn sie zu einem bestimmten Zeitpunkt und an einem bestimmten Ort eingesetzt werden, den singulären Anfangsbedingungen dieser unabhängigen Variablen. Das gesamte objektive Mittelpotential entspricht den vermuteten Hypothesen über die Konsequenzen der Bedingungen X_{1-n} für das Handlungsergebnis Selbstmord bzw. Selbstmordversuch (SM, SMV). Die zu einem bestimmten Zeitpunkt eingesetzten Mittel ($M_{i,j}$; t_o) würden die Anfangsbedingungen physikalischer und biologischer und sozialwissenschaftlicher Gesetze repräsentieren, die z.B. beim Herabstürzen von einem hohen Gebäude in der Nacht, d.h. in Abwesenheit anderer Personen, realisiert würden. Der Handlungserfolg – Selbstmord – tritt dann ein, wenn dieses Mittelpotential auf ‚richtigen' Gesetzen und ihren realisierten Anfangsbedingungen beruht. Die Handlung gelingt, wenn der Erfolg mit den suizidalen Tendenzen des Handelnden bzw. mit den zusätzlichen zum Zeitpunkt der Handlungsausführung erfaßbaren Handlungsintentionen übereinstimmt (vgl. Abschnitt 2.1.2).

Der wichtigste Unterschied zwischen dem subjektiven und objektiven Mittelpotential liegt jedoch darin, daß einmal die subjektiven Hypothesen weniger explizit sein müssen als die ‚objektiven' Hypothesen. Eine Kenntnis der tödlichen Menge Gift kann eine erfolgreiche, d.h. intendierte Anwendung des Mittels bedingen, ohne daß die pharmazeutisch-physiologischen Gesetze als Teil des objektiven Mittelpotentials dem Handelnden bekannt sein müssen. Zum anderen kann das subjektive Wissen über die Mittelwirkung vom objektiven Wissen über die Mittelwirkung abweichen. Diese Konstellation führt zu den diskrepanten Handlungserfolgen, dem mißlungenen Selbstmord- oder Selbstmordversuch.

---

der Handlungsausführung – könnten auch über die Erfassung des objektiven Mittelpotentials als Handlungsergebnis ($M_i \, \underline{P} \, A_{m1}$; $p = W_{Mi, Am1}$) untersucht werden. Eine Einbeziehung dieser anderen Anreize, die für die Bewertung von potentiellen Selbstmordmethoden relevant sind, ist jedoch für die Fragestellung von nachgeordneter Bedeutung. Allerdings wäre diese erweiterte Bestimmung des Handlungsergebnisses für die Frage der Wiederholung von Selbstmordversuchen nicht völlig irrelevant.

Bei der empirischen Prüfung der behaupteten Beziehung zwischen Handlungsbeginn bzw. objektivem Mittelpotential und resultierendem Handlungserfolg ergeben sich Schwierigkeiten insofern, als die sehr zahlreichen empirischen Untersuchungen zu angewandten Selbstmordmethoden und erstellten Selbstmordrisikoskalen zwischen den genannten Variablen nicht unterscheiden und am häufigsten das objektive Mittelpotential als Indikator für die subjektive Handlungsintention herangezogen wird[30]. Die häufige Replikation der Befunde läßt aber die Behauptung zu, daß die Diskrepanz zwischen subjektivem und objektivem Mittelpotential relativ gering und damit der Anteil mißlungener Handlungen klein ist[31].

Der relativ große Anteil gelungener suizidaler Handlungen und die sie verursachende geringe Diskrepanz zwischen subjektivem und objektivem Mittelpotential könnte darauf zurückzuführen sein, daß es sich bei den notwendigen objektiven Kenntnissen um altbekanntes und daher verbreitetes Wissen handelt. Tatsächlich wurde über Selbstmorde zu allen Zeiten der Menschheitsgeschichte berichtet und jeder weiß, daß z.B. ein Sturz aus großer Höhe mit großer Wahrscheinlichkeit zum Tode führt[32]. Dies kann nicht von allen Arten abweichenden Verhaltens behauptet

---

30 Linden erhebt z.B. zwei Faktoren des Mittelpotentials, einmal die Latenzzeit der angewandten Selbstmordmethode und zum anderen die soziale Situation über die Präsenz anderer Personen während der Selbstmordhandlung (Linden 1969). Beide Fakten sind als Komponenten des objektiven Mittelpotentials aufzufassen. Bedrosian und Beck (1979) erfassen in ihrer ‚suicidal-intent'-Skala die objektiven Umstände des Versuchs, Vorbereitung des Versuchs, Art der Ausführung, Umstände der Ausführung, Hinweise des Patienten, Ausmaß der Vorüberlegungen, Vorstellung von der Gefährlichkeit der gewählten Methode oder Ziel des Versuchs, Erwartungen bezüglich einer möglichen Rettung. Nach faktorenanalytischen Auswertungen an 188 Fällen konnten 4 Faktoren extrahiert werden: Einstellung gegenüber dem Versuch, Planung, Vorsichtsmaßregeln gegenüber einer Entdeckung und Kommunikation mit anderen. Sie könnten dem subjektiven und objektiven Mittelpotential zugerechnet werden, aber das subjektive Wissen über die physiologische Wirkung der angewandten Methode in Verbindung mit erwarteten sozialen Interventionen blieb dabei außer acht.

31 Linden (1969) stellte z.B. fest, daß nur 7,5 % der Überlebenden durch Zufall gerettet wurden, während die restlichen Überlebenden selbst Hilfe suchten oder durch andere Personen gerettet wurden, deren Intervention als sehr wahrscheinlich eingestuft wurde. Linden hatte die Latenzzeit der gewählten Selbstmordmethode ermittelt und geprüft, ob andere Personen während des Suizidversuchs präsent gewesen waren, beides Indikatoren des objektiven Mittelpotentials. Die subjektive Einschätzung dieser Mittel im Hinblick auf ihre Eignung der Selbsttötung oder Selbstverletzung wurde dabei nicht erfaßt, insofern auch nicht die hier analytisch unterscheidbare Diskrepanz. Die Daten zum subjektiven Mittelpotential sind aber relativ trivial, so daß vorausgesetzt werden kann, daß sie mit dem erfaßten objektiven Mittelpotential übereinstimmen. Dafür spricht aber auch der häufig ähnlich ermittelte geringe Anteil sogenannter ernsthafter Selbstmordversuche, die als mißlungene Selbstmorde eingestuft werden (vgl. Böhme 1971, S. 114; Torhorst et al. 1983; Maris 1981, S. 270).

32 Man könnte demnach vermuten, daß die im objektiven Mittelpotential für den Suizid implizierten physiologisch-medizinischen Gesetze Wahrscheinlichkeitsaussagen mit hoher oder niedriger Wahrscheinlichkeit beinhalten, während die sozialwissenschaftlichen Gesetzmäßigkeiten, die Interventionen, d.h. menschliche Reaktionen prognostizieren, weniger sichere Voraussagen gestatten, ihr Anteil jedoch geringer ist. Im Vergleich

werden. Nimmt man die Aufklärungsquote von Delikten als Indikator für den Anteil diskrepanter, d.h. nicht-intendierter Handlungsergebnisse, so schwankt diese je nach Delikt zwischen 5 und 97 Prozent (vgl. Kerner, 1981, S. 276ff.). Generell dürfte das Wissen darüber, was objektiv geeignete Mittel zur Ausführung einzelner krimineller Handlungen sind, in den meisten Gesellschaften weit weniger verbreitet sein.

Nach dieser Untersuchung der Determinanten für das Gelingen suizidaler Handlungen werden im folgenden Abschnitt die Determinanten der Handlungstendenzen zunächst zum Selbstmord und dann zum Selbstmordversuch dargestellt. Obwohl nach den bisherigen Überlegungen ohne die Verfügungsgewalt über geeignete Mittel auch der Handlungserfolg nicht eintreten kann, ist angesichts des relativ leichten Zugangs zu adäquaten Mitteln die Bereitschaft zu suizidalen Handlungen für die Vorhersage eines Suizides die wichtigste Handlungsvoraussetzung. Beiden Determinanten zusammen wird der logische Status hinreichender und notwendiger Bedingungen für den Handlungsbeginn zugeschrieben.

3. Determinanten suizidaler Handlungstendenzen: suizidäre Wert-Erwartungs-Matrizen (Instrumentalitätsmodell)

Nachdem gezeigt worden ist, daß im Rahmen des Ergebnis- und Handlungsmodells Selbstmorde und Selbstmordversuche durch drei Faktoren erklärt werden müssen – die suizidalen Tendenzen und das subjektive Mittelpotential für den Handlungsbeginn und das objektive Mittelpotential für das Handlungsergebnis –, werden im folgenden die Determinanten der suizidalen Handlungstendenzen geprüft. Die Determinanten für Handlungstendenzen zum Suizid und zum Suizidversuch entstammen wieder der Motivationstheorie von Atkinson. Es sind die Anreize, die in Abhängigkeit des Handlungsergebnisses Selbstmord bzw. Selbstmordversuch erwartet werden. Im Gegensatz zu den erwarteten Anreizen bei der Mittelwahl sind es nicht die während der Handlungsausführung als Folge des Mitteleinsatzes erwarteten unmittelbaren positiven und negativen Anreize, sondern weiterreichende Konsequenzen des Handlungserfolges, die die Erklärungsstufe des *Instrumentalitätsmodells* repräsentieren. Die Selbsttötung bzw. Selbstverletzung ist nicht die Zielvorstellung – eine der möglichen antizipierten Zielzustände –, deren Realisierung durch die Mittelwahl gewährleistet werden soll, sondern die Selbsttötung oder die Selbstverletzung bzw. ihre Unterlassung tangieren antizipierte Zielzustände, deren Realisierung befürchtet oder erhofft werden. Für potentielle Selbstmörder und Suizidversucher, d.h. Personen mit suizidalen Handlungstendenzen, sind nun nach der hier vertretenen Auffassung ganz unterschiedliche Wert-Erwartungs-Matrizen charakteristisch. Im folgenden seien zunächst die Anreize für

zu anderen Formen abweichenden Verhaltens, z.B. der Kriminalität, dürfte der Anteil der im Mittelpotential enthaltenen sozialwissenschaftlichen Hypothesen mit unsicheren, d.h. mittleren Wahrscheinlichkeitsrelationen, höher sein.

potentielle Selbstmörder, sodann die Anreizkonstellationen potentieller Suizidversucher untersucht.

3.1 Determinanten der Handlungstendenz zum Selbstmord

3.1.1 Motivationstheoretische Hypothesen

In Abschnitt 2.1.2 wurden Selbstmord- und Selbstmordversuchstendenzen bereits auf der Grundlage der Motivationstheorie von Atkinson interpretiert. Unter der Handlungstendenz zum Selbstmord wurde eine dominierend negative Handlungstendenz definiert d.h. eine Tendenz, bei der sowohl die Tendenz zum Selbstmord als auch die Tendenzen zu alternativen Handlungen negativ sind, die Tendenz zum Selbstmord jedoch die weniger abstoßende Wirkung zeigt. Aus den oben diskutierten hedonistischen Grundannahmen des Risiko-Wahl-Modells von Atkinson folgt dann, daß man sich zugunsten der weniger unangenehmen Handlung, dem Suizid, entscheidet.

Die beiden Determinanten der Handlungstendenz sind einmal die positiven und negativen Wertintensitäten der Anreize (A_e; A_m) und zum zweiten die subjektiven Wahrscheinlichkeiten, mit denen der Handelnde die Erreichung der Anreize in Abhängigkeit des Handlungserfolgs (SM) bzw. der nicht ausgeführten Handlungsalternativen (ALT) zu vermeiden oder zu erreichen glaubt (W_{Ae}, sm; W_{Am}, sm; W_{Ae}, alt; W_{Am}, alt).

Bevor die Hypothesen über die Wahrscheinlichkeit suizidaler Tendenzen im einzelnen ausgeführt werden, müssen die bislang ungeklärten Interaktionsbeziehungen zwischen einzelnen Anreizen und zwischen Anreizen und ihren Wahrscheinlichkeiten erörtert werden.

Nach dem Risiko-Wahl-Modell von Atkinson wird eine multiplikative Interaktion der beiden Determinanten (A_e, A_m; $W_{sm,\,e}$, $W_{sm,\,m}$) angenommen. In vielfach getesteten einstellungstheoretischen Modellen werden vergleichbare Verknüpfungsregeln in Form von nicht-additiven Gewichtungen der Reize mit ihren Auftrittswahrscheinlichkeiten (Fishbein 1965; Anderson 1971) oder dem Neuheitscharakter (Feldman 1968) eingeführt. Im folgenden wird von einer *nicht-additiven Verbindung beider Variablen* ausgegangen, wobei deren exakte mathematische Verlaufsform offengelassen wird.

Bei der Aggregierung von Anreizen, die mit Wahrscheinlichkeitswerten gewichtet wurden, stehen sich Summationsmodelle (Fishbein und Hunter 1964), die eine Summierung nicht-antagonistischer, unabhängiger Stimuluselemente vorsehen, den gewichteten Durchschnittsmodellen (Anderson 1971; Hull 1945) gegenüber. Durchschnittsmodelle basieren auf der Annahme, daß die Reaktion auf eine Stimuluskonfiguration nicht der Summe einzelner Reaktionen auf die individuellen (gewichteten) Reize entspricht und insofern Emergenzen auftreten. Die Kontroverse, die empirisch wie theoretisch nicht gelöst ist (vgl. Abelson et al. 1968, S. 721f.; Leventhal 1974, S. 111ff.), hat Feldman in einem allgemeinen Modell zu lösen versucht. Danach werden individuelle Reize, die sich teilweise überlappen, sich also ähnlich sind, summiert, was einer Polarisierung der Reaktion gleichkommt, und Reize, die unabhängig voneinander sind, sich also unähnlich sind, integriert, d.h., es wird unter Verwendung von Merkmalsproportionen, die sich auf die gesamte Verteilung der Merkmale beziehen, ein Durchschnitt der Stimuluskonfiguration gebildet (Feldman 1968).

Das Risiko-Wahl-Modell stellt ein gewichtetes Summations- bzw. Konfliktmodell insofern dar, als gleichartige Reize (gewichtete Anreize) summiert und antagonistische Reize (mit der Wahrscheinlichkeit gewichtete negative oder positive Anreize) subtrahiert werden. Die Frage, ob einzelne situative Reize sich addieren oder ob ein Durchschnittswert gebildet wird, läßt sich empirisch genausowenig lösen wie die Frage, ob eher situative oder personale Variablen entscheidend das Verhalten determinieren. Durch Selektion homogener oder heterogener Stimuli sind sowohl Daten zugunsten des einen oder anderen Modells herstellbar. Theoretisch läßt sich die Frage über Anschlußtheorien, die die Ausprägung situativer Variablen vorhersagen, lösen. Die Bedingungen verändern den Wert einzelner situativer Anreize in Form zusätzlicher Gewichte (z.B. Motive bzw. Motivkomponenten in den erweiterten Motivationstheorien oder die Triebstärke in der Hullschen Lerntheorie). Unterschiedlich zentrale Reize werden ebenso wie unterschiedlich neue Reize zu anderen Aggregationsergebnissen führen wie Reize, die weitgehend homogen sind[33].

Je mehr Gewichte einzelnen Anreizen in einem Summationsmodell zugeordnet werden, um so stärker verringern sich die Unterschiede zwischen Summations- und Durchschnittsmodell. Auch die Zahl der zu integrierenden Reize nähert die beiden Rechenmodelle an. Suizidenten haben aufgrund einer komplexen Selbstregulierung (vgl. den Abschnitt über die Dynamisierung von Selbstmordtendenzen) ein beschränktes Verhaltensrepertoire mit reduzierten Handlungsalternativen, die Zahl der integrierenden Reize wäre demnach relativ beschränkt. Daraus folgt, daß Annahmen zugunsten des einen oder anderen Modells von geringerer Tragweite wären. Außerdem spricht diese Bedingung eingeschränkter erwarteter Anreizkonstellationen, die die Wertausprägungen progressiv verändern, für fehlende Unabhängigkeit der einzelnen Reize. Es könnte also entsprechend den Annahmen des Risiko-Wahl-Modells und den Bedingungen von Feldman von einem Summationsmodell ausgegangen werden. Im folgenden sei aber die Aggregierungsregel für einzelne Reize insofern offen gelassen, als die logisch weniger stringente Form von je-desto-Aussagen Anwendung findet[34].

---

33 Feldman (1968) aggregiert z.B. unterschiedlich neuartige Reize bei gleicher evaluativer Potenz nach der Osgoodschen Dimension.

34 Aus der Einstellungsforschung ist bekannt, daß zentrale Wertvorstellungen aufgrund unwahrscheinlicher diskrepanter und sehr wahrscheinlicher kongruenter Veränderungen zu extremeren Einstellungen führen (vgl. Krech und Crutchfield 1962, S. 220).
Suizidäre Wert-Erwartungs-Bilanzen sind durch einen hohen Anteil zentraler Wertvorstellungen gekennzeichnet. Auch danach würde ein Summationsmodell die stärkeren Auswirkungen auf Einstellungen und Verhalten adäquater abbilden. Als Aggregie-

Die Hypothesen über die Wahrscheinlichkeit von Handlungstendenzen zum Selbstmord lauten nach diesen Festlegungen über die Aggregierung einzelner Anreize und deren Gewichtung mit den subjektiven Wahrscheinlichkeiten wie folgt:

H_{sm} 3 h_1: Eine Suizidtendenz als dominierend negative Handlungstendenz ist um so wahrscheinlicher

a) je größer die subjektive Wahrscheinlichkeit für negative Anreize ist, und

b) je intensiver diese negativen Anreize sind, deren Realisierung in Abhängigkeit alternativer Handlungen erwartet wird, und

c) je geringer die subjektiven Wahrscheinlichkeiten für aggregierte positive Anreize und ihre Intensitäten, deren Realisierung in Abhängigkeit der alternativen Handlungen erwartet wird, bzw. positive Anreize in Verbindung mit alternativen Handlungen nicht realisiert werden.

Gleichzeitig ist eine Suizidtendenz als dominierend negative Handlungstendenz um so wahrscheinlicher,

a) je weniger negativ die aggregierten negativen Anreize und ihre Wertintensitäten sind, und

b) je weniger wahrscheinlich diese negativen Anreize in Abhängigkeit des Handlungserfolgs Selbstmord gehalten werden bzw. je größer die subjektiven Wahrscheinlichkeiten für positive Anreize sind, und

c) je stärker die Wertintensitäten der positiven Anreize sind, deren Realisierung in Abhängigkeit des Handlungserfolgs Selbstmord (SM) erwartet wird.

Dabei wird angenommen, daß die aggregierten negativen und mit der subjektiven Wahrscheinlichkeit gewichteten Anreize, die suizidkontingent erwartet werden, größer sind als die aggregierten positiven und mit der subjektiven Wahrscheinlichkeit gewichteten Anreize[35].

Diese Hypothese soll in den folgenden Abschnitten überprüft werden, zunächst indem sie mit alternativen theoretischen Ansätzen konfrontiert wird. Dabei wird sich zeigen, daß einzelne positive und negative Anreize, die gängigerweise in Verbindung mit Suizidhandlungen wie auch in Abhängigkeit der Handlungsalternativen zum Suizid erwartet werden, im Lichte jeweils verschiedener theoretischer Überlegungen beurteilt werden können. Die dargelegte empirische Evidenz zugunsten oder zu Lasten der Aussagen stellt ein weiteres Kriterium zur Bewertung der entwickelten Hypothesen dar. Ihre Prüfung erreicht jedoch nicht den Stellenwert einer empirischen Prüfung des Ansatzes, da es sich um post-hoc-Interpretationen von empirischen Daten handelt, die auf der Grundlage anderer, meist nicht explizierter theoretischer Vorstellungen gewonnen wurden. Angesichts der Schwierigkeiten, auf individueller Ebene zu relevanten empirischen Daten zu gelangen (die Erhebung von Daten auf gesamtgesellschaftlicher Ebene stellt trotz methodischer Fortschritte, die Fehlerabschätzungen des ökologischen Fehlschlusses ermöglichen, ohne die bislang versäumte Einbeziehung theoretisch relevanter Daten keine Alternative dar[36]), kann eine Durchsicht vorhandener empirischer Daten auf der

rungsregel ließe sich daher eine Beziehung zwischen der Anreizdimension Zentralität und einer additiven Verknüpfung dieser Anreize postulieren.

35 Vgl. Anhang.

36 Dies zeigt sich am Beispiel jüngster ökologischer Untersuchungen zur räumlichen Ver-

Grundlage eines theoretischen Ansatzes jedoch fruchtbare Vorarbeit für spätere empirische Arbeiten leisten. Zumindest verleiht sie den einzelnen Aussagen, die im Einklang mit mehrfach und in verschiedenen Untersuchungen replizierten Daten stehen, eine vorläufige empirische Plausibilität[37].

Als erstes sollen die erwarteten Anreize von Handlungsalternativen zum Suizid untersucht werden. Nach den bisher entwickelten theoretischen Vorstellungen kommt ihnen eine vorrangige Bedeutung zu, da von der Annahme ausgegangen wird, daß der Suizidhandlung eine negative Handlungstendenz zugrunde liegt, d.h., daß die Suizidhandlung nur deswegen gewählt wird, weil sie aus der Sicht der potentiellen Selbstmörder weniger negative Konsequenzen haben wird als die Handlungsalternativen zum Selbstmord. Daran schließt sich die Untersuchung der suizidkontingent erwarteten positiven und negativen Anreize an.

3.1.2 Erwartete negative Anreize der Handlungsalternativen zum Selbstmord im Lichte alternativer Theorien und die empirische Evidenz der Hypothesen

3.1.2.1 Suizidales Verhalten als negative Problemlösung und Meidungsverhalten

Sowohl für Suizidenten als auch für Suizidversucher stellt die intendierte suizidale Handlung nach den postulierten Hypothesen vor allem einen Ausweg aus einer subjektiv als trostlos empfundenen Situation dar. Nicht die erwarteten Konsequenzen des Suizids oder Suizidversuchs sind handlungsentscheidend – im Falle des Suizids sind sie überwiegend negativ und im Falle des Suizidversuchs überwiegend schwach positiv ausgeprägt –, sondern handlungsentscheidend ist die erhoffte Vermeidung unerträglicher Konsequenzen eines Weiterlebens.

Dieses Meidungspostulat, das eine negative Konfliktsituation beschreibt, kann

---

teilung der Selbstmordversuche in Stadtbezirken (vgl. Welz et al. 1978). Hier änderte sich die Verteilung der Suizidversuche und auch einzelne Zusammenhänge zwischen Selbstmordhäufigkeit und sozio-demographischen Merkmalen bei jedem Wechsel der räumlichen Untersuchungseinheit, was einer fortlaufenden Falsifizierung des ökologischen Ansatzes gleichkommt. Sie läßt kaum den vom Autor propagierten Schluß zu, daß die kleinste und zuletzt untersuchte Einheit – es waren einzelne Straßenzüge – nun die ‚richtige' Struktur erkennen ließe und die Straße als ‚Ansteckungsmedium' fungieren würde. Möglicherweise wären auf der kleinsten ‚niedersten' Ebene, der individuellen Ebene, die der Autor nicht untersucht, wieder andere Verteilungen ‚zutage' getreten. Das Scheitern dieser ökologischen Untersuchung wäre allerdings unter Einbeziehung theoretisch relevanter Variablen – wie dies die ökologische Untersuchung auf der Grundlage des ökonomischen Ansatzes – allerdings mit kritikwürdigen Annahmen – versucht (vgl. Hamermesh und Soss 1974) bei gleichzeitiger statistischer Schätzung des möglichen ökologischen Fehlschlusses vermeidbar gewesen (vgl. Abschnitt 2.2.1.2).

37 Der methodisch beklagenswerte Stand der Suizidforschung bedingt jedoch eine Vieldeutigkeit der erhobenen empirischen Fakten und erschwert eine Zuordnung zu einzelnen Aussagen. Viele Befunde, vor allem auf der Handlungsebene, lassen sich daher mehreren unterschiedlichen Hypothesen zuordnen.

durch eine Kombination verschiedener Konstellationen von Anreizen und Erwartungen repräsentiert werden. Ein starker Abstoßungseffekt von Handlungsalternativen zum Suizid kann erstens auf wahrscheinlichem Mißerfolg, d.h. wahrscheinlichen negativen Anreizen, die bei der Realisierung der Handlungsalternativen erwartet werden, beruhen. Zweitens können angestrebte Erfolge, das sind positive Anreize, die bei der Realisierung von Handlungsalternativen erwartet werden, dem Handelnden unerreichbar erscheinen. Drittens können in Kombination mit den beiden genannten Wert-Erwartungs-Konstellationen die Handlungsalternativen bedeutungslos sein, d.h. den Zielen, die mit den Handlungsalternativen in Verbindung gebracht werden, fehlt es an Relevanz, die Anreizwerte besitzen nullwertige Wertintensitäten. Beispiele für positive Anreize, deren Realisierung bei Ausführung von Handlungsalternativen nicht erwartet würde, sind affiliative, leistungsorientierte oder macht- bzw. statusbezogene Anreizklassen, z.B. ein harmonisches Familienleben, die Aufrechterhaltung von Freundschaften, Arbeitszufriedenheit, Sicherung des Arbeitsplatzes, Einkommen oder berufliches Fortkommen. Beispiele für negative Anreize, deren Realisierung bei der Ausführung von Handlungsalternativen befürchtet werden und die denselben Anreizklassen zuzuordnen wären, sind die Zurückweisung durch Familienangehörige oder Freunde, Arbeitsunzufriedenheit, Arbeitslosigkeit oder beruflicher Mißerfolg. Die dritte genannte Wert-Erwartungs-Variante – fehlende Zielattraktivität – drückt sich in den genannten Beispielen so aus, daß unabhängig von den möglichen Erfolgs- bzw. Mißerfolgserwartungen den Zielvorstellungen weder positive noch negative Bewertungen zukommen.

In folgender Übersicht sind die genannten *Varianten negativer Handlungstendenzen* zum Suizid noch einmal aufgeführt, wobei die erwarteten negativen Anreize ‚A_m' und die erwarteten positiven Anreize ‚A_e' und ihre erwarteten Wahrscheinlichkeiten $W_{alt, A_{m}}; W_{alt, A_{m}}$' genannt werden.

Übersicht 4: *Drei Wert-Erwartungs-Matrizen und resultierende negative Handlungstendenzen zu Suizidalternativen*

	I	II	III	I & II & III
	Wahrscheinlicher Mißerfolg	Unwahrscheinlicher Mißerfolg	Fehlende Zielrelevanz	Resultierende Handlungstendenzen
Nicht-additive Aggregation von Anreizen und Wahrscheinlichkeiten	$(A_{m_1} \& W_{alt_1, A_{m_1}})$ $A_{m_1} < 1; W_{alt_1, A_{m_1}} > 0$	$(A_{e_1} \& W_{alt_2, A_{e_1}})$ $A_{e_1} > 0; W_{alt_2, A_{e_1}} < 0$	$A_{m_2, e_2} = 0$ $W_{alt_3, A_{m_1}, e_1} \lessgtr 0$	$HT_{alt_{1,2}} < 0$ (I & II) $HT_{alt_{1,3}} < 0$ (I & III)
Resultierende Handlungstendenz	$HT_{alt_1} < 0$	$HT_{alt_2} < 0$	$HT_{alt_3} = 0$	$HT_{alt_{2,3}} < 0$ (II & III)

In dieser Übersicht sind nicht alle in den Hypothesen logisch implizierten Wert-Erwartungs-Matrizen aufgeführt. In der Kombination verschiedener Anreizkonstellationen fehlt z.B. die, welche umgangssprachlich mit *,Lebenssattheit'* umschrieben werden könnte. ,Lebenssattheit' würde jedoch unter Anwendung dieses theoretischen Rahmens nicht oder nur unter Zugrundelegung einer Zusatzbedingung Suizid wahrscheinlich machen. ,Lebenssattheit' würde zum einen nicht zu Suizidhandlungen führen – und damit hypothesenkonform auch nicht erfaßt werden –, wenn im Hinblick auf die Handlungsalternativen positive Anreize nicht mehr existierten, jedoch auch keine negativen Anreize wahrscheinlich wären. Erstrebenswerte Ziele ohne die Erwartung negativer Zielzustände würden dann fehlen und die Tendenzen zu Handlungsalternativen neutralisieren. Gleichzeitig würde aber der Suizid als Handlungstendenz infolge einer postulierten universellen Todesfurcht negativ und bei fehlender Suizidbereitschaft der Suizid unwahrscheinlich werden. Zu einem anderen Ergebnis käme man unter Zugrundelegung der Zusatzannahme, daß die fehlende Zielrelevanz auf übermäßigen Bekanntheitsgrad der bislang angestrebten, also positiven Zielvorstellungen zurückzuführen ist. Nach Erkenntnissen der Arousal- und Neugiertheorien (vgl. Abschnitt 3.1.3.1.1) kämen übermäßig bekannten Zielzuständen negative Anreizwerte zu[38]; da eine übermäßige Spannungsreduktion als unangenehm empfunden wird. Damit wäre die gesamte Wert-Erwartungs-Bilanz der Handlungsalternativen negativ. Umgekehrt würde die Todesfurcht, die beim Suizid zu überwinden wäre, dadurch gemildert, der negative Anreiz also reduziert, daß die damit verbundene große Ungewißheit in dieser Situation der totalen Spannungsreduktion weniger negative Affekte erwarten ließe. Den negativen Handlungsalternativen stünde dann eine weniger negative Handlungstendenz zum Suizid gegenüber, was die Suizidwahrscheinlichkeit erhöhen würde. Man kann jedoch annehmen, daß diese Anreizkonstellation, die sich von anderen zu Suizidhandlungen führenden Anreizkonstellationen vor allem durch die relativ günstige Bewertung der Suizidhandlung und relativ günstigen Bewertung von Handlungsalternativen, also einer geringen, evaluativen Differenz zwischen diesen Handlungstendenzen unterscheidet, relativ selten ist.

Dubitscher (1957) spricht von einem ,unaffektiven' Bilanzselbstmord, dessen Vorkommen er als selten einstuft und der dieser hier beschriebenen Anreizkonstellation nahekommt, da sowohl die Handlungsalternativen mit den sie bestimmenden erwarteten negativen Wertintensitäten wie auch die negative Suizidtendenz abgemildert sind, der Wert aller verbleibender Handlungen daher relativ gering ist. Die zuerst beschriebene, nicht zum Selbstmord führende Anreizkonstellation scheint mir jedoch der Vorstellung von ,Lebenssattheit' eher gerecht zu werden.

Keine der aufgeführten Wert-Erwartungs-Matrizen – dies gilt für die durch sie bestimmten Handlungsalternativen wie auch für die suizidalen Tendenzen – ist jedoch ,unaffektiv', insofern, als positive und negative Anreize durch ,affektive' Wertintensitäten, die vermieden oder angestrebt werden wollen, charakterisiert

---

38 ,Lebensüberdruß' wäre hingegen eher für die aufgeführten Abstoßungseffekte kennzeichnend.

sind. Ein *‚Bilanz-Selbstmord'* als rationale Abwägung zwischen Entscheidungsalternativen liegt nach diesen Überlegungen insofern nicht vor, als die hier unterstellte Aggregierung der erwarteten Anreize kein bewußter Vorgang zu sein braucht. Er liegt jedoch insofern vor, als bestimmte Situationen gemieden und eine andere Handlung – der Suizid als letzter Weg und als wahrgenommenes geringeres Leiden – diese Meinung erfolgreich erscheinen läßt[39].

Wegen vorherrschender ungünstiger Handlungsalternativen zum Suizid wurde in diesem Ansatz von einem Abstoßungseffekt oder suizidalem Meidungsverhalten gesprochen. In der sozialen Lerntheorie von Akers taucht bei der Erklärung von Suizid der nicht weiter präzisierte Begriff erlernter Problemlösung auf, wobei die Imitation suizidaler Handlung als Lernroute angenommen wird:

„In einigen Selbstmordfällen ohne vorausgehenden Selbstmordversuch mögen Selbstmordhandlungen von Personen imitiert worden sein, die auf diese Weise Probleme gelöst haben oder zumindest durch ihre Selbstmordhandlung Probleme gemieden haben" (Akers 1977, S. 300, Ü. C. L.-B.).

Ob die Imitation suizidaler Handlungen auf die postulierte mechanistische Weise das Lernen negativer Problemlösungen und damit Suizid erklären kann, ist – wie noch aufzuzeigen ist – anzuzweifeln, da komplexere Interaktionsprozesse beim Lernen suizidaler Handlungen anzunehmen sind. Solche Interaktionsprozesse werden bei der Erklärung der Entstehung von Selbstmord in sozialen Institutionen Gegenstand des zweiten Teils dieser Arbeit sein. Die Vorstellung vom Suizid als negativem Problemlösungsverhalten läßt sich aber an dieser Stelle mit Hilfe der bisher entwickelten Handlungstheorie präzisieren. Danach sind Problemlösungen von Suizidgefährdeten nicht durch Verbesserungen der Situation gekennzeichnet, d.h., nicht positive Zielvorstellungen werden angestrebt oder Mißerfolgserwartungen abgebaut, sondern negativen Valenzen wird ausgewichen und eine weniger unangenehm erscheinende Situation wird dafür in Kauf genommen. Die Konzeptualisierung des Suizids als ‚dominierend negative Handlungstendenz' erlaubt jedoch gleichzeitig eine Differenzierung verschiedener Formen negativer Problemlösungen, z.B. des Suizidversuchs und des Problemtrinkens etc.: Der Suizid ist im Unterschied zu anderen negativen Problemlösungen kein Ausweg, der Positives verspricht, wie dies kurzfristig beim Suizidversuch und Alkohol- bzw. Drogenkonsum anzunehmen ist, sondern die letzte, lediglich weniger abschreckende Handlungsalternative. Allen hier genannten Formen sind jedoch die negative Bewertung der Handlungsalternativen und die verschiedenen, sie bestimmenden Wert-Erwartungs-Matrizen gemeinsam. Im folgenden Abschnitt wird daher die empirische Evidenz des Meidungspostulats für Selbstmord- und Selbstmordversuchshandlungen gemeinsam geprüft.

39 Vgl. zum Rationalitätsbegriff S. 34.

3.1.2.2 Empirische Evidenz für das Meidungspostulat

Gibt es empirische Befunde, die die These, daß Suizid vorwiegend auf abstoßenden Effekten des Weiterlebens beruht, belegen könnten? In relativ umfangreichen inhaltsanalytischen Untersuchungen von Bjerg (1976)[40] kamen unerfüllte Wünsche in fast allen hinterlassenen Notizen – bei 4/5 der untersuchten 568 Selbstmordfälle – zum Ausdruck. Über die Hälfte der Selbstmörder gab dabei zu erkennen, daß sie unter unerträglichen inneren Zuständen gelitten haben. Bei Bancroft et al. (1976) waren dies 56 % der befragten suizidalen Patienten gewesen. Inwieweit entsprechend den Hypothesen unterschiedliche Negativbilanzen gewirkt haben und in welcher Verteilung diese Wert-Erwartungs-Konstellationen vorzufinden waren, ist den verfügbaren Daten nicht zu entnehmen. Für dominierende Mißerfolgserwartungen sprechen jedoch die Untersuchungsergebnisse von Schwarz (1973) und Friedrich (1972). Studenten, die einen Suizidversuch überlebt hatten, hatten Angst zu versagen (Schwarz) bzw. glaubten, im Studium versagt zu haben (Friedrich). Auf eine stark negativ ausgeprägte Wert-Erwartungs-Bilanz hinsichtlich der Handlungsalternativen zum Suizid und einer relativ schwächeren negativen Suizid- bzw. Suizidversuchstendenz läßt die Antwortverteilung auf die Frage schließen, inwieweit der Tod als Zuflucht vor physischen und psychischen Leiden empfunden wurde: In der vergleichenden Untersuchung von Maris (1981, S. 55ff.) hatten 82 % der Selbstmörder dieser Frage zugestimmt, signifikant weniger – über die Hälfte der infolge Krankheit Verstorbenen – hielten dieses Urteil nach Angaben der Angehörigen für zutreffend, während 68 % der Suizidversuchsgefährdeten nach eigenen Angaben auch den Tod als kleineres Übel ansahen. Auf der Verhaltensebene[41] sind – als Beleg für Meidungsverhalten – die Ergebnisse von Linden (1969, S. 92) einzuordnen. Er entdeckte bei einem Fünftel der analysierten Selbstmordfälle Verhaltensweisen mit auffallendem Fluchtcharakter wie Koffer packen und Wegfahren. Ebenso stellte Lauterbach (1976) bei untersuchten suizidalen Jugendlichen vermehrt Fluchttendenzen fest. Dazu gehörten ‚Fortlaufen von zu Hause‘ und ‚Schule-

---

40 Es handelt sich dabei um eine detaillierte Studie an einem relativ großen Sample von 458 Abschiedsbriefen, die Selbstmörder hinterlassen hatten. Ungeklärt sind dabei trotz der Größe des Samples die Probleme der Verzerrung bei der Auswahl von Personen (vgl. Braun 1971, S. 87ff.). Tuckman et al. stellten z.B. fest, daß nur in 24 % der registrierten 742 Todesfälle Selbstmordnotizen aufgefunden wurden und die Ausfälle sich nicht im Hinblick auf eine Reihe von Variablen wie Alter, Geschlecht, Rasse, Beschäftigung, Zivilstand, medizinische Vorgeschichte von den Personen, die keinen Abschiedsbrief zurückließen, unterschieden hatten (vgl. Tuckman et al. 1960, dagegen Loosen 1969). Dies spricht jedoch nur dann für eine unverzerrte Auswahl, wenn die kontrollierten Variablen relevant sind, d.h. in einer bedeutsamen Beziehung zu kritischen Variablen der Untersuchung über Selbstmord stehen.

41 Alle genannten empirischen Daten wären sowohl der Einstellungsebene, d.h. den Handlungstendenzen, dies kann wohl am häufigsten angenommen werden, als auch vereinzelt spezifischen erwarteten Anreizen zuzuordnen. Für eine atheoretische Vorgehensweise der Untersuchungen spricht der Umstand, daß Verhaltensdaten fast nie erhoben wurden, obwohl dies gerade bei einer Befragung der Angehörigen, aber auch unbeteiligter Nachbarn, durchaus eine valide Datenquelle darstellen könnte.

schwänzen'.

Mißerfolgserwartungen spiegeln sich in Äußerungen, wie sie für suizidäre und depressive Patienten[42] typisch sind, wider: „Ich kann ebenso gut aufhören, ich kann die Dinge nicht besser machen." Antwortvorgaben, die nur kurzfristigen Mißerfolg beschreiben, werden hingegen für falsch gehalten: „Wenn etwas schief läuft, hilft es mir zu wissen, daß das nicht ewig dauern kann" (vgl. Bedrosian und Beck 1979, S. 89; Robins et al. 1957; Motto 1977; Leonhard 1959; Wheaton 1980; Kielholz und Pöldinger 1969). Im nichtklinischen Bereich findet Wenz (1977) unter Konstanz der Schichtzugehörigkeit überzufällig Eindrücke der Machtlosigkeit bei Jugendlichen, die ihren Selbstmordversuch überlebt haben[43].

Auf fehlende Zielrelevanz oder auch erwartete negative Anreize sowie auf Mißerfolgserwartungen bei Zielzuständen, die in Abhängigkeit von Handlungsalternativen angestrebt wurden, könnte die Aussage hinweisen, der vorzugsweise suizidversuchsgefährdete Patienten zustimmten:

„Ich habe nie das bekommen, was ich gewollt habe, darum ist es sinnlos, irgendwas zu wollen" (vgl. Bedrosian und Beck 1979, S. 90).

Historische Befunde lassen gleichfalls vermuten, daß selbst in Situationen, in denen der Selbstmord sozial gebilligt wurde, also nicht abweichendes, sondern konformes Verhalten darstellt, die abstoßende Wirkung verbliebener Alternativen zum Selbstmord eine wichtige, wenn nicht entscheidende Rolle gespielt hat. So wird von Gruppenselbstmorden verfolgter Christen berichtet, die auf diese Weise dem Märtyrertod zu entkommen suchten (vgl. Amelunxen 1962). Im Jahre 1200 n. Chr. soll die Selbstmordrate außerdem infolge Pest, Hungersnot und Teuerung stark angestiegen sein (vgl. Heisterbach in Amelunxen 1962)[44].

---

42 Trotz erhöhter Suizidgefahr unter dem Patientenkollektiv psychiatrischer Krankenhäuser – der Anteil von Geisteskranken unter Selbstmordversuchern wird auf 5-15 % geschätzt (Linden 1969; Gibbs 1963), er variiert aber sehr stark von 5,8 % bis 50 % (Linden 1969) bzw. nach einer Statistik von Sainsbury von 6,6 % bis 85 % (Sainsbury 1955) – kann nach offensichtlich wenig reliablen Diagnostiken nicht davon ausgegangen werden, daß Geisteskrankheiten als biologische Anomalien eine notwendige Bedingung für das Auftreten von Suizidhandlungen darstellen. Das ergibt sich z.B. aus einem interkulturellen Vergleich der Selbstmordversuchshandlungen unter amerikanischen Minderheiten, den Navajo-Indianern und Negern. Während Selbstmordversuche unter Negern sehr selten vorkommen, grassieren Selbstmordversuche unter Navajo-Indianern, manisch-depressive Krankheiten scheinen aber unbekannt zu sein. Hingegen sind ein exzessiver Alkoholkonsum und auch reaktive Depressionen zu beobachten, beides Verhaltensweisen, die mit spezifischen Gebräuchen und Werthaltungen des Indianerstammes harmonieren (vgl. Shore 1974).

43 Die Zuordnung zu Mißerfolgserwartungen bezüglich der Erreichung bestimmter in einer Situation erwarteten Anreize als Folge auszuführender Handlungsalternativen ist durch diese Items kaum eindeutig vorzunehmen. Häufig spiegeln sie eher situationsübergreifende Meta-Kognitionen, die Attributionen, wider, die innerhalb des Motivationsmodells in Abschnitt 4 untersucht werden sollen.

44 Auch Sterbehilfebefürworter der Gegenwart gehen von der Absurdität des menschlichen Lebens aus. Negative Einstellungen zum Weiterleben sind hier vorherrschend (vgl. Améry 1979, S. 171).

Aus der vergleichenden Studie von Maris über Suizidversucher und Selbstmörder geht hervor, daß beide suizidale Gruppen mit dem Leben mehrheitlich unzufrieden waren, während nur eine Minderheit der eines natürlichen Todes Gestorbenen nach Ansicht der Angehörigen unzufrieden war (vgl. Maris 1981, S. 164, Tab. 6.15)[45]. Mehrheitlich wird auch der Tod als Zuflucht vor Leid aufgefaßt (vgl. Abschnitt 3.1.3.1.1). Auch wünscht wiederum die Gruppe der natürlich Verstorbenen zu 39 % keine Änderung in ihrem Leben, während nur eine Minderheit, 8 % der Suizidversucher und 12 % der Selbstmörder, keine Änderung gewünscht hatte. (vgl. Tab. 5/A3). Umgekehrt wollten 36 % der Suizidversucher und nur 7 % der natürlich Verstorbenen eine andere Person sein[46]. Wenn letztere Frage eher eine personenbezogene Kognition – negativer Selbstbezug oder negative Selbstattribuierung – zum Ausdruck bringt und nicht nur dominant negative Handlungstendenzen, so sind die Resultate der Frage nach der Zufriedenheit suizidaler Gruppen am ehesten als Beleg für die These zu interpretieren, daß für diese Gruppen dominant negative Handlungstendenzen typisch sind. Hinweise für die negative oder positive Ausprägung einzelner Ziele und ihrer Wahrscheinlichkeit sind der Untersuchung trotz Aufschlüsselung einzelner Zielvorstellungen (vgl. Maris 1981, S. 165, Tab. 5 und S. 162, Tab. 6/A3) auch hier nur unter Einschränkungen zu entnehmen, weil adäquate Meßverfahren fehlen und auch die Auswahl ad hoc und ohne theoretische Bestimmung erfolgte (z.B. Maris 1981, S. 165). Dies führt zu einer Ansammlung oft korrelierender ‚Ereignisse', die nur zum Teil als Anreize zu bezeichnen sind. Des weiteren fehlt hier, wie allen genannten Daten, eine unabhängige Bestimmung der kognitiven Komponente ‚der subjektiven Wahrscheinlichkeit'.

Es ergibt sich z.B., daß Suizidversucher und Selbstmörderinnen signifikant häufiger eine andere Person, eine andere Familie oder andere Freunde haben wollen, als die Personen, die eines natürlichen Todes gestorben waren (vgl. Tab. 5/

---

45 19 % der eines natürlichen Todes Gestorbenen waren mit dem Leben sehr (6 %) oder etwas zufrieden (13 %), während bei den Suizidversuchern sich 45 % als sehr unzufrieden, 30 % als etwas unzufrieden äußerten und insgesamt 42 % der Selbstmörder sehr oder etwas unzufrieden waren.

46 Die höhere Zahl unter den Suizidversuchern im Vergleich zu den Selbstmördern, die mit dem Leben insgesamt unzufrieden waren und die lieber eine andere Person hätten sein wollen, ist ohne die Eliminierung von möglichen Antwortartefakten bei Angaben von Angehörigen der Selbstmörder schlecht zu beurteilen. Deren Antworten könnten dadurch verzerrt sein, daß eine Beschönigung der Situation für die befragten Hinterbliebenen ‚entlastend' gewirkt hatte. Die immer höhere Zahl von Weiß-Nicht-Antworten bei Fragen an die Hinterbliebenen von Selbstmördern im Vergleich zu Antworten der Suizidversucher, die die Fragen selbst beantwortet haben, spricht für diese mögliche Fehlerquelle: Nach Tab. 5/A3 antworteten z.B. 3 % der Suizidversucher mit ‚weiß nicht', während 25 % der befragten Angehörigen von Suizidanten und 14 % der befragten Angehörigen der Kontrollgruppe mit ‚weiß nicht' antworteten. Dem festgestellten Unterschied zu Lasten der Suizidversucher ist auch aus anderen Gründen zu mißtrauen. Hoffnungslosigkeit und auch das Desinteresse an der sozialen Umwelt war bei beiden Gruppen gleich stark ausgeprägt. Hoffnungslosigkeit, aber auch ein Verlust an der sozialen Umgebung (‚andere Leute') legt eher Fremdverschulden oder zumindest weniger Verschulden der befragten Angehörigen nahe.

A3), Selbstmörder männlichen Geschlechts wollten hingegen signifikant häufiger als Selbstmörderinnen und auch häufiger als die Kontrollgruppe und die Suizidversucher ihre Arbeitssituation ändern. Das Ergebnis kann auf negativ ausgeprägte affiliative Ziele im ersten Fall und negativ ausgeprägte Leistungsziele bei männlichen Selbstmördern deuten, es kann aber auch fehlgeschlagene Erwartungen bei nach wie vor positiven Zielvorstellungen repräsentieren.

Die Frage nach dem verlorengegangenen Interesse an anderen Leuten kann Indikator für wahrscheinliche negative Anreize, für fehlende Zielrelevanz, aber auch für unwahrscheinlich gewordene Befriedigung aus sozialen Kontakten darstellen. Ebenso könnte damit jedoch eine neutrale, möglicherweise auch gering negativ ausgeprägte alternative Handlungstendenz, soziale Kontakte aufzunehmen oder affiliative Anreize anzustreben, belegt werden. Mehr als die Hälfte der Personen beider suizidaler Gruppen (57 %) bejahte dies, während nur ein Fünftel der Kontrollgruppe (21 %) das Interesse an anderen Leuten verloren hatte (Maris 1981, S. 122). Dieser Anteil ist trotz der Tatsache, daß die Kontrollgruppe aus Kranken bestand, sehr viel geringer als der Anteil unter den beiden suizidalen Gruppen.

Sowohl das Resultat der Untersuchung von Maris als auch der mehrfach replizierte Befund, daß Suizidgefährdete ihr Interesse an der sozialen Umwelt verloren haben, mit dem Leben unzufrieden waren und den Wunsch nach einer Veränderung einzelner Lebensbereiche hatten, stützen insgesamt die Vermutung, daß für diese Gruppen überwiegend negative Handlungstendenzen charakteristisch sind.

Wenn das Weiterleben für Suizidenten und für Suizidversucher keine positiven Attraktionen bietet, welche Konsequenzen erwartet ein potentieller Selbstmörder von einem Selbstmord? Die Annahmen über suizidkontingent erwartete Anreize sind im Falle des Selbstmords überwiegend negativ, jedoch weniger negativ als die erwarteten Konsequenzen der Handlungsalternativen. Diese Annahmen werden in den folgenden Abschnitten auf ihre theoretische und empirische Plausibilität geprüft.

3.1.3 Erwartete Anreize der Selbstmordhandlung im Lichte alternativer Theorien und die empirische Evidenz der Hypothesen

Im folgenden sollen die oben postulierten Konsequenzen einer Suizidhandlung, dem Suizid – hier zunächst die erwarteten negativen Anreize – untersucht werden. Es handelt sich hierbei nicht um die in den ersten Abschnitten behandelten handlungsimmanenten Folgen der Handlungsausführung, d.h. Folgen beim Akt der Selbsttötung, sondern um die zeitlich weiterreichenden Folgen des Handlungsergebnisses, zu denen der Tod, aber nicht das Sterben[47], und auch soziale Sanktionen zu rechnen sind. Sie sind auch Teil des hier behandelten Instrumentalitätsmodells. Eine große Zahl von Suizidtheoretikern konzentriert sich auf diese Folgen der gewählten Handlung Suizid und vernachlässigt dabei die bisher behandelten Folgen

47 Vgl. Abschnitt 2.2.2.2.

der nicht gewählten Handlung, der Handlungsalternativen. Zu diesen Theoretikern gehören auch die psychoanalytischen Selbstmordforscher, deren theoretische Vorstellungen im folgenden Abschnitt (3.1.3.1) über die Konsequenzen des vollendeten Suizids wie auch innerhalb des Abschnitts 3.2.3.1.2.1 über erwartete Konsequenzen des Suizidversuchs diskutiert werden.

3.1.3.1 Erwartete negative Anreize der Selbstmordhandlung

3.1.3.1.1 Todesfurcht gegenüber dem Wunsch zu sterben

Die motivationstheoretischen Hypothesen über Suizidtendenzen besagen, daß die erwarteten Konsequenzen von Selbstmordhandlungen negativ sind, allerdings weniger stark ausgeprägt als die aggregierten erwarteten Konsequenzen alternativer Handlungen. Die wichtigste negative Konsequenz einer Selbstmordhandlung ist der eigene Tod. Er wird wegen einer Reihe sicher erwarteter und extrem stark negativer Anreize körperlicher wie auch seelischer Art von allen Menschen gefürchtet – trotz religiöser Verheißungen eines jenseitigen Daseins.

Im Gegensatz dazu vermuten psychoanalytisch ausgerichtete Suizidforscher, daß der Suizid ein grundlegendes ‚Motiv', den Wunsch zu sterben, befriedigt, der Suizid demnach nicht als negative, sondern als positive Handlungstendenz aufzufassen wäre. Dieses ‚Motiv' – andere ‚Motive', die zu den wenigen theorieorientierten Klassifikationen von Selbstmordhandlungen gerechnet werden können, sind der ‚Wunsch zu töten' und der ‚Wunsch getötet zu werden' – geht auf den Freudschen Todestrieb zurück, einer ‚selbstzerstörerischen, spannungsreduzierenden Energie', die allen Menschen innewohnt und im Widerstreit zum Lebenstrieb stehen soll[48]. Der ‚Wunsch zu sterben' manifestiert sich nach Menninger in Geburts-

48 Die meisten Psychoanalytiker, auch Menninger, stehen dem Todestrieb kritisch gegenüber, ohne daß jedoch auf diese Vorstellung verzichtet würde: „Um die klinischen Fakten völlig zu erklären, sind wir gezwungen, einen undifferenzierten Anteil des ursprünglichen Stroms selbstzerstörerischer Energie (Todestrieb) zu postulieren, der sich von dem getrennt hat, der einerseits in nach außen gerichtete Aggression im Dienst der Selbsterhaltung, andererseits in Gewissensbildung umgewandelt wurde" (Menninger 1974, S. 96). Der Wunsch zu sterben, ist nach Zilboorg besonders bei Selbstmorden unter den primitiven Völkern ausgeprägt und stelle eine Identifizierung mit toten Personen wie auch eine Erfüllung des Wunsches, unsterblich zu sein, dar (vgl. Zilboorg 1936, S. 1369). Ein ausgeprägter Narzißmus, also eine schwache Ich-Organisation, wäre dafür verantwortlich zu machen und zeige sich vor allem bei Jugendlichen, Alten und unter primitiven Völkern (vgl. Zilboorg 1937, S. 28/29). Die dritte präsuizidale Komponente bei Ringel (1953, 1969), die Flucht in die Irrealität, ist gleichfalls diesem ‚Motiv' zuzuordnen. Eine Rekonstruktion der logischen Struktur dieser Aussagen – übrigens auch der Aussagen über den Aggressionstrieb, dessen Beteiligung zur Aufrechterhaltung des menschlichen Systems über die Erfüllung einer notwendigen Bedingung – der Introjizierung eines verlorengegangenen Liebesobjektes – realisiert werde – deckt die Schwächen der funktionalistischen Aussagen auf, die eine empirische Überprüfung weitgehend nicht zulassen (vgl. Braun 1971, S. 92ff.).

phantasien und Wiedervereinigungswünschen mit Verstorbenen. Die entsprechende Selbstmordmethode stelle der Selbstmord durch Ertränken dar.

Empirische Nachweise (vgl. Menninger 1974, S. 96) für eine Sogwirkung des Todes stehen bis heute aus. Vielmehr dokumentieren die wenigen Befunde der Todesforschung eine ubiquitäre Furcht vor dem Tode, die auch in der heute beobachtbaren extremen Tabuisierung des Themas zum Ausdruck kommt[49] (vgl. Kübler-Ross 1983).

Eine universelle Furcht vor dem Tode ist selbst bei Philosophen der griechischen Spätzeit erkennbar, den Kynikern und Stoikern, die in unterschiedlichem Maße als Befürworter der Selbstmordidee galten (vgl. Amelunxen 1962). Soweit der Tod aber positiv bewertet wurde, handelt es sich eher um eine weniger negative Beurteilung des Todes, die half, das Diesseits erträglicher erscheinen zu lassen. So gesteht Marc Aurel, der den Stoikern zugerechnet wird, seine Todesfurcht ein:

> „Denk über jede einzelne deiner Handlungen nach und frage dich, ob der Tod für dich etwa deshalb etwas Schreckliches ist, weil du dann nicht mehr so handeln kannst" (1954, S. 147)

und

> „der Tod ist das Erlöschen der sinnlichen Wahrnehmung, das Ausruhen von der zwingenden Denkarbeit und der Herrschaft des Fleisches" (1954, S. 45).

Diese Äußerungen können zwar nicht die Werthaltungen der Selbstmörder jener Zeit wiedergeben, als Äußerung einer führenden Persönlichkeit jener ‚suizidfreundlichen Zeit' belegen sie aber eine vorherrschende Todesfurcht bei gleichzeitig wirkenden stärkeren Abstoßungseffekten alternativer Handlungen. Insofern sind sie vereinbar mit der Vorstellung vom Suizid als einer Wahl des geringeren Übels, wie sie in der Annahme einer Suizidtendenz als dominant negativer Handlungstendenz und der sie bedingenden Wert-Erwartungs-Matrizen zum Ausdruck kommt.

Die wenigen empirischen Ergebnisse aus der Selbstmordforschung sprechen gleichfalls eher für eine negative Suizidtendenz, der noch stärker negativ bewerteten Alternativen gegenüberstehen. Eine relativ umfangreiche Analyse von 568 Selbstmordnotizen ergab, daß nur 7 % derjenigen Personen, die einen Abschiedsbrief verfaßt hatten, an positive Folgen ihrer Selbstmordhandlung glaubten, z.B. ‚Wiedervereinigung unter besseren Umständen', während 81 % der Suizidenten

49 Als Beispiel seien die Ergebnisse einer repräsentativen Umfrage zum Thema Erben und Testamentsverfügung aus dem Jahre 1983 aufgeführt. Sie dokumentiert infolge der verwandten Verhaltensindikatoren eine non-reaktiv gemessene Einstellung zum Tode. Danach wußten nur 41 % der Befragten in der BRD Bescheid über gesetzliche Erbvorschriften, obwohl eine Mehrheit von 62 % unabhängig vom Alter es wichtig fand, ein Testament zu machen. Nur eine Minderheit hatte aber bereits ein Testament gemacht (22 % insgesamt). 7 % standen der Abfassung eines Testaments aus verschiedenen Gründen (z.B. bereits der Gedanke flößt Unbehagen ein) ablehnend gegenüber und 14 % glaubten, daß die gesetzliche Regelung ausreichen würde, obwohl der hohe Anteil von Falsch-Informierten und von Befürwortern eines Testaments weniger auf Desinteresse als auf Tabuisierung und negative Einstellung gegenüber dem Tod schließen läßt (Kapital 1983, Nr. 10).

unerfüllte Wünsche zum Ausdruck brachten und über die Hälfte (59 %) in ihren Briefen von unerträglichen inneren Zuständen berichteten. Für die überwiegende Zahl der untersuchten Personen, die vor ihrem Selbstmord einen Abschiedsbrief geschrieben hatten, war demnach die Selbstmordhandlung mit der Vermeidung negativer Zustände verbunden, ohne daß positive Folgen der Handlung antizipiert worden wären. Aber selbst bei den wenigen Fällen (7 %), die positive Zielvorstellungen durch ihre Handlung zu realisieren hofften, bleibt unklar, ob diese Zustände nicht lediglich als nur weniger unerträglich angesehen worden sind, wie dies nach dem Postulat einer dominierend negativen Handlungstendenz zu vermuten wäre (vgl. Bjerg 1976).

Die Zitate, die Menninger als ‚Beleg' für die Existenz positiver erwarteter Handlungskonsequenzen, den Todeswünschen, anführt, sind gleichfalls eher ein Beispiel für die Auffassung, daß Selbstmordhandlungen sonst erwartete negative Folgen minimieren sollen[50].

Auffallend ist ferner bei einem Vergleich von Selbstmordnotizen der Personen, die ihren Selbstmordversuch nicht überlebten, mit Personen, die ihn überlebten, daß Selbstmörder häufiger Selbstmordnotizen hinterließen als Überlebende eines Selbstmordversuches (Yessler et al. 1960; Daube 1977), häufiger neutrale Anweisungen gaben und seltener andere Personen beschuldigten (Loosen 1969; Spiegel und Neuringer 1963). Dies spricht zwar nicht unbedingt für die Antizipation negativer Handlungskonsequenzen bei der Ausführung eines Selbstmordes, aber möglicherweise für die These, daß Selbstmordhandlungen wie die wahrgenommenen Handlungsalternativen abstoßend wirken, während Suizidversucher, deren Wert-Erwartungs-Matrizen sich nach diesem Ansatz von denen eines potentiellen Selbstmörders unterscheiden, als Folge des Suizidversuchs noch eine Besserung ihrer aktuellen, gleichfalls als ausweglos empfundenen Situation erhoffen und dies in ihren Abschiedsbriefen daher zum Ausdruck bringen (vgl. Abschnitt 3.2.3).

Gegen die Vermutung, daß Selbstmordhandlungen den Wunsch zu sterben als positives Bedürfnis befriedigen könnten, sprechen auch die Auswertungsbefunde

---

50 So wird eine Patientin zitiert: „Fragt mich nicht, warum ich sterben möchte, besäße ich mehr Kraft, würde ich euch auffordern, mir zu sagen, weshalb ich leben soll. Aber jetzt frage ich nur mich und selbst das ist schwer, wenn man von vornherein überzeugt ist, daß der Tod vorzuziehen ist" (Menninger 1974, S. 93). Genausowenig sind die Daten von Farberow und Shneidman (1957, S. 41ff.) geeignet zu belegen, daß der Wunsch zu sterben als positiv antizipierte Konsequenz der Suizidhandlung aufzufassen wäre. Die Autoren fanden, daß der Wunsch zu sterben bei Männern und Frauen mit steigendem Alter zunehme, der Selbstmord aus Feindseligkeit und Aggressionstrieben hingegen auf allen Altersstufen gleichmäßig verteilt wäre. Das Sample bestand aus Patienten eines Krankenhauses, deren Äußerungen Hoffnungslosigkeit bzw. Tadel zum Ausdruck brachten, die als Indikatoren für den Wunsch zu sterben bzw. den Wunsch zu töten, verwendet wurden. Abgesehen von der fragwürdigen Vorgehensweise einer nachträglichen Kategorisierung ist Hoffnungslosigkeit kaum – es sei denn als Erklärung für das zu erklärende Ereignis – als Indikator für den als positives Energiepotential aufgefaßten Wunsch zu sterben anzusehen. Viel eher repräsentiert die Hoffnungslosigkeit, welche tatsächlich bei Suizidenten häufig beobachtet wird, negative Erwartungen bezüglich alternativer Handlungsmöglichkeiten.

echter Selbstmordnotizen, die mit simulierten Selbstmordbriefen verglichen wurden (vgl. Spiegel und Neuringer 1963). Die echten Selbstmordnotizen wiesen hierbei stärkere sprachliche Desorganisation auf, was eher antizipierten negativen Zielzuständen entsprechen würde. Außerdem wurden Selbstmordabsichten nicht geäußert, wie auch das Thema Selbstmord nicht thematisiert wurde. Der Tod – so könnte dieser Befund ex post gedeutet werden – wurde trotz der Tatsache, daß er sicher erschien und beabsichtigt war oder in Kauf genommen wurde, tabuisiert, weil er Furcht einflößte.

In der Untersuchung von Maris[51] kommt am deutlichsten zum Ausdruck, daß der Selbstmord als Zuflucht vor erwarteten negativen Folgen anderer Handlungen ausgeführt wurde. Fast ausnahmslos war es für die Suizidenten nach Meinung der befragten Angehörigen typisch, daß sie den Tod als Zuflucht vor Leid auffaßten (82 % der Suizidenten im Vergleich zu 51 % der Personen, die an einer Krankheit starben, vgl. Maris 1981, S. 28, 56)[52].

Auch Berichte über religiös motivierte Selbsttötungen z.B. in Japan, nach denen ein Sturz in den Mihara-Vulkan die sofortige himmlische Erlösung garantieren sollte, sind nicht geeignet, die These vom Todestrieb – hier mit religiöser Überhöhung – zu bestätigen. Die Zahl der Selbstmordfälle nahm nämlich ab, „als man aus dem Krater einmal Hilferufe hörte und eine Rettungsmannschaft aus der Tiefe zwei halb erstickte Menschen barg“ (vgl. Raestrup 1982, S. 147). Unterstellt man einmal die Richtigkeit der Angaben über veränderte Selbstmordhäufigkeiten, so könnten sich religiöse Überzeugungen möglicherweise als Folge konträrer Erfahrungen verändert haben und somit die veränderte Selbstmordhäufigkeit erklären; ein unterstellter Todestrieb, der mit religiösen Wiedervereinigungsphantasien vereinbar ist, wäre aber kaum solch kurzfristigen Änderungen unterworfen gewesen.

Ähnliche Schwierigkeiten tauchen bei der Erklärung sozio-demographischer Variationen der Selbstmordrate auf, wenn von der Annahme eines universellen To-

---

51 Eine Darstellung und kurze methodische Kritik dieser neueren Untersuchung von Maris (1981) findet sich im Anhang, da im Laufe dieser Arbeit mehrfach darauf Bezug genommen wird. Obwohl diese methodische Kritik die Aussagekraft der Ergebnisse schwächt, ist es doch der erste umfassendere Versuch, Suizidenten mit Suizidversuchern auf der Grundlage einer allerdings wenig glücklich gewählter Kontrollgruppe – Personen, die eines natürlichen Todes starben – miteinander zu vergleichen.

52 Der ‚Wunsch zu sterben‘ war bei Suizidenten nach Meinung der Angehörigen in zwei Drittel der Fälle vorhanden. Da nur 4 % der Angehörigen von Personen, die eines natürlichen Todes starben, diese Frage bejahten, liegt die Vermutung angesichts des Antwortprofils zur Frage nahe, daß die immanente Handlungsabsicht einer Suizidierung erfaßt wurde, die die im Handlungsmodell zusammengefaßten handlungsimmanenten Konsequenzen des Sterbens betreffen, nicht aber die weiterreichenden Konsequenzen des Todes, die dem hier an dieser Stelle erörterten Instrumentalitätsmodell zuzuordnen sind. Dies macht auch deutlich, wie hilfreich theoretische Präzisierungen bei der Operationalisierung gerade methodisch schwieriger Fragestellungen sein können. In diesem Falle wäre die Trennung von handlungsimmanent erwarteter Konsequenzen des Handlungsbeginns von den weiterreichenden erwarteten Konsequenzen des Handlungsergebnisses notwendig gewesen.

destriebes ausgegangen wird. Da Männer sich häufiger suizidieren als Frauen, müßten Männer unabhängig vom Alter einen ausgeprägteren Todestrieb haben als Frauen. Ebenso wäre international gesehen der Todestrieb in Irland, einem Land mit einer sehr geringen Selbstmordrate, weniger stark ausgeprägt als in der DDR, der BRD, Dänemark oder Schweden, Länder mit einer höheren Selbstmordrate.

Exkurs: Erklärungsversuch für suizidkontingent erwartete negative Anreize: Todesfurcht und Neuheitsgrad von Anreizen

Erfolgversprechender als die bisherige Vorgehensweise, Wertintensitäten und Wertausprägungen von Anreizen ad hoc zu bestimmen, wie dies normalerweise bei der Anwendung von Wert-Erwartungs-Theorien, Dissonanz- und Inkongruenz-, aber auch Lerntheorien geschieht, ist die Suche nach Erklärungen für die erwarteten Intensitäten und Ausprägungen von Anreizen. Für die Herausbildung negativer Erwartungen und auch negativer Anreize im Zusammenhang mit beabsichtigten *alternativen* Handlungen zum Suizid werden daher im zweiten Teil dieses theoretischen Ansatzes Anschlußtheorien entwickelt. Suizidkontingent erwartete Anreize, die nach diesen Vorstellungen überwiegend negativ ausgeprägt sind, bleiben dabei jedoch außer Betracht, da ihnen nach der hier vertretenen Auffassung eine nachrangige Bedeutung zukommt: Der Suizid ist Resultat einer abstoßenden Wirkung der Alternative ‚Weiterleben'. Trotzdem stellen auch hier Anschlußtheorien eine sinnvolle Erweiterung der Fragestellung dar. Am Beispiel der Konsequenz einer Suizidhandlung, des in in Betracht gezogenen Todes und seiner angenommenen negativen Anreizwirkung, soll dies im folgenden kurz aufgezeigt werden. Wenn im vorangegangenen Abschnitt die empirische Evidenz für die Annahme einer negativen Anreizwirkung des Todes geprüft wurde, handelt es sich jetzt um ein theoretisches Argument zur Erklärung von ‚Todesfurcht'.

Nach Ergebnissen aus der Neugier- Adaptationsniveauforschung werden neue und komplexe Stimuli anders affektiv bewertet als bekannte und einfacher strukturierte Reize (vgl. Berlyne 1966; Fiske 1961; Helson et al. 1956). Die vielfältigen empirischen Untersuchungen zur ‚exposure-Hypothese' legen aber keine monotone Funktion zwischen dem *Bekanntheitsgrad* von *Stimuli und* daraus resultierender positiver oder negativer *Bewertung des Stimulus* nahe, sondern eine *umgekehrte U-Funktion:* Bei sehr bekannten und sehr unbekannten Reizen erfolgt eine Ablehnung bzw. negative affektive Bewertung der Reize, während bei mittlerem Bekanntheitsgrad die höchste Zustimmung zu beobachten war (vgl. Zajonc 1965, 1968; Harrison 1967; Stang 1975; Saegert et al. 1973; Lindner-Braun 1976, S. 328ff., 311ff.). Die resultierende negative Bewertung wird durch die Zentralität von Anreizen, ein von der Anreizintensität zu unterscheidender und strukturell zu definierender Parameter der Anreize verstärkt. *Zentralität* läßt sich als struktureller Anreizparameter definieren über die Länge der Instrumentalitätsketten von Anreizen und Handlungsfolgen und/oder die Endpunkte von Instrumentalitätsbeziehungen. Der zentralste Anreiz ist der Anreizwert, der selbst über Handlungsfolgen nicht der Realisierung anderer Anreize dient, sondern als Endziel allenfalls über Zwischenziele realisiert wird. Nicht immer muß aber die Pfadlänge zentrale Anreize auszeichnen. Ein Drogenabhängiger kann sofort das Endziel ‚Drogenkonsum' anstreben und realisieren, während z.B. leistungs- oder machtbezogene Ziele erst über die Realisierung von vielen Zwischenzielen erreichbar sein können. Bei Anreizen großer Zentralität werden daher unbekannte Anreize stärker negativ bewertet werden als Anreize geringerer Zentralität. Dieser Zusammenhang ist in der nachfolgenden hypothetischen Funktionsbeziehung abgebildet:

Abbildung 1: *Hypothetische Beziehung zwischen dem Neuheitsgrad eines Stimulus (Anreiz) und der affektiven Bewertung des Stimulus (Anreizwertintensität)*

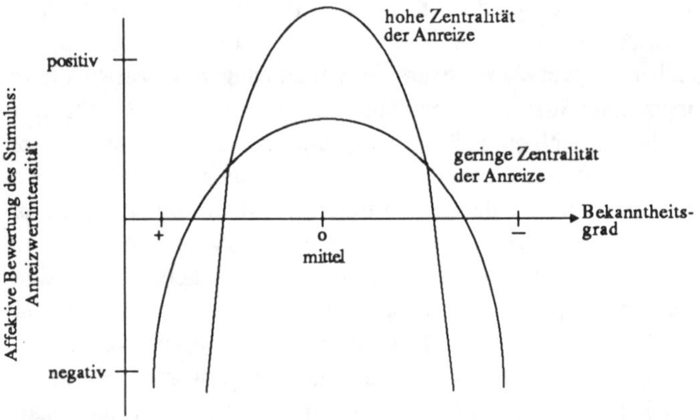

Nach diesen Annahmen wird für extrem neue und auch zentrale Anreize unabhängig von individuellen Erfahrungen in neuen Situationen[53] eine starke negative Anreizgewichtung prognostiziert. Vorstellungen über die Konsequenzen des Todes sind aber sowohl extrem unbekannt für den einzelnen als auch von zentraler Bedeutung, d.h., eine Vielzahl von Handlungen ist direkt oder über andere Handlungen auf das Ziel Leben bzw. Tod, also die menschliche Existenz, ausgerichtet, die Zahl der Instrumentalitätsbeziehungen zwischen einstufigen oder mehrstufigen Handlungsketten mit dem Endpunkt Leben oder Tod im Vergleich zu anderen peri-

53 Damit wird nicht behauptet, daß individuelle Erfahrungen mit neuen oder bekannten Situationen generell irrelevant wären. In einer Untersuchung über die Kommunikatorwirkung in neuen Situationen reagierten hoch neugiermotivierte Personen anders als Personen mit geringer ausgeprägtem Neugiermotiv. Neugierigere Personen ließen sich in ihrer Meinung über ein neues Einstellungsobjekt ‚Kabelfernsehen' weniger beeinflussen und standen den Kommunikatormeinungen kritischer gegenüber als weniger neugierige Personen (vgl. Lindner-Braun 1976, II, S. 251-315). Bei extremer Ausprägung der Anreizwertparameter Neuheitsgrad und Zentralität könnte man aber vermuten, daß individuell abweichende Wahrnehmungen zu vernachlässigen sind.

pheren Anreizen, die durch weniger Handlungen tangiert sind, ist groß.

Die Todesfurcht wäre nach diesen Überlegungen wegen der hohen subjektiven Ungewißheit, die aber sicher erwartet wird, und auch weitgehend unabhängig ist von unterschiedlichen religiösen Interpretationen der Existenz des Menschen nach dem Tode, als extrem negativer, aber sicher erwarteter negativer Anreiz einzustufen.

Zum Schluß sei die Möglichkeit einer Abmilderung antizipierter negativer Folgen des Todes erwähnt, die aber nach den ausgeführten Hypothesen lediglich die Intensität der negativen Bewertung der Suizidhandlung, nicht aber die Richtung der Ausprägung resultierender Suizidtendenzen reduzieren würde. Es sind dies Vorstellungen vom Tode, die nicht als ‚Todesfurcht' negative Anreize verkörpern, sondern positive Vorstellungen vom Tod als einem ‚Hort der Ruhe und Stille' beinhalten. Diese positiven Anreize sind jedoch im Gegensatz zur Todesfurcht, die mit Gewißheit verbunden ist, mit Unsicherheit belastet bzw. besitzen fehlenden Realitätscharakter, ähnlich den negativen Sanktionen, aber auch erhofften altruistischen Zielvorstellungen, wie sie in den folgenden Abschnitten behandelt werden. Dieser Vorstellung vom Tod als ‚Hort der Ruhe und Stille' scheint im Zusammenhang mit Suizidversuchen eine größere Bedeutung zuzukommen, wobei nicht das Handlungsergebnis der Suizidhandlung Tod, sondern das Handlungsergebnis Selbstverletzung in seinen Konsequenzen untersucht wird (vgl. Abschnitt 3.2.3.1.3).

Im folgenden Abschnitt sollen weitere erwartete negative Konsequenzen des Suizids erörtert werden, die bei allen Formen abweichenden Verhaltens eine Rolle spielen und die bereits zu Beginn bei der Abgrenzung des Geltungs- und Anwendungsbereichs der Fragestellung thematisiert wurden. Sie betreffen die soziale Kontrolle durch andere Gesellschaftsmitglieder, die sich in formellen und informellen Sanktionen, aber auch moralischen Kosten beim potentiellen Suizidanten auswirken können.

3.1.3.1.2 Soziale Kontrolle: informelle und formelle Sanktionen als erwartete negative Anreize

Im Mittelalter mußten unter dem Einfluß der herrschenden christlichen Religion des Heiligen Römischen Reiches Deutscher Nation Selbstmörder und ihre Angehörigen mit drastischen Strafen und Sanktionen rechnen. Selbstmörder durften z.B. nur außerhalb des Friedhofes an Straßenkreuzungen begraben werden und die Leiche wurde mit einem Schwert ins Herz gestochen, geschändet (Amelunxen 1962; Resnik et al. 1974). In England galt bis 1960 ein Gesetz, das die Angehörigen von Selbstmördern benachteiligte. Die gesellschaftliche Bewertung des Selbstmordes war jedoch zu verschiedenen Zeiten und in verschiedenen Kulturen sehr unterschiedlich. In der Antike herrschten bis zum 6. Jahrhundert v. Chr. liberale Einstellungen gegenüber dem Selbstmord vor, ‚weil die Götter nicht durch einen Selbstmord beleidigt werden konnten'. Erst Platon und Aristoteles stellten das Unrecht eines Selbstmörders nicht gegen die eigene Person, wohl aber gegen den Staat heraus. In Ausnahmefällen - z.B. bei verbrecherischer Anlage oder bei unabänderlicher Schmach, nicht jedoch bei geringfügigeren Anlässen wie Angst oder Krankheit - wurde Selbstmord jedoch geduldet. In der griechischen Spätzeit waren es vor allem die Kyniker, die die Todesbereitschaft als Weg zur Unabhängigkeit[54] von äußeren Dingen ansahen und damit zu den wenigen Befürwortern von Suizidhandlungen gehörten. Die alten Römer hingegen standen dem Suizid ablehnender gegenüber, um das Leben für den Staat zu erhalten. Ein generelles Verbot des Selbstmordes folgte im Frühchristentum mit Ausnahmeregelungen für moralische Grenzfälle. Mit Augustin im 4. Jahrhundert, der Selbstmord als Todsünde anprangerte, setzte die schärfste Verurteilung ein (vgl. Amelunxen 1962), während im weltlichen Recht (Schwabenspiegel, Sachsenspiegel, Freisinger Stadtrechtsbund, dem Landrecht des Herzogtums Preußen) Selbstmord bis zum Mittelalter straffrei gewesen war, mit Ausnahme des Dithmarsischen Landrechts, das für die holsteinischen Städte und die Nordseestädte Gültigkeit besaß und eine Konfiskation des Vermögens der Selbstmörder vorsah (vgl. Dubitscher 1957). Aus der mittelalterlichen Zeit der Selbstmordverbote, die allerdings im Zuge der Reformation und der Aufklärung gemildert wurden, wird unter Umgehung der vorgesehenen Strafen von sogenannten indirekten Selbstmorden berichtet: Um der ewigen Verdammnis zu entgehen, beging man ein Kapitalverbrechen und wurde als reuiger und armer Sünder hingerichtet[55] (Kleinschrod in: Dubitscher 1957, S. 11).

Trotz der für alle Religionen typischen Orientierung an einem Leben nach dem Tode ist für alle großen Religionen eine Ablehnung des Selbstmordes in mehr oder weniger strikter Form typisch[56]. Während für die christlichen Religionen bis zur Reformation und für die Katholiken in stärkerem Maße wie für die Protestanten aber auch für den Islam eine Ablehnung des Selbstmords kennzeichnend ist, nimmt der Buddhismus eine eher ambivalente Haltung ein, ohne ihn allerdings zu befürworten, Resignation und auch Entzug begünstigen hier den Selbstmord. Im Hinduismus findet sich die ausgeprägteste neutrale Haltung, da weder offizielle Verdammnis noch Sanktionierung erkennbar ist. Als eher tolerante Haltung kann die Einstellung jüdischer Glaubensanhänger gegenüber Selbstmord interpretiert werden, soweit sie in den Glaubenssätzen des Alten Testaments zum Ausdruck kommt. Selbstmord gilt hier als entschuldbare Tat kranker Menschen; Saul, Samson, Abimelech und Abithophel begingen Selbstmord, ohne daß dies im Alten Te-

54 Heutige Diskussionen zur Sterbehilfe und Ethik des Selbstmordes erinnern an die Vorstellungen der Kyniker (vgl. z.B. Améry 1979).

55 So wurden in einem Dekret in Nürnberg aus dem Jahre 1702 Sonderanweisungen zum indirekten Selbstmord erlassen, die allerdings eine Zunahme des direkten oder indirekten Selbstmords nicht verhindern konnten (Kleinschrod in: Dubitscher 1957, S. 11).

56 In den ersten Jahrhunderten nach Christi Geburt sind lediglich religiöse Sekten, die Selbstmord predigten oder in religiöser Ekstase Massenselbstmord begingen, bekannt geworden (vgl. Amelunxen 1962). Massenselbstmord oder Selbstmord in sozialen Gruppen ist dem altruistischen Selbstmord zuzuordnen, der den Werthaltungen der übrigen Gesellschaftsmitglieder entspricht (vgl. Abschnitt 3.1.3.2.3).

stament mißbilligt worden wäre (vgl. Drapkin 1965).

Bei den Aschantis von der Goldküste Westafrikas stand Selbstmord ebenso wie Mord unter der Strafe der Enthauptung, selbst wenn der Leichnam zu diesem Zwecke exhumiert werden mußte. Zum Leichnam gewandt sprach der Richter:

„Niemand hat auch nur die geringste Ahnung, was dir durch den Kopf gegangen ist. Aber du bist mit dem, was dich bewegt hat, nicht zu uns gekommen, damit wir dich aufmerksam anhören, sondern hast eine Keule genommen und auf den OKYEAME[57] (sic!) eingeschlagen. Wenn du uns aber tötest, so heisst das, daß du uns als gefühllose Bestien betrachtest. Damit bist du schuldig geworden" (vgl. Hoebel 1968, S. 297).

Außerdem wurde das Eigentum ‚verstaatlicht', d.h., die rechtmäßigen Erben verloren ihre Ansprüche an den Stuhl des Häuptlings, eine bei den Aschantis seltene und harte Strafe.

Eine milde Form der Ablehnung suizidaler Handlungen ist wohl kennzeichnend für die westlichen Industrienationen der Gegenwart. Nicht die suizidale Handlung ist z.B. nach dem bundesrepublikanischen Strafgesetzbuch strafbar, sondern das Unterlassen einer Hilfeleistung und auch Tötung auf Verlangen (vgl. § 323c StGB und § 216 StGB).

Wenn man annimmt, daß diese überlieferten Werthaltungen, wie sie im weltlichen und kirchlichen Recht zum Ausdruck kommen, mit den Einstellungen der jeweiligen Gesellschaftsmitglieder bzw. Glaubensanhängern übereinstimmen, ist zu fragen, ob diese größtenteils ablehnenden Haltungen und die daraus resultierenden informellen und formellen Sanktionen eine abschreckende Wirkung auf potentielle Suizidenten ausgeübt haben. Wenngleich direkte empirische Belege[58] fehlen – sieht man von den Berichten über die sogenannten indirekten, kaschierten Selbstmorde ab –, sind empirische Befunde auf gesamtgesellschaftlicher Ebene nicht geeignet, Sanktionsempfindlichkeit potentieller Suizidenten zu bestätigen, sie sprechen im Gegenteil für eine fehlende Abschreckungswirkung von Sanktionen gegenüber Suizidenten. So weist Durkheim (1967, S. 155) nach, daß die Selbstmordrate der Juden sehr niedrig ist, obwohl die Haltung gegenüber Suizid relativ tolerant ist (vgl. A1 E_5). In England bleibt die Selbstmordrate auch nach Abschaffung der gesetzlichen Sanktionen von Suizidhandlungen konstant[59].

---

57 Im Text steht Akyeame, richtig muß es wohl Okyeame heißen, der Stammessprecher oder Häuptling (S. 279).

58 Diese Zusatzannahmen – Übereinstimmung der Einstellungen, wie sie in den Glaubens- und Gesetzestexten zum Ausdruck kommen, mit den Adressaten dieser Aussagen (1) sowie Handlungen, die im Einklang mit diesen Werthaltungen stehen (2) und drittens muß man hinzufügen die Wahrnehmung dieser Einstellungen und korrespondierende Handlungen beim Suizidgefährdeten (3) – demonstrieren die Schwierigkeit, an Hand historischer Daten gültige empirische Aussagen zu machen.

59 1952-54 betrug die männliche Selbstmordrate für England und Wales 18,5 %, in den Jahren nach der Abschaffung 1961-63 18,3 % (WHO 1968, S. 69). Die weibliche Selbstmordrate erhöhte sich zwar geringfügig, dies ist aber typisch für viele westliche Industrienationen (z.B. USA, Australien, Finnland, Frankreich, Bundesrepublik Deutschland, Neuseeland, Schweden, vgl. A1, Tab. 1, 2).

Wenn hingegen die niedrigere Selbstmordrate in katholischen Ländern (z.B. Irland, Italien, Spanien, vgl. A1, Tab. 1 und 2) unter der Annahme einer erhöhten Sanktionsbereitschaft katholischer Glaubensgenossen für eine abschreckende Wirkung sprechen würde, steht die generell geringere Selbstmordrate der Frauen im Vergleich zu der der Männer und die höhere Selbstmordrate älterer Menschen im Vergleich zu jüngeren nicht im Einklang mit einer angenommenen Sanktionsempfindlichkeit von Suizidenten, es sei denn, man geht von einer entsprechenden Variation individueller Sanktionsbefürchtungen aus. Frauen müßten danach gegenüber Sanktionen stärker und ältere Menschen weniger empfänglich sein, weil Frauen jedoch weit häufiger Suizidversuche unternehmen als Männer und auch Suizidversuche von Sanktionsandrohungen betroffen sein müssen, läßt sich die Abschreckungsvermutung auch mit der Zusatzannahme geschlechtsspezifischer Sanktionsempfindlichkeit nicht retten[60]. Für die notwendige Annahme, daß ältere Männer und Frauen weniger sanktionsempfindlich sind, sprechen gleichfalls keine plausiblen Gründe. Das Gegenteil läßt sich angesichts einer höheren Religiosität im fortgeschrittenen Alter (vgl. Argyle 1958, S. 69, 70) und weitgehend religiös begründeter Selbstmordverbote vermuten. Auch die relative nationale Konstanz der Selbstmordrate im Verhältnis der Länder zueinander, die seit 100 Jahren nachweisbar ist, spricht bei Annahme einer Abschwächung von Selbstmordsanktionen im gleichen Zeitraum eher gegen einen nennenswerten Einfluß befürchteter Sanktionen.

Setzt man die Kenntnis dieser gültigen, d.h. mehrheitlich akzeptierten und auch durchgesetzten informellen und formellen Sanktionen bei potentiellen Suizidenten voraus, so könnte die relative Sanktionsunempfindlichkeit unter dem Gesichtspunkt des vorliegenden Ansatzes zunächst bedeuten, daß subjektiv abweichende Bewertungen dieser Sanktionen auftreten, d.h., informelle und formelle Sanktionen von potentiellen Suizidenten nicht als negative Anreize wahrgenommen werden. Für diese Annahme sprechen wenig Indizien[61]. Es könnte jedoch auch bedeuten, daß solche Sanktionen auch für Suizidenten negative Anreize darstellen, daß diese aber subjektiv nicht erwartet werden, d.h., die subjektive Wahrscheinlichkeit für das Erleiden dieser Sanktionen gering eingeschätzt wird. Dies erscheint auch im Zusammenhang mit den realen Ängsten vor dem bevorstehenden

60 Frauen würden sich danach wegen befürchteter Sanktionen von einem tödlich endenden Selbstmord abhalten lassen, trotz befürchteter Sanktionen jedoch einen nicht-fatalen Selbstmordversuch vermehrt begehen. Es wäre auch der Umstand zu erklären, daß Frauen in zunehmendem Maße selbstmordgefährdet sind, wie eine regressionsanalytische Trendanalyse von Diggory (1976) nahelegt. Auch die in anderen Ländern beobachtete Zunahme des Selbstmords unter Frauen (vgl. Newman et al. 1973, ebenso Preiß 1968 für die DDR) kann als verändertes geschlechtsspezifisches Selbstmordverhalten kaum mit einer simultanen Abschwächung von Selbstmordverboten in Zusammenhang gebracht werden.

61 Der Anteil von Geisteskranken unter den Suizidenten kann als relativ gering angesehen werden (vgl. A1,E8). Auch liegen keine Befunde vor, nach denen Depressive, die unter Suizidenten vermehrt zu finden sind, strafunempfindlich sind, eine Überlegung, die nicht in demselben Maße für soziopathische Delinquenten gilt.

Tod plausibel: Wenn der Tod auch gefürchtet wird, so wird doch angenommen, daß er vor formellen und informellen Sanktionen verschont, die nicht mehr erlebt werden können und daher keinen Realitätscharakter besitzen. Nach dieser Überlegung würden formelle und informelle Sanktionen die Wert-Erwartungs-Bilanz zugunsten einer Suizidhandlung als dem kleineren Übel nicht zusätzlich verschlechtern und daher die Suizidwahrscheinlichkeit bei Konstanz eines subjektiv adäquaten Mittelpotentials nicht senken.

Der Realitätscharakter von Sanktionen für einen potentiellen Suizidenten wäre jedoch anders zu beurteilen, wenn die Sanktionen nicht ihn, sondern Angehörige treffen würden. Aber auch dieses fremde Leid wird er nicht mehr erleben und würde nur unter einer Zusatzannahme – dem Wirksamwerden altruistischer Wertvorstellungen – eine mögliche Verschlechterung der Wert-Erwartungs-Bilanz für die Suizidhandlung zur Folge haben. Diese Art von Kosten wird zu den moralischen Kosten gerechnet, die im folgenden Abschnitt untersucht werden sollen.

3.1.3.1.3 Soziale Kontrolle: moralische Kosten als erwartete negative Anreize oder ihre Rationalisierung als erwartete positive Anreize

Die soziale Kontrolle in einer Gesellschaft manifestiert sich nicht nur in materiellen Bestrafungen oder sozialer Mißachtung von Suizidhandlungen, sondern wird unter hier nicht näher zu untersuchenden Bedingungen[62] zur ‚Internalisierung der Suizidnormen' führen. Von einer Internalisierung von Suizidnormen soll dann gesprochen werden[63], wenn die Ausführung des verbotenen Verhaltens mit intrinsischen moralischen Kosten verbunden ist, die unabhängig von der sozialen Reaktion anderer Gesellschaftsmitglieder, d.h. möglichen bestrafenden Äußerungen, als negative Anreize fungieren. Solche moralischen Kosten als negative Anreize können den religiös verankerten Glauben an die ewige Verdammnis eines Selbstmörders betreffen oder die Überzeugung beinhalten, als Feigling oder Ehrloser gehandelt zu haben, ‚Werthaltungen', die nicht nur für die Leistungsgesellschaft heutiger Prägung Gültigkeit haben, sondern – wie im vorigen Abschnitt deutlich wurde – auch für weltliche und kirchliche Bewertungen des Suizids früherer Zeiten typisch

62 Die Interaktionsprozesse, in denen die gesellschaftlichen Normen in sozialen Institutionen wie der Familie, der Schule etc. sozialisiert werden, bleiben im folgenden außer Betracht, da nach der vorliegenden Fragestellung die Erklärung der Herausbildung negativer Erwartungen für Handlungsalternativen zum Suizid von vorrangiger Bedeutung ist. Nach den Ergebnissen dieses zu entwickelnden ‚Sozialisationsmodells' zu urteilen – es kann eher von einer ‚Übersozialisation' Suizidgefährdeter ausgegangen werden – könnte jedoch eine erfolgreiche Sozialisation vermutet werden, d.h., daß die potentiellen Suizidenten auch mehrheitlich gültige Suizidnormen akzeptiert haben (vgl. hierzu die Ausführungen zur primären Sozialisation im Kapitel Familie und Suizid, Abschnitt 4.3.2).

63 Vgl. zum Begriff Internalisierung von Normen Opp 1983, S. 218, Popitz 1980 und Abschnitt 4.3.2.1.1 zur moralischen Sozialisation.

waren. Dazu zählen auch die bereits genannten moralischen Verpflichtungen gegenüber anderen Personen, den Angehörigen, die indirekt durch die Suizidhandlung möglicherweise Nachteile erleiden und als Angehörige des Suizidenten Opfer informeller oder formeller Sanktionen werden.

Welchen Stellenwert besitzen diese moralischen Kosten? Fallen sie als erwartete negative Anreize bei der resultierenden Bewertung von Suizidhandlung durch den Suizidenten ins Gewicht, können sie als zusätzlich erwartete und sicher erwartete Kosten die negative Tendenz gegenüber dem Suizid verstärken und damit die Wahrscheinlichkeit einer Suizidhandlung senken? Die oben aufgestellten Hypothesen besagen lediglich, daß die Suizidhandlung auf einer negativen Wert-Erwartungs-Bilanz für die Suizidtendenz beruht, diese aber weniger negativ ausgeprägt ist als die aggregierten erwarteten Anreize für Handlungsalternativen zum Suizid. Als sicherer und auch stark negativer Anreiz einer Suizidhandlung wurde bereits die Todesfurcht angenommen, kämen weitere zahlreiche und/oder stark ausgeprägte und auch sicher erwartete negative Anreize hinzu, erhöhte sich die Wahrscheinlichkeit von Handlungsalternativen bei verringerter Selbstmordwahrscheinlichkeit. Empirische Hinweise bezüglich der Wirkung negativer Sanktionen von Selbstmordhandlungen sprechen jedoch eher gegen eine abschreckende Wirkung dieser Sanktionen. Dies könnte darauf zurückgeführt werden, daß Sanktionen, die erst nach dem eigenen Tod eintreten, keinen Realitätscharakter haben und die mit diesen Sanktionen verbundenen moralischen Kosten nicht wirklich antizipierbar sind, so daß sie einen potentiellen Suizidenten kaum berühren.

Bevor die wenigen empirischen Hinweise zur Prüfung dieser These von der Sanktionsunempfindlichkeit potentieller Suizidenten herangezogen werden, sei eine kontroverse theoretische Auffassung diskutiert.

Moral im weitesten Sinne stellt auch eine wichtige Variable der differentiellen Assoziationstheorie dar, nach der in der Tradition von Sutherland und Nachfolger, insbesondere von Akers, abweichendes Verhalten[64] über erlernte Rechtfertigun-

64 Die differentielle Assoziationstheorie von Akers (1977) wird als erfolgversprechende Fortentwicklung der Theorie von Sutherland und Cressey (1974) angesehen (vgl. Cressey und Ward 1969; Opp 1974, S. 158), die Akers mit Hilfe lerntheoretischer Aussagen zu präzisieren versucht und vor allem nicht nur auf kriminelles Verhalten, sondern auf die bekanntesten Formen abweichenden Verhaltens – auch den Selbstmord – anzuwenden versucht. Im Bereich kriminellen Verhaltens hat die äußerst einflußreiche Theorie – Fox (1976, S. 102ff.) zählt im Jahr 1970 allein mehr als 70 Veröffentlichungen – zahlreiche empirische und theoretische Arbeiten hervorgebracht, die den paradigmatischen Charakter der Theorie dokumentieren. Trotz berechtigter Kritik an dem Ansatz – erwähnt sei vor allem die unzureichende Präzisierung der zentralen Konzepte und die Tatsache, daß Kontakte allein das Lernen relevanter Einstellungen und relevanten Wissens für abweichendes Verhalten nicht erklären können – besitzt die These, daß abweichendes Verhalten nicht zufällig entsteht, auch nicht angeboren ist, sondern in einem sozialen Lernprozeß allmählich verstärkt wird, die meiste empirische Evidenz. Matsueda (1982) weist z.B. einen direkten Effekt auf Rationalisierungen kriminellen Verhaltens auf Kriminalität und einen indirekten Effekt sozialer Kontrolle durch die Institutionen Schule und Familie in einer pfadanalytischen Sekundäranalyse mit simultanen Validitätsschätzungen nach, was einem ‚crucial experiment' zugunsten der diffe-

gen, Definitionen oder Rationalisierungen des abweichenden Verhaltens, erklärt wird. Diese werden nach der sozialen Lerntheorie von Akers im Rahmen differentieller sozialer Kontakte gelernt. Sie kompensieren die negativen Bewertungen dieser Handlungen, und erst wenn der Anteil dieser positiven ‚Definitionen' devianter Handlungen höher ist als der Anteil negativer Definitionen und konforme Akte überwiegend negativ definiert werden, ist die Wahrscheinlichkeit, daß deviante Handlungen ausgeführt werden, groß (Akers 1977, S. 42).

Obwohl der Begriff der Rechtfertigungsdefinitionen einer Präzisierung bedarf, werden im Gegensatz zur hier vertretenen Auffassung vollendete Suizidhandlungen – insofern bestehen auch Ähnlichkeiten mit den psychoanalytischen Erklärungsversuchen – auf positive Attraktivitäten zurückgeführt.

Was *ist* aber unter *Rationalisierungen, Definitionen, Einstellungen* etc. – diese Begriffe werden offensichtlich synonym gebraucht (vgl. Akers 1977, S. 42ff.) – zu *verstehen?* Als eine der beiden von Akers genannten Bedingungen, die das Auftreten von Suizid *ohne* vorausgehenden Suizidversuch erklären[65], sollen Rationalisierungen oder Rechtfertigungsdefinitionen Verstärker oder diskriminierende Reize sein. Sie müßten demnach ihre Verstärkerfunktion als Sekundärverstärker oder als diskriminierende Reize im *Gefolge* des zu erklärenden abweichenden Verhaltens, dem tödlich endenden Selbstmordversuch ohne vorausgehende suizidale Handlung, erworben haben. Dies ist aus logischen Gründen – Selbstmord kommt nur einmal vor – nicht möglich. Adams (1973) kritisiert daher zu Recht das behavioristische Konzept der Rationalisierungen und empfiehlt die Verwendung lerntheoretischer Einstellungskonzepte, die als ‚response-chain' erworben werden. Das grundlegende Problem, wie ein Verhalten, das zum ersten Mal auftritt und in dem besonderen Falle auch einmalig ist, über verhaltensgebundene Erfahrungen, die erst nach dem Auftreten dieser einmaligen Handlung gemacht werden könnten, relativ schnell erlernt werden können, ist aber auch durch die Einführung behavioristischer Einstellungskonzepte nicht lösbar[66].

Auf die Einführung kognitiver Konzepte, die über die Antizipation von Zielzuständen auch neues Verhalten erklären können, kann daher nicht verzichtet werden. Innerhalb des motivationstheoretischen Ansatzes ließe sich der Begriff der Rationalisierungen neu definieren und präzisieren. Die relativ komplexen moralischen Überzeugungen sind danach in drei Variablen aufzuspalten, in die Handlungstendenz als affektive Bewertung der Suizidhandlung, in handlungskontin-

---

rentiellen Assoziationstheorie und zu Lasten der Kontrolltheorie von Hirschi nahekommt.

65 Die zweite Bedingung wird als stellvertretend erlernte Problemlösung bezeichnet. Sie folgt nicht logisch aus der allgemeinen Theorie über abweichendes Verhalten (vgl. Akers 1977, S. 42; Lindner-Braun 1980). Bei einer Präzisierung und sinnvollen Nutzung dieses Konzepts ist die Einführung mentaler Konzepte unumgänglich. Auch hier – wie bei der Präzisierung der Rationalisierungsdefinitionen – müssen die behavioristischen Grundannahmen aufgegeben werden.

66 Vgl. zur Kritik lerntheoretischer Einstellungstheorien von Staats und Staats (1967), aber auch der komplexeren Einstellungstheorie von Weiss, die auf der Hullschen Lerntheorie beruht, Lindner-Braun (1976, S. 107ff., S. 121-157).

gente positive oder negative Anreize und in Handlungskontingenzen an sich:

1. Bei der Handlungstendenz als affektiver Bewertung der Suizidhandlung kommt mindestens die ablehnende oder befürwortende Haltung gegenüber dem abweichenden oder konformen Verhalten zum Ausdruck, sie stellt im engeren Sinne eine ,Definition' des fraglichen Verhaltens dar. Auf diese Komponente – die Suizidtendenz im vorliegenden Ansatz und Tendenz zu alternativen Handlungen – wird in den folgenden Ausführungen verzichtet, da ihr Zustandekommen über Rationalisierungen möglicherweise erklärt werden kann.
2. Die handlungskontingenten positiven oder negativen Anreize sind die eingangs genannten moralischen Kosten oder Gewinne. Zur Rechtfertigung wirtschaftskrimineller Handlungen wurde z.B. die Rationalisierung ,es schadet der Öffentlichkeit nicht' genannt (vgl. Sykes und Matza 1957; Ball 1966, 1983). Hierbei wird das Nicht-Eintreten negativer Anreize reklamiert. Oder es werden positive Anreize antizipiert: ,Überleben wegen der mörderischen Konkurrenz', ,Stabilisierung der Preise'.
3. Die Handlungskontingenzen an sich, das sind die subjektiven Wahrscheinlichkeiten, mit denen eine Handlung zu bestimmten Anreizen führt, werden den Operationalisierungen zufolge meist als hoch angesehen, d.h., es werden implizit sichere Erwartungen bezüglich der Realisierung dieser moralischen Gewinne oder der Vermeidung moralischer Kosten unterstellt. Sie kommen z.B. in den Items ,Es ist notwendig', ,immer', ,meistens' zum Ausdruck[67].

Bei Suizidhandlungen ginge es um die Leugnung negativer Konsequenzen, z.B. ,Ich kann es nicht mehr ertragen' oder ,soviel kann ein Mensch nicht ertragen', mit denen Vorwürfen begegnet werden kann, die moralische Kosten darstellen – nämlich wie ein Feigling gehandelt zu haben. Durch Fremdanschuldigungen – wie z.B. ,die anderen haben mich soweit gebracht' – wird gleichfalls der Zusammenhang zwischen der Selbstmordhandlung und unangenehmen moralischen Wertvorstellungen durch Leugnen eigener Verantwortlichkeit dissoziiert und damit die Handlungskontingenz gelöscht.

In der Rationalisierung ,Für alle ist es so am besten', würde hingegen als Folge der Suizidhandlung die Realisierung altruistischer Ziele reklamiert werden. Nach dieser Interpretation wären Rationalisierungen Spezialfälle der bisher behandelten suizidkontingenten Wert-Erwartungs-Bilanzen, weil sie als erwartete spezielle Konsequenzen der Suizidhandlung die Ausführung der Suizidhandlung determinieren. Dabei wird erstens davon ausgegangen, daß auch der Handelnde das abweichende Verhalten negativ bewertet oder – vermutlich zutreffender – zuvor negativ bewertet hat[68]. Zweitens wird angenommen, daß Selbstmordhandlungen erst dann

---

67 Ball (1983) konzeptualisiert unter anderen Definitionen Rationalisierungen als Mißerfolgserwartungen bezüglich schulischer Leistungsergebnisse. Solche Erwartungen sind bei einer empirischen Untersuchung dann konfundiert mit evaluativen Komponenten, z.B. Wertvorstellungen, und können sich daher in ihrer Wirkung aufheben.

68 Im Gegensatz zur Sozialisationsdefizitthese (vgl. z.B. Glueck und Glueck 1940; Rosen 1968), aber auch zur Anomietheorie wird daher implizit von einer Internalisierung der

auftreten werden, wenn die moralischen Kosten durch Minimierung negativer Konsequenzen und Erhöhung positiver Konsequenzen gesenkt werden. Im hier entwickelten Ansatz wird hingegen vorausgesetzt, daß die negativen Konsequenzen einer Suizidhandlung dominieren, moralische Kosten die Bilanz nur unwesentlich verschlechtern können, ihre Minimierung daher auch keine ausschlaggebende Verbesserung zur Folge hätte. Daraus resultieren negative Handlungstendenzen, die allerdings schwächer ausgeprägt sein müssen als alternative Handlungstendenzen, und keine positiven Handlungstendenzen – wie man nach einem Vergleich der motivationstheoretischen Aussagen und rekonstruierter Aussagen der sozialen Lerntheorie bzw. differentiellen Assoziationstheorie von Akers vermuten müßte.

Die These, daß moralische Kosten und daraus folgende Rationalisierungen als veränderte moralische Kosten bzw. Gewinne die Wert-Erwartungs-Bilanz der Tendenz zum Suizid nur unwesentlich beeinflussen, impliziert zwei Annahmen über die Ausprägung der erwarteten negativen Anreize, einmal können Anreize wenig wahrscheinlich sein, zum anderen können sie mit geringer Anreizwertintensität erwartet werden.

Erstens könnten moralische Kosten ähnlich wie äußere Sanktionen ohne Realitätscharakter sein und daher vom Lebenden als unsichere oder unwahrscheinliche Konsequenz seiner Handlung, die zum Tode führt, angesehen werden – im Gegensatz zur oben diskutierten Todesfurcht, die eine Klasse inhaltlich nicht näher zu spezifizierende negative und wahrscheinliche Anreize für die Zeit nach dem Tode umfaßt. Da durch Rationalisierungen moralische Anreize verändert werden – sie reduzieren moralische Kosten oder induzieren moralische Gewinne – wären auch diese ‚rationalisierten' moralischen Gewinne nach dem Tode nicht mehr konsumierbar und würden daher wegen geringer Wahrscheinlichkeit als negative, aber auch als positive Anreize wenig ins Gewicht fallen, d.h. die Wahrscheinlichkeit einer Suizidtendenz würde sich nicht erhöhen[69].

Zweitens könnten moralische Kosten – von Anfang an bestehende wie auch durch Rationalisierungen veränderte Kosten – mit einer geringen Anreizwertintensität verbunden sein. Diese Annahme über die Ausprägung der Anreizwertintensi-

Normen, die abweichendes Verhalten verbieten, ausgegangen, es sei denn, die Rationalisierungen würden nach Auffassung der differentiellen Assoziationstheorie lediglich geäußert, um befürchtete Sanktionen abzuwehren. Es wären dann Schutzbehauptungen, die nur unter Kontrolle äußerer Situationen – mit konträren Sanktionen oder variierenden Sanktionsreaktionen – von den internalisierten Rationalisierungen zu unterscheiden wären. Theoretisch wäre eine Unterscheidung beider Rationalisierungen über die Art der minimierten negativen Konsequenzen möglich, nämlich solchen, die mit und solchen, die ohne negative Sanktionen anderer Personen verbunden wären. Definitionsgemäß handelt es sich im erstem Fall um *extrinsische Rationalisierungen,* die an antizipierte Reaktionen anderer Personen gebunden sind, und um *intrinsische Rationalisierungen,* wenn die Handlung einer Person unabhängig von der Handlung anderer Personen Konsequenzen, z.B. bei moralischen Zielen, für den Handelnden hat.

69 Durch den Wegfall oder die verminderte Wirkung negativer Anreize würde die Suizidtendenz weniger negativ und die Suizidtendenz als dominierende Handlungstendenz dadurch wahrscheinlicher, wenn – wie in diesem Ansatz – von dominierend negativ ausgeprägten Tendenzen zu alternativen Handlungen ausgegangen wird.

tät als Determinante der *Suizidtendenz* ließe sich mit einer spezifischen Anreizkonsumtion erklären: Weil eine Suizidhandlung keine erlebbare, reale und sichere Konsequenzen hat, bleibt die ‚verdeckte' Konsumtion, bei der die Konsequenzen einer Handlung nur in der Vorstellung erlebt werden können.

Nach Cautela[70] ist dabei eine geringere Verstärkerwirkung bzw. in den Termen dieses Ansatzes eine geringere Anreizintensität anzunehmen.

Anders muß die Argumentation hinsichtlich der Wirkungsweise der Variablen beim *Suizidversuch* ausfallen. Im Gegensatz zur intendierten Selbstmordhandlung kann eine intendierte Suizidversuchshandlung, die hier als ‚Tod auf Zeit' das Überleben sichern soll, interpretiert wird, realistische und daher nicht unwahrscheinliche moralische Kosten zur Folge haben. Deswegen würden Rationalisierungen zur Minimierung der moralischen Kosten die Wert-Erwartungs-Bilanz einer Tendenz zum Suizidversuch positiv verändern und damit die Wahrscheinlichkeit einer Suizidversuchshandlung erhöhen (vgl. Abschnitt 3.2.3.2).

Der unterschiedliche Stellenwert von Rationalisierungen beim Suizid und beim Suizidversuch ist zumindest auf der Verhaltensebene nachprüfbar. Wenn moralische Rechtfertigungen oder Rationalisierungen eine notwendige Voraussetzung für eine Suizidhandlung darstellen würden, dann müßten diese direkt oder indirekt in letzten Mitteilungen der Selbstmörder oder Suizidversuchern zum Ausdruck kommen. Ein Vergleich der Selbstmordnotizen, die Selbstmörder hinterlassen haben, mit Abschiedsbriefen von Personen, deren Selbstmordversuch nicht tödlich endete, hat wiederholt gezeigt, daß nach fatalen Suizidhandlungen mehr Abschiedsbriefe auffindbar waren als nach nicht tödlich endenden Selbstmordversuchen (vgl. Daube 1977; Yessler et al. 1960, 1961; Friedrich 1972). Das höhere Mitteilungsbedürfnis von Selbstmördern im Vergleich zu Suizidversuchern gewinnt jedoch erst an Aussagekraft, wenn der Inhalt der Notizen ausgewertet wird. Dabei zeigt sich, daß Selbstmörder seltener feindliche Äußerungen oder Anschuldigungen gegenüber der Umwelt zum Ausdruck brachten, hingegen häufiger neutrale Anweisungen wie testamentarische Verfügungen oder gefühlsneutrale Abschiedsgrüße niederschrieben (vgl. Loosen 1969; Spiegel und Neuringer 1963). Fremdanschuldigungen und negativ gefärbte Gefühlsäußerungen lassen sich jedoch eher als Rationalisierungen oder Rechtfertigungen für eine ‚verdammenswerte' Handlung interpretieren als neutrale Abschiedsgrüße oder testamentarische Verfügungen. Nach Bjerg (1976) haben nur 6 % der Briefeschreiber, deren Selbstmordversuch tödlich endete, schuldhaftes Verhalten anderer angeführt, während 81 % von unerfüllten Wünschen, Frustrationen sprachen und 58 % der Briefeschreiber von einem unerträglichen inneren Zustand berichteten. Diese Befunde sprechen weniger für die Wichtigkeit, einen verwerflichen Akt zu rechtfertigen, sondern eher für die hier vermutete extrem abschreckende Wirkung der Situation, in der sie sich befanden,

70 Vgl. zum Begriff und der Wirkungsweise von verdeckten oder vorgestellten Belohnungen Cautela (1970). Das Argument, daß der fehlende Realitätscharakter über die reduzierte subjektive Wahrscheinlichkeit moralischer Kosten die Suizidtendenz kaum beeinflussen wird, bleibt davon unberührt, d.h., beide Annahmen könnten gleichzeitig wirken.

und die eine dominierend negative Verhaltenstendenz beim potentiellen Selbstmörder verursacht[71].

Zweifel an der Wichtigkeit moralischer Kosten und ihrer Rationalisierungen bei der Erklärung suizidaler Handlungen kommen auch auf, wenn man die empirischen Generalisierungen über die alters- und geschlechtsspezifische Verteilung des Suizids berücksichtigt. Im Alter steigt die Suizidgefahr, Rationalisierungen müßten daher *leichter* fallen als in jungen Jahren, und Frauen müßten als weniger suizid-, aber stärker suizidversuchsgefährdete Gruppe weniger Rationalisierungen zur Minimierung oder Umwertung moralischer Kosten der Selbstmordhandlung, aber mehr Rechtfertigungen für Suizidversuche mit großen Überlebenschancen erlernt haben.

Zugunsten der differentiellen Assoziationstheorie könnte nun geltend gemacht werden, daß für das Erlernen der Rechtfertigungen soziale Gelegenheiten erforderlich seien, die dann entsprechend der sozialen Verteilung von Suizid und Suizidversuch variieren müßten. Aber selbst diese Ergänzung – die gerade bei neuen Verhaltensweisen einen weiteren Mangel der differentiellen Assoziationstheorie aufzeigt[72] – macht die unterschiedliche Verteilung nicht plausibler. Ältere Menschen müßten dann z.B. mehr Lerngelegenheiten für den Erwerb von Rationalisierungsdefinitionen haben – angesichts der zu vermutenden höheren sozialen Isolierung (vgl. Abschnitt 4.2.2.1) und auch einer stärkeren religiösen Bindung[73], die dem Erwerb selbstmordfreundlicher Wertvorstellungen eher entgegenstehen, eine unplausible Annahme.

Wenn nach Akers Rationalisierungen dem suizidalen Verhalten vorausgehen und Lerngelegenheiten dabei vorausgesetzt werden, müßten ebenso ältere Frauen, die zwar stärker suizidgefährdet sind als jüngere Frauen, sich aber im Vergleich zu Männern relativ selten suizidieren, weniger Lerngelegenheiten haben als Männer und als jüngere Frauen, die stärker suizidversuchsgefährdet sind. Je nach Alter und Geschlecht wären ganz unterschiedliche Lerngelegenheiten anzunehmen.

Zusammenfassen läßt sich das Verhältnis moralischer Kosten zur Rationalisierung moralischer Kosten des abweichenden Verhaltens Suizid wie folgt:

1. Rationalisierungen als positive Definitionen eines abweichenden Verhaltens setzen moralische Kosten dieser Handlung voraus.

---

71 Diese Dateninterpretation gilt unter dem Vorbehalt der bereits erwähnten möglichen Selektivität der Selbstmordnotizen. Wenn jemand keinen Abschiedsbrief hinterläßt, kann diese Nicht-Mitteilung aber auch keinesfalls zugunsten einer Rationalisierung als notwendiger Bedingung für Suizidverhalten sprechen.

72 Die soziale Lerntheorie von Akers enthält keine Bedingungen über das Auffinden oder die Auswahl von sozialen Lernumgebungen, die den Erwerb der Rationalisierungen voraussetzen. Bei einem relativ seltenen Verhalten wie Suizid wäre die Kenntnis solcher Bedingungen von besonderer Bedeutung. Wie im zweiten Teil der Arbeit untersucht werden wird, ist stellvertretende Erfahrung – z.B. über Massenmedien – nur unter besonderen Bedingungen eine ‚Lerngelegenheit' nicht nur für Rechtfertigungen, sondern auch für andere suizidrelevante Faktoren.

73 Vgl. zusammenfassend Berelson und Steiner 1964, S. 392f.

2. Rationalisierungen lassen sich innerhalb des motivationstheoretischen Ansatzes präzisieren als suizidkontingent erwartete positive intrinsische Anreize bzw. minimierte negative und intrinsische Anreize. Rationalisierungen sind also nicht nur Definitionen oder Einstellungen gegenüber dem abweichenden Verhalten und somit affektive Bewertungen eines Verhaltens, sondern wahrgenommene Instrumentalitätsbeziehungen zwischen Verhaltensweisen und ihren Konsequenzen für Wertvorstellungen, deren erwartete Wertintensitäten die Einstellungen gegenüber dem Verhalten determinieren. Diese analytische Trennung verschiedener evaluativer und kognitiver Komponenten ermöglicht auch die Unterscheidung von Rationalisierungen als moralische Kosten (intrinsische Rationalisierungen) und Rationalisierungen als Schutzbehauptungen, mit denen man hofft, äußeren Sanktionen zu entgehen bzw. diese abzumildern (‚extrinsische' Rationalisierungen).
3. Rationalisierungen scheinen entgegen den Postulaten der differentiellen Assoziationstheorie für die Erklärung vollendeter Selbstmordhandlungen keine notwendige Bedingung darzustellen. Empirische Evidenz zugunsten der hier postulierten nachrangigen Bedeutung der Minimierung moralischer Kosten ergibt sich aus inhaltsanalytischen Auswertungen der Abschiedsbriefe von Selbstmördern. Auch die fehlende Abschreckungswirkung von Selbstmordsanktionen spricht gegen die Notwendigkeit von Rationalisierungen vor einer Suizidhandlung. Außerdem sind geschlechts- und altersspezifische Suizid- und Suizidversuchsvariationen mit der Annahme über die Wirkung von Rationalisierungen der differentiellen Assoziationstheorie nicht vereinbar.
4. Wenn vermutet wird, daß mögliche moralische Kosten, aber auch deren Minimierung oder Umwertung durch Rationalisierungen, die Tendenz zum sozial unerwünschten Verhalten, des Suizids, nur unwesentlich beeinflussen, so steht dies auch im Einklang mit oben vorausgesetzten theoretischen Annahmen zur Erklärung der Ausprägung der Determinanten der Suizidtendenz, d.h. der erwarteten Anreize. Erstens läßt sich vermuten, daß nach dem Tode auftretende moralische Sanktionen wegen fehlendem Realitätscharakter mit nur geringer subjektiver Wahrscheinlichkeit erwartet werden. Zum anderen sind diese Anreize allenfalls verdeckt oder in der Vorstellung erlebbar, in einer Form also, die vermutlich mit geringen Anreizwertintensitäten verbunden ist.

3.1.3.2 Erwartete positive Anreize der Selbstmordhandlung

In den folgenden drei Abschnitten werden positive Folgen einer Selbstmordhandlung und ihre subjektiven Wahrscheinlichkeiten erörtert. Darunter fallen einmal suizidkontingente Anreize wie Unabhängigkeit, Selbstkontrolle oder altruistische Wertvorstellungen, die – wie die oben untersuchten moralischen Kosten – intrinsischer Natur sind, d.h. ohne die unmittelbare Reaktion anderer Gesellschaftsmitglieder realisiert werden können. Darunter fallen aber auch extrinsische positive Anreize, d.h. soziale Belohnungen.

Wenn diese sozialen Belohnungen verbreitet sind, d.h. in vielen Situationen sehr wahrscheinlich sind, liegt konformes Verhalten vor.

3.1.3.2.1 ‚Egoistischer' Selbstmord als Mittel zur Unabhängigkeit und Selbstkontrolle

Positive Anreize, die als direkte Folge der Suizidhandlung erwartet werden, schwächen bei der Aggregierung mit negativen Anreizen die negative Ausprägung der Suizidtendenz ab und erhöhen die Suizidwahrscheinlichkeit. Zu den positiven Anreizen gehören Wertvorstellungen, wie sie von Befürwortern der Sterbehilfe als ‚Argumente für den Freitod'[74] und von berühmten Persönlichkeiten unter den Selbstmördern geäußert wurden. Sie forderten, wie z.B. Arthur Koestler und Jean Améry, eine Liberalisierung der Haltung gegenüber dem ‚Freitod' und glaubten, daß der Selbstmord in bestimmten Situationen alleiniges Mittel zur Aufrechterhaltung der Würde des Menschen darstellen würde, bzw. Beweis der Freiheit und Unabhängigkeit menschlichen Lebens sei. So schreibt Améry,

> „daß der Freitod in seiner Widersprüchlichkeit der einzige Weg ins Freie ist, der uns offensteht. Er ist absurd, aber nicht närrisch, da doch seine Absurdität die des Lebens nicht mehrt, sondern verringert" (Améry 1979, S. 151).

Sieht man von der zitierten Literatur ab, der nur illustrativer Fallstudiencharakter zukommen kann, fehlen weitere empirische Belege für die Wichtigkeit dieser Anreize. Allerdings finden sich diese Überlegungen auch bei Durkheim, wenn er den ‚gesellschaftsbedingten' egoistischen Suizid, den er auf die fehlende Integration einer Gesellschaft (vgl. Abschnitte 2.2.2.2 und 4.2.1.1) zurückführt, in seiner individualistischen Erscheinungsform als ‚überspitzte Vereinzelung' beschreibt (vgl. Durkheim 1973, S. 324). So schildert Durkheim den Selbstmord eines Kaufmannes, der sich bis zum Tode analysierte, nachdem er sich in einen einsamen Wald zurückzog und dort freiwillig Hungers starb. Während des Todeskampfes, der fast drei Wochen dauerte, führte er über seine Eindrücke ein regelmäßiges Tagebuch, das uns erhalten ist. Ein anderer gibt sich den Erstickungstod, indem er Kohlengase, die ihn töten müssen, durch den Mund einatmet, und der seine Eindrücke dabei aufzeichnet und schreibt:

> „Ich will nicht etwa besonderen Mut oder besondere Feigheit zeigen, ich will nur in den wenigen Augenblicken, die mir noch bleiben, festhalten, was man beim Tode durch Ersticken empfindet und wie lange das Erleiden dauert" (Durkheim 1973, S. 324)[75].

---

74 Den normativ-ethischen Fragen kann an dieser Stelle nicht nachgegangen werden. Sie sind aber als politische Implikation auf der Grundlage explikativer Aussagen einer rationalen Überprüfung zugänglich, wenngleich wissenschaftlich nicht zu entscheiden (vgl. Albert 1975, S. 13ff.). Alle hier untersuchten alternativen Konsequenzen der suizidalen Handlungen und der Handlungsalternativen stellen prüfenswerte Argumente dar, die für oder gegen Selbstmord sprechen und als Hypothesen objektiv überprüfbar sind.

75 Die Schilderungen der individualistischen Erscheinungsformen seiner Selbstmordtypen stehen im Widerspruch zu seinem methodologischen Programm, ausschließlich soziale

Unterstellt man, wie es Durkheim zu tun scheint, daß die geschilderte Vorstellung vom Suizid als einem Akt der Selbsttötung, der die Wertvorstellung von eigener Unabhängigkeit und Kontrolle über die eigene Person zu realisieren verspricht, für alle potentiellen Selbstmörder zutreffend ist und nicht nur für den relativ geringen Anteil von Philosophen, Schriftsteller oder Künstler unter den Selbstmördern, dann gilt für diese Anreizklasse intrinsischer Wertvorstellungen aus theoretischen Erwägungen dieselbe Einschränkung, wie sie für die extrinsischen Sanktionen und intrinsischen moralischen Kosten behauptet wurde. Diese Anreize wären nur verdeckt, in der Vorstellung konsumierbar und auch nur einmalig für einen relativ kurzen Zeitraum wirksam. Diese Parametereigenschaft der verdeckten und nicht kontrollierbaren Konsumtion wurde in Verbindung mit reduzierter Anreizwertintensität gebracht. Ebenso läßt sich auch hier der Realitätscharakter der erwarteten Anreize in Zweifel ziehen. Mit großer Wahrscheinlichkeit wären ‚diesseitige' moralische Vorstellungen über erstrebenswerte persönliche Eigenschaften oder Befindlichkeiten kaum für die Zeit nach dem Tode zu erwarten. Sowohl die reduzierte Anreizwertintensität als auch geringe Erwartungen würden aber die Bedeutung dieser Anreizklasse bei einer Aggregierung aller direkten Folgen die Wahrscheinlichkeit der Selbstmordhandlung mindern.

Auch zu den positiven Anreizen, die als direkte Folgen der Suizidhandlung zu erwarten wären, gehören *reale* Vorteile, in deren Genuß Angehörige des Selbstmörders als Folge der Suizidhandlung kommen, die jedoch wiederum nur über moralische ‚altruistische' Vorstellungen des Handelnden wirksam sein können. Ferner sind direkte soziale Belohnungen durch Mitglieder jener Gruppe zu erwarten, der der Suizident angehört. Sie werden in den beiden folgenden Abschnitten über altruistische Selbstmorde gegenwärtiger Industriegesellschaften und primitiver Gesellschaften behandelt.

3.1.3.2.2. ‚Altruistischer' Selbstmord gegenwärtiger Industriegesellschaften

Es sind drei konkrete Situationen denkbar, in denen die Suizidhandlung direkt die Erfüllung altruistischer und daher positiver und intrinsischer Zielvorstellungen wahrscheinlich macht. Bei der ersten Situation handelt es sich um die legale oder illegale Beschaffung einer Versicherungssumme zugunsten von Angehörigen, die im Falle der Illegalität einen verdeckten Selbstmord voraussetzt. Der zweite Fall betrifft eine erhoffte Entlastung von Angehörigen bei schwerer Krankheit oder Be-

---

und nicht-psychologische Ursachen nachzuweisen (vgl. Braun 1971, S. 41ff.). Interessant ist jedoch, daß sich nach dieser Interpretation in der individualistischen ‚Beschreibung' der Selbstmordfälle zusätzliche Bedingungen entdecken lassen. Wenn man den egoistischen Selbstmord wie auch den anomischen Selbstmord verkürzt auf der individualistischen Ebene als den Mangel an attraktiven Handlungsalternativen interpretiert (vgl. hierzu ausführlich Abschnitte 2.2.2.2 u. 4.2.1.1), d.h., soziale und auch materielle Anreize werden aus der Sicht einzelner in einer Gesellschaft unwahrscheinlich, läßt sich diesen Ausführungen der Hinweis auf positive Attraktivitäten der Selbstmordhandlung entnehmen.

hinderung des Suizidenten und der dritte Fall wäre gegeben, wenn durch den Suizid eines Gruppenmitgliedes den übrigen Gruppenmitgliedern Vorteile erwachsen, die als Gruppenziele von allen Gruppenmitgliedern angestrebt werden.

Allen drei Beispielen ist gemeinsam, daß es sich um moralische, insbesondere altruistische Wertvorstellungen handelt, die vom Suizidenten antizipiert werden. Der Handelnde erhofft sich mehr oder weniger bewußt durch die Suizidhandlung ideelle und intrinsische, d.h. nicht durch die Reaktion anderer Personen vermittelte Vorteile. Die Handlung selbst hat aber außerdem reale materielle oder statusbezogene Vorteile für andere Personen zur Folge, z.B. für Angehörige des Suizidenten oder Mitglieder einer Gruppe, der der Suizident sich zugehörig fühlt. Diese positiven und intrinsischen Anreize entsprechen den oben diskutierten negativen intrinsischen Anreizen als moralische Kosten bei kontroverser Ausprägung der Anreizwerte. Die beschriebenen altruistisch motivierten Suizidhandlungen werden in Suizidklassifikationen auch als Opfergang oder Märtyrertod (vgl. Hinzel 1908/1909) beschrieben und entsprechen am ehesten dem ‚Wunsch getötet zu werden' bei Menninger (1974) bzw. dem ‚suicide oblative' bei Bächler (1979).

Welche *empirische* und *theoretische Bedeutung* haben nun solche *altruistischen Zielvorstellungen,* deren Realisierung durch die Suizidhandlung vom potentiellen Suizidenten angestrebt wird? Bei moralischen Kosten, aber auch äußeren Sanktionen, wurde infolge des fehlenden Realitätscharakters geringe subjektive Wahrscheinlichkeit und infolge einer allenfalls verdeckten Konsumtion auch reduzierte Wertintensität angenommen. Beides sind Annahmen, die die Wahrscheinlichkeit einer Suizidtendenz kaum erhöhen. Ähnliches wäre nun bei moralischen Gewinnen, das sind positive und intrinsische Anreize, zu vermuten. Auch sie wären als antizipierte Zielvorstellungen nicht vor, sondern erst nach der Selbstmordhandlung zu realisieren, ihr fehlender Realitätscharakter und/oder die lediglich in der Vorstellung erlebbare ‚Verwirklichung' der Zielvorstellungen würde daher gleichfalls die Suizidtendenz nur wenig verändern. Da es sich um positive Anreize handelt, würde die Suizidwahrscheinlichkeit bei angenommenen überwiegenden stärker ausgeprägten negativen Tendenzen zu Handlungsalternativen erhöht, aber nicht maßgeblich erhöht werden.

Empirische Belege zugunsten oder zu Lasten dieser These sind kaum verfügbar. Erstens fehlt es an gesichertem Wissen über die allgemeine Verbreitung altruistischer Wertvorstellungen, bzw. an Kenntnissen über die Bedingungen, bei denen altruistische Wertvorstellungen induziert werden[76]. Obwohl situative Bedingungen für die Hilfsbereitschaft gegenüber Delinquenten experimentell erforscht wurden[77], könnten zweitens Suizidenten als Subpopulation auch abweichende Anreizkonstellationen aufweisen, d.h. in stärkerem oder geringerem Maße altruistische Zielvorstellungen akzeptieren. Aufschlußreich sind jedoch die versicherungsrecht-

76 Über die gesellschaftliche Verbreitung altruistischer Wertvorstellungen ist angesichts der erst in den letzten Jahren forcierten Forschung auf diesem Gebiet – z.B. über die prosoziale Wirkung der Massenmedien (vgl. McQuail 1983, S. 222 und zusammenfassend Berkowitz 1972) – wenig auszusagen.

77 Vgl. Nowack 1982.

lichen Bestimmungen beim Suizid von Versicherungsnehmern einer Lebensversicherung. Die Tatsache, daß Versicherungsgesellschaften Fälle verdeckter Suizide untersuchen, läßt einerseits vermuten, daß Selbstmordhandlungen aus altruistischen Beweggründen vorkommen. Andererseits verzichten aber die Versicherungsgesellschaften auf eine Berechnung des Selbstmordrisikos, d.h. der Selbstmord von Versicherungsnehmern wirkt sich auf die Höhe der Versicherungsprämie nicht aus. Dies könnte auf die relative Seltenheit dieser Beweggründe, bzw. die geringe Bedeutung dieser Anreizklasse schließen lassen[78]. Auch der Umstand, daß insbesondere ältere und sozial isolierte[79] Personen besonders selbstmordgefährdet sind und deren Gelegenheit zugunsten anderer Personen einen Suizid zu planen, daher eingeschränkt wäre, spricht gegen die Wichtigkeit dieser Anreizklasse und für die hier vermutete lediglich beitragende Wirkung erwarteter intrinsischer positiver Anreize.

Obwohl die hier erörterten altruistischen Wertvorstellungen bei verbreiteter Akzeptanz altruistischer Handlung eine soziale Norm beinhalten, ist die Suizidhandlung dennoch als abweichendes Verhalten und nicht als konformes Verhalten zu bezeichnen. Dies liegt daran, daß das Anstreben altruistischer Zielvorstellungen sozial erwünscht, das Mittel, die Suizidhandlung, jedoch als sozial unerwünscht einzustufen ist. Im Gegensatz dazu steht der ‚altruistische' Selbstmord, der typisch für primitive Gesellschaften ist, und der als Mittel zur Erreichung anderer Ziele so-

---

78 Nach dem deutschen Versicherungsvertragsgesetz muß bei einem Selbstmord des Versicherten die Versicherungssumme ausbezahlt werden, wenn „die Tat in einem die freie Willensbildung ausschließenden Zustande krankhafter Störung der Geistestätigkeit begangen worden ist" (vgl. VVG § 169). Das Selbstmordrisiko wird aber versicherungsmathematisch nicht berücksichtigt (vgl. Doll 1959, S. 24), obwohl die Selbstmordrate von Versicherungsnehmern höher ist als die der übrigen Bevölkerung (Doll und Gabler 1959, S. 363). Selbst wenn man annehmen würde, daß sich unter den Versicherungsnehmern mehr Suizidgefährdete – im Vergleich zur übrigen Bevölkerung – befinden, kann die Relevanz altruistischer Wertvorstellungen als notwendige Bedingung für die Herausbildung vor Suizidtendenzen damit nicht nachgewiesen werden. Dagegen spricht erstens die relative Seltenheit des Suizids unter Versicherungsnehmern und auch die Tatsache, daß nur eine Minderheit unter den Selbstmördern eine Lebensversicherung abschließt (vgl. Raestrup 1982). Zweitens könnte, selbst wenn Suizidgefährdete die Lebensversicherung unter dem Gesichtspunkt des Nutzens für die Hinterbliebenen abschließen würden, die hier vermutete beitragende Wirkung dieser Zielvorstellung insofern nicht widerlegt werden, als dieser Nutzen von den potentiellen Selbstmördern lediglich in Kauf genommen wurde, – angesichts einer wahrgenommenen Aussichtslosigkeit durch alternative Handlungen diese altruistischen Ziele zu befriedigen. Andererseits stellt die „Versorgung" von Angehörigen über Versicherungsprämien nur ein möglicher Nutzen dar, der beim Nutzenstifter altruistischer Ziele befriedigt. Den Angehörigen könnten durch den Suizid weitere Vorteile erwachsen, die der Selbstmörder mit seinem Suizid anstrebt, die aber natürlich durch das Beispiel der Lebensversicherungen nicht erfaßt sind, z.B. die Entlastung von Angehörigen bei Krankheit des Suizidgefährdeten.

79 Vgl. Abschnitt 4.2.2.1 über die soziale Isolation als Anreizdefizite bei Suizidgefährdeten.

zial erwünscht ist und belohnt wird. Diese Selbstmordform ist Gegenstand des folgenden Kapitels.

3.1.3.2.3 ‚Altruistischer' Selbstmord in primitiven und höher entwickelten Gesellschaften als konformes Verhalten

Durkheim[80] nennt den Selbstmord, wie er vorwiegend in primitiven Völkern beobachtet wurde, ‚suicide altruiste obligatoire' und ‚suicide altruiste facultative' (Durkheim 1967, S. 240). Er rechnet hierzu den Selbstmord von Witwen beim Tod ihres Gatten, von Dienern beim Tod ihres Herren oder den Selbstmord alternder Menschen. In höher entwickelten Nationen identifiziert Durkheim den Selbstmord von Soldaten und Märtyrern mit dem altruistischen Selbstmord. Beispiele aus der Gegenwart sind die japanischen Kamikazeflieger während des zweiten Weltkrieges, der Massenselbstmord der Jim-Jones Sekte im Jahre 1978, die Selbstmordkommandos islamischer Fundamentalisten, der Terroristenorganisation ‚Heiliger Islam', denen 1983 in Beirut rund 350 Menschen zum Opfer fielen (vgl. Spiegel Nr. 50 vom 10.12.1984). Auch die Selbstmorde der Bader-Meinhoff-Bande in der Justizvollzugsanstalt Stammheim lassen sich dieser Selbstmordform zuordnen, die für gegenwärtige Industrienationen nicht typisch ist, relativ selten vorkommt und daher nicht Schwerpunkt dieser Arbeit ist.

Diese Selbstmordform ist jedoch auch innerhalb des bisher entwickelten Ansatzes erklärbar. Dabei kann man zeigen, daß als konstant vorausgesetzte Randbedingungen wie ‚Selbstmord in Industriegesellschaften' oder ‚Selbstmord in Gesellschaften mit Selbstmordverbot bzw. Selbstmordgebot' als theoretische Bedingungen in den Erklärungsansatz integriert werden können. Dadurch kann man die Variation dieser Bedingungen in ihren Auswirkungen untersuchen. Dies soll am Beispiel des sozial erwünschten Selbstmords demonstriert werden.

Im Gegensatz zu den bisher behandelten positiven und negativen Anreizen, die als Konsequenzen der Suizidhandlung erwartet werden und wegen des fehlenden Realitätscharakters mit Ungewißheit oder verminderter Anreizwertintensität verbunden waren, lassen sich beim sozial erwünschten Selbstmord Anreize vermuten, die real, positiv und auch subjektiv wahrscheinlich sind, weil sie bereits vor der Suizidhandlung und nicht nur in der Vorstellung, sondern tatsächlich konsumierbar sind. Es handelt sich um soziale, auch materielle Belohnungen, das sind extrinsische, durch die Reaktionen anderer Gesellschaftsmitglieder bedingte Anreize, die sich der potentielle Suizident wegen seiner Suizidhandlung erhoffen kann. Er wird

---

80 Vgl. zur Darstellung der Durkheimschen Theorie, seiner empirischen Untersuchung und des Erkenntnisprogramms Braun (1971, S. 41-63). Eine erweiterte Interpretation insbesondere der Anomietheorie von Durkheim erfolgt im zweiten Teil der Arbeit, nachdem über die Formulierung von Anschlußtheorien insbesondere eine Verbindung von Integration und Anomie durch die Annahme sozialer Beeinflussung von Anspruchsniveausetzungen, die als Ursache von Anomie anzusehen sind, möglich wird (vgl. Abschnitte 2.2.2.2 und 4.2.1.1).

sie mit um so höherer subjektiver Wahrscheinlichkeit erwarten können, je verbreiteter die positive Bewertung der Suizidhandlung und die Sanktionsbereitschaft ist. Damit wird eine Situation definiert, in der Suizid nicht – wie bisher unterstellt – verboten, sondern geboten ist. Mit anderen Worten: In Abhängigkeit der Selbstmordhandlung werden extrinsische, d.h. durch Reaktionen anderer Gesellschaftsmitglieder vermittelte positive Anreize sicher erwartet. Der Suizid stellt somit konformes Verhalten dar.

Die Definition konformen Verhaltens kann aber auch die Reaktion anderer Gesellschaftsmitglieder bei Suizidverweigerung einschließen. Eine sehr weitgehende gesellschaftliche Reglementierung würde nicht nur ein bestimmtes Verhalten, sondern gleichzeitig auch die Verhaltensalternativen betreffen. Dann würden nicht nur Suizidhandlungen belohnt, sondern gleichzeitig nicht ausgeführte Suizidhandlungen bestraft werden. Unterstellt man eine so strikte Normierung, die nach den wenigen vorliegenden, meist anthropologischen Studien – wie noch zu zeigen ist – nicht ausgeschlossen erscheint, ergibt sich, daß die Wahrscheinlichkeit von Suizidhandlungen in solch einem Kontext größer ist als in dem bisher betrachteten, wo intensive positive Anreize für Selbstmord nicht erwartet werden können. Beide Suizidformen – die im vorangegangenen und die jetzt betrachteten – beruhen dann nach dem hier vertretenen Standpunkt auf einer abstoßenden Wirkung von Handlungsalternativen zum Suizid. Es wird außerdem angenommen, daß die Attraktivität auch des sozial erwünschten Suizids durch eine universelle Todesfurcht gemindert wird. Insofern wäre der Unterschied zwischen beiden Selbstmordformen darin zu sehen, daß der konforme Suizid durch eine dominierend positive Tendenz zum Suizid und der Suizid als abweichendes Verhalten durch eine dominierend negative Handlungstendenz zum Suizid zu charakterisieren wäre.

Auf der Ebene der Wert-Erwartungs-Konstellationen sind damit jedoch noch nicht alle Unterschiede zwischen beiden Suizidformen herausgearbeitet worden. Weitere Unterschiede sind die folgenden:

Erstens sind die abstoßenden Wirkungen einer negativen Sanktionierung des ‚Weiterlebens' zu unterscheiden von den angenommenen negativen Wert-Erwartungs-Bilanzen für die Handlungsalternativen zum Suizid beim ‚freiwilligen' Suizid. Beim sozial unerwünschten Suizid sind die negativen Anreize für das Weiterleben in der Wahrnehmung des Suizidenten primär und von intensiverer Wirkung. Ihnen kann man durch andere Handlungen als durch Selbstmord entgehen, z.B. durch Alkohol- und Drogenkonsum oder durch Flucht in die Krankheit. Inwieweit sich diese anderen ‚Auswege' tatsächlich als Substitute des Selbstmords eignen, läßt sich nach den bisher entwickelten Hypothesen nur über ad hoc-Annahmen über günstigere Wert-Erwartungs-Konstellationen dieser Handlungen entscheiden. Beim *sozial erwünschten Suizid* sind jedoch *negative Sanktionen nur durch den Suizid* und nicht durch andere Fluchthandlungen, die einen Verbleib in diesen Gesellschaften zur Folge haben, zu vermeiden.

Zweitens sind beim sozial erwünschten Suizid sowohl die erwarteten positiven Anreize als auch die erwarteten negativen Anreize für die Nicht-Ausführung des Suizids extrinsischer Art. Es handelt sich um soziale Belohnungen oder Bestrafungen, die vermutlich deutlicher und daher einheitlicher wahrnehmbar sind als das komplexe Interaktionsgefüge, in denen sich potentielle Selbstmörder in höher entwickelten Gesellschaften befinden. Ökonomische, physische oder soziale Anreizdefizite reichen zur Erklärung des Suizids als abweichendes Verhalten nicht aus, wie im zweiten Teil der Arbeit zu zeigen sein wird. Dies läßt die Vermutung zu, daß beim negativ sanktionierten Suizid abweichende, nicht unbedingt pathologische Wahrnehmungs- und Interpretationsmuster für die Entstehung suizidaler Wert-Erwartungs-Bilanzen von Selbstmördern verantwortlich gemacht werden können (vgl. Abschnitt 1.2.4 über die Determinanten negativer Wert-Erwartungs-Matrizen).

Sind *empirische Beobachtungen* verfügbar, die diese theoretische Interpretation des konformen Suizidverhaltens stützen könnten? Den wenigen meist anthropologischen Studien läßt sich entnehmen, daß der Selbstmord von Angehörigen bestimmter sozialer Gruppen – den Alten, Kranken, Dienern, deren Herren gestorben waren sowie Kriegern, die eine Schlacht verloren hatten – sozial belohnt wurde (vgl. Durkheim 1973, S. 242ff.; Hoebel 1968, S. 297). Ebenso wurden Kamikazeflieger *vor* ihrem Einsatz im zweiten Weltkrieg stürmisch gefeiert. Auch die von Durkheim zitierten Quellen lassen auf soziale Belohnungen schließen, die bereits vor der Suizidhandlung konsumierbar waren und insofern Realitätscharakter besaßen:

„Auf Cheos kamen die Männer, die ein bestimmtes Alter überschritten hatten, zu einem feierlichen Festmahl zusammen, bei dem sie mit blumenbekränzten Stirnen fröhlich den Schierlingsbecher tranken" (vgl. Durkheim 1973, S. 243f.).

Die zweite Art empirischer Beobachtungen betrifft erwartete negative Sanktionierungen von Handlungsalternativen zum Selbstmord, Sanktionierungen, die die Suizidwahrscheinlichkeit besonders bei gleichzeitiger Belohnung des Suizids erhöhen müßten:

„Sie (die Kelten) sind der Meinung, den Tod zu erwarten, sei die größte Schande des Lebens. So bezeigen sie dem Toten, der aus Altersschwäche gestorben ist, auch nicht die geringste Ehrung. Das Feuer wäre verunreinigt, wenn es nicht einen Menschen umfinge, der noch atmet" (vgl. Curtius in: Durkheim 1973, S. 243; Klammerausdruck C. L.-B.).

Bei den Eskimos lagen erlaubte Tötungen ‚unproduktiver' Gesellschaftsmitglieder, den Gebrechlichen oder Alten, und Selbstmord mit und ohne Hilfe Dritter nahe beieinander. Es muß angenommen werden, daß in diesen Fällen die Weigerung, den Selbstmord zu vollziehen, zur Tötung durch andere Gesellschaftsmitglieder führte (vgl. Hoebel 1968, S. 100ff.) und somit auch intensive negative Sanktionierungen alternativer Handlungen zum Selbstmord belegbar wären.

Nach dieser Definition des konformen – oder ‚altruistischen' Selbstmords nach Durkheim lassen sich Selbstmorde aus der Gegenwart – die Suizide der Mitglieder der Bader-Meinhoff-Bande in der Justizvollzugsanstalt Stammheim, auch die Selbstmordkommandos der Terroristenorganisation ‚Heiliger Islam' – ebenfalls dieser Klasse überwiegend konformer Selbstmordhandlungen zuordnen, sowohl wegen vermuteter direkter sozialer Belohnungen eines Selbstmordes als auch wegen negativer Sanktionen für nicht ausgeführte Suizidhandlungen.

Die Mitglieder der Bader-Meinhoff-Bande konnten sich – z.B. wegen der Publizität ihrer sorgfältig geplanten Selbstmorde, eine Mobilisierung ihrer Anhänger und damit Vorteile für die Ziele der ‚Roten Armee Fraktion' erhoffen. Damit wären zunächst nur altruistische und auch intrinsische, d.h. nicht fremdvermittelte Anreize wirksam gewesen, wie sie im vorigen Abschnitt geschildert wurden. Aber auch direkte suizidkontingent erwartete soziale Belohnungen – positive und extrinsische Anreize – wären bei der durch die räumliche Isolierung im Sicherheitstrakt des Gefängnisses und auch durch die gleiche ideologische Ausrichtung bedingte hohe Gruppenkohäsion zu vermuten gewesen (vgl. Malewski 1967, S. 121f.). Ähnlich wahrscheinlich wären dann auch negative Sanktionen bei einem als Gruppennorm gültigen Suizidgebot gewesen, wobei konträre Suizidnormen der übrigen Gesellschaft, die als subjektiv wahrgenommene negative Sanktionen anderer Gesellschaftsmitglieder zu deuten wären, sicher zu vernachlässigen wären. Hingegen müßten jedoch andere erwartete negative Anreize der Handlungsalternativen zum Suizid – z.B. der Mißerfolg von Aktionen der RAF-Bewegung – in Rechnung gestellt werden. Die Kenntnis suizidkontingenter sozialer Belohnungen bzw. sozialer Bestrafungen nicht ausgeführter Suizidhandlungen allein reicht daher für die Erklärung des konformen Suizids der Gegenwart vermutlich nicht aus.

Eine ähnliche Wert-Erwartungs-Matrix, bei der der Suizid durch die übrigen Mitglieder belohnt und eine Weigerung, sich zu suizidieren, bestraft wird, könnte den Massenselbstmord einer extrem isolierten und kohäsiven Gruppe, der Jim-Jones Sekte in Jonestown im Jahre 1978, erklären. Bemerkenswert ist hier die Tatsache, daß sich ausnahmslos alle Sektenmitglieder umgebracht hatten, die Konformitätsrate dieser Suizidform daher alle bekannten Raten im Falle des Suizids als abweichendem Verhalten übersteigt. Dies war nach der unterstellten theoretischen Interpretation konformer Suizidhandlungen auch zu vermuten gewesen, da der konforme Suizid nicht nur sozial belohnt, sondern die Nichtausführung des Suizids gleichzeitig sozial bestraft wird und somit im Gegensatz zum Suizid als abweichendem Verhalten alle Handlungsalternativen mit gleichartigen und gleich wahrscheinlichen negativen und extrinsischen Anreizen verbunden sind.

3.1.4 *Zusammenfassung:* Determinanten der Handlungstendenz zum Selbstmord

In Abschnitt 3.1.1 wurden zunächst motivationstheoretische Hypothesen über das Zustandekommen von Selbstmordtendenzen entwickelt, wonach eine dominierend negative Handlungstendenz zum Selbstmord auf spezifischen Wert-Erwartungs-Bilanzen der Suizidhandlung und ihrer Handlungsalternativen zurückzuführen ist. Ein adäquates Mittelpotential vorausgesetzt, ist eine Selbstmordhandlung dann wahrscheinlich, wenn negative Konsequenzen sowohl für Selbstmordhandlungen als auch für Alternativen zu ihnen mit hoher Wahrscheinlichkeit erwartet werden, und die erwarteten negativen Konsequenzen der Alternativen weit stärker ausgeprägt sind als die erwarteten negativen Konsequenzen der Selbstmordhandlungen. Bei einer Konfrontation dieser Annahmen mit alternativen theoretischen Aussagen zeigte sich, daß der vermutete starke Abstoßungseffekt von verfügbaren Handlungsalternativen zum Selbstmord wie auch zum Selbstmordversuch die meiste empirische Bestätigung erfährt. Aber auch die postulierte, überwiegend negative Bewertung der Suizidhandlung und die sie bestimmenden erwarteten, überwiegend negativen Anreize konnten gegenüber konträren Aussagen empirisch wie auch theoretisch abgesichert werden. So läßt sich ein suizidkontingent erwarteter negativer Anreiz, die ‚Furcht vor dem Tode', empirisch eher belegen als die psychoanalytische Annahme eines ‚Wunsches zu sterben', zumal die vermutete hohe negative Wertintensität der ‚Todesfurcht' einer weiteren theoretischen Erklärung zugänglich ist. Dadurch kann auf ad hoc eingeführte Anreizklassen verzichtet werden. ‚Negative Sanktionen' und ‚moralische Kosten' sind hingegen wegen ihres fehlenden Realitätscharakters wenig wahrscheinlich und besitzen geringere Anreizwertintensitäten. Sie werden daher auf den potentiellen Selbstmörder wenig abschreckend wirken. Dieses empirisch und theoretisch plausible Ergebnis steht im Widerspruch zu Aussagen der differentiellen Assoziationstheorie von Akers, wonach Rationalisierungen als positive Definitionen einer suizidalen Handlung vorausgehen müssen, wenn Rationalisierungen als suizidkontingent erwartete intrinsische Anreize und somit als mentales Konzept innerhalb des vorliegenden Ansatzes präzisiert werden und somit moralische Gewinne bzw. reduzierte moralische Kosten darstellen. Nach Akers sind sie eine notwendige Bedingung für vollendete Selbstmordhandlungen, denen dann nicht dominierend negative, sondern positive Handlungstendenzen zugrunde liegen würden. Diese Auffassung war empirisch nicht zu belegen. Auch die alters- und geschlechtsspezifische Verteilung der Suizidhäufigkeit war damit nicht zu erklären.

Andere suizidkontingente positive und intrinsische Anreize wurden diskutiert. Durch den ‚egoistischen' Suizid werden Wertvorstellungen wie der ‚Wunsch nach Unabhängigkeit' bzw. ‚Aufrechterhaltung der menschlichen Würde' angestrebt, während der ‚altruistische' Selbstmord der Gegenwart gekennzeichnet ist durch eine erwartete Realisierung altruistischer Wertvorstellungen bei möglichen Vorteilen, die den Hinterbliebenen durch den Selbstmord erwachsen. Die Wertintensität dieser Anreize wie auch ihre subjektiven Wahrscheinlichkeiten wurden jedoch aufgrund theoretischer Erwägungen gering eingestuft, so daß die resultierende negative Suizidtendenz nur unwesentlich reduziert würde und die Suizidwahrscheinlichkeit sich dadurch nicht maßgeblich erhöhte, eine Schlußfolgerung, die auch mit empirischen Befunden übereinzustimmen scheint.

Insgesamt sprechen die bisherigen Untersuchungsergebnisse für das Postulat einer für Selbstmörder typischen negativen Wert-Erwartungs-Bilanz. Der Selbstmord ist danach kein Ausweg aus einer ausweglos erscheinenden Situation, sondern Meidung oder Flucht vor einer ausweglosen Situation, wobei der Fluchtweg selbst lediglich weniger negativ erscheint.

Der hier untersuchte Selbstmord beschreibt den Selbstmord als abweichendes Verhalten, der durch erwartete wahrgenommene negative Sanktionen bei Ausführung der Suizidhandlung gekennzeichnet ist. Der seltenere Selbstmord als konformes Verhalten ist mit der Erwartung positiver sozialer Belohnungen und/oder gleichzeitiger Erwartung negativer Sanktionen bei Nichtausführung der Selbstmordhandlung verbunden. Beide Suizidformen sind daher innerhalb des motivationstheoretischen Ansatzes einer Erklärung zugänglich. Es wurde angenommen, daß die Rate konformen Suizidverhaltens höher ist, weil dem Suizid als konformem Verhalten eine dominierend positive Handlungstendenz zugrunde liegt, die auf realistischen, vor dem Selbstmord konsumierbaren sozialen Belohnungen beruht, bei gleichzeitiger Bestrafung einer Suizidverweigerung, als die Rate abweichenden Suizidverhaltens. Selbstmord als konformes Verhalten ist für primitive Gesellschaften typisch, kommt aber auch in der Gegenwart vor, z.B. können die Suizide der Bader-Meinhoff-Bande, die Selbstmordkommandos islamischer Terroristen und die Massenselbstmorde der Jim-Jones Sekte als konformistisches Suizidverhalten bezeichnet werden.

3.2 Determinanten der Handlungstendenz zum Selbstmordversuch

Bisher sind die negativen und positiven Anreizkontingenzen vollendeter Suizidhandlungen und ihre Handlungsalternativen untersucht worden; im folgenden stehen die erwarteten Anreize von Suizidversuchshandlungen und ihrer Handlungsalternativen zur Diskussion. Dabei werden für die beiden suizidalen Handlungen unterschiedliche Anreizkonstellationen postuliert: Es wird davon ausgegangen, daß die Suizidversucher im Gegensatz zu Selbstmördern überwiegend positive Anreize als Folge ihrer Suizidversuchshandlung erwarten, sich aber ähnlich wie die Selbstmörder von der Ausführung alternativer Handlungen abschrecken lassen, weil sie von diesen vorwiegend negative Anreize erwarten.

3.2.1 Motivationstheoretische Hypothesen

Eine Person oder eine Personengruppe läuft dann Gefahr, einen nicht-tödlichen Suizidversuch zu unternehmen, wenn die Suizidversuchstendenz positiv ausgeprägt ist und alternative, mit dem Suizidversuch inkompatible Handlungen schwächer, d.h. negativ ausgeprägt sind. Der Unterschied zum Suizid besteht danach darin, daß bei der Suizidversuchshandlung vorwiegend positive Konsequenzen erwartet werden. Der Unterschied zu anderen nicht-suizidalen Handlungen liegt darin, daß die Handlungsalternativen von einem Suizidversucher vorwiegend negativ und nicht positiv bewertet werden, wobei diese negative Bilanzierung der Handlungsalternativen positive Bewertungen einzelner Handlungsalternativen nicht ausschließt. Für beide suizidale Handlungen ist daher ein dominierender abstoßender Effekt der Handlungsalternativen typisch. Bei Suizidversuchshandlungen sind allenfalls weniger abstoßende Effekte der Handlungsalternativen von Selbstmordhandlungen als bei Suizidhandlungen zu vermuten.

In den nachfolgenden Hypothesen über die Wert-Erwartungs-Matrizen von Suizidversuchsgefährdeten wird dieser mögliche Unterschied eines schwächeren

Abstoßungseffektes verfügbarer Handlungsalternativen außer acht gelassen.

Die Hypothesen über den Zusammenhang zwischen Suizidversuchstendenzen und erwarteten Anreizen lauten wie folgt:

H_{smv} 4: Je eher als Folge einer ausgeführten Suizidversuchshandlung überwiegend positive Anreize, und je eher als Folge von Handlungsalternativen zum Suizidversuch überwiegend negative Anreize erwartet werden, und je höher die subjektiven Wahrscheinlichkeiten sind, mit denen in Abhängigkeit einer ausgeführten Suizidversuchshandlung aggregierte überwiegend positive Anreize, bzw. in Abhängigkeit ausgeführter Handlungsalternativen zum Suizidversuch aggregierte überwiegend negative Anreize erwartet werden, um so wahrscheinlicher ist eine Suizidversuchstendenz.

3.2.2 Erwartete negative Anreize der Handlungsalternativen zum Suizidversuch

Nach der Hypothese ist nicht entscheidbar, ob die negative Wert-Erwartungs-Bilanz der Handlungsalternativen zum Suizidversuch, die auch für den vollendeten Suizid postuliert wurde, gleich stark negativ ausgeprägt ist wie diese. Es wäre mit den postulierten Wert-Erwartungs-Konstellationen beider Handlungen jedoch vereinbar, daß die Wert-Erwartungs-Matrizen der Handlungsalternativen zum Suizidversuch weniger stark negativ ausgeprägt sind als die der Handlungsalternativen zum Suizid, da es sich bei der Suizidversuchstendenz um eine dominierend positive und bei der Suizidtendenz um eine dominierend negative Tendenz handelt.

Einige Befunde aus Untersuchungen über Selbstmordversuche sprechen dafür, daß nicht nur die dominierende Handlungstendenz positiv ist – dies wird in den folgenden Abschnitten zu untersuchen sein und kommt der These gleich, daß Suizidversucher zumindest kurzfristig im Suizidversuch einen Ausweg sehen –, sondern daß die *Wert-Erwartungs-Bilanz der Handlungsalternativen zum Suizidversuch günstiger aussieht als die Wert-Erwartungs-Bilanz verbliebener Handlungsalternativen von Selbstmördern.*

Erstes noch näher zu untersuchendes Indiz ist die Tatsache, daß Selbstmordversuche relativ selten wiederholt werden, wenngleich die Wiederholungsgefahr für Suizidversuche mit und ohne tödlichen Ausgang nach einer ersten Suizidversuchshandlung erhöht ist. In Abschnitt 1.4 werden Ausmaß und Bedingungen einer Wiederholung suizidaler Handlungen diskutiert.

Nach einer Untersuchung von Linden (1969) glaubten des weiteren z.B. 35,5 % der Suizidversucher, daß noch alternative Lösungen zum Suizidversuch verfügbar waren. Obwohl eine weitere theoretische Differenzierung beider suizidaler Handlungen wünschenswert wäre – nicht zuletzt wegen der damit möglichen praktischen Maßnahmen, die die Verstärkung dieser verbliebenen Handlungsalternativen zum Ziel haben könnten –, muß im folgenden auf eine weitere Unterscheidung der negativen Wert-Erwartungs-Bilanzen von Handlungsalternativen zum Suizid bzw. Suizidversuch verzichtet werden.

Die empirische Evidenz einer vorwiegend negativen Wert-Erwartungs-Bilanz der Handlungsalternativen zum Suizidversuch – wie sie in der obigen Hypothese zum Ausdruck kommt – wurde bereits in Abschnitt 3.1.2 für die Handlungsalternativen zum Suizid geprüft und bedarf daher keiner wiederholten Erörterung.

Die folgenden Abschnitte beschränken sich auf die *Prüfung der These*, daß *die Suizidversuchstendenz als dominierende positive Handlungstendenz vorwiegend auf erwarteten positiven Anreizen beruht*, daß also der Suizidversuch im Gegensatz zum Suizid als zumindest kurzfristiger Ausweg aus einer ausweglos erscheinenden Situation anzusehen ist.

3.2.3 Erwartete Anreize der Selbstmordversuchshandlung im Lichte alternativer Theorien und die empirische Evidenz der Hypothesen

3.2.3.1 Erwartete positive Anreize der Selbstmordversuchshandlung

3.2.3.1.1 Sozialer Appell und die Wahrscheinlichkeit von Hilfeleistungen

Die appellative Funktion des Suizidversuchs wird in der Literatur häufig erwähnt (Stengel 1961, S. 70, 94; Dubitscher 1957; Böhme 1971, Dorpat und Boswell 1963). ‚Mitgeteilt' wird damit die eigene Hilflosigkeit oder Hoffnungslosigkeit (Kobler und Stotland 1964). Lukianowicz (1973) untersuchte im Jahre 1962 insgesamt 100 Frauen, die einen Selbstmordversuch unternommen hatten und wiederholte zehn Jahre später die Befragung. Dabei zeigte sich, daß sich zwar spezifische Gewohnheiten verändert hatten – nach zehn Jahren hatte der Drogenkonsum zu- und der Alkoholkonsum abgenommen –, gleichgeblieben war aber in beiden Patientenkollektiven die geäußerte Absicht, mit dem Suizidversuch auf die Umgebung einzuwirken. Bethge (1964) befragte suizidäre Jugendliche und Jungerwachsene bis zum Alter von 25 Jahren und fand heraus, daß die Lebensideale – diese könnten als positive Anreize aufgefaßt werden – vorwiegend im sozialen Bereich, nicht aber im Leistungsbereich angesiedelt waren und sich auch nicht auf die Erlangung materieller Güter bezogen hatten. Aber die am meisten geschätzten Lebensideale mit sozialem Bezug, die der Klasse affiliativer Anreize zuzuordnen wären, waren gleichzeitig auch die am stärksten abgelehnten Ziele. Diese ausgeprägte Ambivalenz, die bei anderen Anreizklassen nicht beobachtbar war, könnte dahingehend interpretiert werden, daß die affiliativen Anreize einerseits durch verfügbare Handlungsalternativen nicht erreichbar erschienen, andererseits aber noch Anreizintensität und hohe Valenz besaßen. Im Selbstmordversuch war dann ein letzter Versuch zu sehen, der Verwirklichung hoch bewerteter affiliativer Zielvorstellungen näherzukommen[81].

---

81 Natürlich ist den Befunden, die typischerweise nicht auf ex ante postulierten Hypothesen eines theoretischen Ansatzes beruhen, nicht die Kontingenzbeziehung zwischen Selbstmordversuch und zu erwarteter Realisierung positiver extrinsischer Anreize zu entnehmen. Dazu müßte die Kontingenzbeziehung bzw. wahrgenommene Wahrscheinlichkeit, mit der die Suizidversuchshandlung der Erreichung der Anreize dient, getrennt erfaßt werden.

Daß der Suizidversuch auf einer positiven Handlungstendenz beruht, könnte auch in Verbindung mit dem Befund von Ruegsegger (1963) gebracht werden, nach dem 80 % von befragten 136 Suizidpatienten angaben, froh darüber zu sein, überlebt zu haben, und 70 % höchste Zufriedenheit über den Klinikaufenthalt äußerten, was der Autor darauf zurückführt, daß die Patienten das fanden, was sie suchten: Ruhe und Schutz vor einer kränkenden Umgebung.

Auch lerntheoretische Experimente, in denen selbst-bestrafendes Verhalten verstärkt werden konnte, können die Vermutung erhärten, daß der Suizidversucher positive Anreize, insbesondere soziale ‚Belohnungen' – das sind positive und extrinsische Anreize – durch seine Handlung anstrebt. Wenn Selbstmordversuchshandlungen als Teilklasse selbstbestrafender Handlungen der umfangreicheren Ereignisklasse aufzufassen sind, und die im Experiment als belohnende Reaktionen durch den Experimentleiter verwendete Verstärker dazu führen, daß das kritische Verhalten, die Verabreichung von Selbstschocks, häufiger auftritt, dann ist die Wirksamkeit direkter sozialer Belohnungen paradoxerweise auch für Verhaltensweisen nachgewiesen, die mit physischen Selbstverletzungen verbunden sind.

Die Untersuchung von Forrest und Hokanson (1975) ist für diesen Nachweis in zweifacher Hinsicht relevant[82]. Erstens zeigte sich, daß depressive Versuchsteilnehmer auf elektrische Schocks, die ihnen ein aggressiver, angeblicher Versuchsteilnehmer verabreicht hatte, häufiger mit selbst-bestrafenden Reaktionen (Selbstschocks) und seltener mit freundlichen Gesten bzw. Gegenschocks als Antwort reagierten als nicht-depressive Teilnehmer aus der Kontrollgruppe. Die als suizidgefährdet eingestuften Experimentteilnehmer zeigten daher unter bestimmten situativen Bedingungen häufiger als andere selbstbestrafendes Verhalten. Die definitorische Zuordnung von Suizidversuchsverhalten zur umfangreicheren Ereignisklasse selbstbestrafenden Verhaltens läßt sich damit empirisch rechtfertigen. Zum zweiten konnte mehrfach ein Konditionierungseffekt zwischen sozialen Belohnungen und darauf folgenden Veränderungen im selbstbestrafenden Verhalten demonstriert werden: Wenn der angebliche Partner in der Konditionierungsphase das selbstbestrafende Verhalten belohnte, nahm selbstpunitives Verhalten zu, die Rate selbstbestrafender Verhaltensweisen nahm jedoch bei zufälligen und damit verminderten sozialen Belohnungen des Verhaltens ab. Außerdem wuchs die Zahl der Selbstschocks mit ihrer Intensität. Neben Variationen der Verhaltensrate in Abhängigkeit sozial relevanter Verstärker, die der Klasse positiver und extrinsischer Anreize, z.B. der sozialen Aufmerksamkeit entsprechen, gelang über eine Reduktion des Erregungsniveaus der Nachweis eines Konditionierungseffektes. Sie ist nach erfolgter Belohnung beobachtbar und wurde nach selbstpunitivem Verhalten ebenso registriert wie bei Kontrollpersonen, die auf das aggressive Verhalten des Versuchsteilnehmers nicht mit Selbstschocks, sondern mit Gegenschocks reagiert hatten. Über weitere erfolgreiche Konditionierungen selbstbestrafenden Verhaltens berichten Tanner und Zeiler (1975). Sie konnten selbstpunitives Verhalten über negative Verstärker reduzieren. Ethisch weniger problematisch gingen Lovaas et al.

82 Siehe S. 98, Anm. 83.

(1965) vor, indem sie die Selbstbestrafungsrate durch die Belohnung alternativer Aktivitäten senken konnten, während umgekehrt eine sich anschließende Bestrafung der positiv verstärkten Alternativhandlungen zu einer Erhöhung der selbstbestrafenden Reaktionen führte.

Allen drei Untersuchungen ist bei unterschiedlicher Stringenz der Untersuchungspläne der Nachweis gelungen, daß Selbstbestrafungen durch soziale Belohnungen zunehmen können[83].

Insofern ist der in diesem Abschnitt vermutete Zusammenhang zwischen suizidalem Verhalten und erwarteten positiven Anreizen, der sozialen Aufmerksamkeit, mit diesen experimentellen Untersuchungen bestätigt worden. Keine Erklärung innerhalb des lerntheoretischen Paradigmas findet allerdings die Tatsache, daß nur prädisponierte Gruppen selbstbestrafendes Verhalten in Abhängigkeit sozialer Verstärker zeigten, weil gleiche Anreizkonstellationen, wie sie in den Stimulus-Response-Schemas lerntheoretischer Experimente zum Ausdruck kommen, zu unterschiedlichen, nämlich kontroversen Reaktionen führten – einmal zeigte sich selbstpunitives Verhalten und einmal wurde nicht-selbstbestrafendes Verhalten registriert[84].

---

83 Damit ist jedoch keinesfalls die These von Akers (1977) bestätigt, wonach ein tödlich endender Selbstmordversuch, dem nicht-tödlich endenden Selbstmordversuche vorausgegangen waren, deswegen zum Tode führen würde, weil die Gefährlichkeit der angewandten Selbstmordmethode gesteigert worden wäre, mit dem Ziel, sich die soziale Aufmerksamkeit der Interaktionspartner zu erhalten. Diese Hypothese scheint vielmehr auf einer falschen Annahme über die Veränderung der sozialen Aufmerksamkeit bei wiederholten Selbstmordversuchen zu beruhen: Die soziale Aufmerksamkeit scheint bei wiederholten, auch gefährlicheren Selbstmordversuchen abzunehmen. Dann aber haben sich die Belohnungskontingenzen geändert. In kognitiven Termen ausgedrückt, bedeutet dies, daß die *subjektive Wahrscheinlichkeit hinsichtlich der Erlangung sozialer Aufmerksamkeit durch suizidales Verhalten drastisch gesunken ist* und die *positive Suizidversuchstendenz sich nach motivationstheoretischen Überlegungen wegen dominierend negativer Tendenzen der Handlungstendenzen in eine schwächer ausgeprägte negative Tendenz zum Suizid wandelt*. Das tödliche Ende einer suizidären Karriere wäre dann nicht zufallsbedingte Konsequenz einer gefährlicheren Suizidmethode, sondern ein *intendierter Suizid aufgrund veränderter Wert-Erwartungs-Matrizen*. Die oben geschilderten Untersuchungsergebnisse über die *Abnahme* selbstpunitiven Verhaltens bei *verminderter* sozialer Aufmerksamkeit der Interaktionspartner widerspricht dieser These solange nicht, solange die Handlungsalternativen und deren Belohnungs- bzw. Bestrafungskontingenzen nicht konstant gehalten werden, und solange die subjektive Wahrscheinlichkeit hinsichtlich erhoffter sozialer Aufmerksamkeit als Folge des selbstpunitiven Verhaltens nicht erfaßt wird (vgl. Abschnitt 6).

84 In den Experimenten zum Meidungslernen wird u.a. ein artspezifisches Verhaltensrepertoire dafür verantwortlich gemacht; eine Variable, die sich auf den humanen Bereich übertragen läßt und individuelle Erfahrungsgeschichten oder Prädispositionen wie auch individuelle Fähigkeiten widerspiegeln könnte. Auch bei der Erklärung aggressiven Verhaltens kann auf die Einführung von ‚Persönlichkeitsvariablen' im weitesten Sinne, d.h. auf Bedingungen, die die Selektion und Wahrnehmung von situativen Reizen bestimmen, nicht verzichtet werden. Bandura und Walters gehen dabei z.B. von dominanten Reaktionshierarchien aus, die Persönlichkeitscharakteristika repräsentieren (vgl. Bandura und Walters 1963, S. 135ff.). Im vorliegenden Ansatz werden auf der Erklä-

Ähnlich unterschiedliche Reaktionen wurden in Experimenten zum Meidungslernen beobachtet, einem Phänomen, das der Selbstbestrafung insofern vergleichbar ist, als bei ineffizientem Lernen der Vermeidung aversiver Reize, Selbstbestrafung resultiert. Die Lernraten zur Vermeidung aversiver Reize variierten jedoch nach den zu lösenden Aufgaben und der Species der Versuchstiere. Der Versuch, diese widersprüchlichen Befunde zu erklären, hat nicht zuletzt einer kognitiven Interpretation dieses Phänomens Vorschub geleistet. Bolles erklärt nach der Entdeckung widersprüchlicher Befunde aus den Experimenten zum Meidungslernen seine Abwendung vom behavioristisch-lerntheoretischen Paradigma zu kognitiven Theorien wie folgt:

„... the learning theorist's explanation of these simple effects has developed a horrendous complexity. The explanation involves both negative and positive reinforcement mechanisms, motivators, and demotivators, classically conditioned fear-inhibition, and a host of other mechanisms specially prepared to account for the troublesome case of bar pressing" (Bolles 1972, S. 187).

„What the animal learns is that the DS (Gefahrensignal) predicts shock, and that the SS (Sicherheitssignal) predicts no shock. In short, the animal learns some kind of central presentation of the contingencies it is exposed to. If such a conclusion seems remote from the world of learning theory, it is only because learning theorists have built such a strange world" (Bolles 1972, S. 138, Anmerkung in Klammern, C. L.-B.).

Die Antwort auf die Frage, warum manche Personen paradoxerweise Selbstbestrafungen belohnend fanden und manche Personen bei identischer Stimuluskonstellation nicht mit Selbstbestrafungen reagierten, läßt sich hingegen auf dieser Erklärungsstufe des Ansatzes mit der Annahme spezifischer Wert-Erwartungs-Matrizen der verschiedenen Personengruppen beantworten. Die prädisponierten suizidalen Patienten hatten danach in größerem Maße als die nicht ausgelesenen anderen Versuchsteilnehmer positive Anreize mit dem selbstbestrafenden Verhalten antizipiert. Des weiteren hatten sie nach diesen Vorstellungen mit Alternativhandlungen andere Anreize aktualisiert oder dieselben Anreize für weniger wahrscheinlich gehalten. Weder die Intensität der Anreize, die der Intensität der Verstärker entspricht, noch die subjektiven Wahrscheinlichkeiten, die als Belohnungskontingenzen indirekt über die Verstärkerparameter rekonstruierbar wären, wurden in den genannten Untersuchungen erfaßt. Lediglich die Wirkung sozialer Verstärker, in Form von sozialer Aufmerksamkeit auf selbstbestrafendes Verhalten, wurde festgestellt. Dieser Zusammenhang gewinnt allerdings angesichts der Tatsache, daß er experimentell nachgewiesen wurde, an Bedeutung.

Wenn direkte Belege für hohe subjektive Erwartungen hinsichtlich der Reali-

---

rungsstufe über die Determinanten der Wert-Erwartungs-Matrizen Dispositionen – die Motive bzw. situationsunabhängige Motivkomponenten, die Prinzipien der Kausalattribution und des Anspruchsniveaus – zur Erklärung von selbstbestrafendem Verhalten, dem suizidalen Verhalten herangezogen. Auf der Verhaltensebene ist die Fähigkeit bzw. sind die Ressourcen, die den Verhaltenserfolg bei der Ausführung von Handlungsalternativen bestimmen, dem artspezifischen Verhaltensrepertoire gleichzusetzen, eine Variable, die für Suizidenten als irrelevant angesehen wird. Zum Verhaltensrepertoire von Suizidgefährdeten, das sich als Folge einer dynamischen Betrachtungsweise der Entwicklung suizidärer Wert-Erwartungs-Matrizen ergibt, vgl. Abschnitt 5.

sierung affiliativer Zielvorstellungen in Zusammenhang mit Selbstmordversuchen fehlen, kann jedoch nach einer Untersuchung von Wiendieck (1972) vermutet werden, daß diese hohen subjektiven Erwartungen realistisch und objektiv sind. Wiendieck fand heraus, daß Hilfsbedürftigen dann eher Hilfe zuteil wird, wenn sie jung oder weiblichen Geschlechts sind. Die Hilfsbereitschaft nahm jedoch mit zunehmendem Alter der Betroffenen ab und war auch gegenüber Männern weniger ausgeprägt. Gerade jüngere Personen und auch Frauen sind aber bei Suizidversuchen überrepräsentiert (vgl. Abschnitte 4.2.2.3.4.3 und 4.3.3.2 sowie A2/E_{10}, E_{11}).

Wenn diese Personengruppen in erhöhtem Maße durch ihren Suizidversuch auf soziale Aufmerksamkeit hoffen, dann läßt sich nach diesen Befunden zumindest annehmen, daß diese Erwartungen objektiv in dem Sinne sind, als sie von allen Angehörigen dieser sozialen Gruppierung in gleichem Maße gestellt werden können und auch realisierbar sind. Insofern stellt der Suizidversuch auch einen sozial akzeptierten Ausweg dar, zumindest könnte dies für den ersten Suizidversuch behauptet werden. Die Tatsache, daß dennoch nur eine Minderheit dieser alters- und geschlechtsspezifisch gekennzeichneten Bevölkerungsschicht die Ziele mit Hilfe eines Suizidversuchs anstrebt, wäre daher nicht auf hohe subjektive Erwartungen bezüglich der Gewinnung sozialer Aufmerksamkeit zurückzuführen. Diese sind ja mutmaßlich gleich hoch für alle Angehörigen der sozialen Gruppierung. Vielmehr sind abweichende Ausprägungen anderer Anreize, Anreizintensitäten und ihrer subjektiven Wahrscheinlichkeiten, insbesondere deren Kontingenzen zu den Handlungsalternativen zum Suizidversuch, für das Zustandekommen der Suizidversuchstendenzen einer Minderheit unter den jüngeren Personen und Frauen verantwortlich zu machen. Das Zustandekommen dieser abweichenden Wert-Erwartungs-Bilanzen wird daher Gegenstand des folgenden zweiten theoretischen Teils über die Kausal- und Moralprinzipien sein.

In den folgenden Abschnitten stehen jedoch zunächst weitere positive und negative Anreize, die als Folge einer Suizidversuchshandlung erwartet werden, zur Diskussion. Die psychoanalytische Erklärung mit Hilfe des ‚Wunsches zu töten‘ bzw. dem ‚Wunsch, sich zu rächen‘, läßt sich auf der Grundlage erwarteter positiver Anreize neu interpretieren.

3.2.3.1.2 Suizidversuch aus Rache

3.2.3.1.2.1 Psychoanalytische Aussagen von Menninger, Zilboorg und Ringel

Nicht der Todestrieb, dem der seltenere Wunsch zu sterben entspricht, sondern der Aggressionstrieb liegt nach Menninger dem Wunsch zu töten zugrunde, dem auch andere Psychoanalytiker einen zentralen Platz in der Ätiologie des Selbstmordes einräumen und der im folgenden daher etwas ausführlicher dargestellt und kritisiert werden soll.

Der *Wunsch zu töten* entstammt nach psychoanalytischen Vorstellungen einem allen Menschen eigenen und angeborenen Aggressions- und Tötungstrieb, der im

Ich seinen Ursprung hat. Er äußert sich z.B. in Haßgefühlen, Rachewünschen (vgl. Shneidman und Farberow 1957, S. 42). Durch den Vorgang der Introjektion wird die Richtung des Tötungstriebes umgekehrt und trifft die Person selber. Introjektion findet beispielsweise in Form einer Identifikation mit einem Liebesobjekt statt, d.h. „... displacement of the emotions appropriate to the original object into the introjected object" (Menninger 1933, S. 379).

Auch Zilboorg stimmt darin mit Freud überein, daß die suizidale Person ein Opfer starker aggressiver Impulse ist, welche sich nicht nach außen richten konnten und sich daher notwendigerweise gegen das Selbst richteten (vgl. Zilboorg 1936a, S. 273)[85].

Ebenso unterscheidet Ringel (1953, 1969) neben der ‚Einengung' und der ‚Flucht in die Irrealität' ‚Aggression' als Komponente des präsuizidalen Syndroms, die Selbstmörder in unterschiedlich stark ausgeprägtem Maße aufweisen sollen.

Wissenschaftstheoretisch gleicht die Problematik der Annahme eines Aggressionstriebes der bereits diskutierten Annahme eines Todestriebes, die Schwachstellen psychoanalytischer Aussagen in Form impliziter Erklärungen, die empirisch kaum überprüfbar sind, werden hier aber besonders deutlich.

Zum *ersten* sind Zirkelschlußerklärungen und Immunisierungsstrategien beobachtbar[86]: Wiederholt z.B. eine Person einen Selbstmordversuch, ist das ein Zeichen für ungenügende Aggressionsentladung beim ersten Selbstmordversuch, wird der erste Selbstmordversuch nicht wiederholt, wird ein befriedigter Aggressionstrieb angenommen (vgl. Ringel 1953, S. 144). Als Beleg für den zugrunde liegenden Aggressionstrieb, der sich auch gegen andere – gegen die Gemeinschaft und gegen Gott – richten kann, werden andere aggressive Handlungen des Suizidversuchers genannt. Ringel (1953) berichtet z.B., daß im Unterschied zum Todestrieb

---

85 Diese Formulierung ist nach Ansicht von Zilboorg jedoch zu allgemein als Erklärung von Selbstmord. Selbstmord als einem Mord am Ich ist daher unter folgenden ‚Zusatzbedingungen' wahrscheinlich:

1. Ein Liebesobjektverlust liegt vor.
2. Die dadurch freigewordene Energie verlagert sich ganz auf das Ego, es tritt also ein Wirklichkeitsverlust ein und der Verlust kann nicht durch andere Aktivitäten in der Außenwelt ausgeglichen werden, d.h., psychische Energie wird anderweitig gebunden.
3. Dem vermißten Liebesobjekt steht die suizide Person mit ambivalenten Haß-Liebe-Gefühlen gegenüber und
4. die animosen Gefühle gegenüber dem Objekt werden nach der Identifikation in der Person selbst bekämpft.

Wie eine Erhebung dieser Zusatzbedingungen ohne Rekurs auf die zu erklärende Variable, das Suizidverhalten, möglich sein soll – damit wäre ein Zirkelschluß gegeben – müßte erst noch nachgewiesen werden.

86 Bunge spricht bereits den Thesen vom universellen Aggressionstrieb, der sich in aggressiven Handlungen, z.B. Selbstmord äußert, pseudowissenschaftlichen Charakter zu, weil das zu erklärende Ereignis ‚Aggressionshandlungen' mit einem unbekannten Namen, dem ‚Aggressionstrieb', erklärt wird: „Why people often fight against each other? Because they have an aggression instinct" (Bunge 1967, S. 10). Opp (1976, S. 298) bezeichnet diese Argumentation als reflexive.

Aggressionen gegen andere direkt nachweisbar wären, z.B. wenn der Patient vor dem Selbstmordversuch mit dem Messer auf den Partner losgegangen ist oder wenn Mordabsichten in der präsuizidalen Phase geäußert wurden, oder wenn in sogenannten erweiterten Suizidversuchen z.B. eine Mutter sich selbst umbringt, nachdem sie ihre Kinder getötet hat. Diese aggressiven Handlungen, die sich zunächst nicht gegen die eigene Person richten, sind jedoch keine Gewähr für die Verhinderung von Selbstaggression, im Gegenteil:

„Einen scheinbaren Beweis gegen diese Behauptung (daß Aggressionsentladungen den Selbstmord hinauszögern) stellen jene (diagnostisch gewöhnlich als Psychopathen und Hysteriker bezeichneten) Patienten meist weiblichen Geschlechts dar, die ständig ihre Umgebung schikanieren und aggressieren und bei denen es *dennoch* zu einem Selbstmordversuch kommt. In *Wirklichkeit* aber sind diese Aggressionsentladungen zu schwach oder aber die aggressiven Tendenzen selbst sind zu stark – so daß noch ein *Aggressionsrest* übrig bleibt, der sich gegen das eigene Ich wenden kann" (Ringel 1953, S. 129, Hervorhebungen C. L.-B.)

Andererseits wird, wenn auf den ersten Blick keine Aggressionstendenzen beim Patienten bemerkbar sind, das Offensichtliche umgedeutet, und es werden tieferliegende Aggressionshaltungen, z.B. durch Exploration, ‚entdeckt'. So wird die Tatsache, daß Selbstmörder in ihren letzten Mitteilungen häufig die Schuld auf sich nehmen, als verdeckte Aggressionen gegenüber den entschuldigten Personen gewertet (vgl. Ringel 1953, S. 138). Aufgrund beobachteter Selbstmordhandlungen besteht daher die Gefahr, daß die zu erklärende Handlung als Indiz für zugrunde liegende aggressive Triebe oder aktuelle Aggressionspotentiale angesehen wird (Zirkelschluß)[87]. Andererseits sind in psychoanalytischen Aussagen die Konsequenzen eines Aggressionstriebes unbestimmt; er kann zu Selbstaggressionen führen oder nicht dazu führen (fehlender Informationsgehalt).

Zum *zweiten* ist die logische Struktur der Aussagen mit den Mängeln funktionalistischer Aussagen behaftet. Wendet man das Erklärungsmodell von Hempel (1965, S. 30) analog an, läßt sich der bereits erwähnte fehlende oder eingeschränkte Informationsgehalt der Aussagen nachweisen[88]. Des weiteren wird deutlich, weshalb die abnorme Persönlichkeit, das Individuum, im Mittelpunkt der Betrachtung steht, ohne daß das zu erklärende Verhalten, der Selbstmord, befriedigend erklärt werden könnte.

In den funktionalistischen Aussagen steht ein adäquat, d.h. bei einer Bedingungskonstellation c funktionierendes System s (das Individuum) im Zentrum der Fragestellung[89]. Zur Bedingungskonstellation c gehören interne Bedingungen – ein Aggressionstrieb –, aber auch externe Bedingungen, z.B. exogene soziologische

87 Mit Zirkelschlußerklärungen eng assoziiert sind Immunisierungen gegenüber der Erfahrungswelt, die auch alternative theoretische Ansätze einschließen. Karpman (1947, S. 239; vgl. auch Zilboorg 1937, S. 21) behauptet, daß z.B. die Umgebung – das sind soziologische Faktoren – nur Latentes zum Vorschein bringen kann und latent sind eben die Triebe und emotionalen Kräfte, die die menschliche Aktion bewirken.

88 Vgl. dazu ausführlicher Braun 1971, S. 97f.

89 Das Erklärungsmodell sieht folgende Kausalkette vor:

$$i_{1,..n} \rightarrow n \rightarrow s, \text{ wenn } c$$

Faktoren, die jedoch nicht spezifiziert werden. Voraussetzung für ein adäquates Funktionieren des Systems ist die Erfüllung einer notwendigen Bedingung n, das ist die Introjektion eines Liebesobjektes und Aggression des introjizierten Liebesobjektes. Voraussetzung für die Erfüllung der notwendigen Bedingung n wiederum ist eine Klasse von Dispositionen oder Handlungen i, der Selbstmord als zu erklärendes Ereignis. Diese Klasse enthält eine Reihe sogenannter funktionaler Äquivalente, deren Instanzen jedoch unbestimmt bleiben, weswegen entweder eine Deduktion des zu erklärenden Ereignisses (i, der Selbstmord) nicht möglich ist oder – bei Einführung von Hilfskonstruktionen – nur schwache Konklusionen möglich werden und daher auf einen geringen Informationsgehalt schließen lassen. Eine adäquate Erklärung des Phänomens Selbstmord verlangt aber nicht nur vollständig aufgezählte Instanzen der zu erklärenden Ereignisklasse, sondern auch eine in den psychoanalytischen Aussagen nicht ausgeführte Bestimmung der Bedingungskonstellation, unter der das Individuum ‚adäquat' funktioniert.

Wenig erstaunlich ist angesichts dieser Mängel der psychoanalytischen Aussagenstruktur die fehlende empirische Evidenz zugunsten der aufgestellten Hypothesen, deren Beurteilung durch problematische methodische Verfahren – z.B. der Verwendung von Fallstudien auf der Grundlage introspektiver Interviews – zusätzlich erschwert wird. Faberow und Shneidman versuchten z.B., die Selbstmordtypen von Menninger empirisch zu erfassen. Sie fanden, daß der Wunsch zu sterben bei Männern und Frauen mit steigendem Alter zunehme, während der Selbstmord als Wunsch zu töten auf allen Altersstufen gleichmäßig verteilt sei. Das Sample bestand aus Krankenhauspatienten. Sie wurden nach erfolgtem tödlich endendem Selbstmord aufgrund früherer Äußerungen, die Hoffnungslosigkeit und Tadel zum Ausdruck brachten, den Menningerschen Typen zugeordnet (vgl. Farberow und Shneidman 1957, S. 41ff.). Die nicht auszuschließende Selektivität des Samples, die nachträgliche Zuordnung von Äußerungen zu nicht näher bestimmten Kategorien, sprechen der Studie empirische Beweiskraft ab, abgesehen davon, daß Hoffnungslosigkeit oder auch Tadel und Unzufriedenheit kaum eindeutig als Indikatoren für einen unbefriedigten Aggressionstrieb oder für introjizierte Tötungswünsche gelten können[90].

Der oben zitierte Befund, daß in Abschiedsbriefen von Selbstmördern andere

90 Ähnlich unbefriedigend in methodischer Hinsicht ist die Untersuchung, die Ringel (1961) im Jahre 1959 an 50 Angehörigen von Selbstmördern durchführte. Obwohl diese Verfahren – neben inhaltsanalytischen Methoden der letzten Mitteilungen von Selbstmördern – in einem geeigneten Design wertvolle Daten über Selbstmörder hätte liefern können, ist die Aussagekraft der ausgewerteten Daten mehr als fraglich, weil von 443 erfaßten Fällen nur 50, also 11 %, in die Auswertung eingingen. Über die Ausfälle von 89 % berichtet der Autor ebensowenig wie eine Beschreibung des Erhebungsinstruments vorliegt. Die Schlußfolgerungen von Ringel sind daher wenig überraschend: „In allen 50 Fällen der Untersuchungsserie war eine psychische Erkrankung als zugrunde liegende Ursache des Selbstmords zu erheben. Damit ist neuerlich der Beweis erbracht, daß es sich beim Selbstmord in der Regel um das Symptom einer psychischen Erkrankung handelt. Somit muß es als problematisch bezeichnet werden, vereinzelt gegebene Ausnahmen von dieser Regel zu überwerten" (Ringel 1961, S. 139).

Personen relativ selten beschuldigt werden und eher neutrale Anweisungen dominieren (vgl. Abschnitt 3.1.3.1.3, S. 77), läßt auch keine aggressiven Tendenzen, den Wunsch zu töten, erkennen. Die bei Suizidversuchern häufiger festgestellten Fremdanschuldigungen wären hingegen – wie im folgenden Abschnitt zu zeigen sein wird – einer anderen Erklärung ohne Rekurs auf Aggressionstriebe und -potentiale zugänglich.

3.2.3.1.2.2 Erwartete relative Besserstellung des Suizidversuchers im Verhältnis zu den Interaktionspartnern

Läßt man die Annahme eines universellen Aggressionstriebes fallen und verzichtet auf die Bedingung eines Systemgleichgewichts, das durch die suizidale Handlung wiederhergestellt werden soll, dann läßt sich der Wunsch zu töten bzw. der Wunsch nach Rache im Rahmen des motivationstheoretischen Ansatzes als Klasse positiver Anreize interpretieren, die gemäß den hier unterstellten Annahmen jedoch nur eine geringe Valenz hätte, weil diese Anreize – wie auch die behandelten Anreize moralische Kosten oder soziale Sanktionen – erst nach dem Tod eintreten können und insofern als ‚unwirklich' erscheinen müssen. Im Falle des Suizidversuchs, der ein Überleben nicht ausschließt, sind durch die Suizidversuchshandlungen jedoch intendierte reale soziale Veränderungen denkbar, die über die erwartete Realisierung von Anreizen durch die Suizidversuchshandlung und dadurch bedingten Veränderungen beim Interaktionspartner handlungsrelevant werden[91].

Welche Anreize oder Zielvorstellungen können durch ‚Rachewünsche' repräsentiert sein? Drei Interpretationen sind denkbar. Die *erste* Interpretation sieht die Einführung eines zusätzlichen Anreizes vor. Danach werden Rachewünsche einfach als Gegenstück zu altruistischen Zielvorstellungen abgebildet, nicht ‚anderen helfen', sondern ‚anderen schaden', wäre ein durch die Suizidversuchshandlung zu realisierender Wert. Vorausgesetzt, daß es dem Suizidversucher seiner Einschätzung nach gelingt, seine Interaktionspartner ‚ins Unrecht zu setzen', könnte dieser Anreiz auch subjektiv wahrscheinlich sein. Obwohl es für die Annahme subjektiv erwarteter Anreize nicht erforderlich ist, daß diese ‚Schuldzuweisung' auch von den Interaktionspartnern oder anderen Gesellschaftsmitgliedern akzeptiert wird, spricht die im vorangegangenen Abschnitt diskutierte soziale Hilfsbereitschaft dafür, daß es sich um eine verbreitete, gültige Norm handelt, die nicht nur Hilfe, son-

91 Nach psychoanalytischen Vorstellungen handelt es sich beim vollendeten Suizid und Suizidversuch nicht um verschiedene, theoretisch unterschiedlich zu erklärende Phänomene, eine Auffassung, die angesichts der unterschiedlichen Verteilung der Selbstmord- bzw. Selbstmordversuchshäufigkeit nach Alter und Geschlecht schwer zu begründen ist. Gerade der Wunsch zu töten oder Rachebedürfnisse sind jedoch soziale ‚Motive', deren Handlungsrelevanz Realitätscharakter voraussetzt, damit sie als Anreize auch tatsächlich erwartet werden können, wie dies beim Suizidversuch, bei dem zumindest nicht das Sterben intendiert ist, der Fall ist. Die Diskussion dieses psychoanalytischen Faktors erscheint daher innerhalb der Erklärung von suizidversuchsabhängigen Determinanten erfolgversprechender.

dem auch Sanktionen bei verweigerter Hilfe wahrscheinlich macht. Insofern wäre die subjektive Wahrscheinlichkeit des Suizidversuchers, den beschuldigten Interaktionspartner ‚ins Unrecht' zu setzen, auch objektiv wahrscheinlich.

Die *zweite* Interpretation zielt auf eine andere Konsequenz der Beschuldigung von Interaktionspartnern durch den Suizidversuch ab. Der Suizidversucher kann sich im sozialen Vergleich mit dem beschuldigten Interaktionspartner, dem moralische Fehlleistungen vorgeworfen werden, ‚relativ besser' fühlen. Diese relative Gratifikation könnte sich daher in einer insgesamt günstigeren Wert-Erwartungs-Bilanz vor dem Suizidversuch niederschlagen. Zumindest die erwartete Verfolgung moralischer Ziele scheint wahrscheinlicher geworden zu sein, aber nicht als Folge alternativer Handlungen, sondern indirekt als Folge des Suizidversuchs, der den ‚Mißerfolg' beim Interaktionspartner in der Verfolgung altruistischer bzw. moralischer Anreize nachweist. Im Verhältnis zum Interaktionspartner würde die im Suizidversuch demonstrierte Hilflosigkeit, die wegen nicht realisierter Hilfeleistungen dem Interaktionspartner angelastet wird, ein günstigeres Abschneiden bei der Realisierung moralischer Wertvorstellungen erhoffen lassen.

Das Phänomen der relativen Gratifikation, das als Gegenstück zur relativen Deprivation aufzufassen ist, könnte aber die Induktion weiterer Anreizklassen begünstigen. Ohne auf den relativ komplexen Prozeß der später zu behandelnden Anspruchsniveaubildung als Folge relativer Handlungserfolge bzw. Handlungsmißerfolge einzugehen, kann auch vermutet werden, daß eine im sozialen Vergleich wahrgenommene relative Besserstellung ‚beflügelt', d.h. die Herausbildung von Erfolgserwartungen auch bezüglich der Erreichung anderer Zielvorstellungen, z.B. affiliativer oder status- bzw. machtbezogener Anreize, begünstigt.

Eine *dritte* Interpretation geht davon aus, daß durch den Suizidversuch der Handelnde einen relativen ‚Machtzuwachs' erwarten kann. Nach Homans (1967, S. 51ff.) läßt sich die Macht oder die Veränderung der Macht einer Person als Belohnungspotential dieser Person für andere Personen auffassen. Je mehr eine Person A eine andere Person B belohnen kann, als Person B Person A belohnen kann, um so mächtiger ist die Person A (vgl. auch Popitz 1968).

Ein Suizidversucher könnte bei wahrgenommener erfolgreicher Schuldzuweisung – beim Nachweis verfehlter sozial akzeptabler moralischer Wertvorstellungen – dem Interaktionspartner durch ‚Wiedergutmachung' Gelegenheit geben, dessen altruistische oder auch affiliative Anreize durch ein verändertes Verhalten dem Suizidversucher gegenüber zu befriedigen. Damit würden zwar gleichzeitig diese Anreize beim Suizidversucher erfüllt, bzw. könnte mit ihrer Realisierung gerechnet werden – diese Erwartungen wurden bereits im vorangegangenen Abschnitt als Appellfunktion des Suizidversuchs behandelt -, ihre erhoffte Realisierung ist aber nicht identisch mit dem Machtzuwachs oder der ‚Verbesserung einer schwachen Position'.

Eine wahrgenommene Verbesserung des eigenen Belohnungspotentials, die durch die Suizidversuche erwartet werden kann, könnte eine machtbezogene Anreizklasse beim Suizidversucher repräsentieren. Eine Anreizklasse positiver Ausprägung wäre das ‚Streben nach Macht' und eine zu vermeidende und daher negative Anreizklasse die ‚Furcht vor Schwachheit'. Es handelt sich um extrinsische Anreize, da ihre erhoffte Realisierung erst über veränderte Reaktionen bzw. veränderte Einstellungen oder Handlungstendenzen beim Interaktionspartner möglich ist: Durch den Suizidversuch kann auf eine Induktion von Anreizen beim Interaktionspartner gehofft werden. Der Interaktionspartner strebt ‚Wiedergutmachung' an, besitzt also unbefriedigte altruistische oder affiliative Zielvorstellungen, die nun aber nicht als mögliche Belohnungen für den Suizidversucher interessieren, sondern selbst extrinsische Anreize sind, die nur über die Reaktion des Suizidversuchers – z.B. Annahme des Hilfsangebots – realisierbar sind. Die ‚Abhängigkeiten' des Interaktionspartners haben sich demnach erhöht, die des potentiellen Suizidversuchers aus dessen Sicht verringert. Diese antizipierte Veränderung in den ‚Abhängigkeiten' repräsentiert die machtbezogene Anreizklasse ‚Streben nach Macht' oder ‚Furcht vor Schwachheit'.

Allen drei Interpretationen des ‚Suizidversuchs aus Rache' ist die Einführung verschiedener Anreizklassen gemeinsam. Einmal sind es moralische Anreize – ‚anderen schaden' und die zu erwartende relative Besserstellung bei der Verfolgung positiver moralischer Wertvorstellungen – und zum anderen soziale Anreize mit machtthematischem Inhalt – ‚Streben nach Macht' bzw. ‚Furcht vor Schwachheit'. Diese Anreizklassen schließen sich gegenseitig nicht aus, d.h., sie könnten alle drei die Suizidversuchstendenz als positive Anreize wahrscheinlicher machen, das verfügbare empirische Material ist aber kaum geeignet, zwischen den einzelnen Anreizkategorien zu diskriminieren.

Die bereits erwähnten Befunde, daß Selbstmordversucher häufiger als Suizidenten in Selbstmordnotizen andere Personen beschuldigten, sprechen nur indirekt für die Relevanz aller erwähnten Anreize. Fremdanschuldigungen sind verbale Äußerungen und stellen daher Verhaltensweisen dar, deren erwartete Folgen, z.B. ‚anderen schaden', nicht identisch mit diesen Äußerungen sind. Auch die anderen möglichen Konsequenzen dieser Äußerungen – Induktion von unbefriedigten moralischen Anreizen beim Interaktionspartner und die daran sich anknüpfenden Erwartungen bezüglich veränderter Abhängigkeiten oder moralischer Besserstellungen – sind von diesen Äußerungen zu unterscheiden. Direkte Beschuldigungen wären aber geeignet, die genannten Konsequenzen und die durch den Suizidversuch erhofften Veränderungen auszulösen. Ebenso kann die Suizidversuchshandlung durch die Wahl der Methode und der Umstände demonstrativen und anklagenden Charakter besitzen, der geeignet wäre, über antizipierte Veränderungen beim Interaktionspartner die genannten Anreizkonstellationen des Suizidversuchers zu induzieren.

3.2.3.1.2.3 *Zusammenfassung:* Suizidversuch aus Rache

In der nachfolgenden Übersicht 5 ist die motivationstheoretische Interpretation der psychoanalytischen Vorstellung, daß der Wunsch zu töten, bzw. Rache zu nehmen, eine suizidale Handlung bestimme, zusammengefaßt:

Übersicht 5: *In Abhängigkeit des Selbstmordversuchs erwartete Anreize als Folge einer versuchten Schuldzuweisung an den Interaktionspartner und als Folge induzierter unbefriedigter moralischer und/oder affiliativer Anreize beim Interaktionspartner*

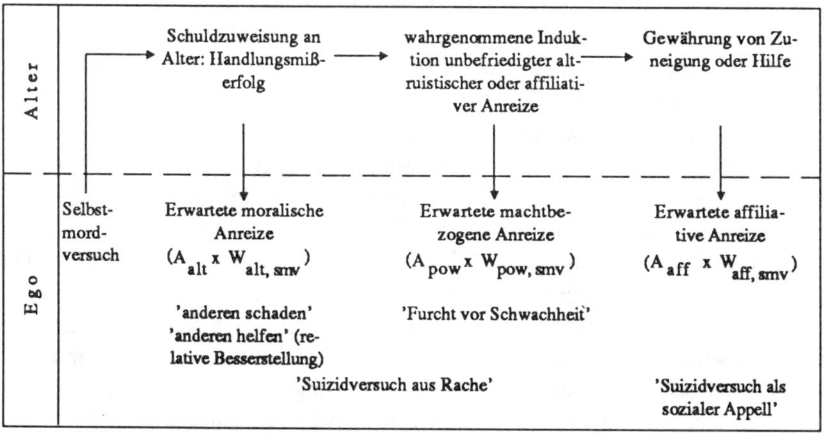

Gemäß einer ersten Interpretation versucht der Suizidversucher mit seiner Handlung zu demonstrieren, daß der Interaktionspartner altruistische Wertvorstellungen in vergangenen Interaktionen verfehlt hat. Durch diese Schuldzuweisung kann der Suizidversucher sich moralisch besser gestellt fühlen und daher als Folge des Suizidversuchs eine günstigere Wert-Erwartungs-Bilanz auf moralischem Gebiet antizipieren. Durch die Schuldzuweisung könnten aber auch direkt misanthropische Wertvorstellungen ‚anderen schaden' betroffen sein und durch den Suizidversuch zu realisieren erhofft werden. Die dritte Anreizklasse, die als erwartete positive Anreize einen Suizidversuch wahrscheinlicher machen würde, hat einen machtthematischen Bezug und setzt gleichfalls eine in der Wahrnehmung des Suizidversuchers erfolgreiche Schuldzuweisung an den Interaktionspartner voraus. Diese Schuldzuweisung müßte wiederum beim Interaktionspartner unbefriedigte moralische, z.B. altruistische Wertvorstellungen induzieren, wodurch der Suizidversucher als Adressat der Wiedergutmachung den Interaktionspartner belohnen kann. Die ‚Abhängigkeiten' des Interaktionspartners hätten sich danach erhöht und die des Suizidversuchers verringert. Diese Antizipation neuer Belohnungsmöglichkeiten kann der Erwartung machtthematischer Anreizklassen einer durch den Suizidversuch z.B. erwarteten Verringerung der ‚Furcht vor Schwäche' gleichgesetzt werden. Nach den empirischen Befunden ist zwischen den einzelnen Anreizen nicht zu unterscheiden. Sie belegen allenfalls bei Suizidversuchern den verbalen oder durch die Wahl der Suizidmethode nahezulegenden Versuch einer Schuldzuweisung an die Interaktionspartner, die Voraussetzung ist für die Induktion dieser Anreize.

Zum Vergleich finden sich in der Übersicht 5 auch die als Folge des Suizidversuchs zu erwartende Realisierung affiliativer Anreize als erhoffte Gewährung von Hilfe oder Zuneigung durch den Interaktionspartner.

3.2.3.1.3 Suizidversuch als Tod auf Zeit

Die bisher diskutierten Anreize, die aufgrund einer Suizidversuchshandlung erwartet werden können, waren sozialer und damit extrinsischer Art: Soziale Aufmerksamkeit, aber auch eine Verminderung wahrgenommener Abhängigkeit können nur über vorgestellte Handlungen der Interaktionspartner, also mittelbar realisierbar erscheinen. Hingegen können intrinsische Anreize unmittelbar durch die eigene Handlung realisiert werden[92].

Um solch einen Anreiz handelt es sich beim sogenannten ,Tod auf Zeit'. Shneidman (1964) nennt den vollendeten Suizid ,cessation' und den Suizidversuch ,interruption'. Letzterer markiert eine zeitlich begrenzte Unterbrechung, die dem Schlaf ähnlich ist. Ruegsegger (1963) führt das Ergebnis, daß 70 % der Suizidversuchspatienten über den Klinikaufenthalt hochzufrieden waren, darauf zurück, daß sie dort Ruhe und Schutz vor einer kränkenden Umgebung fanden. Im Gegensatz zur Vorstellung vom Tod als der ewigen Ruhe ist die als Folge des Suizidversuchs erwartete zeitweilige Ruhe oder totale Unterbrechung der eigenen Existenz realistisch: Sie kann bei einer intendierten Selbstverletzung mit hoher Wahrscheinlichkeit erwartet werden und umfaßt sowohl den Aspekt des Auslöschens der menschlichen Existenz wie auch den der Rückkehr ins Leben. Damit kann aber gleichzeitig eine als stark negativ eingestufte Todesfurcht, die Ursache für den Suizid als einer dominierend negativen Tendenz, außer Betracht bleiben.

Außer den bereits genannten Befragungsergebnissen von Ruegsegger fehlen direkte empirische Belege zugunsten dieses vermuteten Anreizes. Interessant sind aber in diesem Zusammenhang wiederholt bestätigte Befunde, wonach unter Suizidversuchern häufiger als unter Selbstmördern exzessiver Drogen- und Alkoholkonsum festgestellt wurde. Maris stellt beim Vergleich der suizidalen und nichtsuizidalen Gruppen fest, daß die Suizidversucher im Vergleich zur Gruppe der Selbstmörder und zu einer Kontrollgruppe von Personen, die eines natürlichen Todes starben, den höchsten Alkohol- und Drogenkonsum aufwiesen (vgl. Maris 1981, S. 174ff.). Diese Beziehung bleibt auch in einer multivariaten Analyse erhalten (vgl. ebenda. S. 324, Fig. 11.4 und Fig. 11.6). Wie aus den Tabellen 27 und 28 (A3) ersichtlich, hatten 86 % der allerdings wenigen männlichen Suizidversucher und 77 % der weiblichen Suizidversucher einen hohen Drogenkonsum zu verzeichnen, während in der Alterskategorie der unter 45jährigen nur 7 der männlichen und 17 der weiblichen Selbstmörder als exzessive Drogenkonsumenten auffielen. In einer Panelstudie von Lukianowicz (1973) hatten die zum Untersuchungszeitpunkt eingelieferten weiblichen Suizidpatienten innerhalb eines Zeitraumes von zehn Jahren eine überdurchschnittlich hohe Neigung zu Alkohol- und Drogenmißbrauch beibehalten. Lediglich die Vorliebe für ein bestimmtes Betäubungsmittel hatte sich geändert. Während der Mißbrauch von Drogen in dem Zeitraum um 25 % zugenommen hatte, war der Alkoholkonsum um 25 % gesunken. In einer Zusammen-

---

92 Das handlungsimmanente Ziel der physiologischen Selbstverletzung, das innerhalb der Mittelwahl und Mittelbewertung eine wichtige Rolle spielt, unterscheidet sich von dem hier diskutierten Anreiz einer ,zeitweiligen Ruhe'.

stellung von Untersuchungen zum Alkoholismus unter Selbstmördern und Suizidversuchern seit dem Jahre 1825 kommt Goodwin (1973) zu dem Schluß, daß unter Suizidversuchern der Alkoholismus häufiger festgestellt wurde als unter Selbstmördern.

Die Tatsache, daß beide Handlungen – Suizidversuch und Alkohol- und Drogenkonsum – korrelieren, könnte auf ähnliche, aber nicht identische Wert-Erwartungs-Matrizen von Drogen- bzw. Alkoholabhängigen und Suizidversuchern zurückzuführen sein. Sowohl der nicht tödlich endende Suizidversuch als auch die Einnahme von Alkohol und Drogen – letztere aufgrund ihrer pharmakologischen Wirkung[93] – gestatten einen zeitlich begrenzten Rückzug aus der Lebenswirklichkeit. Auch die Tatsache, daß mehrheitlich Frauen Selbstmordversuche unternehmen, es aber anteilmäßig weniger Alkoholikerinnen als Alkoholiker gibt (vgl. Cahalan 1970; Cahalan und Cisin 1976), steht im Einklang mit der vermuteten geschlechtsspezifischen Antizipation suizidversuchs- und alkoholkonsumabhängiger Anreize: Beide Handlungen gestatten zwar eine zeitlich begrenzte Abschirmung vor einer unliebsamen Realität, Frauen können aber nach einem Suizidversuch eher auf Verständnis ihrer sozialen Umgebung hoffen als nach Alkohol- oder Drogenkonsum[94]. Eine durch den Suizidversuch angestrebte zeitweilige Loslösung aus einer als trostlos empfundenen Situation sowie das Bemühen um Hilfe und soziale Aufmerksamkeit sind also Anreize, deren Realisierung bei Frauen mit höherer Wahrscheinlichkeit gleichzeitig durch einen Suizidversuch erwartet werden kann als durch Alkohol- und Drogenkonsum.

3.2.3.2 Erwartete negative Anreize der Selbstmordversuchshandlung: Negative Sanktionen und moralische Kosten

Rationalisierungen von suizidalen Handlungen sind nach der sozialen Lerntheorie von Akers eine notwendige Bedingung für die Ausführung eines vollendeten Suizids. In Abschnitt 3.1.3.1.3 wurde diese Bedingung theoretisch präzisiert und ihr Status als notwendige Bedingung in Zweifel gezogen. Rationalisierungen waren danach als Minimierungen sozialer Kosten definiert worden mit dem Ergebnis, daß negative und intrinsische Anreize – d.h. moralische Kosten – neutralisiert oder ins Gegenteil verkehrt wurden, d.h. moralische Gewinne darstellten. Die Suizidhand-

93 Beim Alkohol – insbesondere aber auch beim Konsum heroinhaltiger Drogen – kommen intrinsische positive Anreize hinzu, die als Euphorieerlebnisse die Attraktivität dieser Verhaltensweisen erhöhen. Andererseits unterscheidet sich die soziale Reaktion auf exzessiven Alkohol- und Drogenkonsum von den zu erwartenden Sanktionen für suizidales Verhalten (vgl. Anm. 10, S. 29).

94 Im Einklang mit dieser vermuteten unterschiedlichen Reaktion der Interaktionspartner auf suizidales Verhalten und Alkohol- und Drogenkonsum stehen die bereits erwähnten empirischen Befunde, wonach Frauen und jüngere Personen nach Suizidversuchen erhöhte Aufmerksamkeit erfahren (vgl. Abschnitt 3.2.3.1.1), und nach denen Alkoholikerinnen meist in häuslicher Abgeschiedenheit und nicht in öffentlichen Lokalen trinken (vgl. Cahalan und Cisin 1976).

lung wird dann nicht mehr mit Vorstellungen wie ‚Versündigung gegen das Leben‘ oder ‚Schwachheit‘, sondern mit positiven und intrinsischen Wertvorstellungen wie ‚Aufrechterhaltung der menschlichen Würde‘ oder ‚Abwendung eines unerträglichen Leides‘ in Verbindung gebracht. Diesen moralischen Wertvorstellungen als Voraussetzung für den vollendeten Suizid konnte aber aufgrund theoretischer und empirischer Argumente nur eine nachrangige Bedeutung eingeräumt werden. Anders liegt nach motivationstheoretischen Überlegungen der Sachverhalt beim Suizidversuch. Im Gegensatz zum intendierten Suizid kann man vermuten, daß die Konsequenzen eines Suizidversuchs, der das Überleben nicht ausschließt, Realitätscharakter besitzt, d.h. sowohl negative Sanktionen als auch moralische Kosten würden nach dem Suizidversuch erlebt werden müssen und könnten deswegen vom Suizidversuch abschrecken und die Suizidversuchstendenz in ihrer positiven Tendenz zumindest reduzieren. Wäre die abstoßende Wirkung der Handlungsalternativen nur schwach negativ ausgeprägt und könnten moralische Kosten oder auch negative Sanktionen durch Rationalisierungen nicht oder nur wenig reduziert werden, so daß die diskutierten positiven Anreize – z.B. soziale Aufmerksamkeit oder zeitweilige Ruhe – nicht kompensiert würden, würde auch die Suizidversuchswahrscheinlichkeit verringert werden.

Trotzdem sind Zweifel angebracht, ob beim ersten Suizidversuch moralische Kosten und damit deren erwünschte Minimierung durch die Übernahme von Rationalisierung und auch negative Sanktionen als wahrscheinliche Folgen eines Suizidversuchs zu erwarten sind. Nach dem oben bereits diskutierten empirischen Befund können hilfsbedürftige Personen nach einem Suizidversuch in stärkerem Maße auf soziale Aufmerksamkeit und Hilfe hoffen. In demselben Maße dürften aber negative Sanktionen und die korrespondierenden internalisierten moralischen Kosten eines Suizidversuchs mit geringerer Intensität und geringerer Wahrscheinlichkeit zu erwarten sein. Hilfe und Verständnis für eine Notsituation, wie sie der Suizidversuch verkörpert, schließen negative Sanktionen für den Hilfsbedürftigen und andere moralische Kosten nicht vollständig aus, reduzieren aber ihre Bedeutung über eine anzunehmende geringere Intensität der Anreizwerte und ihrer Wahrscheinlichkeiten. Man könnte daher annehmen, daß negative Sanktionen und auch moralische Kosten beim ersten Suizidversuch stärker ins Gewicht fallen als beim vollendeten Suizid, die aggregierten positiven Werte der bisher diskutierten positiven Anreize und ihrer Wahrscheinlichkeiten aber nicht maßgeblich reduzieren werden. Die resultierende Suizidversuchstendenz bleibt daher nach dieser Annahme über die Ausprägung der Anreizwertintensität und ihrer Wahrscheinlichkeit positiv.

Akers untersucht den Suizidversuch nur unter dem Gesichtspunkt sozialer Belohnungen, denen auch nach den bisherigen Untersuchungsergebnissen – zumindest beim ersten Suizidversuch – eine besondere Bedeutung zukommt (vgl. Abschnitt 3.2.3.1.1). Eine konsistente Anwendung der differentiellen Assoziationstheorie auf beide suizidale Handlungen muß aber auch beim Suizidversuch das Erlernen überwiegend positiver Definitionen für die Suizidversuchshandlung voraussetzen (vgl. Akers 1977, S. 43).

Im Widerspruch zur hier vertretenen Auffassung unterscheiden sich jedoch die für einen Selbstmord notwendigen Rationalisierungen nicht von denen für einen Suizidversuch. Obwohl es nach den verfügbaren empirischen Daten nicht möglich ist, insbesondere die kognitiven und affektiven Aspekte einer Rationalisierung entsprechend der hier versuchten Konzeptualisierung zu erfassen, und es auch nicht gelingen kann, die unterstellten Veränderungen dieser moralischen Überzeugungen als ‚Minimierungen moralischer Kosten' zu identifizieren, läßt sich zumindest die kontroverse Behauptung nachprüfen, ob der Einfluß moralischer Überzeugungen als moralische Kosten bzw. reduzierte moralische Kosten auf beide suizidale Handlungen gleich oder verschieden ausgeprägt ist.

So verurteilten nach einer Befragung von Beck und Morris (1974) die Mehrzahl der Personen, die ihren Selbstmordversuch überlebt hatten, Selbstmord als unmoralisches Verhalten: 49 % lehnten Selbstmord immer ab, 6 % manchmal, aber nur 25 % verurteilten ihn nie und 3 % in wenigen Fällen. Je hoffnungsloser die Patienten waren, die einen nicht-fatalen Selbstmordversuch unternommen hatten, und deren Selbstmord daher am ehesten als mißglückter Selbstmord einzustufen ist, um so toleranter waren sie gegenüber Selbstmord. Unterstellt man, daß diese moralischen Urteile moralische Kosten widerspiegeln, obwohl spezifische Anreize in ihrem Bezug zum Suizidversuch nicht erfragt wurden, so stünden diese Ergebnisse zwar im Einklang mit den hier vertretenen motivationstheoretischen Hypothesen, insofern als für Suizidversucher eher als für mutmaßliche Selbstmörder moralische Kosten entstehen. Andererseits könnte die tolerantere Haltung der mutmaßlichen Selbstmörder erfolgreiche Rationalisierungen im Sinne der Hypothese von Akers widerspiegeln, die mißlungenen Rationalisierungen bei Suizidversuchern wären jedoch unvereinbar mit einem vorausgesetzten gleichartigen Einfluß der Rationalisierungen auf beide suizidale Handlungen. Es bleibt also die Frage offen, warum den Suizidversuchern häufiger Rationalisierungen mißlingen.

Auch die Untersuchungsergebnisse von Shneidman und Farberow (1957a) und Bjerg (1976), nach denen Suizidversucher häufiger als Selbstmörder ihre Angehörigen in den Abschiedsbriefen beschuldigt haben, sind mit den Hypothesen der differentiellen Assoziationstheorie nicht vereinbar. Wenn Fremdanschuldigungen als gelungene Rationalisierungen moralischer Kosten angesehen werden, indem sie Selbstvorwürfe, z.B. sich durch die Suizidversuchshandlung als ‚Schwächling' zu erweisen, neutralisieren, wäre wiederum bei beiden suizidalen Handlungen von unterschiedlichen Rationalisierungszwängen auszugehen.

Hingegen müßte nach motivationstheoretischer Interpretation bei Suizidversuchern die den Rationalisierungen zugrunde liegenden moralischen Kosten ausgeprägter sein. Soweit Fremdanschuldigungen Rationalisierungszwänge wiedergeben und ihnen moralische Kosten zugrunde liegen, wären wiederum die Suizidversucher stärker als die Selbstmörder von moralischen Zweifeln an ihrer Handlung betroffen.

An dieser Stelle sei auch darauf verwiesen, daß sowohl die Fremdanschuldigungen als auch die erfragten Verurteilungen suizidaler Handlungen nicht der Verringerung moralischer Kosten dienen müssen, sondern der Abwehr erwarteter negativer Sanktionen durch andere Gesellschaftsmitglieder dienen können. Rationalisierungen als zweckgerichtete Äußerungen[95] müssen jedoch nicht – wie dies nach der differentiellen Assoziationstheorie vorausgesetzt wird – *vor* der Handlung, sondern können auch *nach* der Handlung erfolgen. Solche Rationalisierungen schließen zwar zusätzlich wirkende moralische Kosten nicht aus, sie scheiden jedoch als handlungsrelevante Determinanten aus, wenn sie erst nach dem zu erklärenden Ereignis, der suizidalen Handlung, auftreten.

Inwieweit moralische Kosten und negative Sanktionen gegenüber selbstverletzenden Handlungen – wie dies vermutet wurde – durch ein gleichzeitig vorherrschendes Hilfsgebot für Menschen, die sich in einer Notlage befinden, d.h. ‚hilfsbedürftig' sind, in ihren Anreizwerten und Wahrscheinlichkeiten abgeschwächt sind, und ihnen daher bei der Aggregierung mit anderen Anreizen der Suizidversuchshandlung ein geringeres Gewicht beizumessen ist, läßt sich nach diesen Befunden nicht entscheiden.

3.2.4 *Zusammenfassung:* Determinanten der Handlungstendenz zum Selbstmordversuch

Im vorangegangenen Abschnitt wurde die Hypothese auf ihre empirische Plausibilität geprüft, daß Suizidversuchshandlungen im Gegensatz zu Selbstmordhandlungen eine überwiegend positive Handlungstendenz zugrunde liegt, während bei der Ausführung von wahrgenommenen Handlungsalternativen zum Suizidversuch jedoch überwiegend negative Anreize erwartet werden und daher der Suizidversuch wie auch der vollendete Suizid durch einen Abstoßungseffekt blockierter Handlungsalternativen gekennzeichnet ist. Für das Vorliegen positiver und extrinsischer Anreize, insbesondere der Erregung sozialer Aufmerksamkeit, sprechen einige empirische Befunde, vor allem der, daß bestimmte soziale Gruppierungen – Frauen und jüngere Personen – in höherem Maße als andere auf Hilfe und Aufmerksamkeit hoffen können, derselbe Personenkreis jedoch auch zu den besonders Suizidversuchsgefährdeten gehört. Auch eine durch den Suizidversuch angestrebte Unterbrechung des Lebens, ‚der Tod auf Zeit', könnte die relative Attraktivität des Suizidversuchs erklären und steht im Einklang mit dem feststellbaren erhöhten Anteil von Alkohol- und Drogenabhängigen unter den Suizidversuchern, weil sowohl Alkohol- und Drogenkonsum als auch der Suizidversuch eine zeitweilige Flucht aus der sozialen Realität gestattet. Die psychoanalytische These vom Suizidversuch aus Rache, dem der Wunsch zu töten zugrunde liegen soll, wurde mit Hilfe motivationstheoretischer Aussagen neu interpretiert. Über suizidversuchsbedingte

95 Sowohl die festgestellten Fremdbeschuldigungen in Abschiedsbriefen von Suizidversuchern als auch die erfaßten moralischen Bewertungen suizidaler Handlungen könnten Rationalisierungen im Sinne zweckgerichteter Abwehr äußerer Sanktionen darstellen. Die moralischen Bewertungen wären dann ‚Schuldeingeständnisse', die erfahrungsgemäß geeignet sind, Sanktionen zu mildern. Eine empirische Identifizierung beider Rationalisierungskonzepte ist jedoch erst aufgrund der analytischen Trennung der unterschiedlichen Kognitionen möglich.

Schuldzuweisungen an den Interaktionspartner ist die Induktion von drei verschiedenen Anreizklassen denkbar: misanthropische (‚anderen schaden'), indirekte Verbesserung status- bzw. machtbezogener Anreizkonstellationen (relative Besserstellung bei der Erfüllung erwarteter moralischer Anreize ‚anderen helfen') und direktes Anstreben machtthematisch bezogener Anreize.

Negativen Anreizen, die in Abhängigkeit des Suizidversuchs erwartet werden und die die Wahrscheinlichkeit eines Suizidversuchs mindern würden, wird in Form negativer Sanktionen und moralischer Kosten mehr Gewicht beigemessen, als dies beim vollendeten Suizid vermutet werden konnte. Bei gleichzeitig erhoffter sozialer Aufmerksamkeit nach einer selbstverletzenden Handlung ist jedoch von einer partiellen Imkompatibilität beider Konsequenzen auszugehen, soweit es sich um einen ersten Suizidversuch handelt, d.h. bei erhofftem Verständnis für den Suizidversuch müßte die Intensität und Wahrscheinlichkeit für negative Sanktionen und moralische Kosten zumindest bei einem ersten Suizidversuch geringer ausgeprägt sein und deren abschreckende Wirkung daher reduzieren. Die Implikationen für Aussagen der differentiellen Assoziationstheorie über die Wirkung von Rationalisierungen für suizidale Handlungen wurden diskutiert und kontroverse Aussagen beider Ansätze anhand empirischer Befunde nachgeprüft.

3.3 Wert-Erwartungs-Matrizen suizid- und suizidversuchsgefährdeter sozialer Gruppen

Als vorläufiges Resümee des bisher entwickelten Ansatzes mit den drei Erklärungsstufen des Ergebnis-, Handlungs- und Instrumentalitätsmodells kann an dieser Stelle eine Erklärung bekannter empirischer Generalisierungen über die Verteilung von Suizid und Suizidversuchen in einer Gesellschaft und im Vergleich verschiedener Gesellschaften versucht werden. Wie in Anhang im einzelnen dargelegt wird (vgl. A1 und A2) sind Männer mehr als Frauen, Ältere mehr als Jüngere, Verheiratete mehr als Geschiedene und Juden bzw. Katholiken weniger als Protestanten selbstmordgefährdet. Ebenso steigt die Selbstmordgefahr in Zeiten wirtschaftlicher Depression, aber auch in Zeiten stark wachsenden Wohlstandes nimmt die Selbstmordrate zu, während bei schweren kriegerischen Auseinandersetzungen die Selbstmordrate der Kriegsbeteiligten abnimmt. Von dieser Gefährdung bestimmter sozialer Gruppen und von zeitbezogenen Schwankungen der Selbstmordhäufigkeit gibt es viele Ausnahmen (vgl. A1 und A2). Nicht überall sind Verheiratete stärker immun gegenüber Suizid als Unverheiratete, in Japan ist auch die Altersgruppe der 20jährigen stark suizidgefährdet und Frauen bestimmter Berufsangehörigkeit genießen keinen Selbstmordschutz, ebenso wie in den letzten Jahrzehnten deren relative Selbstmordimmunität abgenommen hat. Die empirischen Verallgemeinerungen stellen demnach noch keine empirisch gültigen Verteilungsgesetze dar, wie dies in der kriminologischen Forschung, z.B. von dem Altersaufbau Krimineller behauptet werden kann (vgl. Hirschi und Gottfredson 1983). Außerdem gilt, daß immer nur eine Minderheit der genannten sozialen Gruppen betroffen ist. Eine Erklärung der empirischen Verteilungsannahmen und ihrer Ausnahmen wird daher notwendig und möglich, wenn diese Verteilungshypothesen mit Hilfe der Bedingungen auf den drei Erklärungsstufen konditionalisiert werden[96].

Ältere Menschen, Männer, Protestanten, Arbeitslose, Geschiedene, sind z.B. nur dann in erhöhtem Maße suizidgefährdet, wenn sie über subjektiv adäquate Mittel zur Ausführung der Suizidhandlung verfügen, das nur dann zum intendierten Erfolg führt, wenn das Mittelpotential auch objektiv geeignet war. Des weiteren müßten sie eine dominierend negative Handlungstendenz bezüglich der Suizidhandlung und in größerem Maße bezüglich der Handlungsalternativen zum Suizid aufweisen und bei der Ausführung von Suizidhandlungen bzw. in noch stärkerem Maße bei der Ausführung von Handlungsalternativen überwiegend negative Anreize erwarten. Beim Vergleich von Nationen unterschiedlicher Suizidgefährdung müßten dann diejenigen Nationen (vgl. A1/E1) die höheren Selbstmordraten besitzen, deren Gesellschaftsmitglieder in stärkerem Maße die genannten Anreizkonstellationen für Suizidhandlungen und ihre Alternativen erwarten bzw. über subjektiv und objektiv adäquate Mittelpotentiale verfügen.

Ähnliche Konditionalisierungen lassen sich auf der Grundlage des bisher entwickelten Ansatzes für die Abschätzung der Suizidversuchsgefahr gewinnen, wenngleich die empirischen Generalisierungen angesichts der hohen Dunkelziffer größeren Einschränkungen unterliegen (vgl. A2). Relativ sicher scheinen jedoch Frauen mehr als Männer und Jüngere mehr als Ältere suizidversuchsgefährdet zu sein. Ein subjektiv adäquates Mittel für die Selbstverletzung vorausgesetzt, deren Erfolg wiederum von der objektiven Eignung dieser Methoden abhängt, unterliegen Frauen und Jüngere dann in erhöhtem Maße einer Suizidversuchsgefahr, wenn sie bei wahrgenommener negativer Einschätzung der Handlungsalternativen zum Suizidversuch und den dabei antizipierten, vorwiegend negativen Anreizen beim Suizidversuch zumindest überwiegend positive Konsequenzen erwarten, die wegen der Meidungstendenz gegenüber den Handlungsalternativen zum Suizidversuch nur schwach ausgeprägt sein müssen.

Auf eine detaillierte Konditionalisierung aufgrund einzelner Anreizklassen und ihrer mutmaßlichen Erwartungsstärken sei an dieser Stelle ebenso verzichtet wie auf eine Prüfung der empirischen Plausibilität der so gewonnenen Randbedingungen, z.B. der notwendigen Annahme, daß Frauen und Jüngere in stärkerem Maße als Männer und Ältere bei der Ausführung von nicht tödlich endenden Selbstmordhandlungen positive Konsequenzen, wie Hilfe und soziale Aufmerksamkeit erwarten können. Erstens wurden wichtige Anreize bereits im Hinblick auf die dabei zu unterstellende soziale Verteilung geprüft (vgl. Abschnitt 3.2.3.1). Zweitens ist die Diskussion solcher Verteilungsannahmen auf der Ebene des Motivationsmodells erfolgversprechender (vgl. Abschnitte 4.2.2.3.4.3 und 4.3.3.2), da die auf dieser Erklärungsstufe postulierten Bedingungen – die Kausal- und Moral-Prinzipien – situationsübergreifende Handlungsdeterminanten mit dispositionalem Charakter dar-

96 Vgl. hierzu ausführlicher Braun 1971, S. 142ff. und zur Diskussion der Ableitungen Vetter 1970a, b und Braun 1971a.

stellen und daher in Gegensatz zu den Wert-Erwartungs-Matrizen prognostischen Wert besitzen. Der prognostische Wert von situationsabhängigen Wert-Erwartungs-Matrizen ist aufgrund der kurzfristigen Veränderbarkeit situationsbezogener Anreize stark eingeschränkt. Eine Erhebung dieser Verteilungen der Wert-Erwartungs-Matrizen, auch der subjektiv adäquaten Mittelpotentiale, in einer bestimmen Population und zu einem bestimmten Zeitpunkt garantiert nicht die identische Verteilung zu einem späteren Zeitpunkt, für den die Prognose zu erstellen wäre. Dieser bereits ausgeführten Schwäche des bisher vorgestellten handlungstheoretischen Ansatzes wird durch die Entwicklung anschlußtheoretischer Aussagen in den folgenden Kapiteln zu begegnen versucht.

4. Motivationsmodell: Determinanten negativer Wert-Erwartungs-Matrizen

4.1 Anschlußtheorien zur Erklärung negativer Wert-Erwartungs-Matrizen: das Motivkonstrukt und seine Aufspaltung in Kausal- und Moralprinzipien

4.1.1 Erkenntnisziel von Anschlußtheorien

Die bisher entwickelten Aussagen stellen unter theoretischen und empirischen Gesichtspunkten einen Fortschritt dar, nicht zuletzt aufgrund der Tatsache, daß die Suizidgefährdung bestimmter sozialer Gruppierungen nach Alter, Geschlecht, Nation, Beruf in ihren bislang feststellbaren empirischen Regelmäßigkeiten, aber auch ihre Ausnahmen erklärt werden können. Eine Schwäche des Ansatzes, die für andere Handlungstheorien in gleichem Maße gilt, ist aber darin zu sehen, daß eine Identifizierung von Suizidgefährdeten – und damit die Prognose suizidaler Handlungen – über die Erfassung negativer, d.h. suizidärer Wert-Erwartungs-Matrizen nur bedingt möglich ist. Dies liegt daran, daß die Bewertung von suizidalen Handlungen und ihrer Handlungsalternativen im Hinblick auf erwartete Anreize situationsabhängig ist und die Situationen, in denen sich potentiell Suizidgefährdete befinden, raschen Änderungen unterworfen sind, so daß allenfalls kurzfristige Prognosen möglich sind. Es müßte demnach nach situationsunabhängigen Bedingungen gesucht werden. Diese repräsentieren die Lernerfahrung eines Gesellschaftsmitgliedes und bestimmen die Selektion und subjektive Bewertung der Anreizwertintensitäten und die wahrgenommene Wahrscheinlichkeit, mit der diese Anreize als Folge bestimmter Handlungen auftreten können. Da durch solche Aussagen Handlungsdeterminanten erklärt werden, Wert-Erwartungs-Matrizen demnach abhängige Variablen darstellen, werden sie Anschlußtheorien genannt. Wissenschaftstheoretisches Ziel solcher Anschlußtheorien ist es, ad hoc-Annahmen über Zahl und Art erwarteter Anreizwertintensitäten zu erübrigen. Für die Erklärung des Selbstmordgeschehens sind diese Anschlußtheorien von besonderer Bedeutung.

Charakteristisch für Suizid- und Suizidversuchsgefährdete war es, keinen Ausweg mehr zu sehen. Alle Alternativen zur suizidalen Handlung, die Weiterleben bedeuten, scheinen blockiert zu sein. Diese negative Wert-Erwartungs-Bilanz für

Handlungsalternativen zu suizidalen Handlungen ist jedoch nicht auf eine objektive Notsituation der Betroffenen zurückzuführen. Es sind nicht die Unterprivilegierten oder in Not Geratenen, die vermehrt Selbstmord begehen. Unterschichtangehörige haben kein nachweisbares erhöhtes Selbstmordrisiko und Armut schützt eher vor Selbstmord, wie auch Todkranke offenbar kein erhöhtes Selbstmordrisiko haben, und in Kriegs- und Krisenzeiten weltweit ein Absinken der Selbstmordrate beobachtbar ist[97]. Deshalb muß man vermuten, daß wahrgenommene Ausweglosigkeit – die Wahrnehmung negativer Wert-Erwartungs-Bilanzen – subjektive ‚Interpretationsmuster' voraussetzt, die aber selbst wieder sozial bedingt sind, d.h. in einem früheren sozialen Kontext gelernt wurden. Diese Interpretationsmuster stellen insofern auch abweichende Wahrnehmungen dar, als sie nicht mehrheitlich übernommen werden. Pathologische Wahrnehmungsverzerrungen sind es aber nicht, weil der Anteil von Geisteskranken unter Selbstmördern und – obwohl er hier erhöht ist – auch unter Selbstmordversuchern relativ gering ist (vgl. A1, E_8).

Gegenstand der Anschlußtheorien wird daher die Entdeckung solcher Interpretationsmuster sein, die als Metakognitionen, d.h. Prinzipien über Kognitionen, situationsspezifische Erwartungen moderieren und als moralische Prinzipien situationsspezifische Wertintensitäten beeinflussen. Dabei wird sich zeigen, daß die Metakognitionen als Kausalprinzipien auch affektive Konsequenzen und die Moralprinzipien als Anspruchsniveaupräferenzen auch kognitive Folgen haben.

Mit diesem Erkenntnisziel wird auch deutlich, warum lediglich die negativen Wert-Erwartungs-Bilanzen für Handlungsalternativen zum Suizid bzw. Suizidversuch – im folgenden auch suizidäre Wert-Erwartungs-Matrizen genannt – abhängige Variablen der Anschlußtheorien sind. Die in Abhängigkeit der Suizid- und Suizidversuchshandlung erwarteten Anreize scheinen in einem größeren Maße von allen Gesellschaftsmitgliedern gleichartig wahrgenommen zu werden und in dieser Bedeutung – gleichartige Wahrnehmung von Anreizwertintensität und Erwartung der Anreize – auch objektiven Charakter zu haben. Dies betrifft z.B. die Todesfurcht als einem extrem negativen und sicher erwarteten Anreiz (vgl. Abschnitt 3.1.3.1.1), aber auch die erhoffte soziale Aufmerksamkeit als einen positiven und auch relativ sicher zu erwartenden Anreiz bei Suizidversuchshandlungen (vgl. Abschnitt 3.2.3.1.1). Die Anschlußtheorien werden daher nicht zur Erklärung der überwiegend negativen Wert-Erwartungs-Matrizen für die Suizidhandlung, die schwächer ausgeprägt sind als die negative Wert-Erwartungs-Bilanz für Handlungsalternativen und die eher positiven Wert-Erwartungs-Matrizen für Suizidversuche herangezogen, sondern zur Erklärung der negativen Wert-Erwartungs-Bilanz für Handlungsalternativen zu suizidalen Handlungen[98].

97 Vgl. Anhang A1 bis A2 mit einer zusammenfassenden Darstellung der empirischen Generalisierungen und den zweiten Teil der Arbeit, in dem die Bedeutung objektiver Anreizdefizite diskutiert wird (vgl. Abschnitt 2).

98 Rudimentäre Anschlußtheorien wurden auch für diese Wert-Erwartungs-Matrizen formuliert. Sie betrafen den Neuheitsgrad und den Realitätscharakter als Parameter für Erwartungen und Belohnungen.

4.1.2 Motivkonstrukt und Motivhypothesen im Risiko-Wahl-Modell von Atkinson

Anschlußtheorien, die in Handlungstheorien bereits integriert sind, stehen bislang kaum zur Verfügung. Zwei Theorieansätze bilden jedoch einen geeigneten Ausgangspunkt. Der erste Ansatz stammt von Rotter (1954). Die Bedingungen seiner Anschlußtheorie sind erstens die generalisierten Erwartungen, die situationsspezifische Erwartungen beeinflussen sollen. Zweitens wird ein Belohnungsparameter behavioristischer Herrkunft, die Häufigkeit von Belohnungen, als Determinante der wahrgenommenen Intensität von Belohnungen angenommen. Der zweite Ansatz wird der hier zu entwickelnden Anschlußtheorie zugrunde gelegt. Es handelt sich um motivationstheoretische Fortentwicklungen des Risiko-Wahl-Modells von Atkinson durch Weiner und Heckhausen.

Determinanten der erwarteten Anreize für Handlungstendenzen sind die Motive. Sie moderieren Ausprägung und Intensität situativer Erwartungen und Anreize. Motive sind ein Persönlichkeitskonstrukt besonderer Art (vgl. De Charms 1982). Es sind relativ stabile, individuelle Dispositionen, die sich auf Klassen von Zielen beziehen (vgl. Atkinson 1964², S. 221ff., 275f.; Heckhausen 1980, S. 14f.). Sie repräsentieren im weitesten Sinne Lernerfahrungen, die aber im Unterschied zu empirisch induktiv gewonnenen Persönlichkeitsvariablen – z.B. den MMPI-Faktoren – theoretisch mit situativen Anreizen verknüpft sind, d.h. in ihrer Interaktion mit situativen Anreizen bestimmbar sind.

Zum Vorteil der Erklärung menschlichen Verhaltens werden damit sowohl situative als auch persönlichkeitsspezifische Erklärungsmodelle berücksichtigt. Die Relevanz situativer und persönlichkeitsspezifischer Variablentypen ist auch empirisch nachweisbar, wie eine inzwischen abgeschlossene Kontroverse[99] gezeigt hat. Ferner gestatten die für die Motive entwickelten TAT-Meßverfahren eine experimentelle Induktion der Motive (vgl. Heckhausen 1980, S. 257ff.; McClelland 1975). Das bedeutet, daß die Existenz der Motive als kumulierte Erfahrung aus vergangenen Situationen experimentell nachgewiesen wurde. Zuletzt sei auf die empirische Relevanz der Motive bei der Erklärung gesamtgesellschaftlicher Phänomene verwiesen. McClelland belegt im interkulturellen Vergleich einen Zusammenhang zwischen Leistungsmotivation und Wirtschaftswachstum einer Gesellschaft (vgl. McClelland 1961). Ebenso sind statistisch signifikante Veränderungen des relativen Anteils von affiliativen Motiven und Machtmotiven mit zeitlich nachfolgender Zunahme kriegerischer Aktivitäten dieser Gesellschaftsmitglieder fest-

99 Eine Darstellung der Kontroverse in der Psychologie um die relative Bedeutung situativer Variablen und Persönlichkeit findet sich in Bowers 1973 und Heckhausen 1980, S. 4ff. Den Ergebnissen dieser Auseinandersetzung kommt angesichts der Dominanz situationistischer individueller Verhaltenstheorien in der Soziologie eine Modellfunktion zu. Ohne auf die einzelnen Argumente – vor allem hinsichtlich der Sample-Auswahl – an dieser Stelle eingehen zu können, ergaben sich aufgrund durchschnittlicher Varianzen 10 % Varianzanteile für situative Variablen, 12 % für Persönlichkeitsvariablen und 20 % entfielen auf die Wechselwirkung beider Variablentypen.

gestellt worden (McClelland 1975, S. 336).

Welche Motive könnten zur Erklärung suizidärer Wert-Erwartungs-Matrizen und resultierender überwiegend negativer Handlungstendenzen für Alternativen zu suizidalen Handlungen beitragen und in welcher Weise wirken sie sich aus? Ist lediglich eine Verstärkung negativer Wertintensitäten oder Reduzierung positiver Anreizwertintensitäten zu erwarten oder ist auch von einer Beeinflussung der kognitiven Variablen, den subjektiven Wahrscheinlichkeiten, auszugehen?

Die Leistungsmotivforschung entdeckte vor gut 30 Jahren, daß hoch leistungsmotivierte Personen sich in bestimmten Situationen anders verhielten als Personen mit geringem ‚n-achievement'. Personen mit hoher Erfolgsmotivation steigerten in bestimmten Situationen ihre Leistung, während bei Personen mit schwach ausgeprägtem Leistungsmotiv ein Leistungsabfall beobachtbar war (vgl. Atkinson 1964, S. 232). Auch erinnerten sich Hochmotivierte besser als Niedrigmotivierte an nicht vollendete Aufgaben (vgl. McClelland et al. 1953, S. 266), und Hochmotivierte setzten sich realistischere Ziele als Niedrigmotivierte: ein in vielen Bereichen replizierter Befund (vgl. Atkinson 1964, S. 241). Diese empirischen Befunde liegen dem Risiko-Wahl-Modell von Atkinson zugrunde. Nach ihm ist die Handlungstendenz (HT) eine Funktion der multiplikativ verknüpften Motive (M_A), der Anreizwertintensitäten (A_a) und den subjektiven Wahrscheinlichkeiten für die Realisierung dieser Anreize ($W_{HT,\,a}$; $HT_a = M_A \text{ x } A_a \text{ x } W_{HT,\,a}$). Zweitens nimmt Atkinson an, daß Personen mit ausgeprägtem negativem Leistungsmotiv nicht wie Hochleistungsmotivierte stolz auf die zu erbringende Leistung sind, sondern bei vorherrschenden Gefühlen der Scham und Verlegenheit einen Mißerfolg erwarten (M_M) und auf die Meidung negativer Anreize (A_m) bedacht sind. Nach der Verhaltensgleichung wird für Personen mit einem ausgeprägten Mißerfolgsmotiv (M_{ME}) postuliert, daß ausschließlich negative Anreizwerte (A_m) induziert werden, deren erhoffte Meidung (A_m x W_m) in einer negativen Handlungstendenz resultiert (HT_m x A_m x W_m). Ferner wird eine linear negative Funktionsbeziehung zwischen den negativen Anreizen und ihren Erfolgswahrscheinlichkeiten angenommen ($A_m = -W_e$), wobei außerdem die Mißerfolgswahrscheinlichkeiten (W_m) und Erfolgswahrscheinlichkeiten (W_e) in einer komplementären additiven Beziehung zueinander stehen sollen ($W_m = 1-W_e$)[100]. Damit wird durch die Motive erstens bestimmt,

---

100 Die multiplikative Verknüpfung von Motivstärken und erwarteten Anreizen impliziert eine Interaktionswirkung, nach der bei zunehmender Motivstärke einer Verstärkung negativer Anreize und negativer Erwartungen folgt: Bei Personen mit ausgeprägter Mißerfolgsmotivation wird die Wirkung induzierter negativer, also zu meidender Zielvorstellungen und deren Wahrscheinlichkeiten intensiviert. Die resultierende negative Handlungstendenz bei hoch Mißerfolgsmotivierten wird daher abhängig von der Stärke des negativen Leistungsmotivs und einer durch die Interaktion verstärkten Wirkung der erwarteten, aber zu meidenden Anreize erhöht. Diese Annahmen gestatten die Ableitung von Aussagen über die Verlaufsform der ‚Präferenzen' für Wahrscheinlichkeiten. Hoch Erfolgsmotivierte zeigen bei mittleren Wahrscheinlichkeiten, also einem mittleren Risiko für die erfolgreiche Bewältigung einer Aufgabe, maximale Aufsuchungstendenzen. Umgekehrt ist bei Mißerfolgsmotivierten die Meidungstendenz, die als Präferenz für ein Risiko bezeichnet werden kann, bei mittlerem Risiko am höch-

ob negative oder positive Anreize induziert werden, zweitens wird durch die postulierte Interaktion sowohl der affektive Gehalt der Anreizwertintensitäten wie auch deren kognitive Gewichtung durch die subjektiven Wahrscheinlichkeiten beeinflußt.

Man könnte nun nach dem empirisch bestätigten Risiko-Wahl-Modell vermuten,

daß ein negatives Leistungsmotiv als ‚Furcht vor Mißerfolg' über die Induktion und Verstärkung negativer Anreizwerte und ihrer Mißerfolgswahrscheinlichkeiten die Wahrscheinlichkeit suizidaler Handlungen erhöht (H_M5a).

Analog könnten die anderen bislang erforschten Motive extrinsischer Art, das Affiliations- und Machtmotiv[101] in ihrer negativen Form in Verbindung mit der Herausbildung einer negativen Wert-Erwartungs-Bilanz gebracht werden. Man könnte dann annehmen,

daß das negative Machtmotiv als ‚Furcht vor Schwachheit und Demütigung' und das negative Affiliationsmotiv als ‚Furcht vor sozialer Zurückweisung' negative Anreize und/oder Mißerfolgswahrscheinlichkeiten bzw. geringe Erfolgswahrscheinlichkeiten verstärkt und dadurch die Wahrscheinlichkeit suizidaler Handlungen erhöht (H_M 5b).

4.1.3 Das Motivkonstrukt und seine Aufspaltung in Motivkomponenten

Diese Hypothesen über die Wirkung der Motivstärke auf erwartete Anreize und Handlungstendenzen gelten jedoch nur unter bestimmten Bedingungen, die nur teilweise explizit formuliert wurden. Sie spielen als Meßvorschriften, den sogenannten Anregungsbedingungen, eine besondere Rolle. Hoch-Erfolgs- bzw. Mißer-

---

sten. Bei schwierigen oder leichten Aufgaben, d.h. hohen oder geringen Mißerfolgswahrscheinlichkeiten, ist die resultierende Meidungstendenz am kleinsten. Diese Theoreme werden in Nachfolgeuntersuchungen insoweit empirisch bestätigt, als positiv Leistungsmotivierte mittleres Risiko, das sind gleichzeitig auch realistische Zielsetzungen, am meisten schätzen und negativ Leistungsmotivierte dieses am meisten ablehnen (vgl. Heckhausen 1980, S. 387).

101 Personen mit einem stark ausgeprägten Affiliationsmotiv sind eher als Personen mit einem gering ausgeprägten Affiliationsmotiv auf die Etablierung und Aufrechterhaltung und Wiedergewinnung positiver Beziehungen zu anderen Personen bedacht (vgl. Atkinson 1964, S. 227). Zuerst in seiner negativen Form von Shipley und Veroff als ‚Furcht vor Zurückweisung' erfaßt, entdeckte Mehrabian auch das positive Gegenstück (vgl. Mehrabian und Ksionzky 1974, S. 143).
Das erst in den letzten Jahren ausführlicher erforschte Machtmotiv (vgl. McClelland 1975, S. 77) repräsentiert als vorherrschendes Gefühl in seiner positiven Form das Gefühl stark zu sein und beinhaltet das Bestreben, andere zu beeinflussen: nicht Leistungs-, sondern Status- und Positionsorientierung ist dominant (vgl. Veroff 1982, S. 108). Auch hier wurde zunächst eine negative Form untersucht als Furcht vor ‚Demütigung', die jemand in einer Statusposition erfährt, die Scham wegen der Unfähigkeit, sich selbst zu behaupten oder dominant zu werden, oder das Bemühen, den Einfluß anderer abzuwehren (vgl. Veroff 1958, S. 109f.), während Winter (1973) das Machtmotiv als positives Motiv mit der ‚Hoffnung auf Macht' erforschte.

folgsmotivierte zeigen die genannten Reaktionen nicht in jeder Situation. In Gewinnspielen war bei Hoch-Leistungsmotivierten nicht mittleres, sondern maximales bzw. minimales Risiko gefragt und unter Bedingungen der Kooperation, die affiliative Motive bei den erfolgsmotivierten Versuchspersonen anregten, war die Leistung nur bei hoher Affiliationsmotivation erhöht (vgl. French 1955; Atkinson und Raphael 1956, in: Atkinson 1964, S. 234f.). Mißerfolgsmotivierte konnten dafür entgegen ihrer Neigung, Leistung zu meiden bzw. geringere Leistung zu erbringen, zu erhöhter Leistung und damit zur zeitweiligen Neutralisierung des Motivs gebracht werden, wenn der Versuchsleiter um Kooperation bat, bzw. ego-irrelevante Ziele der Aufgabenstellung vorgegeben wurden. So lenkte er die Aufmerksamkeit negativ Motivierter von der eigenen Person ab, indem er darauf hinwies, daß nicht die Leistung des einzelnen, sondern die der Gruppe interessiere (vgl. Jopt 1974, in: Heckhausen 1980, S. 289f.).

Ebenso vermuten Birney et al. (1969, S. 185), daß Mißerfolgsmotivierte dann zu adäquater Leistung fähig sind, wenn sie die Aufgabe im Teamwork lösen können. Als Bedingungen für die Anregung hoher positiver oder hoher negativer Leistungsmotivation nennt Atkinson

„cues in the instructions and other features of the situation led them to expect that performance would be evaluated in terms of a standard of excellence than when situational cues made it patently clear that their performance would not be evaluated" (Atkinson 1964, S. 233).

Auch ein Hinweis auf eine notwendige ego-relevante Bewertung macht die Voraussetzung für die Anregung latenter Leistungsmotivation, den kognitiven Bezug zwischen Leistung und Person desjenigen, der die Leistung erbringt, deutlich: Danach muß der einzelne sich für die Leistung verantwortlich fühlen (vgl. Atkinson 1964, S. 233).

Diese Anregungsbedingung läßt sich nach neueren Erkenntnissen als spezielle internale Kausalattribution bezeichnen, d.h., die eigene Person wird als Ursache für den Leistungserfolg angesehen. Sie ist jedoch im Risiko-Wahl-Modell und anderen motivationstheoretischen Aussagen unter Verwendung von Motivkonstrukten nicht explizit enthalten. Will man diese Aussagen über die Wirkung von Motivstärken auf menschliches Verhalten anwenden, wird man zu einer ad hoc-Auswahl relevanter anderer Motive – z.B. extrinsische Affiliations- und Machtmotive – verleitet, bzw. schränkt den Informationsgehalt genereller Aussagen über menschliches Verhalten ein. Implizit kommt eine ceteris-paribus-Klausel zur Anwendung (vgl. Braun 1971, S. 146)[102]. Des weiteren kann man trotz Kenntnis einer Verteilung

102 In verschiedenen neueren Kritiken wird dieser Mangel thematisiert. Chester und Stewart (1982) stellen fest, daß bei der Messung von Macht- und Affiliationsmotiven diese Anregungsbedingungen ungenügend expliziert sind, ebenso wie hoch-leistungsmotivierte Frauen unter anderen Anregungsbedingungen identifizierbarer sind als Männer. Veroff (1982, S. 110) und auch Stewart und Chester verweisen auf die Bedeutung geschlechtsspezifischer Rollenmuster bei der Untersuchung von Motiven: „... sex-role values may indeed make a difference, not only in the arousal of the motive but in its expression in behavior. It may be that sex-role orientation, or education ..., or other direct and indirect indicators of personal values are important moderators of the

unterschiedlicher Motivstärken und unterschiedlicher Motive – wie dies nach bundesweiten Erhebungen in den USA möglich wird (vgl. Veroff 1982) – ohne eine Explizierung dieser Anregungsbedingungen Verhalten nicht adäquat prognostizieren. Leistungsverhalten wird z.B. in den Untersuchungen über die Auswirkung der Motivstärke erfaßt, es ist aber ein Verhalten, das eine positive Handlungstendenz voraussetzt.

Bei hoch Mißerfolgsmotivierten wäre es nach dem Risiko-Wahl-Modell nur dann prognostizierbar, wenn in einer Situation die Anregung alternativer Motive – z.B. affiliativer Motive –, die die Induzierung positiver Anreize zur Folge hätten, angenommen würde. Diese inhärente theoretische Schwäche des Risiko-Wahl-Modells zeigt sich auch bei der Bewertung empirischer Resultate, die für die Prüfung der obigen Hypothesen relevant sind.

Auf gesamtgesellschaftlicher Ebene wurde entsprechend den theoretischen Vermutungen, daß negativ Motivierte über die Herausbildung negativer Wert-Erwartungs-Matrizen stärker suizidgefährdet sind, ein Zusammenhang zwischen dem Anteil negativ machtmotivierter Gesellschaftsmitglieder und der Selbstmordrate dieser Gesellschaft festgestellt (vgl. Veroff und Veroff 1972). Dies spricht für die empirische Relevanz des negativen Machtmotivs bei der Erklärung von Suizidverhalten. Untersuchungen über die Verteilung der übrigen negativen Motive – negatives Leistungsmotiv und negatives Affiliationsmotiv – unter Selbstmördern sind bislang nicht durchgeführt worden. Eine Durchsicht der geschlechts- und altersspezifischen Variation der Motive legt jedoch aus theoretischen Gründen nahe, auf eine aufwendige Erhebung dieser Motive zu verzichten.

So wird einerseits vermutet, daß Frauen nicht seltener mißerfolgsmotiviert sind als Männer (vgl. Stewart und Chester 1982), andererseits ist bekannt, daß Frauen viel seltener Selbstmord begehen als Männer (vgl. A1, E_2). Die Annahme eines dominierenden negativen Leistungsmotivs bei Selbstmördern wäre demnach nicht zu vereinbaren mit der geschlechtsspezifischen Variation des Selbstmordverhaltens oder mit anderen Worten: Die relative Selbstmordimmunität der Frau läßt sich nicht erklären mit der logisch notwendigen Annahme, daß Frauen weniger stark negativ motiviert sind als Männer[103].

Es ließe sich jedoch zugunsten der Relevanz der genannten Motive für die Erklärung von suizidalen Handlungen einwenden, daß die Motive zwar bei Männern und Frauen gleich stark ausgeprägt sind, die Anregungsbedingungen für die Motive jedoch geschlechtsspezifischer Variation unterliegen. Im Einklang mit der geschlechtsspezifisch stärkeren Suizidgefährdung des Mannes stünde dann die zu-

---

achievement – work behavior relationships for both sexes“ (Stewart und Chester 1982, S. 187). Geschlechtsspezifische Variationen in den Anregungsbedingungen, aber auch in den Verhaltenskorrelaten der Motive offenbaren diese mangelnde theoretische Ausarbeitung, auf die auch Atkinson verweist, indem er zur verstärkten Untersuchung der Verhaltenskonsequenzen unterschiedlicher Motivstärken auffordert (vgl. Atkinson 1982, S. 19).

103 Vgl. zur Ableitung der empirischen Generalisierungen aus allgemeinen Aussagen Braun 1971, S. 152ff.

sätzliche Annahme, daß Männer häufiger Situationen ausgesetzt sind, in denen negative Leistungsmotivation oder auch negative Machtmotivation angeregt wird. Dieser Einwand ist sogar empirisch plausibel. Frauen sind seltener erwerbstätig als Männer und die Erwerbstätigkeit könnte eine ‚situative Anregungsbedingung' darstellen. Die Arbeitszufriedenheit erwerbstätiger Frauen ist außerdem von anderen Faktoren abhängig (vgl. Kessler und McRae 1982). Selbst wenn sie berufstätig sind, würde danach ihr Leistungsmotiv nicht angeregt werden. Es könnte z.B. sein, daß nicht das negative Leistungsmotiv, sondern ein negatives Machtmotiv, die Furcht vor Schwachheit oder Abhängigkeit, in beruflichen Tätigkeiten angeregt wird und sich auswirkt. Eine festgestellte Zunahme der negativen und positiven Machtmotivausprägungen bei Frauen in einer repräsentativen Längsschnittstudie[104] stünde z.B. im Einklang mit einer Zunahme der Erwerbstätigkeit von Frauen und einer im gleichen Zeitraum festgestellten Zunahme der weiblichen Selbstmordrate. Auch die Tatsache, daß Frauen in professionellen Berufen in gleichem Maße suizidgefährdet sind wie Männer, könnte übereinstimmen mit der Annahme höherer Suizidgefährdung von negativ Motivierten. Allerdings wäre die Zusatzbedingung zu formulieren, daß professionelle Frauen im Gegensatz zu Frauen, die nicht erwerbstätig sind oder in bestimmten Berufen tätig sind, denselben Anregungsbedingungen unterworfen sind wie die Männer. Ohne die Kenntnis dieser Anregungsbedingungen ist aber eine Kenntnis der Verteilung von Motivausprägungen von geringem Nutzen. Die Anregungsbedingungen liefern vielmehr – sofern sie nicht explizit formuliert sind – ad hoc-Erklärungen für widersprechende Befunde und können Aussagen, in denen Motive zur Erklärung menschlichen Verhaltens verwendet werden, immunisieren. Diese Einschränkung ist zu machen, obwohl eine Reihe anderer abzuleitender Konditionalisierungen empirisch bestätigt werden kann[105].

Eine Möglichkeit, die theoretische und empirische Fruchtbarkeit der Motivkonstrukte zu nutzen und sie gleichzeitig zu präzisieren, besteht in einer Generalisierung des Risiko-Wahl-Modells einerseits mit Hilfe explizierter Anregungsbedingungen für die Motive und andererseits mit Hilfe abgeleiteter Verhaltens- bzw. Präferenzkonsequenzen der Motive, wie sie in den Annahmen und logischen Im-

---

104 Vgl. Veroff 1982, S. 121.

105 Wenn negativ Machtmotivierte in stärkerem Maße suizidgefährdet sind als nicht negativ Machtmotivierte und unverheiratete und ältere Männer eine erhöhte Selbstmordrate aufweisen, dann müßten ältere Männer und auch unverheiratete Männer eine höhere negative Machtmotivation besitzen. Die Untersuchung von Veroff belegt eindrucksvoll diese anzunehmende Verteilung der Machtmotivation nach Geschlecht, Alter und Zivilstand: Unverheiratete Männer sind in stärkerem Maße negativ machtmotiviert. Im vierzigsten Lebensjahrzehnt – dem ersten Höhepunkt der männlichen Selbstmordrate – steigt die negative Leistungsmotivation und die negative Machtmotivation von Männern bei gleichzeitigem Abbau der positiven Leistungsmotivation an. Der Anteil negativ Machtmotivierter ist unter den 65jährigen Männern an höchsten. So wird die Zunahme der Selbstmordrate von Männern mit fortschreitendem Alter begleitet von einer Zunahme negativer Motivstärken – der Furcht vor Schwachheit und der Furcht vor Mißerfolg (vgl. Veroff 1982, S. 106).

plikationen des Risiko-Wahl-Modells Eingang gefunden haben.

Folgende Motivkomponenten können dabei unterschieden werden: Erstens metakognitive Prinzipien der Kausalattribution mit kognitiven Konsequenzen. Zweitens affektive Konsequenzen der Kausalattribution, die die im Risiko-Wahl-Modell implizierte motivgebundene Anreizgewichtung repräsentieren und drittens moralische Prinzipien, die als Anspruchsniveaupräferenzen die Auswahl von Zielvorstellungen beeinflussen.

Erstens: Als Anregungsbedingung im Risiko-Wahl-Modell vorausgesetzt sind kausalattributive Erklärungen des Verhaltensergebnisses. Die Realisierung angestrebter oder zu vermeidender Anreize, das Verhaltensergebnis, wird auf das *eigene* Verhalten zurückgeführt. Das Leistungsmotiv wird über leistungsrelevante Bewertungen der eigenen Person – z.B. über die Ankündigung von Fähigkeitstests – angeregt. Das Affiliationsmotiv wird z.B. über die Ankündigung soziometrischer Tests virulent, wenn die Bewertung der eigenen Popularität wahrgenommen wird, und das Machtmotiv wird induziert, wenn Testinstruktionen z.B. nahelegen, daß der eigene Status abgeschätzt wird.

Entscheidend ist demnach auch bei extrinsischen Motiven einerseits eine durch die Instruktion[106] aufgebaute Kausalverbindung zwischen einem noch ganz unspezifischen Verhaltenserfolg auf der Bewertungsdimension der Anreizklassen – Leistung, Popularität als affiliative Anerkennung und Macht als statusbezogene Anerkennung – und andererseits Erfolgsursachen, die in der eigenen Person gesehen werden.

Damit ist auch eine generelle, d.h. zeitunabhängige geschlechtsspezifische Konditionalisierung der Anregungsbedingungen möglich, die bislang nur empirisch induktiv gewonnen wurden. Hoch-leistungsmotivierte Frauen reagieren z.B. nicht nur in leistungsthematisierten Situationen wie Männer, sondern zeigen sich auch in neutralen Situationen erfolgsmotiviert (vgl. McClelland 1958, S. 13). Des weiteren reagieren hoch-leistungsmotivierte Personen beiderlei Geschlechts stärker auf männliche Bildfiguren als auf weibliche Figuren der Bildgeschichten (vgl. Stewart und Chester 1982, S. 176f.). Motivtypische Reaktionen von Männern und Frauen wären dann zu erwarten, wenn die erforderlichen Handlungen, die in den TAT-Geschichten nahegelegt werden, auf internale Kausalfaktoren zurückgeführt werden.

Rollentypisierungen, die sich bei der Anregung von Motiven, aber insbesondere auch bei den Verhaltenskonsequenzen niederschlagen (vgl. Stewart und Chester 1982, S. 187), könnten über die Bedingung der Kausalattribution gleichfalls konditionalisiert werden. So scheinen Leistungsmotive bei Frauen nicht nur im beruflichen Leistungssektor, sondern auch in der Familie und Ehe wirksam zu werden. Veroff zeigte, daß ältere hoch-leistungsmotivierte Frauen insbesondere in Ehe und Kindererziehung ihre Erfüllung sehen, während hoch-leistungsmotivierte

---

106 Eine vollständige Interpretation der durch die Instruktion möglicherweise wahrgenommenen Stimuli, die als Anregungsbedingungen eine Messung der Motive erst ermöglichen und daher für reale soziale Situationen, in denen individuelles Verhalten durch die Motive mitverursacht werden, stehen, wird damit nicht beansprucht.

Männer diesen Bereich als relativ unwichtig und eher als Störfaktor bei der Ausübung von Aktivitäten im subjektiv wichtigsten beruflichen Sektor betrachten (vgl. Veroff 1982). Umgekehrt gestalten sich die geschlechtsspezifischen Präferenzen bei der Machtmotivation. Hier zeigen Verhaltenskorrelate, daß hoch-machtmotivierte, aber jüngere Frauen im beruflichen Sektor ihr Heil sehen und der geäußerten Zufriedenheit zufolge auch finden, dem familiären Bereich aber dieselbe Abneigung entgegenbringen wie hoch-leistungsmotivierte Männer, während hochmachtmotivierte Männer in der Familie und Freizeit, nicht aber im beruflichen Sektor Zufriedenheit erlangen (Veroff und Feld 1970, S. 316ff.).

In welchen Bereichen die genannten Leistungs-Macht- und Affiliationsmotive angeregt werden und sich in Verhaltensweisen und Einstellungen niederschlagen werden, hängt dann für Männer und Frauen davon ab, ob der Verhaltenserfolg bezüglich der Leistung, der Statusbewertung oder der Zuneigungsbezeugung auf die eigene Person zurückgeführt wird.

Die zweiten und dritten Motivkomponenten bilden zwei Implikationen des Risiko-Wahl-Modells ab.

Die *zweite* Motivkomponente betrifft die motivgebundene Anreizgewichtung negativ Motivierter zugunsten negativer Anreize. Mißerfolgsmotivierte – mit Einschränkung kann das Risiko-Wahl-Modell auch auf die anderen Motive generalisiert werden[107] – ziehen bei Entscheidungen in Leistungssituationen nur negative Anreize in Betracht ($A_m = -W_e$). Diese werden durch die behauptete Interaktionswirkung mit der Motivstärke verstärkt. Daraus folgt, daß negativ Leistungsmotivierte Leistungsziele zu meiden suchen und Leistungsverhalten nur dann zeigen, wenn andere extrinsische Anreize in der Situation zu einer Annäherung an die Situation führen. Diese negative Anreizgewichtung, wie sie Heckhausen genannt hat (vgl. Heckhausen 1980, S. 624), läßt sich abbilden durch kausalattributive Bedingungen, denen eine asymmetrische Kausalattribution mit kognitiven und affektiven Konsequenzen zugrunde liegt. Diese in den nächsten Abschnitten darzustellenden Kausalprinzipien haben unter anderem den Vorteil, daß auf die empirisch bislang nicht bestätigte Annahme, daß Mißerfolgsmotivierte bei dem Bemühen, negativen Anreizen auszuweichen, nur Meidungstendenzen zeigen, verzichtet werden kann[108].

Die *dritte* Motivkomponente versucht, die in der negativen inversen Funktionsbeziehung behauptete Beziehung zwischen Anreizwertintensitäten und subjek-

---

107 Personen, die Furcht vor Zurückweisung hatten, mieden nicht soziale Kontakte, sondern bevorzugten Personen, die einen geringeren Status als sie selbst hatten (vgl. Mehrabian 1971), bzw. sie gingen nur dann auf andere Personen zu, wenn gegenseitige Beliebtheit angenommen wurde (vgl. Fishman 1966). Diese Befunde lassen nicht nur vermuten, daß auch positive affiliative Anreize angestrebt wurden, wenn affiliative Motive angeregt wurden, sondern sie könnten auch die Annahme spezifischer Anspruchsniveaupräferenzen, wie sie für negativ Leistungsmotivierte festgestellt wurden, belegen. Solche affiliativen Kontakte würden danach angestrebt, die sicheren Erfolg versprechen und daher einer Präferenz für leichte Aufgabenstellungen vergleichbar sind.

108 Vgl. z.B. Birney et al. 1969, S. 188ff.; Heckhausen 1980, S. 387.

tiven Wahrscheinlichkeiten weniger stringent abzubilden. Diese inverse Funktionsbeziehung ($A_m = -W_e$) impliziert logisch eine maximale Meidung mittelschwerer Aufgaben durch Mißerfolgsmotivierte. Als Präferenz für ein zu hohes oder zu niedriges Anspruchsniveau werden diese Theoreme des Risiko-Wahl-Modells als zusätzliche Bedingungen eingeführt, die die Auswahl von Zielen nach ihrem Schwierigkeitsgrad bestimmen. Da in bestimmten Situationen die Bewältigung schwieriger Zielsetzungen mit einem höheren Ertrag verbunden ist und mit leichten Aufgaben häufig wenig Belohnungen verbunden sind und Anspruchsniveausetzungen diesem Gesetz Rechnung tragen, handelt es sich bei den Hypothesen über Anspruchsniveausetzungen um moralische Prinzipien, während kausalattributive Prozesse Metakognitionen, die Kausalprinzipien, repräsentieren. Kausalprinzipien – mit Kausalattribution und Anreizgewichtung – und Moralprinzipien konstituieren daher das Motivationsmodell, das implizite und explizite Annahmen des Risiko-Wahl-Modells über die Wirkung der Motivkonstrukte reformuliert. Insoweit bilden sie Komponenten der Motivkonstrukte ab. Eine Eliminierung der Motivkonstrukte und Ersatz der Motive durch die genannten Motivkonstrukte wären jedoch dem derzeitigen Forschungsstand kaum angemessen[109]. Vielmehr können die Motive als Motivkorrelate der genannten Bedingungen des Motivationsmodells behandelt werden. In Übersicht 6 sind die Motivkonstrukte als Motivkorrelate der Motivkomponenten, die das Motivationsmodell konstituieren, daher gesondert aufgeführt.

Die Motivkomponenten unterscheiden sich aber von den Motivkonstrukten nicht unwesentlich. Die Motivkomponenten sind hypothetisch mit der Erklärungsebene der folgenden Erklärungsstufe verknüpft. Sie liefern daher explizite – und nicht wie im Risiko-Wahl-Modell – implizite Bedingungen für die Ausprägung der Wert-Erwartungs-Matrizen. Des weiteren liegt den Aussagen über die Wirkung der Motivkomponenten eine partielle Generalisierung des Risiko-Wahl-Modells zugrunde, insofern als einmal bei allen negativ Motivierten – den Mißerfolgsmotivierten, negativ Affiliativ- und negativ Machtmotivierten – eine häufigere negative Anreizgewichtung als bei positiv Motivierten unterstellt wird. Dies führt jedoch nicht zur Selektion ausschließlich negativer Anreize, wie im einzelnen darzulegen ist, und insofern sind die Voraussetzungen des Risiko-Wahl-Modells abgeschwächt, aber in Einklang mit den empirischen Befunden gebracht worden. Alle negativ Motivierten sollen zweitens häufiger als positiv Motivierte mittlere Anspruchsniveausetzungen ablehnen.

Da die Motivkomponenten unterschiedliche Ausprägungen annehmen – Anwendung verschiedener Kausalfaktoren und Präferenzen für verschiedene Anspruchsniveaus – bleibt der persönlichkeitsspezifische Charakter dieser Motivkomponenten insofern erhalten, als Personengruppen sich hinsichtlich der bevorzugten Anwendung bestimmter Kausal- und Moralprinzipien unterscheiden können und diese Neigungen auch Erfahrungen repräsentieren. Ihre Anwendung unterliegt aber

109 Heckhausen regt eine ‚Aufspaltung des summarischen Motivkonstrukts‘ an, ohne allerdings den logischen Status dieser Aufspaltung zu klären (vgl. Heckhausen 1980, S. 564ff.).

Übersicht 6: *Vier Erklärungsstufen im Ergebnis-, Handlungs-, Instrumentalitäts- und Motivationsmodell*

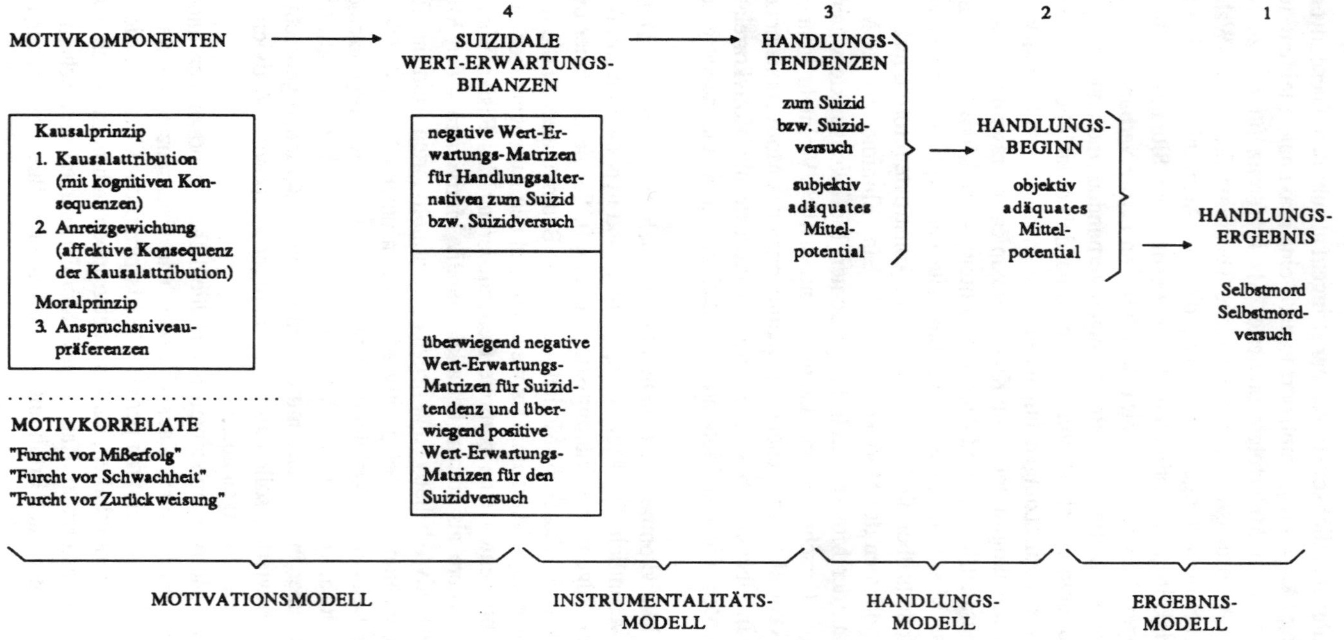

bestimmten situationalen Voraussetzungen, die als strukturelle Voraussetzungen die sozialen Beziehungen, in denen die handelnden Personen stehen, charakterisieren. Außerdem kann auf die aufwendige Durchführung projektiver Testverfahren verzichtet werden.

Bevor in den folgenden Abschnitten die Kausal- und Moralprinzipien detailliert dargelegt werden, seien die verschiedenen Erklärungsmodelle und Erklärungsstufen in Übersicht 6 zusammengefaßt. Im Motivationsmodell, das die letzte Erklärungsstufe auf der Handlungsebene darstellt, werden suizidäre Wert-Erwartungs-Matrizen erklärt, während im Instrumentalitätsmodell das Zustandekommen der Tendenzen zum Suizid und Suizidversuch, im Handlungsmodell der Handlungsbeginn und im Ergebnismodell das Handlungsergebnis erklärt werden.

4.2 *Kausalprinzipien als Determinanten negativer Wert-Erwartungs-Matrizen*

4.2.1 Attributionstheoretische Hypothesen

Die Kausalattribution als explizierte Anregungsbedingung für das Wirksamwerden von Motivdispositionen stellt eine Motivkomponente dar. Die affektiven Konsequenzen verschiedener subjektiver Ursachenzuschreibungen repräsentieren die zweite Motivkomponente der Anreizgewichtung, wie sie im Risiko-Wahl-Modell unter Berücksichtigung individueller Motive impliziert ist. Im folgenden werden Attributionshypothesen aufgestellt, die die Herausbildung suizidärer Wert-Erwartungs-Bilanzen, im besonderen die Herausbildung überwiegend negativer Wert-Erwartungs-Bilanzen für Handlungsalternativen zum suizidalen Verhalten, erklären sollen. Dies schließt die Frage nach der Herausbildung einmal überwiegend negativer Anreizwertintensitäten wie auch großer Mißerfolgs- bzw. geringer Erfolgswahrscheinlichkeiten für Handlungsalternativen ein.

4.2.1.1 Dimensionen der Kausalattribution

Heider (1958), der maßgeblich zur Entwicklung der Attributionstheorie beigetragen hat, sah menschliches Verhalten vor allem unter dem Gesichtspunkt der Suche nach den Ursachen von Ereignissen als ein systematisches, aber auch fehlerhaftes Testen und Verwerfen von Hypothesen. Diese Alltagstheorien zur Erklärung eigenen und fremden Verhaltens beinhalteten zunächst die Faktoren Fähigkeit, Anstrengung und Zufall. Weiner et al. (1971) entwickelten auf dieser Grundlage ein Schema der Ursachenzuschreibung. Die beiden Dimensionen der Kontrolle oder Kausalattribution waren einmal die Stabilität des Kausalfaktors und zum anderen die Lokalisierung des Kausalfaktors (,locus of control'). Letztere Dimension betrifft die internale oder externale Lokalisierung, wobei internale Kausalzuschreibungen die eigene Fähigkeit und die eigene Anstrengung betreffen, während externale Kausalfaktoren die Aufgabenschwierigkeit und den Zufall bzw. das Glück

(‚luck') umfassen. Die Dimension der Stabilität solcher ‚naiven', common-sense Kausalfaktoren erlaubt nun die bekannte Klassifizierung nach variablen, also veränderbaren Faktoren – das sind die Anstrengung und auch der Zufall – und nach fixen, d.h. längerfristig unveränderlichen Faktoren – das sind die Fähigkeit und die Aufgabenschwierigkeit:

	Lokalisierung	
Stabilität	internal	external
fix	Fähigkeit	Aufgabenschwierigkeit
variabel	Anstrengung	Zufall/Glück

In späteren Ausarbeitungen wird noch die Dimension der Kontrollierbarkeit (vgl. Weiner et al. 1978) hinzugefügt. Kontrollierbar sind danach variable und auch stabile Anstrengungen, was einer Aufgliederung des Kausalfaktors Anstrengung in veränderbare momentane Anstrengungsbemühungen einerseits und stabile Anstrengungen andererseits, Fleiß oder Faulheit, die allerdings auch unter das Fähigkeitskonzept subsumiert werden könnten, entspricht. Nicht steuerbare Kausalfaktoren sind die intern lokalisierte Fähigkeit, die außerdem stabil ist, und die variable Stimmung (‚mood'), die gleichfalls internal lokalisierbar ist. Diese Spezifizierungen scheinen nach neuesten Untersuchungen auch mit unterschiedlichen affektiven Wirkungen verbunden zu sein (vgl. Weiner et al. 1978, 1979). Weitere Unterscheidungen stammen von Heckhausen (1980, S. 499). Die Kontingenz von Kausalfaktoren bezieht sich danach auf eine Verknüpfung zwischen dem Verhalten einer Person und dem Verhaltenserfolg, mithin wird keine neue Ursachendimension eingeführt, sondern einzelne Glieder der Kausalkette – Verhalten und Verhaltenserfolg, die ihrerseits durch die internalen oder externalen variablen oder stabilen Ursachenfaktoren bedingt sind – werden herausgegriffen. Allerdings könnte der Hinweis auf den Verhaltenserfolg, der erwünscht oder unerwünscht sein kann, zur Klärung einiger Widersprüche und Paradoxien der später zu erörternden Hilflosigkeitstheorie beitragen und darauf aufmerksam machen, daß die Richtung der Kausalfaktoren – Fähigkeit bzw. Unfähigkeit – oder Anstrengung bzw. fehlende Anstrengung – für die Auswirkung der Kausalfaktoren von entscheidender Bedeutung ist. So wird sich wahrgenommene Unfähigkeit als subjektive Erklärung für Verhaltensmißerfolg auf Verhalten, Kognitionen und Affekte anders auswirken als wahrgenommene Fähigkeit als subjektive Erklärung für einen Verhaltenserfolg, obwohl der Kausalfaktor Fähigkeit wie Unfähigkeit hinsichtlich aller drei Dimensionen – Stabilität, Internalität und Kontrollierbarkeit – gleich ist[110]. Insbesondere die Ope-

110 Rotter definiert interne Kontrollerwartungen wie folgt: „if the person perceives that the event is contingent upon his own behavior or his own relatively permanent characteristics." Die Definition externer Kontrollerwartungen expliziert vor allem unterschiedlich lange Kausalketten zwischen den verursachenden internalen und externalen Faktoren, wonach interne Kontrollerwartungen nicht nur eine direkte Beeinflussung

rationalisierungen des Persönlichkeitskonstrukts generalisierter Kontrollerwartungen – nicht die Definition externer und interner Kontrollerwartungen von Rotter[110] – und die Hypothesen von Rotter lassen vermuten, daß implizit nur von erfolgsbegünstigenden, aber nicht von negativen Kausalfaktoren ausgegangen wurde.

Welche der verschiedenen Dimensionen der Kausalfaktoren in die Analyse einzubeziehen sind, läßt sich allerdings nicht nur aufgrund empirischer Beobachtungen entscheiden, sondern müßte auf der Grundlage von empirisch gestützten Hypothesen getroffen werden. Da sowohl theoretische als auch empirische Befunde vor allem im Hinblick auf die beiden Dimensionen der Stabilität und Internalität und bei der Erforschung der Attributionsasymmetrien auch bei der Richtung der Kausalfaktoren verfügbar sind, stützen sich die folgenden Hypothesen über die Wirkung von Kausalattributionen auf diese drei Dimensionen wahrgenommener Kausalfaktoren.

Den zahlreichen in den vergangenen zehn Jahren nahezu unübersehbar gewordenen Untersuchungen über die Wirkung und Entstehung von Attributionen (vgl. Herkner 1980) liegt kein einheitlicher Ansatz zugrunde. Eine theoretische Integration der verschiedenen Ansätze – insbesondere der logistischen Kovarianztheorie von Kelley (1967) und des subjektivistischen, motivationstheoretischen Ansatzes von Weiner et al. (1972), in dem nicht objektive bzw. logische Kausalerklärungen, sondern ‚fehlerhafte' subjektive Kausalerklärungen untersucht werden –, steht noch aus. Gemeinsam ist diesen Ansätzen die Suche nach vereinfachenden Erklärungsprinzipien oder Metakognitionen. Sie dienen aus der Sicht des einzelnen der Interpretation der Situation, indem vergangene Verhaltenserfolge bewertet und zukünftige Verhaltenserfolge mit Hilfe dieser Kausalprinzipien abschätzbar werden. Dabei sind für bestimmte soziale Gruppierungen Attributionsverzerrungen oder Attributionsasymmetrien erkennbar, die das Zustandekommen überwiegend negativer und damit suizidärer Wert-Erwartungs-Bilanzen in bestimmten Situationen begünstigen können. Kausalattributionen haben kognitive und affektive Auswirkungen. Zunächst sollen die Hypothesen über die kognitiven Auswirkungen dargelegt werden.

4.2.1.2 Kognitive Auswirkungen der Kausalattribution: Stabilität der Kausalfaktoren in ihrer Auswirkung auf generalisierte Erwartungen

Weiner et al. (1976, 1978, S. 60) vermuten in Übereinstimmung mit dem logistischen Ansatz von Kelley und Heider, daß stabile, d.h. nicht ständig sich ändernde Kausalfaktoren, auch stabile, d.h. gleichbleibende und hohe Erwartungen zur Folge haben. Dieser Vermutung liegt die einfache Überlegung zugrunde, daß wahrgenommene stabile Ursachenerklärungen für ein Ereignis oder ein Verhaltensergeb-

von Ereignissen durch die handelnde Person, sondern auch eine indirekte über die Beeinflussung anderer Personen einschließt, wenn die handelnde Person diese Fähigkeit besitzt (vgl. Rotter 1966, S. 1). Vgl. zu den Hypothesen über die Wirkung generalisierter Kontrollerwartungen Lindner-Braun 1976, S. 285ff.

nis konstant wirken und daher gleichbleibend die Ereigniswahrscheinlichkeit, das wären die nachfolgenden subjektiven Erwartungen, beeinflussen und zu höheren und auch stabileren Erwartungen führen als variable, nicht konstant wirkende Ursachenerklärungen. Dabei wird implizit angenommen, daß die Richtung der als stabil oder variabel gekennzeichneten Kausalfaktoren auch die Richtung der resultierenden Erwartungen bestimmt: Wahrgenommene *Unfähig*keit oder Aufgabenschwierigkeit als stabile und negative Ursachenfaktoren müßten höhere *Mißerfolg*serwartungen bewirken und diese nachhaltiger beeinflussen als wahrgenommenes Pech oder fehlende Anstrengung, die negativen variablen Ursachenfaktoren. Umgekehrt wäre die wahrgenommene *Fähig*keit oder geringe Aufgabenschwierigkeit der Herausbildung hoher und auch stabiler *Erfol*gserwartungen zuträglicher als wahrgenommene hohe Anstrengung oder Glück. Mit anderen Worten: Fähigkeit ist ein verläßlicherer Prädiktor für Erfolg als Glück, wenn dies als ursächlich für ein Ereignis angesehen wurde.

Die empirischen Ergebnisse experimenteller Untersuchungen erbrachten relativ einheitliche Befunde hinsichtlich des vermuteten Zusammenhangs zwischen der Stabilität von Kausalfaktoren und der Höhe der Erwartungen (vgl. Valle und Frieze 1976; McMahan 1973; Weiner et al. 1976). So stellten z.B. Weiner et al. (1978) fest, daß nach einer experimentell dargebotenen Erfolgsserie Personen, die den Erfolg vorzugsweise stabilen Kausalfaktoren zuschrieben, höhere Anfangserwartungen für nachfolgende Verhaltenserfolge hatten als Personen, die für ihren Erfolg variable Erklärungsfaktoren verantwortlich machten. Hinsichtlich der vermuteten höheren Stabilität von Erwartungen bei stabilen Kausalattributionen sind die Befunde weniger einheitlich. Allerdings zeigt sich dabei, daß der Begriff ‚Stabilität von Erwartungen' einer Präzisierung bedarf. Man könnte den vermuteten nachhaltigeren Einfluß stabiler Kausalattributionen auf die Erwartungen unter Berücksichtigung der gesamten Verlaufsform zu präzisieren versuchen. Dann wären anfänglich höhere Erwartungsveränderung nach stabilen Kausalattributionen – Steigerungen oder Senkungen – bis zur Herausbildung hoher Erwartungen mit einer nachfolgenden Erwartungsstabilität auf hohem Niveau, d.h. hoher negativer oder hoher positiver Erwartungen verbunden. Geringe Erwartungsveränderungen wären daher typisch für bereits gebildete Erwartungen auf hohem Niveau und in stärkerem Maße die Folge von Attribuierungen auf stabile Kausalfaktoren, aber auch für Erwartungen auf niedrigem Niveau, wenn diese aufgrund häufiger Erfahrungen oder wenig Erfahrungen über variable, also veränderliche Kausalzuschreibungen wie Zufall oder Anstrengung gemacht wurden. Zu dieser modifizierten Hypothese, die eine Kontrolle der bereits gemachten und erklärten Erfahrungen voraussetzt, liegen zwar keine direkten empirischen Untersuchungsergebnisse vor, widersprüchliche Befunde über die höhere oder niedrigere Erwartungsreagibilität nach Attribuierung auf stabile oder variable Kausalfaktoren könnten aber neu interpretiert werden.

Zu den Untersuchungen, die eine höhere Änderungsrate der Erwartungen nach einer Attribuierung auf stabile Kausalzuschreibungen bestätigt finden, gehört das Experiment von Meyer (1973). Die höhere Erwartungsreagibilität zeigt sich aber nur nach Mißerfolgen, während für die Erklärung von positiven Verhaltensfolgen kein Unterschied bei stabilen und externalen Kausalzuschreibungen feststellbar war (Meyer 1973, S. 105, 107). Dies wäre ex post mit Hilfe der Zahl der gemachten Erfahrungen erklärbar. Die Versuchspersonen hätten dann bereits dauerhafte Erfolgserwartungen herausgebildet, die auf hohem Niveau durch weitere Erklärungen der Erfolgsserien mit stabilen Erklärungsfaktoren bestätigt wurden, während nach Mißerfolgen über eine Revision der Kausalattributionen neue Erwartungen gebildet wurden und dabei die höhere Erwartungsänderung nach stabilen Kausalattribuierungen auftrat.

Eine höhere Erwartungsreagibilität bei einer Attribuierung auf stabile Kausalfaktoren findet auch Rotter mehrfach bestätigt (1960, 1966, 1971), sofern diese stabilen Kausalfaktoren gleichzeitig intern lokalisierbar waren, d.h. Fähigkeit und nicht Glück für das Verhaltensergebnis verantwortlich gemacht wurde. Soweit stimmen diese Befunde mit der Stabilitätsthese von Weiner et al. überein[111]. Höhere Stabilität bereits gebildeter Erwartungen als Folge nicht variabler Erklärungsfaktoren, die gleichzeitig internal waren, kann der Befund von Rotter (1966, S. 25) auch bestätigen. Danach gaben Personen, die glaubten, der Verhaltenserfolg wäre durch ihre eigene Geschicklichkeit (Fähigkeit als internaler und stabiler Attribuierungsfaktor) zustande gekommen, nach einer 100 %igen Verstärkung des Verhaltens, bei Wegfall der Belohnungen langsamer ihr zuvor belohntes Verhalten auf als bei einer unvollständigen, 50 %igen Verstärkung, ein Verstärkerparameter, der normalerweise höhere Löschresistenz zur Folge hat. Auch Valle und Frieze (1980) fanden in Übereinstimmung mit anderen Autoren, daß erwartete Erfolge oder Mißerfolge – in diesem Sinne handelt es sich dabei um stabilisierte Erwartungen – häufiger auf stabile Kausalfaktoren zurückgeführt wurden als auf variable, während unerwartete Verhaltensergebnisse, häufiger dem Zufall oder der gemachten Anstrengung zugeschrieben wurden.

Bisher wurden unter Erwartungen kognitive Urteile über das Eintreten zukünftiger Verhaltensergebnisse verstanden. Damit können zunächst situationsbezogene subjektive Wahrscheinlichkeiten gemeint sein, wie sie im ersten theoretischen Teil definiert und den Determinanten der Handlungstendenzen zugeordnet wurden, und

---

111 Da Rotter nicht die vier Weinerschen Kausalfaktoren unterscheidet, kann auch nicht nach den beiden internalen bzw. externalen Faktoren differenziert werden. In der Konzeptionalisierung seines Konstruktes werden ohnehin dauerhafte internale und variable externale besonders herausgestellt (Rotter 1966, S. 1). Hält man nur internale bzw. externale und nicht stabile Kausalattribuierungen verantwortlich für nachfolgende Erwartungsänderungen, wie dies Rotter unterstellt, ergeben sich kontroverse Aussagen für die Attribuierungspaare Anstrengung (internal, aber variabel) und Aufgabenschwierigkeit (external, aber stabil). Bei einem Entscheidungsexperiment von Weiner et al. (1976) ist hinsichtlich der Rate der unterschiedlich prognostizierten Erwartungen keine der Theorien erfolgreich, es bestätigt sich aber eine höhere Anfangserwartung bei stabilen Attribuierungen (vgl. hierzu die modifizierte graphische Darstellung der Untersuchungsergebnisse nach der Höhe und der Veränderung der Erfolgserwartung in Abhängigkeit der Zahl der Erfolge und der Attribuierungsdimensionen Stabilität und Internalität (Heckhausen 1980, S. 528, Abb. 11.8). Da Anstrengung auch als stabiler Faktor interpretierbar ist, bliebe die Aufgabenschwierigkeit als externaler, aber stabiler, andauernder Kausalfaktor in seinem Einfluß auf Erwartungen von Interesse.

wie sie teilweise auch in den Experimenten der Kausalzuschreibung erfaßt wurden. Soweit stabile, nicht von Situationen abhängige, gleichartige Erwartungen als kognitive Folgen identifiziert wurden, ist jedoch der Begriff der generalisierten Erwartungen zutreffender. Er findet sich bei Rotter (1954, S. 110). Sie sind als Kognitionen der internalen und externalen Kontrollerwartungen situationsunspezifisch (vgl. Rotter 1966). Auch die Motivkonstrukte enthalten kognitive Aspekte, die dem Konzept der generalisierten Erwartungen entsprechen. Hier werden Erwartungen als Hoffnungen auf Leistungen oder als Furcht vor Mißerfolg, die unabhängig von spezifischen, aber unterschiedlichen Situationen gleichartig wirksam werden, konzeptualisiert (vgl. Atkinson 1964, S. 230). Mehrabian und Ksionzky (1974, S. 17) verwenden bei ihrer Unterscheidung „positiv" und „negativ affiliativ Motivierter" explizit den Begriff „generalisierte Erwartungen".

Nach den bisherigen Ausführungen ist folgende Hypothese über die kognitiven Wirkungen von Kausalattributionen auch unter Berücksichtigung positiver empirischer Befunde aufzustellen:

$H_{MK}6$: Stabile Kausalattributionen – z.B. Fähigkeit bzw. Aufgabenschwierigkeit – beeinflussen nachfolgende generalisierte Erwartungen stärker als variable Kausalattributionen, z.B. Anstrengung bzw. Zufall.

Der nachhaltigere Einfluß zeigt sich insbesondere im höheren Erwartungsniveau bei subjektiven Erklärungen des Verhaltenserfolges, die stabile und nicht variable Erklärungsfaktoren zum Inhalt haben. Vermutet werden könnte außerdem eine höhere Veränderung der generalisierten Erwartungen bei anfänglicher Erwartungsbildung, hingegen eine ausgeprägtere Stabilisierung auf hohem Niveau im Vergleich zu variablen Erklärungen, wenn wiederholte gleiche Kausalzuschreibungen vorausgehen.

Bevor die affektiven Konsequenzen von Attribuierungen untersucht werden, seien die Wirkgrößen dieses Prozesses und das implizierte Kausalprinzip auf der Grundlage der Theorie von Rotter und Weiner noch einmal verdeutlicht.

Rotter's soziale Lerntheorie sieht die generalisierten Erwartungen in Abhängigkeit der gemachten Erfahrungen, in denen sich spezifische Erwartungen, die den subjektiven Wahrscheinlichkeiten des vorliegenden Ansatzes entsprechen, gebildet haben. Je häufiger gleichartige Erfahrungen, das sind positive oder negative Verhaltenserfolge, gemacht werden, um so stärker ausgeprägt sind diese generalisierten Erwartungen. Die Höhe der generalisierten Erwartungen wird also ausschließlich in Abhängigkeit vorausgegangener tatsächlich erfahrener, also direkter Belohnungen gesehen (vgl. Rotter 1954, S. 207). Die Attributionstheorie von Weiner steht – zumindest was den Parameter der Höhe dieser generalisierten Erwarten anbelangt – nicht im Gegensatz zu dieser Behauptung, sondern interpretiert diese belohnenden oder bestrafenden Ereignisse mit Hilfe dieses Kausalprinzips. Die folgende Variablenkette veranschaulicht diese Beziehung:

Übersicht 7: *Attributionstheoretische Variablen in ihren Wirkungen auf situationsspezifische Wert-Erwartungs-Bilanzen*

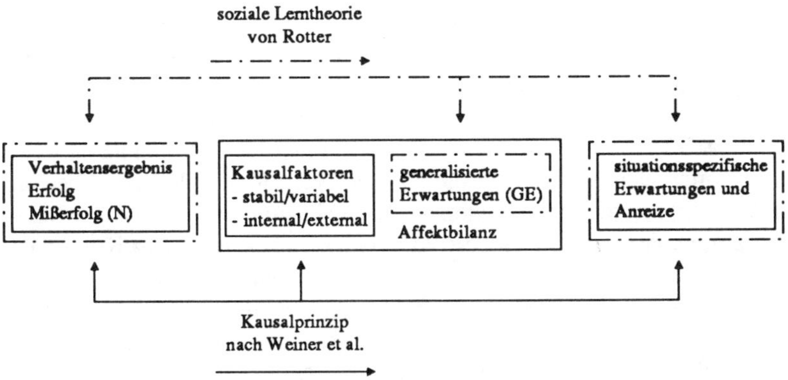

4.2.1.3 Affektive Auswirkungen der Kausalattribution: Lokalisierung der Kausalfaktoren in ihrer Auswirkung auf die Affektbilanz

Das Risiko-Wahl-Modell von Atkinson enthält bereits deutliche Hinweise auf die Affektwirkung von Attributionen. Mißerfolgsmotivierte meiden Aufgaben, die mittleres Risiko versprechen im Gegensatz zu Erfolgsmotivierten, die die höchste Präferenz für mittelschwere oder realistische Aufgaben haben und zeigen eine relativ höhere Präferenz bzw. die geringste Meidungstendenz bei leichten und bei schweren Aufgaben. Dieses im Hinblick auf die Meidung bzw. höchste Präferenz mittelschwerer Aufgaben empirisch gut bestätigte Phänomen (vgl. zusammenfassend Meyer 1973, S. 44ff.) erklärt Atkinson über eine damit beabsichtigte Minimierung der Angst oder Beschämung nach Mißerfolg:

„In one case, the individual is protected from the pain of failure by seeming to attempt the impossible. Who can blame him if he should fail? In the other case, when setting a very low level of aspiration by choosing a very easy task, he is protected from the pain of failure because failure at the task is such a remote possibility" (Atkinson 1984, S. 245).

An dieser Stelle interessiert jedoch nicht das Phänomen der Anspruchsniveaubildung, das Atkinson in sein Risiko-Wahl-Modell integriert hat – dies wird später zu untersuchen sein –, sondern die dabei implizierte Annahme über die affektiven Folgen internaler Zuschreibungen. Mißerfolgsmotivierte machen sich für den Mißerfolg selbst verantwortlich – dies wird auch als Voraussetzung für das Wirksamwerden von Leistungsmotiven unterstellt – und das bedeutet, daß der Mißerfolg auf internale Ursachen zurückgeführt wird, die nach dem Weinerschen Schema die Fähigkeit bzw. Unfähigkeit und die fehlende Anstrengung betreffen. Die Selektion ‚entlastender' Aufgabentypen ist erst eine Folge der nach Mißerfolg antizipierten negativen Affekte wie Scham. Weiner (1972, S. 374ff.) sieht auch die größte affektive Wirkung bei Kausalzuschreibungen mit intern lokalisierbarem Ursprung.

Sieht man von früheren empirischen Untersuchungen über die Affektwirksamkeit vorausgehender Kognitionen ab (vgl. Schachter und Singer 1962; Valins 1966), stellte Meyer wiederholt signifikante positive Affekte, als Gefühl der Freude, fest, wenn der Erfolg auf die vermeintliche eigene Begabung zurückgeführt wurde, während als zufallsabhängig wahrgenommene Leistungserfolge wesentlich schwächere positive Affekte zur Folge hatten, obwohl die ‚objektive' Belohnung durch den Leistungserfolg gleich war[112]. In einem Experiment von Cook (vgl. Weiner et al. 1972) belohnten sich Kinder dann am meisten nach Erfolgen, wenn sie den Erfolg internalen Ursachen zuschrieben und bestraften sich nach Mißerfolg am wenigsten, wenn sie diesen auf externale Ursachen zurückführten. Auch Karabenick (1972) demonstrierte die größere Affektwirksamkeit internaler Kontrollerwartungen gegenüber externalen Kontrollerwartungen sowohl nach Erfolg als auch nach Mißerfolg über signifikant steilere Affektgradienten, die typisch für Personen mit internalen Kontrollerwartungen sind. Uneinheitlich sind die Befunde darüber, welcher der beiden internalen Attributionsfaktoren – Anstrengung oder Fähigkeit – stärkere Affekte auslöst. In der Fremdbewertung, d.h. bei der subjektiven Erklärung von Leistungserfolgen anderer durch den Beobachter, löst vermutete fehlende Anstrengung als Ursache für Mißerfolg bzw. gezeigte Anstrengung als Ursache für den Erfolg die stärksten negativen oder positiven Affekte aus[113]. Bei der Selbstbewertung scheinen aber Begabungsattribuierungen vor allem dann, wenn die gestellten Aufgaben für wichtig erachtet werden (vgl. Nicholls 1965; Heckhausen 1978, S. 192ff.) stärkere Affekte hervorzurufen als Anstrengungserklärungen[114].

Meyer gelingt der Nachweis, daß die beiden Attribuierungsfaktoren möglicherweise nicht unabhängig voneinander wirken. Wenn Erfolg auf sehr hohe Anstrengung zurückgeführt wurde, stellten sich negative Selbstbewertungen ein, ähnlich der Unfähigkeitsattribuierung nach Mißerfolg. Sehr hohe Anstrengung könnte in diesem Fall mit hoher wahrgenommener Unfähigkeit korrelieren und die nach Mißerfolg beobachtete negative, bzw. nach Erfolg beobachtete schwächere positive Affektwirkung, bei Anstrengungserklärungen im Gegensatz zu Begabungsattribuierungen, dadurch erklären, daß gleichzeitig ungünstigere Fähigkeitsattribuierungen die Affekte schwächen. Nicholls (1976) differenziert die Affekte inhaltlich bei einer gleichzeitigen Identifizierung beider Faktoren und stellt fest, daß wahrgenommene Anstrengung bei wahrgenommener fehlender Begabung nach Erfolg, Stolz als affektuale Reaktion auslöst, und daß sich umgekehrt Beschämung am ausgeprägtesten einstellt, wenn der Mißerfolg auf fehlende Anstrengung bei guter Be-

112 Vgl. Meyer 1970, in: Weiner et al. 1972; Meyer 1973, S. 82.

113 Vgl. Weiner und Kukla (1970) und zusammenfassende Literaturangaben für gleichlautende Untersuchungsergebnisse in der Schweiz, USA, Indien, Persien in Heckhausen 1980, S. 541.

114 Begabung und nicht Anstrengung als affektwirksame Attribuierung fanden Meyer (1970 in: Weiner et al. (1972); Nicholls (1975) und Heckhausen (1978) bestätigt. Weiner und Kukla (1970) hingegen Anstrengung und nicht Begabung. Deren Versuchsteilnehmer hatten jedoch den Erfolg bzw. den Mißerfolg nicht selbst erlebt, sondern ihn sich lediglich vorgestellt.

gabung zurückgeführt wird. Er bringt diese unterschiedlichen Affekte auf die kurze Formel: ‚effort is virtuous, but it's better to have ability': Sich anstrengen ist lobenswert, aber besser ist es, begabt zu sein.

In jüngsten Untersuchungen können die resultierenden Affekte in Abhängigkeit der Attributionsfaktoren noch weiter differenziert werden. Weiner et al. (1979) fanden bei überwiegend internaler Attribution speziell der Zurückführung von Mißerfolg auf fehlende Begabung starke ‚entmotivierende und selbstbezogene Gefühle', nämlich Resignation, Unglücklichsein, Inkompetenz, während Schuldgefühle als moralische Kategorien vor allem dann auftraten, wenn Mißerfolge durch dauerhaft fehlende Anstrengung erklärt wurden und Furcht sich am häufigsten zeigte, wenn fehlende Anstrengung, aber nur momentan fehlende Anstrengung, für den Mißerfolg verantwortlich gemacht wurde. External zu lokalisierende Erklärungen für Mißerfolg hatten gleichfalls negative Affekte zur Folge. Hier dominierte Ärger, der auch sozial nach außen gegen andere gerichtet war.

Erfolgserlebnisse bestimmten wie Mißerfolgserlebnisse relativ einheitlich die Richtung ausgelöster Affekte; bei allen Attribuierungen dominierten positive Affekte. Die Affekte nach internalen Erklärungen, in erster Linie wahrgenommener eigener Begabung, könnten ähnlich wie bei der entsprechenden Attribuierung des Mißerfolgs auf wahrgenommene Unfähigkeit als relativ stark und nachhaltig bezeichnet werden: Es dominierten selbstbezogene Gefühle des Stolzes und der Kompetenz, während externale Ursachenzuschreibung auf den Zufall Erleichterung und Überraschung mit sich brachte und selten bei ‚unverdientem' Erfolg auch Schuldgefühle auftraten[115].

Eine theoretische Ordnung aller Affektkategorien ist bei den derzeitigen jüngsten Untersuchungen zur Entstehung von Affekten, die allenfalls die Ablösung des

---

115 Im wesentlichen stimmen die Ergebnisse beider Untersuchungen von Weiner et al. (1978) und Weiner et al. (1979) überein. Die einzelnen Attributionen mit dazugehörigen dominierenden Affekten sind in der nachfolgenden Aufstellung wiedergegeben (nach Weiner et al. 1979, S. 214):

Lokalisierung	Attribution	Erfolg	Mißerfolg
Intern	Fähigkeit	Kompetenz, Stolz	Inkompetenz, Resignation, Unglücklichsein
Intern	Instabile Anstrengung	Erleichterung, Befriedigung	Furcht
Intern	Stabile Anstrengung	Zufriedenheit	Schuldgefühle
Intern	Persönlichkeit	Stolz	–
Extern	Andere	Dankbarkeit, Erregtheit (Excitement)	Ärger
Extern	Zufall	Überraschung Schuldgefühl Erleichterung	Überraschung Traurigkeit Benommenheit (stupidity)

bislang dominierenden kognitiven Paradigmas psychologischer Theorienbildung ankündigt (vgl. Zajonc 1980), verfrüht. Es ließe sich aber vermuten, daß in Analogie zu den kognitiven Auswirkungen stabiler Attribuierungen die dadurch ausgelösten Affekte bei internaler Lokalisierung der Ursachen intensiver und nachhaltiger sind. Weil wahrgenommene Fähigkeit bzw. Unfähigkeit die stärksten positiven bzw. negativen Affekte zu bewirken scheint, auch stärkere als die variablen internalen Kausalfaktoren – die instabile Anstrengung –, könnte die Dauerhaftigkeit der hervorgerufenen Affekte in Abhängigkeit der Stabilität der Kausaldimension zu sehen sein.

Weil Erfolg und Mißerfolg sich in der Regel abwechseln, wobei – wie später noch zu sehen sein wird – selbstregulierende Bewertungen auf längere Sicht unter bestimmten Bedingungen die Erfolgs- bzw. Mißerfolgsserien bestimmen, werden sich die Affekte überlagern. Die dabei resultierende Affektbilanz beeinflußt dann die Selektion situationsspezifischer Anreize.

Zusammenfassend läßt sich folgende Hypothese über die Affektwirksamkeit internaler Kausalattributionen formulieren:

$H_{MK}7$: Bei der Attribuierung von Mißerfolg bzw. Erfolg auf internale Faktoren – z.B. Fähigkeit bzw. Anstrengung – werden stärkere und anhaltendere negative bzw. positive Affekte ausgelöst als bei der Attribuierung von Mißerfolg bzw. Erfolg auf externale Faktoren, z.B. Zufall bzw. Aufgabenschwierigkeit.
Es besteht eine Tendenz zur stärkeren Affektwirkung bei stabilen und internalen Kausalattribuierungen (Fähigkeit) im Vergleich zu variablen und internalen Kausalattribuierungen (Anstrengung).

4.2.2 Attributionstheoretische Hypothesen als suizidäre Kausalprinzipien

4.2.2.1 Asymmetrische Kausalattribution und ihre Auswirkung

Nach den bisher behandelten Hypothesen müßte man, um das Zustandekommen überwiegend negativer Wert-Erwartungs-Matrizen erklären zu können, erstens annehmen, daß Suizidgefährdete überwiegend stabile und internale Kausalattribuierungen vornehmen, und daß sie vorwiegend Mißerfolg erleben. Dann könnte die Bildung starker negativer generalisierter Erwartungen und auch einer überwiegend negativen Affektbilanz vorhergesagt werden, die die Wahrnehmung von überwiegenden situationsspezifischen Mißerfolgserwartungen und auch das Bestreben, negative Zielzustände zu vermeiden, bedingen. Weder für die Annahme, daß Suizidgefährdete stabile und internale Kausalattributionen bevorzugen, noch für die Annahme, daß sie überwiegend Mißerfolg erleben, gibt es empirische oder theoretische Anhaltspunkte. Das Erleben von gehäuftem Mißerfolg könnte etwa bedingt sein durch die soziale Lage von Suizid- und Suizidversuchsgefährdeten, wenn Unterprivilegierung mit fehlendem Mittelpotential verbunden ist. Wie bereits erwähnt[116] – fehlen auf gesamtgesellschaftlichem Niveau weitgehend bedeutsame

116 Vgl. A1, E_6; Abschnitte 4.2.1 über objektive Anreizdefizite in Wirtschaft und Familie.

Zusammenhänge zwischen der Schichtzugehörigkeit und Selbstmord. Ist Mißerfolg auf der individuellen Ebene auf fehlendes Mittelpotential zurückzuführen, könnten empirische Befunde über einen Zusammenhang zwischen Intelligenz, Schulversagen oder andauernde Arbeitslosigkeit die Annahme belegen, daß Suizidgefährdete gehäuft Mißerfolg erlebt haben. Dafür gibt es jedoch unter Selbstmördern keine Anhaltspunkte. Im Hinblick auf Bildungserfolg, Intelligenz sprechen die Indizien eher für eine überdurchschnittliche Befähigung (vgl. Abschnitt 3.1.2). Arbeitslosigkeit scheint eher temporär zu sein und sich in einer Stagnation der Berufskarriere zu zeigen (vgl. Abschnitt 2.2.2/II.). Bei Suizidversuchern gibt es gleichfalls keine eindeutigen Belege zugunsten eines negativen Zusammenhangs zwischen Intelligenz oder Bildungserfolg, allerdings gibt es Hinweise auf gehäufte negative Erlebnisse in der Herkunftsfamilie, die bei der Entstehung ungünstiger Attributionsmechanismen mitgewirkt haben könnten (vgl. Abschnitt 4.3.2.2.2/II.).

In dieser Form führen daher die bisher zusammengestellten Hypothesen nicht zu befriedigenden empirisch plausiblen Erklärungen für die Entstehung suizidärer Wert-Erwartungs-Matrizen. Im Zusammenhang mit der Erforschung von Motivdispositionen und Attributionen wurde jedoch das Phänomen „asymmetrischer Attributionen“ entdeckt. Danach sind Präferenzen für bestimmte Kausalattributionen in Abhängigkeit von Erfolg der Mißerfolg für Personen mit ausgeprägtem positiven oder negativen Leistungsmotiven feststellbar. Mißerfolgsmotivierte erklärten sich im Gegensatz zu Erfolgsmotivierten ihren Mißerfolg gehäuft mit stabilen und internalen Kausalfaktoren, das ist Unfähigkeit, Erfolg hingegen mit variablen und externalen Faktoren, das bedeutet Zufall. Fitch (1970) entdeckte bei Personen mit geringem Selbstbewußtsein, daß diese vermehrt ihren eigenen Mißerfolg auf Unfähigkeit zurückführten. Meyer untersuchte Attribuierungsunterschiede nach Motivausprägung auf der Grundlage eines induzierten Erwartungsniveaus. Mißerfolgsmotivierte schrieben einen Erfolg, der ihre bisherigen Erwartungen übertraf, dem Zufall zu, und zwar stärker als dies Erfolgsmotivierte taten. Umgekehrt erklärten sich die Mißerfolgsmotivierten einen unerwarteten Mißerfolg – ein unterdurchschnittliches Ergebnis – mit eigener Unfähigkeit, während die Erfolgsmotivierten Pech oder fehlende Anerkennung für den Mißerfolg verantwortlich machten (vgl. Meyer 1973, S. 81)[117].

Heckhausen faßt die Untersuchungsergebnisse über die motivabhängige Attri-

---

117 Die untenstehende Tabelle demonstriert die Attributionsasymmetrie, die hier motivgebunden ist, deutlich: Zufallsbestimmt erleben Mißerfolgsmotivierte ein erfreuliches Ereignis, den Erfolg – die Zufallsattribuierung ist größer als die Begabungsattribuierung –, der Mißerfolg hingegen wird als Folge fehlender Begabung angesehen. Umgekehrt die hoch Leistungsmotivierten: sie werden auch bei einem unerwarteten Erfolg darin bestätigt, begabt zu sein, während der Mißerfolg auf externale Ursachen zurückgeführt wird. Der Anteil von Zufallsattribuierung (–3.40) ist hier am größten.
Mittlere Differenz der Begabungs- und Zufallsskalierung bei Erfolgs- und Mißerfolgsmotivierten nach Erfolg und Mißerfolg (vgl. Meyer 1973, S. 81):

	Erfolgsmotivierte	Mißerfolgsmotivierte
Erfolg	1.91	–.27
Mißerfolg	–3.40	.38

butionsverzerrung so zusammen, daß Erfolgsmotivierte den Erfolg bevorzugt auf internale Faktoren – die eigene Tüchtigkeit – zurückführten, während Mißerfolgsmotivierte zur Erklärung des Erfolgs stabile Kausalfaktoren – Glück oder leichte Aufgaben – heranziehen würden. Beim Mißerfolg hingegen dominierten variable Faktoren in den Erklärungen der Erfolgsmotivierten: Pech oder fehlende Anstrengung machen für sie den Mißerfolg plausibel. Die Mißerfolgsmotivierten bevorzugten hierbei jedoch stabile Erklärungsfaktoren: Fehlende Begabung oder Aufgabenschwierigkeit habe den Mißerfolg hervorgerufen (vgl. Heckhausen 1980, S. 524f.). Obgleich die Befunde motivbedingte Kausalasymmetrie nach Kausaldimension nicht konsistent bestätigen – am häufigsten scheint bei Erfolgsmotivierten die Attribuierung von Erfolg auf die eigene Begabung und von Mißerfolg auf fehlende Anstrengung vorzukommen, während Mißerfolgsmotivierte vor allem die eigene Unfähigkeit für den Mißerfolg verantwortlich machen (vgl. Heckhausen 1980, S. 525) – ist die Attributionsasymmetrie als Phänomen gut bestätigt. Auch andere soziale Gruppierungen neigen zu Attributionsmustern, nach denen einseitig und damit inkonsistent Handlungserfolg und Handlungsmißerfolg jeweils anders erklärt wird. Dazu gehören Frauen, die ähnlich den Mißerfolgsmotivierten, und Männer, die ähnlich den Erfolgsmotivierten, subjektive Erklärungen kognizieren. Auch Depressive und Personen mit geringem Selbstbewußtsein verwenden unterschiedliche und relativ ungünstige Erklärungen ihres Erfolgs und ihres Mißerfolgs (vgl. Abschnitt 4.2.2.3.3.2).

Wie wirken sich asymmetrische, d.h. einseitige Kausalattributionen aus? Die kognitiven und affektiven Konsequenzen ergeben sich logisch aus den Hypothesen des obigen Abschnitts (H_{MK} 6,7). Ungünstige Effekte sind zu erwarten, wenn der Mißerfolg auf stabile Faktoren zurückgeführt wird. Die Bildung negativer generalisierter Erwartungen wird begünstigt. Bei der bevorzugten Attribuierung von Mißerfolg auf internale Faktoren – z.B. die eigene Unfähigkeit – werden nachhaltige und negative Affekte ausgelöst, die die Entstehung einer negativen Affektbilanz fördern. Mißerfolg wird so in kognitiver und affektiver Hinsicht perpetuiert. Andererseits sind die positiven kognitiven und affektiven Wirkungen des Erfolgs bei einer Attribuierungsneigung zu externalen und variablen Erklärungsfaktoren abgeschwächt: Positive generalisierte Erwartungen sind weniger stark und dauerhaft und die Affektbilanz, wenn sie nach Mißerfolg bereits wiederholt negativ war, wird nur wenig verbessert bzw. kann sich weniger positiv und weniger dauerhaft etablieren. In folgender Hypothese läßt sich das Phänomen der Attributionsasymmetrie als Annahme über eine Interaktion zwischen Verhaltenserfolg und Kausalattribution zusammenfassen:

$H_{MK}8$: Wenn Mißerfolg häufig auf stabile und/oder internale Ursachenfaktoren und Erfolg häufig auf variable und/oder externale Ursachenfaktoren zurückgeführt wird, dann bilden sich stärkere negative Erwartungen und ausgeprägtere negative Affektbilanzen als bei einer Attribuierung von Mißerfolg auf variable und/oder externale Ursachenfaktoren und von Erfolg auf stabile und/oder internale Ursachenfaktoren.

Diese Hypothese ist unter der Annahme der asymmetrischen Kausalattribution zwar aus attributionstheoretischen Hypothesen ableitbar, die Annahme selbst jedoch nicht (vgl. Heckhausen 1980, S. 556). Hier zeigt sich die Fruchtbarkeit der Rekonstruktion motivationstheoretischer Aussagen über die Motivkomponenten: Einerseits scheint das Phänomen der asymmetrischen Kausalattribution nicht nur auf bestimmte Motivgruppen beschränkt zu sein, andererseits lassen sich die motivationstheoretischen Annahmen über die unterschiedliche kognitive und affektive Wirkung der Motivdispositionen mit Hilfe der Motivkomponenten rekonstruieren und präzisieren (vgl. Abschnitt 4.1).

Obwohl die allgemeinen attributionstheoretischen Hypothesen häufig empirisch untersucht wurden, fehlen direkte empirische Tests der hier abgeleiteten Theoreme über die Wirkung asymmetrischer Kausalattribution. In einigen Experimenten wurden jedoch in Abhängigkeit der einseitigen Kausalattribution Leistungsveränderungen nachgewiesen und über Verbalisierungen während der Lösung von Aufgaben die kognitiven und affektiven Konsequenzen erfaßt. Wenn Verschlechterungen der Leistungen (Handlungsergebnis) über Mißerfolgserwartungen induziert werden, sind auch empirisch festgestellte Zusammenhänge zwischen Kausalattribution und Leistungen ohne direkte Erfassung der kognitiven und affektiven Zwischenvariablen von Interesse.

Nach einem Experiment von Weiner und Sierad (1975) zeigten Mißerfolgsmotivierte nach experimentell induzierten Attribuierungen paradoxerweise dann ihre beste Leistung, wenn sie glaubten, daß ihre Leistungsfähigkeit durch die Einnahme der Pille beeinträchtigt würde, aber ihre schlechteste Leistung, wenn sie glaubten, daß fehlende Begabung den Mißerfolg bewirke. Umgekehrt schnitten die Hochleistungsmotivierten, wenn sie infolge der Einnahme von Pillen, an deren leistungshemmende Wirkung glaubten, weniger gut ab, als wenn sie eine internale, also nicht zufallsabhängige Erklärung für den Handlungserfolg akzeptierten. Diener und Dweck (Dweck 1975; Dweck und Repucci 1973) fanden, daß Personen, die einen Mißerfolg erfahren hatten, einen Leistungsabfall nur dann zeigten, wenn diese mangelnde Begabung als Ursachenfaktor in Betracht zogen, während sich trotz Mißerfolg keine Leistungsverschlechterung bei den Personen einstellte, die fehlende Anstrengung für den in gleichem Maße erlittenen Mißerfolg verantwortlich machten. In Folgeuntersuchungen an Kindern (Diener und Dweck 1978) wurden die kognitiven und affektiven Wirkungen von Kausalattributionen durch Erfassung der Verbalisierungen während der Lösung von Aufgaben geprüft. Dabei verglich man Personen miteinander, die zuvor als ‚hilflose‘ und ‚zielorientierte‘ Personen identifiziert wurden[118], in der Trainingsphase die zu testende Leistung aber gleich gut gelernt hatten, gleich erfolgreich waren und auch dieselben effizienten Lösungsstrategien anwandten sowie die gleiche Zahl von Mißerfolgsrückmeldungen erhalten hatten. Wie erwartet, schnitten die ‚Hilflosen‘ in der Trainingsphase schlechter ab als die Zielorientierten. Die Leistungsverschlechterung der ‚Hilflosen‘ im Vergleich zu den ‚Zielorientierten‘ setzte nach der Mißerfolgsserie ein, wobei das Leistungsgefälle zu Lasten der ‚hilflosen‘ Kinder stetig zunahm. Dabei

118 Dies gelang mit dem Crandallschen IAR-Fragebogen zur Erfassung der Eigenverantwortlichkeit für intellektuelle Leistung (‚Intellectual Achievement Responsibility‘).

konnte beobachtet werden, daß die ‚hilflosen' Kinder erstens die genannten attributiven Verzerrungen zeigten. Sie nannten als Ursache für den Mißerfolg häufiger unveränderbare und selbstbelastende Kausalfaktoren wie fehlende Begabung und seltener intern kontrollierbare oder externale Kausalfaktoren wie fehlende Anstrengung oder Pech. Zweitens verbalisierten sie signifikant häufiger während der Problemlösung negative Gefühle.

Kognitive Wirkungen dieser Mißerfolgsattributionen waren nicht als Mißerfolgserwartungen erfaßt worden, aber indirekt zeigten sich lösungsirrelevante ‚Flucht'-Kognitionen, z.B. „Dieses Wochenende gibt es eine Talentshow und ich werde als Shirley Temple hingehen". Außerdem verschlechterten sich als unmittelbare Handlungsdeterminante für den Leistungserfolg die Lösungsstrategien der hilflosen Kinder im Gegensatz zu den zielorientierten Versuchsteilnehmern, die nach den ersten Mißerfolgen ihre Strategien verbesserten[119]. Nicht eindeutig attributionsvermittelt waren asymmetrische Affekte nach Erfolg und Mißerfolg in einer Untersuchung von Heckhausen (1978). Mißerfolgsmotivierte bewerteten sich zwar stärker negativ nach einem Mißerfolg als Erfolgsmotivierte und auch weniger stark positiv nach einem Erfolg im Vergleich zu Hochleistungsmotivierten, diese ungünstigen Affekte korrespondierten aber nicht mit asymmetrischen Attributionen für das Verhaltensergebnis[120].

Dieser Befund steht jedoch nicht im Widerspruch zur obigen Hypothese über die affektiven und kognitiven Konsequenzen subjektiver Attributionsasymmetrien, da nicht behauptet werden kann, daß diese Attribuierungen immer wirksam werden, genausowenig wie behauptet werden könnte, daß Motive in jeder Situation wirksam werden[121].

Situative Hinweise, die subjektive Attribuierungsmuster deutlich falsifizieren, indem z.B. allen Personen die Aufgabenschwierigkeit als externale und im Hinblick auf negative Affektwirksamkeit entlastende Kausalfaktoren plausibel erscheinen, sind gerade in experimentellen Situationen, die von gewohnten sozialen Umgebungen abweichen und stärker strukturiert sind, nicht auszuschließen. Im folgenden Abschnitt werden solche situativen Bedingungen für das Auftreten subjektiver Attribuierungen untersucht.

---

119 Die Lösungsstrategien entsprechen den ‚Fähigkeiten' bzw. sind dem Mittelpotential zuzuordnen, das als Voraussetzung für den Handlungsbeginn und das Handlungsergebnis im Handlungs- und Ergebnismodell postuliert wurde.

120 Vgl. auch die Kontroverse zwischen Covington und Omelich (1979) und Brown und Weiner (1984) über die affektiven und kognitiven Folgen der Motive und Attributionen.

121 Die Untersuchungsergebnisse vor Heckhausen sind noch aus einem weiteren Grund nicht geeignet, die obige Hypothese über die Wirksamkeit von Attributionsasymmetrien zu entkräften. Solange die weitere Motivkomponente der Anspruchsniveaubildung, die gleichfalls kognitive und affektive Folgen hat, nicht gleichzeitig erfaßt wird, kann über die Fruchtbarkeit von Motivkomponenten als Ersatz der Motivkonstrukte nicht entschieden werden.

4.2.2.2 Situative Bedingungen asymmetrischer Kausalattribution

4.2.2.2.1 Häufigkeit von Erfolg und Mißerfolg

Im vorigen Abschnitt wurde ein subjektives Erklärungsmodell und seine Folgen für die Bildung situationsübergreifender Kognitionen und Affekte dargestellt. Es handelt sich um Interpretationsmuster, die personenspezifisch sind, d.h. zwischen Personen stärker variieren als zwischen Situationen. Unabhängig von Situationen sind diese Erklärungsmuster und ihre Folgen jedoch nicht. Die erste situative Bedingung, die zunächst unabhängig vom Interpretationsmuster als Zusatzbedingung für die verstärkende Wirkung asymmetrischer Attributionen auf Kognitionen und Affekte postuliert werden kann, betrifft die Häufigkeit von belohnenden oder bestrafenden Ereignissen, die Zahl der zu interpretierenden Erfolge bzw. Mißerfolge. In lerntheoretischen Aussagen[122] gehört der Verstärkungsparameter der Häufigkeit von erfahrenen negativen oder positiven Verstärkern zu den wichtigsten Bedingungen für das Auftreten und die Verlaufsform individuellen Verhaltens. Auch in der sozialen Lerntheorie von Rotter (vgl. Abschnitt 4.2.1.2) ist sowohl die Intensität der Verstärker als auch die Stabilität der generalisierten Erwartungen eine Funktion der Zahl der gemachten Erfahrungen. Erfolgsserien werden danach die ungünstigen Effekte konstanter asymmetrischer Kausalattribution dämpfen, während Mißerfolgsserien die ungünstigen Effekte verstärken. Diese Zusatzbedingung ist wie folgt zu formulieren:

$H_{MK}9$: Je häufiger ein *Mißerfolg* eintritt, der mit Hilfe negativer internaler oder stabiler Faktoren von einer Person erklärt wird, um so wahrscheinlicher bildet die Person ausgeprägte negative generalisierte Erwartungen, und um so wahrscheinlicher ist die Affektbilanz der Person negativ bzw. um so größer ist die negative Affektbilanz.

Eine Erfolgsserie würde hingegen negative generalisierte Erwartungen und auch negative Affektbilanzen unwahrscheinlicher machen, bei Konstanz externaler und variabler Kausalfaktoren – z.B. Glück – wären die generalisierten positiven Erwartungen von geringer Stabilität und Rangweite und ebenso wie die Affektbilanz positiv, aber von geringerer Intensität als bei einer Zurückführung des Erfolgs auf stabile und interne Faktoren wie z.B. Fähigkeit.

4.2.2.2.2 Informationsstruktur: Konsens-, Konsistenz- und Besonderheitsinformation

Die zweite Bedingung betrifft die Informationsstruktur der sozialen Umgebung, in der die Handlung durchgeführt und bewertet wird. Das Kausalprinzip der asymmetrischen Kausalattribution impliziert, daß dasselbe Handlungsergebnis unterschiedlich interpretiert wird. Diese abweichenden Kausalattributionen stellen jedoch

122 Vgl. zur Darstellung der wichtigsten lerntheoretischen Aussagen Hummell 1969; Tarpy 1975.

keine pathologischen Wahrnehmungsverzerrungen dar, wie dies von einigen Suizidforschern angenommen wird (vgl. Abschnitt 4.2.2.3.2.3). Vielmehr sind die Informationen einer relativ komplexen, sozialen Situation in der Regel so beschaffen, daß mehrere Ursachenzuschreibungen möglich sind. Die Mehrdeutigkeit sozialer Situationen ist also eine Voraussetzung für das Auftreten kausalattributiver Asymmetrien. Die negative Formulierung dieser Bedingung – Eindeutigkeit der Informationsstruktur – erlaubt eine theoretische Integration der logistischen Attributionstheorien, wie sie von Heider (1958) und Kelley (1967) entwickelt wurden. Sie beschreiben ‚objektive' Situationsmerkmale, die die Attribution oder Ursachenerklärung bedingen.

Das Individuum schließt dann aufgrund von objektiven Informationen aus der Situation – ähnlich wie der Wissenschaftler – auf Ursachen des zu erklärenden Ereignisses. Dabei bedient es sich wie der Methodiker bei der empirischen Datenanalyse dreier Kriteriendimensionen, die analog einer Varianzanalyse Schlußfolgerungen auf die Handlungsursachen zulassen: Dies sind die *Entitäten* oder der Aussage- bzw. Handlungsinhalt der ausgeführten und zu erklärenden Handlung. Zweitens ergeben sich im Zeitvergleich der Handlungsergebnisse hohe und niedrige *Konsistenzen* und drittens erbringt der Vergleich zwischen Personen einen hohen oder geringen Übereinstimmungsgrad, den *Konsens*. Die Schlußfolgerung für die Zuschreibung des zu erklärenden Ereignisses auf die handelnde Person oder die Umwelt – nach Kelley ist die Entität ein konstanter Umweltfaktor und die Umstände ein variabler Faktor – erfolgt rein logisch nach der Kovariation der jeweils anderen Ursachen. Eine Untersuchung von McArthur (1972) soll als Beispiel dienen. Das zu erklärende Ereignis war hier: ‚Georg übersetzt den Satz falsch'. Folgende Informationen über die Variationen der verschiedenen Ursachenfaktoren sind möglich, die eine Lokalisierung der Ursachen in der Person, der Entität oder der Umstände nahelegen:

Variation im Konsens zwischen Personen:

‚Fast jeder (hoher Konsens) bzw. fast niemand (geringer Konsens) übersetzt den Satz falsch.'

Variation im Vergleich von Zeitpunkten:

‚Georg hat bisher den Satz immer (hohe Konsistenz) oder so gut wie nie (geringe Konsistenz) falsch übersetzt.'

Variation der Besonderheiten von Entitäten:

‚Georg übersetzt kaum einen anderen (hohe Besonderheit) bzw. fast jeden anderen (geringe Besonderheit) Satz falsch.'

Die Schlußregeln, die bei Variation dieser Kriterien gelten, sind in der folgenden Übersicht aufgeführt (vgl. Heckhausen 1980, S. 464):

Übersicht 8: *Logische Bedingungen für die Attribution auf externale Kausalfaktoren (Entität und Umstände) und internale Kausalfaktoren (Person)* (vgl. Text)

Lokalisierung der Ursachen bei	Informationskriterien Besonderheit (zw. Entitäten)	 Konsens (zw. Personen)	(Ereignis: ‚Georg übersetzt den Satz falsch') Konsistenz (zw. Zeitpunkten)
Entität	hoch (‚Georg ... nur diesen Satz ...)	hoch (‚fast jeder ...')	hoch (‚Georg hat bisher den Satz *immer* falsch übersetzt')
Umstände	hoch (‚Georg ... nur diesen Satz ...')	niedrig (‚fast niemand ...')	niedrig (‚Georg hat bisher den Satz *fast nie* falsch übersetzt')
Person	niedrig (‚Georg ... fast jeden Satz ...')	niedrig (‚fast niemand ...')	hoch (‚immer den Satz ...')

Nach diesen logisch-statistischen Schlußregeln[123] wird auf die Person des Handelnden geschlossen, wenn eine geringe Besonderheit der Aufgabe (‚Georg hat nicht nur diesen Satz, sondern jeden Satz falsch übersetzt') bei hoher interpersoneller Übereinstimmung vorliegt (‚fast niemand sonst hat den Satz falsch übersetzt'), und wenn diese Person zu allen Zeitpunkten so gehandelt hat (‚Georg hat den Satz immer falsch übersetzt'), so ist die handelnde Person als Verursacher anzusehen. Für die nachfolgende Anwendung dieser Aussagen einer logistischen Attributionstheorie ist eine Gegenüberstellung dieser Aussagen mit dem subjektivistischen und motivationstheoretisch ausgerichteten Attributionsmodell von Weiner insoweit von Interesse, als auch hier internale und externale, variable und stabile Kausalfaktoren vorkommen: Eine Attribuierung auf die Person selbst stellt ein internaler Kausalfaktor dar, ohne weitere Unterscheidung auf der Stabilitätsdimension, während die Lokalisierung der Ursachen auf die Umstände als eine externale, variable und auf die auf die Entitäten als eine externale und stabile Kausalattribuierung bezeichnet werden kann. Die empirischen Befunde zugunsten einer logischen Kausalattribution sind zumindest uneinheitlich. In der Untersuchung von McArthur ergaben sich z.B. zwar größtenteils die vorhergesagten Attributionen aufgrund der logischen Informationsverteilung, die Präferenzen für einzelne Kausalfaktoren waren jedoch

123 Nicht alle Elemente wurden dabei vollständig variiert. Es fehlt z.B. die Konsistenz zwischen Personen.

verschieden.

Bei der von McArthur (1972) untersuchten Fremdattribuierung, d.h. der Attribuierung von Ursachen fremder Handlungen, war eine Bevorzugung der Konsistenzinformation (20 %) gegenüber der Besonderheitsinformation (10 %) und eine bei Fremdattribuierungen häufiger festgestellte Vernachlässigung der Konsensinformation[124] (3 %) feststellbar. Diese ungleichen Präferenzen für einzelne Informationskriterien widersprechen der Grundannahme logisch-statistischer Attributionshypothesen, ebenso wie die in den vergangenen Abschnitten diskutierten psychologischen Attributionsverzerrungen mit diesen Schlußregeln unvereinbar sind. Den wichtigsten empirischen Einwand gegen logisch-statistische Attribuierungen liefern die Untersuchungen von Nisbett und Ross (1980)[125] über die logischen Fehler bei der Informationsverarbeitung. Danach neigen alle Personen dazu, die Verteilung von Grundwahrscheinlichkeiten – z.B. über die Urteile anderer Personen (Konsensinformation) – zugunsten kleiner Samples zu ignorieren, die ersten Informationen stärker zu gewichten als nachfolgende und eher vom Besonderen auf das Allgemeine als vom Allgemeinen auf das Besondere schließen. Von einer universellen Ignorierung logischer Gesetze bei Alltagsurteilen kann jedoch nicht ausgegangen werden, wie z.B. die oben erwähnte Untersuchung von McArthur zeigt. Man könnte vielmehr annehmen, daß in natürlichen sozialen Situationen die Informationen in der Regel mehrdeutig sind und verschiedene Schlußfolgerungen zulassen. Die Informationsunsicherheit begünstigt dann psychologische Fehlurteile oder attributive Verzerrungen, wie sie oben behandelt wurden. Daher sind die logistischen Schlußregeln der Attributionstheorie von Kelley geeignet, als situative Bedingungen das Auftreten oder Nicht-Auftreten attributiver Asymmetrien zu konditionalisieren. Dann würden Informationen zu einer Aussetzung der ungünstigen asymmetrischen Kausalattributionen führen können, wenn sie diesen widersprechen. Nach der Attributionstheorie von Kelley würde aus logischen Gründen keine Personattribuierung stattfinden, wenn

1. die Besonderheit der Entität, vergleichbar der stabilen Aufgabenschwierigkeit im Weinerschen Modell, hoch ist,
2. der Konsens hoch ist: andere Personen also ebenso handeln und
3. die Konsistenz gering ist, das zu erklärende Handlungsergebnis sich bei der handelnden Person, das ist im Falle der Selbstattribution die eigene Handlung, zum ersten Mal und nicht immer zeigt.

Eine Kombination der Kriterien 2. und 3. würde als konsistente Konsensinformation bei unterstellten gleichen Präferenzen ein stärkeres Ausschlußargument liefern: Wenn andere Personen schon immer so gehandelt haben, handelt es sich nicht nur um eine intrapersonale Konsistenz, wie sie Kelley vorsieht, sondern liegt auch interpersonale Konsistenz vor.

124 Vgl. zusammenfassend Heckhausen 1980, S. 464ff.

125 Vgl. auch die Untersuchungen von Kahneman und Tversky, z.B. Tversky und Kahneman 1973, die allerdings auf Gewinnspielsituationen beschränkt sind.

Da bei einer asymmetrischen Kausalattribution nach Mißerfolg die Zuschreibung auf stabile und internale Faktoren – Fähigkeit – besonders gravierende Folgen hat, wäre eine Prüfung solcher Informationskriterien, die eine Unfähigkeitsattribuierung ausschließen würden, von besonderem Interesse:

In der nachfolgenden Übersicht wurden einige dieser möglichen Widersprüche, die nach Mißerfolg Unfähigkeitsattribuierung und/oder Anstrengungsattribuierung ausschließen, zusammengestellt: Die *logische Inkompatibilität* wird auch deutlich, wenn *hohe Besonderheit* ausgedrückt wird als ein bestimmter Mißerfolg (A_{mi}) einer bestimmten Person P_i, der nicht für andere Mißerfolge ($ME_{2\text{-}n}$; i = 1) gilt, während Unfähigkeitsattribution dieser Person P_i einen generellen Mißerfolg dieser Person voraussetzen würde (P_i & $A_{m1\text{-}n}$). Ähnlich würde ein *hoher Konsens*, der Unfähigkeitsattribution ausschließt, bedeuten, daß alle Personen diesen Mißerfolg haben ($P_{1\text{-}n}$ & A_{mi}), es aber nicht sein kann, daß alle Personen, die einen bestimmten Mißerfolg haben, auch unfähig sind (-($P_{1\text{-}n}$ & A_{mi})). Ausgeschlossen ist weiterhin Unfähigkeit bei *geringer Konsistenz;* das bedeutet, daß eine bestimmte Person nur zu einem bestimmten Zeitpunkt einen Mißerfolg hat ($P_{i_{t_o}}$ & $A_{mi_{t_o}}$), wenn Unfähigkeit sich nur bei hoher Konsistenz, d.h. einem wiederholten Mißerfolg (P_i & $A_{mi_{t_{1\text{-}n}}}$) manifestiert.

Übersicht 9: *Informationskriterien, die mit der Unfähigkeitsattribuierung und/oder Anstrengungsattribuierung inkompatibel sind*

Informations-kriterium	Inkompatibel mit Unfähigkeits-attribuierung	Anstrengungs-attribuierung	Attribuierung auf externale Faktoren
Hohe Besonderheit: P_i und A_{mi}	ja	nein	nein
Hoher Konsens $P_{1\text{-}n}$ und A_{mi}	ja	ja	ja
Geringe Konsistenz $P_{i_{to}}$ und $A_{mi_{t_o}}$	ja	nein	nein

Es bedeuten: P_i = handelnde Person
$P_{1\text{-}n}$ = alle Personen einschließlich P_i (i = 1)
$P_{i_{to}}$ = handelnde Person zum Zeitpunkt t_o
$A_{mi_{t_o}}$ = bestimmter Mißerfolg zum Zeitpunkt t_o

Nach dieser Übersicht wären Informationen über gleichlautende Mißerfolge anderer Personen besonders wertvoll, da sie nicht nur Unfähigkeitsattributionen weniger wahrscheinlich machen, sondern auch die günstige Attribution einer fehlenden Anstrengung noch zulassen, die vor allem als zukünftige Strategien Mißerfolg vermeiden helfen kann (vgl. Isen 1982 im folgenden Abschnitt).

Gerade Konsensinformationen werden aber bei der Selbstattribuierung im Gegensatz zur Fremdattribuierung, soweit sie deutlich sind, eher vernachlässigt (vgl.

Jones und Nisbett 1971). Es müßte daher für diese logisch widersprüchlichen Attributionen – insbesondere bei Konsensinformationen – gleichfalls subjektiv deutliche Wahrnehmbarkeit vorausgesetzt werden. Subjektiv deutlich wahrnehmbarer Konsens stellt aber eine Form des sozialen Vergleichs dar. Wie im Abschnitt über die empirische Evidenz suizidärer Kausalprinzipien noch zu zeigen sein wird, mangelt es in natürlichen Situationen an Informationen, die einen sozialen Vergleich ermöglichen, und das soziale Umfeld Suizidgefährdeter ist gerade durch einen Mangel an Konsensinformationen gekennzeichnet.

Die zweite situative Bedingung, die geeignet sein könnte, attributive Verzerrungen nach Mißerfolg außer Kraft zu setzen, lautet demnach wie folgt:

$H_{MK}10$: Das Auftreten asymmetrischer Kausalattribution nach *Mißerfolg* in Form stabiler und internaler Kausalattribution wird beeinträchtigt durch inkompatible Informationen, das sind hohe Besonderheit des zu erklärenden Ereignisses, hoher Konsens zwischen Personen und geringe Konsistenz des zu erklärenden Ereignisses (eigene Handlung) über die Zeit. Umgekehrt wird das *Auftreten asymmetrischer Kausalattribution* in Form stabiler und internaler Kausalfaktoren *begünstigt* durch *geringe Besonderheit, geringen Konsens und hohe Konsistenz.*

Entsprechende Voraussetzungen begünstigen die externale und variable Kausalattribution nach Erfolg, die gleichfalls mit ungünstigen kognitiven und affektiven Wirkungen einhergeht. Nach der Übersicht 9 wird die Zuschreibung auf variable externale Faktoren, das sind ‚Umstände' im Varianzmodell von Kelley, hervorgerufen, wenn die Besonderheit des zu erklärenden Ereignisses als hoch anzusehen ist, wenn niedriger Konsens und niedrige Konsistenz beobachtbar ist. Folgende Hypothese über die Begünstigung oder Beeinträchtigung ungünstiger asymmetrischer Kausalattribution nach Erfolg durch situative Informationen ist zu formulieren:

$H_{MK}10'$: Das Auftreten *asymmetrischer Kausalattribution* nach *Erfolg* in Form variabler und externaler Kausalfaktoren *wird beeinträchtigt* (begünstigt) durch inkompatible Informationen; sie liegen vor, wenn die *Besonderheit* des zu erklärenden Ereignisses *gering* (hoch) ist, der *Konsens* zwischen Personen *hoch* (gering) und die *Konsistenz* zwischen den Zeitpunkten *hoch* (gering) ist.
Je deutlicher die Informationen für alle Personen in dieser Situation wahrnehmbar sind, um so wahrscheinlicher werden inkompatible Informationen die attributiven Verzerrungen beeinträchtigen.

Beide bisher genannten situativen Bedingungen – die Zahl der Mißerfolge und die Informationsbeschaffenheit der sozialen Situation, die die Bewertung der eigenen Handlung retrospektiv und prospektiv beeinflussen – werden bei der Anwendung des entwickelten Ansatzes auf soziale Institutionen, in denen suizidales Verhalten als Interaktionsergebnis interessiert, eine besondere Rolle spielen. Sie konstituieren Strukturparameter sozialer Interaktionssysteme, die aus einer individuellen Handlungstheorie gewonnen wurden.

Im folgenden Abschnitt wird geprüft, inwieweit asymmetrische Kausalattributionen ein suizidäres Kausalprinzip beinhalten. Es wird dabei nicht von einem suizidalen Kausalprinzip gesprochen, sondern abgeschwächt von einem *suizidären Kausalprinzip,* da asymmetrische Kausalattributionen allein keine notwendige oder hinreichende Bedingung für den Suizid darstellen können. Die intervenierenden Variablen der kognitiven und affektiven Auswirkungen einer Kausalzuschreibung auf die negativen Wert-Erwartungs-Bilanzen für Handlungsalternativen zum Suizid, die bei entsprechender Bewertung der suizidalen Handlung zur Herausbildung suizidaler Handlungstendenzen führen, werden im folgenden auch unter Berücksichtigung theoretischer Alternativen und empirischer Befunde untersucht.

4.2.2.3 Asymmetrische Kausalattribution als suizidäres Kausalprinzip

4.2.2.3.1 Asymmetrische Kausalattribution und negative Wert-Erwartungs-Matrizen

Asymmetrische Kausalattributionen, wie sie vorwiegend bei bestimmten Personengruppen – negativ Motivierten, Personen mit geringem Selbstbewußtsein, Frauen oder hilflosen Personen – beobachtet wurden, können die Entstehung suizidärer Wert-Erwartungs-Matrizen über die intervenierenden Variablen der generalisierten Erwartungen und der Affektbilanz erklären. Folgende Verknüpfungsregel ist dafür notwendig:

$H_{MK}11$: Je stärker ausgeprägt negative generalisierte Erwartungen sind, um so größer ist die Wahrscheinlichkeit, daß die Realisierung situativer positiver Anreize für wenig wahrscheinlich gehalten bzw. die Vermeidung situativer negativer Anreize für wahrscheinlich gehalten wird.

$H_{MK}12$: Je mehr in einer Affektbilanz negative Affekte überwiegen, und je intensiver diese Affekte sind, um so wahrscheinlicher ist die Wahrnehmung und Selektion situativer negativer Anreize (Anreizgewichtung) ($H_{MK}12.1$) und die Wahrnehmung negativer geringer Erfolgs- bzw. ausgeprägter Mißerfolgserwartungen ($H_{MK}12.2$).

Das Überwiegen von Mißerfolgswahrscheinlichkeiten oder von schwach ausgeprägten Erfolgswahrscheinlichkeiten und die Dominanz zu vermeidender negativer Anreize konstituieren eine negative Wert-Erwartungs-Bilanz, die wegen der Bewertung von Handlungsalternativen zum Selbstmord oder Selbstmordversuch suizidalen Charakter haben, d.h. unter Voraussetzung adäquater Mittel für die Ausführung suizidaler Handlungen und deren Bewertungen einen Selbstmord bzw. Selbstmordversuch sehr wahrscheinlich machen. *Kausal attributiv bedingte generalisierte Erwartungen und Affekte sind jedoch im Gegensatz zu situativen Anreizen und deren Wahrscheinlichkeiten situationsunabhängig.* Sie stellen die sich überlagernden kognitiven und affektiven Erfahrungen aus früheren Situationen dar, wobei deren Intensität, Stärke und auch Rangweite nicht als einfache Summierung dieser Erfahrungen aufzufassen ist. Es kann zum gegenwärtigen Stand der Forschung auch nicht davon ausgegangen werden, daß sie eine notwendige oder hinreichende Bedingung für die Ausprägung der situativ erwarteten Anreize darstellen. Ihnen wird lediglich – analog zu den Motivkonstrukten – eine *moderierende Wirkung bei der Wahrnehmung und Bewertung situativer Anreize und Erwartungen unterstellt.* Der Zusammenhang zwischen situativen Anreizen und Erwartungen einerseits und Handlungen andererseits ist daher enger als der zu vermutende

Zusammenhang zwischen generalisierten Erwartungen bzw. Affekten und Verhalten. Folgende Befunde stützen die in den Hypothesen $H_{MK}11.1$ und $H_{MK}11.2$ genannten Beziehungen.

In einer Untersuchung von Fishman (1966) erhöhten situationsspezifische Erwartungen einen Zusammenhang zwischen den generalisierten Erwartungen affiliativ Motivierter und dem vorausgesagten Verhalten (generalisierte Erwartungen und situationsspezifische Erwartungen → Verhalten). Einen Nachweis für die Kausalkette Attribution → Erwartung → Verhalten erbringt eine Untersuchung von Sherman et al. (1981), ohne daß hierbei zwischen generalisierten und situationsspezifischen Erwartungen unterschieden würde. Diese Untersuchung demonstriert die ‚self-fulfilling-prophecy' selbstbelastender Attribution nach Mißerfolg und den ‚defensiven Optimismus' entlastender Attributionen nach Mißerfolg. Experimentell induzierte Mißerfolgserwartungen einer zu erbringenden Leistung führte bei Personen, die Mißerfolg auf eigene Unfähigkeit zurückführten, zu Leistungsverschlechterung, während Personen, die den Mißerfolg auf weniger belastende Faktoren zurückführten, sogar ihre Leistung verbesserten. Diesen unterschiedlichen Leistungen als Folge unterschiedlicher Interpretationen waren unterschiedliche Mißerfolgserwartungen vorausgegangen: Während sich nach vorzustellenden Mißerfolgen vorwiegend bei Personen, die ihren Mißerfolg eigener Unfähigkeit zuschrieben, spezifische Mißerfolgserwartungen für die kommende Leistung bildeten, reichte die induzierte Vorstellung bei der Kontrollgruppe, die ihre Leistung sogar noch steigern konnte, nicht aus, spezifische Mißerfolgserwartungen auszulösen. Ihre Leistungssteigerung ließe sich dadurch erklären, daß durch die Vorwarnung – vorzustellender Mißerfolg – vermehrte Anstrengungen mit nachfolgenden Leistungssteigerungen angeregt wurden. Nach Meyer (1973, S. 160f.) wird außerdem bei gleicher Aufgabenschwierigkeit und guten Fähigkeitseinschätzungen die Erfolgswahrscheinlichkeit höher angesetzt als bei einer geringen Einschätzung des eigenen Mittelpotentials.

Den Einfluß vorausgehender positiver oder negativer Erfahrungen auf nachfolgende situative affektive Wahrnehmungen demonstriert ein Experiment von Isen (1982). Danach deuteten Personen, die zuvor einen Mißerfolg erlitten hatten, eine zweideutige Stimulussituation signifikant weniger erfreulich als Personen der Kontrollgruppe. Obwohl die vorausgehenden positiven und negativen Erlebnisqualitäten objektiv als Mißerfolgsereignis nicht die subjektiv definierte Affektbilanz wiedergeben, ist dieses Ergebnis für die in obiger Hypothese behauptete nachfolgende affektive Wahrnehmungsver‚zerrung', die Anreizgewichtung, relevant, da das vorausgehende Erfolgs- oder Mißerfolgserlebnis neben der interpretierenden Kausalattribution eine Determinante der Affektbilanz darstellt. Die Untersuchungsergebnisse machen auch den vermuteten moderierenden Effekt affektiver Erlebnisqualitäten deutlich: Die von den Versuchsgruppen zu beurteilenden Stimulusqualitäten erfolgten in Abhängigkeit der positiven bzw. negativen Erfahrungen auf signifikant unterschiedlichem Niveau, die Stimulusqualitäten waren jedoch in beiden Gruppen wiederzuerkennen, d.h., eine Umkehrung positiver in negative Stimuli oder umgekehrt brachte die präexperimentelle Erfahrung nicht zustande.

Der zweite Teil der Hypothese $H_{MK}12.2$ behauptet einen Einfluß der Affektbilanz auf die Wahrnehmung situativer Erwartungen. Eine Vielzahl von sozialpsychologischen Untersuchungen verschiedener theoretischer Ausrichtung, insbesondere der Wahrnehmungspsychologie, bestätigen die Beziehung zwischen affektiver Ausgangslage in ihrer Auswirkung auf die selektive kognitive Wahrnehmung von Umweltreizen. Nach einer Studie von Lorber (1973) nimmt z.B. die Ungenauigkeit der Wahrnehmung von Wertschätzung oder Akzeptanz durch andere an den Extremen der Skala objektiver Akzeptanz zu, d.h., nur im mittleren Bereich stimmen objektive und subjektive Akzeptanz überein, nur dann kann mit einer hinlänglich ‚genauen', d.h. vom Forscher objektiv ermittelten Wahrnehmung der Wertschätzung durch andere gerechnet werden. Katz (1955, in: Lorber 1973) stellte bei Personen mit geringer Selbsteinschätzung fest, daß diese Gefühle anderer Personen der eigenen Person gegenüber weniger genau wahrnehmen konnten als Personen mit einem positiveren Selbstgefühl. Ausubel (1955, in: Lorber 1973) beobachtete dieselbe Wahrnehmungsverzerrung bei Personen mit niedrigerem Status. Nach Schiff (1954, in: Lorber 1973) unterschätzten Personen ihren tatsächlichen ‚objektiven' sozialen Status dann, wenn sie sich selbst als nicht sehr akzeptabel ansahen.

In der nachfolgenden Übersicht 10 sind die kausalattributiven Prozesse, die die negativen Wert-Erwartungs-Bilanzen für Handlungsalternativen zum suizidalen Verhalten beeinflussen, als suizidäre Kausalprinzipien zusammenfassend dargestellt.

Die Relevanz ungünstiger asymmetrischer Kausalprinzipien für die Erklärung der Entstehung situationsspezifischer negativer Wert-Erwartungs-Bilanzen bei der Bewertung von Handlungsalternativen zum Suizid bzw. Suizidversuch wird bei einer Betrachtung der Auswirkungen asymmetrischer Kausalattribution im Zeitablauf unter Einbeziehung der vorausgehenden Häufigkeit positiver oder negativer Erfahrungen, der Mißerfolgsrate, noch deutlicher.

Wiederholt sich der Mißerfolg und wiederholt sich der Erfolg im gleichen Verhältnis, ist nach den situativen Bedingungen für asymmetrische kausalattributive Prozesse (vgl. $H_{MK}9$, 10) eine intensivere negative Wirkung auf die generalisierten Erwartungen und die Affektbilanz nach Mißerfolg und eine weniger starke positive Wirkung auf die generalisierten Erwartungen und die Affektbilanz nach Erfolg zu erwarten. Bei gleicher Erfolgs- bzw. Mißerfolgsrate wiegt der Mißerfolg daher schwerer als der Erfolg, dessen Zuschreibung auf externale und stabile Kausalfaktoren die Herausbildung stabiler optimistischer Erfolgserwartungshaltungen verhindert und die Affektbilanz nach negativen Erfahrungen nicht ausreichend mit positiven Affekten ‚auffüllen' kann. *Daraus wird ersichtlich, daß Mißerfolg nicht zu überwiegen braucht, um langfristig die Herausbildung negativer Wert-Erwartungs-Bilanzen zu erzeugen.* Bereits vereinzelte Mißerfolge reichen danach für die Bildung negativer Interpretationsmuster aus, die durch einzelne Erfolge nicht kompensiert werden können. Andererseits schützt eine deutlich höhere Erfolgsrate gleichfalls vor der Herausbildung negativer Erwartungshaltungen und Affektbilanzen, die eine pessimistische Situationseinschätzung begünstigen.

Übersicht 10: *Suizidäres Kausalprinzip als Determinante für negative Wert-Erwartungs-Matrizen von Handlungsalternativen zum Suizid bzw. Suizidversuch*

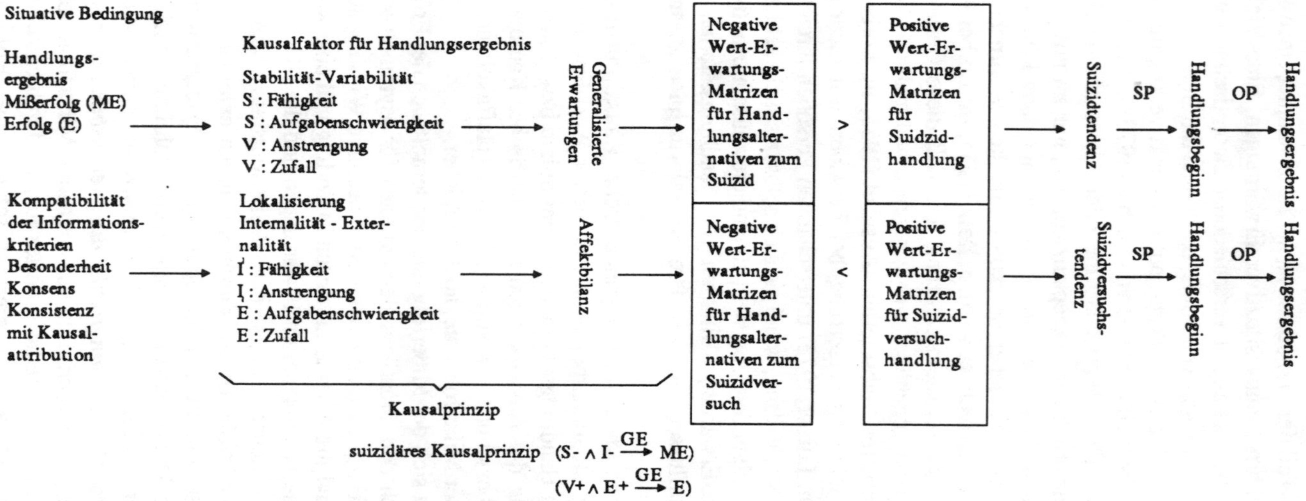

SP : Subjektives Mittelpotential
OP : Objektives Mittelpotential

Eine Dynamisierung des Ansatzes mit Hilfe verschiedener Annahmen über die Erfolgs- bzw. Mißerfolgsraten führt bei dem Versuch, Selbstmord und Selbstmordversuch auf der Ebene suizidärer Kausalprinzipien zu differenzieren, d.h. beiden Verhaltensweisen unterschiedliche Kausalprinzipien zuzuordnen, zu unterschiedlichen Voraussagen. Der folgende Abschnitt ist diesem Problem gewidmet.

4.2.2.3.2 Versuch einer theoretischen Differenzierung von Selbstmördern und Selbstmordversuchern auf der Ebene suizidärer Kausalprinzipien

Auf jeder Erklärungsstufe konnten bislang differentielle Bedingungskonstellationen zur Unterscheidung von Suizid- und von Suizidversuchsgefährdeten postuliert werden. Dies soll in diesem Abschnitt auch auf der Ebene suizidärer Kausalprinzipien versucht werden. Ausgangspunkt dabei sind wieder motivationstheoretische Befunde, nach denen nicht nur negative oder positive Leistungsmotive identifiziert wurden, sondern auch die Gesamtmotivation unterschiedlich hoch war. Dabei zeigte sich, daß sich unter den Personen mit hoher negativer Leistungsmotivation zwei Motivkonstellationen mit unterschiedlichen Verhaltenssyndromen herausbildeten (vgl. Atkinson 1964, S. 250). Bei Personen mit hoher Gesamtmotivation war sowohl die positive Leistungsmotivation als auch die negative Furcht vor Mißerfolg stark ausgeprägt, während bei Personen mit niedriger Gesamtmotivation geringe Leistungsmotivation und hohe Furcht vor Mißerfolg vorherrschte. Die Aufspaltung des Motivkonstrukts in Kausal- und Moralprinzipien kann auch bei der neuen Konzeptualisierung dieser drei Motivgruppen von Nutzen sein. Das negative Leistungsmotiv stand empirisch in Verbindung (vgl. Abschnitt 4.2.2.1) mit einer Neigung zu ungünstiger asymmetrischer Kausalattribution. Dabei schied Anstrengung als Erklärung für Erfolgserlebnisse aus, die vor allem auf externale Faktoren zurückgeführt wurden. Personen mit hoher Gesamtmotivation, die sich im Gegensatz zu Personen mit geringer Gesamtmotivation durch höhere Persistenz bei Leistungen ausgezeichnet hatten (vgl. Atkinson 1964, S. 250ff.) könnten danach eine modifizierte, abgeschwächte Kausalattribution bevorzugen, indem sie zwar Mißerfolg für unvermeidlich halten und dafür die eigene Unfähigkeit verantwortlich machen, aber Erfolg für kontrollierbar halten, weil er nicht aus eigener Befähigung, aber durch Anstrengungen erzielt werden kann.

Für Personen, die *zwar negativ motiviert* sind, aber eine *hohe Gesamtmotivation* besitzen, ist demnach eine aktive Grundhaltung und für negativ Motivierte mit geringer Gesamtmotivation eine eher passive Grundhaltung typisch.

Wenn negativ Motivierte mit hoher Gesamtmotivation, die ‚aktiven Pessimisten', den Handlungserfolg auf Anstrengung, einen internalen, aber variablen Erklärungsfaktor zurückführen und den Mißerfolg auf Unfähigkeit, einen internalen, aber stabilen Kausalfaktor, dann ergeben sich etwas günstigere kognitive und affektive Konsequenzen. Zwar verbessern sich nach der Erfolgsattribuierung wegen der angenommenen unveränderten Variabilität des Faktors, die auch eine externale Erfolgszuschreibung auszeichnete, die kognitiven Folgen für die Erwartungsbildung nicht: Erfolg bleibt nach wie vor nur kurzfristig prognostizierbar. Die affektiven Konsequenzen sind aber wegen der internalen Erfolgszuschreibung günstiger. Die Mißerfolgszuschreibung bliebe hingegen unverändert. Unfähigkeitsattribuierung begünstigt sowohl negative generalisierte Erwartungen als auch eine negative Affektbilanz. Vor allem eine langfristige Betrachtung der Entwicklung von generalisierten Erwartungen und Affekten unter Einbeziehung der Erfolgsraten führt bei diesem Attributionsmuster zu unterschiedlichen Voraussagen. Kommt der Mißerfolg nicht häufiger als der Erfolg vor, können sich trotz internaler Mißerfolgsattribuierungen die Zukunftserwartungen und die Affektbilanz in einer stetigen Entwicklung günstig gestalten, wenn auch der Optimismus und die kumulierten positiven Gefühle weniger ausgeprägt sind als im Falle einer positiven Internalität, der Fähigkeitsattribuierung von Erfolg und externalen Zuschreibung des Mißerfolgs. Bei wiederholtem Mißerfolg kommt es nach diesem Attributionsmuster zu einem selbstregulativen Prozeß negativer Internalität mit sich verstärkenden kognitiven und affektiven Folgen. Die Stärke und Rangweite negativer generalisierter Erwartungen nehmen zu und die Affekte kumulieren sich in einer negativen Affektbilanz. Als Folge davon könnte die Aufgabe bislang vorherrschender Erfolgsattribuierung auf Anstrengung als Garantie für günstigere generalisierte Erfolgsaussichten und einer besseren Affektbilanz zugunsten rein externaler Erfolgsattribuierung angenommen werden. Dieses Attributionsmuster stellt das ursprüngliche negative Attributionsmuster asymmetrischer Kausalattribution dar und ist bei gegebenen Mißerfolgen Voraussetzung für die Herausbildung einer suizidären, d.h. negativen Wert-Erwartungs-Bilanz.

Die dadurch ausgelösten Bewertungen und Situationseinschätzungen lassen sich als suizidale[126] Phase bezeichnen, während die eingeschränkte negative Internalität der ‚aktiven Pessimisten' ein Attributionsmuster verkörpert, das bei Ausbleiben von Mißerfolgsserien wegen des hohen Anteils internaler Kausalfaktoren zwar relativ günstige Bewertungen zur Folge hat, aufgrund der Variabilität des Kausalfaktors Anstrengung jedoch nur kurzfristige Kontrollierbarkeit garantiert. Die Bewertungsresultate dieses Attributionsmusters und die sie bestimmenden Handlungen, die noch nicht durch Auswegslosigkeit gekennzeichnet sind, können als *präsuizidale Phase* gekennzeichnet werden.

Das Bild des ‚aktiven Pessimisten' paßt nicht zuletzt aufgrund von Untersuchungsergebnissen, die in der Biographie von Selbstmördern keine Kette von Fehlschlägen erkennen lassen, sondern eher einen insgesamt erfolgreichen Lebensweg dokumentieren[127], zu den suizidären Kausalprinzipien, die für Selbstmörder und nicht Suizidversucher charakteristisch sind.

Das folgende Rechenbeispiel (vgl. Übersicht 11) macht bei gleicher Wertverteilung für unterschiedliche Attributionsmuster die unterschiedlichen kognitiven

---

126 Der Terminus ‚suizidal' wird gewählt anstelle des abgeschwächt gebrauchten Wortes ‚suizidär', da eine rein asymmetrische Kausalattribution zusammen mit Mißerfolgsserien die ungünstigsten Wirkfaktorkombinationen für die Herausbildung negativer Wert-Erwartungs-Bilanzen darstellt.

127 Vgl. Abschnitt 2.2.2 für die Mobilitätskarrieren von Selbstmördern.

und affektiven Auswirkungen bei gleicher Erfolgs- bzw. Mißerfolgsrate deutlich. Danach bewirkt eine höhere Erfolgsrate (2 ER = ME) insgesamt einen positiven Wert (S = 3), wenn bei Erfolg und bei Mißerfolg internale Faktoren dominieren und die Stabilität der Kausalfaktoren ungünstig zu Lasten des Erfolgs verteilt ist. Ein Nicht-Suizidgefährdeter, der das positive Gegenstück einer asymmetrischen Kausalattribution bevorzugt – nach Erfolg stabile und internale Kausalattributionen und nach Mißerfolg variable externale –, kommt hingegen auf ein positives ‚Interpretationsergebnis' von S = +1. Extrem negative Bewertungen der Verhaltensergebnisse bei unterstellter höherer Mißerfolgsrate (ER = 2 ME) sind jedoch für die suizidale Phase der Kausalattribution typisch (S = -5). Der optimistisch Gesinnte kann hingegen bei derselben Mißerfolgsrate immer noch auf positive Erfahrungen zurückgreifen (S = +1), die auch nach den entwickelten Vorstellungen die Induktion positiver Ziele und positiver Erfolgserwartungen begünstigt und vor der Wahrnehmung einer als ausweglos erkannten Situation schützt.

Die hypothetischen Zahlenwerte zeigen auch die Verschlechterung generalisierter Zukunftserwartungen und der affektiven Zustände, nachdem der Erfolg nicht mehr auf internale Ursachen zurückgeführt wird (von S = +1 auf S = -5).

Etwas günstiger als die Kausalattributionen Selbstmordgefährdeter gestalten sich die Attributionsmuster der Suizidversuchsgefährdeten. Wenn sie den Mißerfolgsmotivierten mit geringer Gesamtmotivation zugeordnet werden können, deren Grundhaltung auch nach dem Leistungsverhalten als passiv zu bezeichnen ist (vgl. Atkinson 1964, S. 260ff.), dann ist bei dieser Personengruppe der Anteil externaler Erklärungen höher als der Anteil internaler Erklärungen im Vergleich zu den beiden anderen suizid- und nicht-suizidgefährdeten Gruppen. Der Erfolg wird danach der externalen und veränderlichen Ursache – dem Glück – zugeschrieben, während der Mißerfolg auf Unfähigkeit bzw. auf fehlende, aber stabile, d.h. nicht veränderliche Anstrengung und auf eine gleichfalls unveränderliche externale Ursache – die Aufgabenschwierigkeit – zurückgeführt wird. Unabhängig vom Verhaltenserfolg – Erfolg oder Mißerfolg – dominieren daher subjektive Erklärungen, die eigene Anstrengungen oder Aktivitäten sinnlos erscheinen lassen.

Bei der Interpretation von Erfolg und Mißerfolg ergibt sich nach diesem überwiegend externalen Attributionsmuster aufgrund der zu erwartenden kognitiven und affektiven Konsequenzen der Eindruck, hilflos und ausgeliefert zu sein. Erfolg läßt wegen der instabilen Glückszuschreibung keine Zukunftsperspektive zu, während bei der stabilen und internalen Unfähigkeitszuschreibung nach Mißerfolg der Eindruck eines fortdauernden Mißgeschicks entsteht, das allenfalls in affektiver Hinsicht durch die Wirksamkeit des gleichfalls stabilen, aber externalen Kausalfaktors der Aufgabenschwierigkeit abgemildert wird.

Zu erklärendes Verhalten SM : Selbstmord SMV : -versuch	Kausalfaktoren Art- und Verhaltensergebnis	Kausalfaktoren Dimension	Generalisierte Erwartungen (GE)	Affektbilanz (AB) ER = + 1 ME = - 1	Affektbilanz (AB) Summe	AB + GE	Präsuizidal (a) Erfolg weil Anstrengung ER > ME 2 > 1	Präsuizidal (a) Summe	Suizidal (b) Erfolg weil Glück ER < ME 1 < 2	Suizidal (b) Summe
Selbstmord suizidal präsuizidal	Erfolg, weil Glück	E/V (b)	0	0 + 1	+ 1	+ 1			(+ 1) 1 = 1	
	Anstrengung	I/V (a)	0	+ 1 + 1	+ 2	+ 2	(+ 2) 2 = 4			
	Mißerfolg, weil Unfähigkeit	I/S	- 1	- 1 - 1	- 2	- 3	(- 3) 1 = - 3	+ 1	(- 3) 2 = - 6	- 5
Nicht-suizidal	Erfolg, weil Fähigkeit	I/S	+ 1	+ 1	+ 2	+ 3	(+ 3) 2 = 6		(+ 3) 1 = + 3	
	Mißerfolg, weil Pech	E/V	0	0 - 1	- 1	- 1	(- 1) 1 = - 1	+ 5	(- 1) 2 = - 2	+ 1
						AB + GE	ER > ME 2 > 1	Summe	ER < ME 1 < 2	Summe
Selbstmord-versuch	Erfolg, weil Glück	E/V	0	0 + 1	+ 1	+ 1	(+ 1) 2 = 2		(+ 1) 1 = + 1	
						(2 AB + 2 GE) / 2				
	Mißerfolg, weil konstant fehlende Anstrengung	I/S	- 1	- 1 - 1	- 2	- 3)				
						) - 5/2	(- 5/2) 1 = - 2,5	- 0,5	(- 5/2) 2 = - 5	- 4
	schwierige Aufgabe	E/S	- 1	0 - 1	- 1	- 2)				

Übersicht 12: *Hypothetische Wertverteilung zur Berechnung der Affektbilanz und der Generalisierten Erwartungen*

Hypothetische Wertverteilung für Kausalfaktor und Verhaltensergebnis zur Berechnung der *Affektbilanz*		
(1) Erfolg (ER)	=	+ 1
Mißerfolg (ME)	=	− 1
(2) Lokalisierung des Kausalfaktors (KF)		
Externalität bei Erfolg (E)	=	0
Internalität bei Erfolg (I)	=	+ 1
Externalität bei Mißerfolg (E)	=	0
Internalität bei Mißerfolg (I)	=	− 1
Hypothetische Wertverteilung für unterschiedlich dimensionierte Kausalfaktoren zur Berechnung der *Generalisierten Erwartungen*		
Stabilität des Kausalfaktors (KF; S)		
Stabilität bei Erfolg (S)	=	+ 1
Varibialität bei Erfolg (V)	=	0
Stabilität bei Mißerfolg (S)	=	− 1
Variabilität bei Mißerfolg (V)	=	0

Berechnet man die Effekte der suizidären Kausalattribution von Suizidversuchsgefährdeten im nachfolgenden Rechenbeispiel, ergibt sich im Vergleich zur nicht-suizidären Kausalattribution sowohl bei einer überwiegenden Erfolgsrate als auch bei einer höheren Mißerfolgsrate jeweils ein ungünstigerer Wert, wenn die kognitiven und affektiven Folgen summiert werden (S = -5 bei überwiegendem Erfolg und S = -4 bei überwiegendem Erfolg; vgl. Übersicht 11).

Man kann aber auch zeigen, daß Suizidversuchsgefährdete in der präsuizidalen Phase bei jeweils überwiegenden Erfolgserlebnissen im Vergleich zu den potentiellen Selbstmördern, die den Erfolg zumindest kurzfristig über die Anstrengung für beeinflußbar halten, weil er mit Hilfe des variablen und internalen Faktors Anstrengung erklärt wird, schlechter abschneiden (vgl. S = +1 für Selbstmörder und S = -0,5 für Selbstmordversucher). *In der suizidalen Phase bei überwiegenden Mißerfolgen verbessert sich die Lage der Suizidversucher im Vergleich zu der der Selbstmörder.* Die gesamte Bewertung unter der Annahme eines relativ höheren Anteils von Mißerfolgen ergibt für Suizidversucher einen Wert von S = -4 und für Suizidenten S = -5. Dies liegt daran, daß bei überwiegendem Mißerfolg die Suizidversucher – zumindest teilweise – durch den externalen Kausalfaktor die Aufgabenschwierigkeit etwas entlastet werden, obwohl die Ausgangsperspektiven ungünstiger waren. Man könnte daher vereinfacht die beiden *Attributionsmuster von Suizidenten und Suizidversuchern als eine Interpretation charakterisieren, die die Suizidversucher bei Erfolg benachteiligt und bei Mißerfolg begünstigt.* Diese Einschätzung der beiden suizidalen Gruppen wird auf verschiedenen Ebenen durch verschiedene Beobachtungen bestätigt. Es war oben bereits vermutet worden, daß die Wert-Erwartungs-Bilanz für Handlungsalternativen bei Suizidversuchern weniger negativ ausgeprägt ist als die der Selbstmörder (vgl. Abschnitt 3.2.2). Auch scheint die Annahme einer überwiegenden Mißerfolgsrate in der suizidalen Phase für Selbstmordversucher eher zuzutreffen, insofern als die Zahl der negativen Erfahrungen, die sie vor allem im familiären Bereich gemacht haben, relativ hoch ist (vgl. Abschnitt 4.2.2.2.2/II.).

Die Bewertung der Kausalfaktoren unterschiedlicher Attributionsmuster kann noch stärker differenziert werden. Dabei lassen sich – wie eingangs erwähnt – noch weitere Dimensionen der Kausalfaktoren hinzufügen. Im folgenden Beispiel wurde die Stabilität bzw. Variabilität der Kausalfaktoren, von denen vorwiegend kognitive Wirkungen ausgehen sollen, aufgespalten in die Generalität bzw. Spezifität eines Kausalfaktors (vgl. Abramson et al. 1978). Diese Dimension betrifft die Häufigkeit, mit der in der subjektiven Vorstellung dieser Kausalfaktor das Verhaltensergebnis hervorruft. Zum zweiten gibt die Kontrollierbarkeit (vgl. Weiner et al. 1978) an, inwieweit ein Kausalfaktor durch das Individuum manipulierbar ist. Danach könnten die inhaltlich bezeichneten Kausalfaktoren, Glück bzw. Pech, Fähigkeit bzw. Unfähigkeit, Anstrengung und Aufgabenschwierigkeit, wie folgt klassifiziert werden:

Glück/Pech:	external/spezifisch/nicht kontrollierbar
Aufgabenschwierigkeit:	external/generell/nicht kontrollierbar
Fähigkeit:	internal/generell/kontrollierbar; aber
Unfähigkeit:	internal/generell/nicht kontrollierbar
Anstrengung als variabler Kausalfaktor (Suizidenten):	internal/spezifisch/kontrollierbar
Anstrengung als stabiler Kausalfaktor (Suizidversucher):	internal/generell/nichtkontrollierbar

In der nachfolgenden Übersicht (vgl. Übersicht 13) sind die Effekte bei Anwendung verschiedener Attributionsmuster und unterschiedlicher Erfolgs- bzw. Mißerfolgsraten noch einmal zusammengestellt. Dabei kann man wiederum an einer hypothetischen Werteverteilung zeigen, daß eine Differenzierung der Dimensionen die genannten Unterschiede zugunsten der nicht-suizidären Kausalprinzipien und zu Lasten der Suizidgefährdeten in der ‚suizidalen Phase' noch prägnanter abbildet (+7 und +3, wenn der Erfolg überwiegt und +2 bzw. -5, wenn der Mißerfolg überwiegt). Dies ergibt sich daraus, daß die Präferenz von Personen mit nicht suizidären, aber asymmetrischen Kausalattributionen für die Erklärung des Erfolgs mit der eigenen Begabung als einem internalen generellen und auch in der positiven Ausprägung kontrollierbaren Faktor die günstigsten, kognitiven und affektiven Zukunftsaussichten – positive generalisierte Erwartungen und positive kumulierte Affektbilanz – hervorbringt (S = +7). Aber auch ein durch eigene Anstrengung erzielbarer Erfolg wird in der präsuizidalen Kausalattribution der Suizidgefährdeten aufgewertet (S = +5). Bei einem Wechsel zur externalen Erfolgserklärung in der suizidalen Phase vergrößert sich bei gleicher Mißerfolgsrate (2 ME = ER) jedoch der Abstand zu Lasten der Suizidenten. Wie bei der einfachen Dimensionierung nach Internalität und Stabilität schneiden die Suizidversuchsgefährdeten bei über-

Übersicht 13: *Suizidäre und nicht-suizidäre Kausalattributionen nach den Dimensionen internal/external, generell/spezifisch und kontrollierbar/nicht-kontrollierbar bei unterschiedlichen Erfolgs- und Mißerfolgsraten*

	Kausalattribution		Auswirkungen der Kausalattribution			Erfolgs/Mißerfolgsrate			
	Art	Dimension	Generalisierte Erwartungen (GE)	Affektbilanz (AB)	GE + AB	2 ER = ME		ER = 2 ME	
S M	Erfolg, weil	E/s/NK	0/0	0 + 1	1				
	a) Anstrengung	I/s/K	0/+ 1	1 + 1	3	3 x 2 = 6			
	b) Glück							1 x 1 = 1	
	Mißerfolg, weil Unfähigkeit	I/- g/NK	- 1/0	- 1 - 1	- 3	- 3 x 1 = - 3	+ 3	- 3 x 2 = - 6	- 5
Nicht-suizidär	Erfolg, weil Fähigkeit	I/g/K	+ 1/+ 1	+ 1 + 1	4	4 x 2 = 8		4 x 1 = 4	
	Mißerfolg, weil fehlende Anstrengung	I/s/K	0/+ 1	- 1 - 1	- 1	- 1 x 1 = - 1	+ 7	- 1 x 2 = - 2	+ 2
S M V	Erfolg, weil Glück	E/s/NK	0/0	0 + 1	1	1 x 2 = 2		1 x 1 = 1	
	Mißerfolg, weil Pech	E/s/NK	0/0	0 - 1	- 1 } - 4/2				
	fehlende Anstrengung	I/g/NK	- 1/0	- 1 - 1	- 3	- 2 x 1 = - 2	0	- 2 x 2 = - 4	- 3

Hypothetische Wertverteilung: Generalisierte Erwartungen Affektbilanz

s = 0		E = 0
g = 1 (ER)		I = 1 (ER)
-g = 1 (ME)		I = - 1 (ME)
k = 1		nach ER: + 1
NK = -1		nach ME: - 1

Übersicht 14: *Differentielle und gemeinsame Erklärungsfaktoren für Selbstmord und Selbstmordversuch auf vier Erklärungsstufen*

	Kausalprinzipien	Motivkorrelate	Wert-Erwartungs-Matrizen	Mittelpotential
Selbstmordspezifische Erklärungsfaktoren (SM)	Kausalprinzipien Erfolg weil Anstrengung (I/V oder I/s/k) Mißerfolg weil Unfähigkeit (I/S oder I/g/nk)	Motivkorrelate Negative Leistungsmotive mit hoher Gesamtmotivation	Wert-Erwartungs-Bilanz für Selbstmordtendenz ist negativ und schwächer negativ als Wert-Erwartungs-Bilanz für Handlungsalternativen zum Selbstmord, die stärker negativ als Handlungsalternativ zum SMV ist	Subjektiv attraktives/ objektives Mittelpotential für Selbstmordhandlung
Gemeinsame Erklärungsfaktoren für Selbstmord und Selbstmordversuch (SM/SMV)	Erfolg, weil Glück (E/s/nk oder E/V)	Mißerfolgsmotiv hoch	Wert-Erwartungs-Bilanz für Handlungsalternativen zu suizidalen Handlungen negativ	
Selbstmordversuchsspezifische Erklärungsfaktoren (SMV)	Mißerfolg, weil Pech (E/s/nk oder E/V) Mißerfolg, weil fehlende Anstrengung (I/V oder I/g/nk)	Negative Leistungsmotive mit geringer Gesamtmotivation	Wert-Erwartungs-Bilanz für Selbstmordversuchstendenz positiv bei negativer Wert-Erwartungs-Bilanz für Handlungsalternativen zum SMV, die schwächer ausgeprägt ist als die für Handlungsalternativen zum SM	Subjektiv attraktives/ objektives Mittelpotential für Selbstmordversuchshandlung
Abhängige Variablen Erklärungsstufen	Generalisierte Erwartungen Affektbilanz	Wert-Erwartungs-Matrizen für Handlungsalternativen zu suizidalen Handlungen	Handlungstendenz zum Selbstmord bzw. Selbstmordversuch	Handlungsbeginn/ Handlungsergebnis
	MOTIVATIONSMODELL IV		INSTRUMENTALITÄTS-MODELL III	HANDLUNGS- /ERGEBNIS-MODELL II I

wiegendem Erfolg am schlechtesten ab, bei zunehmendem Mißerfolg verschlechtert sich die kognitive Perspektive und die Affektbilanz jedoch in geringerem Maße, so daß der Unterschied zwischen beiden Gruppen bei drei Kausaldimensionen deutlicher ausfällt als bei der zweifachen Dimensionierung in Übersicht 11 (S = -3 gegenüber S = -5).

Zusammenfassend zeigt die Übersicht 14 die unterschiedlichen und identischen Bedingungskonstellationen für Suizid- und Suizidversuchsgefährdete, wie sie bisher auf den verschiedenen Erklärungsstufen herausgearbeitet wurden.

Im folgenden werden die Hypothesen über suizidäre Kausalprinzipien mit den theoretischen Alternativen der sozialen Lerntheorie von Rotter, der Theorie der gelernten Hilflosigkeit und der kognitiven Selbstmordtheorien konfrontiert. Insgesamt stellt aber der attributionstheoretische Ansatz vor allem eine empirisch prüfbare, informative Alternative zu den Aussagen des symbolischen Interaktionismus dar, weil die situationale Bedeutung und subjektive Interpretation von Ereignissen mit Hilfe der detaillierten Kausalattribution Prozesse erfaßt und diese im Hinblick auf Handlungsfolgen bestimmt werden[128].

4.2.2.3.3 Suizidäre Kausalprinzipien und theoretische Alternativen

4.2.2.3.3.1 Suizidäre Kausalprinzipien und external Kontrollerwartungen von Rotter

Das Konzept der ‚generalisierten Kontrollerwartungen' von Rotter[129] ist als Persönlichkeitskonstrukt aufzufassen, aber theoretisch in die soziale Lerntheorie von Rotter nicht integriert. Man könnte jedoch angesichts der strukturellen Ähnlichkeit der Motivationstheorie und der sozialen Lerntheorie[130] eine Einordnung des Persönlichkeitskonstrukts ‚generalisierte Kontrollerwartungen' in den vorliegenden Ansatz versuchen. Dann manifestiert sich das Persönlichkeitskonstrukt der generalisierten Kontrollerwartungen in den generalisierten Erwartungen, die ihrerseits durch die Zahl der gemachten Erfahrungen, die situative Bedingung der Erfolgsrate im vorliegenden Ansatz, bestimmt werden. Externale wären danach gekennzeichnet durch vorwiegend negative generalisierte Erwartungen. Dies bringt auch Lefcourt in der zusammenfassenden Charakterisierung zum Ausdruck:

„It would be fair to conclude that internal control expectations about personally important events, that are to some reasonable degree controllable, will be related to signs of vitality – affective and cognitive activity which indicates an active grappling with those self-defined

128 Vgl. Douglas 1966; Teicher und Jacobs 1966; vgl. zur Kritik des symbolischen Interaktionismus Lindner 1979.

129 Vgl. Rotter 1960, 1966, 1971.

130 Zu einer Darstellung der sozialen Lerntheorie von Rotter und ihrer Kritik vgl. Lindner-Braun 1976, S. 279ff. sowie Abschnitt 4.2.1.1 und Anm. 2, S. 21. Eine Gegenüberstellung der Attributionstheorie von Weiner und der sozialen Lerntheorie von Rotter befindet sich in Übersicht 7, S. 133.

important events. Where fatalism or external control beliefs are associated with apathy and withdrawal, the holding of internal control expectancies presages a connection between an individual's desires and subsequent actions" (Lefcourt 1976, S. 151f.)

Internalität bzw. Externalität ist aber eine Dimension der Kausalattribution. Das Persönlichkeitskonstrukt der Kontrollerwartungen läßt sich daher entsprechend dem an der Weinerschen Kausalattribution illustrierten Variablenmodell gleichfalls als Kausalprinzip auffassen (vgl. Übersicht 7, S. 133), das aus der Kontrolldimension und daraus resultierenden kognitiven Auswirkungen, den generalisierten Erwartungen, besteht und als intervenierende Variable die Beziehung zwischen der Erfolgsrate und den situationsspezifischen Erwartungen interpretiert. Die internalen oder externalen Kontrollerwartungen repräsentieren dann mit der Kausalattribution und ihren vermuteten kognitiven Auswirkungen, den generalisierten Erwartungen, das ‚Rottersche Kausalprinzip'.

Ein Vorteil dieser Zuordnung besteht darin, daß die Unzulänglichkeiten des Konzepts deutlich werden. Einmal wird – wie oben bereits erwähnt – nur eine Kausaldimension berücksichtigt. Die Stabilität oder Generalität einer Kausalattribution wird nicht expliziert. Zum anderen fehlen die affektiven Auswirkungen sowie die Bedingungen, unter denen das Kausalprinzip vom Handelnden auf das Verhaltensergebnis angewandt wird. Besonders die letzte Unterscheidung förderte das Phänomen der asymmetrischen Kausalattribution zutage. Diese Defizite könnten auch erklären, warum die Anwendung des ‚Rotterschen Kausalprinzips' auf suizidales Verhalten empirisch nur unzureichende Resultate liefert.

Suizid- oder Suizidversuchsgefährdete – unterschiedliche Kausalprinzipien sind nicht ableitbar – wären nach diesen theoretischen Vorstellungen als Externale einzustufen: Die Zuschreibung von Verhaltenserfolgen auf externale Ursachenfaktoren hätten Pessimismus, Apathie – diese Begriffe wären den negativen generalisierten Erwartungen zuzuordnen – zur Folge, die nach den theoretischen Aussagen situationsspezifische negative Erwartungen induzieren würden und vorwiegend negative Erlebnisse voraussetzen würden. Die letztere Annahme, daß Suizidgefährdung mehrheitlich zu den Gescheiterten oder Unterprivilegierten zu rechnen wäre, wurde bereits oben als wenig begründet zurückgewiesen, aber auch der Zusammenhang zwischen Externalität und Suizid ist nicht einheitlich.

Boor (1976) fand in einer für die Bevölkerung der USA repräsentativen Studie, daß die Zunahme der Selbstmordrate in der Altersgruppe der 15- bis 24jährigen und der 25- bis 34jährigen mit einer Zunahme des Anteils von Externalen gegenüber Internalen nach der I-E-Skala von Rotter (vgl. 1966) verbunden war, während die Selbstmordrate der über 65jährigen bis 74jährigen und der 74- bis 84jährigen mit einer linear abnehmenden bzw. nonlinearen Fluktuation signifikant mit externalen Orientierungen korrelierte. Für einige Altersgruppen bestand also ein Zusammenhang zwischen Selbstmordhäufigkeit und externalen Kontrollerwartungen[131].

131 Die Untersuchung von Boor (1976) ist aus methodischen Gründen wenig aufschlußreich. Erstens sind die Populationen, deren I-E-Wert erfaßt und deren Selbstmordrate ermittelt wurde, verschieden. Bei den Personen, deren I-C-Wert erfaßt wurde, handelte es sich um Studenten, eine im Hinblick auf das Selbstmordverhalten, die kritische Va-

Andere Untersuchungen lassen ohne Altersgruppenspezifizierung keinen einheitlichen statistisch bedeutsamen Zusammenhang zwischen Externalität und vollendetem Selbstmord erkennen (vgl. Lester 1973). Erklärungen für diese widersprüchlichen Befunde gibt es mehrere. Erstens weist die I-E-C-Skala von Rotter beträchtliche Mängel auf, die sich auch in stark variierenden Reliabilitätskoeffizienten niederschlagen (vgl. Joe 1971)[132].

Zweitens könnten die genannten theoretischen Defizite die Inkonsistenzen erklären. Die I-E-C-Skala erfaßt von den hier entwickelten suizidären Kausalprinzipien lediglich die negativen generalisierten Erwartungen. Danach sind Suizidgefährdete nach den hier entwickelten Vorstellungen in der präsuizidalen Phase aber vorwiegend internal orientiert, und zwar partiell bei der Erklärung von Erfolgserlebnissen, aber auch bei der Erklärung von Mißerfolgserlebnissen. In der suizidalen Phase ist es insbesondere die Selbstverantwortlichkeit für erfahrene Mißerfolge und eine Abnahme wahrgenommener Selbstverantwortlichkeit für die selteneren Erfolge – hier also nur einer Zunahme der externalen Orientierung – die kognitiv oder affektiv negative Zukunftseinschätzungen hervorruft. Soweit also die Konsequenzen erfaßt werden – z.B. in Form von Pessimismus oder Apathie – besteht eine Übereinstimmung mit den hier entwickelten suizidären Kausalprinzipien. Soweit die Determinanten dieser Konsequenzen als überwiegend externale Kausalattribution erfaßt wurden – vor allem ohne Explikation des bewerteten Verhaltenserfolges –, widersprechen sie den motivationstheoretisch begründeten suizidären Kausalprinzipien. Auf den kurzen Nenner gebracht lauten sie: *Nicht Externalität ist gefährlich, sondern einseitige Internalität, wenn diese den Mißerfolg als unvermeidbar und selbstverantwortet ansieht. Externalität wirkt sich nur insoweit ungünstig aus, als sie im Zusammenhang mit erklärten Erfolgserlebnissen kaum dauerhafte optimistische Zukunftsaussichten bedingt und die Affektbilanz nur unzureichend mit positiven Erlebnissen auffüllt.*

Einheitlicher sind die Befunde hinsichtlich eines festgestellten Zusammenhangs zwischen Externalität und Suizidversuch bzw. Depressivität[133]. Weil Depressive auch stark suizidversuchsgefährdet sind (vgl. Abschnitt 4.2.2.3.3.2), könnte geprüft werden, ob Suizidversucher durch eine dominierend externale Orientierung charakterisierbar sind. Obwohl nach dem ‚Rotterschen Kausalprinzip' zwischen Suizid und Suizidversuchsgefährdung keine Unterscheidung möglich ist, könnte die Vorstellung einer ‚Fremdbestimmtheit', wie sie auch in der Hilflosig-

---

riable der Korrelationsberechnung, sicher selektive Population. Zum zweiten lassen die geringen Variationsbreiten der I-E-C-Skala darauf schließen, daß die Verteilungsannahmen der Korrelationsstatistiken verletzt wurden. Des weiteren ist auch bei dieser Untersuchung die Gefahr eines ökologischen Fehlschlusses gegeben.

132 Die Items verlangen z.B. einmal unpersönliche Einschätzungen hinsichtlich bevorzugter Kausalattributionen (‚man'), die auch wahrgenommene Fremdurteile widerspiegeln können und persönliche Schätzurteile (‚ich').

133 Vgl. Williams und Nickel 1969; Kaplan 1980, S. 162ff.; Rothbaum 1980; Abramowitz 1969 in: Joe 1971, S. 633. Lambley et al. 1973 fanden hingegen bei Personen, die an Suizid dachten und solchen, die sich nicht mit Suizid beschäftigten, keine unterschiedlichen Kontrollerwartungen.

keitstheorie zum Ausdruck kommt, zumindest auf Suizidversucher in stärkerem Maße zutreffen. Dies würde mit den suizidären Kausalprinzipien motivationstheoretischer Herkunft auch insoweit eher übereinstimmen, als Suizidversucher im Vergleich zu Suizidgefährdeten und auch im Vergleich zu der defensiven Orientierung von Erfolgsmotivierten, die abhängig vom Erfolg die jeweils ‚günstigere' Erklärung für ihre Handlungsergebnisse beanspruchen, einen höheren Anteil externaler Kausalattributionen aufweisen. Als unkontrollierbar und auch nicht durch die eigene Person beeinflußbar hatte danach der Erfolg gegolten, aber auch der Mißerfolg war teilweise mit äußeren Faktoren in Verbindung gebracht worden. Außerdem wurde aber der Mißerfolg nach diesen Vorstellungen internalen Ursachenfaktoren, die aber gleichzeitig außerhalb der Kontrolle des Individuums liegen, zugeschrieben. Auch hier ist denkbar, daß die Erfassung des komplexeren suizidären Kausalprinzips bessere empirische Resultate erbringt.

Das Phänomen der erlernten Hilflosigkeit, das in der Depressionsforschung untersucht wurde, wird im folgenden Abschnitt den suizidären Kausalprinzipien gegenübergestellt. Die Theorie der erlernten Hilflosigkeit und die kognitiven Theorien von Neuringer und Beck können als spezifische Selbstmordtheorien bezeichnet werden. Das untersuchte Hilflosigkeitssyndrom ist eng mit Depressivität verbunden und Depressive wiederum sind stark suizid- und suizidversuchsgefährdet.

4.2.2.3.3.2 Suizidäre Kausalprinzipien und gelernte Hilflosigkeit

In lerntheoretischen Experimenten waren Tiere, die erst durch Bestrafung einer erlernten Flucht- oder Meidungsreaktion auf aversive Reize einem unvermeidbaren Schock ausgesetzt waren, danach nicht mehr in der Lage, einem nun vermeidbaren Schock auszuweichen, d.h., sie verharrten lieber in der bestrafenden Situation, als daß sie die Meidungsreaktion lernten[134]. Dieses Phänomen zeigte sich wiederholt bei Tieren und Menschen[135]. Als Hilflosigkeitssyndrome bei Menschen wurden Leistungszusammenbrüche (Dweck 1975; Dweck und Repucci 1973), Depressivität (Klein et al. 1976), Passivität und Schuldgefühle (Pittman und Pittman 1979) untersucht. Weil Depressive mit einer erhöhten Suizid- und Suizidversuchsrate belastet sind (vgl. A1, E_8), ist dieses Syndrom empirisch und theoretisch relevant für die vorliegende Fragestellung, zumal sich in faktorenanalytischen Untersuchungen herausstellte, daß Verhaltenssyndrome der Hilflosigkeit die meiste Varianz depressiver Zustände erklären können, nicht aber klinische Klassifikationen wie die der endogenen und neurotischen Depression[136]. Während Seligman's Theorie der ge-

134 Vgl. Seligman 1975 und zusammenfassend Tarpy 1975, S. 112.

135 Vgl. Maier und Seligman 1976 und Miller und Norman 1979.

136 Kerry et al. (1975) identifizierten als wichtigsten Faktor Motivationsverlust gefolgt von Hilflosigkeit und Schuldgefühlen. Blatt et al. (1976) bestätigten in ihrer Untersuchung die beiden Faktoren, Schuldgefühle bzw. Selbstkritik und Motivationsverlust ‚dependency': als sich einsam fühlen, bei anderen nahe sein wollen, sich zurückgewiesen fühlen.

lernten Hilflosigkeit als Erklärung des Phänomens vor allem die Non-Kontingenz zwischen eigenem Verhalten und Verhaltensergebnis akzentuiert[137], ist nach Lewinsohn ein Verstärkerdefizit für die Entstehung von Hilflosigkeit verantwortlich (vgl. Lewinsohn 1976).

Die empirischen Untersuchungen sprechen für die Bedeutung beider Faktoren, aber vor allem legen sie eine weitergehende attributionstheoretische Interpretation der Non-Kontingenz nahe. Dweck und Repucci (1973) stellten fest, daß Kinder, die nach Voruntersuchungen als ‚nicht-hilflos' einzustufen waren, auch nach Mißerfolg bei unlösbaren Aufgaben keine gravierenden Leistungsdefizite zeigten, im Vergleich zu ‚hilflosen' Kindern ihren Mißerfolg aber auf fehlende Anstrengung zurückgeführt hatten. Die Non-Kontingenz zwischen Verhalten und Verhaltensmißerfolg war für beide Gruppen gleich, unterschiedlich waren die Attributionsmuster und die resultierende Leistung. Die Effektivität unterschiedlicher Attributionsmuster, die als Interpretation der Non-Kontingenz aufzufassen ist, zeigt sich noch deutlicher in einem Folgeexperiment von Dweck (1975). Hier wurden die nach der I-A-C-Skala – einer auf Leistung beschränkten, aber in Abhängigkeit vom Verhaltensergebnis konstruierten Skala von Crandall zur Erfassung der Kontrollerwartungen – als extrem hilflos eingestuften Kinder unterschiedlichen Belohnungsabfolgen für gezeigtes Verhalten ausgesetzt. In einer Gruppe wurden die Leistungen immer belohnt (100 %ige Verstärkung), in einer zweiten Gruppe bei gleich hoher Anzahl positiver Verstärker in 80 % der Fälle. Nach jedem dieser in der zweiten Gruppe zufällig induzierten Mißerfolgserlebnis wurde auch die nach der Vorgeschichte der Versuchspersonen selten benutzten subjektiven Mißerfolgserklärungen, nämlich fehlende Anstrengung, nahegelegt. Es zeigte sich nun, daß die erfolgsgewohnte Gruppe nach Mißerfolg, der für diese Gruppe der erste war, den üblichen für Hilflosigkeit charakteristischen Leistungszusammenbruch erlitt, während die zweite Gruppe nach diesem Mißerfolg, der für beide Gruppen in gleicher Weise eingeführt wurde, keinen Leistungsabfall hatte und sogar Leistungsverbesserungen verbuchen konnte. Von einer erfolgreichen Attribuierungsinduktion in der zweiten Gruppe zeugten signifikante Verbesserungen der Anstrengungsattribuierungen bei den untersuchten ‚hilflosen' Kindern. Die Ergebnisse widersprechen insofern der Verstärkerdefizittheorie nach Lewinsohn, als die erste Gruppe

137 Vgl. zusammenfassend Tarpy (1975, S. 112). Danach scheint Intensität und Zeitpunkt der verabreichten Schocks das Syndrom nicht zu beeinflussen. Seligman (1975, S. 98) behauptet, daß Non-Kontingenz auch zwischen Verhalten und positivem Verhaltenserfolg ausreichen würde, um Hilflosigkeit hervorzurufen. Nach empirischen Untersuchungen zu urteilen, ist jedoch diese Einfaktortheorie empirisch nicht haltbar. In einer Untersuchung von Benson et al. 1976 zeigten sich die stärksten Leistungsabfälle nach Non-Kontingenz bei aversiven Reizen, während Personen, die für ihre Leistung zufällige positive Erfolgsrückmeldung erhielten (Non-Kontingenz zwischen Verhalten und Verhaltenserfolg) zwar unterdurchschnittliche Leistungen erzielten, aber nicht schlechter waren als eine Kontrollgruppe, die keine non-kontingenten Erfahrungen hatte und in ihrer Leistung vor allem die erstgenannte Gruppe, die antwortunabhängige Mißerfolgsmeldungen erhielt, überflügelte. Ähnlich stellten Koller und Kaplan (1978) eine zusätzliche Entmotivierung bei negativen Verstärkern fest.

mit den meisten relativen Erfolgserlebnissen am stärksten mit Hilflosigkeit bzw. Leistungszusammenbrüchen reagierte. Non-Kontingenz, d.h. Mißerfolg, wurde auch von beiden Gruppen erfahren, aber nur in der Gruppe, in der ‚hilfreiche', d.h. im Sinne der suizidären Kausalprinzipien internale und variable, d.h. veränderliche Mißerfolgsattribuierungen gelehrt wurden, blieb das Hilflosigkeitssyndrom aus. Weil Non-Kontingenz in beiden Gruppen beobachtbar war, Hilflosigkeit aber nur in der Gruppe ohne Attribuierungsanreiz eintrat, spricht dies gegen die Non-Kontingenz-These von Seligman, wobei allerdings die unterschiedlich hohe Mißerfolgsrate – 20 % in der mit adäquaten Attribuierungen ‚therapierten' Gruppe – nicht innerhalb der Seligmanschen Theorie interpretierbar ist[138] und mit dem entlastenden Attributionsmuster konfundiert ist.

Auch die Untersuchung von Klein et al. (1976) zeigt, daß Non-Kontingenz zwischen Verhalten und Verhaltenserfolg bei depressiven wie auch bei nicht-depressiven Studenten, die sie durch unlösbare Aufgaben erfahren hatten, zu gravierenden Fehlleistungen führte. Sie verbesserten aber ihre Leistungen, nachdem sie nicht persönliche Inkompetenz, sondern die Schwierigkeit der Aufgabe – in diesem Falle eine externale und stabile Ursache – für den Mißerfolg verantwortlich machten. Des weiteren bestätigt Rizley (1978) die in den suizidären Prinzipien enthaltenen asymmetrischen Kausalprinzipien auch für Depressive: Nach Erfolg waren Depressive seltener als Nicht-Depressive von der eigenen Fähigkeit als Ursache für den Erfolg überzeugt, während sie den Mißerfolg im Gegensatz zu Nicht-Depressiven auf die eigene Unfähigkeit[139] zurückführten. Die lerntheoretische konzeptualisierte Variable der Non-Kontingenz zwischen Response (Verhalten) und positivem bzw. aversivem Stimulus (negatives oder positives Verhaltensergebnis) ruft nach diesen Befunden nicht immer Hilflosigkeit hervor, auch die Richtung des Verhaltensergebnisses ist nicht in gleichem Maße bei der Entstehung von Hilflosigkeit beteiligt. Dies wird auch bei Untersuchungsergebnissen der Non-Kontingenz-Hypothese von Seligman deutlich, wenn man die Instruktionen für den ‚unvermeidbaren' Mißerfolg detaillierter im Hinblick auf mögliche Veränderung von Kognitionen der Versuchsteilnehmer betrachtet. Im Experiment von Hiroto (1974) wurde während des Hilflosigkeitstrainings, dem Internale und Externale ausgesetzt waren, wahrheitswidrig gesagt, daß die unangenehmen Geräusche abzustellen seien. Glaubten die Versuchspersonen diesen Instruktionen, mußten sie den Mißerfolg, den sie bei der erfolglosen Manipulierung des Geräusches erfuhren, als selbstverursacht wahrnehmen. Externale Attributionen waren demnach den Instruktionen zufolge auszuschließen. Tennen und Eller (1977) und Frankel und

138 Im vorliegenden Ansatz wurde eine Beziehung zwischen der Zahl der Mißerfolge und den ungünstigen Auswirkungen asymmetrischer Kausalattribution aufgestellt. Die Zahl der Mißerfolge kann sich aber nur im Zusammenhang mit ungünstigen Kausalattributionen auswirken, d.h. erst bei gleicher Attribution würden mehr Mißerfolge die kognitiven und affektiven Auswirkungen verstärken. Im Experiment von Dweck hatte die Gruppe mit der höheren Mißerfolgsrate jedoch günstige Zukunftsaussichten und die Affektbilanz entlastende Attributionen gelernt.

139 Ähnlich Menapace und Doby 1976.

Snyder (1978) benutzten diese Instruktionen explizit, um eine durch non-kontingente Rückmeldung erlebte Unlösbarkeit und experimentell erzeugte Hilflosigkeit mit dem Hinweis abzubauen, daß es sich um besonders schwierige Aufgaben handelt, während der Hinweis auf mittelschwere Aufgaben, die Leistungsbeeinträchtigung in der Untersuchung von Frankel und Snyder nicht rückgängig machte. Der Hinweis auf den Schwierigkeitsgrad der Aufgabe lieferte aber wichtige Informationen über auszuschließende internale Ursachenfaktoren. Großer Schwierigkeitsgrad läßt alle Personen unabhängig von der individuellen Fähigkeit scheitern, während bei nahegelegten mittelschweren Aufgaben internale Ursachenfaktoren nicht auszuschließen sind.

Die attributionstheoretische Interpretation der gelernten Hilflosigkeit nach Seligman scheint nicht nur mit den empirischen Faktoren besser übereinzustimmen, sondern kann auch ein Paradoxon der Hilflosigkeitshypothese lösen[140]: Wenn Non-Kontingenz zwischen Handlung (Reaktion) und Handlungsergebnis (Stimulus) Hilflosigkeit hervorruft, werden implizit und auch wörtlich bei der Beschreibung des Phänomens logisch widersprüchliche Ereignisse miteinander verknüpft, wenn ‚von einem durch eine Person unvermeidbaren Schock' oder ‚von einer für eine Person unlösbaren Aufgabe' als Voraussetzung für das Hilflosigkeitssyndrom, das auch Schuldgefühle einschließt, ausgegangen wird: Eine Person gibt sich dann die Schuld für ein Ereignis, das sie infolge des fehlenden Zusammenhangs zwischen eigenem Verhalten und Verhaltenserfolg nicht verschuldet haben kann. Dieser ‚psycho-logische' Widerspruch läßt sich auflösen, wenn „Folge" und „Ursache" analytisch getrennt werden. Die „Folge" ist behavioristisch konzeptualisiert die Non-Kontingenz zwischen Reaktion und Stimulus. In den Termen der kognitiven Motivationstheorie – wie noch im Kapitel über die zweite Motivkomponente der Anspruchsniveaupräferenz näher zu untersuchen sein wird – entspricht sie der Zieldiskrepanz zwischen dem Verhaltenserfolg, dem erreichten Ziel, und dem angestrebten Ziel. Eine positive Zieldiskrepanz bedeutet, daß das realisierte Ziel – der tatsächliche Verhaltenserfolg – das erwartete Ziel übertroffen hat; eine negative Zieldiskrepanz besagt, daß das realisierte Ziel unterhalb des angestrebten Zielniveaus liegt. Es werden also intendierte Verhaltensweisen in Zieleinheiten ausgedrückt und mit dem tatsächlichen Verhalten, den realisierten Zieleinheiten, verglichen. Diese Unterscheidung macht deutlich, warum Verhalten und Verhaltenserfolg in dem experimentellen Paradigma non-kontingent sind. Das realisierte Ziel, der Verhaltenserfolg, stimmt nicht mit dem intendierten Verhalten überein, und ist dabei unerwünscht. Diese Präzisierung, die nicht nur auf die Erfahrung mit aversiven Reizen abstellt, sondern von vergeblichen Bemühungen ausgeht, reicht jedoch noch nicht aus, das Phänomen der Hilflosigkeit in Form von Selbstbeschuldigungen und Leistungszusammenbrüchen zu erklären. Es wird dabei nur der zweite Teil des Paradoxons, die Folge, beschrieben. Der erste Teil des Paradoxons, die Ursache für die Folge, soll an zwei Beispielen aus Alltagssituationen erläutert werden.

140 Vgl. Abramson und Sackeim (1976) und Abramson et al. (1978) bzw. Miller und Norman (1979) zu einer attributionstheoretischen Revision der Hilflosigkeitstheorie.

Es sind dies die subjektiven Ursachenerklärungen für Non-Kontingenz, als Erklärungen für Ereignisse, die der Akteur *nicht* bewirken konnte.

Ein Lottospieler zeigt wiederholt ein Verhalten – Lottoeinsatz –, der erhoffte Erfolg – der Lottogewinn – bleibt jedoch in der Regel aus. Hilflosigkeit stellt sich danach trotz vorliegender Non-Kontingenz oder auch Zieldiskrepanz nicht ein. Sie ist auch bei einem intensiven aversiven Reiz, z.B. einer unheilbaren Krankheit, nicht die wahrscheinlichste Reaktion nach vielen erfolglosen Bemühungen, z.B. von Angehörigen, aber auch von dem betroffenen Patienten, um eine Heilung. Beide Fälle beschreiben die Erfahrung unvermeidbarer negativer Stimuli. Nach den attributionstheoretischen Vorstellungen bleibt Hilflosigkeit aber aus, weil hier externale Ereigniszuschreibungen vorgenommen wurden; ‚das Pech verhindert den Lottogewinn' und ‚das Schicksal die Heilung'. Nur durch Mißerfolg, der permanent auf internale und stabile Faktoren zurückgeführt wird, stellt sich nach diesen Hypothesen Hilflosigkeit ein.

Führt man beide Determinanten ein – den Mißerfolg bzw. die Zieldiskrepanz und die Kausalattribuierung dieser Ereignisse – entsteht kein ‚psychologisches' Paradoxon. Eine Person kann sich nicht die Schuld für etwas geben, was sie nicht verschuldet hat, sondern sie gibt sich nur die Schuld für einen Mißerfolg, d.h. das Nicht-Erreichen einer erwünschten Zielvorstellung, wenn sie selbst gehandelt hat oder eine Handlung unterlassen hat, und wenn die Person selbst den Mißerfolg zu verantworten hat. Auch die Selbstbezichtigungen, Schuldgefühle und Leistungsabfälle – das oben ausgeführte Hilflosigkeitssyndrom – lassen sich innerhalb der attributionstheoretischen Aussagen präzisieren. Es sind dies die kognitiven und affektiven Konsequenzen einer ungünstigen asymmetrischen Kausalattribution, die im bisher entwickelten Ansatz auch in ihrer Auswirkung auf spezifisches Verhalten untersucht wurden. In der nachfolgenden Übersicht sind die beiden Ansätze noch einmal gegenübergestellt. Das suizidäre Kausalprinzip wurde allerdings nur teilweise dargestellt. Es fehlen die Attributionen nach Erfolg, der in realen Situationen auch bei Mißerfolgsserien auftritt.

Übersicht 15: *Attributionstheoretische Interpretation der ‚gelernten Hilflosigkeit' nach Seligman mit mißerfolgsabhängigem suizidären Kausalprinzip*

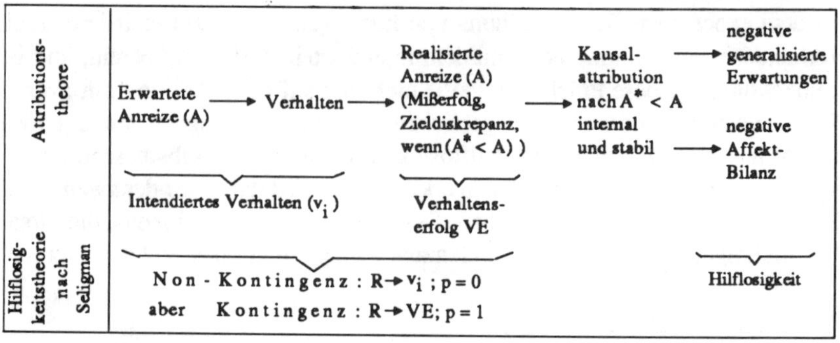

In der Hilflosigkeitstheorie von Seligman wird Non-Kontingenz als unwahrscheinliche Beziehung ($p = 0$) zwischen der Reaktion und dem intendierten Verhalten (v_i) bezeichnet, Kontingenz, aber eine unerwünschte, existiert hingegen zwischen der Reaktion und dem Verhaltenserfolg ($R \rightarrow VE$; $p = 1$). Folge dieser Non-Kontingenz und der unerwünschten Kontingenz ist die Hilflosigkeit. Sie wird im suizidären Kausalprinzip durch die pessimistischen Zukunftserwartungen, die negativen generalisierten Erwartungen und die negative Affektbilanz konzeptualisiert. Sie entsprechen den Folgen einer ‚erfahrenen Hilflosigkeit', die auch nicht über den Verhaltenserfolg definiert werden, sondern aus der Kausalinterpretation des Verhaltenserfolges resultieren. Sie beschreiben ‚Hilflosigkeit', wenn der Mißerfolg, ein negatives Verhaltensergebnis, z.B. dem eigenen Unvermögen angelastet wird, oder aber auch der Erfolg mit zufälligen, externalen, also nicht beherrschbaren und/oder sich auch verändernden, d.h. nur kurzfristig vorhersehbaren Faktoren erklärt wird.

Im Anschluß an die Experimente zur Hilflosigkeit und deren attributionstheoretische Interpretation ist noch ein Phänomen von Interesse. In den oben zitierten Untersuchungen zur Entstehung und Beseitigung von Hilflosigkeit wurden zwar besonders gefährdete Personengruppen identifiziert, es konnte aber Hilflosigkeit auch universell experimentell induziert werden. Dies zeigt, daß jeder in einen Zustand der Hilflosigkeit geraten kann, auch Personen mit internalen Kontrollerwartungen, denen in unserer gegenwärtigen Gesellschaft vor allem hoch geschätzte Attribute wie Optimismus und Aktivität zuerkannt werden (vgl. Lefcourt 1976, S. 151).

Pittman und Pittman (1979) beobachteten in ihrer Untersuchung, daß Internale in einer Situation extremer Hilflosigkeit die höchsten Leistungszusammenbrüche und auch stärkere negative Affekte wie Depressionen zeigten als Externale, während Internale in einer Situation geringer Hilflosigkeit erwartungsgemäß signifikant höhere Leistungen erbrachten. Diese Beobachtung steht nicht im Widerspruch zu den bei Externalen häufiger festgestellten Hilflosigkeitssymptomen (vgl. A3, Tab. 1 a, b)[141]. Vielmehr kann man nach der Versuchsanordnung vermuten, daß – wenn Internale *nach* erfolgreicher Bewältigung der Konzeptbildungsaufgaben die für Internale typischen internalen Erfolgszuschreibungen vorgenommen hatten, ihnen in der darauf folgenden Situation extremer Hilflosigkeit die Zuflucht zu entlastenden internalen und variablen Erklärungen für den Mißerfolg oder zu externalen Kausalattributionen verwehrt war, da es sich um dieselben Aufgaben handelte, die sie zuvor erfolgreich gelöst hatten und – wie sie meinten – aufgrund eigener Befähigung gelöst hatten. Logisch inkonsistente Kausalzuschreibungen, die in Abhängigkeit vom Verhaltensergebnis und zur eigenen Verteidigung gewählt werden, wären dann durch die besonderen Informationen der Situation, in der extreme Hilflosigkeit entsteht, nicht möglich gewesen. Sowohl die Kenntnis der Dispositionen

141 Vgl. z.B. Rothbaum (1980, S. 226f.), wonach Externale häufiger ein ‚inward-behavior' zeigten, das durch Passivität, Rückzug, Ängstlichkeit gekennzeichnet ist. Der Zusammenhang mit Externalität, gemessen mit Hilfe der I-A-C-Skala von Crandall, betrug $r = .54$; $p = .01$. Vgl. auch Abschnitt 4.2.2.3.3.1

für bestimmte Kausalattributionen als auch die der situationalen Informationen, die die kognitiven Schlußfolgerungen mitbestimmen (vgl. Übersicht 14), sind daher für die Erklärung von Vorhersage von Reaktionen aus dem Hilflosigkeitssyndrom erforderlich.

Die dritte theoretische Alternative zu den suizidären Kausalprinzipien wird im folgenden Abschnitt erörtert. Es sind dies die kognitiven Selbstmordtheorien von Neuringer, Beck bzw. Shneidman und Farberow. Sie konzentrieren sich in ihren Aussagen auf kognitive Fehlschlüsse, wie sie für Suizid- und Suizidversuchsgefährdete typisch sein sollen.

4.2.2.3.3.3 Suizidäre Kausalprinzipien und kognitive Theorien

Shneidman und Farberow (1957b) haben als erste Suizidforscher auf die Bedeutung kognitiver Fehlschlüsse als einer Ursache für suizidales Verhalten hingewiesen. Sie unterscheiden Typen ‚fehlerhafter' Logik: ‚catalogic' (Das Selbst ist in bezug auf andere falsch), ‚normal logic', ‚contamined logic' (kulturelles Selbst ist falsch) und ‚paleo logic' (das Selbst ist falsch, pathologisches Selbst). Im Gegensatz zu diesen empirisch wie auch theoretisch schwer nachvollziehbaren Klassifikationen suchte Neuringer nach kognitiven psychometrischen Konzepten, die suizidal Gefährdete von Nichtgefährdeten unterscheiden sollten. Er findet, daß Suizidversuchsgefährdete höhere Rigiditätswerte auf der F-Skala[142] erzielen (1961, 1964) und eine kurzfristige Zeitperspektive haben, die sich in einer beschleunigten Wahrnehmung des Zeitablaufs manifestieren (1976). Stark ausgeprägtes dichotomes Denken – das heißt eine höhere Präferenz für extreme Widerstände – war allerdings nicht nur für Suizidversucher, sondern für alle untersuchten emotional gestörten Personen typisch, d.h. auch für solche Personen, die nicht als suizidversuchsgefährdet, aber als neurotisch oder psychosomatisch Erkrankte eingestuft worden waren (vgl. Neuringer 1961). Die jüngste Depressions- und Selbstmordtheorie stammt von Beck (1972; Bedrosian und Beck 1979). Sie glauben, daß potentielle Selbstmörder in bezug auf das Selbst willkürliche Schlußfolgerungen ziehen, selektiv abstrahieren, d.h. Schlußfolgerungen auf der Grundlage einer statt mehrerer situationaler Faktoren, übergeneralisieren und Schwierigkeiten magnifizieren bzw. minimieren.

Gemeinsam ist diesen Ansätzen die Vermutung, daß kognitive Verzerrungen suizidbestimmend wären. Abweichende, jedoch nicht unbedingt pathologische Kognitionen gehen demnach der suizidalen Handlung voraus, wobei auch hier nicht zwischen Suizid und Suizidversuch unterschieden wird. Des weiteren wird

142 Zu den Ergebnissen und zu der Kritik der Untersuchung von Selbstmördern mit Hilfe von Persönlichkeitstests wie MMPI, Hildreth-feelingscale, Rosenzweig Bildertest, Make-A-Picture-Test vgl. Braun 1971, S. 82ff. Wegen der Vielzahl der getesteten und induktiv gewonnenen Faktoren ist eine theoretische Einordnung und Beurteilung der Faktoren, die im wesentlichen keine stabile Trennung von Suizidgefährdeten und Kontrollgruppen gestatten, nicht möglich.

implizit davon ausgegangen, daß die Schlußfolgerungen negative Bewertungen der eigenen Person beinhalten.

Beim Vergleich mit dem bisher entwickelten Ansatz zur Erklärung von Suizid- und Suizidversuchsverhalten werden eine Reihe von Mängeln sichtbar, die allen drei Ansätzen gemeinsam sind, wobei die Becksche Theorie in einigen Punkten von dieser Kritik auszunehmen ist:

Erstens: Es bleibt offen, wodurch kognitive Fehlleistungen verhaltensrelevant werden. Denkfehler alleine können kein Verhalten bedingen. Die Kausalkette, nach der im vorliegenden Ansatz suizidäre Kausalprinzipien die Bedingungen für Verhaltensdeterminanten beeinflussen – z.B. das Mittelpotential und die Wert-Erwartungs-Matrizen –, fehlen in den Aussagen.

Zweitens: Die kognitiven Fehlleistungen werden nur unzureichend expliziert. Zu welcher Art von verhaltensrelevanter Situationswahrnehmung führt z.B. ein rigider Denkstil oder dichotomes Denken? Was beinhaltet die ‚catalogic' oder ‚contamined logic' bzw. welche semantischen ‚Fehler' oder akzeptierte falsche Prämissen haben welche verhaltensrelevante Folgen?

In den suizidären Kausalprinzipien sind die Folgen asymmetrischer Kausalattribution expliziert – die negativen generalisierten Erwartungen und die Kumulierung negativer Affekte in einer negativen Affektbilanz. Weil die in den kognitiven Selbstmordtheorien genannten kognitiven Fehlleistungen interpretationsbedürftig sind, lassen sich die Hypothesen über die suizidären Kausalprinzipien erst nach einer Präzisierung anwenden. ‚Übergeneralisierung' oder ‚Magnifizierung von Schwierigkeiten' könnten z.B. als negative generalisierte Erwartungen aufgefaßt werden, die allerdings nach dem suizidären Kausalprinzip Konsequenz bestimmter Kausalerklärungen sind und selbst die Situationswahrnehmung und damit das Verhalten beeinflussen. Ähnlich ließe sich die ‚selektive Abstraktion' interpretieren, für die Beck als Beispiel die Kognition nennt: ‚Ich habe einmal einen Fehler gemacht, ich werde immer einen Fehler machen' (vgl. Bedrosian und Beck 1979). Sie wäre dann den negativen generalisierten Erwartungen zuzuordnen, denen ein Mißerfolg vorausging. Nun wird deutlich, daß die subjektive Interpretation des Mißerfolgs eine wichtige, aber nicht explizite Voraussetzung für die Entstehung negativer generalisierten Erwartungen ist.

Ein weiterer Vorteil in theoretischer Hinsicht erscheint bei der Anwendung suizidärer Kausalprinzipien. Meist implizit gehen die Autoren davon aus, daß die kognitiven Verzerrungen mit einer negativen Bewertung der eigenen Person verbunden sind (z.B. Selbsttadel bei Beck), das Verhältnis der Kognitionen zu diesen affektiven Bewertungen bleibt dabei weitgehend unbeachtet. In den suizidären Kausalprinzipien werden die kognitiven und affektiven Konsequenzen hypothetisch mit den Kausalattributionen verknüpft und die affektiven Konsequenzen schließen in Form einer negativen Affektbilanz negative Selbstbewertungen ein.

Drittens: Kognitive Irrtümer unterlaufen nicht nur Suizidgefährdeten, sondern sie sind universell für menschliches Denken charakteristisch. Auch ein mit der Wahrscheinlichkeitsrechnung vertrauter Statistiker mißachtet in seinen Alltagsentscheidungen die Gesetze der großen Zahl und schließt tatsächlicherweise von einer viel zu kleinen Zahl von Fällen auf die Grundgesamtheit (vgl. Kahnemann und Tversky 1979, 1982; Nisbett und Ross 1980)[143]. ‚Übergeneralisation' und ‚selektive Abstraktion' sind daher nicht typisch für Suizidgefährdete. Auch nach dem vorliegenden Ansatz sind logisch inkonsistente Kausalattributionen für Suizid- und für Nicht-Suizidgefährdete typisch. Sowohl Erfolgsmotivierte als auch Mißerfolgsmotivierte und andere soziale Gruppierungen verwenden asymmetrische Kausalattributionen, d.h., sie gebrauchen unterschiedliche Kausalfaktoren für Ereignisse, die nach logischen Kriterien gleich zu behandeln wären: Der Verhaltenserfolg und Verhaltensmißerfolg wird von den verschiedenen suizid- und nicht-suizidgefährdeten Gruppen jeweils mit Kausalfaktoren erklärt, die verschieden und daher zumindest logisch inkonsistent sind. Das Besondere der suizidären Kausalprinzipien ist also nicht ihre logische Inkonsistenz, sondern die Tatsache, daß in Abhängigkeit vom Verhaltenserfolg unterschiedliche Kausalfaktoren mit jeweils nachteiligen oder nur wenig vorteilhaften kognitiven und affektiven Wirkungen attribuiert werden.

Viertens: Sieht man von dem ‚paleogischen Selbst' bei Shneidman und Farberow ab, werden die in den kognitiven Theorien beschriebenen kognitiven Abweichungen zwar nicht als pathologische Abweichungen begriffen, aber sie werden als suizidspezifische Kognitionen aufgefaßt, ohne daß eine Abgrenzung zu pathologischen und nicht-suizidspezifischen bzw. pathologischen und suizidspezifischen Kognitionen möglich würde. Der nicht-pathologische Charakter der suizidären Kausalprinzipien erhellt sich erstens daraus, daß die asymmetrischen Kausalattributionen zwar kognitive Inkonsistenzen beinhalten, diese aber explizit auch bei Nicht-Suizidgefährdeten vorkommen, dann wenn zwar nicht ‚selbstungünstige', aber ‚selbstgünstige' Erklärungen für Erfolg und Mißerfolg ausgewählt werden. Zweitens stellt die Informationsstruktur der sozialen Beziehungen ein Korrektiv für suizidäre und nicht-suizidäre asymmetrische Kausalattributionen dar.

Fünftens: Kognitive Selbstmordtheorien sind ihrer Struktur nach Persönlichkeitstheorien. Der theoretische Bezug zum Verhalten fehlt ebenso wie der Bezug zu situationalen Variablen, die im vorliegenden Ansatz durch die situationalen Wert-Erwartungs-Matrizen abgebildet sind. Es bleibt also die Frage unbeantwortet, in welcher Weise Personen mit ‚fehlerhaften' Kognitionen situationale Reize verarbeiten und wie sich diese Interpretation auf das Verhalten auswirkt.

---

143 Die Tatsache, daß kognitive Fehlleistungen genereller und nicht pathologischer Natur sind, wird auch durch eine Untersuchung von Tuckman und Ziegler (1966) untermauert. Bei einem Vergleich von echten mit simulierten Selbstmordnotizen ergab sich, daß beide Gruppen die zentralen Wörter mit Bezug auf das Selbst und soziale Beziehungen gleich verwandten. Dies ist ein Befund, der mit den logischen Fehlertypen von Shneidman und Farberow, die sowohl das Selbst als auch den sozialen Bezug zum Gegenstand hatten, nicht übereinstimmt oder zumindest erklärungsbedürftig wäre.

4.2.2.3.3.4 *Zusammenfassung:* Suizidäre Kausalprinzipien und theoretische Alternativen

In den vergangenen Abschnitten wurden drei theoretische Alternativen zu den suizidären Kausalprinzipien motivationstheoretischer Herkunft diskutiert. Jede dieser Alternativen akzentuiert im Vergleich einen anderen Aspekt der suizidären Kausalattribution. Die externalen und internalen Kontrollerwartungen – die zuvor in die soziale Lerntheorie von *Rotter* als intervenierende Variable integriert werden konnten – beinhalten nur eine Dimension der Kausalfaktoren – die Lokalisierung einer Ursache – und vernachlässigen die Richtung der mit Hilfe der Kontrollerwartungen zu interpretierenden Verhaltenserfolge oder Mißerfolge, ebenso wie die Folgen metakognitiver Kausalprinzipien unvollständig beschrieben und unzureichend expliziert werden. Selbstmordverhalten wäre aufgrund dieser kognitiven Verhaltenstheorie nur dann zu erklären, wenn man – im Widerspruch zum verfügbaren empirischen Wissen – davon ausginge, daß Selbstmörder aufgrund ihres evidenten Scheiterns in der Gesellschaft in den Tod getrieben werden.

Die Theorie der gelernten Hilflosigkeit von *Seligman* erklärt das Phänomen der Hilflosigkeit mit der Ausweglosigkeit unvermeidbarer aversiver Ereignisse, wobei weniger die Erfahrung aversiver vermeidbarer aversiver Reize als die Erfahrung der Non-Kontingenz zwischen Verhalten und Verhaltserfolg das Hilflosigkeitssyndrom auslösen soll. Beim Vergleich mit den suizidären Kausalprinzipien kann man zeigen, daß Non-Kontingenz behavioristisch definiert zu einem psychologischen Paradoxon führt: ‚Schuldzuweisungen erfolgen für ein unverschuldetes Verhalten'. Dieser Widerspruch entsteht nicht, wenn von Mißerfolg oder einer Diskrepanz zwischen Verhaltenserfolg und intendiertem Verhalten ausgegangen wird, der dann vom Handelnden kausal interpretiert wird. Die Hilflosigkeitstheorie und ihre attributionstheoretische Deutung akzentuiert damit erstens sowohl den Vorteil kognitiver Definition von Verhaltenserfolgen als auch die Notwendigkeit einer weitergehenden, metakognitiven Interpretation durch den Handelnden. Eine Reihe von empirischen Untersuchungen bestätigt, daß ‚Non-Kontingenz' nur bei internaler und stabiler Kausalattribution Hilflosigkeit hervorruft, das als Syndrom auch präziser über die kognitiven und affektiven Wirkungen der Kausalattribution erfaßt wird. Auch Alltagssituationen, in denen Personen z.B. beim fortgesetzten Verlust eines Lottoeinsatzes oder bei der erfolglosen Abwehr einer unheilbaren Krankheit ‚unvermeidbaren aversiven Reizen' ausgesetzt sind, rufen dann keine Hilflosigkeit hervor, wenn diese Mißerfolge dem Pech oder dem Schicksal zugeschrieben werden.

Die dritte Alternative mit dem Status einer speziellen Selbstmordtheorie betrifft die kognitiven Theorien von Neuringer, von Shneidman und Farberow und von Beck. Logisch fehlerhafte Kognitionen sollen für Suizid- und Suizidversuchsgefährdete – hinsichtlich beider Formen suizidalen Verhaltens sind nach keiner drei behandelten Alternativen unterschiedliche Erklärungen möglich – typisch sein. Suizidalen Handlungen gehen danach immer abweichende, nicht unbedingt pathologische Wahrnehmungen voraus. Fehlerhafte Kognitionen in Form ‚selektiver Abstraktion' oder ,Übergeneralisation' (Beck) sind jedoch generell für menschliches Denken typisch. Auch suizidäre Prinzipien sind logisch inkonsistent, weil in Abhängigkeit vom Verhaltenserfolg – einer logisch irrelevanten Unterscheidung – unterschiedliche Kausalfaktoren akzeptiert werden. Das Besondere der suizidären Prinzipien ist jedoch nicht ihre logische Inkonsistenz – diese ,Fehler' unterlaufen auch Personen, die nach dem vorliegenden Ansatz als nicht-suizidgefährdet einzustufen sind -, sondern das Akzeptieren von Erfolgszuschreibungen, die ungünstige oder zu wenig vorteilhafte kognitive und affektive Wirkungen haben. In den suizidären Kausalprinzipien lassen sich die Kognitionen definieren und auch analytisch von den Affekten, als Resultat von Schlußfolgerungen trennen. Außerdem ist eine definitorische Bestimmung ,abweichender' und ,nicht-pathologischer' Kognitionen möglich.

Wenn die kognitiven Theorien die Asymmetrie und logische Inkonsistenz der Kausalprinzipien betonen, werden von Kontrollerwartungen die Dimension der Lokalisierung von den Kausalfaktoren erfaßt, während die Hilflosigkeitstheorie die Verbindung von Verhaltenserfolg, intendiertem Verhalten und Interpretation des Verhaltensergebnisses durch Metakognitionen über das behavioristische Konzept der Non-Kontingenz deutlich macht.

Die folgenden Abschnitte behandeln die empirische Evidenz suizidärer Kausalprinzipien.

4.2.2.3.4 Empirische Evidenz suizidärer Kausalprinzipien

Direkte empirische Evidenz über den Zusammenhang ,suizidärer' Kausalattribution und Suizidverhalten ist nicht verfügbar, weil asymmetrische Kausalattributionen bislang vor allem nur bei negativ bzw. positiv Leistungsmotivierten überprüft wurden und Erhebungen einzelner Dimensionen von Kausalfaktoren – z.B. über vorherrschende Internalität und Externalität – die einseitigen und erfolgsabhängigen Attribuierungen nur partiell erfaßt. Bei Suizidversuchsgefährdeten wurde unter der Voraussetzung gleicher Erfolgs- oder Mißerfolgsrate ein höherer Anteil external lokalisierter Kausalfaktoren angenommen. Der beobachtete engere Zusammenhang zwischen Externalität und Suizidversuchsverhalten wäre deswegen nicht als empirischer Test der obigen Hypothesen aufzufassen (vgl. Abschnitt 4.2.2.3.3.1), er stünde aber im Einklang mit den Hypothesen. Hierbei ist die Untersuchung von Rothbaum (1980) von besonderem Interesse, weil die abhängige Variable ein Verhaltenssyndrom erfaßt, das nicht nur Hilflosigkeit wiedergibt, sondern als ,inward-behavior' bzw. ,outward-behavior' empirisch dem suizidalen bzw. kriminellen Verhalten zuzuordnen ist. Das ,inward-behavior', das Apathie, Rückzug, Passivität und Ängstlichkeit repräsentiert, korrelierte signifikant mit externalen Kontrollerwartungen nach der Skala von Crandall, in der zumindest die Erfolgsabhängigkeit bei der Erhebung der Kausalattribution explizit berücksichtigt wurde[144]. Zahlrei-

144 (r = .54, p = .01).

che empirische Beobachtungen sind aber relevant für die postulierten Folgen ‚suizidärer' Attributionsmuster, der negativen generalisierten Erwartungen und der kumulierten negativen Affektbilanz. Außerdem ist zu prüfen, ob suizidgefährdete soziale Gruppen besondere Attributionsmuster aufweisen, die im Einklang mit den Hypothesen stehen. Dies soll im folgenden für solche sozialen Gruppen geprüft werden, die in Form von Alters- und Geschlechtsklassen heute wichtige Segmente der Gesellschaft darstellen. Empirisch relevant sind dabei vor allem die Attributionsmuster. Die Zahl der Mißerfolge und situationsspezifische Informationen über ‚richtige' Verhaltensursachen, die Kausalfaktoren, konstituieren hingegen gesellschaftliche Strukturbedingungen, wie sie im zweiten Teil der Arbeit zur Anwendung der bisher formulierten Hypothesen in sozialen Institutionen im einzelnen zu prüfen sein werden. Ihre Kenntnis gestattet vor allem die Erklärung der unterschiedlichen Suizidgefährdung bestimmter Berufsgruppen. Aber auch die Erklärung bekannter sozialer Ereignisse, z.B. Krieg oder tiefgreifende soziale Umwälzungen, während derer die Suizidgefahr rückläufig ist, oder die Identifizierung neuer sozialer Situationen mit veränderter Selbstmordgefahr, ist aufgrund dieser Hypothesen über so definierte Strukturmerkmale sozialer Beziehungen in sozialen Institutionen möglich.

Zunächst soll die empirische Evidenz für das Auftreten negativer generalisierter Erwartungen und einer kumulierten negativen Affektbilanz als Folge suizidärer Kausalattribuierungen unter Suizidenten geprüft werden.

4.2.2.3.4.1 Negative generalisierte Erwartungen und suizidales Verhalten

Nach dem hier entwickelten Ansatz gehören negative generalisierte Erwartungen zu den Folgen von Kausalattribuierungen. Sie lassen sich als Teil der Prämissen über die Wirkung von Kausalfaktoren darstellen. Im Gegensatz zu situationsbezogenen Erklärungen eines spezifischen Verhaltenserfolges sind negative generalisierte Erwartungen prospektiv auf Klassen von Situationen ausgerichtet. Sie beeinflussen danach als Teil der komplexeren suizidären Kausalprinzipien (vgl. Übersicht 10) wahrgenommene Anreizkonstellationen und ihre Realisierungschancen. In Untersuchungen über Selbstmörder und Selbstmordversucher gibt es eine Reihe von empirischen Daten, die – obwohl sie aus verschiedenen Untersuchungen stammen und auch das theoretische Konzept der negativen generalisierten Erwartungen als situationsübergreifende subjektive Wahrscheinlichkeitsrechnungen nicht genau wiedergeben – doch in ihrer Vielzahl zugunsten eines Zusammenhangs zwischen generalisierten negativen Erwartungen und suizidalem Verhalten sprechen. So könnten einige der Befunde, die in Abschnitt 3.1.2.2 zugunsten dominierend negativer situationsspezifischer Erwartungen zitiert wurden, aufgrund eines fehlenden Situationsbezugs auch in diesem Abschnitt erwähnt werden. Dies demonstriert jedoch vor allem die fehlende theoretische Verankerung der meist induktiv gewonnenen empirischen Daten. Ähnlich ist auch die Hopelessness-Skala von Beck (Bedrosian und Beck 1979) zu beurteilen, die zur Erfassung des Suizidrisikos entwickelt wurde. Es kommen dabei[145] situationsübergreifende negative Erwartungen zum Ausdruck.

Aufschlußreich ist die Untersuchung von Maris, weil hier die in den Vergleichsgruppen geäußerte bzw. von Angehörigen vermutete Hoffnungslosigkeit in den beiden suizidalen Gruppen am ausgeprägtesten war. Für über die Hälfte (53 %) der Suizidenten und Suizidversucher war Hoffnungslosigkeit charakteristisch, während in der Gruppe derer, die eines natürlichen Todes gestorben waren, aber an einer Krankheit gelitten hatten – hier also auch wegen der Krankheit die generellen Zukunftserwartungen negativ sein konnten – nach Angaben der Angehörigen nur 27 % unter Hoffnungslosigkeit gelitten hatten (vgl. Maris 1981, S. 219-224 und Tab. 9, A3). Auch die Frage nach blockierten Aspirationen wurde in beiden suizidalen Gruppen signifikant häufiger bejaht als in der Vergleichsgruppe (vgl. Tab. 8, A3)[146].

Negative generalisierte Erwartungen werden auch partiell – konfundiert mit ungenügend spezifizierten Kausalfaktoren – in der Rotterschen Skala der generalisierten Kontrollerwartungen erhoben (vgl. Abschnitt 4.2.2.3.3.1). Die damit beobachteten inkonsistenten Ergebnisse auf gesamtgesellschaftlichem Niveau gehen angesichts der Mängel des Meßinstruments nicht zu Lasten der behaupteten Beziehung zwischen negativen generalisierten Erwartungen und suizidalem Verhalten. Die I-A-C-Skala von Crandall ist wegen der explizierten erfolgsabhängigen Kontrollerwartungen und der größeren Homogenität besser dazu geeignet, negative generalisierte Erwartungen zu erfassen. In der Untersuchung von Rothbaum (1980) wird damit ein Zusammenhang zwischen ‚negativen' und externalen Kontrollerwartungen nach der Crandallschen Skala bei Suizidversuchern bestätigt (vgl. Abschnitt 4.2.2.3.3.1).

Auch die Beziehung zwischen suizidalem Verhalten und negativer Affektbilanz, die die situationsspezifischen Anreizkonstellationen und ihre wahrgenommenen Realisierungschancen beeinflussen soll, gewinnt durch eine Reihe empirischer Beobachtungen empirische Plausibilität.

---

145 „Ich kann ebenso gut aufhören, ich kann die Dinge für mich nicht besser machen" (W). „Wenn etwas schief läuft, dann hilft es mir zu wissen, daß das nicht ewig dauern kann" (F). „Ich erwarte, daß sich mir mehr gute Seiten des Lebens zeigen werden als anderen Leuten" (F). „Ich habe nie das bekommen, was ich gewollt habe, darum ist es sinnlos, irgendetwas zu wollen" (W). (F = Falsch, d.h. Zustimmung bedeutet geringe Hoffnungslosigkeit, W = Wahr). Im letzten Item sind drei Variablen konfundiert: 1. negative generalisierte Erwartungen, 2. negative Anreizwerte (‚alles ist sinnlos') und 3. die Zahl vergangener Mißerfolge.

146 Nach Tab. 6, A3 konnten die Suizidversucher weniger ‚wichtige Lebensziele' verwirklichen als die Suizidenten. So lautete die Operationalisierung von Maris (1981, S. 346) für blockierte Aspirationen. Weil die Suizidversucher wesentlich jünger waren, könnte die starke Belastung der Suizidversucher auf diesen Umstand zurückzuführen sein; in jungen Jahren wird man schwerlich davon berichten können, die wichtigsten Lebensziele schon erreicht zu haben.

4.2.2.3.4.2 Negative Affektbilanz und suizidales Verhalten

Die Hypothese, daß dem Selbstmord und dem Selbstmordversuch eine über Kausalattributionen erklärliche kumulierte negative Affektbilanz vorausgeht, kann sich auf eine Vielzahl verschiedener empirischer Daten stützen. Kaplan (1980) fand unter Jugendlichen, die suizidversuchsgefährdet waren, signifikant häufiger als bei delinquenten Jugendlichen Berichte über Verletzbarkeit oder wahrgenommene Schutzlosigkeit. Die Zahl selbstwertbeeinträchtigender Erfahrungen in verschiedenen Lebensbereichen, wobei hier vergangener Mißerfolg wie auch die Bewertung des Mißerfolgs in der Frage konfundiert ist[147], ist unter jugendlichen Suizidversuchern besonders groß. Negative ‚Selbstbewertungen', als zentrale Affekte von besonderer Bedeutung[148] und eine Teilklasse der zu kumulierenden Affekte, werden von vielen Autoren festgestellt. Auch hier kann weniger die Qualität der Untersuchungen als die Replikation durch verschiedene Autoren überzeugen. Motto (1977) berichtet bei 66 der untersuchten Suizidpatienten über anhaltende Selbstunwertgefühle. Farnham-Diggory (1964) fand bei psychotischen Patienten dann geringere Selbstwertgefühle, wenn der relevante Lebensbereich arbeitsorientiert war. Selbstkritik neben einem Mangel an Motivation scheint ein faktorenanalytisch identifizierbarer Faktor bei suizidversuchsgefährdeten Depressiven zu sein (vgl. Blaney 1977). Leonard (1973), ebenso Kamano et al. (1966), die ernsthafte

147 Selbstwertbeeinträchtigende Erfahrungen in der Familie: (r = .37), in der Schule (r = .41), weniger unter Gleichaltrigen (r = .25); Schutzlosigkeit und Verletzbarkeit korrelierte mit Suizidversuch hochsignifikant (r = .36) (vgl. Kaplan 1980, S. 162ff.).

148 Heckhausen (1980, S. 626f.) führt Selbstbewertungen als gesonderte Anreizklasse in sein Handlungsmodell ein. Sie kommen vor allem in leistungsthematischen Situationen vor und setzen sich als Valenzen für Selbstbewertungsfolgen aus den Anreizwerten für Erfolg und Mißerfolg und deren Instrumentalitäten bei der Ausführung von Handlungen zusammen. Damit werden zwar aus antizipierten Leistungserfolgen resultierende Selbstbewertungen erfaßt, ihre Beschränkung auf diese Situation – wie sie durch die Leistungsmotive definiert sind – ist jedoch nicht plausibel. Auch antizipierte Handlungserfolge bei der erfolgreichen oder nicht erfolgreichen Realisierung affiliativer Ziele können zu Selbstbewertungen führen. Mangels weiterführender Definitionen ist auch zu fragen, ob nicht alle Affekte mit Selbstbewertungen unterschiedlicher Intensität verknüpft sind. Selbsttheorien (vgl. Wylie 1961), die in der Regel als Ein-Faktor-Theorie konstruiert sind, sind bislang wenig erfolgreich (vgl. Heckhausen 1980, S. 583ff.). Auch Kaplan's Selbsttheorie zur Erklärung delinquenten Verhaltens – analog auf Suizidverhalten anwendbar – wird entgegen seiner Interpretation durch die Daten nicht bestätigt (vgl. Kaplan 1980, S. 162ff.). In einer jüngsten und methodisch überzeugenden Studie von McCarthy und Hoge (1984) bleibt das Selbstkonzept wiederum ohne empirisch nachweisbaren Bezug zum untersuchten delinquenten Verhalten. Diese Anwendung ist weniger wegen des fehlenden empirischen Erfolgs von Interesse, sondern sie demonstriert den fehlenden Informationsgehalt der zentralen Aussagen.
Eine alternative Vorgehensweise, die auch die motivationstheoretischen Vorstellungen der Selbstbewertung einschließen würde, bestünde darin, den Parameter der Zentralität zur Charakterisierung von Anreizklassen einzuführen. Selbstbewertungen wären dann über Zahl und Endpunkte von Kontingenzbeziehungen strukturell zu definierende zentrale Anreizklassen (siehe S. 71).

und nicht ernsthafte Suizidversuche von Frauen miteinander verglichen, und Lauterbach (1966) beim Vergleich von Jugendlichen mit und ohne suizidale Vorgeschichte, replizierten in ihren Untersuchungen negative Selbstbewertungen unter Suizidversuchern. Ein physiologisches Maß für ausgeprägtere affektive Reaktionen auf aversive Stimuli registrierten Lewinsohn et al. (1973) bei suizidversuchsgefährdeten Depressiven.

Angesichts der wenigen Daten über Selbstmörder auf der individuellen Ebene liefert wieder die Untersuchung von Maris wertvolle Hinweise. Sowohl die Frage nach der Lebensunzufriedenheit als auch die nach der generellen Unzufriedenheit wird von Suizidversuchern und von Selbstmördern im Vergleich zur Kontrollgruppe überwiegend bejaht. 45 % der Suizidversucher waren nach ihren eigenen Angaben und 25 % der Selbstmörder nach denen ihrer Angehörigen mit dem bisherigen Leben vor dem Tode sehr unzufrieden gewesen gegenüber nur 6 % der Personen, die eines natürlichen Todes gestorben waren (vgl. Maris 1981, S. 164, Tab. 7, A3). Generell unzufrieden waren jeweils ein Drittel beider suizidaler Gruppen (39 % der Suizidversucher und 32 % der Suizidenten gegenüber 6 % der Kontrollgruppe; vgl. Maris 1981, S. 219-224, Tab. 9, A3).

Die Frage nach einer vorherrschenden Traurigkeit kann vielleicht am ehesten relativ unspezifische, aber negative Affekte einer kumulierten negativen Affektbilanz erfassen. Ihr stimmten nahezu die Hälfte der Angehörigen der Selbstmörder (43 %) und über die Hälfte der Suizidversucher (69 %) im Vergleich zu 11 % der Kontrollgruppe zu (vgl. Maris 1981, S. 219-224).

Bei Fragen zu vorherrschenden spezifischeren Affekten ergibt sich eine gleichfalls negative Affektbilanz zu Lasten der beiden suizidalen Gruppen, sie waren aber bei den Suizidversuchern stärker ausgeprägt[149]. Als Unterskalen der Depressionsskala von Beck betrafen sie Selbsttadel, Selbstabscheu, Schuldgefühle und Verlangen nach Strafe (vgl. Items Nr. 7-10). Da die Angehörigen von Selbstmördern bei der Beantwortung dieser Fragen möglicherweise überfragt waren und auch der Wunsch, dem Toten nichts Böses oder für ihn Unvorteilhaftes nachsagen zu wollen, die Antwortverteilung zu Lasten der selbst antwortenden Selbstmordversucher erklären könnte, sind die festgestellten Unterschiede schwer zu beurteilen[150]. Verläßlicher scheinen daher die Antworten auf die drei erstgenannten, rela-

149 Den Unterschied zwischen beiden suizidalen Gruppen, einmal waren beide Gruppen in gleichem Maße unzufriedener als die Personen der Kontrollgruppe und einmal – bei der Frage nach der Zufriedenheit mit dem bisherigen Leben – gaben die Suizidversucher eine höhere Lebensunzufriedenheit an – ist angesichts der Ähnlichkeit beider Fragen nur mit methodischen Mängeln erklärlich. Eine höhere ‚negative Affektbilanz' bei beiden suizidalen Gruppen im Vergleich zur Kontrollgruppe, die wegen der durchgemachten Krankheiten eher eine ungünstige, d.h. konservative, die Unterschiede minimierende Kontrollgruppe darstellt, spricht in dieser Hinsicht eher für die Validität der Antworten, zumal die homogenere Antwortverteilung in der Kontrollgruppe für eine reliablere Messung spricht.

150 Eine weitere Erklärung der Unterschiede zu Lasten der Suizidversucher besteht darin, in den geäußerten Schuldeingeständnissen oder Selbstvorwürfen – und hierbei waren die größten Unterschiede feststellbar gewesen – den möglicherweise unbewußten Ver-

tiv umfassenden unspezifischen und auch neutraleren und weniger intimen Bewertungen der eigenen Gefühlszustände zu sein. Sie sprachen für negative Affektzustände in beiden suizidalen Gruppen und relativ wenig negative Affekte in der Kontrollgruppe.

4.2.2.3.4.3 Kausalprinzipien suizidgefährdeter sozialer Gruppen

4.2.2.3.4.3.1 Alter, Kausalattribution und suizidales Verhalten

Ab einem Alter von 9 bis ungefähr 14 Jahren wird von einer überzufälligen Konstanz des Leistungsmotivs gesprochen (vgl. Trudewind 1976), d.h., ab diesem Alter bleibt das Leistungsmotiv relativ stabil und sind die charakteristischen Merkmale relativ zuverlässig erfaßbar. Die Messung des Leistungsmotivs beinhaltet – wie oben bereits erwähnt – affektive Reaktionen auf die eigenen Leistungen in Form von Scham oder z.B. Stolz auf die eigene Leistung. Sie setzt aber kognitive Differenzierungen und Schlußfolgerungen voraus, z.B. die sichere Unterscheidung von internaler und externaler Ursachenzuschreibung, von Anstrengung und Fähigkeit und von der Wahrnehmung und kognitiven Schlußfolgerung über die gleichzeitige Wirkung und Nicht-Wirkung mehrerer Kausalfaktoren, wie sie bei jüngeren Kindern nicht beobachtet worden sind.

So konnten 6jährige Anstrengung und Fähigkeit als Kausalfaktoren nur in rudimentärer Form trennen, erst bei 8jährigen wurde ein Zusammenwirken beider internaler Kausalfaktoren registriert, wobei die Anstrengung als Attribuierungsfaktor eine Vorrangstellung einnimmt, die sich zwischen dem 12. und 18. Lebensjahr verringert, jedoch im Vergleich zur Kausalattribution von Erwachsenen insgesamt erhöht bleibt (vgl. Kun et al. 1974; Weiner und Peter 1973; Heckhausen 1978)[151].

---

such zu sehen, negative Sanktionen, die als Folge des Suizidversuchs auch zu erwarten sind, von der Umwelt abzuwehren, erfolgreich abzuwehren, wie auch Untersuchungen aus der Soziobiologie nahelegen. Demutsgebärden – zu denen beim Menschen Schuldeingeständnisse und Selbstvorwürfe zu rechnen wären – gehören zu aggressionshemmenden Unterwerfungsritualen (vgl. Barash 1980, S. 224). Des weiteren könnten die im Abschnitt über Rationalisierungen des suizidalen Verhaltens bereits diskutierten negativen Bewertungen des suizidalen Verhaltens durch moralische Abwertung – Selbsttadel – des ‚Täters', d.h. desjenigen, der eine moralisch verwerfliche Handlung begeht, das eigene Gewissen entlasten und damit die moralischen Kosten senken.

151 Heckhausen gliedert die Voraussetzungen in verschiedene Teilprozesse: 1. Aktive Erzeugung von Effekten (Einwirkung auf Umwelt durch Veränderung von Objekten oder deren Beziehung untereinander), 2. Unterscheidung zwischen sich selbst (Ego) und Umwelt (Objekte oder andere Personen), 3. repräsentatives Kausalschema nach Piaget, um die Effekte a) nach internaler oder externaler Herkunft, b) lokalisieren zu können; 4. Identifizierung von einzelnen Handlungseffekten im Hinblick auf verschiedene Schwierigkeitsgrade auf einer Güteskala und 5. Kausalverbindung zwischen Handlungsergebnis und eigener Tüchtigkeit auf einer Güteskala (vgl. Heckhausen 1974, S. 133ff.). Die Entwicklung eines Leistungsmotivs beginnt bereits im dritten bis vierten

Vergleicht man diese altersspezifischen Attributionsmuster mit dem Suizidverhalten dieser Altersstufen, dann erscheint eine deutliche Kovariation. Suizid von Kindern unter 10 Jahren, also einer Altersgrenze, bis zu der vollständige Kausalattributionen nach empirischer und auch theoretischer Erkenntnis aus der kognitiven Entwicklungstheorie noch nicht auftreten können, ist äußerst selten (vgl. Schwab 1975). Auch Rutter und Mitarbeiter (1976) stellten fest, daß die Hälfte aller Verhaltensprobleme von Jugendlichen sich erst ab dem 10. Lebensjahr entwickelt hatten. Nicht bei Jüngeren, aber bei 12- bis 19jährigen, von denen 43 % einen Suizidversuch hinter sich hatten, wuchs die diagnostizierte Depression besonders stark an (vgl. Achenbach 1978, S. 290f.). Erst ab diesem Alter kann man ‚Selbstbewertungen' – affektive Konsequenzen der Kausalattribution – und realitätsangepaßte Informationsverarbeitung hinsichtlich der Wirkung von Kausalfaktoren vermuten. Auch die übernormale, aber bis zum Erwachsenenalter langsam abnehmende Anstrengungsattribuierung könnte als variabler Kausalfaktor vor einer Interpretation der Mißerfolge mit kumulativen negativen kognitiven und affektiven Konsequenzen schützen und bei der Interpretation von Erfolgen zumindest externale und variable Zuschreibungen weniger wahrscheinlich machen, denen die schwächsten positiven Effekte zugeordnet wurden. Dieser im Vergleich zum kindlichen Selbstmordverhalten abnehmende Schutz einer defensiven Attribuierung wird wieder von einer langsam steigenden Suizidgefährdung im Jugendalter begleitet.

Für die folgende Konditionalisierung des Zusammenhangs zwischen Alter und suizidalem Verhalten mit Hilfe suizidärer Kausalprinzipien sprechen daher zumindest auf der Ebene von Altersschichtungen empirische Beobachtungen, ohne daß allerdings diese Hypothese auf der individuellen Ebene empirische Evidenz beanspruchen könnte.

$H_{C.sm.smv}13$: Personen einer bestimmten Altersklasse sind dann besonders suizid- bzw. suizidversuchsgefährdet, wenn sie suizidäre Kausalprinzipien bei der Erklärung von Erfolg und Mißerfolg anwenden und diese über die Akzentuierung situationsspezifischer negativer Wert-Erwartungs Bilanzen von Handlungsalternativen zu Selbstmord bzw. Selbstmordversuch die Wahrscheinlichkeit suizidaler Handlungen erhöhen, bei Konstanz der in H2', 3, 4 genannten Bedingungen.

$RB_{C.sm.svm}1$: Bei Kindern unter 10 Jahren sind keine vollständigen Kausalattributionen und deren kognitive und affektive Folgen beobachtbar.

$E_{C.sm.smv}1$: Suizidales Verhalten von Kindern unter 10 Jahren ist sehr unwahrscheinlich.

$RB_{C.sm.smv}2$: Jugendliche zwischen 12 und 18 Jahren nehmen übernormal häufig erfolgsunabhängig Anstrengungsattribuierungen vor, damit ist die Anwendung suizidärer Kausalprinzipien weniger wahrscheinlich.

$E_{C.sm.smv}2$: Unter Jugendlichen zwischen 12 und 18 Jahren ist die Wahrscheinlichkeit suizidaler Handlungen geringer als unter älteren Personen.

Lebensjahr und gilt im Alter von 9 bis 14 Jahren als abgeschlossen (Heckhausen 1974; Trudewind 1976). Vgl. zur primären Sozialisation des rudimentären Kausalprinzips der negativen Internalität Abschnitt 4.3.2.

Wenn Kinder und Jugendliche, die weniger suizidgefährdet sind als Ältere, weniger oft suizidäre Kausalprinzipien akzeptieren, müßte umgekehrt die stärker suizidgefährdete Altersgruppe der über 40jährigen häufiger suizidäre Kausalprinzipien bei der Interpretation von positiven oder negativen Erfahrungen anwenden, d.h. in der präsuizidalen Phase Anstrengung als variablen Faktor für Erfolgserlebnisse und internale und stabile Faktoren für Mißerfolgserlebnisse verantwortlich machen. In der Untersuchung von Frieze (1976) wurden die Attributionsmuster älterer Personen faktorenanalytisch untersucht und mit anderen Gruppen verglichen. Dabei konnten einseitige Attributionsmuster identifiziert werden, die defensive Attributionen weitgehend ausschließen: Signifikant gemieden wurden externale Kausalerklärungen wie Glück und die momentane Stimmung – nach Erfolg *und* nach Mißerfolg, während Fähigkeit, Anstrengung und Aufgabenschwierigkeit für Erfolg und Mißerfolg häufiger als Ursache in Betracht gezogen wurde.

Auffällig im Vergleich zu den bevorzugten Kausalattributionen anderer Gruppen war die Tatsache, daß Erfolg am häufigsten auf Anstrengung zurückgeführt wurde. Wenngleich nach diesen Befunden die Dimensionierung der Kausalfaktoren für die präsuizidale Phase von Suizidgefährdeten nicht exakt abgebildet wird – es fehlt die ausschließliche und einseitige Attribuierung von Mißerfolg auf Unfähigkeit –, so ist die Erklärung des Erfolgs durch Anstrengung weniger geeignet als die Erklärung des Erfolgs, durch eigenes Können nachfolgende Mißerfolgsattribuierungen mit ihren negativen kognitiven und affektiven Nachwirkungen zu kompensieren. Nimmt man weiterhin an, daß die berufliche Situation der Älteren sich verschlechtert (vgl. Abschnitt 2.2.2), setzt sich diese Altersgruppe einem erhöhten Leistungsdruck dann aus, wenn der auf internale und stabile Faktoren zurückgeführte Mißerfolg durch pessimistische Einschätzungen weitere Mißerfolge vorprogrammiert und auch zwischenzeitliche Erfolge wegen ihrer schwächeren Interpretationseffekte die negative Affektbilanz nicht ausgleichen und Zukunftsaussichten nicht bessern können.

Dieser Befund über die altersspezifischen Attributionsmuster ist natürlich kein Beleg für die abgeleitete Konditionalisierung, daß ältere Selbstmörder tatsächlich diesen Attribuierungen zuneigen. Die Kovariation einer sich verschlechternden Attribution im Alter einerseits, die beobachtbare Zunahme der Selbstmorde unter Älteren andererseits und auch die für Industriegesellschaften unbestrittene schwierigere soziale Lage älterer Arbeitnehmer, verleiht dennoch dem suizidären Kausalprinzip indirekte empirische Plausibilität.

4.2.2.3.4.3.2 Geschlecht, Kausalattribution und suizidales Verhalten

Beim Vergleich der männlichen und weiblichen Suizidrate ergibt sich zunächst in internationaler Sicht (vgl. A1, E_2) eine generell höhere Selbstmordimmunität der Frau. Betrachtet man das suizidale Verhalten aber insgesamt, so wird diese relative Immunität stark eingeschränkt. So ist die Suizidversuchsrate der Frau höher als die des Mannes. Des weiteren ist in den Industrienationen die weibliche Selbstmordrate im Ansteigen begriffen, während die Selbstmordversuchsrate relativ konstant bleibt. Der auf den zweiten Blick sehr viel kompliziertere Zusammenhang zwischen Geschlecht und suizidalem Verhalten wird unter Berücksichtigung der Berufszugehörigkeit noch einmal revidiert: Professionelle Frauen und Frauen, die in Berufen mit hoher Suizidgefährdung tätig sind, z.B. im Dienstleistungsgewerbe, haben eine gleich höhere oder höhere Selbstmordrate als Männer (vgl. A1, $E_{6.3}$).

Wenn es gelingt, diese komplexen Variationen des suizidalen Verhaltens der Frau aufgrund empirisch plausibler suizidärer Kausalprinzipien zu erklären, gewinnen die suizidären Kausalprinzipien als motivationale Determinanten für die Einschätzung situationsspezifischer Attraktivitäten der Handlungsalternativen zum Suizid bzw. Suizidversuch an Aussagekraft, die empirische Folgeuntersuchungen auf individuellem Niveau zwar nicht ersetzen können, für diese angesichts der Schwierigkeit der Datenbeschaffung jedoch eine wichtige Richtlinie darstellen.

Die beobachteten Variationen – Ansteigen der weiblichen Selbstmordrate und gleich hohe bzw. höhere Selbstmordrate von Frauen, wenn sie in den gleichen Risikoberufen wie die Männer tätig sind – könnten – wie bereits oben erörtert – im Zusammenhang mit der gut belegbaren vermehrten beruflichen Orientierung der Frau stehen (vgl. Veroff 1982, S. 121; Kessler und McRae 1982).

In mehreren Untersuchungen wurden geschlechtsspezifische Attributionsasymmetrien mit kognitiven Auswirkungen auf die Erfolgserwartungen zu Lasten der weiblichen Versuchsteilnehmer aufgedeckt. Bei leistungsbezogenen Aufgaben zeigte sich dabei, daß Frauen dazu neigten, den Erfolg externalen und nicht internalen Faktoren und den Mißerfolg internalen Faktoren zuzuschreiben und generell geringere Erfolgserwartungen aufwiesen (vgl. zusammenfassend Frieze et al. 1978). Die männlichen Versuchsteilnehmer in einer Untersuchung von Nicholls (1975) reagierten auf Mißerfolg defensiv und hielten Pech für die entscheidende Mißerfolgsursache, während die untersuchten Mädchen Unfähigkeit als Grund für ihr Scheitern ansahen; umgekehrt glaubten die Jungen, daß ihr Erfolg auf die eigene Fähigkeit zurückzuführen sei, während die weiblichen Versuchsteilnehmer hier externale Gründe anführten. Entsprechend den attributionstheoretischen Hypothesen entwickelten die Jungen höhere Erfolgserwartungen als die Mädchen. Dweck und Gilliard (1975) demonstrierten bei Mädchen nach einer Mißerfolgsserie geringer ausgeprägteres Persistenzverhalten, während die Jungen nach denselben negativen Erfahrungen weniger schnell aufgaben. Wenn sich in verschiedenen anderen Untersuchungen nicht immer die Einseitigkeit der Kausalattribution vollständig abbilden läßt – McMahan identifiziert eine nach Erfolg und Mißerfolg konsistent externale Attribution, die dem suizidären Kausalprinzip der Suizidversuchsgefährdeten nahekommt (vgl. McMahan in: Frieze et al. 1978, S. 524) und Luginbuhl et al. (1975) stellen bei einer nicht-experimentellen individuellen Befragung weiblicher Versuchsteilnehmer keine größere Externalität, aber stärkere Internalitätszuschreibung nach Mißerfolg fest –, ist den Untersuchungen doch ein geschlechtsspezifisches Motivationsdefizit gemeinsam, das sich sogar in einzelnen nach Motivdispositionen und Anreizkonstellationen der Aufgabe differenzierten Untergruppen replizieren läßt. Hoch leistungsmotivierte Frauen, deren Motive durch teilweise andere Bedingungen erregt werden wie die der Männer (vgl. Abschnitt 4.1), führen Erfolg eher auf Anstrengung zurück und nicht auf Fähigkeit, eine bei Erfolg nachhaltiger wirkende Kausalattribution. Diese asymmetrische Erfolgsattribuierung war auch als erfolgsabhängiger Teil des suizidären Kausalprinzips von Suizidenten in der präsuizidalen, noch steuerbaren Phase angenommen worden. Des weiteren ähneln umgekehrt Frauen, die androgene Werthaltungen und damit rollenuntypische Wertvorstellungen akzeptieren, in ihren Erfolgsattribuierungen und den daraus resultierenden höheren Erfolgserwartungen dem Attributionsverhalten der Männer, während generell Frauen bei femininen Aufgaben höhere und bei maskulinen Aufgaben niedere Erfolgserwartungen haben und sich die Attributionen und Erfolgserwartungen unter Wettbewerbsbedingungen verschlechtern (vgl. zusammenfassend Frieze et al. 1978, S. 535f.). Externale bzw. variabel-internale Erfolgsattribuierungen, die den Erfolg kognitiv und affektiv kaum oder in verringertem Maße perpetuieren, wiederholen sich auch bei einer „Variation" geschlechtsspezifischer Einstellungen oder Aufgabensituationen, wenn die Frauen eher „feminin" waren und rollenuntypische Aufgabentypen zu bewältigen hatten, weil in allen Untersuchungen leistungsthematisierte Aufgaben gestellt wurden. Wenn Frauen nach diesen experimentellen Untersuchungen bei der Bewältigung leistungsbezogener Aufgaben vermehrt zu belastenden oder wenig vorteilhaft wirkenden Ursachenerklärungen neigten, könnte dies als Indiz für die Anfälligkeit gegenüber suizidären Kausalprinzipien gewertet werden, allerdings nur bei der Ausübung von Tätigkeiten in wettbewerbsorientierten und vorwiegend männlichen Berufen, z.B. professionellen Berufen, wobei die Frauen mit der Lösung leistungsbezogener Aufgaben konfrontiert werden. Dies stünde im Einklang mit einer Kovariation der weiblichen Selbstmordrate mit Veränderungen der weiblichen Beschäftigungsquote. Das Ansteigen der weiblichen Erwerbsquote wird begleitet von einem Ansteigen der weiblichen Selbstmordrate (vgl. A1 , E_2). Auch die Ausnahmen von der relativen Selbstmordimmunität der Frau werden plausibel: Frauen, die in Risikoberufen, das sind auch professionelle Berufe, tätig sind, verlieren ihren relativen Selbstmordschutz (vgl. A1, E_6).

Von einem generellen Motivationsdefizit bei Frauen kann aber nicht ausgegangen werden. Tätigkeiten in der Familie oder berufliches Engagement, das nach Art und Umfang rollentypischen Vorstellungen entspräche, würde eine Anwendung suizidärer Kausalprinzipien verhindern. Bei der Ausführung rollentypischer Aktivitäten sind nicht nur positive Anreize möglicherweise sicherer zu realisieren, auch die Kommunikation und damit der soziale Vergleich ist „mit Gleichgesinnten" einfacher. Konsens- und Konsistenzinformation sind verfügbar, was die Anwendung suizidärer Kausalprinzipien verhindert. Die Informationsstruktur, die in Arbeitsbeziehungen rollenfremder Berufe zu erwarten wäre, wird im Kapitel Wirtschaft und Suizid, Abschnitt 2.2.3.2.1, als auslösende Bedingung für die Anwendung suizidärer Attributionsmuster behandelt.

Das Attributionsmuster der „präsuizidalen" Phase, also erhöhte Internalitätsattribuierung nach Erfolg und Mißerfolg bei asymmetrischer Aufteilung der Stabilität des Kausalfaktors (Erfolg durch Anstrengung und Mißerfolg durch Unfähigkeit), könnte bei erfolgsmotivierten Frauen in wettbewerbsorientierten Situationen und gehäuften Mißerfolgserlebnissen die suizidale Phase einleiten, d.h. die Übernahme externaler Erfolgs- und internaler Mißerfolgsattribuierung mit der Konsequenz einer progressiv sich verschlechternden Erwartungshaltung und einer Negativierung der Affektbilanz (vgl. Abschnitt 5 zur Entwicklung dieser Suiziddispositionen im Zeitablauf) begünstigen.

Die höhere Suizidversuchsrate der Frau wurde im ersten theoretischen Teil mit geschlechtsspezifischen Normen gegenüber Hilflosigkeit erklärt, d.h. eine ausweglose Situation für alternative Handlungen vorausgesetzt, können Frauen wie auch die gleichfalls gefährdeteren Jüngeren auf mehr Hilfe oder soziale Aufmerksamkeit nach ihrem Suizidversuch hoffen als andere Personengruppen. Eine Erklärung mit Hilfe spezifischer suizidärer Kausalprinzipien für die Entstehung negativer Wert-Erwartungs-Bilanzen, die möglicherweise geringfügig weniger negativ ausgeprägt sind als die der Suizidgefährdeten, würde eine vorwiegend externale suizidäre Kausalattribution voraussetzen: Erfolg durch Glück und Mißerfolg durch Pech *und* eigene Unfähigkeit bzw. permanent fehlende Anstrengung. Für diese Annahme sind auf individueller Ebene Untersuchungen über den Zusammenhang zwischen Hilflosigkeit und Externalität relevant. Unter den suizidversuchsgefährdeten Patienten, bei denen Hilflosigkeitssyndrome festgestellt wurden und externale Attributionen überwogen, waren Frauen überproportional vertreten (vgl. Abschnitt 4.1.1.2.3.2.2). Das oben beschriebene geschlechtsspezifische Motivationsdefizit, wonach Mädchen seltener als Junger Mißerfolg auf die – revidierbare – fehlende Anstrengung zurückführten, zeigte sich auch in der Untersuchung von Dweck und Repucci (1973). Unter den Mädchen waren die als hilflos eingestuften Versuchsteilnehmerinnen besonders stark betroffen, das Attributionsmuster war bei ihnen noch stärker ausgeprägt als bei den persistenten Mädchen.

Auch Frauen mit einer ‚Furcht vor Erfolg', dem jüngst entdeckten, aber möglicherweise eher rollentypische Wertvorstellungen repräsentierende ‚Motiv'[152], fielen durch vermehrte externale Attribution ihrer positiven Erfolgserlebnisse auf (vgl. Frieze et al. 1978, S. 535f.). Obwohl die überwiegend externale Kausalattribution des suizidären Kausalprinzips, das Suizidversuchsgefährdete von Suizidgefährdeten unterscheidet, nicht genau erfaßt wurde, könnte eine rollentypisch geprägte Anreizkonstellation sich sowohl in der Hoffnung auf externe Hilfe in ausweglosen Situationen niederschlagen als auch mit der Präferenz für externale Kausalprinzipien in Verbindung gebracht werden[153].

---

152 Vgl. zur Kritik Heckhausen (1980, S. 629ff.). Frauen mit ausgeprägter Furcht vor Erfolg verringerten bei der Lösung ‚männlicher' Aufgaben und in Anwesenheit männlicher Mitkonkurrenten nicht jedoch bei Aufgaben weiblichen Typs und bei weiblichem Mitkonkurrenten ihre Leistungen. Diese situationalen Bedingungen könnten jedoch nicht nur den Anreizkonflikt ‚hohe Leistungserwartungen beeinträchtigen wahrgenommene Attraktivität beim anderen Geschlecht' auslösen, sondern ebenso Mißerfolgserwartungen induzieren.

153 Dies käme dem Versuch gleich, beide Determinanten – auf der Ebene des Instrumentalitätsmodells die Hoffnung auf fremde Hilfe und auf der Ebene des Motivationsmodells die vorwiegend external lokalisierten Kausalprinzipien – mit geschlechtsspezifi-

Ein Ansatz zur Erklärung des Zustandekommens der Kausal- und Moralprinzipien wird im letzten Teil der Arbeit über die primäre Sozialisation in sozialen Institutionen erörtert werden (vgl. Abschnitt 4.3.2).

Die Bedingungen, die den Zusammenhang zwischen Geschlecht und Suizidgefährdung relativieren, lauten dann wie folgt:

$H_{C.sm}14$: Frauen sind dann stärker suizidgefährdet, wenn sie suizidäre Kausalprinzipien der präsuizidalen Phase bzw. der suizidalen Phase akzeptieren[154].

$RB_{C.sm}3$: Frauen wenden in leistungsthematisierten Situationen vermehrt suizidäre Kausalprinzipien der präsuizidalen bzw. suizidalen Phase an. Frauen in professionellen Berufen und berufstätige Frauen eher als nicht berufstätige Frauen sind vermehrt leistungsthematisierten Situationen ausgesetzt. Der Anteil berufstätiger Frauen hat zugenommem.

$E_{C.sm}3$: Frauen in professionellen Berufen haben eine erhöhte Suizidrate und die Suizidrate der Frau hat zugenommen.

Da Frauen generell mit einer höheren Suizidversuchsrate belastet sind als Männer ($E_{C.smv}4$) müßte nach den vorangegangenen Hypothesen vermutet werden, daß Frauen dann stärker suizidversuchsgefährdet sind, wenn sie häufiger als Männer suizidäre Kausalattribution bei der Erklärung und Prognose von Verhaltensergebnissen anwenden ($H_{C.smv}15$). Wenn Suizidversuchen eine weniger stark ausgeprägte negative Wert-Erwartungs-Bilanz für Handlungsalternativen zum Suizidversuch vorausgeht, sind Kausalattributionen, bei denen der Anteil externaler Zuschreibungen – zusammen mit internal-stabilen Mißerfolgsattributionen – bei Erfolgs- und Mißerfolgserfahrungen dominiert, geeignet, das Zustandekommen etwas weniger ungünstiger Wert-Erwartungs-Matrizen zu erklären. Männer müßten danach seltener als Frauen suizidäre Kausalattributionen akzeptieren, bei denen der Anteil externaler Kausalfaktoren bei gleichzeitiger internal-stabiler Kausalattribution des Mißerfolgs höher ist ($RB_{C.smv}4$).

An dieser Stelle könnte die Identifizierung suizid- und suizidversuchsgefährdeter sozialer Gruppen fortgesetzt werden. Die Angehörigen professioneller Berufe scheinen z.B. besonders suizidanfällig zu sein (vgl. A1, $E_{6.3}$). Es fehlen aber spezielle empirische Daten, die auf das Vorliegen eines dann auch hier zu vermutenden vermehrten Gebrauchs belastender Kausalattributionen bei der Bewertung ihrer beruflichen Erfolge bzw. Mißerfolge hinweisen könnten. Nach dem vorliegenden Ansatz ist aber zu vermuten, daß die Struktur sozialer Beziehungen in unterschiedlichem Maße Informationen über die Erfolgskriterien beruflicher Aktivitäten und Ursachen des Erfolgs zugänglich macht. Eine erhöhte Mehrdeutigkeit dieser Informationen, die sich im fehlenden feedback über Erfolg und Erfolgsursachen niederschlägt, würde gleichfalls die Anwendung bereits ausgeprägter suizidärer Kausalprinzipien begünstigen, eindeutige Informationen über Erfolgskriterien und Erfolgsursachen, andererseits die abweichenden Kausalattributionen falsifizieren.

---

scher Sozialisation zu erklären.

154 Um die ohnehin komplexe Randbedingung etwas zu vereinfachen, wurde sie nicht in Relation zur männlichen Suizidrate konditionalisiert und sie gilt unter Konstanz der in der Hypothese Hsm3, S. 58, genannten weiteren Bedingungen.

Risikoberufe, z.B. professionelle Berufe, und nicht-suizidgefährdete Berufe, z.B. handwerkliche Tätigkeiten, ließen sich im Hinblick auf diese Strukturmerkmale der berufsspezifischen Arbeitsverhältnisse charakterisieren. Dies ist ein Beispiel für die theoretische Gewinnung von Hypothesen über die Wirkung von sozialen Strukturen aufgrund individueller Theorien – hier kognitiv-motivationalen – Ursprungs. Die Erörterung dieser Hypothesen bleibt aber der Anwendung des Ansatzes auf die Entstehung suizidaler Handlungen in sozialen Institutionen im letzten Teil des Ansatzes vorbehalten (vgl. Abschnitt 2.2.3.2).

Im folgenden seien zum Schluß der Prüfung empirischer Evidenz suizidärer Kausalprinzipien die kognitiven und affektiven Wirkungen von Kausalattributionen untersucht.

4.3 Moralprinzipien als Determinanten negativer Wert-Erwartungs-Bilanzen

Die bisher untersuchten Determinanten einer negativen Wert-Erwartungs-Bilanz betrafen suizidäre Kausalprinzipien als asymmetrische Kausalattribuierung mit den kognitiven und affektiven Folgen dieser Erklärungsprozesse. Sowohl die Kausalattributionen als auch deren kognitive und affektive Folgen stellten die erste Komponente eines aufzuspaltenden Motivkonstrukts dar. Die zweite Komponente betrifft – im Gegensatz zu den Prozessen, die durch das kognitive Konzept der Kausalattribution ausgelöst wurde – ein wertbezogenes Moralkonstrukt, das Anspruchsniveau einer Person oder Personengruppe. Das Anspruchsniveau bezieht sich auf die Höhe der Zielsetzung. Anspruchsniveautheoretische Hypothesen haben die Bildung und Veränderung des Anspruchsniveaus und deren kognitive und affektive Konsequenzen zum Gegenstand. Wiederum können einmal generelle Hypothesen formuliert werden, die für alle Personen gelten – ähnlich den generellen Wirkungen der Kausalattribution – und solche Hypothesen, die nur für bestimmte Personengruppen gelten. Bei den generellen Hypothesen handelt es sich um eine allen anspruchsniveautheoretischen Ansätzen zugrunde liegende Aussage. Sie verdeutlicht vor allem den moralischen Aspekt des Wertprinzips. Danach werden schwieriger zu realisierende Zielvorstellungen höher bewertet als leichter zu realisierende Zielvorstellungen. Spezifische Anspruchsniveaupräferenzen – vergleichbar den spezifischen, asymmetrischen Kausalattributionen – müssen aber zusätzlich angenommen werden, weil sie sich unterschiedlich auf resultierende Wert-Erwartungs-Bilanzen auswirken.

Die folgenden Hypothesen behandeln einmal direkte Auswirkungen der Präferenzen für die Höhe eines ‚Anspruchsniveaus' auf die Art auszuwählender Anreize und ihrer Wahrscheinlichkeiten und zum anderen indirekte Auswirkungen als anspruchsniveaubedingte Interpretation resultierender Zieldiskrepanzen aufgrund spezifischer Kausalattributionen. Das Anspruchsniveau fungiert demgemäß als unabhängige Variable und nicht wie in zwei der im folgenden kurz zu erörternden Ansätze als abhängige Variable.

4.3.1 Anspruchsniveautheoretische Hypothesen

4.3.1.1 Definition von Anspruchsniveaupräferenzen

In den frühen Untersuchungen interessierte vor allem die Veränderung des Anspruchsniveaus in Abhängigkeit situationaler Faktoren, den vorangegangenen Leistungen bzw. das zuvor erzielte Verhaltensergebnis. Unter dem Anspruchsniveau – der Begriff geht auf Tamaro Dembo (1931) zurück – bzw. dem Aspirationsniveau wird im folgenden die *Präferenz für eine Klasse von Anreizen verstanden* (A*), *die durch den Schwierigkeitsgrad bzw. die Wahrscheinlichkeit für die Realisierung dieser Aufgaben bzw. Anreizklasse (A*W) charakterisiert werden.* Es ist die mit der Valenz gewichtete Wahrscheinlichkeit (vgl. Lewin et al. 1944) und ist als Präferenz in den ersten Untersuchungen über das Verhalten, die Entscheidung für ein bestimmtes Anreizniveau, erfaßt worden. Zur Identifizierung verhaltensrelevanter Hypothesen müssen zwei Probleme gelöst werden. Erstens scheint die Bevorzugung bestimmter Schwierigkeitsgrade einzelner Aufgaben nicht für alle Personengruppen gleich zu sein. Diese unterschiedlichen Präferenzgruppen lassen sich über die Höhe des bevorzugten Gütestandards identifizieren. Zweitens setzt die Identifizierung so definierter relativ stabiler Präferenzen ein relativ stabiles Anspruchsniveau voraus. In den klassischen Untersuchungen der Anspruchsniveauforschung wurde die Veränderung des Anspruchsniveaus untersucht und dabei festgestellt, daß sich dieses Anspruchsniveau in Abhängigkeit der vorangegangenen Leistung, des erzielten Verhaltensergebnisses änderte. Dabei waren verschiedene Verhaltensregelmäßigkeiten zu beobachten (vgl. Lewin et al. 1944).

Es waren Verhaltensregelmäßigkeiten, die für alle Personen galten, und solche, die für Personengruppen verschieden waren. Zu den allgemeinen Befunden zählte eine Ausrichtung an eigenen Fähigkeitsgrenzen (B1), die in den Untersuchungen am erzielten Erfolg oder Mißerfolg abgelesen wurden.

Der im Anspruchsniveau implizierte Standard muß daher definiert werden. Er bezieht sich auf den Schwierigkeitsgrad der Aufgabe im Verhältnis zur subjektiven Leistungsfähigkeit, dem Mittelpotential. Frank definiert daher das Anspruchsniveau unter Einbeziehung dieses Standards als

> „the level of future performance in that task, which an individual knowing *his level of past performance in that* task explicitly undertakes to reach“ (Frank 1935, S. 119, in: Atkinson 1964, S. 87; Hervorhebung C. L.-B.).

Der Versuch von Kuhl, einen ‚persönlichen Standard‘, der auch motivunabhängig wirkt und das Risiko-Wahl-Modell von Atkinson modifiziert, empirisch zu erfassen, kommt dieser Vorstellung nahe. Ein persönlicher Standard wurde nach systematischen Erfahrungen mit unterschiedlich schwierigen Aufgaben, die eine Stabilisierung der subjektiven Wahrscheinlichkeiten (W) für die Aufgabenbewältigung von W = 0.10 bis W = 0.80 zur Folge hatte, als derjenige Schwierigkeitsstandard ermittelt, bei dem die Probanden im Falle eines Mißerfolgs Unzufriedenheit äußerten bzw. nach Erfolg mit hoher positiver Selbstbewertung reagierten (Kuhl 1978). Bei den Schwierigkeitsstufen der Aufgaben handelt es sich demgemäß um subjektive Wahrscheinlichkeiten, ein in dieser Arbeit durchgängig verwandtes Konzept. Werden die subjektiven Wahrscheinlichkeiten einer Klasse von Anreizen für gering gehalten, handelt es sich also um schwierig zu realisierende Zielniveaus und diese Wahrscheinlichkeiten dürften über dem Mittelpotential liegen. Umgekehrt wären leicht zu realisierende Zielniveaus unter dem Mittelpotential anzusiedeln und mittelschwere Zielniveaus würden dem Mittelpotential entsprechen. Anstelle der von Kuhl eingeführten experimentellen Stabilisierung subjektiver Wahrscheinlichkeiten aufgrund vorausgehender Erfahrungen mit den Aufgaben und ihrer numerischen Festlegung (zwischen 0.1 und 0.8) sei im folgenden das Mittelpotential als ‚meßtheoretischer' Standard subjektiver Schwierigkeitsstufen in die Definition des Anspruchsniveaus eingeführt:

D_6: Anspruchsniveaupräferenzen sind Handlungstendenzen für die Wahl von Aufgaben einer bestimmten Schwierigkeitsstufe (A*W).

D_7: Ein hohes Anspruchsniveau sei gegeben, wenn die Präferenz für Anreizklassen in ihrem Schwierigkeitsgrad (A*W) über dem subjektivem Mittelpotential (m) liegt ($A{*}W > m$).
Ein niedriges Anspruchsniveau sei gegeben, wenn die Präferenz für Anreizklassen in ihrem Schwierigkeitsgrad unter dem subjektiven Mittelpotential liegt ($A{*}W < m$).
Ein realistisches Anspruchsniveau sei gegeben, wenn die Präferenz für Anreizklassen in ihrem Schwierigkeitsgrad dem subjektiven Mittelpotential entspricht ($A{*}W \approx m$).

Die Bezeichnung Schwierigkeitsgrad wurde anstelle der Wahrscheinlichkeit für die Erreichung von Anreizen bzw. deren Erwartungswerten gewählt, um unterschiedliche Realisierungschancen bei zu schwieriger oder zu leichter Zielsetzung zu verdeutlichen. Ist in einer Gruppe von Personen im Hinblick auf die angestrebten Ziele durch die Art der Aufgaben oder aufgrund der personellen Zusammensetzung ein homogenes Mittelpotential vorauszusetzen, sind die subjektiven Wahrscheinlichkeiten hinsichtlich der Erreichung einer Klasse von Anreizen oder situationsspezifischen Anreizen gleich, die Präferenzen für schwierige, leichte oder mittlere Zielniveaus können aber dennoch variieren. Die Verhaltensregelmäßigkeiten, die in den frühen Untersuchungen zur Anspruchsniveauforschung (vgl. Lewin et al. 1944) festgestellt und später wiederholt bestätigt wurden (vgl. Atkinson und O'Connor 1963 in: Atkinson 1964, S. 98; Heckhausen 1980, S. 401f.), legen interpersonelle und intrapersonelle Variationen dieser Präferenzen nahe:

1. Nach Erfolg wird das Anspruchsniveau erhöht und nach Mißerfolg gesenkt (S1).
2. Bei gerade erreichtem Erfolg oder bei schwachem Mißerfolg bleibt das Anspruchsniveau nahezu konstant (S1).
3. Die Zieldiskrepanz als Differenz zwischen tatsächlichem Verhaltensergebnis und neuem Anspruchsniveau (S1) bleibt klein.

Diese drei Beobachtungen über die Veränderung, die Konstanz des Anspruchsniveaus und die ihm folgende Zielerreichungsdiskrepanz wurden häufig, aber nicht bei allen Personen gemacht. Sie galten für Personen mit einer Tendenz zur realistischen, d.h. mittleren, weder zu schwierigen noch zu leichten Zielsetzung. Abweichungen davon wurden als ‚atypische Aspirationswechsel' registriert. Sie betrafen:

4. Senkung des Anspruchsniveaus nach Erfolg und Erhöhung nach Mißerfolg (S2).
5. Instabilität des Anspruchsniveaus (S2).
6. Große Zielerreichungsdiskrepanzen positiver oder negativer Art, d.h. Auseinanderklaffen von Anspruchsniveau und tatsächlichem Verhaltenserfolg (S2) bzw. große Zieldiskrepanzen als Differenz zwischen tatsächlich realisiertem Zielniveau und neuem Anspruchsniveau.

Diese abweichenden Beobachtungen schienen typisch für Personen mit unrealistischem, zu hohem oder zu niedrigem Anspruchsniveau (S2) zu sein[155].

Die in den Beobachtungen implizierten Variationen betreffen danach einmal unterschiedliche Präferenzen für die Höhe des Anspruchsniveaus. Dabei handelt es sich um interpersonell verschiedene Annahmen über die Ausprägung dieser Variationen. Zum zweiten beinhalten die Aussagen über die Personengruppe S1 und S2 *Präferenzfunktionen, die in Abhängigkeit der Wahrscheinlichkeiten variieren.* Über den Verlauf dieser Funktionen gibt es verschiedene theoretische Annahmen. Das Risiko-Wahl-Modell von Atkinson und seine Modifikation durch Kuhl soll im folgenden kurz dargestellt und mit anderen – der Präferenztheorie von Kahnemann und Tversky und den in der Neugierforschung und Adaptationsforschung erstellten Funktionsverläufen – verglichen werden.

Die Funktionsverläufe beschreiben nicht nur unterschiedliche Präferenzen für Schwierigkeitsgrade von Anreizen, sondern sie lassen, wie z.B. das Risiko-Wahl-Modell, die Ableitung maximaler Präferenzen zu, die den hier außerhalb eines Modells definierten Anspruchsniveaupräferenzen entsprechen.

4.3.1.2 Anspruchsniveaupräferenzen als Theoreme von Präferenzfunktionen

Im Risiko-Wahl-Modell von Atkinson sind zwei Funktionsbeziehungen definiert, die die Ausprägung der hier interessierenden Wert-Erwartungs-Matrizen bestimmen. Die erste Funktionsbeziehung betrifft die bereits erörterte Beziehung zwischen Motiven und die sie moderierenden Anreize und deren Erwartungswerte (M x A x W). Das Resultat für negativ Motivierte – die Induktion negativer Anreizwerte und Mißerfolgserwartungen – wurde bereits im Abschnitt über die Kausalattributionen als eine Motivkomponente abgebildet. Die zweite Funktionsbeziehung enthält die gleichfalls motivabhängige Beziehung zwischen Anreizwerten und ihren Wahrscheinlichkeiten. Mit diesen Annahmen, die für die beiden Motivgruppen unterschiedlich lauten, lassen sich die wichtigsten Phänomene der Anspruchsniveauforschung erklären. Die Annahme setzt für positiv Leistungsmotivierte voraus,

155 Die Triftigkeit dieser Beobachtungen aus experimentellen Untersuchungen (vgl. Lewin et al. 1944) wurde in Feldstudien bestätigt. So entschieden sich Kinder, die überwiegend erfolgreich gewesen waren, für Aufgaben mit einem Schwierigkeitsgrad, der geringfügig ihre erfolgreich gelöste Aufgabe überstieg, während Kinder mit einer Mißerfolgsgeschichte zu größeren und auch instabilen Zieldiskrepanzen kamen (vgl. Atkinson 1964, S. 98).

daß bei schwierigen Aufgaben, deren Erfolgswahrscheinlichkeit (W_e) gering ist, das Erfolgserlebnis, der Anreizwert (A_e) sehr hoch ist (A_e = 1- W_e; wobei W_m + W_e = 1). Für Mißerfolgsmotivierte gilt umgekehrt, daß die negativen Anreizwerte (A_m) bei zunehmender Erfolgswahrscheinlichkeit (W_e) der Zielrealisierung zunehmen (A_m= -W_e). Die positiven und negativen Anreizwerte verändern sich also spiegelbildlich in Abhängigkeit der Erwartungswerte der Anreize: Leichte Aufgaben verschaffen Leistungsmotivierten nur wenig Erfolgserlebnisse, aber Mißerfolgsmotivierten im Falle eines antizipierten Scheiterns starke Mißerfolgserlebnisse. Obwohl die schwierigsten Aufgaben mit den höchsten Anreizwerten verbunden sind, folgt aus der Verhaltensgleichung – infolge der multiplikativen Verknüpfung erwarteter Anreize –, daß Leistungsmotivierte am stärksten von mittelschweren, also realistisch zu bewältigender Aufgaben angezogen werden. Auch für Mißerfolgsmotivierte verändert sich der Erfolgswert von Zielvorstellungen mit der Realisierungschance dieser Ziele, nur ihre Präferenzen sind nicht in Gewinn-, sondern in Kosteneinheiten berechnet. Sie lassen sich am wenigsten von schweren Aufgaben abschrecken, aber auch leichte Aufgaben – wegen der geringen Mißerfolgschance – stoßen weniger stark ab als die am stärksten gemiedenen mittelschweren Aufgaben.

Damit lassen sich die wichtigsten Phänomene der Anspruchsniveauforschung konzeptualisieren und erklären:

1. Es gibt zwei Gruppen von Personen, deren maximale Präferenzen unterschiedlich sind und an Motivausprägungen gebunden sind. Hochleistungsmotivierte sind am stärksten an mittelschweren Zielniveaus interessiert und Mißerfolgsmotivierte an sehr schwierig oder sehr leicht zu realisierenden Zielvorstellungen. Letztere haben ein überhöhtes oder zu niedriges Anspruchsniveau[156].
2. Die kontinuierliche Anhebung des Anspruchsniveaus nach Erfolg und Senkung nach Mißerfolg wird nach diesen Modellvoraussetzungen erklärbar: schwierigere Aufgaben haben höhere Anreizwerte und sind daher erstrebenswerter.
3. Die relative Konstanz der Zielniveausetzungen bei gerade erreichter oder nur schwach verfehlten Zielvorstellungen entspricht auch der hier maximalen Präferenz bei mittelschweren Aufgaben, d.h. der für Hochleistungsmotivierte typischen Präferenz für realistische, weder zu leichte noch zu schwierige Zielvorgaben.
4. Der atypische Aspirationswechsel – die Senkung des Anspruchsniveaus nach Erfolg und Erhöhung nach Mißerfolg – läßt sich nach dem Anspruchsniveautheorem von Atkinson für Mißerfolgsmotivierte mit deren postulierten maxi-

156 Die Präferenzen aus dem Risiko-Wahl-Modell stellen als Handlungstendenzen (vgl. Abschnitte 2.2.2.2 und 3.1.1) mit Erwartungswerten gewichtete Anreize dar. Als Anreizklassen, die durch Erwartungswerte charakterisiert, die ähnlich den Motiven nicht auf spezifische Ziele g, sondern Klassen von Zielen (G) ausgerichtet sind, sind sie der hier eingeführten Definition der Anspruchsniveaupräferenzen vergleichbar, wenn außerdem unterstellt wird, daß die Wahrscheinlichkeiten objektiver Natur sind, d.h. beim intersubjektiven Vergleich die unterstellte Rangordnung der Erwartungswerte n gleich ist und daher der subjektive Standard des Mittelpotentials entfällt.

malen Meidungstendenz bei mittelschweren Aufgaben erklären (vgl. Heckhausen 1980, S. 401f.; Atkinson 1964, S. 98f.). Nach einem Mißerfolg würde normalerweise das Anspruchsniveau gesenkt werden, d.h. die Wahl leichterer Aufgaben zu einer Annäherung an mittelschwere Aufgaben führen, von denen aber nach Atkinson Mißerfolgsmotivierte am stärksten abgestoßen werden. Gleichfalls würde eine Steigerung des Anspruchsniveaus nach Erfolg – also die Wahl schwieriger Aufgaben – in die Region mittelschwerer Aufgaben, also maximal zu meidender Aufgaben führen. Die Entscheidung für noch schwierigere Aufgaben nach Mißerfolg und für noch leichtere Aufgaben nach Erfolg entspricht zumindest insoweit der postulierten Präferenzfunktion für Mißerfolgsmotivierte.

So elegant die theoretische Lösung der Präferenzfunktion von Atkinson ist, weil sie unter Zuhilfenahme jeweils nur einer Zusatzannahme die wichtigsten Phänomene der Anspruchsniveauforschung über die Motivbindung erwarteter Anreize und die daraus resultierende Anreizgewichtung zugunsten positiver bzw. bei Mißerfolgsmotivierten zugunsten negativer Anreize abbildet, so legen einige empirische und theoretische Befunde Korrekturen und Ergänzungen nahe. Den abgeleiteten ‚Anspruchs-' bzw. ‚Präferenztheoremen' für beide Motivgruppen liegt eine empirisch relativ gut bestätigte ‚Werttheorie' zugrunde, wonach schwieriger zu realisierende Zielvorstellungen auch höher bewertet werden[157].

Vor allem in sozial relevanten Situationen gibt es viele Beobachtungen, die im Einklang mit dieser Werttheorie stehen. Knappe oder teure Güter erfahren mehr Nachfrage als nicht-knappe oder billige Güter, z.B. Studiengänge mit Numerus Clausus oder Luxusgüter, ohne daß die unmittelbar erwarteten Anreize – z.B. erwartetes Einkommen von anderen Studiengängen ohne Numerus Clausus oder desselben Studienganges vor der Einführung des Numerus Clausus – diese unterschiedlichen Präferenzen – hier auf der Verhaltensebene erfaßt – erklären könnten. Malewski führt die größere Beliebtheit statushöherer Personen auf die höhere Belohnung, die der Umgang mit statushöheren Personen verspricht, zurück (vgl. Malewski 1967, S. 114). Seine Erklärung der größeren Beliebtheit mit Hilfe der Lerntheorie wäre einer weiteren Erklärung zugänglich: Die höhere Belohnung stünde nach dieser Werttheorie im Zusammenhang mit der ‚Knappheit' möglicher Interaktionen mit einer beliebten und statushöheren Person, ähnlich wie die Aufnahme eines Studienganges mit Numerus Clausus und der Erwerb eines Luxusgutes relativ schwierig ist. Die subjektive Wahrscheinlichkeit, ein Luxusgut zu erwerben, einen Studienplatz zu bekommen oder mit einem Statushöheren zu interagieren, ist in den genannten Fällen reduziert. Nach der Werttheorie, deren Anwendungs- und Geltungsbereich damit nicht auf leistungsbezogenes Verhalten beschränkt wird, er-

157 Vgl. zu den Untersuchungen von Feather (1959); Karabenick (1972); Schneider (1973); Litwin (1966) zusammenfassend Heckhausen (1980, S. 388). Die Werttheorie korrespondiert insofern auch mit dem schon postulierten Schwierigkeitsgesetz der Motivation, wonach schwierigere Aufgaben mehr Anstrengungsbemühungen zur Folge haben (vgl. Heckhausen 1980, S. 62) und baut auf der Valenztheorie von Lewin und Festinger auf (vgl. zur Darstellung und Kritik Heckhausen 1980, S. 222f.).

gibt sich die höhere Intensität der leistungsbezogenen Anreize, aufgrund der höheren Schwierigkeit diese zu realisieren, nicht aufgrund einer veränderten Zahl der Belohnungseinheiten anderer, z.B. materieller Anreize (Einkommenshöhe). Aber auch bei der Verfolgung nicht leistungsbezogener Anreize scheinen einige Untersuchungsergebnisse aus motivationstheoretischer Forschung im Einklang mit den Grundannahmen des Risiko-Wahl-Modells zu stehen.

Bei Personen mit negativem Affiliationsmotiv, deren Furcht vor Zurückweisung ihre Interaktion mit anderen Personen bestimmt, wurde festgestellt, daß diese bevorzugt mit statusniedrigen Personen interagierten, während positiv Motivierte statushöhere Personen mehr schätzten[158]. Wenn der Umgang mit statusniedrigeren Personen mit weniger Mißerfolgswahrscheinlichkeiten belastet ist, würden negativ Motivierte auch durch ein niedrigeres Anspruchsniveau gekennzeichnet sein, während positiv Motivierte mehr Risiko bei der Verfolgung affiliativer Ziele einzugehen bereit zu sein scheinen.

Empirischen Einwänden ist der Verlauf der Präferenzfunktion ausgesetzt worden, wobei die postulierten maximalen Präferenzen von positiv Leistungsmotivierten für mittelschwere Aufgaben mehrfach empirisch bestätigt wurden. Nach Befunden von Heckhausen (1980, S. 396f.) liegt z.B. die maximale Präferenz nicht bei einer 50 %igen, sondern bei einer 40 %igen Erfolgswahrscheinlichkeit (vgl. Abb. 2).

Gravierender sind die Abweichungen für negativ Motivierte, den hier vor allem interessierenden Personengruppen. Dabei zeigt sich empirisch lediglich, daß mittelschwere Aufgaben am wenigsten präferiert werden (vgl. Birney et al. 1969, S. 186ff.). Möglicherweise werden mittelschwere Aufgaben gemieden und dabei entweder schwierige Aufgaben gesucht *oder* leichte Zielzustände relativ wenig gemieden oder aber gesucht. Dafür sprechen Befunde von Heckhausen, der für negativ Motivierte mit hoher Gesamtmotivation eher Überforderung und für negativ Leistungsmotivierte mit geringer Gesamtmotivation Unterforderung als typisches Selektionsverhalten feststellt (Heckhausen 1980, S. 401ff.), eine Motivkonstellation, die bereits bei der Differenzierung suizidärer Kausalprinzipien Anwendung fand und auch mit anderen bipolaren Verhaltensweisen Mißerfolgsmotivierter übereinstimmt. Birney et al. (1969, S. 198) faßt diese Verhaltensweisen als Über- und Non-Engagement zusammen. Diese Befunde würden eine Dreiteilung der maximalen bzw. minimalen Präferenzen für ein hohes, mittleres und niedriges Anspruchsniveau nahelegen. Die folgenden Hypothesen befassen sich daher mit den Konsequenzen einer Über- und Unterforderung, d.h. mit den Auswirkungen einer Präferenz für ein zu hohes oder zu niedriges Anspruchsniveau auf die Induktion oder Verstärkung negativer Wert-Erwartungs-Matrizen. Die folgende Abbildung 2 gibt die Präferenzfunktion, die sich nach Atkinson und den Untersuchungen von

158 Vgl. Mehrabian (1971); dieses Präferenzmuster entspräche dem von negativ Leistungsmotivierten und sowohl das Schwierigkeitsgesetz als auch die nicht-additive Verknüpfung von Erwartungen und Anreizen wäre damit vereinbar, sofern die auch für leistungsbezogene Handlungen negativ Motivierter nicht realistische Folgerung ausschließlicher Meidungstendenzen korrigiert würde.

Heckhausen ergibt, wieder.

Der zweite Einwand betrifft die bereits kritisierte Annahme, daß Mißerfolgsmotivierte bei der Konfrontation mit Leistungszielen ausschließlich Meidungstendenzen zeigen und ohne die Annahme zusätzlich wirkender positiver Anreize – z.B. Zuwendung – Aufgaben, gleich welcher Schwierigkeitsgrade, gar nicht auswählen würden (vgl. Abschnitt 4.1; Birney et al. 1969, S. 199).

Abbildung 2: *Präferenzfunktion (maximale positive oder negative Verhaltenstendenz für Erfolgs- bzw. Mißerfolgsmotivierte) in Abhängigkeit von der subjektiven Wahrscheinlichkeit und der Wertfunktion ($A_e = 1 - W_e$; $A_m = -W_e$) nach dem Risiko-Wahl-Modell von Atkinson bzw. Heckhausen (gestrichelt)*

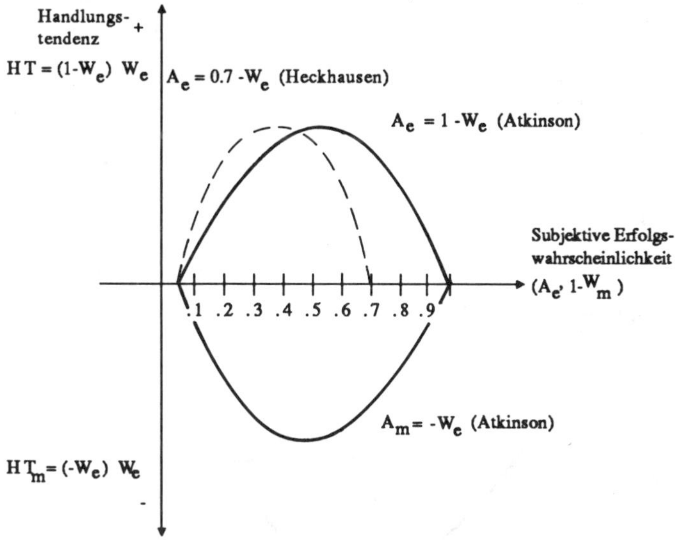

Kuhl modifiziert das Risiko-Wahl-Modell (1977). Dabei ergeben sich unter Einfügung eines persönlichen Schwierigkeitsstandards erstens nicht ausschließlich negative Meidungstendenzen für Mißerfolgsmotivierte. Zweitens wird der Asymmetrie bei den minimalen Meidungstendenzen, aber auch der maximalen Meidungstendenzen bei mittleren Schwierigkeitsgraden Rechnung getragen. Die Präferenzfunktionen nach Kuhl für leichte Schwierigkeitsstandards (S = .80) und hohe Schwierigkeitsstandards (S = .20) sind aus der nachfolgenden Abbildung zusammen mit der Präferenzfunktion nach dem Risiko-Wahl-Modell von Atkinson ersichtlich. Unter Zugrundelegung eines gleichartigen Mißerfolgsmotivs ($M_{ME} = 5$) ergeben sich die rechnerischen Werte, wenn die nach Atkinson ($A_m = -W_e$) modifizierte Annahmen bei Kuhl lauten: $A_m = (S-0{,}5) - W_e$ (wobei S = 0,2 und S = 0,8).

Die auch empirisch vorläufig getesteten Ableitungen sehen folgende Unterschiede und maximale Präferenzen für Mißerfolgsmotivierte mit hohem und niedrigem Schwierigkeitsstandard vor:

Abbildung 3: *Risiko-Wahl-Modell von Atkinson (b) und das modifizierte Modell von Kuhl für hohen Schwierigkeitsstandard (S = .20, a) und niedrigen Schwierigkeitsstandard (S = .80, c)*

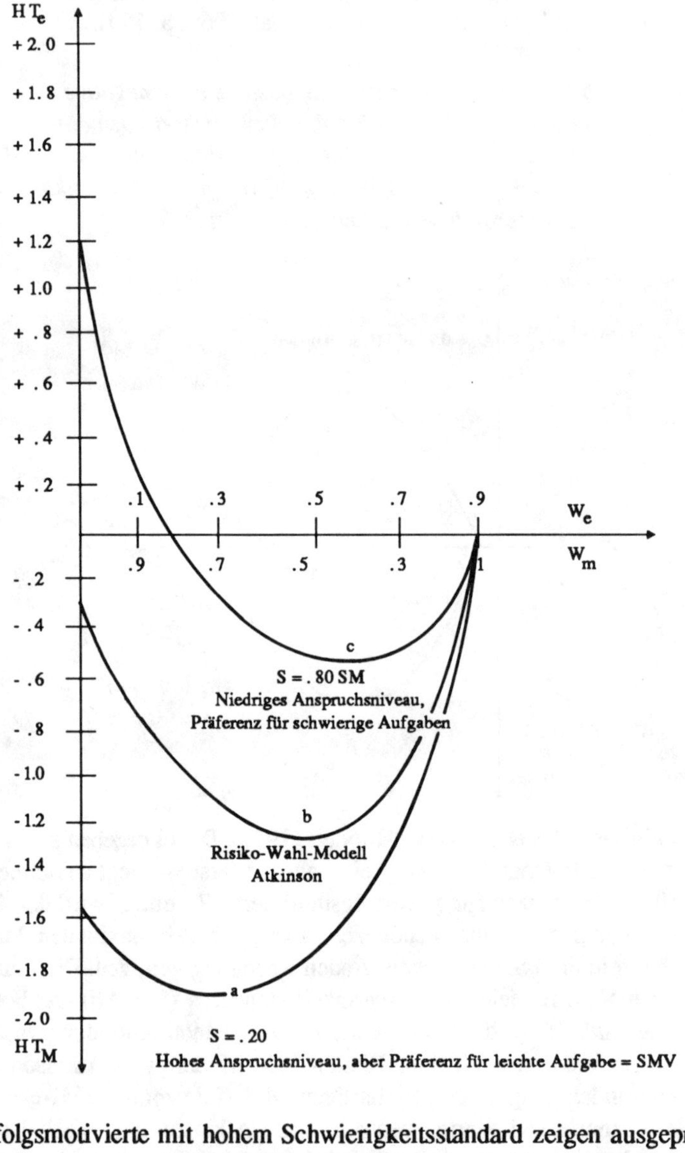

1. Mißerfolgsmotivierte mit hohem Schwierigkeitsstandard zeigen ausgeprägtere Meidungstendenzen als Mißerfolgsmotivierte mit niedrigem Schwierigkeitsstandard.
2. Bei leichten Aufgaben sind Mißerfolgsmotivierte mit hohem Schwierigkeitsstandard am ehesten zur Ausführung dieser Aufgabe zu bewegen; umgekehrt

sind Mißerfolgsmotivierte mit niedrigem Schwierigkeitsstandard am ehesten bei schwierigen Aufgaben zu aktivieren.

Die Präferenzen als Handlungstendenzen verlaufen demnach kontrovers zum persönlichen Schwierigkeitsstandard, der über die Affektäußerungen nach erzielten Zieldiskrepanzen ermittelt wurde.

Kahneman und Tversky (1982) postulierten aufgrund ihrer Untersuchungsergebnisse eine noch stärker abweichende Präferenzfunktion in Form einer S-Kurve, der keine quadratische, sondern eine irrationale Exponentialfunktion ohne Extrema zugrunde liegt (vgl. Abb. 4).

Abbildung 4: *Präferenzfunktion nach Kahneman und Tversky (1982)*

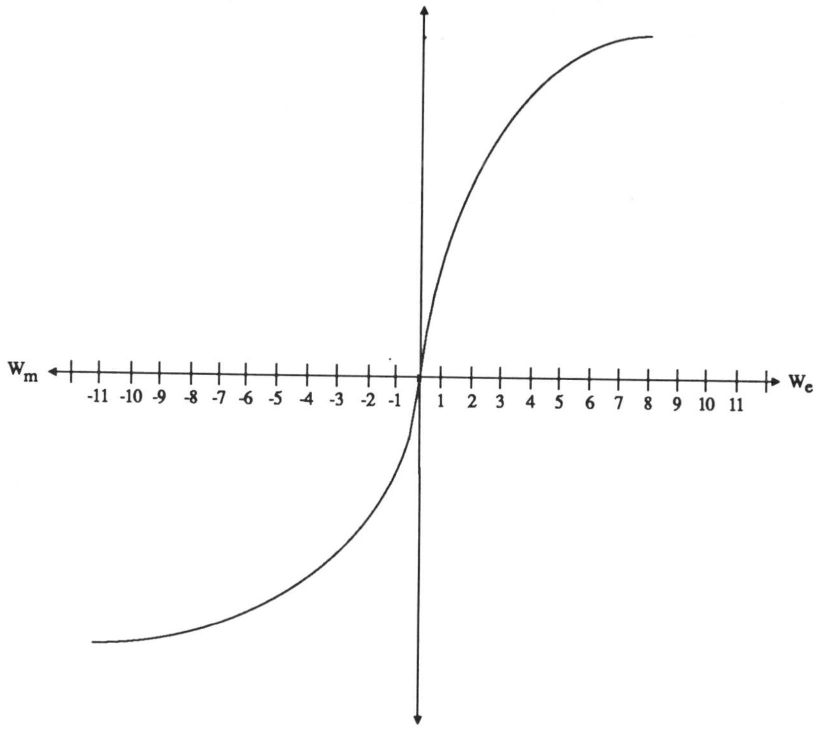

Dabei wird im positiven Bereich (Gewinn bzw. in den Termen dieses Ansatzes positive Anreizwerte) eine konkave Präferenzfunktion in Form risikoaversiven Verhaltens und im negativen (Verlust bzw. negative Anreizwerte) eine konvexe (steilere) Präferenzfunktion in Form risikosuchenden Verhaltens behauptet. Dies bedeutet, daß der Wert eines Anreizes mit der Sicherheit, diesen zu erlangen, zunimmt, allerdings nicht proportional, sondern die resultierende Präferenz stellt sich als Produkt aus Anreizwerten und ihrer Wahrscheinlichkeit im Gewinnbereich als risikoaversiv – in Form eines konkaven Funktionsverlaufs – und im Verlustbereich als risikosuchend – in Form eines konvexen Funktionsverlaufs – dar. Gilt es, etwas zu gewinnen, so begnügt man sich mit abnehmender Gewißheit dies zu gewinnen mit weniger, im Sinne des Sprichworts: ‚Lieber den Spatz in der Hand als die Taube auf dem Dach'. Umgekehrt wird in der Verlustzone nicht auf die Minimierung des Risikos abgestellt: ‚Lieber ein großer, aber unsicherer Verlust als ein relativ sicherer kleiner Verlust'. Der wohl wichtigste Unterschied zur Präferenzfunktion von Atkinson ist darin zu sehen, daß nicht wie bei Kahneman und Tversky die Attraktivität von Gewinnen mit der Wahrscheinlichkeit, diese zu erlangen, zunimmt, sondern daß nach motivationstheoretischen Vorstellungen, schwieriger zu realisierende Gewinne auch attraktiver sind, allerdings infolge der multiplikativen Verknüpfung von Erwartungen und Anreizen eine umgekehrte U-Funktion die maximalen Präferenzen von Leistungsmotivierten bei mittlerem Risiko zu vermuten sind. Eine positiv quadratische Funktion als U-Funktion markiert spiegelbildlich die maximalen Meidungstendenzen von negativ Motivierten gleichfalls im mittleren Bereich. Andere Untersuchungsergebnisse mit Hochleistungsmotivierten von Littig legen eine wichtige Relativierung und damit Auflösung des Widerspruchs nahe (vgl. Atkinson 1964, S. 251): In Glücksspielen, deren Ausgang nicht durch eigene Geschicklichkeit beeinflußbar ist, sind nicht schwierigere Aufgaben, sondern leichtere Aufgaben attraktiver. Kahneman und Tversky beschäftigten ihre Untersuchungsteilnehmer aber vorwiegend mit Gewinnspielen. Für Funktionsbeziehungen entsprechend dem Modell von Kahneman und Tversky bzw. dem Risiko-Wahl-Modell muß daher eine Zusatzbedingung formuliert werden. Sie betrifft die bereits im vorigen Abschnitt ausführlich erörterte Kausalattribution.

Die Attraktivität von Gewinnen nimmt mit zunehmender Wahrscheinlichkeit diese zu erlangen nur dann zu, und zwar nach der von Kahneman und Tversky gemachten Einschränkung der Risikoaversivität und Risikoneigung in bestimmten Schwierigkeitsbereichen der Aufgaben, wenn es sich bei den Aufgaben z.B. um Glücksspiele handelt, die als durch eigenes Zutun unbeeinflußbar angesehen werden. Umgekehrt wird das Aufsuchen realistischer Gewinne für positiv Motivierte bzw. die Vermeidung realistischer Verluste durch negativ Motivierte für Aufgaben zutreffend sein, deren Gelingen auf die eigene Geschicklichkeit oder – wie für Mißerfolgsmotivierte eher zutreffend – deren Mißlingen auf die eigene Unfähigkeit zurückgeführt wird[159].

Nimmt man weiter an, daß in arbeitsteiligen Gesellschaften sozial bedeutsame

159 Diese Zusatzbedingung wurde bereits in Abschnitt 4 als Anregungsbedingung für die Wirksamkeit von Leistungsmotiven expliziert und als Motivkomponente in kausalattributive Aussagen umgewandelt. Wenn das Anspruchsniveau die zweite Motivkomponente verkörpert, kommt die Relativierung der Aussagen durch spezifische Kausalattributionen einer *Konjunktion beider Motivkomponenten* gleich, d.h., die Konsequenzen verschiedener Anspruchsniveausetzungen – die Verhaltenserfolge – müßten durch die postulierten Kausalattributionen interpretiert werden (vgl. Abschnitt 4.3.1.4).

Situationen nicht als Spiele, deren Ausgang ausschließlich zufallsbedingt ist, aufgefaßt werden, dann dürfte die Präferenzfunktion von Atkinson auf mehr soziale Situationen anwendbar sein als die Situationen, die Kahneman und Tversky implizit zugrunde legen[160]. Welche Konsequenzen ergeben sich aber für Personengruppen mit unterschiedlichen Anspruchsniveaupräferenzen?

Die ersten Konsequenzen betreffen direkt die in einer spezifischen Situation zu erwartenden Anreizkonstellationen und die zweiten Konsequenzen betreffen indirekte Folgen, die aus der kausalattributiven Interpretation anspruchsniveaubedingter Verhaltensergebnisse resultieren.

4.3.2 Anspruchsniveautheoretische Hypothesen als suizidäres Moralprinzip

4.3.2.1 Direkte Konsequenzen zu hoher und zu niedriger Anspruchsniveaupräferenzen: Anreizgewichtung und subjektive Wahrscheinlichkeiten

Nach der Präferenzfunktion von Atkinson ergibt sich unter Berücksichtigung der empirischen Befunde und bei Verzicht auf die strikten Funktionsannahmen für Mißerfolgsmotivierte eine Beziehung zwischen Anspruchsniveaupräferenzen und situationsspezifischen Anreizen sowie deren subjektive Wahrscheinlichkeiten, die aufgrund der vorhergesagten Begünstigung negativer Erwartungen und negativer Anreize für die Erklärung suizidalen Verhaltens relevant sind. Diese Hypothese gilt unter der Annahme, daß die angestrebten Zielvorstellungen als „kontrollierbar" angesehen werden, und daß der Schwierigkeitsgrad der Aufgaben frei zu wählen ist. Des weiteren müssen schwieriger zu realisierende positive Anreize höher bewertet werden als leichter zu realisierende Anreize, umgekehrt fallen leicht zu verfehlende Ziele als negative Anreize weniger ins Gewicht als schwer zu verfehlende.

$H_{sm, smv}16$: Dominieren hohe Anspruchsniveaupräferenzen ($A^*W > m_i$), werden bei der Ausführung spezifischer Handlungsalternativen (H_{alt_i}) eher Anreize mit hohen Mißerfolgswahrscheinlichkeiten (Wm_{A_i}, H_{alt_i}) aktualisiert.
Der Anteil induzierter negativer Anreize ist höher als bei mittleren Anspruchsniveaupräferenzen ($A^*W = m_j$) und nimmt bei der Antizipation mittelschwerer Aufgaben zu.
Dominieren niedrige Anspruchsniveaupräferenzen ($A^*W < m_k$), werden bei der Ausführung spezifischer Handlungsalternativen (H_{alt_j}), eher Anreize aktualisiert mit geringen Mißerfolgswahrscheinlichkeiten (Wm_{A_j}, H_{alt_j}).

---

160 Für die Vermutung des Risiko-Wahl-Modells und gegen die Verlaufsannahmen von Kahneman und Tversky sprechen auch die Untersuchungsergebnisse der Neugierforschung. Auch hier kann ein Präferenzverlauf in Form einer umgekehrten U-Funktion die geringe Beliebtheit sehr unbekannter Anreize, die bei zunehmendem Bekanntheitsgrad zunimmt, um bei sehr bekannten Reizen wieder abzunehmen, erklären (vgl. Lindner-Braun 1973, 1976, S. 335, Abb. 2 und Abb. 3 sowie S. 378ff.). Der Bekanntheitsgrad von Stimuli entspricht dabei den subjektiven Wahrscheinlichkeiten, die implizierten Anreize realisieren zu können.

Der Anteil induzierter negativer Anreize ist höher als bei akzeptierten mittleren Anspruchsniveaupräferenzen ($A^*W = m_j$) und nimmt bei der Antizipation mittelschwerer Aufgaben zu. Wenn das Mittelpotential m_i bei hohen Anspruchsniveaupräferenzen gleich dem Mittelpotential m_k bei niedrigen Anspruchsniveaupräferenzen ist, dann ist gemäß obiger Annahme A die Anreizwertintensität von Anreizen mit geringen Mißerfolgswahrscheinlichkeiten geringer als die Anreizwertintensität von schwierig zu realisierenden Anreizen. Dabei wird unterstellt, daß die Menge der Personen mit hohen oder niedrigen Anspruchsniveaupräferenzen und die Menge der Personen, die ein mittleres Anspruchsniveau akzeptieren, nicht identisch ist, während sich hohe und niedrige Anspruchsniveaupräferenzen nicht ausschließen.

Diese Aussagen über eine Beziehung zwischen Anspruchsniveaupräferenzen und situationsspezifischen negativen Wert-Erwartungs-Bilanzen gelten unter einer Voraussetzung, die wiederum der Identifizierung gesellschaftlicher Strukturbedingungen dienen kann: Es müssen Zielniveaus, d.h. Aufgaben unterschiedlicher Schwierigkeit ‚wählbar' sein. Was bedeutet die ‚freiwillige' Entscheidungsmöglichkeit für Aufgaben?

Die Freiwilligkeit kennzeichnet Freiräume in einer Gesellschaft, z.B. freie Partner-, Ausbildungs- oder Berufswahl. Der einzelne wird dabei in seiner Zielsetzung nicht durch äußeren Zwang an der Wahl unterschiedlich schwieriger Aufgaben gehindert. Beim äußeren Zwang handelt es sich um negative und wahrscheinliche Sanktionen vieler Gesellschaftsmitglieder.

Dieser Handlungsspielraum ist – ähnlich wie die Informationsstruktur sozialer Beziehungen als Voraussetzung für die Wirksamkeit suizidärer Kausalattributionen – als gesellschaftliches Strukturmerkmal interpretierbar: Das Vorhandensein von Entscheidungsspielräumen macht erst die Variabilität von Ansprüchen möglich und ist charakteristisch für ‚komplexe', ‚arbeitsteilige' Gesellschaften mit hohen Selbstmordraten. Dispositionen zu abweichenden Anspruchsniveausetzungen sind also durch situative Bedingungen – einem mehr oder weniger großen Handlungsspielraum – regulierbar.

Die Hypothese $H_{sm,smv}16$ sagt unter zwei Bedingungen die Entstehung negativer Wert-Erwartungs-Bilanzen voraus, die logisch unabhängig vom Anspruchsniveau definiert sind und auch innerhalb motivationstheoretischer Untersuchungen partiell empirisch belegt sind[161].

Erstens wird eine negative Anreizgewichtung postuliert, ohne daß die ausschließliche Induktion negativer Anreizwerte – wie dies im Risiko-Wahl-Modell angenommen wird – die Folge ist. Die Wahrscheinlichkeit, daß über erwartete negative Anreizwerte eher Situationen gemieden werden, ist für Personen mit hohen oder niedrigen Anspruchsniveaupräferenzen höher als für Personen mit mittleren, dem eigenen Mittelpotential entsprechenden Anspruchsniveausetzungen; sie nimmt auch bei der Kognizierung mittlerer Wahrscheinlichkeiten zu. *Zweitens* wird behauptet, daß der Anteil starker positiver Tendenzen zur Ausführung von

---

161 Für die Kognizierung mittlerer Wahrscheinlichkeiten, wenn ein mittleres Anspruchsniveau angestrebt wurde, liegen empirische Belege vor (vgl. Heckhausen 1980, S. 392).

Handlungsalternativen relativ schwach ist, d.h. aktualisierte positive Anreize haben entweder hohe Mißerfolgschancen oder bei hohen Erfolgschancen geringe Anreizwertintensitäten.

Die ungünstigen Auswirkungen von Ansprüchen, die vom Mittelpotential abweichen, verstärken sich jedoch, wenn die Handlungsergebnisse untersucht und dabei kausalattributive Interpretationen dieser Handlungsergebnisse berücksichtigt werden. Neben der Wahlmöglichkeit von unterschiedlich schwer zu realisierenden Zielvorstellungen wurde auch vorausgesetzt, daß der Handlungserfolg als kontrollierbar, also nicht zufallsbedingt angesehen wird. Im folgenden geht es darum, die Auswirkungen kausalattributiver Interpretation anspruchsniveaubedingter Verhaltenserfolge, den Zielerreichungsdiskrepanzen, aufzuzeigen. Dabei kann auch überprüft werden, inwieweit die ‚Erklärung' von Atkinson für zu hohe oder niedrige Anspruchsniveausetzung stichhaltig ist. Er sah darin vor allem die Meidung realistischer oder mittelschwerer Zielvorstellungen und weniger explizit die damit verbundene Meidung bestrafender internaler Kausalattributionen.

4.3.2.2 Indirekte Konsequenzen zu hoher und zu niedriger Anspruchsniveaupräferenzen: Kausalinterpretation von Zielerreichungsdiskrepanzen

Wenn bisher direkte Auswirkungen auf situativ erwartete Anreize als Folge des individuellen Anspruchsniveaus untersucht wurden, interessiert im folgenden, welcher anspruchsniveaubedingte Verhaltenserfolg zu erwarten ist und wie dieses Ergebnis vom Handelnden interpretiert wird. Da die affektiven und kognitiven Folgen dieser Kausalinterpretation bereits bekannt sind, lassen sich die resultierenden Wert-Erwartungs-Bilanzen bestimmen. Beide Motivkomponenten – die Kausalprinzipien und das Anspruchsniveau – werden dabei in ihrer interaktiven Wirkung mit daraus folgenden situationsspezifischen Wert-Erwartungs-Matrizen analysiert.

Der wichtigste Unterschied zwischen verschiedenen Anspruchsniveaupräferenzen ist wohl darin zu sehen, daß die damit verbundenen Zieldiskrepanzen unterschiedlich hoch ausfallen. Unter *Zieldiskrepanzen* soll die Differenz zwischen dem realisierten Verhaltenserfolg und der Präferenz für ein Ziel auf einem bestimmten Schwierigkeitsniveau, dem Anspruchsniveau, verstanden werden. *Verglichen werden realisierte Verhaltenserfolge und das zuvor angestrebte Zielniveau*[162]. Diese Diskrepanz kann groß oder gering sein und sie kann eine positive bzw. negative Ausprägung haben, wenn der Erfolg die gesetzten Zielvorstellungen unter- bzw. überschreitet. Während es für Personen mit einem realistischen Anspruchsniveau,

162 In klassischen Anspruchsniveauuntersuchungen wurden Zieldiskrepanzen nicht als Differenz zwischen realisiertem Verhaltenserfolg und situations*unabhängigen* und daher relativ konstanten Anspruchsniveaupräferenzen erfaßt, sondern es wurde die Abweichung zwischen realisiertem Verhaltenserfolg und der folgenden bzw. vorausgehenden situationsspezifischen Anspruchsniveauauswahl beobachtet, da die Veränderung bzw. Etablierung und Stabilisierung von Anspruchsniveaus interessierte.

dem mittelschwer zu realisierende Zielvorstellungen entsprechen, typisch ist, daß sie nur geringe Zieldiskrepanzen erfahren, weisen Personen, die sich über- oder unterfordern, große und auch instabile Zieldiskrepanzen auf (vgl. Lewin et al. 1944; Atkinson 1964, S. 90, 248ff., 258ff.; Heckhausen 1980, S. 392). Dieser empirische Befund ist auch theoretisch plausibel, wenn objektive Wahrscheinlichkeiten unterstellt werden, die eine realistische Einschätzung des eigenen Mittelpotentials in einer bestimmten Situation voraussetzen. So wäre die Verfolgung (objektiv) schwieriger Aufgaben mit einem wahrscheinlichen Mißerfolg verbunden, der eine große positive Zieldiskrepanz bewirkt und Veränderungen, d.h. instabile Anspruchsniveausetzungen verständlich machen würde. Bei einem niedrigen Anspruchsniveau ist hingegen Erfolg wahrscheinlich, trotzdem wird ein Wechsel des Anspruchsniveaus beobachtet, vor allem erfolgt in beiden Fällen ein bereits beschriebener atypischer Anspruchsniveauwechsel von Mißerfolgsmotivierten nach erwartungswidrigen Verhaltensergebnissen (vgl. Atkinson und Litwin 1960; Moulton 1963 in: Atkinson 1964, S. 261). Nach Erfolg bei sehr schwierigen Aufgaben werden sehr leichte Aufgaben und nach Mißerfolg bei sehr leichten Aufgaben sehr schwierige Aufgaben gewählt. Dies läßt sich im Risiko-Wahl-Modell aufgrund der maximalen Meidungstendenz bei mittelschweren Aufgaben vorhersagen. Eine weitergehende Erklärung für die maximale Bevorzugung eben dieser mittelschweren Aufgaben durch hoch Leistungsmotivierte ist darin zu sehen, daß diese Strategie langfristig relativ sichere und nicht-triviale Erfolge garantiert und außerdem Rückschlüsse auf die eigene Tüchtigkeit zuläßt (vgl. McClelland 1958; Heckhausen 1963, S. 256). Negativ Motivierte müssen im Falle des Mißerfolgs bei sehr schwierigen Aufgaben die wenigsten negativen Affekte, ‚einer Scham bei Versagen', befürchten. Wenn sie sehr leichte Aufgaben wählen, wäre zwar ein Mißerfolg sehr peinlich, gleichzeitig aber wenig wahrscheinlich (vgl. Atkinson 1964, S. 98). Diese Erklärungsversuche beinhalten zwei Faktoren. Zum einen weisen die Motive auf dominante Affekte besonderer Intensität und zum anderen implizit auf Kausalattributionen. Den Erfolgsmotivierten bleiben internale Kausalattributionen: Sie schreiben den Erfolg ihrer eigenen Tüchtigkeit zu. Negativ Motivierte scheinen auf externale Zuschreibungen – Aufgabenschwierigkeit oder Leichtigkeit der Aufgabe – auszuweichen.

Wendet man nun die oben entwickelten kausalattributiven Hypothesen auf die Auswirkung von Anspruchsniveaupräferenzen an, müßten geringe Zieldiskrepanzen auf mittlerem Niveau die größten positiven Affekte und auch günstigsten kognitiven Auswirkungen haben, während große Zieldiskrepanzen – oder aber geringe Zieldiskrepanzen auf niedrigem Niveau, wie dies für den sicheren Erfolg bei leichten Aufgaben zutrifft – geringe positive Affekte und ungünstigere Kognitionen zur Folge hätten. Dies könnte die Instabilität der gewählten Zielhöhe bei hoher *und* bei niedriger Zieldiskrepanz erklären helfen. Die in den Motiven dominierenden Affekte wären hinsichtlich ihrer Richtung und Intensität präzisierbar und erklärbar, ebenso wie eine große Meidungstendenz bei mittlerer Aufgabenschwierigkeit, die mit positiven Tendenzen bei leichten und bei schwierigen Aufgaben vereinbar sein müßte.

Übersicht 16: *Strukturelle Randbedingungen der Motivkomponenten, die Motivkomponenten als Kausal- und Moralprinzip, ihre interaktive Wirkung als anspruchsniveaubedingte Interpretation der Zieldiskrepanzen durch Kausalattributionen und ihre Wirkung auf die Wert-Erwartungs-Matrizen mit resultierenden Handlungen*

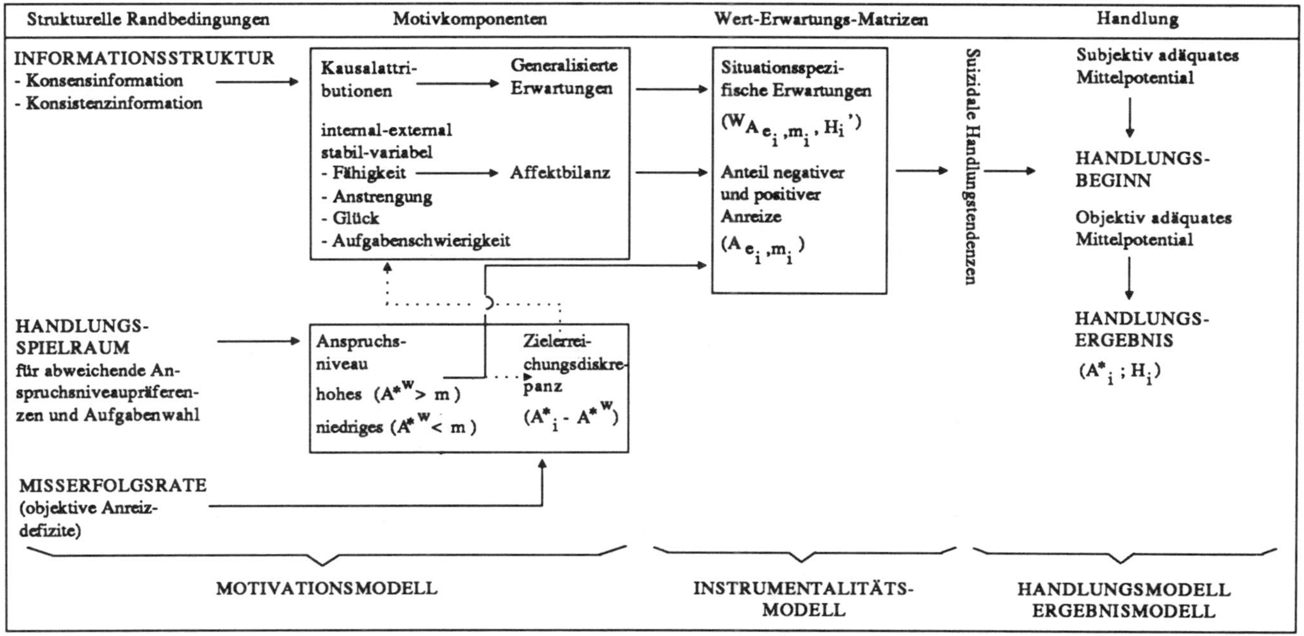

Erläuterungen zur Übersicht 16:

1. Das Handlungsergebnis (H_i) ist dann identisch mit der intendierten Handlung H_i', deren beabsichtigte Ausführung die Anreizwerte (A_{e_i,m_i}) erwarten läßt ($W_{A_{e_i,m_i},H_i'}$), wenn subjektives und objektives Mittelpotential nicht voneinander abweichen.
2. Das Handlungsergebnis, erfaßt über realisierte Anreize A^*_i, würde dann der Mißerfolgsrate, verstanden als objektive Anreizdefizite (vgl. Abschnitt 2.2.1), entsprechen, wenn bei einer dynamisierten Betrachtungsweise die vergangenen Handlungsergebnisse als ausgeführte Handlungsalternativen zu suizidalen Handlungen berücksichtigt werden. Die Aggregierung individueller Handlungsergebnisse, z.B. auf gesamtgesellschaftlicher Ebene, setzte dann allerdings voraus, daß es sich um realisierte, aber subjektiv meist zu vermeiden erhoffte negative Anreize (A_{m_i}) handelt. Dies wird z.B. bei der Erfassung der Arbeitslosenrate in dieser Weise nicht konzeptualisiert.
3. Das Moralprinzip hat *direkte* (durchgezogene Pfeile) Auswirkungen auf die situationsspezifischen Wert-Erwartungs-Matrizen und *indirekte Effekte* (gestrichelte Pfeile) über die Kausalinterpretation der anspruchsniveaubedingten Zielerreichungsdiskrepanz.

Bevor die einzelnen Hypothesen formuliert werden, sei im folgenden das bisher entwickelte Motivationsmodell *zusammenfassend* dargestellt. Zum Kausalprinzip mit Kausalattributionsfaktoren und deren Auswirkungen auf die Affektbilanz und generalisierte Erwartungen kommt die *zweite Motivkomponente*, die *Höhe des Anspruchsniveaus* hinzu. Diese Präferenz hat einmal *direkte* Auswirkungen auf die Höhe situationsspezifischer Erwartungen und auf die Anreizkonstellationen.

Zum zweiten sind indirekte Auswirkungen beobachtbar. Als Folge des Anspruchsniveaus wird eine Aufgabe gewählt und ausgeführt. Der Handlungserfolg stellt sich als Zielerreichungsdiskrepanz dar, wenn er als realisierte Zielvorstellung mit dem Anspruchsniveau verglichen wird ($A^*_i - A^*$). Es folgt eine kausalattributive Interpretation der (großen oder kleinen, positiven oder negativen) Zielerreichungsdiskrepanz – mit den bekannten Auswirkungen auf die situativ wahrgenommenen Anreize und ihre Realisierungschancen (gestrichelte Linie, vgl. Übersicht 16).

Im Unterschied zur ersten Modellvariante wird das Handlungsergebnis (Hi) ersetzt durch den komplexeren Begriff der Zieldiskrepanz (A^*_i -A^{*w}), der nicht nur ein Handlungsergebnis, sondern auch einen Gütestandard, das Anspruchsniveau, zum Inhalt hat. Des weiteren ist in Übersicht 16 die Randbedingung ‚Handlungsspielraum' aufgeführt, der eine freiwillige Aufgabenwahl in Abwesenheit extrinsischer und wahrscheinlicher negativer Sanktionen bei der Wahl einer bestimmten Aufgabe voraussetzt. Nicht alle Handlungserfolge stellen daher Zieldiskrepanzen dar. Direkte Pfeile vom Kausalprinzip zum Verhaltenserfolg soll diesem Umstand Rechnung tragen. Ebenso ist die Informationsstruktur sozialer Beziehungen als gesellschaftliche Randbedingung für suizidäre und nicht-suizidäre Kausalprinzipien in dem Motivationsmodell aufgeführt.

Welches Kausalprinzip findet bei der Interpretation von Zieldiskrepanzen, die aus einer zu hohen oder zu niedrigen Anspruchsniveausetzung resultieren, Anwendung?

Zwei Möglichkeiten sind hier denkbar. Die erste betrifft eine ‚logische' Kausalinterpretation analog dem Varianzmodell von Kelley; die zweite eine Übernahme und konsequente Anwendung der entwickelten suizidären Kausalattribution, nach der in Abhängigkeit vom Handlungserfolg Attributionsfaktoren wirksam würden.

Eine ‚logisch' konsistente Kausalinterpretation der anspruchsniveaubedingten Handlungserfolge analog dem Handlungsmodell von Kelley sehen die genannten theoretischen Vermutungen von Heckhausen und Atkinson vor. Zieldiskrepanzen als Folge gewählter hoher oder niedriger Zielniveaus müßten daher auf die Aufgabenschwierigkeit zurückgeführt werden. Die Aufgabenschwierigkeit war als externer und stabiler Faktor definiert worden. Somit würden internale Zuschreibungen des Mißerfolgs bei hoher Zieldiskrepanz, z.B. Unfähigkeit und fehlende Anstrengung, aber auch bei einer geringen Zieldiskrepanz nach der Wahl einer leichten Aufgabe – Erfolg oder Anstrengung – auszuschließen sein. Genau dies soll die Strategie nach Atkinson und Heckhausen der Mißerfolgsmotivierten sein. Mißerfolg wegen einer schwierigen Aufgabe sei weniger bedrohlich als Mißerfolg nach einer das Mittelpotential, d.h. die eigene Tüchtigkeit aufdeckende Aufgabe (vgl. Atkinson 1964, S. 98), ein sicherer Erfolg winke jedoch demjenigen, der sich eine leichte Aufgabe vornimmt. Offen bleibt bei dieser Argumentation, warum bei leichten Aufgaben die Erfolgswahrscheinlichkeit und bei schwierigen Aufgaben eine mögliche Ursache des Erfolgs – Externalität – handlungsentscheidend sein soll, d.h. die Aufgabenwahl bestimmen soll. Umgekehrt wird bei Erfolgsmotivierten nicht klar, wie im Einklang mit der gewählten Strategie, sich günstige Attributionen zu sichern, ein Erfolgsmotivierter den Mißerfolg bewertet, der gleich wahrscheinlich wie der Erfolg ist, auch wenn auf lange Sicht realistischere und günstigere Erfolgsraten als bei überhöhtem oder erniedrigtem Anspruchsniveau erwartet werden können.

Auch der atypische Anspruchsniveauwechsel bei erwartungswidrigen Erfolgen nach schwierigen Aufgaben zu sehr leichten Aufgaben und nach einem Mißerfolg bei leichten Aufgaben zu sehr schwierigen Aufgaben könnte aufgrund der Präferenzfunktion allenfalls teilweise als Meidung mittelschwerer Aufgaben vorhergesagt werden. Im Einklang mit einer Meidung mittelschwerer Aufgaben stünde aber auch eine Persistenz bei der Aufgabe desselben Schwierigkeitsniveaus.

Mit Hilfe einer durchgängigen Anwendung kausalattributiver Wertungen von Erfolg oder Mißerfolg könnte sowohl dieser atypische Aspirationswechsel, das Zustandekommen zu hoher und zu niedriger Anspruchsniveausetzungen und damit auch die Konsequenzen der Anspruchsniveausetzung erklärt werden. Außerdem läßt sich Erfolg und Mißerfolg vollständig bewerten.

Erfolgsmotivierten gestattet eine *realistische Anspruchsniveausetzung* internale Zuschreibungen des Erfolgs auf die eigene Fähigkeit mit den bekannten starken Auswirkungen positiver Affekte und optimistischer generalisierter Erwartungen. Der Mißerfolg müßte unter konsequenter Anwendung des logischen Prinzips gleichfalls internalen Faktoren zugeschrieben werden. Nach den bisherigen Ausführungen neigen aber Erfolgsmotivierte zu einer asymmetrischen Kausalattribution, d.h. der Mißerfolg wird entlastenden externalen Faktoren zugeschrieben und damit würde für die Erklärung von Erfolg wie auch für den Mißerfolg der jeweils günstigste Kausalfaktor kogniziert. Jede Zieldiskrepanz wirkt sich daher relativ günstig aus. Zweitens ist die Erfolgsrate relativ günstig bei der Wahl mittelschwerer Aufgaben im Vergleich zur Wahl sehr schwieriger Aufgaben, vorausgesetzt, daß das subjektive Mittelpotential dem objektiven entspricht. Diese Zusatzannahme, die in den genannten psychologischen Untersuchungen stillschweigend unterstellt wird und die für den besonderen Fall suizidaler Handlungen im Rahmen des Handlungs- und Ergebnismodells ausführlich diskutiert wurde, ist besonders für sozial relevante Situationen, z.B. aus dem leistungsthematisierten beruflichen Bereich, von Bedeutung. Um so wichtiger ist daher die hier postulierte subjektive Bewertung solcher erwartungswidriger Handlungsresultate. Die Annahme einer ‚richtigen' Einschätzung des Mittelpotentials wird am ehesten für altbekannte Situationen und am wenigsten für neue Situationen zutreffen.

In den experimentellen Untersuchungen der Anspruchsniveauforschung, aber auch in Untersuchungen zur Ermittlung personenspezifischer Präferenzen (vgl. Kuhl 1978) simulieren vorausgehende Erfahrungsserien den Neuheitsgrad der Situation. Die genannten Kausalattributionen Erfolgsmotivierter könnten aufgrund der vermuteten günstigen affektiven und kognitiven Nachwirkungen auch erklären, warum sich bei einem mittleren Anspruchsniveau – trotz der nicht unwahrscheinlichen Mißerfolge – das Anspruchsniveau auf mittlerer Höhe einpendelt und relativ konstant bleibt. Auch die geringfügige Erhöhung nach Erfolg und nach (deutlichem) Mißerfolg wäre nicht nur eine Bewegung auf die maximale Präferenz bei mittlerem Schwierigkeitsgrad zu, sondern wäre erklärbar durch das Bestreben, systematisch externale Erfolgskriterien ausschalten zu können.

Eine logisch konsistente Anwendung der entwickelten kausalattributiven Hypothesen bei *Präferenzen für zu hohe oder zu niedrige Anspruchsniveaus* entspricht im Falle eines (wahrscheinlicheren) Mißerfolgs einer hierbei externalen und stabilen Kausalzuschreibung auf die Aufgabenschwierigkeit. Diese Kausalattribution würde tatsächlich den Mißerfolg ‚erträglicher' machen, d.h. die negativen affektiven und kognitiven Folgen wären zumindest etwas günstiger einzustufen als die nach einer internalen Unfähigkeitsattribuierung, die nach einer asymmetrischen Kausalattribution zu vermuten wäre. Allerdings sind wegen der vermuteten Stabilität die resultierenden negativen Auswirkungen auf die Erwartungsstruktur schlechter zu beurteilen. Beim unwahrscheinlicheren Erfolg – wiederum ‚richtige' Einschätzung des eigenen Mittelpotentials vorausgesetzt – sind hingegen die vermuteten Kausalinterpretationen einer logischen und einer asymmetrischen Kausalattribution, wie sie typisch für Mißerfolgsmotivierte sind und die auch abweichende Anspruchsniveaupräferenzen vermuten lassen, identisch: Der Erfolg bewirkt bei externaler Zuschreibung nur geringe positive Affekte und baut auch unzureichend positive generalisierte Erwartungen auf, so daß sich eine optimistische Wahrnehmung situativer Aufgaben kaum nachhaltig herausbilden kann. Hinzu kommt, daß dieser Erfolg ohnehin relativ unrealistisch erscheint. Bei der Bewertung des wahrscheinlichen Erfolgs nach leichten Aufgaben ist zwar die Erfolgsrate eher gesichert, der günstige Effekt internaler Zuschreibungen auf die eigene ‚reproduzierbare' Fähigkeit, wie dies Erfolgsmotivierte durch die Wahl eines mittleren Anspruchsniveaus für sich reklamieren können, entfällt jedoch, weil die Aufgabenschwierigkeit externale Kausalattributionen nahelegt. Allenfalls kann sich die Dimension Stabilität noch günstig auf die generalisierten Erwartungen auswirken.

Welches Prinzip mit welcher Kausalzuschreibung findet im Falle des Mißerfolgs bei leichten Aufgaben Anwendung? Hier stimmen beide Prinzipien, das logische und das asymmetrische Kausalprinzip überein. Ist jemand nicht in der Lage, leichte Aufgaben zu lösen, so wäre allenfalls bei einem extrem niedrigen Schwierigkeitsgrad der Zufall als Ursachenfaktor anzusehen, wenn aber im Vergleich mit anderen – Konsensusinformation vorausgesetzt – jemand selbst bei leichten Aufgaben versagt, so wäre die Schlußfolgerung, daß persönliche Unfähigkeit vorliegt, mithin ein internaler und stabiler Faktor als Erklärungsfaktor nach dem logischen Kausalprinzip. Dies würde auch mit den asymmetrischen Kausalattributionen dieser Motivgruppe übereinstimmen (vgl. Kun und Weiner 1973)[163]. Kontrovers bleibt daher nur die Frage, welches Kausalprinzip im Falle des Mißerfolgs bei einer überhöhten Anspruchsniveaupräferenz Anwendung findet.

Für die Anwendung eines logischen und in dieser Konstellation daher entlastenden Prinzips spricht der plausible Erklärungsversuch von Atkinson, daß gerade diese Aufgabenwahl vor einer gefürchteten internalen Zuschreibung des Mißerfolgs schützen soll. Erweitert und präzisiert man das Argument von Atkinson, bedeutet dies, daß das asymmetrische Kausalprinzip, die Anspruchsniveaupräferenzen determiniert. Dies könnte auch für die Anspruchsniveaupräferenzen der Erfolgsmotivierten behauptet werden. In Übersicht 16 wurden daher die beiden Motivkomponenten unter Berücksichtigung dieser Interaktionswirkung durch Pfeile verbunden. Damit könnte auch dem empirischen Tatbestand, daß Mißerfolgsmotivierte bevorzugt zu diesen Kausalattributionen neigen, Rechnung getragen werden.

Betrachtet man allerdings die Auswirkung hoher Anspruchsniveausetzung langfristig, ist es zweifelhaft, ob diese defensive Kausalinterpretation bei andauerndem Mißerfolg beibehalten werden kann. Eine Angleichung an die dominierende asymmetrische Kausalattribution, wonach Mißerfolg auf internale, stabile Ursachenfaktoren, Unfähigkeit zurückgeführt wird, erscheint aus mehreren Gründen plausibel. Erstens würde ein wiederholter Mißerfolg aufgrund des überhöhten Anspruchsniveaus wahrscheinlich. Ein andauernder Mißerfolg würde aber auch aus logischen Gründen wegen der vom einzelnen wahrnehmbaren Konsistenzinformation auf Unfähigkeit zurückzuführen sein. Des weiteren ist in sozialen Situationen, wie sie für komplexe arbeitsteilige Gesellschaften charakteristisch sind, die Konsensinformation – die Fehlleistungen anderer bei denselben Aufgaben – die Aufgabenschwierigkeit als externale Kausalattribution nahelegen würde, selten verfüg-

163 Kun und Weiner (1973) stellten fest, daß bei Mißerfolg nach einer leichten Aufgabe internale Kausalzuschreibungen dominierten. Die Tatsache, daß nach Erfolg bei schwierigen Aufgaben Erfolg und Anstrengung von den Erfolgreichen reklamiert wurde, widerspricht nicht der Vermutung, daß nach anhaltendem Mißerfolg, den Personen mit überhöhtem Anspruchsniveau zu vergegenwärtigen haben, die gewohnte asymmetrische Kausalattribution überwiegt und auch nicht gegen die Annahme, daß nach bewußter Wahl einer zu schwierigen Aufgabe der Erfolg nicht der eigenen Fähigkeit zugeschrieben werden könnte.

bar. Aber selbst wenn die externale Zuschreibung akzeptiert würde, ist der wahrscheinliche Mißerfolg unabhängig vom Schwierigkeitsniveau belastend, wie dies bereits in den frühen Untersuchungen der Anspruchsniveauforschung festgestellt wurde. Erfolg hat weniger emotionale Spannungen zur Folge als Mißerfolg (vgl. Lewin et al. 1944). In der folgenden Übersicht findet sich gemäß den oben eingeführten Bewertungskategorien asymmetrischer Kausalattribution eine Zusammenstellung dieser anspruchsniveaubedingten Kausalattribution und ihrer Auswirkung auf die Affektbilanz und die generalisierten Erwartungen wieder. Das Rechenbeispiel macht deutlich, daß der *affektive und kognitive Ertrag eines hohen oder niedrigen Anspruchsniveaus* (Spalte (1)-(4)) *sehr viel geringer ist als der einer realistischen Anspruchsniveausetzung* (Spalte (5), (6)). Und dies ist der Fall, obwohl nach Mißerfolg bei einem zu hohen Anspruchsniveau die defensive und der typischen asymmetrischen Kausalattribution dieser Gruppe entgegenstehende Kausalattribution – Aufgabenschwierigkeit – unterstellt wurde. Die negativen affektiven und kognitiven Auswirkungen verstärken sich, wenn entsprechend dem unterstellten Kausalprinzip von einer internalen Zuschreibung des Mißerfolgs ausgegangen wird.

Das Rechenbeispiel in Übersicht 17 wurde aus dem Abschnitt über suizidäre Kausalprinzipien entnommen. Dabei kommt jedem Erfolg und Mißerfolg unabhängig vom Schwierigkeitsgrad dasselbe Gewicht zu. Von Aufgaben, die in ihrem Schwierigkeitsgrad variieren, kann dies nicht behauptet werden. Die Freude über eine gelungene Leistung, die aber jedermann erbringen kann und in diesem Sinne leicht ist, ist wahrscheinlich weniger ausgeprägt als die Freude über eine gelungene schwierigere Aufgabe. Entsprechend der in der Präferenzfunktion zum Ausdruck kommenden Gewichtung zugunsten schwierigerer Aufgaben wurde daher bei den Zahlen in Klammern eine entsprechende Gewichtung vorgenommen. Nun zeigt sich noch deutlicher, daß bei leichten Aufgaben – trotz der hohen Erfolgsrate – keine höheren ‚Erträge' anfallen als nach schwierigen Aufgaben, während aus der Verfolgung kalkulierter Risiken bei gleich hoher Erfolgs- oder Mißerfolgsrate eines mittleren Anspruchsniveaus die günstigsten affektiven und kognitiven Bewertungen resultieren.

Anspruchsniveaubedingte Kausalattributionen und ihre affektiven und kognitiven Folgen lassen sich in den folgenden Hypothesen zusammenfassen:

$H_{sm, smv}17$ (1): Hohe bzw. niedrige Anspruchsniveaupräferenzen führen unter der Voraussetzung, daß das objektive Mittelpotential dem subjektiven Mittelpotential entspricht, mit großer Wahrscheinlichkeit zu Mißerfolgen (hohe Zieldiskrepanz) bzw. zu Erfolgen (geringe Zieldiskrepanzen).

(2): Mißerfolg (Erfolg) nach der Wahl einer schwierigen Aufgabe wird wahrscheinlicher externalen und stabilen (variablen) Kausalfaktoren der Aufgabenschwierigkeit (Glück) als anderen Kausalfaktoren zugeschrieben.

Erfolg (Mißerfolg) nach der Wahl einer leichten Aufgabe wird wahrscheinlicher externalen und stabilen – z.B. Aufgabenschwierigkeit – (internalen und stabilen – z.B. Unfähigkeit) Kausalfaktoren als anderen Kausalfaktoren zugeschrieben.

Übersicht 17: *Affektive und kognitive Konsequenzen anspruchsniveaubedingter Kausalinterpretation*

	Abweichende Anspruchsniveausetzung					Realistische Anspruchsniveausetzung	
Anspruchsniveau-präferenz Aufgabenwahl	Hohes Anspruchsniveau ($A^{*W} > m$) Schwierige Aufgabe			Niedriges Anspruchsniveau ($A^{*W} < m$) Leichte Aufgabe		Mittleres Anspruchsniveau ($A^{*W} = m$) Mittelschwere Aufgabe	
	(1)	(2)		(3)	(4)	(5)	(6)
Handlungserfolg Zieldiskrepanz	Erfolg kleine Zieldis-krepanz	Mißerfolg große Zieldis-krepanz a)	b)	Erfolg kleine Zieldis-krepanz	Mißerfolg große Zieldis-krepanz	Erfolg kleine Zieldis-krepanz	Mißerfolg große Zieldis-krepanz
Kausalattribution	E / V; E weil Glück	kurzfristig E / S ME ⊃ AS	langfristig I / S; ME ⊃ -F	E / S; E weil AS	I / S; ME ⊃ -F	I / S; E ⊃ F	E / V; M ⊃ -G
Affektbilanz (AB) (2) Gewichtung	0 + 1 = +1 (+3)	0 - 1 = -1 (0)	-1 - 1 = -2 (0)	0 + 1 = +1 (+1)	-1 - 1 = -2 (-2)	+1 + 1 = +2 (+2)	0 - 1 = -1 (-1)
Generalisierte Erwartungen (GE)	0	-1	-1	+1	-1	+1	0
AB + GE	+1 (+3)	-2 (-1)	-3 (-2)	+2 (+2)	-3 (-4)	+3 (+4)	-1 (- 1)
Erfolgsrate, AB+GE (2) Gew. Ergebnis	1 ER = 2 ME:	-3 (+1)	-5 (-1)	2 ER = 1 ME:	-1 (0)	ER = ME:	+ 2 (+3)

Zeichenerklärung zur Übersicht:

Affektbilanz

(1) Lokalisierung des Kausalfaktors (E/I)
- Externalität bei Erfolg (E) 0
- Internalität bei Erfolg (I) +1
- Externalität bei Mißerfolg (E) 0
- Internalität bei Mißerfolg (I) -1

(2) Erfolgs-Mißerfolgsgewichtung
- Erfolg +1
- Mißerfolg -1

Klammerausdrücke:
- Erfolg bei leichten Aufgaben +1
- Erfolg bei mittelschweren Aufgaben +2
- Erfolg bei schweren Aufgaben +3
- Mißerfolg bei leichten Aufgaben -2
- Mißerfolg bei mittelschweren Aufgaben -1
- Mißerfog bei schweren Aufgaben 0

Generalisierte Erwartungen

Stabilität des Kausalfaktors (V/S)
- Stabilität bei Erfolg (S) +1
- Variabilität bei Erfolg (V) 0
- Stabilität bei Mißerfolg (S) -1
- Variabilität bei Mißerfolg (V) 0

$H_{n\text{-}sm,\, n\text{-}smv}$ (1): Mittlere Anspruchsniveaupräferenzen führen unter der Voraussetzung, daß das objektive Mittelpotential dem subjektiven Mittelpotential entspricht, mit großer Wahrscheinlichkeit zu einer ausgeglichenen Erfolgs- und Mißerfolgsrate.

(2): Erfolg (Mißerfolg) nach der Wahl einer mittelschweren Aufgabe wird wahrscheinlicher internalen und stabilen (externalen und variablen – Pech) – Fähigkeit – Kausalfaktoren als anderen Kausalfaktoren zugeschrieben.

Nach den in Abschnitt 4.2.2.3, S. 147 aufgestellten Hypothesen H_{MK} 11,12 bilden sich bei:

$T_{sm,\, smv}1$: hohen bzw. niedrigen Anspruchsniveaupräferenzen wahrscheinlicher eine negative oder weniger günstige Affektbilanz und generalisierte negative bzw. nur wenig ausgeprägte generalisierte positive Erwartungen als bei Präferenzen für ein mittleres Anspruchsniveau. Die Induzierung einer negativen Wert-Erwartungs-Bilanz wird gleichfalls nach diesen ungünstigen oder zu schwach ausgeprägtem affektiven und kognitiven Selektionsinstanzen beeinflußt.

Mit diesen Aussagen über die vermutete indirekte und direkte Wirkung zu hoher oder zu niedriger Anspruchsniveaupräferenzen auf die Herausbildung negativer Wert-Erwartungs-Bilanzen sind im Rahmen des Motivationsmodells mit Hilfe der zweiten Motivkomponenten Determinanten für suizidäre Handlungen erklärt worden. In diesem Sinne kann wie bei den Kausalprinzipien von suizidären Anspruchsniveaupräferenzen gesprochen werden.

4.3.2.3 Versuch einer theoretischen Differenzierung von Selbstmord und Selbstmordversuch auf der Ebene suizidärer Anspruchsniveausetzung

Im Abschnitt über suizidäre Kausalprinzipien ist versucht worden, für Suizid- und für Suizidversuchshandlungen jeweils unterschiedliche Prinzipien herauszuarbeiten. Für die Motivkomponente der Anspruchsniveaupräferenzen könnte dies auf der Grundlage empirischer Befunde über den Zusammenhang zwischen Motivausprägung und Anspruchsniveaupräferenzen analog durchgeführt werden. Negativ Motivierte mit hoher Gesamtmotivation neigten zur Überforderung und solche mit niedriger Gesamtmotivation zu Unterforderung (vgl. Heckhausen 1980, S. 261, 269).

Wenn negativ Motivierte mit hoher Gesamtmotivation entsprechend den angenommenen Kausalprinzipien den Suizidenten und negativ Motivierte mit geringer Gesamtmotivation eher den Suizidversuchern zuzuordnen wären, käme der *Präferenz für ein hohes Anspruchsniveau Suizid-* und der *Präferenz für ein niedriges Anspruchsniveau Suizidversuchsgefährdung* zu. Ein weiteres Argument spricht für diese Zuordnung. Nach den Hypothesen über die Wirkung suizidärer Kausalprinzipien war für Suizidgefährdete in der präsuizidalen Phase, die durch eine relativ günstige Erfolgszuschreibung charakterisiert ist, eine günstigere Wert-Erwartungs-Bilanz mit weniger stark ausgeprägten negativen Handlungstendenzen im Vergleich zu den Suizidversuchsgefährdeten vorausgesagt worden. In der suizidalen

Phase aber waren die Suizidversuchsgefährdeten durch den höheren Anteil entlastender Kausalfaktoren in einer etwas günstigeren Ausgangslage. Nach der Übersicht 17 ergeben sich für hohe Anspruchsniveaupräferenzen wiederum dieselben Bewertungsunterschiede beim Vergleich beider Gruppen. *Kurzfristig* würden Präferenzen für hohe Anspruchsniveaus wegen der externalen Zuschreibung trotz der angenommenen höheren Mißerfolgsrate zu einer günstigeren Bewertung führen als die Präferenz für leichte Aufgaben. *Langfristig* jedoch – in dem Maße, wie nach Mißerfolg eine maximal belastende internale Kausalzuschreibung kogniziert wird – (Spalte (2b)) – wird die Etablierung ungünstiger Wert-Erwartungs-Bilanzen im Vergleich zu den Bewertungsresultaten nach einer Präferenz für zu leichte Aufgaben (Spalte 4) vorausgesagt.

Empirisches Material zur vorläufigen Beurteilung dieser unterschiedlichen Anspruchsniveaukonstellationen und ihrer Auswirkungen liegt nicht vor. Nach Moulton (1963 in: Atkinson 1964, S. 261) könnte für Suizidversucher, die die Motivkonstellation negativ Motivierter mit schwacher Gesamtmotivation verkörpern, nicht nur die Wahl leichter Aufgaben, sondern auch der atypische Aspirationswechsel charakteristisch sein. Trifft man in Übereinstimmung mit dem postulierten suizidären Kausalprinzip für Suizidversucher die zusätzliche Annahme, daß fehlende Anstrengung bei der Ausführung von Aufgaben die Mißerfolgsrate auch leichter Aufgaben erhöht, wäre für Suizidversucher in stärkerem Maße ein Anspruchsniveauwechsel typisch. Der bei Suizidversuchern festgestellte häufige Arbeitsplatzwechsel und Wechsel des Studienfaches könnte diese Annahme eines häufigen Aspirationswechsels bekräftigen (vgl. Abschnitt 4.3.2).

4.3.2.4 Exkurs: Erklärungsversuch für die Bildung von Anspruchsniveaupräferenzen

Anspruchsniveaupräferenzen stellen in der Sprache des bisher vorgestellten Handlungsmodells Handlungstendenzen dar. Die Ausführung der Handlung betrifft die tatsächliche Wahl einer Aufgabe mit bestimmtem Schwierigkeitsgrad (vgl. D7). Entsprechend dem Instrumentalitätsmodell sind für die Entstehung bzw. Beeinflussung der Handlungstendenzen wiederum Anreize und deren Wahrscheinlichkeiten verantwortlich. Allerdings kompliziert sich dieser Ansatz dadurch, daß Anspruchsniveaupräferenzen und auch Kausalattributionen META-Konzepte darstellen, die anderen Handlungsentscheidungen überlagert sind und diese moderieren. Die subjektiv erhofften Vorteile bei der Bildung von Anspruchsniveaupräferenzen sind daher – sieht man von möglichen Belohnungen im primären Sozialisationsprozeß ab – auf die Gewinnung von Vorteilen oder Vermeidung von Nachteilen bei der Ausführung von Handlungen ausgerichtet, die konsumierbaren Anreizen dienen. Zu vermeiden wären dabei asymmetrische Kausalattributionen, da sie – wie schon ausgeführt wurde – vermehrt negative generalisierte Erwartungen und auch negative Affektbilanzen herausbilden können, aus der Sicht des Handelnden also unangenehme ,Wertmaßstäbe' darstellen. Des weiteren soll aber nach der Werttheorie ein ‚substantieller', nicht-trivialer Ertrag durch die Wahl der Aufgaben gesichert werden, wenn – wie unterstellt wurde – die Anreizwertintensität mit dem Schwierigkeitsgrad ansteigt. Dies könnte sowohl die Wahl schwieriger Aufgaben als auch die Meidung mittelschwerer Aufgaben zur Folge haben.

Aus dem in der Übersicht 17 aufgeführten Rechenbeispiel wird für den *erwartungswidrigen Wechsel des Anspruchsniveaus* noch eine andere Erklärung sichtbar. Wenn der Wechsel zu mittelschweren Aufgaben aus Furcht vor einer ungünstigen Kausalinterpretation eines Mißerfolgs nicht attraktiv ist, warum wird dann bei Erfolg nach schwierigen Aufgaben nicht weiterhin eine schwierige Aufgabe angestrebt und statt dessen zum anderen Extrem einer leichten Aufgabe gewechselt?

Vergleicht man die Einzelergebnisse der jeweils wahrscheinlichen Ergebnisbewertungen, so ergibt sich für den unwahrscheinlichen Erfolg (Sp. 1; + 1 (+3)) insgesamt eine positive Bewertung, die günstiger ausfällt als der doch wahrscheinlichere Mißerfolg (Sp. (2), -2/(-1)). Die nächst günstigste Wahl wäre eine leichte Aufgabe mit einem ähnlichen, etwas erniedrigten positiven Effekt (Sp. (3); +2 (+2)). Nach einem unwahrscheinlichen Erfolg bei einer leichten Aufgabe (Sp. (4); -3 (-4)) wiederum wäre bei Gewichtung der Erträgnisse mit der Wahrscheinlichkeit einer schwierigen Aufgabe die Wahl einer zwar unwahrscheinlichen, aber unter dem Gesichtspunkt eines risikosuchenden Verhaltens ein hoher Gewinn bei einer unwahrscheinlichen Aufgabe kurzfristig eine verlockende Alternative. Mit anderen Worten, es zeigt sich ein Verhalten, das dem *Gewinnspiel* ähnlich ist: *Risikoaversivität,* soweit man sich in der (überraschenden, d.h. nicht der eigenen Tüchtigkeit zugeschriebenen) Gewinnzone befindet. Der Erfolg wird zunächst durch die Wahl einer leichten Aufgabe auf Kosten eines geringeren Ertrages zu sichern gesucht. Andererseits verleitet der peinliche Mißerfolg nach einer leichten Aufgabe zu *risikosuchendem Verhalten.* In Abhängigkeit der Richtung der erfahrenen Verhaltenserfolge verläuft bei maximaler Meidungstendenz im mittleren Schwierigkeitsbereich, die Präferenzkurve bei geringen Schwierigkeitsgraden steiler als bei einer hohen Schwierigkeitsstufe, wenn Erfolg vorausging. Umgekehrt ergäbe sich nach Mißerfolg ein steilerer Präferenzverlauf im hohen Schwierigkeitsbereich im Vergleich zu Zielsetzungen, die leicht zu realisieren sind. Dies ist allerdings eine post-hoc-Erklärung, die allenfalls dadurch theoretisch gestützt werden kann, daß Personen mit negativer Kausalattribution und einer maximalen Meidung mittelschwerer Aufgaben im Einklang mit der defensiven-externalen Kausalattribution Risikopräferenzen aufweisen, die denen von Spielern bzw. häufig beobachtetem Risikoverhalten in Spielsituationen ähnlich ist. Dies zeigt sich aber nur für die Extreme der Risikoskala. Für den mittleren Schwierigkeitsbereich wäre die Ablehnung charakteristisch. Es ergibt sich somit eine andere Präferenzfunktion als die S-Kurve von Kahnemann und Tversky (vgl. Abb. 4) und die Präferenzfunktion von Atkinson und von Kuhl (vgl. Abb. 2 und 3).

Abbildung 5: *Atypischer Anspruchsniveauwechsel als Präferenz für leichte bzw. schwierige Aufgaben in Abhängigkeit des Handlungserfolges bzw. Handlungsmißerfolgs*

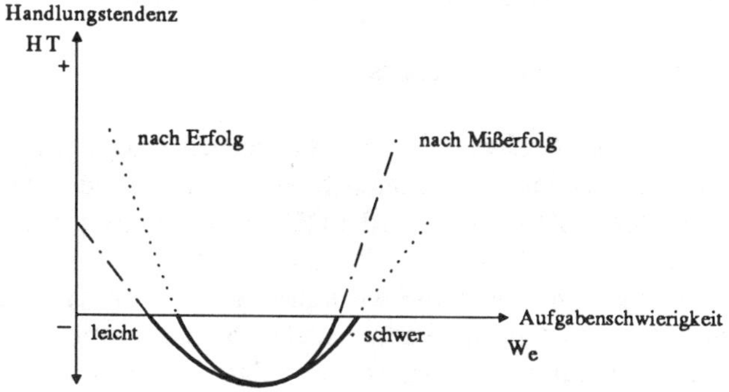

Mit Hilfe dieser postulierten anspruchsniveaubedingten Kausalattribution ist eine weitere begriffliche Klärung des Alltagsverständnisses von Anspruchsniveausetzung möglich. Wenn zu schwierige Aufgaben gewählt werden, handelt es sich dabei um eine *Überforderung?* Ist diese Überforderung bewußt, und inwieweit ist eine hohe Anspruchsniveaupräferenz einer ‚Selbstüberschätzung' gleichzusetzen? Die hier vorgeschlagene Definition, nach der der Gütestandard durch das angestrebte Zielniveau im Vergleich zum subjektiven Mittelpotential definiert ist, impliziert, daß es sich um eine Überforderung handelt. Diese Überforderung ist auch insoweit bewußt, als eine relativ schwierige Aufgabe gewählt wird, die wegen der Vermeidung internaler Erklärung im Falle des Mißerfolgs externale Zuschreibungen ermöglicht. Würde damit auch Selbstüberschätzung konzeptualisiert? Wenn angenommen wird, daß eine subjektiv schwierige Aufgabe gewährt wird, liegt keine Selbstüberschätzung vor. Da aber Informationen über das adäquate Mittelpotential gemieden werden, indem keine mittleren Schwierigkeitsbereiche gewählt werden, wird eine realistische Selbsteinschätzung gleichfalls verhindert. Selbstüberschätzung ist demnach trotz einer „bewußten" Wahl zu schwierigen Aufgaben nicht auszuschließen. Eine Überforderung – oder auch Unterforderung – wäre danach eine defensive Strategie, um eine maximale Bewertung des eigenen Mittelpotentials nicht ausschließen zu müssen, ohne daß diese Strategie bewußt zu werden braucht.

In jedem Falle gilt aber, daß die Attraktivität schwieriger Aufgaben entsprechend der Werttheorie erhalten bleibt. Zur defensiven Strategie, den Schaden im Falle des Mißerfolgs klein zu halten, kommt, wie bei Personen, die ein kalkuliertes Risiko eingehen, der Wunsch ‚viel haben zu wollen'. Im Unterschied zu Personen, die bevorzugt mittelschwere Zielvorstellungen realisieren wollen, wird diesem Wunsch durch eine Art Selbsttäuschung nachgegeben, während ihn Erfolgsmotivierte im Hinblick auf einen nicht-trivialen, aber nicht unwahrscheinlichen Erfolg regulieren. Diese Sichtweise gestattet eine neue Interpretation der Anomietheorie von Durkheim (vgl. Abschnitt 2.2.2.2/II.).

4.3.3 Empirische Evidenz suizidärer Anspruchsniveausetzung

4.3.3.1 Anspruchsniveau und suizidales Verhalten

Ein direkter empirischer Nachweis für den behaupteten Zusammenhang zwischen Anspruchsniveausetzung im hier definierten Sinne und Suizid- bzw. Suizidversuchshandlungen fehlt. Allerdings wird in Untersuchungen psychoanalytischer Orientierung z.B. der von Henseler an 250 Suizidversuchern unter Zuhilfenahme verschiedener Befragungsmethoden[164] wiederholt auf zu hohe Anforderungen verwiesen, die Suizidpatienten an ihre Partner stellen. Sie manifestieren sich zunächst als Idealisierung der Partner. Der Idealisierung folgt eine gleichfalls unrealistische Entwertung:

„Zunächst wurden die Partner idealisiert, später entwertet ... die Entwertung (bedeutet jedoch) noch nicht realistische Einschätzung: vielmehr scheinen Idealisierung und Entwertung analog den positiven und negativen Größenphantasien der Patienten zu verlaufen. Zu einem Zusammenbruch des narzißtischen Gleichgewichts und zu Suizidversuchen kam es regelmäßig dann, wenn der latent narzißtische Konflikt durch brüske Konfrontation mit der Realität des Partners nicht mehr kompensiert werden konnte“ (Henseler 1980, S. 120).

Idealisierung kann hier zweierlei bedeuten. Erstens zu hohe ‚Erwartungen‘, das sind zu hohe Ansprüche bei der Verfolgung affiliativer Zielvorstellungen, und zweitens eine minimierte Zielerreichungsdiskrepanz, d.h. das Leugnen von Handlungsmißerfolgen nach Interaktionen mit dem Partner. Erst wenn die negativen Reaktionen von Interaktionspartnern relativ wenig Interpretationsspielraum zulassen, wäre ein Handlungsmißerfolg, der gemessen an den hohen Ansprüchen groß erscheint, zu verkraften. Umgekehrt ließe sich eine Entwertung deuten als die Verfolgung zu geringer Ansprüche, die an den Partner gestellt werden, die aber nicht befriedigen können. In den Lebensbildern prominenter Selbstmörder taucht als Charakteristikum der Drang zum Perfektionismus, zum Unerreichbaren, zur Unersättlichkeit bei beruflicher Zielsetzung, aber auch in partnerschaftlichen Beziehungen auf[165]. Farberow et al. (1966) stellten bei Suizidversuchspatienten im Unter-

---

164 Henseler verwendet das freie Interview, die Exploration, projektive Tests als qualitative Methoden und einen Fragebogen zur Erhebung sozialer Lebensbedingungen. Dabei werden Konflikttypen untersucht, die aufgrund psychosexueller Entwicklungsstufen klassifiziert werden: die psychosexuelle Identität oder phallische Phase, Macht- und Wertkonflikte oder anal-sadistische Phase und Akzeptanzkonflikte (orale Phase) (Henseler 1980).

165 So beschreibt die Biographin Rosenstein die Lyrik von Sylvia Plath wie folgt: „Plath's late poetry is full of mouths, open, demanding, of other women, of men, and of her speakers. One's sense always is that the universe is insatiable because the speaker herself is insatiable. No amount of food, real or symbolic, can fill the emptiness within. And every demand from outside threatens to deplete her still further, provocations thus

schied zu einer Kontrollgruppe, die nach Religionszugehörigkeit, Alter und Schwere der diagnostizierten Krankheit vergleichbar gemacht wurde, fest, daß die Suizidversucher schlechtere Beziehungen zum Krankenhauspersonal und den Familienangehörigen unterhielten und auch häufiger als Problempatienten eingestuft wurden. Ihnen wurde häufiger provozierendes, forderndes und klagendes Verhalten vorgeworfen, das die Autoren als ‚dependent-dissatisfied' Verhaltensmuster bezeichneten.

Wenn das Phänomen des atypischen Aspirationswechsels in realen Situationen einen häufigen Wechsel der Tätigkeiten begünstigt, dann stimmt dies mit Beobachtungen auf der Verhaltensebene vor allem bei Suizidversuchern überein. Lungershausen registrierte bei Studenten, die ihren Suizidversuch überlebt hatten, einen überproportional häufigen Studienfachwechsel. 25 % der Suizidversuche gegenüber 15 % der übrigen Studenten und nur 8 % der Selbstmörder unter den Studenten hatten ihr Studienfach gewechselt (vgl. Lungershausen 1968). Auch Maris (1981) beobachtete bei Suizidversuchern, nicht aber bei Selbstmördern und nicht bei der Kontrollgruppe einen erratischen Verlauf der beruflichen Karriere. Sie hatten, obwohl sie im Durchschnitt jünger waren als die beiden Vergleichsgruppen, am häufigsten den Arbeitsplatz gewechselt (vgl. Maris 1981, S. 169). Iga (1961) beschreibt die japanischen Jugendlichen, die im weltweiten Vergleich dieser Altersklasse eine außergewöhnlich hohe Selbstmordrate haben, als abhängig, unreali-

---

to error or rage. Her fate – her dissolution – has in this and many other poems the ring of inevitability" (Ms, 1972; 99; in: Maris 1981, S. 131). Sie selbst schreibt: „I saw my life branching out before me like the green fig tree in the story. From the tip of every branch, like a fat purple fig, a wonderful future beckoned and winked. One fig was a husband and happy home and children, an another fig was a famous poet and another fig was a brilliant professor, and another fig was Europe and Africa and South America, and another fig was Constantine and Socrates and Attila and a pack of other lovers with queer names and offbeat professions and another fig was an Olympic lady crew champion, and beyond and above these figs were many figs I couldn't quite make out" (Plath 1963, S. 62-63; in: Maris 1981, S. 130).
Der Schriftsteller Pavese, der sich 1950 umbrachte, schrieb bereits im Jahre 1936 von seinem ‚gegenwärtigen Selbstmordleben', das er mit verfehlten moralischen Ansprüchen und der Meidung konkreter und damit realistischer Zielsetzungen in Verbindung brachte: „Und auch was die Arbeit anbelangt: war ich darin jemals etwas anderes als ein Hedonist? Ich gefiel mir in der sprunghaft fiebrigen Arbeit, im Schwung des Ehrgeizes, aber ich hatte Angst, Angst mich zu binden. Ich habe nie wirklich gearbeitet ... Und auch ein anderer Makel ist klar zu sehen. Ich bin nie der einfache, nicht reflektierende Mensch gewesen, der seine Freuden genießt und auf alles übrige pfeift. Dazu bin ich zu feige. Ich habe mir immer mit der Illusion geschmeichelt, ich empfände das Moralische im Leben, wenn ich köstliche Augenblicke – das ist das richtige Wort – damit hinbrachte, mir Gewissensfragen zu stellen, ohne daß ich mich entschlossen hätte, sie in Tätigkeit umzuschmelzen. Um nicht die heimliche Lust ans Licht zu ziehen, die ich früher in der moralischen Erniedrigung zu ästhetischen Zwecken empfand, wobei ich auf eine Genie-Laufbahn hoffte" (Pavese 1963, S. 29). Überhöhte Aspirationen und die Furcht davor, nicht oder nicht mehr arbeiten zu können, sind auch bei Hemingway überliefert, der sich 1961 erschoß, aber bereits im Jahre 1954, im Jahre seiner Nobel-Preis-Verleihung, erste Selbstmordgedanken äußerte (vgl. Maris 1981, S. 167).

stisch, auf Rückzug bedacht, inkonsistent und verantwortungsscheu.

Solche unter methodischen Gesichtspunkten nicht objektiven Kategorien sind insofern aufschlußreich, als sie offenbar das Gegenstück von Präferenzen für ein kalkuliertes Risiko hinsichtlich der Erreichung selbst gesteckter, aber nicht-trivialer Ziele darstellen.

Direkte Belege für hohe Anspruchsniveaupräferenzen und negative Erwartungen liefern allenfalls Untersuchungen über das besser erforschte delinquente Verhalten. Da unterstellt werden kann, daß die Wert-Erwartungs-Bilanzen für Handlungsalternativen zu kriminellen Handlungen als eine Form abweichenden Verhaltens ähnlich negativ ausgeprägt sind, lassen sich empirische Befunde aus der Delinquenzforschung auch auf Suizidhypothesen anwenden. Niedrige Erwartungen und ein hohes Anspruchsniveau waren für Spanisch-Amerikaner (Jessor et al. 1968) und amerikanische Neger (Kasakos 1971, S. 98; vgl. Fredericks et al. 1969) bei jeweils erhöhter Kriminalitätsrate dieser sozialen Gruppen typisch. Hohe Anomie – die hier als hohes Anspruchsniveau mit herausgebildeten negativen Erwartungen interpretierbar ist – war nicht typisch für Unterschichtkinder mit hoher selbst berichteter Delinquenz, aber für Kinder, die der Mittelschicht zuzurechnen waren und sich selber als delinquent eingestuft hatten (vgl. Hirschi 1969, S. 123f.).

4.3.3.2 Anspruchsniveaupräferenzen suizidgefährdeter sozialer Gruppen

Betrachtet man die bereits bekannte relative Häufigkeit der Suizid- und Suizidversuchshandlungen bei Frauen, Männern und in bestimmten Altersstufen, ergeben sich aufgrund der Hypothesen über Anspruchsniveauhypothesen eine Reihe von Konditionalisierungen, die empirisch nachzuprüfen wären. Die höhere Suizidgefährdung von Männern im Vergleich zu Frauen und die der Älteren im Vergleich zu den Jüngeren wäre danach erklärbar mit einer erhöhten Anspruchsniveausetzung:

$H_{c.sm}$, 18: Wenn Männer eher als Frauen und Frauen in professionellen Berufen in gleichem Maße wie Männer, sowie Ältere in stärkerem Maße als Jüngere überhöhte Anspruchsniveaupräferenzen haben, dann sind über die Beeinflussung negativer Wert-Erwartungs-Bilanzen für Handlungsalternativen zum Suizid Männer eher als Frauen, Frauen in professionellen Berufen in gleichem Maße wie Männer und Ältere eher als Jüngere suizidgefährdet.

Anders als bei festgestellten geschlechtsspezifischen Kausalattributionen liegen keine deutlichen Befunde über alters- oder geschlechtsabhängige Anspruchsniveaupräferenzen vor ($R_{c.sm}$4). Der gehäufte Selbstmord unter Älteren könnte jedoch nicht auf ein a priori überhöhtes Anspruchsniveau, sondern auf eine fehlende Anpassung des Anspruchsniveaus an ein verändertes, vermindertes Mittelpotential zurückgeführt werden. Gesellschaftliche Abwertung der Leistung Älterer am Arbeitsplatz oder ein generations- und altersbedingter Leistungsabfall in hoch differenzierten Industriegesellschaften mit einer altersspezifisch erhöhten Selbstmordrate könnte von den Betroffenen als Mißerfolg wahrgenommen werden. Einer dadurch notwendig gewordenen Senkung des Anspruchsniveaus würde man durch

Beibehaltung des früheren Anspruchsniveaus zu begegnen versuchen, um sich den Leistungsabfall (Mißerfolg) als Folge eines veränderten Mittelpotentials nicht eingestehen zu müssen. Dies setzt nicht voraus, daß die bisher gewählten Zielhöhen gleichfalls unrealistisch hoch oder niedrig waren, selbst wenn eine nicht immer vorauszusetzende freie Wahl der Aufgabe möglich war. Bei Frauen, die eine geschlechtsspezifisch untypisch hohe Selbstmordrate haben und vor allem in professionellen Berufen tätig sind, könnte vermutet werden, daß asymmetrische negative Kausalattributionen a priori überhöhte Anspruchsniveaupräferenzen begünstigen. Dies stünde im Einklang mit den empirisch bestätigten Anfangsbedingungen über geschlechtsspezifische Kausalattributionen in leistungsthematisierten Situationen, die mit traditionellen weiblichen Rollenvorstellungen weniger harmonierten (vgl. Abschnitt 4.2.2.3.4.3.2).

Eine weitere Differenzierung von Suizid- und Suizidversuchsverhalten auf der Ebene von Anspruchsniveaupräferenzen wäre möglich, wenn die spekulative Annahme zu niedriger Anspruchsniveaupräferenzen von Suizidversuchsgefährdeten übernommen wird. Dann wäre folgende Konditionalisierung geboten, die aber gleichfalls ohne direkten empirischen Beleg ist:

$H_{C.smv}19$: Wenn Frauen und jüngere Personen in höherem Maße als andere Personengruppen Präferenzen für niedrige Anspruchsniveausetzungen haben, sind Frauen und jüngere Personen stärker als andere Personengruppen über die Herausbildung negativer Wert-Erwartungs-Bilanzen für Handlungsalternativen zum Suizidversuch suizidversuchsgefährdet.

Hierbei ist von einer Konstanz der postulierten Randbedingung, eines Handlungsspielraumes für die Wahl unterschiedlich schwieriger Aufgabenstellungen, ausgegangen worden. Besonders die paradoxe suizidale Gefährdung der Frauen – einerseits verminderte Suizidgefahr, andererseits erhöhte Suizidversuchsgefahr, aber auch die Zunahme der Suizidgefahr bei Frauen – könnte mit einer Variation dieser Randbedingung erklärt werden. Unterschiedliche Wahlmöglichkeiten bedeuten einerseits Chancenungleichheit, sie schützen aber auch vor der Gefahr einer ungünstigen Aufgabenwahl. Möglicherweise ist sogar anzunehmen, daß weniger Wahlmöglichkeiten die Chance erhöhen, in hilflosen Situationen Hilfe zu erhalten. Die Folgen einer Veränderung dieser Randbedingung wird im zweiten Teil über die Anwendung der Hypothesen in sozialen Institutionen wieder aufgegriffen (vgl. Abschnitt 2.2.3.1.2).

4.3.4 *Zusammenfassung:* Anspruchsniveaupräferenzen als suizidäres Moralprinzip

Anspruchsniveaupräferenzen sind Vorlieben für Anreizklassen, die sich durch einen Schwierigkeitsgrad, den Realisierungschancen für diese Anreize, kennzeichnen lassen (A*w) und insofern Handlungstendenzen für die Wahl von Aufgaben, die leicht, schwer oder mittelschwer auszuführen sind, darstellen. Zu hohe oder zu niedrige Anspruchsniveaupräferenzen liegen vor, wenn das Anspruchsniveau das eigene Mittelpotential übersteigt ($A^*w > m$) oder unter dem eigenen Mittelpotential liegt ($A^*w < m$). Sie sind im Gegensatz zu realistischen Anspruchsniveaupräferenzen für Zielniveaus, die dem eigenen Mittelpotential ungefähr entsprechen ($A^*w \approx m$), als suizidäre Moralprinzipien zu bezeichnen, da die direkten und undirekten Konsequenzen überhöhter oder zu niedriger Anspruchsniveausetzungen die Herausbildung einer negativen Wert-Erwartungs-Bilanz für Handlungsalternativen zum Suizid bzw. Suizidversuch begünstigen. Diese Hypothesen ergeben sich teilweise aus allgemeinen anspruchsniveautheoretischen Hypothesen, die als Präferenzfunktionen darstellbar sind. Die Präferenzfunktion des Risiko-Wahl-Modells von Atkinson wurde dabei der Modifikation von Kuhl gegenübergestellt, nach der nicht ausschließlich negative Anreize induziert würden, der aber gleichfalls das Wertgesetz von der höheren Attraktivität schwierigerer, also unwahrscheinlicher Zielvorstellungen zugrunde liegt. Die Präferenzfunktion von Kahnemann und Tversky hingegen postuliert zu- bzw. abnehmende Attraktivitäten mit zunehmenden Gewinnchancen bzw. Verlustrisiken, die nur in bestimmten Schwierigkeitsbereichen bei Risikoaversität bzw. Risikovorliebe von einer proportionalen Funktionsbeziehung abweicht. Es konnte gezeigt werden, daß diese Funktionsverläufe für bestimmte Situationen, Gewinnspielsituationen, die nur externale, zufallsabhängige Attributionen nahelegen, zutreffen, aber nicht für leistungsthematisierte Situationen, die den Präferenzfunktionen motivationstheoretischer Herkunft zugrunde liegen. Sie gestatten internale Zuschreibungen des Erfolgs und sind wohl für viele sozial relevanten und wichtigen Situationen hoch differenzierter Leistungsgesellschaften typisch.

Daraus ergeben sich die *direkten* und indirekten *Konsequenzen* suizidärer Moralprinzipien, d.h. von überhöhten oder zu niedrigen Anspruchsniveausetzungen. Bei zu hohen oder zu niedrigen Anspruchsniveaupräferenzen werden eher negative situationsspezifische Anreize gewählt mit geringen oder hohen subjektiven Realisierungschancen. Die *indirekten Folgen* betreffen die kausalattributive Interpretation der anspruchsniveaubedingten Verhaltensergebnisse, den Zielerreichungsdiskrepanzen. Dabei wird trotz unterstellter defensiver Aufgabenwahl, die möglicherweise der Vermeidung ungünstiger Kausalattributionen dient, der kognitive und affektive Ertrag über die bekannten kognitiven und affektiven Folgen einer asymmetrischen Kausalattribution kurz- oder langfristig ungünstiger sein, als bei der Wahl realistischer Aufgabenschwierigkeit. Dies ergibt sich einmal daraus, daß die Erfolgsrate bei zu schwierigen Aufgabensetzungen geringer ist als bei einer realistischen Aufgabenwahl und zum anderen lassen sich defensive, externale Kausalattributionen auch nach Mißerfolg bei zu schwierigen Aufgaben, langfristig nicht aufrechterhalten bzw. ist die Befriedigung, die trivial-leichte Aufgabenerfolge mit sich bringen, aufgrund externaler Erfolgszuschreibungen nur gering zu veranschlagen. Als *gesellschaftliche Randbedingung* ergibt sich aus diesen Moralprinzipien, die vor allem die zugrunde liegende größere Attraktivität schwieriger Zielvorstellungen, denen man sich entsprechend den Anspruchsniveaupräferenzen ganz unterschiedlich zu nähern versucht, konzeptualisiert und auf die Formel „mehr haben zu wollen" gebracht werden kann, *der Handlungsspielraum* für die Mitglieder einer

Gesellschaft. Abweichende Anspruchsniveausetzungen setzen die Möglichkeit solcher Aufgabenwahlen voraus, die nicht immer, nicht überall und vor allem nicht für alle sozialen Gruppierungen in gleichem Maße vorausgesetzt werden kann. Bei der Diskussion der empirischen Evidenz suizidärer Anspruchsniveausetzungen von Suizidenten und Suizidversuchern überwiegen qualitative Befunde z.B. der Narzißmustheorie von Henseler. Sie sind auf der Grundlage unangemessener Anspruchsniveausetzungen interpretierbar. Unterschiedliche Handlungsspielräume spielen bei relativ suizidgeschützten sozialen Gruppen, Jüngeren und Frauen, als vorausgesetzte notwendige Bedingung für die Verfolgung abweichender Zielniveaus eine Rolle.

5. Dynamisierung des motivationstheoretischen Ansatzes: Suizidkarriere bei progressiv sich verstärkenden Meidungstendenzen

5.1 Regulatoren einer progressiven Verstärkung von Meidungstendenzen

5.1.1 Negative Selbstregulierung durch Kausalattribution und Anspruchsniveaupräferenzen

Im Motivationsmodell wurden die Wirkungen einseitiger Kausalattributionen auf die generalisierten Erwartungen, die Affektbilanz, aber auch die direkten und indirekten Effekte von Anspruchsniveaupräferenzen untersucht. Die Effekte in den Rechenbeispielen demonstrieren das Prinzip negativer Selbstregulierung unter der Annahme verschiedener Erfolgs- bzw. Mißerfolgsraten. Damit wurde bereits eine Veränderung der Wirkung spezifischer Kausal- und Moralprinzipien im Zeitablauf aufgezeigt. Die ersten Regulatoren eines dynamisierten Motivationsmodells stellen daher einmal das Kausalprinzip und zum anderen das Moralprinzip dar. Bei gleicher Erfolgsrate vergrößert eine einseitige Kausalattribution als negative Internalität die negativen Effekte eines Mißerfolgs und positive Externalität bzw. partiell positive Internalität verkleinert bei der Interpretation von Erfolgen den positiven Effekt einer Gratifikation in kognitiver und affektiver Hinsicht. Die Folge – Auswahl negativer Wert-Erwartungs-Matrizen und resultierende Meidungstendenzen – wurden aufgezeigt. Die Anspruchsniveaupräferenzen ihrerseits beeinflussen über die Wahl besonders schwieriger oder wenig ‚einträglicher‘ leichter Aufgabenstellungen den Handlungserfolg direkt und indirekt negativ. In der folgenden Übersicht 18 sind im Zeitablauf diese sich kumulierenden Effekte noch einmal abgebildet.

Die Effekte weiterer Regulatoren, die über diese Kausal- und Moralprinzipien vermittelt sind und daher im Zeitablauf eine negative Spiralbewegung beschleunigen können, werden in den nachfolgenden Abschnitten erörtert. Es handelt sich einmal um den Mangel an konträren Erfahrungen, wenn Handlungen nicht ausgeführt werden und um eine attributiv vermittelte Verschlechterung der eigenen Leistungsfähigkeit.

Übersicht 18: *Dynamisiertes Modell einer negativen Selbstregulierung*
t: Zeitablauf (t-3, t-2, t-1, to t+1, t+2; +/- : positives/negatives Handlungsergebnis (HE)

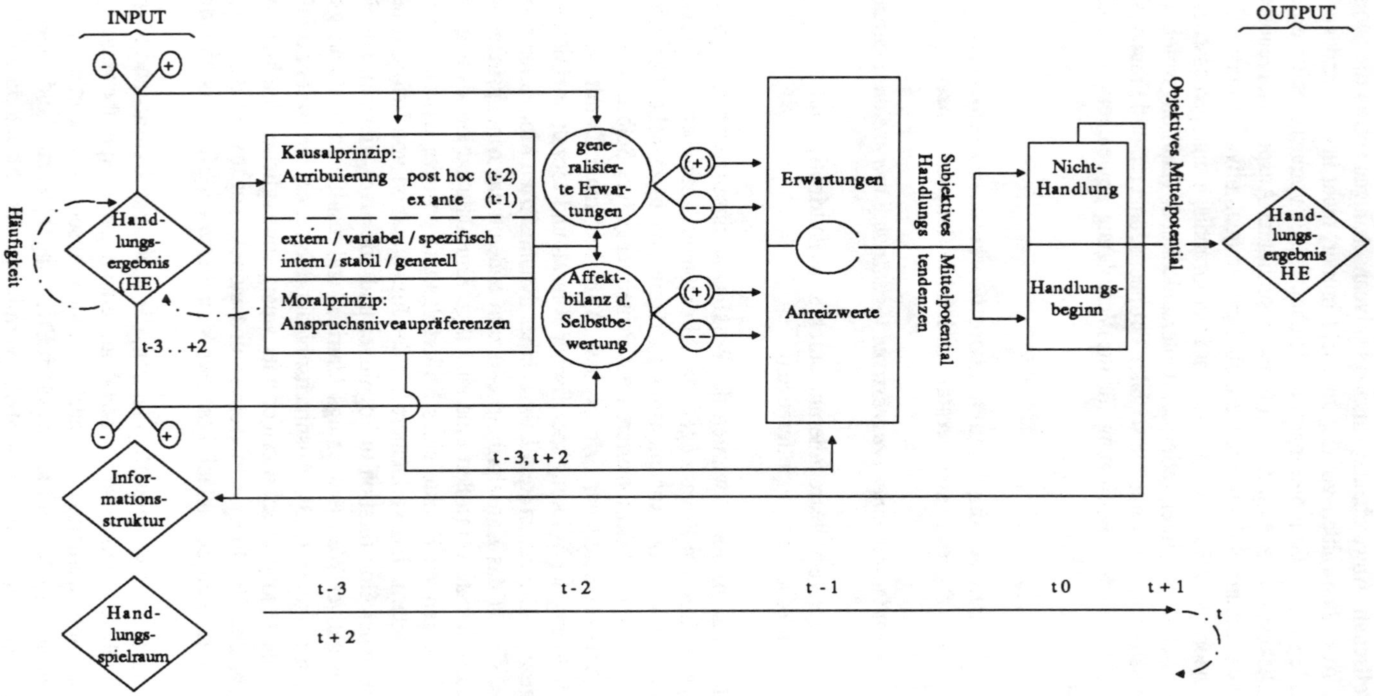

5.1.2 Progressive Verstärkung der Meidungstendenzen durch Mangel an konträren Erfahrungen

5.1.2.1 Defizit an Konsistenzinformation und Konsensinformation

Die negative Wert-Erwartungs-Bilanz für Handlungsalternativen zu suizidalen Handlungen führt zu überwiegend negativen Handlungstendenzen, den Meidungstendenzen. Die Nichtausführung von Handlungen kann die Ausgangssituation des Handelnden weiter verschlechtern, insofern als die Kausalprinzipien und die Wert-Erwartungs-Matrizen durch konträre Informationen, die einen Vergleich mit früheren Erfolgen oder den Mißerfolgen anderer Personen gestatteten, keine ‚Falsifikationschance' haben. Dadurch wird nicht nur möglichen Erfolgen aus dem Weg gegangen, sondern werden auch Informationen gemieden, die die Kausalprinzipien außer Kraft setzen oder sogar möglicherweise langfristig verändern könnten. Das Phänomen stabiler Meidungstendenzen ist in der Verhaltenstherapie wohlbekannt (vgl. Bandura 1979, S. 68f.)[166].

Gerade für dieses Problem hat sich der Einsatz von Modellen, die stellvertretend die vom Beobachter gemiedene Erfahrung machen, als erfolgreiche Therapie erwiesen (vgl. Bandura, 1969, 1979, S. 121ff.).

Die Gefahr sich selbst reproduzierender Meidungstendenzen besteht also darin, daß situationsspezifische Erwartungen und Anreize und auch metakognitive Prinzipien der Interpretation von Verhaltenserfolgen durch eigene konträre Erfahrung nicht widerlegt werden und andererseits durch eine selbstregulative Interpretation in ihren negativen Effekten kumuliert werden.

5.1.2.2 Einschränkung des Verhaltensrepertoires

Eine progressiv sich verschlechternde Wert-Erwartungs-Bilanz erhöht die resultierenden negativen Handlungstendenzen und verringert die positiven Handlungstendenzen nach Zahl und Intensität. Dies kommt einer Reduktion des Verhaltensrepertoires gleich. Psychoanalytisch orientierte Autoren und Suizidforscher, die den Lebenslauf untersuchen, gehen gleichfalls von einer dynamischen Entwicklung der Suizidalität aus, ohne daß eine theoretische oder empirische Identifizierung der

---

166 Bandura veranschaulicht die Informationsverarbeitung von nicht beobachtbaren Ereignissen, die von Patienten gemieden werden, mit einer Anekdote über einen psychopathischen Patienten: Vom Psychiater gefragt, warum er mit den Fingern schnippe, antwortet der Patient: „Um den Löwen zu verjagen". Als ihn der Psychiater darauf hinweist, daß er gar keine Löwen sehen würde, bekommt er zur Antwort: „Sehen Sie, es hat etwas genutzt". Obwohl diese Art von Realitätswahrnehmung gerade nicht die Verwendung asymmetrischer, d.h. inkonsistenter, aber nicht-pathologischer Kausalattribution charakterisiert, da hier Ursachenzuschreibungen mit einer mehrdeutigen Realität übereinstimmen, macht der zweite Realitätsbezug in der Anekdote klar, daß nicht stattgefundene und daher nicht beobachtbare Ereignisse auch nicht widerlegt werden können.

einzelnen „Phasen des präsuizidalen Syndroms“, die Ringel (1953, 1969) postuliert, möglich ist. Die Phase der „Einengung“ ließe sich aber z.B. als eingeschränktes Verhaltensrepertoire interpretieren.

Die Biographieforscher Teicher und Jacobs (1966) beschreiben einen Drei-Stufen-Prozeß bei suizidgefährdeten Jugendlichen wie folgt: Erstens: längere Problemvorgeschichte, zweitens: Periode der Problemeskalierung, die in den letzten fünf Jahren vor dem Suizidversuch anzusiedeln wäre, und drittens: Problementladung als Kettenreaktion auf dem Hintergrund einer Auflösung bedeutsamer sozialer Beziehungen. Abgesehen von der Aussage, daß suizidalem Verhalten soziale Isolation vorausgeht, eine nicht immer zutreffende Behauptung, wie eine Untersuchung der familialen Beziehungen von Suizidversuchern vermuten läßt, sind die genannten Entwicklungsstufen einer suizidalen Karriere kaum zu identifizieren. Was bedeuten Probleme und was ist eine Problemverschärfung? Warum stellen gerade fünf Jahre vor dem Suizidversuch eine kritische Distanz dar? Welches sind außerdem die Ursachen der Probleme?

In empirischen Untersuchungen finden sich jedoch einige Hinweise auf die postulierten Konsequenzen eines reduzierten Verhaltensrepertoires unter Suizidgefährdeten, das einem hohen Anteil von Meidungstendenzen entspricht. Platt und Spivac (1972) fanden bei Suizidpatienten ein eingeschränktes Potential an Problemlösungsstrategien heraus. Auch Farnham-Diggory (1964) ermittelte, daß die männlichen Suizidversuchspatienten im Unterschied zu non-suizidalen Patienten eine eingeschränkte Lebensperspektive besaßen, vor allem wenn sie unter einem negativen Selbstwertgefühl litten[167].

Ein weiterer Regulator beschleunigt die Entwicklung von Meidungstendenzen. Er bezieht sich nicht auf die kognitive und affektive Interpretation von Handlungserfolgen und auch nicht auf das Fehlen konträrer Erfahrungen, sondern auf das Mittelpotential bei der Ausführung von Handlungen.

5.1.3 Progressive Verstärkung von Meidungstendenzen durch Beeinträchtigung des Mittelpotentials

Der Handlungserfolg bestimmte sich nach dem vorliegenden Ansatz nicht nur durch erwartete Anreize, die die Handlungstendenzen formieren, sondern auch aufgrund des verfügbaren Mittelpotentials zur Ausführung der Handlung. Das Mittelpotential zur Ausführung suizidaler Handlungen wurde im ersten theoretischen Teil der Arbeit untersucht. Das Mittelpotential zur Ausführung der Handlungsalternativen zu Suizid und Suizidversuch wurde in Abschnitt 3.1.2 und Abschnitt 3.2.2 als Voraussetzung einer Suizid- und Suizidversuchsgefährdung geprüft. Bei Selbstmördern und möglicherweise auch bei Suizidversuchern deutete nichts auf ein ver-

167 Die Vergleichsgruppe anderer psychiatrischer Patienten ist in diesem Zusammenhang besonders aufschlußreich, da Krankenhausaufenthalt, Krankheit und auch die ‚objektiven‘ Zukunftsaussichten eine realistische eingeschränkte Lebensperspektive als realistische Situationseinschätzung bei allen Gruppen nahelegen könnten.

ringertes Mittelpotential, das Mißerfolge verursachen könnte, hin. Eine solche Einschränkung guter oder normaler Fähigkeiten ist aber zu vermuten, wenn eine Person in den Zustand der Hilflosigkeit gelangt. In attributionstheoretischen Experimenten wurde beobachtet, daß Kinder mit geringerer Intelligenz bessere Leistungen erbrachten als intelligentere Kinder mit ausgeprägten Mißerfolgserwartungen (vgl. Battle 1966). Hoch-Leistungsmotivierte, die ego-schützende Kausalattributionen anwenden, haben erhöhte Erfolgsraten (vgl. Atkinson 1964, S. 267). Die Kognitionen während der Leistung erfaßte Heckhausen bei Mißerfolgsmotivierten und stellte störende selbstbezogene und aufgabenirrelevante Kognitionen während der Aufgabenlösung fest (vgl. Heckhausen 1980b). Sie wurden auch bei attributionsbedingter Hilflosigkeit (vgl. Abschnitt 4.1.1.3.3.2) induziert[168]. Für eine attributionsvermittelte Einschränkung der Fähigkeiten, die den Handlungserfolg zusätzlich verschlechtern, sprechen daher einige empirische Befunde. Weitere empirische Ergebnisse, die für die Beurteilung eines Teils der Effekte im Zeitablauf relevant sind, werden im folgenden erörtert.

5.2 Empirische Evidenz für die progressive Verstärkung von Meidungstendenzen

In den vorangegangenen Abschnitten wurden bereits einzelne Befunde über das Auftreten oder aber die Konsequenzen von Regulatoren einer fortschreitenden Verschlechterung von Wert-Erwartungs-Matrizen zitiert. Von größerer Bedeutung wären Ergebnisse über die Beobachtung von Veränderungen der Determinanten und ihrer Auswirkungen auf das Verhalten im Zeitablauf. Als erste empirische Hinweise könnten Untersuchungsergebnisse aus Experimenten über die Entstehung des Hilflosigkeitssyndroms gewertet werden. Es zeigte sich, daß sich in Abhängigkeit der Häufigkeit, mit der Hilflosigkeit erlebt wurde, die Intensität der Verhaltens- und Affektsyndrome erhöhte. Häufigkeit der Hilflosigkeit bedeutet im Rahmen dieses erweiterten Ansatzes die Zahl der Mißerfolge, die einseitig auf internale bzw. nicht kontrollierbare Kausalfaktoren attribuiert werden. Das Syndrom der Hilflosigkeit umfaßte sowohl kognitive als auch affektive Aspekte.

Nach Dweck und Repucci (1973) wiesen Kinder mit einer langen Geschichte erfahrener Hilflosigkeit im Vergleich zu anderen nicht hilflosen Kindern vermehrt Leistungszusammenbrüche auf. Tennen und Eller (1977) variierten die Zahl der Situationen, in denen aversive Handlungsfolgen nicht beeinflußt werden konnten, und stellten fest, daß die Zahl der Zusammenbrüche mit der Häufigkeit der Situationen stieg, in denen ungünstige Kausalerklärungen für die bestrafenden Situationen nahegelegt wurden.

Diese Untersuchungen bestätigen einen Zusammenhang zwischen der Häufigkeit erlebter Mißerfolge mit den Konsequenzen, die auf der Ebene des Motivationsmodells den resultierenden negativen generalisierten Erwartungen und der ne-

168 Zu ähnlichen Ergebnissen kamen Herkner et al. 1980, die die Auswirkung attributiv bedingter Selbstverbalisierung mit nachfolgenden Leistungsveränderungen prüften.

gativen Affektbilanz, auf der Ebene des Instrumentalitätsmodells den Meidungstendenzen oder unter Umständen auch den Handlungen zuzuordnen wären. Nur indirekt läßt sich allerdings die Art der induzierten Attribuierungen erschließen und man muß – den Instruktionen nach zu urteilen – annehmen, daß entlastende Attributionen ausgeschlossen wurden (vgl. Abschnitt 4.1.1.3.3.2). Diese Einschränkung demonstriert noch einmal einen wichtigen Unterschied zur Hilflosigkeitstheorie. Zwischen der Häufigkeit erlebter Mißerfolge (Input) und den resultierenden Meidungstendenzen, bzw. dem Handlungserfolg, kann keine Beziehung der Art postuliert werden, daß je häufiger Mißerfolge erlebt werden, um so eher Meidungstendenzen der beschriebenen Art resultieren würden. Die Art und Weise der Attribution, die auch als ungünstige und einseitige Kausalattribution noch einmal in die beiden suizidären Formen unterschieden wurde, können bei gleicher Mißerfolgsrate unterschiedliche Effekte bewirken. Auch muß Konstanz der Informationsstruktur, die die Verwendung belastender Attributionsmuster zeitweilig oder auch langfristig außer Kraft setzen können, vorausgesetzt werden. Des weiteren könnte eine zusätzliche verschärfende Wirkung durch die Möglichkeit der Wahl unterschiedlich erfolgversprechender Aufgaben – der Handlungsspielraum und die Reaktion darauf mit abweichenden Anspruchsniveausetzungen – die Wirkung der Häufigkeit von bestrafenden Ereignissen relativieren. Ohne Kenntnis dieser Zusatzbedingungen, die teilweise intervenierende Variablen darstellen, ist daher Umfang und auch Geschwindigkeit dieses selbstregulierenden Prozesses progressiv sich verschlechternder Wert-Erwartungs-Matrizen mit resultierenden Meidungstendenzen nicht zu bestimmen. Eine Suizidkarriere kann daher relativ schnell tödlich enden, sich aber auch über einen längeren Zeitraum erstrecken. Aus dem Ansatz folgt jedoch, daß bei Vorliegen aller Bedingungen in ihren ungünstigsten Ausprägungen, wie sie z.B. in der suizidalen Phase Suizidgefährdeter expliziert sind (vgl. Übersichten 11, 13, 16), die Suizidwahrscheinlichkeit am größten ist und die Entwicklung der Meidungstendenzen am schnellsten erfolgt. Liegen in der präsuizidalen Phase bei Suizidgefährdeten, in der eine partiell positive Internalität dominiert, die negative Effekte kompensieren kann, günstigere Bedingungen vor, wird außerdem durch Aufgabenvorgabe die Wahl unrealistischer Ziele verhindert und sind deutliche Informationen der sozialen Beziehungen geeignet, die Kausalattributionsmuster zeitweilig außer Kraft zu setzen, ist die Suizidgefahr gebannt.

Für die Abschätzung der Suizidversuchsgefahr gelten dieselben Voraussetzungen für die Entwicklung von Meidungstendenzen, die allenfalls eingedämmt durch eine partiell entlastende negative Externalität würde (vgl. Übersichten 12, 14). Wenn allerdings die Suizidversuchshandlung durch veränderte Reaktionen der Umwelt keine positiven Anreize mehr erwarten läßt, vermindert sich zwar die Suizidversuchsgefahr, die Suizidgefahr wird bei gleich abstoßender Wirkung der Handlungsalternativen jedoch größer. Diese möglichen Prozeßabläufe bei der Wiederholung von Suizidversuchshandlungen untersucht der folgende Abschnitt 6.

6. Wiederholung von suizidalen Handlungen

Zu den sicheren Befunden der Selbstmordforschung gehört die Erkenntnis, daß Suizidversuche wiederholt werden und diese wiederholten Selbstmordversuche nicht tödlich enden (vgl. Resnik und Hathorne 1974). In allen Risikoskalen zur Abschätzung einer suizidalen Gefährdung werden die vorausgehenden Suizidversuche erfaßt (vgl. Pöldinger 1968; Farberow und MacKinnon 1974; Devries 1966; Litman 1974). Gleichfalls unbestritten ist aber auch die Tatsache, daß die Wiederholungen eines Suizidversuches tödlich enden können. Die Auffassung, daß Suizidversucher ihre selbstverletzenden Handlungen wiederholen, aber nicht ‚Ernst' machen würden, wird daher zu den verbreiteten und gefährlichen Mythen über die Suizidgefährdung gerechnet.

Beide Formen wiederholter suizidaler Handlungen müssen in diesem Ansatz unterschieden werden. Die Wahrscheinlichkeit für ihr Auftreten ergibt sich aus den Bedingungskonstellationen für Suizidversuchshandlungen mit einem beabsichtigten Handlungserfolg, der nicht tödlich endet, einerseits und andererseits für Suizidhandlungen, deren Handlungsergebnis tödlich endet und dies vom Handelnden intendiert ist.

6.1 Wiederholung einer Suizidversuchshandlung

Nach den in den Abschnitten 2.1 und 3.2 aufgeführten Bedingungen ist die Wahrscheinlichkeit der Wiederholung einer Suizidversuchshandlung dann groß, wenn ein subjektiv adäquates Mittelpotential zur Ausführung eines Suizidversuchs vorhanden ist und wenn eine Suizidversuchstendenz als dominierend schwach positive Suizidversuchstendenz bei negativ ausgeprägten Tendenzen für die Handlungsalternativen zum Suizidversuch vorliegt. Eine Suizidversuchstendenz als schwach positiv ausgeprägte Handlungstendenz, einen Suizidversuch zu unternehmen, bei überwiegend negativ bewerteten Handlungstendenzen alternative Handlungen zu begehen, ist um so ausgeprägter, je mehr positive Anreize bei der Ausführung der Suizidversuchshandlung erwartet werden, je sicherer diese Anreize erwartet werden und je weniger negative Anreize bei der Ausführung der Suizidversuchshandlung mit geringer subjektiver Wahrscheinlichkeit erwartet werden. Bleiben die Voraussetzungen einer Suizidversuchshandlung unverändert, bzw. haben sie sich verstärkt oder so vermindert, daß die Suizidversuchstendenz erhalten bleibt, ist die Gefahr einer Wiederholung der Suizidversuchshandlung gegeben. Ohne auf die einzelnen Anreize, die in Abschnitt 3.2 diskutiert wurden, eingehen zu können, wird erhöhte soziale Aufmerksamkeit nach der Suizidversuchshandlung bei gleicher negativer Einschätzung der verbliebenen Handlungsalternativen die Suizidversuchshandlung attraktiver machen. Eine verstärkte Wahrnehmung negativer Sanktionen bei unveränderter negativer Lebenssituation senkt die Wahrscheinlichkeit einer erneuten Suizidversuchshandlung. Was geschieht aber, wenn sich die Lebensumstände nicht verbessern und die Selbstmordversuchshandlung als letzter

Ausweg gleichfalls sinnlos erscheint? Unter welchen Umständen erhöht sich die soziale Aufmerksamkeit oder bleibt sie zumindest einem ‚Lebensmüden' erhalten, und wann wird ihm eher feindselig begegnet?

Der erste Fall beschreibt nicht die Gefahr eines erneuten Suizidversuchs, sondern den Fall einer erhöhten Selbstmordgefahr. Ob die Gefahr eines wiederholten Selbstmordversuchs oder eines erstmaligen Selbstmords droht, hängt demgemäß von den Lebensumständen und der Reaktion der sozialen Umwelt auf mißglückte Selbstmordhandlungen ab, wie folgende Ausführungen zeigen.

6.2 *Selbstmordhandlung nach vorausgehendem Selbstmordversuch: intendierte Selbstmordhandlung oder tödliches Ende einer Suizidversuchskarriere?*

Wenn bei überwiegend blockierten, also negativen Handlungsalternativen zu suizidalen Handlungen der Suizidversuch in größerem Maße negativ bewertet wird als die Handlungsalternativen zum Suizidversuch und der tödlich endende Selbstmord gleichfalls überwiegend negativ bewertet wird, aber als Handlung weniger abschreckend wirkt als das Überleben, dann folgt aus den in den Abschnitten 2.-3. dargelegten Hypothesen, daß bei adäquatem Mittelpotential die Gefahr einer Selbstmordhandlung groß ist[169].

Geht man davon aus, daß sich die Lebensumstände nicht wesentlich verbessern, wird eine nachlassende Bemühung der sozialen Umwelt um den Lebensmüden die Suizidversuchsgefahr verringern und die Selbstmordgefahr erhöhen. Welche Reaktionen sind zu erwarten?

Nach Akers lösen Suizidversuche erhöhte soziale Aufmerksamkeit aus, d.h., die Suizidversuchshandlung wird nach seiner sozialen Lerntheorie positiv verstärkt und die Wiederholung der Suizidversuchshandlung wird dadurch wahrscheinlicher (vgl. Akers 1977, S. 297; S. 42/43; Lindner-Braun 1980). Wenn eine Suizidversuchshandlung jedoch tödlich endet, dann handelt es sich dabei nach der Auffassung Akers nicht um eine intendierte Selbstmordhandlung, die er als einer der wenigen Autoren theoretisch von der Suizidversuchshandlung unterscheiden kann, sondern um einen mißglückten als Selbstmordversuch angelegten Selbstmord. Ursache für den tödlich endenden Selbstmordversuch ist nach Akers die Gefährlichkeit der Selbstmordhandlung, mithin die Wahl einer gefährlicheren Selbstmordmethode. Die Wahl eines gefährlicheren Mittels wiederum ist nach Akers notwendig, um sich die erneute Hilfe und Zuwendung des Interaktionspartners durch den Selbstmordversuch zu sichern.

Die Annahme, daß Suizidversuche wegen zu erwartender positiver Anreize ausgeübt werden, stimmt mit dem vorliegenden Ansatz überein, wenngleich dieses instrumentelle Verhalten durch andere negative Anreize, die ein Suizidversucher auch mit seiner Handlung verbindet (vgl. Abschnitt 3.2.3.2, und die abstoßende

---

169 Vgl. $H_{sm,smv}2'$, S. 51; $H_{sm}3$, S. 58; $H_{smv}4$, S. 95 zur genaueren Formulierung der Bedingungen.

Wirkung der Handlungsalternativen (vgl. Abschnitt 3.2.2) sehr stark relativiert wird. Es erscheint jedoch fraglich, ob eine fatale Selbstmordhandlung mit vorausgehenden Suizidversuchshandlungen als ‚zufälliges' Ende einer Suizidversuchskarriere anzusehen ist.

Die wenigen empirischen Befunde über das Verhalten gegenüber Suizidversuchern legen nahe, daß in der ersten Reaktion auf einen ersten Selbstmordversuch vor allem gegenüber sozialen Gruppen, denen Schwachheit und Hilfsbedürftigkeit zugestanden wird – den Jüngeren und den Frauen –, Verständnis, Zuwendung und soziale Aufmerksamkeit überwiegen (vgl. Abschnitt 3.2.3.1.1).

Wenn aber ältere Personen und auch Männer mit weniger Verständnis und sozialer Zuwendung, die sich in eine ‚hilflose' Lage gebracht haben, rechnen können (vgl. Wiendieck 1972) und Personen, deren Selbstmordversuch als wenig ernsthaft angesehen wird, eher feindselig begegnet wird (vgl. Ansel und McGhee 1971; Wimmel 1967), liegt die Vermutung nahe, daß nach wiederholten Selbstmordversuchen negativ gefärbte Reaktionen auftreten, und daher das Verhalten eher negativ sanktioniert wird. Diese veränderte Reaktion erscheint auch plausibel, selbst wenn nach mehrmaligen Selbstmordversuchen die angewandte Selbstmordmethode gefährlicher erscheint. Angehörige und Kontaktpersonen können sich nicht zuletzt bei Einweisung in eine psychiatrische Klinik an das Verhalten ‚gewöhnen', indem sie den Suizidversucher als ‚krank' oder ‚labil' etikettieren. Ein sozialpsychologisches Experiment von Riecken und Homans (1954) belegt die hier angenommene Verlaufsform sozialer Reaktionen auf abweichendes Verhalten. Danach wurde das abweichende Verhalten eines Gruppenmitglieds von der Gruppenmehrheit zunächst durch erhöhte soziale Aufmerksamkeit sozial belohnt. Wenn die Bemühungen um das abweichende Gruppenmitglied jedoch erfolglos blieben, die Gruppenmitglieder durch die Fortsetzung des abweichenden Verhaltens eines Gruppenmitglieds bestraft wurden – ging die Gruppenmehrheit zur Bestrafung des ‚uneinsichtigen' Gruppenmitgliedes über. Bei fortgesetzten Suizidversuchen müßte danach nicht mit mehr, sondern mit weniger sozialer Zuwendung gerechnet werden. Noch ein weiteres Argument spricht gegen die von Akers vermutete Suizidversuchskarriere mit tödlichem Ausgang. Wenn ein Selbstmord nach vorausgegangenen Suizidversuchen aufgrund des erhöhten Selbstmordrisikos tödlich verlaufen würde, könnte ein gleichartiger Verlauf der Wiederholungsversuche mit einem Mortalitätsgipfel vermutet werden. Zumindest müßte der Anteil tödlich endender Selbstmordversuche nach vorausgegangenen Selbstmordversuchen wenig variieren und er müßte als typisches Verhaltensmuster von Suizidversuchern sehr hoch sein. Tatsächlich ist zwar das Selbstmordrisiko von Suizidversuchern im Vergleich zur Normalpopulation sehr hoch – Tuckman und Youngman (1963) schätzten es 140 mal höher, Katschnig et al. in einer Clusteranalyse (1980, S. 159) 43mal höher ein –, der prozentuale Anteil von tödlich endenden Selbstmordversuchen nach vorausgehenden Selbstmordversuchen ist jedoch trotzdem relativ gering. Dahlgreen (1977) verfolgte die Lebensgeschichte von 229 Selbstmordversuchern und stellte fest, daß 14 % der Männer, die in der Minderzahl waren und 8,8 % der Frauen sich nach 35 Jahren umgebracht hatten. Feuerlein (1984) stellt einen Anteil von 1 %

Selbstmorden pro Jahr unter den Personen, die bereits einen Selbstmordversuch überlebt haben, fest. Nach einer Literaturübersicht von Wilkins (1967) variiert dieser Anteil zwischen 0,2 % und 69 %. Nach Katschnig et al. (1980) waren von 262 Selbstmordversuchern 4,2 % nach 5 Jahren durch Selbstmord aus dem Leben geschieden.

Die Mortalitätsrate nach wiederholten Selbstmordversuchen variiert demnach nicht nur stark, sondern betrifft trotz des erhöhten Selbstmordrisikos eine Minderheit der Selbstmordversucher.

Noch aufschlußreicher ist ein Vergleich der Mortalitätsrate mit und ohne suizidale Vorgeschichte, wenn Alter und Geschlecht mit einbezogen werden. Es zeigt sich, daß Alter und Geschlecht die Zahl der Suizidversuche, die einem Selbstmord vorausgehen, bestimmen. Mehr Frauen als Männer und jüngere mehr als ältere Selbstmörder haben eine größere Zahl von Selbstmordversuchen überlebt, bevor der tödlich endende Selbstmordversuch ausgeführt wird. Unter den über 45 Jahre alten Männern haben 88 % einen einzigen und tödlich endenden Selbstmord verübt (vgl. Maris 1981, S. 268).

Tuckman und Youngman (1963) stellten gleichfalls fest, daß unter den Suizidversuchern die Gefahr, einen erneuten Selbstmordversuch nicht zu überleben, mit dem Alter zunimmt, bei Männern und auch Weißen höher ist, das sozio-demographische Profil sich also dem der Selbstmörder annähert. Die Clusteranalyse von Katschnig et al. (1980) bestätigt dies. Die homogene Gruppe (Cluster I) mit dem höchsten Selbstmordrisiko (11 %) war auch die älteste Gruppe. Sie bestand ausnahmslos aus Rentnern (vgl. Katschnig et al. 1980, S. 161). Diese alters- und geschlechtsspezifischen Variationen stimmen mit der Akerschen Annahme, daß über die zunehmende Gefährlichkeit der gewählten Selbstmordmethode bei wiederholten Selbstmordversuchen Zuneigung und Aufmerksamkeit erhofft und ein tödlich endender Selbstmord mit „in Kauf" genommen wird, insofern nicht überein, als offenbar Jüngere und Frauen diesen Weg weniger oft wählen und die meisten Suizidversucher entweder trotz anzunehmender gefährlicher werdender Selbstmordhandlungen diesen Versuch überleben oder ohne die Steigerung des Selbstmordrisikos ihr suizidales Verhalten fortsetzen.

Für die alters- und geschlechtsabhängigen Selbstmordrisiken bei wiederholten Selbstmordversuchen gibt es indessen nach dem vorliegenden Ansatz eine einfache Erklärung: Der tödlich endende Selbstmord nach vorausgehenden nicht-letalen Selbstmordversuchen wird dann wahrscheinlich, wenn als Folge der veränderten Reaktion der sozialen Umwelt ein erneuter Selbstmordversuch nicht die erwartete Zuwendung bringt. Bei unverändert wahrgenommener Ausweglosigkeit der übrigen Lebensumstände stellt der „Tod auf Zeit" keinen Ausweg mehr dar und die intendierte Selbsttötung erscheint als das unvermeidliche geringere Übel. Mit zunehmendem Alter als Frau aber auch als Mann eher als Frau, vermindern sich außerdem die Hoffnungen auf Hilfe durch einen Selbstmordversuch. Hoffnungen auf Zuwendung zerschlagen sich also sowohl nach wiederholten Selbstmordversuchen als auch bei statusabhängigen Hilfsleistungen, die gesellschaftsspezifische Altruismusnormen widerspiegeln.

Finzen (1984) kommt aufgrund der Tatsache, daß sich das Suizidrisiko von Selbstmordversuchspatienten nach einer intensiven rehabilitativen Therapie in einer Tagesklinik erhöht hat, zu einem ähnlichen Schluß, der allerdings bislang unter psychiatrisch orientierten Selbstmordforschern keine Mehrheitsmeinung repräsentiert:

„Aber der Rahmen unserer rehabilitativ ausgerichteten Behandlung in der Tagesklinik steckte ganz bestimmte Erwartungsnormen und Haltungen ab, an denen die Patienten sich zwangsläufig orientieren und messen mußten. Deswegen kann man die Hypothese formulieren: verstärkte Bemühungen um die Behandlung chronifizierter psychotischer Erkrankungen erhöhen möglicherweise das Suizidrisiko. Durch die Behandlung zwingen wir die Patienten aus ihrer Wahnwelt heraus. Wir konfrontieren sie mit einer Realität, der sie manchmal nicht gewachsen sind. Im Extremfall machen wir sie stark genug, durch unsere Behandlung Bilanz zu ziehen und schlußzufolgern, daß sie in dieser Welt keine Chance haben. Es ist auffällig, daß fast alle diese Patienten ihren Suizid zu einem Zeitpunkt verwirklichten, zu dem wir eine längerfristige Besserung festgestellt hatten" (Finzen 1984, S. 156f.)

Obgleich es zweifelhaft erscheint, ob damit die Voraussetzungen des Bilanzselbstmordes im Sinne eines wohlüberlegten, im einzelnen ‚berechneten' Ausgangs der Selbstmordhandlung erfüllt sind[170], könnte nach dem vorliegenden Ansatz das Bewußtmachen von Kontingenzen zwischen Handlungen, Unterlassungen und ihren Konsequenzen zu einer Verschlechterung der wahrgenommenen Handlungschancen führen, aufgrund wahrgenommener Konsequenzen sowohl der suizidalen Handlungen als auch der Handlungsalternativen zu suizidalen Handlungen. Die Suizidgefahr würde jedoch nicht nur erhöht werden, wenn diese Instrumentalitätsbeziehungen ins Bewußtsein gebracht werden, sondern vor allem wenn subjektive Erklärungen für Handlungsergebnisse – die suizidären Kausalprinzipien – aufgezeigt werden, ohne korrigierende, d.h. entlastende Kausalprinzipien gleichzeitig einzuüben und ohne die Anspruchsniveaupräferenzen den zu erwartenden Erfolgen und Mißerfolgen anzupassen.

---

170 Vgl. zum Rationalitätsbegriff S. 34.

II. Gesellschaft und Suizid: Anwendung der sozialen Motivationstheorie auf die Entstehung suizidaler Handlungen in sozialen Institutionen

Im zweiten Teil der Arbeit wird versucht, die bisher entwickelten Aussagen über suizidale Handlungen auf den Kontext sozialer Institutionen anzuwenden. Dies bedeutet zunächst, daß bei einer Kenntnis der Verteilung suizidspezifischer Wert-Erwartungs-Matrizen, Kausal- und Moralprinzipien bei den Mitgliedern einer Gesellschaft die unterschiedliche Selbstmord- bzw. Selbstmordversuchsrate dieser Gesellschaft erklärbar oder prognostizierbar wird.

Die Suizid- und Suizidversuchsgefährdung einzelner sozialer Gesellschaftsschichten – geschlechts- und altersspezifischer Gruppen – wurde bereits unter Prüfung der empirischen Evidenz von Verteilungsannahmen über Kausalattributionen und Anspruchsniveaupräferenzen untersucht. Auf gesellschaftlicher Ebene und innerhalb sozialer Institutionen steht eine Anwendung der entwickelten Hypothesen noch aus. Zum zweiten ermöglichen aber die mit Hilfe des individualistischen Ansatzes gewonnenen Randbedingungen – der Handlungsspielraum als Voraussetzung für die Aufgabenwahl und die Informationsstruktur, die asymmetrische Kausalattributionen ermöglichen – eine Erklärung unterschiedlicher suizidaler Gefährdung auf gesamtgesellschaftlicher Ebene oder auf der Ebene sozialer Institutionen.

Ein drittes Problem ist in diesem zweiten Teil der Arbeit anzugehen, dessen Behandlung auf dem bisher entwickelten individualistischen Ansatz aufbauen kann. Es betrifft die für soziale Institutionen charakteristischen Interaktionen der Mitglieder dieser Institutionen. Die suizidbestimmenden Wert-Erwartungs-Matrizen und Motivkomponenten der Kausalattribution und Anspruchsniveaupräferenzen sind nicht nur Merkmale von Individuen, sondern gleichzeitig auch Resultat von Interaktionen mit anderen Individuen gleich oder unterschiedlich ausgeprägter Wert-Erwartungs-Matrizen und Motivkomponenten.

Inwieweit individuelle Wert-Erwartungs-Matrizen, Informationen über adäquate Mittelpotentiale, aber auch situationsunspezifische Motivkomponenten in interaktionalen Prozessen gebildet oder verändert werden, ist Gegenstand einer Untersuchung der primären und sekundären Sozialisation. Diese Sozialisationsprozesse werden in den hier analysierten sozialen Institutionen der Massenmedien, der Wirtschaft und der Familie insoweit untersucht, als sie für die Fragestellung der Entstehung suizidaler Handlung bedeutsam sind und auch zum gegenwärtigen Zeitpunkt und im Rahmen dieser Arbeit einer Untersuchung zugänglich sind. Die verfügbaren empirischen und theoretischen Kenntnisse über das Suizidgeschehen in einzelnen Institutionen legen folgende Schwerpunktbildung bei der Erörterung nahe: Die Wirkungsweise der sozialen Institution der *Wirtschaft* soll auf eine Diskussion der Verteilung von materiellen und statusbezogenen Anreizen und ihre Erwartungen sowie auf eine Prüfung der Randbedingung für unterschiedliche Informationsstrukturen einzelner Berufszweige beschränkt bleiben. Der mutmaßliche Einfluß der *Massenmedien* auf Selbstmord ist geeignet, die Wirkungsweise sekundärer Sozialisation durch die Veränderung relevanter situationsspezifischer Erwartungen und Anreize bei der Ausführung suizidaler Handlungen und der Mittelwahl zu demonstrieren. Die *Familie* hingegen verlangt eine Erörterung aller drei Problembereiche: eine Erörterung der Befunde, die auf differentielle Anreizverteilung suizidgefährdeter Personen hinweist, die sekundäre Sozialisation und die primäre Sozialisation. Eine analytische Trennung dieser Sozialisationsprozesse ergibt sich aus dem entwickelten Ansatz und ist Teil der sich anschließenden begrifflichen Abgrenzung sozialer Institutionen.

1. Definition sozialer Institutionen

1.1 Interaktion und Realisierung von Anreizen

In Anlehnung an die Definition sozialer Institutionen von Homans (1978, S. 260 f.) sollen unter sozialen Institutionen nicht spezifische Organisationen, z.B. Kirchen oder Schulen, sondern sich wiederholende und insofern relativ dauerhafte Interaktionen zwischen Personen verstanden werden (vgl. Homans 1978, S. 260 f.). Untersuchungseinheit für die Frage nach der Entstehung von sozialen Institutionen und sozialer Normen sind daher die Handlungen von Personen. Klassifikationskriterien für diese Interaktionssysteme leiten sich dann aus der angewandten Theorie zur Erklärung dieser Handlungen ab. Bei Malewski, der die Interaktionstheorie von Homans zu Recht wegen der Beschränkung auf extrinsische Belohnungen kritisiert (vgl. Malewski 1967, S. 116), sind dies lerntheoretische Verstärkungsparameter, z.B. die Regelmäßigkeit, Häufigkeit und die Intervalle von Verstärkern.

In ökonomischen und spieltheoretischen Handlungstheorien zur Erklärung der Entstehung von sozialen Institutionen sind dies z.B. Nettonutzen der Akteure (vgl. Opp 1983) bzw. die Nutzenmatrizen (‚pay offs'), Spielfolgen und Spielstrategien (vgl. Schotter 1981, S. 11; Raub und Voss 1985), die geeignet wären, Interaktionsdimensionen und damit Strukturen von sozialen Institutionen festzulegen.

Da in der vorliegenden Arbeit nicht die Etablierung oder der Bestand sozialer Institutionen interessiert, kann auf eine Gegenüberstellung dieser verschiedenen Ansätze verzichtet werden. An dieser Stelle soll vielmehr der Frage nachgegangen werden, inwieweit suizidale Handlungen in solchen sozialen Institutionen vermehrt vorkommen, deren Interaktionsstruktur mit Hilfe der bisher entwickelten Determinanten für suizidale Handlungen charakterisierbar sind[1].

1 Ob dieselben Voraussetzungen auch geeignet sind, den Bestand sozialer Institutionen, d.h. wiederholte Interaktionen aller Mitglieder dieser Institution zu sichern, wird damit nicht erörtert. Soziale Institutionen wären danach charakterisierbar aufgrund der Hand-

Kriterium für die Relevanz sozialer Institutionen ist die theoretische und empirische Identifizierung solcher Anreizkonstellationen, Kausal- und Moralprinzipien und Randbedingungen, wie sie im ersten Teil der Arbeit spezifiziert wurden. Mit einer erhöhten Selbstmordrate sind dann solche sozialen Institutionen belastet, die zusammenfassend folgende Bedingungen aufweisen:

HG20: Je mehr Personen als Mitglieder einer sozialen Institution, d.h. als wiederholt handelnde Personen, bei der Ausführung von Handlungsalternativen zu suizidalen Handlungen vorwiegend über subjektiv adäquate Mittel verfügen und negative Handlungstendenzen aufweisen, die stärker negativ ausgeprägt sind als die suizidalen Handlungstendenzen, und je eher sie eine dominierend negative Wert-Erwartungs-Bilanz bezüglich der Ausführung dieser Handlungsalternativen haben, und je eher sie zu hohe oder zu niedrige Anspruchsniveaupräferenzen haben und ‚suizidäre' asymmetrische Kausalattributionen bei der Interpretation von Handlungserfolgen vornehmen, um so mehr Personen werden als Mitglieder dieser Institution suizidale Handlungen begehen.

HG21: Je häufiger Personen in einer sozialen Institution zentrale Anreize nicht realisieren können, und je eher über die Gewährung von Handlungsspielräumen abweichende Moralprinzipien in Kraft treten können, und je eher die Informationsstruktur der sozialen Beziehungen so beschaffen ist, daß Interpretationsspielräume die asymmetrischen Kausalprinzipien nicht außer Kraft setzen, um so größer ist die Zahl der Mitglieder dieser sozialen Institution, die suizidale Handlungen begehen.

Empirisches Wissen, das eine partielle und vorläufige Prüfung dieser Voraussetzungen gestatten könnte, liegt auf gesamtgesellschaftlichem Niveau und für die sozialen Institutionen Familie und Wirtschaft vor.

Dieser erste Fragenkomplex umfaßt unter dem Gesichtspunkt, daß soziale Institutionen Interaktionssysteme darstellen, das Sozialisationsergebnis von sozialen Interaktionen in Form suizidrelevanter Handlungsdeterminanten, die auch Merkmale von Personen darstellen. Dabei werden innerhalb der natürlichen sozialen Institutionen der Familie und der Wirtschaft einerseits spezifische Anreizklassen – affiliative und ökonomische – noch einmal daraufhin geprüft, ob eine suizidgefährdende Ausprägung – z.B. Anreizdefizite als Ergebnisse von Interaktionen mit Mitgliedern – beobachtbar ist. Andererseits gewinnen die theoretisch gewonnenen Randbedingungen über die Informationsstruktur und den Handlungsspielraum bei der Analyse bestimmter sozialer Beziehungen eine Bedeutungsdimension, die die klassischen Aussagen über die Wirkung von Anomie, relativer Deprivation und sozialer Desorganisation neu interpretieren könnten. Zur Informationsstruktur gehörten soziale Vergleichsmöglichkeiten zwischen Personen – die Konsensinformation

---

lungsdeterminanten für die handelnden Interaktionspartner, das sind auf der Ebene des Instrumentalitätsmodells die erwarteten Anreize und auf der Ebene des Motivationsmodells die Kausal- und Moralprinzipien. Wert-Erwartungs-Matrizen, aber auch Kausalattributionen und Anspruchsniveaupräferenzen sind Bestandteile genereller Aussagen über menschliches Handeln, deren spezifische Ausprägungen und Konstellationen jedoch suizidales Handeln erklären sollen. Auch die postulierten Randbedingungen über den Handlungsspielraum und die Informationsstruktur können als Strukturmerkmale soziale Institutionen, die die Handlungen der Interaktionspartner beeinflussen, kennzeichnen.

– sowie der intraindividuelle Vergleich – die Konsistenzinformation – und die Besonderheitsinformation als Vergleich situationsbezogener Handlungsinhalte. Da die Besonderheitsinformation auch in den experimentellen Untersuchungen häufig mit der Konsistenz- und Konsensinformation konfundiert ist, läßt sich in komplexen sozialen Situationen kaum beurteilen, ob diese in unterschiedlichem Maße verwirklicht war oder nicht. In den folgenden Ausführungen wird deswegen bei der Diskussion der Informationsstruktur sozialer Beziehungen nur auf die Konsistenz- und Konsensinformation Bezug genommen.

Der zweite Fragenkomplex ist nur ansatzweise unter Berücksichtigung des derzeitigen Kenntnisstandes in der Sozialisationsforschung allgemein und der Beeinflussung suizidrelevanter Faktoren im speziellen anzugehen. Er betrifft nicht das Sozialisationsergebnis, sondern die Bedingungen für die Erzeugung oder Beeinflussung suizidrelevanter Faktoren im Interaktionsprozeß, der als Sozialisationsvorgang aufgefaßt werden kann und nach den Sozialisationseffekten in primäre und sekundäre Sozialisation unterschieden wird. Obwohl jede der bisher genannten sozialen Institutionen Gegenstand dieser Untersuchung sein könnte, liegen lediglich für die Familie und auch für die Massenmedien einige Befunde vor.

1.2 Primäre und sekundäre Sozialisation

Jüngste Untersuchungen über die Wirkung von Massenmedien legen die Vermutung nahe, daß Selbstmordhandlungen durch Nachahmung anderer Selbstmorde, über die in Massenmedien berichtet wurde, initiiert werden könnten. Ein solcher ‚Werther-Effekt' unterstellt die Möglichkeit einer kurzfristigen Beeinflussung suizidrelevanter Faktoren in Interaktionen, die sogar durch indirekte, d.h. nicht persönliche Kontakte gekennzeichnet sind. Inwieweit und unter welchen Bedingungen situationsbezogene Determinanten suizidaler Handlungen in Interaktionen verändert werden können, ist Gegenstand einer Untersuchung sekundärer Sozialisation. In Frage kommen dabei alle Handlungsdeterminanten auf den Erklärungsstufen des Ergebnis-, des Handlungs- und des Instrumentalitätsmodells, das sind vor allem Einflüsse auf das subjektive Mittelpotential, das objektive Mittelpotential und die Wert-Erwartungs-Matrizen[2]. Werden diese Variablen durch soziale Interaktionen so verändert, daß ihre in den Hypothesen postulierte kritische Ausprägung suizidale Handlungen in einem relativ kurzen Zeitraum herbeiführt, kann von einem kurzfristigen Sozialisationseffekt gesprochen werden. Bei der primären Sozialisation interessieren langfristige Sozialisationseffekte. Über die Annahme einer möglichen Herausbildung situationsübergreifender Handlungsdeterminanten auf der Erklärungsstufe des Motivationsmodells – den Kausal- und Moralprinzipien, die die als Folge der Kausalattribution und der Anspruchsniveaupräferenzen generali-

2 Die zu untersuchenden Sozialisationseffekte stimmen mit herrschenden Definitionen über den Vorgang und den Inhalt von Sozialisation überein. Unter Sozialisation wird der Erwerb von Kognitionen, Wertvorstellungen und Normen sowie Fähigkeiten verstanden (vgl. Child 1954; Kreppner 1980; Broom und Selznick 1973, S. 91).

sierten Erwartungen und die Affektbilanz umfassen – existiert ein Bindeglied, das über die konstante, aber selektive Wahl und Interpretation situationaler Wert-Erwartungs-Matrizen auch zu einem späteren Zeitpunkt im Leben einer Person handlungsrelevant wird. Damit wird eine Frage angegangen, die bislang allenfalls in sozialisationstheoretischen Untersuchungen über die Entstehung von Moral, Selbstkontrolle oder Aggressivität gestellt wurde, aber wegen fehlender Bedingungen für Handlungen, die erst nach der Sozialisation zu einem späteren Zeitpunkt auftreten, nicht zureichend beantwortet wurde.

Die Trennung in primäre und sekundäre Sozialisation erfolgt damit aufgrund theoretisch gewonnener differenter Sozialisationseffekte. Auch unterschiedliche Wirkungsvoraussetzungen, die Sozialisationsbedingungen, können für primäre und sekundäre Sozialisation angenommen werden. Primäre Sozialisationsprozesse, in denen metakognitive Prinzipien und moralische Prinzipien, nach denen Zielsetzungen aufgrund ihres Schwierigkeitsgrades und Kausalzuschreibungen aufgrund ihrer internalen oder externalen Lokalisierung akzeptiert werden, vermittelt werden, verlangen vermutlich eine intensivere oder auch länger andauernde Einwirkung von Sozialisationsfaktoren. Möglicherweise ist auch davon auszugehen, daß der Anteil assoziativer Lernvorgänge im Verhältnis zu instrumentell gesteuerten Lernprozessen höher ist. Diesen Unterschieden sind meist implizite Annahmen über unterschiedliche biologische Reifung hinzuzufügen, wenn die Lernprozesse mit dem Terminus ‚Entwicklung' – Motiventwicklung (vgl. Heckhausen 1980, S. 639), kognitive und moralische Entwicklungstheorie – belegt werden und sich vornehmlich auf Erfahrungen während der Kindheit beschränken. Die Entstehung oder Veränderung von Kausal- und Moralprinzipien läßt sich aber nicht auf altersspezifische Erfahrungen begrenzen. Auch im Erwachsenenalter sind Motive und ihre Komponenten modifizierbar (vgl. Krug 1976; Brewin und Antaki 1982).

Von Interesse ist eine Einordnung der primären und sekundären Sozialisation unter dem Gesichtspunkt soziologischer Normenemergenz. Opp versteht in seiner grundlegenden Abhandlung zur soziologischen Normengenese unter ‚evolutionärer Normenentstehung' solche Prozesse, die ungeplant und ‚weder durch freiwillige Übereinkunft eingeführt noch von Institutionen oder Personen gesetzt' sind (vgl. Opp 1983, S. 206). Die hier beschriebenen Sozialisationseffekte sind ungeplant und als sicher unerwünschte Eigenschaften von keinem der Interaktionspartner intendiert. Da sie auch von keiner Institution zentral gesetzt werden, würden sowohl sekundäre als auch primäre Sozialisationsprozesse unter diese Kategorie fallen. Allerdings bedeutet dies nicht, daß die zu entwickelnden Sozialisationsbedingungen für die Übernahme ‚gesetzter' oder auszuhandelnder Normen irrelevant wären.

In der nachfolgenden Übersicht sind die einzelnen Sozialisationseffekte noch einmal zusammengestellt. Unter Sozialisation wird somit die Beeinflussung handlungsrelevanter Determinanten im direkten oder indirekten Interaktionsablauf verstanden.

Übersicht 19: *Veränderung situationsabhängiger bzw. situationsunabhängiger Variablen durch sekundäre und primäre Sozialisation*

PRIMÄRE SOZIALISATION	SEKUNDÄRE SOZIALISATION
Beeinflussung situationsunabhängiger Handlungsdeterminanten	Beeinflussung situationsabhängiger Handlungsdeterminanten
Kausalprinzip - Anwendung von Kausalfaktoren - generalisierte Erwartungen - Affektbilanz Moralprinzip: - Anspruchsniveaupräferenzen	- Mittelattraktivitäten - Suizid- und Suizidversuchstendenzen - Tendenz zu Handlungsalternativen - Wert-Erwartungs-Bilanzen - situationsspezifische Information (Konsensinformation)

2. Wirtschaft, Beruf und Suizid

2.1 Bedeutung der sozialen Institution Wirtschaft und Beruf

Ebenso wie die Familie gehört der wirtschaftliche Bereich einer Gesellschaft in der heutigen arbeitsteiligen Gesellschaft zu den wichtigsten sozialen Institutionen. Die wirtschaftlichen Aktivitäten der Gesellschaftsmitglieder dienen der Erfüllung relativ zentraler, aber nicht nur das physische Überleben sichernder Zielvorstellungen. Bleiben ökonomische Anreize, die ähnlich zentral sind wie die affiliativen Anreize, deren Realisierung im familialen Interaktionssystem im Vordergrund steht, versagt, könnte von *Anreizdeprivation* gesprochen werden. Nach Vorstellungen der ökonomischen Theorie, die Hamermesh und Soss (1974) auf das Selbstmordverhalten angewandt haben, aber auch der psychologischen und behavioristischen Verstärkerdefizittheorie von Lewinsohn (vgl. Abschnitt 4.2.2.3.3.2) zur Erklärung des Hilflosigkeitssyndroms, reicht die Kenntnis *objektiver Anreizdefizite* aus, um Selbstmord erklären zu können. Im folgenden sollen die empirischen Befunde zur unterschiedlichen Verteilung von materiellen Anreizen im Ländervergleich, aber auch beim Vergleich von Gesellschaftsschichten im Zusammenhang mit der Selbstmordrate dargestellt werden. Die ökonomische Theorie repräsentiert den Erklärungsansatz, der von der Wirksamkeit der unterschiedlichen, zum Teil sehr komplexen Verteilungsmuster erwarteter ökonomischer Anreize ausgeht, jedoch nicht die subjektive Interpretation, insbesondere die Bedingungen unterschiedlicher Interpretation gleicher Anreizkonstellationen berücksichtigt. Dieser Ansatz wird im folgenden Kapitel dargelegt und kritisiert. Der sich anschließende Abschnitt über die *subjektiven Anreizdefizite* als Interaktionsergebnis befaßt sich mit den evidenten Ausnahmen von der Wirksamkeit ökonomischen Mangels. Die Anomie- und Integrationstheorie von Durkheim bietet nach einer Interpretation auf der Basis des motivationstheoretischen Ansatzes eine mögliche Erklärung dieser Phänomene.

2.2 *Ausprägung suizidrelevanter Handlungsdeterminanten als Ergebnis von Interaktionen in Wirtschaft und Beruf*

Entsprechend der für alle sozialen Institutionen postulierten obigen Hypothesen HG20,21 über die Bedingungen, die eine hohe Rate suizidaler Handlungen erwarten lassen, wird – ein subjektiv adäquates Mittelpotential vorausgesetzt – die Zahl der suizidalen Handlungen um so höher sein, je mehr Personen eine negative Wert-Erwartungs-Bilanz bezüglich der Ausführung von Handlungsalternativen zu suizidalen Handlungen gebildet haben, und diese die in Abhängigkeit der Ausführung suizidaler Handlungen erwarteten Anreize in ihrer negativen Ausprägung übersteigen. Inwieweit negative Wert-Erwartungs-Konstellationen ökonomische Anreizklassen beinhalten, wird in den folgenden Abschnitten zu prüfen sein. Die Handlungsalternativen, die bei erwarteten Mißerfolgen oder unwahrscheinlichen Erfolgen gemieden werden oder wenig attraktiv sind, umfassen alle Arten von beruflichen oder arbeitsbezogenen Aktivitäten. Über die unterschiedliche Verteilung suizidärer Kausalattributionen und abweichender Anspruchsniveausetzungen bei der Ausführung beruflicher Aktivitäten liegen keine direkten empirischen Befunde vor, jedoch lassen sich Mutmaßungen über die Voraussetzungen für die Wirksamkeit von Moral- und Kausalprinzipien, den Handlungsspielraum und die Informationsstruktur von Arbeitsverhältnissen auf der Grundlage von Daten über Risikoberufe und gesamtwirtschaftliche Veränderungen anstellen.

2.2.1 Objektive Anreizdefizite bei ökonomischen Anreizen

2.2.1.1 Armut, Schichtzugehörigkeit und Lebenseinkommen von Gesellschaftsmitgliedern

Würden objektive Anreizdefizite materieller Art das massenhafte Auftreten von Selbstmorden erklären können, dann müßten arme Länder und einkommensschwache Bevölkerungsgruppen besonders suizidgefährdet sein.

Schon Durkheim stellte fest, daß im internationalen Vergleich die armen Länder nicht höhere, sondern eher niedrigere Selbstmordraten aufweisen (Durkheim 1973, S. 278). Ein Vergleich der Selbstmordraten von Entwicklungsländern mit denen der reicheren Industrienationen bestätigt die These auch heute noch, daß Armut eher vor Selbstmord schützt als daß Armut Selbstmord begünstigt, wie die Untersuchung von Quinney zeigt (vgl. Quinney 1965, A1, E6). Auch ereignen sich z.B. in Afghanistan, einem der ärmsten Länder der Erde, die wenigsten Selbstmorde aller bekannten und statistisch erfaßten Länder (vgl. Gobar 1970). Im europäischen Vergleich ist auffallend, daß in den ärmeren Ländern wie Irland und Italien die wenigsten und in den reichsten Ländern wie Schweden, Dänemark, der Schweiz oder der Bundesrepublik die meisten Selbstmorde vorkommen (vgl. Übersicht 1, 2, A1, E1). Umgekehrt weisen aber ähnlich reiche und wohlhabende Länder unterschiedliche Selbstmordraten auf. Wohlstandsländer wie die USA, Australien oder England sind im internationalen Vergleich der Selbstmordraten eher im unteren Bereich anzusiedeln, während die Selbstmordraten ähnlich reicher Länder – z.B. Dänemark, Schweden, Schweiz und die Bundesrepublik – im oberen Bereich liegen (vgl. Übersicht 1 und 2, A1, E1). Überfluß alleine bedingt demnach keine erhöhte Suizidanfälligkeit der Gesellschaftsmitglieder, aber materieller Mangel, soweit er objektiv, d.h. für alle Gesellschaftsmitglieder in ähnlichem Maße anzunehmen ist, schützt eher vor Selbstmord.

Soweit die Schichtzugehörigkeit materielle Anreizkonstellationen widerspiegelt, die gleichfalls objektiv in dem Sinne sind, wie sie in derselben Ausprägung innerhalb einer Schicht mutmaßlich wirksam werden, sind in den Untersuchungen über einen Zusammenhang zwischen Schichtzugehörigkeit und Selbstmordhäufigkeit bisher alle Arten schichtspezifischer Selbstmordverteilungen festgestellt worden (vgl. A1, E6).

Dies spricht für eine schichtunspezifische oder demokratische Verteilung der Suizidneigung einzelner Gesellschaftsmitglieder und damit am ehesten für die Irrelevanz materieller Anreizklassen, soweit sie objektiv erfaßt werden. Aber selbst wenn man die noch am häufigsten beobachtete U-Funktion zwischen Suizidhäufigkeit und Schichtzugehörigkeit mit einer relativen Suizidimmunität der mittleren Schichten und einer erhöhten Suizidgefahr der unteren und oberen Schichten akzeptieren würde, spricht auch diese Verteilung gegen die Relevanz objektiver materieller Defizite für die Erklärung von Suizid.

Von der Annahme, daß das Ausmaß erwarteter materieller Anreize die Selbstmordhäufigkeit bestimmt, gehen Hamermesh und Soss (1974) als Vertreter der ökonomischen Theorie aus. Sie erklären die mit zunehmendem Alter steigende Zahl der Selbstmorde mit dem zu erwartenden sinkenden Lebenseinkommen. Im folgenden Abschnitt werden die theoretischen und empirischen Befunde der ökonomischen Selbstmordtheorie erörtert.

2.2.1.2 Ökonomische Theorie zur Erklärung von Selbstmord bei objektiven Anreizdefiziten

Hamermesh und Soss (1974) nehmen an, daß objektive, d.h. für die untersuchten Gesellschaftsmitglieder gleichartige materielle Anreize über Nutzenfunktionen die Suizidhäufigkeit bestimmen. Allerdings wird nicht nur die Einkommenshöhe, sondern auch das Lebenseinkommen von Personen berücksichtigt und somit zu erwartende Veränderungen des Einkommens in die Untersuchung miteinbezogen. Die Selbstmordrate ist nach diesen theoretischen Vorstellungen eine Funktion der Einkommenshöhe und erwarteter Einkommensveränderungen. Höheres Einkommen und Einkommenssteigerungen sollen die Selbstmorde verringern, während Einkommensabnahmen und niedrigere Einkommen die Selbstmordgefahr vergrößern. Dabei wird keine monoton fallende Funktionsbeziehung unterstellt, sondern in Abhängigkeit des Grenznutzenverlaufs steigt die Selbstmordgefahr bei sinkendem Grenznutzen der Einkommenszuwächse und dem zum Ende des Erwerbslebens diskontierten, noch zu erwartenden niedrigeren Lebenseinkommen. Als Theorem ergibt sich daher für ältere Personen eine erhöhte Selbstmordgefahr, da deren Einkommenszuwächse sich bereits im Bereich des abnehmenden Grenznutzens befinden und das bis zum Ende des Erwerbslebens noch zu erwartende Lebenseinkommen gleichfalls verringert ist (vgl. Hamermesh und Soss 1974, S. 86). Vereinfacht ausgedrückt: Im Alter nimmt die Selbstmordgefahr deswegen zu, weil mit vorgerücktem Alter das Lebenseinkommen ‚absehbar' verbraucht sein wird und auch Einkommenszuwächse weniger Nutzen erbringen.

Obwohl alte Menschen in allen westlichen Ländern die höchste Selbstmordrate haben und dies auch Hamermesh und Soss bestätigt finden (vgl. Tab. 2, S. 91 und Tab. 6, S. 96), ist dieser empirische Tatbestand mit einer Vielzahl alternativer Erklärungen vereinbar. Mit dem Alter nimmt auch die soziale Isolierung, die die Befriedigung zentraler sozialer, d.h. extrinsischer Anreize verhindert (vgl. Abschnitt 4.2.2.1) zu. Vor allem kann aber eine ungünstige Interpretation der eigenen Leistung mit vorgerücktem Alter, die nicht mit Einkommensveränderungen verbunden, aber auf einem altersspezifischen Statusverlust beruhen können[3], zu einer progressiven Verschlechterung der Wert-Erwartungs-Matrizen führen.

Selbst wenn der erwartete Einkommensverlust als Anreizdefizit in einem Zusammenhang mit vermehrten Selbstmordhandlungen stehen würde, bleibt der Tatbestand, daß nur eine Minderheit der Altersklasse sich suizidiert außerhalb des Erklärungsansatzes. Auch eine Reihe anderer empirischer Befunde aus der Selbstmordforschung widersprechen den Aussagen dieser ökonomischen Selbstmordtheorie.

Erstens liegt der erste Altersgipfel von Selbstmördern aus zwei hochentwikkelten Ländern – Hongkong und Japan – bereits bei Anfang zwanzig, einem Alter mit dem höchsten zu erwartenden Lebenseinkommen. Zweitens steigt die Selbstmordgefahr der Frau zwar gleichfalls mit dem Alter an, Frauen sind aber in etwas jüngeren Jahren (vgl. A1, E 2) am stärksten suizidgefährdet. Des weiteren sind Frauen im Vergleich zu den Männern relativ immun gegenüber dem Selbstmord, obwohl ihr Einkommen als abgeleitetes Einkommen des Haushaltsvorstandes gleich ist oder aber als eigenes Einkommen geringer ist als das Einkommen der Männer. Auch wenn man die Aussagen von Hamermesh und Soss nur auf erwerbstätige Männer und Frauen beschränken würde, was die Autoren zumindest nicht explizit tun, wäre der Umstand, daß erwerbstätige Frauen bei einer niedrigeren Selbstmordrate in der Regel halb so viel verdienen wie die Männer, kaum mit den postulierten negativen Funktionsbeziehungen vereinbar (vgl. Broom und Selznick 1981, S. 241).

Die Befunde, die Hamermesh und Soss selbst ermittelten – sieht man von der erwähnten bekannten positiven Beziehung zwischen Alter und Suizid ab, die nicht geeignet ist, die postulierten Aussagen zu testen und aus anderen Prämissen gleichfalls folgt –, lassen Widersprüchliches erkennen: Die Erwartungen steigender Ein-

3 Dies bedeutet, daß auch bei einer Erweiterung der Nutzenfunktion um das Nutzenargument ‚Status' eine abweichende, noch ungünstigere Interpretation dieser Anreizverluste im Ansatz nicht enthalten ist.

kommen je Altersstufe reduzieren nur die Selbstmordhäufigkeit in mittleren und älteren Jahren, nicht aber die Selbstmordanfälligkeit der 20- bis 24jährigen. Hier ergab sich im Widerspruch zu den theoretischen Aussagen bei erwarteten Einkommenssteigerungen eine Zunahme der Selbstmordrate[4]. Auch die Stärke des festgestellten Zusammenhangs zwischen erwarteten Einkommensveränderungen und Suizid in verschiedenen Altersgruppen stimmt mit den theoretischen Aussagen nicht überein. Für mittlere Jahrgänge wäre infolge der höchsten Einkommenssteigerungen der stärkste Effekt auf die Selbstmordrate zu vermuten gewesen, dieser Effekt war bei den älteren Jahrgängen jedoch ausgeprägter.

Was folgt aus der Diskussion der ökonomischen Aussagen und der empirischen Befunde? Wenn sich Jüngere trotz günstiger Einkommensentwicklungen und Ältere wegen ungünstiger Einkommensentwicklungen suizidieren, in beiden Gesellschaftsgruppen jedoch nur eine Minderheit suizidgefährdet ist, gesellschaftlicher Wohlstand und auch die Schichtzugehörigkeit mit unterschiedlichster Selbstmordhäufigkeit verbunden ist, deutet dies auf die Irrelevanz materieller Anreizklassen hin.

Durkheim macht nicht den Inhalt von Bedürfnisklassen – genausowenig wie den Inhalt von Suizidnormen – für das Suizidgeschehen verantwortlich, sondern die strukturelle Beschaffenheit einer Gesellschaft, die erst zu nicht befriedigten Bedürfnissen (vgl. Durkheim 1973, S. 279) führt, weil die Höhe der Bedürfnisse, die Ansprüche, nicht gesellschaftlich reguliert werden. Eine moderne Version dieser ersten Anspruchsniveautheorie von Durkheim mit motivationstheoretischen Ergänzungen liegt den hier entwickelten Kausal- und Moralprinzipien, die die Entstehung von Ziel-Mittel-Diskrepanzen bzw. negativer Wert-Erwartungs-Bilanzen erklären können, zugrunde. Sie ermöglicht eine neue Interpretation der Anomie- und Integrationstheorie von Durkheim auf der Grundlage einer individualistischen Handlungstheorie.

---

4 Die Ergebnisse aus der Zeitserienuntersuchung an weißen Männern im Alter zwischen 20 – 64 Jahren, während der Jahre 1947 – 1967 in den USA durchgeführt, stimmen teilweise mit den Ergebnissen der Querschnittsanalyse im Jahre 1960 für 38 Länder der USA nicht überein. Die Unterschiede sind aber nur spärlichen Textangaben zu entnehmen, da auf eine vollständige Publikation der Beziehungen innerhalb der verschiedenen Altersklassen verzichtet wurde. So ist in beiden Untersuchungen eine den theoretischen Ableitungen *widersprechende negative Beziehung zwischen erwarteten Einkommenszuwächsen und Suizid in der Altersgruppe der 20- bis 24jährigen festzustellen*. Bei den 25- bis 34jährigen ergibt sich einmal *eine positive und einmal eine negative Beziehung*. Für die restlichen Altersgruppen der 35- bis 64jährigen kann den Textangaben zufolge von einer Übereinstimmung mit der prognostizierten Richtung des Zusammenhangs ausgegangen werden.

2.2.2 Subjektive Anreizdefizite bei ökonomischen Anreizen

2.2.2.1 Arbeitslosigkeit, konjunkturelle Schwankungen und berufliche Mobilität

Durkheim entdeckte nicht nur die relative Immunität armer Länder und Regionen gegenüber Selbstmord (vgl. Durkheim 1973, S. 278), wie das Beispiel Irlands, Kalabriens und armer Regionen in Frankreich mit den niedrigsten Selbstmordraten im europäischen Vergleich zeigte, sondern auch die Häufung von Selbstmordfällen in Zeiten wirtschaftlicher Depression und wirtschaftlicher Prosperität. Auch diese empirischen Zusammenhänge haben bis heute ihre Gültigkeit bewahrt (vgl. A1, E6). Insbesondere läßt sich nach neuesten multivariaten Untersuchungen ein positiver Zusammenhang zwischen kollektiver Arbeitslosigkeit, einem wichtigen Indikator wirtschaftlicher Konjunkturphasen, und Suizid feststellen (vgl. Li 1974; Stack und Haas 1984)[5]. Der zuvor auf individueller Ebene ermittelte positive Zusammenhang zwischen Arbeitslosigkeit und Selbstmord zeigte sich auf gesamtgesellschaftlicher Ebene nicht durchgängig (vgl. Sainsbury 1955, S. 75; Walbran 1965, S. 11; Braun 1971, S. 32 ff.). Der früher festgestellte fehlende Zusammenhang auf gesamtgesellschaftlicher Ebene beruht daher auf einem ökologischen Fehlschluß. Andererseits kann auch nicht davon ausgegangen werden, daß Selbstmörder überproportional häufig von Arbeitslosigkeit betroffen sind. Andere Untersuchungen legen gleichfalls sowohl in wirtschaftlichen Krisenzeiten als auch während eines wirtschaftlichen Aufschwungs eine Zunahme der Selbstmordfälle nahe (vgl. A1, E6 insbesondere zu der Untersuchung von Sainsbury et al. 1980 über gleichzeitige Veränderungen des Wohlstandes und der Selbstmordrate in mehreren europäischen Ländern).

Die wenigen Mobilitätsuntersuchungen auf individueller Ebene (Maris 1969; Maris 1981 und als Teilpopulation der Selbstmörder aus höheren Schichten auch Breed 1963[6]) sprechen gleichfalls weniger für einen erhöhten Anteil von Versa-

---

5 Stack und Haas (1984) untersuchten männliche und weibliche Selbstmordraten in den Jahren 1948 – 1978, wobei sie die Scheidungsraten und den Anteil berufstätiger Frauen in der Annahme kontrollieren, daß sowohl fehlende soziale Unterstützung als auch der Rollenkonflikt alternative Erklärungsfaktoren darstellten. Signifikant steht danach die männliche – aber auch die weibliche, wenngleich in geringerem Maße – Selbstmordrate in einem Zusammenhang zur durchschnittlichen Dauer der Arbeitslosigkeit. Unabhängig von der Arbeitslosigkeit waren Männer sowohl bei einer hohen Scheidungsrate als auch bei einem erhöhten Anteil berufstätiger Mütter stärker vom Suizid betroffen.

6 Insgesamt hatte Breed in seinem Sample von 103 weißen Selbstmördern mehrheitlich, d.h. in 53 % der Fälle, eine Abwärtsmobilität festgestellt (vgl. Breed 1963; zur methodischen Kritik Braun 1971, S. 38-40). Von diesem Mobilitätsmuster waren die Angehörigen mit white-collar-Status auszunehmen. 37 % waren auf-, aber nur 22 % waren abgestiegen, während die Mehrheit (41 %) im Vergleich zu ihren Vätern ihre soziale Position nicht verändert hatten. Das Sample der 20- bis 60jährigen weißen Männer entstammte aber überwiegend den unteren Schichten (vgl. A1, E6).
Da Selbstmörder im internationalen Vergleich nicht überwiegend der Unterschicht zuzuordnen sind, ist ein selektives Sample nicht auszuschließen, und daher ist auch das festgestellte dominante Muster einer Abwärtsmobilität nur bedingt aussagekräftig.

gern unter den Selbstmördern als dafür, daß Selbstmörder eher eine erfolgreiche berufliche Karriere zu verzeichnen hatten. Weibliche und männliche Selbstmörder (60 und 55 %) waren häufiger aufwärtsmobil als die Kontrollgruppe (41 %) und auch als die Kontrollgruppe von Breed (38 %). Allerdings hatte die aufwärtsmobile Teilgruppe der von Breed untersuchten Selbstmörder Einkommensverluste hinzunehmen. Auch für ein Drittel der Suizidenten des Samples von Maris war in den letzten dem Selbstmord vorausgehenden fünf Jahren eine auffallende, im multivariaten Modell allerdings nicht replizierbare Stagnation der Karriere typisch gewesen. Das zweithäufigste Mobilitätsmuster, das in 18 % der Fälle beobachtet wurde, bildet eine Abwärts- und Aufwärtsentwicklung ab und kennzeichnet daher eher einen unsteten Verlauf der beruflichen Entwicklung (vgl. Tab. 10, A3).

Angesichts des akuten Mangels an relevanten Daten zur beruflichen Karriere von Selbstmördern, die Erfolgs- oder Mißerfolgserfahrungen in einem von Selbstmördern als sehr zentral eingeschätzten Lebensbereich (vgl. Tab. 6, A3) repräsentieren, sei auch die qualitative Studie von Brodsky (1977) erwähnt. Hier wurde in 33 der untersuchten Selbstmordfälle über eine Reihe von Problemen am Arbeitsplatz berichtet, die in herkömmlichen Mobilitätsuntersuchungen keinen Eingang gefunden hätten. Die Schwierigkeiten reichten vom Loyalitätskonflikt bis zu Überforderungen des Arbeitnehmers durch fehlende Ausbildung oder selbst gestellten unerfüllbaren Arbeitsforderungen, aber auch einer kumulativen Irritation nach jahrelanger Belastung und vorausgehenden Umstellungen im Betrieb[7].

Da auch die Angaben über den relativen Anteil von Arbeitslosen unter den Selbstmördern nicht auf eine überproportionale Belastung hindeuten, scheinen die Selbstmörder nach diesen Befunden nicht mit überproportional vielen und damit objektiven Mißerfolgserlebnissen konfrontiert gewesen zu sein, sondern allenfalls bei allgemeiner Verschlechterung der wirtschaftlichen Situation – einer Erhöhung der kollektiven Arbeitslosigkeit, aber auch stärkeren Veränderungen zum Guten – der Verarbeitung einzelner Mißerfolgserlebnisse nicht gewachsen zu sein, die weder in der Intensität noch im Hinblick auf eine selektive Häufung dieser Mißerfolge bei Selbstmördern als absolute Deprivation zu bezeichnen ist. Einzelne, nicht unübliche Mißerfolge geben den Anlaß zu einer sich progressiv verschlechternden Bewertung der Situation. Durch die Anwendung suizidärer Kausalprinzipien ergibt sich eine pessimistische Grundhaltung – die negativen generalisierten Erwartungen – und wird die Herausbildung einer negativen Affektbilanz begünstigt, vor allem dann, wenn bei defensiver und inflexibler, d.h. nicht realitätsangepaßter Anspruchsniveausetzung die Mißerfolgswahrscheinlichkeit sich selbstregulativ erhöht. Insofern ist die für Suizidenten typische ökonomische Anreizkonstellation nicht als absolute, sondern als relative Anreizdeprivation zu bezeichnen.

Obwohl Durkheim als Systemtheoretiker die strukturelle Beschaffenheit eines

Auch die Kontrollgruppen beider Untersuchungen – von Maris und von Breed – sind im Hinblick auf die Berufs- und Schichtzugehörigkeit nicht vergleichbar gemacht worden, so daß die Ergebnisse nur als erste Anhaltspunkte zu werten sind.

7 Ähnlich berichten Sandborn et al. 1974 bei 22 untersuchten Suizidenten über tiefgreifende Veränderungen am oder den Verlust des Arbeitsplatzes.

sozialen Systems als zentralen Bestandteil seiner Aussagen ansieht und daher individuelle Interpretationsschemata wie die suizidären Kausal- und Moralprinzipien keine Beachtung gefunden hätten, stimmt der bisher entwickelte Ansatz insoweit mit der Theorie Durkheims überein, als auch nach Durkheim nicht die absolute Not zu einer Häufung von Selbstmordfällen führt, sondern eine gesellschaftlich nicht reglementierte Unzufriedenheit. Diese Unzufriedenheit ist insofern relativ, als sie vom zuvor erreichten Lebensstandard abhängig ist. Sie ist aber auch universell, insofern als nach Durkheim alle Menschen wegen unendlich wachsender Bedürfnisse unersättlich sind. Im folgenden ist daher zu fragen, inwieweit nach den systemtheoretischen Vorstellungen von Durkheim die Frage beantwortet werden kann, warum trotz universeller gesellschaftlicher Regulierung bzw. fehlender Regulierung und universellen Veränderungen der Bedürfnisstruktur, die für alle Gesellschaftsmitglieder gelten, nur eine Minderheit dieser Gesellschaftsmitglieder im Selbstmord einen Ausweg sucht.

2.2.2.2 Anomie und normative Integration nach Durkheim zur Erklärung von Selbstmord bei subjektiven Anreizdefiziten

Angesichts der von Durkheim beobachteten Tatsache, daß Not und Elend einer Gesellschaft eher ein Schutzwall gegen Selbstmord darstellt (vgl. Durkheim 1973, S. 278), herrscht nach Durkheim auch in Zeiten wirtschaftlicher Prosperität ebenso wie in Krisenzeiten Anomie in einer Gesellschaft, die den Suizid begünstigt, vor, wenn die Bedürfnisse der Gesellschaftsmitglieder nicht mit den verfügbaren Mitteln in Übereinstimmung gebracht werden können (Durkheim 1973, S. 279). Allerdings sind unbefriedigte Bedürfnisse erst das Resultat struktureller Schwächen einer Gesellschaft. Sie sind das Ergebnis mangelnder Regulierung, die notwendig wird, weil die menschlichen Bedürfnisse ihrer Natur nach ins Unermeßliche wachsen:

„Ainsi les appétits, n'étant plus contenues par une opinion désorientée, ne savent plus où sont les bornes devant lesquelles ils doivent s'arrêter ... mais alors leurs exigences mêmes font qu'il est impossible de les satisfaire" (Durkheim 1967, S. 281).

Die Tatsache, daß Wünsche und die realen Möglichkeiten ihrer Befriedigung auseinanderstreben, ist nach dieser Grundannahme über menschliches Verhalten ein universelles Phänomen, das nur dann nicht eintritt, wenn es durch die regulierende Kraft der Gesellschaft vermieden wird, indem die wachsenden Bedürfnisse in Zeiten wachsenden Wohlstandes begrenzt und in wirtschaftlichen Krisenzeiten in ihrem Niveau gesenkt werden.

„Seule elle [die Gesellschaft] a l'autorité nécessaire pour dire le droit et marquer aux passions le point au delà duquel elles ne doivent pas aller ... Car elle est le seul pouvoir moral supérieur à l'individu, et dont celui-ci accepte la supériorité" (Durkheim 1967, S. 275).

Die regulierenden Kräfte einer Gesellschaft sind definitorischer Bestandteil der ‚kollektiven Gefühle' oder des kollektiven Bewußtseins' (‚sentiments collectifs', ‚nombres des consciences', ‚états collectifs'), die in einer schwach integrierten Gesellschaft den ‚egoistischen' Selbstmord begünstigen (vgl. Durkheim 1967, S. 223). Was ist unter diesem ‚überindividuellen' Systemmerkmal des ‚Kollektivbewußtseins', das zentraler Bestandteil des holistischen und soziologischen Erkenntnisprogramms von Durkheim[8] ist, zu verstehen? Es ist „die Kraft, mit der das Bewußtsein jedes einzelnen das kollektive Bewußtsein empfindet [und] sich in dem der anderen Gesellschaftsmitglieder widerspiegelt und umgekehrt. Die Intensität, die diese Bewußtseinsinhalte erreichen, hängt daher von der Zahl der gemeinsam empfundenen Bewußtseinsinhalte ab" (Durkheim 1967, S. 213). Wenn das Kollektivbewußtsein daher die Gesamtheit der geteilten, also gemeinsamen Wert- und Normenvorstellungen beinhaltet[9], d.h. den Wert- und Normenkonsensus der Gesellschaftsmitglieder repräsentiert, dann ist die regulierende Kraft der Gesellschaft nicht mit dem Anomiegrad gleichzusetzen, sondern entspricht der normativen Integration einer Gesellschaft. Fehlende Reglementierung ist infolgedessen logisch einer geringeren normativen Integration gleichzusetzen, während der anomische Zustand einer Gesellschaft im Ausmaß unbefriedigter Wünsche ihrer Gesellschaftsmitglieder erkennbar wird (vgl. Durkheim 1973, S. 279).

Neben dem normativen Aspekt der Integration einer Gesellschaft finden sich aber auch Beschreibungen der Interaktionsstruktur der durch ein Kollektivbewußtsein geeinten Gesellschaftsmitglieder. Die Intensität der Bindung variiert sowohl mit der Zahl der untereinander in Beziehung stehenden Individuen, dem ‚Volumen', als auch mit der Art der Beziehungen zwischen den Individuen, die nicht nur ‚Assoziationen', sondern ‚effektive' Beziehungen sein sollen und die ‚Interaktionsdichte' repräsentieren (vgl. Durkheim 1967, S. 214, Fußn. 1). Der hohe (geringe) Integrationsgrad läßt sich daher einmal normativ und einmal auf der interaktiven Ebene definieren als eine hohe (geringe) Übereinstimmung hinsichtlich der von den Gesellschaftsmitgliedern akzeptierten Wert- und Normenvorstellungen und einer hohen (geringen) Interaktionsdichte der handelnden Gesellschaftsmitglieder. Empirisch ist ein Zusammenhang zwischen beiden Aspekten gesellschaftlicher Integration, die den beiden Parsons'schen Kategorien der kulturellen und sozialen Organisation vergleichbar sind, in sozialpsychologischen Experimenten wiederholt festgestellt worden. Häufige, regelmäßige und intensive Interaktion ist mit einer Konvergenz der vor den Interaktionspartnern akzeptierten Normen verbunden (vgl.

8 Da nach Durkheim alternative psycho-pathologische und kosmische Faktoren die Variation der gesellschaftlichen Selbstmordraten nicht erklären können (vgl. Durkheim 1967, S. 14/15), begründet Durkheim mit diesen Hypothesen über kollektive Systemmerkmale ein Erklärungsprogramm mit „soziologischen Fakten", die holistischen Charakter tragen. Man kann allerdings zeigen, daß der Verzicht auf kollektive Hypothesen nicht nur mit vielen Ausführungen Durkheims über Merkmale einzelner und deren Beziehungen untereinander und somit individuellen Hypothesen vereinbar ist und die Anomietheorie z.B. auf experimentell gesicherten psychologischen Aussagen der Anspruchsniveauforschung basiert, sondern auch auf überholten Vorstellungen über die Wissensdisziplin Psychologie beruht (vgl. zu einer ausführlichen Darstellung der Theorie Durkheims und der empirischen Untersuchung sowie einer wissenschaftstheoretischen Kritik des Erkenntnisprogramms Braun 1971, S. 41 f., 43 f., 62 f.).

9 Vgl. hierzu Opp 1968, S. 54 ff., und Johnson 1965, S. 876.

Malewski 1967, S. 363).

Sind aber die Erscheinungsformen des egoistischen Selbstmords, der für wenig integrierte Gesellschaften typisch ist, als ‚Vereinzelung' und ‚Loslösung des Individuums vom sozialen Leben' (vgl. Durkheim 1967, S. 223) umgekehrt notwendige Folge eines fehlenden Wert- und Normenkonsensus, der auch als Normenpluralismus zu bezeichnen wäre? Auch in hoch differenzierten und komplexen Industriegesellschaften, die durch Normenpluralismus gekennzeichnet sind, sind vielfältige und auch regelmäßige Interaktionsstrukturen in verschiedenen gesellschaftlichen Bereichen beobachtbar und soziale Isolation nicht für alle Gesellschaftsmitglieder kennzeichnend. Andererseits kann eine hohe Interaktionsrate negative, also unbefriedigende Interaktionen bedingen.

Dieses Problem hat Durkheim insofern erkannt, als er eine weitere Suizidform, den ‚suicide fataliste', der für jung Verheiratete typisch sein soll, beschrieben, aber keiner weiteren Analyse unterzogen hat (vgl. Durkheim 1967, S. 311). Man muß annehmen, daß hier eine Suizidgefahr postuliert wird, auch wenn das soziale System, dem die Mitglieder angehören, hoch integriert ist; ähnlich dem altruistischen Selbstmord, der als konformes Verhalten bei Wert- und Normenkonsensus und einem Selbstmordgebot gleichfalls vor allem in hoch integrierten Gesellschaften vorkommt. Will man nun vermeiden, daß der Informationsgehalt der Aussagen über Integration und auch Anomie verloren geht, müssen Bedingungen formuliert werden, die den unterschiedlichen Suizidformen gerecht werden. Eine Möglichkeit besteht darin, den Normen- und Wertkonsensus handlungstheoretisch über vorherrschende Wert-Erwartungs-Matrizen als Resultat unterschiedlicher Interaktionen zu reformulieren. Damit wird aber von der Intention Durkheims, nicht den Inhalt der Wert- und Normenvorstellungen, sondern die gesellschaftlichen Strukturen zu untersuchen, abgewichen. Interaktionsdichte und Ähnlichkeit der Wert- und Normenvorstellungen wird sich nach dieser Ergänzung nur dann suizidhemmend auswirken, wenn die Interaktionsergebnisse für die Gesellschaftsmitglieder mit einer ‚befriedigenden' Wert-Erwartungs-Bilanz verbunden sind. Solange Normenpluralismus und auch seltenere Kontakte mit anderen Personen nicht zu negativ bewerteter Vereinsamung führen, sondern z.B. Bedürfnisse nach Unabhängigkeit und Distanz erfüllen, würden soziale Probleme wie die des egoistischen Selbstmords nicht vermehrt auftreten. Andererseits kann ein mehrheitlich akzeptiertes Wert- und Normengefüge auch in dichten Interaktionsnetzen zu ‚negativen', also unbefriedigenden Interaktionsergebnissen führen, insbesondere dann, wenn das Anstreben gleicher Zielvorstellungen selbst bei gleichartigen Vorstellungen über die Realisierung dieser Zielvorstellungen, den normativen Handlungsvorschriften, bei knappen Gütern die Interaktionsbeziehungen zu Konkurrenzbeziehungen macht. Das ist in den Termen des vorliegenden Ansatzes der Fall, wenn die positiven Anreize, die sich eine Person erhofft, die negativen Anreize des Interaktionspartners darstellen. Auch hier sind Anreizdefizite, d.h. ein Auseinanderstreben von Zielen und Mitteln die Folge[10].

---

10 Vgl. zur Anomietheorie Merton's, die auf Durkheim aufbaut (Merton 1974). Sie wird

Nach diesen handlungstheoretischen Reformulierungen und Ergänzungen können die beiden Konzepte des Integrations- und Anomiegrades einer Gesellschaft theoretisch verknüpft und auch die von Durkheim beklagten Überschneidungen der beiden wichtigsten Selbstmordformen moderner Industriegesellschaften – die des egoistischen und des anomischen Selbstmords – (vgl. Durkheim 1973, S. 319 ff.) – eliminiert werden. Der *anomische Selbstmord*, wie er vor allem im Bereich der Wirtschaft, aber auch im Bereich der Familie bei gesetzlich erlaubter Scheidung vorkommen soll, wäre dann ebenso wie der *egoistische Selbstmord durch Ziel-Mittel-Diskrepanzen*, das sind *negative Wert-Erwartungs-Bilanzen*, bedingt. Der anomische Selbstmord wäre aber außerdem Resultat überhöhter und gesellschaftlich nicht regulierter Aspirationen, während der egoistische Selbstmord sich direkt als Anreizdefizit erstrebter und relativ zentraler Anreize, z.B. sozialer, affiliativer Anreizklassen, die vor allem in der sozialen Institution Familie befriedigt werden, manifestieren würde.

Einsamkeit oder soziale Isolation wären Beispiele für nicht erlangte soziale Aufmerksamkeit oder Zuneigung. Der fatalistische Selbstmord hingegen würde Elemente des altruistischen und des anomischen Selbstmords verkörpern, die nur unter Vernachlässigung der allen drei Selbstmordformen, dem egoistischen, anomischen und fatalistischen Selbstmord, gemeinsamen Ziel-Mittel-Diskrepanzen, widersprüchlich erscheinen: Trotz sozialer Bindung – ausgedrückt in Interaktionsraten – fehlt ein Wert- und Normenkonsensus, der nicht zu befriedigende Ansprüche verhindern könnte. In beiden Fällen – dem anomischen und fatalistischen Selbstmord – wären der Ziel-Mittel-Diskrepanz nicht zu erfüllende Aspirationen vorausgegangen. Nur beim fatalistischen Selbstmord, nicht beim anomischen Selbstmord, würden diese sich aber als Ergebnis negativer Interaktionen herausstellen. Erst eine vollständige Variation der Ausprägung der drei Faktorengruppen 'interaktive Integration', 'normative Integration' und 'Anomie' macht auch deutlich, daß die institutionelle Zuordnung der Durkheim'schen Selbstmordformen willkürlich ist und nach dem vorliegenden Ansatz mit einer unnötigen Begrenzung auf inhaltlich definierte Anreizklassen – materielle und statusbezogene Anreize im wirtschaftlichen Bereich oder affiliative im familiären Bereich – einhergeht. Der egoistische und fatalistische Selbstmord wird hauptsächlich mit Bezug zur Institution der Familie, also affiliativen Anreizklassen abgehandelt, während der anomische Selbstmord durch Selbstmordvariationen im wirtschaftlichen Bereich belegt wird und dadurch materielle und statusabhängige Anreizklassen, die nicht befriedigt werden, vornehmlich akzentuiert werden. Daß sich diese Begrenzung erübrigt, zeigt die Verwendung handlungs- und speziell motivationstheoretischer Terme. Danach sind für alle drei Selbstmordformen Ziel-Mittel-Diskrepanzen typisch. Sowohl im familiären als auch im wirtschaftlichen Bereich sind unrealistische Aspirationen als vorausgehende, nicht reglementierte Bedürfnisstrukturen möglich. Andererseits sind Ziel-Mittel-Diskrepanzen als direkte Folge geringer interaktiver In-

---

als ökonomische Theorie reformuliert von Frey und Opp (1979) und läßt sich auch auf der Grundlage des motivationstheoretischen Ansatzes als Selbstmordtheorie ergänzen und präzisieren (vgl. Lindner-Braun 1980).

Übersicht 20: *Integration und Anomie als gesellschaftliche Determinanten für Suizid nach Durkheim (D) und deren Explikation mit Hilfe individualistischer Terme der Motivationstheorie (Klammerausdruck M:)*

Integration		Anomie	
I	II	III	IV
Interaktionsstruktur (interaktiver Aspekt)	Normen- und Wertkonsens (normativer Aspekt) (D)	Erhöhung des Bedürfnisniveaus (D)	Diskrepanz zwischen Zielen und Mitteln (D) (M: Zielerreichungsdiskrepanz)
Häufigkeit der sozialen Interaktion zwischen Gesellschaftsmitgliedern (D) →	→ (normativer Aspekt) (D) →	(M: steigendes Anspruchsniveau) oder Beibehaltung des Bedürfnisniveaus (Konstanz des erwarteten Anreizwertes bei negativem Verhaltensergebnis; Konstanz des Anspruchsniveaus bei Verschlechterung des Verhaltenserfolgs)	
M: df. Ausmaß, in dem zentrale Anreizwerte durch soziale Interaktion tangiert sind (Korrelativ von II)	Ausmaß, in dem Gesellschaftsmitglieder ähnliche Wertvorstellungen und Verhaltensvorschriften zur Realisierung dieser Wertvorstellungen (Normen) akzeptieren	(M: abweichende Anspruchsniveausetzung M: Kausalattribution)	
(→ zu IV)			negative Wert-Erwartungs-Matrizen (M)
M: Informationsstruktur	M: Handlungsspielraum		

tegration nicht nur beim egoistischen Selbstmord denkbar, sondern auch im Wirtschaftsbereich, wenn z.B. durch Arbeitslosigkeit materielle und statusbezogene Anreizdefizite entstehen. Die Explikation vom Integrations- und Anomiegrad einer Gesellschaft mit Hilfe motivationstheoretischer Terme ist in Übersicht 20 noch einmal zusammengefaßt.

In der Übersicht 20 wird durch Pfeilverbindungen, die kausale Beziehungen wiedergeben, deutlich, daß der Integrationsgrad die Anomie beeinflußt. Die Höhe des Aspirationsniveaus wird in einer hoch integrierten Gesellschaft reglementiert, d.h. sanktioniert. Überschneidungen beider Konzepte sind durch die analytische Trennung in jeweils zwei theoretische Konzepte (I bis IV) ausgeschlossen. Die entsprechenden motivationstheoretischen Terme und die zusätzlichen Bedingungen, die in der Motivationstheorie enthalten sind, werden durch ein ‚M' gekennzeichnet.

Aus der Klassifikation in der folgenden Übersicht 21 werden die Zuordnungen zu einzelnen Selbstmordformen unter Zuhilfenahme nicht widersprüchlicher Klassifikationskriterien ersichtlich. Dabei kann man aber auch zeigen, daß die analytische Trennung des anomischen Selbstmords vom fatalistischen Selbstmord nur über die Annahme unterschiedlicher Interaktionsraten möglich ist, die in beiden Fällen mit überhöhten Aspiratiomen verbunden wären. Sucht man nach einem Beispiel aus dem gleichen Bereich Wirtschaft, der von Durkheim nicht im Hinblick auf den fatalistischen Selbstmord untersucht wurde, so wäre der anomische Selbstmord typisch für den erfolglosen Geschäftsmann, dessen überhöhte Zielsetzungen sich nicht verwirklichen ließen, ohne daß Interaktionskonflikte vorausgingen, z.B. ein Ruin nach Verlusten an der Börse. Der fatalistische Selbstmord analog zu den beschriebenen familiären Konflikten jung Verheirateter wäre gleichfalls mit Verlusten an erwartetem Einkommen oder Status verbunden. Diese verfehlten Zielvorstellungen wären jedoch Ergebnis vielfältiger Interaktionen mit Berufskollegen, Vorgesetzten oder Kunden. Strukturell definierte Parameter – wie Häufigkeit der Interaktionen – können deswegen keinen Aufschluß über das Interaktionsergebnis geben und sind daher nicht handlungsrelevant. Andere aus Handlungstheorien gewonnene Merkmale der Interaktion, z.B. die Informationsstruktur der sozialen Beziehungen, als eine Voraussetzung für die Bewertung von Handlungserfolgen, können hingegen, wie in Abschnitt 2.2.3 ausgeführt werden wird, Handlungen prognostizieren.

Die empirische Untersuchung von Durkheim stellt zwar bis heute die umfangreichste Datenanalyse gesellschaftlicher Selbstmordraten dar, die zentralen Hypothesen über die Wirkung von Integrations- und Anomiegrad müssen jedoch als ungeprüft gelten. Diese Konzepte wurden nicht direkt erfaßt, sondern nur über empirische Generalisierungen sozio-demographischer zeitlicher und nationaler Verteilungen der Suizidhäufigkeiten. Diese sind jedoch selbst erklärungsbedürftig und können eine Prüfung der Wirkung von Integration und Anomie nicht ersetzen[11].

---

11 Eine Zusammenstellung der empirischen Generalisierungen von Durkheim und der nach der Theorie vor Durkheim verbleibenden empirischen Prüfung von Hypothesen, mit deren Hilfe die empirischer Verteilungen der Suizidhäufigkeiten erklärt werden können, findet sich im Anhang 3, Übersicht 31.

Übersicht 21: *Klassifikation der wichtigsten Selbstmordformen von Durkheim unter Verwendung aller Erklärungsfaktoren für Selbstmord*
(vgl. Übersicht 20 zur definitorischen Erläuterung der Erklärungsfaktoren)

	Interaktive Integration		Normative Integration (Regulierung von Aspirationen)		Anomie (Ziel-Mittel-Diskrepanz)	
	hoch	gering	hoch	gering	hoch	gering
Altruistischer SM	X		X			X
Egoistischer SM		X			X	
Familie Wirtschaft		'Ausschluß von Interaktionen'			Anreizdefizite soziale Isolation Arbeitslosigkeit	
Anomischer SM *Wirtschaft*		X		X	X	
Fatalistischer SM	X			X	X	
Familie Wirtschaft	'negative Interaktion'					

So ist z.B. die Steigerung der Suizidraten in Zeiten wirtschaftlicher Krisen und wirtschaftlicher Prosperität nur dann auf erhöhte Anomie und fehlende normative Regulierung der Aspirationen zurückzuführen, wenn in Zeiten wirtschaftlicher Konjunkturschwankungen empirisch der Nachweis erhöhter Anomie und verminderter Integration gelingt.

Ungeachtet dieser empirischen Lücke, die in Abschnitt 4.2.2 über die Wirkungen von Anreizdefiziten wie soziale Isolation oder negative Interaktionen ansatzweise gefüllt werden kann, bleibt auch nach den theoretischen Ergänzungen die *Frage offen, warum trotz gleichartiger normativer Regulierungsdefizite*, die nach systemtheoretischen Vorstellungen auf alle Individuen gleich wirken müssen, *nur eine Minderheit der Gesellschaftsmitglieder sich suizidiert*. Diese Frage stellt sich um so mehr, als im Einklang mit den bisherigen empirischen Befunden die ökonomische Lage von Suizidenten zumindest nicht schlechter zu sein scheint als die der übrigen Gesellschaftsmitglieder, eine Unterprivilegierung oder Benachteiligung von Suizidenten als Selbstmordursache auch angesichts der Tatsache, daß die unterprivilegierten Ländern nicht mehr, sondern weniger Selbstmorde zu verzeichnen haben, ausscheiden muß.

Nach dem vorliegenden Ansatz kommen als Erklärung des Minderheitenphänomens abweichende Kausalinterpretationen und Anspruchsniveaupräferenzen in Frage. Obwohl Durkheim mit der psychologischen Annahme unendlicher Variabilität der Bedürfnisse experimentelle Ergebnisse der Anspruchsniveauforschung vorweggenommen hat, sind die relevanten Veränderungen der Anspruchsniveausetzung nicht richtig erkannt worden. Die Steigerung der Zielniveaus ist zwar in Abhängigkeit vom Erfolg beobachtbar, aber auch die Senkung des Anspruchsniveaus nach Mißerfolg. Erst abweichende Anspruchsniveausetzungen in Verbindung mit einer ungünstigen Kausalzuschreibung der wahrscheinlicheren Mißerfolge können erklären, warum bei gleichem objektiven Mangel an materiellen, statusbezogenen oder affiliativen Erträgnissen unterschiedliche Bewertungen dieser Verhaltensergebnisse resultieren, die in eine vorwiegend negative Wert-Erwartungs-Konstellation bei der Einschätzung von Situationen münden können. So wird erklärlich, daß trotz beobachteter beruflicher Erfolge der Selbstmörder, einzelne Mißerfolge – z.B. Einkommensminderungen oder berufliche Stagnation oder Schwierigkeiten bei Betriebsumstellungen – infolge fortgesetzter internaler Zuschreibungen des Mißerfolgs auf die eigene Unfähigkeit, einerseits die Mißerfolgserwartungen zunehmen und dabei die verbliebenen Handlungsalternativen – z.B. Stellenwechsel oder Fortbildung bzw. sich zur Wehr setzen bei unverständlichen Reaktionen der Vorgesetzten – blockiert werden und andererseits nachfolgende Mißerfolge durch self-fulfilling-prophecy programmiert sind. Auch die Auswahl zu leichter Aufgabenstellungen, die Erfolg versprechen könnten und Durkheim als Phänomen wohl unbekannt war, ist langfristig eine ineffiziente Handlungsstrategie und mit ähnlich ungünstigen Folgen verbunden. Diese Mechanismen beinhalten abweichende subjektive Interpretationen und moralische Vorstellungen über adäquate Zielsetzungen und können erklären, warum nicht die Mehrheit der Arbeitslosen oder die Mehrheit der Gesellschaftsmitglieder in Zeiten wirtschaftlicher Krisen trotz gleichartiger Mißerfolgserfahrungen im Selbstmord einen Ausweg sieht, sondern über selbstwertgünstigere Interpretationen des Mißerfolgs – z.B. Pech wegen der allgemeinen wirtschaftlichen Not – sich die Zukunftserwartungen progressiv verschlechtern. Insofern stellen diese erfahrenen Anreizdeprivationen nicht absolute, sondern relative Deprivationen dar. Nach dem entwickelten Ansatz sind aber nicht nur erlernte Interpretationsschemata und erlernte Moralvorstellungen über die richtigen Zielsetzungen für die Erklärung und Vorhersage von Suizid verantwortlich gemacht worden, sondern situative Faktoren, die Voraussetzungen für abweichende Bewertungsmuster darstellen.

Dazu gehören einmal die Mißerfolgsraten, zum anderen die Informationsstruktur und der Handlungsspielraum für abweichende Anspruchsniveaupräferenzen. Die Mißerfolgsrate könnte – sofern nicht erwartete sondern realisierte Handlungsresultate darunter verstanden werden – auch als objektives Anreizdefizit aufgefaßt werden. Dann war diese Voraussetzung bereits Gegenstand der Erörterungen zu Beginn dieses Kapitels. Die Informationsstruktur, die die subjektive Anwendung von Kausalprinzipien tangiert, und der Handlungsspielraum als Voraussetzung für abweichende Anspruchsniveausetzungen bei wirtschaftlichen Aktivitäten werden in ihrer mutmaßlichen Auswirkung auf suizidales Verhalten (vgl. HG21) in den folgenden Abschnitten untersucht.

2.2.3 Strukturelle Voraussetzungen für die Wirksamkeit suizidärer Kausal- und Moralprinzipien in Wirtschaft und Beruf

2.2.3.1 Handlungspielraum für abweichende Anspruchsniveausetzungen

Unter dem Handlungsspielraum war die objektive Möglichkeit der Auswahl unterschiedlich schwieriger Zielvorstellungen verstanden worden. Zu den objektiven Wahlmöglichkeiten zählt z.B. der gesetzlich geregelte Zugang zu Bildungsinstitutionen oder die Wahl der Wohn- und Arbeitsstätte. Zum Handlungsspielraum wird auch die tatsächliche Inanspruchnahme dieser Wahlmöglichkeiten gerechnet, z.B. der Bildungsstand, die Erwerbsquote von Gesellschaften oder gesellschaftlichen Gruppen, z.B. die berufliche Qualifikation von Frauen. Im familiären Bereich betrifft er z.B. die Möglichkeit der freien Gattenwahl, d.h. Eheschließung und auch Eheauflösung. Der Handlungsspielraum kann allerdings nur eine hinreichende Bedingung für die Wirksamkeit suizidärer Kausal- und Moralprinzipien darstellen, da die Präferenzen für Anspruchsniveausetzungen auch bei gegebenen Wahlmöglichkeiten unterschiedlich verteilt sind. Andererseits verhindern aber geringe Handlungsspielräume abweichende Anspruchsniveausetzungen. Im internationalen Vergleich und beim Vergleich geschlechtsspezifischer Zugangschancen sind relativ eindeutige Unterschiede in den Handlungsspielräumen einerseits und den Selbstmordraten andererseits festzustellen.

2.2.3.1.1 Wirtschaftlicher Entwicklungsstand

In Ländern mit hoher Selbstmordrate, wie sie die wirtschaftlich hoch entwickelten Industrienationen westlicher Prägung aufweisen, muß man sich im Gegensatz zu ärmeren Nationen häufiger solchen Aufgaben widmen können, die nicht zu bewältigen sind, weil sie den subjektiv verfügbaren Mitteln nicht entsprechen.

Es ist plausibel anzunehmen, daß dieser Handlungsspielraum in hoch entwikkelten Industrienationen größer ist als in Entwicklungsländern, deren Ausbildungs- und Wirtschaftssystem erst im Aufbau begriffen ist. Beim Vergleich der stärker suizidgefährdeten Industrienationen mit den Entwicklungsländern stimmen mutmaßlich unterschiedlich große Handlungsspielräume mit dem beobachtbaren Selbstmordgefälle überein. Beim Vergleich der Industrienationen untereinander scheint jedoch diese gesellschaftliche Randbedingung, die als Kontextmerkmal für alle Individuen gilt, zur Erklärung unterschiedlicher Selbstmordraten nicht ausreichend zu sein. So haben die USA eine sehr viel geringere Selbstmordrate als die Bundesrepublik Deutschland, obwohl die gesetzlichen Vorschriften im ‚Land der unbegrenzten Möglichkeiten' die Annahme rechtfertigen, daß der Handlungsspielraum eher größer ist und daher die Wahl abweichender und ungünstiger Zielniveaus häufiger auftreten könnte. Nach dem vorliegenden Ansatz wäre zur Erklärung dieser ‚effizienteren' Nutzung des Handlungsspielraums von einer Sozialisierung positiver Leistungsmotivation auszugehen, die eine flexible, erfolgsabhängige Änderung des Anspruchsniveaus garantiert. Als erster Hinweis könnten die Befunde gelten, daß in den Vereinigten Staaten Erziehungspraktiken vorzuherrschen scheinen, die der Entwicklung ungünstiger asymmetrischer Kausalattribution und inflexibler Anspruchsniveaupräferenzen entgegenwirken (vgl. Abschnitt 4.3.3.2.2.3). Die ausgeprägte geographische Mobilität in den USA könnte ein weiteres Indiz für flexiblere erfolgsabhängige und realitätsangepaßte Anspruchsniveaupräferenzen sein. Ein objektiver, d.h. für alle gültiger Handlungsspielraum wirkt sich erst dann günstig aus, wenn der Handlungsspielraum durch erlernte kognitive und affektive Interpretationsmuster, die negative selbstregulatorische Prozesse auslösen können, relativ selten ausgefüllt wird und die mit positiver Leistungsmotivation korrelierenden günstigen Attributionsmuster und flexiblen Anspruchsniveaupräferenzen häufiger sozialisiert werden. Diese Strukturvariable wäre daher nur in ihrer negativen Ausprägung – kein oder ein geringer Handlungsspielraum – geeignet, Selbstmord, in diesem Fall die relative Selbstmordimmunität, in Gesellschaften mit geringen Handlungsspielräumen bei der Wahl von Aufgaben vorherzusagen.

Auch konjunkturelle Schwankungen in kapitalistischen Gesellschaften, die als Baisse wie als Hausse mit einer Erhöhung der Selbstmordrate verbunden zu sein scheinen, aber auch andere einschneidende gesellschaftliche Ereignisse wie Kriege, die auch die wirtschaftlichen Aktivitäten drastisch verändern und zu einer Senkung der Selbstmordrate führen (vgl. A1, E7), könnten mit einer Veränderung des Handlungsspielraums verbunden sein. Wenn der Senkung der Selbstmordrate in Kriegszeiten eine Reduzierung der Wahlmöglichkeiten für alle beteiligten Gesellschaftsmitglieder vorausgeht, würde die Wahl abweichend hoher oder niedriger

Zielniveaus nicht ausgeschlossen, aber weniger wahrscheinlich. Da außerdem die Informationsstruktur der sozialen Beziehungen durchlässiger und eindeutiger wird und damit negative asymmetrische Kausalattributionen einzelner Gesellschaftsmitglieder eliminieren (vgl. Abschnitte 2.2.3.2 und 4.2.3.2), stehen diese veränderten gesellschaftlichen Randbedingungen im Einklang mit der relativ häufig festgestellten internationalen Senkung der Selbstmordrate. Sie stellen als Kontextmerkmal, das für alle Gesellschaftsmitglieder gelten muß, eine Relativierung der Hypothesen über die Folgen kriegerischer Auseinandersetzungen einer Gesellschaft dar. Widersprechende Befunde, z.B. die von Wasserman (1981), nach denen der amerikanische Vietnamkrieg ohne Einfluß auf die Selbstmordrate blieb, ließen sich damit erklären.

Eine ähnliche Relativierung der Befunde zur Steigerung der Selbstmordanfälligkeit in Zeiten wirtschaftlicher Hochkonjunktur (vgl. A1, E6) wäre möglich, wenn angenommen wird, daß sich die Wahlmöglichkeiten der Zielsetzungen erhöhen, die sich nicht nur auf ökonomische Ziele beschränken müssen, da Unabhängigkeit der verschiedenen sozialen Institutionen, die der Realisierung relativ zentraler Anreize dienen, nicht angenommen wurde. Wenn der Handlungsspielraum nur eine hinreichende Bedingung darstellt, muß zusätzlich eine defizitäre Nutzung des Handlungsspielraums durch Mitglieder dieser sozialen Institutionen postuliert werden: Erst abweichende Anspruchsniveausetzungen und gleichermaßen asymmetrische wie ungünstige Kausalattributionen der Handlungserfolge begünstigen die Herausbildung negativer Wert-Erwartungs-Bilanzen.

Wenn die Annahme eines erhöhten Handlungsspielraums in Zeiten wirtschaftlichen Wachstums – vergrößerte Arbeitsplatzangebote, Einkommenssteigerungen, Warenangebote etc. – plausibel erscheint, könnten Zeiten wirtschaftlicher Depression die Handlungsspielräume einengen, was sich unter Konstanz der übrigen Bedingungen selbstmordsenkend auswirken müßte. Wie im obigen Abschnitt über die relative Anreizdeprivation wirtschaftlicher Phasen aber ausgeführt wurde, mehren sich während wirtschaftlicher Depression die Mißerfolge, die bei fortgesetzter internaler Zuschreibung auch ohne anspruchsniveaubedingte Mißerfolge, dieselben Auswirkungen auf die situative Einschätzung der Handlungsalternativen zum Suizid haben müßten[12].

Die im folgenden Abschnitt zu behandelnden geschlechtsspezifischen Suizidunterschiede, die unter der Annahme entsprechend unterschiedlicher Handlungsspielräume beider Geschlechter eine neue Interpretation erfahren, beziehen sich sowohl auf wirtschaftliche wie auf familiäre Aktivitäten und Zielsetzungen. Da das traditionell weibliche Rollenbild ‚berufliche‘ Aktivitäten der Frau auf den familiären Bereich beschränkt, erscheint nicht zuletzt wegen neuerer Untersuchungen, in denen Veränderungen der weiblichen Selbstmordrate mit einer erhöhten Erwerbsquote in Verbindung gebracht wird, eine Abhandlung dieses Problemkreises innerhalb der sozialen Institution Wirtschaft und Beruf inhaltlich gerechtfertigt.

---

12 Da hier eine Verringerung des Handlungsspielraums angenommen wurde, d.h. auch der verbliebene Handlungsspielraum im Vergleich z.B. zu Entwicklungsländern relativ groß ist, kann das Postulat von der hinreichenden Bedingung aufrechterhalten werden.

2.2.3.1.2 Selbstmordimmunität der Frau: Handlungsspielraum versus Instinktsteuerung

Weltweit gehört seit Durkheims bahnbrechender Untersuchung die relative Immunität der Frau gegenüber Selbstmord im Verhältnis zur männlichen Selbstmordrate bis heute zu den am meisten replizierten empirischen Befunden (vgl. Abschnitt 4.2.2.3.4.3.2, A1, E2). Durkheim führte den höheren Stabilitätskoeffizienten der Frau und die Tatsache, daß zwar der Mann des Schutzes der Ehe, nicht aber die Frau bedürfe, darauf zurück, daß Frauen – ähnlich wie Kinder und Greise – einer biologisch-instinkthaften Bedürfnissteuerung unterliegen würden und deswegen gesellschaftliche Reglementierung und den Schutz integrierter Institutionen nicht benötigten: „Da die Frau ein viel instinktiveres Wesen ist als der Mann, braucht sie diesen Instinkten nur zu folgen, um Ruhe und Frieden zu finden" (Durkheim 1973, S. 313). Mit dieser biologischen Zusatzannahme, die die psychologische Verhaltensannahme über die unendliche Variabilität der Bedürfnisse auf Männer beschränkt, eliminiert Durkheim einen Befund, der seiner These über die Wirksamkeit sozialer Fakten widersprach, obwohl er damit gleichzeitig deren Allgemeingültigkeit und sein Erkenntnisprogramm in Frage stellt. Durkheim mußte feststellen, daß zwar die Selbstmordrate der Junggesellen, Geschiedenen und Witwer die der Ehemänner übertraf (vgl. Durkheim 1973, S. 186 ff.), und selbst Witwer noch von den Resten einer heilsamen häuslichen Gemeinschaft im Vergleich zum geringeren Erhaltungskoeffizienten der Geschiedenen und Ehelosen profitierten, Frauen ohne Kinder aber stärker suizidgefährdet waren als unverheiratete Frauen. Ebenso widersprüchlich wirkte sich die rechtliche Möglichkeit einer Ehescheidung auf die beiden Geschlechter aus. Während der Erhaltungskoeffizient der Männer in Ländern mit Scheidungserlaubnis sank, reduzierte eine mögliche Eheauflösung die Selbstmordgefährdung der Frauen (vgl. Durkheim 1973, S. 196 ff.). Nur die Mutterschaft von Ehefrauen und Witwen schlug sich in einer niedrigeren Selbstmordrate im Vergleich zu den Selbstmordfällen unter unverheirateten Frauen nieder, während die männliche Selbstmordrate in keinem Zusammenhang mit der Vaterschaft stand.

Durkheims biologische ad hoc-Erklärung einer instinkthaften Steuerung der Frau wäre spätestens durch Kenntnis der Tatsache, daß die Selbstmordrate der Frauen in den letzten Jahrzehnten zugenommen hat und die Frauen in einzelnen Berufen ihre relative Selbstmordimmunität eingebüßt haben bzw. stärker selbstmordgefährdet sind als Männer mit derselben beruflichen Beschäftigung (vgl. nachf. Abschnitt 2.2.3.2.1, A1, E6) ad absurdum geführt worden. Diese programmwidrige Annahme hätte sich außerdem erübrigt, wenn die Suche nach sozialen Faktoren nur konsequent genug fortgesetzt worden wäre. Zunächst läßt sich die geringere Selbstmordgefährdung der Frau mit dem geringeren Handlungsspielraum der Frauen in allen auch hoch entwickelten Industrienationen in Verbindung bringen, der nach dem vorliegenden Ansatz eine hinreichende, aber keine notwendige Bedingung für abweichende und gefährliche Anspruchsniveausetzungen und deren Interpretation darstellt. So war z.B. in Deutschland erst nach der Untersuchung von

Durkheim im Jahre 1908 den Frauen das Studium an Hochschulen gestattet, ein allgemeines Stimmrecht erhielten sie erst im Jahre 1918. Diesen gesetzlichen Barrieren entsprechen bis heute die tatsächlichen Barrieren bei der Verfolgung z.B. gleicher Ausbildungs- und Berufsziele. Der geringere Handlungsspielraum der Frauen, der sie vor abweichenden Anspruchsniveausetzungen bewahrt, stünde dann mit der am häufigsten beobachteten relativen Selbstmordimmunität der Frau im Einklang. Andererseits hat sich der Handlungsspielraum der Frauen in den letzten Jahrzehnten bei gleichzeitiger Zunahme ihrer Selbstmordanfälligkeit vergrößert. Die bereits diskutierte empirisch festgestellte Beziehung zwischen der zunehmenden Erwerbsquote und steigenden Selbstmordrate der Frau (vgl. Abschnitt 4.2.2.3.4.3.2, A1, $E_{2.2}$, $E_{6.3}$) kann als erster empirischer Hinweis zugunsten der Hypothese, daß Handlungsspielraum und Selbstmordrate in inverser Beziehung stehen, gewertet werden. Die vergrößerte Spanne möglicher, unterschiedlich schwieriger Aufgabenstellungen in ihrer Beziehung zur Selbstmordrate wäre allerdings besser nachprüfbar, wenn eine geschlechtsspezifische Variation der Wahlmöglichkeiten unterschiedlich schwieriger Aufgabenstellungen, z.B. über die relative Bildungsqualifikation der Frauen im Vergleich zu der der Männer, die relative Besetzung beruflicher einschließlich politischer Positionen auf verschiedenen Ebenen, erfaßt würde.

Ohne Zweifel stellt der Handlungsspielraum ein soziales Faktum im Sinne Durkheims dar. Wenn er innerhalb einer Gesellschaft für verschiedene gesellschaftliche Gruppen sich unterschiedlich darstellt, ergeben sich ungleiche Zugangschancen, die der normativen Regulierung unterliegen. Herrscht trotz ungleicher Zugangschancen normativer Konsensus vor, handelt es sich um eine gültige und akzeptierte normative Regulierung, und es wäre im Sinne Durkheims eine geringe Selbstmordrate aller Gesellschaftsmitglieder zu erwarten, was mit den unterschiedlichen Selbstmordraten verschiedener gesellschaftlicher Gruppen, z.B. von Männern und Frauen, nicht zu vereinbaren ist.

Eine Revision der Durkheim'schen Theorie bei Verzicht auf biologische Zusatzannahmen wäre notwendig, um die unterschiedlichen Reaktionen auf gleichartige Systemeigenschaften zu erklären. Wenn die Institution Ehe den Mann, aber nicht die Frau schützt, ist dies nicht auf die natürliche Immunität der Frau gegenüber Selbstmord zurückzuführen, sondern könnte einen *fatalistischen Selbstmord* exemplifizieren: Er war definiert worden als Selbstmordhandlung, der Interaktionskonflikte – hohe Interaktionsrate ohne normativen Konsens – vorausgehen, die infolge überhöhter, nicht realisierbarer Forderungen zu Ziel-Mittel-Diskrepanzen führen (vgl. Übersicht 21, 22). Diese nicht realisierbaren Ansprüche könnten auf eine Ausweitung des eingeengten Handlungsspielraums der Frauen zielen. Dafür würde deren geringere Selbstmordrate in Ländern mit Scheidungserlaubnis sprechen. Sie könnten sich aber auch auf nicht realisierte Ansprüche im rollentypisch definierten familiären Bereich beschränken. Dafür könnte die verminderte Selbstmordrate von Müttern im Vergleich zu Frauen ohne Kinder sprechen. Nach den neuesten Befunden, die auch die höhere Selbstmordversuchsrate der Frauen im Vergleich zu der von Männern miteinbezieht (vgl. Abschnitt 4.2.2.2 über negative soziale Interaktionen und A2), wäre der fatalistische Selbstmord typisch für das weibliche Suizid- und Suizidversuchsverhalten. Das schwächere Glied in einem sozialen System, erfaßbar über den geringeren Handlungsspielraum, der einer Personengruppe zur Verfügung steht, kann die höher gesteckten Ziele nicht erreichen, andererseits wird in den westlichen Industrienationen christlicher Prägung dem schwächeren Glied auch eher soziale Hilfe und Aufmerksamkeit als Folge seiner Suizidversuchshandlung zuteil (vgl. Abschnitt 2.2.2.3.1.1). In dem Maße, wie sich die Wahlmöglichkeiten einer sozialen Gruppe vergrößern, könnte aber auch deren Hoffnung auf Hilfe sinken, eben weil sie nicht mehr zu den Schwächeren gerechnet werden. Dies käme einer Änderung des Geltungsbereichs altruistischer Normen gleich.

Die Zunahme der Selbstmordgefährdung von Frauen bei gleichzeitiger Abnahme der Suizidversuche unter Frauen könnte dann erklärt werden mit einer Ausdehnung ihres Handlungsspielraums. Frauen wären nun ähnlich wie Männer der Gefahr abweichender Anspruchsniveausetzungen und negativer Kausalzuschreibung ausgesetzt. Nach Durkheim wäre der Selbstmord von Frauen wegen fehlender Regulierung der Ansprüche als anomischer Selbstmord zu klassifizieren. Der fatalistische Selbstmord – symptomatisch für den geringeren Handlungsspielraum, der abweichende Anspruchsniveausetzungen weniger wahrscheinlich macht, aber nicht ausschließt – würde gleichzeitig bei Frauen seltener auftreten. Eine Zuordnung der verschiedenen geschlechtsspezifischen Befunde ist nach dieser Klassifikation *zusammenfassend* möglich: *die höhere Selbstmordanfälligkeit des Mannes* im Vergleich zu der der Frauen ist *Ausdruck des anomischen Selbstmords, ebenso* wie *die* in letzter Zeit beobachtbare *Zunahme der weiblichen Selbstmordrate und Abnahme der Selbstmordversuchsrate der Frau.* Die Tatsache, daß Frauen eine nach wie vor *höhere Selbstmordversuchsrate* als die Männer haben und ihre Selbstmordrate trotz *relativer Selbstmordimmunität* nicht gleich Null ist, wäre *Ausdruck* des für Frauen typischen *fatalistischen Selbstmords.* Ihre relative Selbstmordimmunität – Gegenstück zum anomischen Selbstmord des gefährdeten Mannes – wäre danach Ergebnis der realistischen Nutzung des geringeren Handlungsspielraumes durch die Frauen ebenso wie die relative Immunität der Ehefrauen mit Kindern im Vergleich zu kinderlosen Frauen die Schutzwirkung eines geringeren Handlungsspielraumes repräsentieren würde. Die von Durkheim festgestellte erhöhte Selbstmordanfälligkeit von Männern in Ländern mit Scheidungserlaubnis fiele unter die Kategorie des anomischen Selbstmords, während die konträre Reaktion der Frauen auf die rechtliche Möglichkeit der Ehescheidung die realistische Nutzung eines vergrößerten Handlungsspielraums für Frauen widerspiegeln würde.

Diese Einordnung hat nicht nur den Vorteil, daß auf die unhaltbare biologische Ad-hoc-Annahme zur Erklärung konträrer Suizidreaktionen der Frauen verzichtet werden kann, sie macht auch deutlich, daß die systemtheoretische Annahme über die Wirksamkeit objektiver, d.h. gleichartig wirkender Systemeigenschaften nicht aufrechterhalten werden kann. Die unterschiedliche Reaktion von Männern und Frauen auf die Institution Ehe und Familie ist nicht mit der gleichartigen Schutzwirkung dieser Institution – dem Integrationsgrad z.B. – erklärlich, sondern mit in-

Übersicht 22: *Klassifikation des anomischen und fatalistischen Selbstmords unter Verwendung motivationstheoretischer Annahmen*

Handlungsspielraum			
groß		klein	
abweichende Anspruchs-niveausetzung groß	realistische Anspruchsniveausetzung (relative Selbstmordimmunität)	abweichende Anspruchs-niveausetzung gering	realistische Anspruchsniveausetzung (relative Selbstmordimmunität)
ANOMISCHER SM		FATALISTISCHER SM	
$SMR_m > SMR_w$	$SMR_{m,v} < SMR_{m,u,s}$	$SMVR_w > SMVR_m$	$SMR_w < SMR_m$
$SMR_w +$	$SMR_{w,se} < SMR_{w,sv}$	$SMR_w > 0$	$SMR_{w,k} < SMR_{w,ok}$
$SMVR_w -$			
$SMR_{m,se} > SMR_{m,sv}$			

Legende: SMR = Selbstmordrate; SMVR = Selbstmordversuchsrate; m = männlich; w = weiblich; v = verheiratet; uv = unverheiratet; s = geschieden; se = Scheidungserlaubnis; sv = Scheidungsverbot; k = mit Kindern; ok = ohne Kinder
SMR + (-): Zunahme (Abnahme)

dividualistischen Merkmalen, z.B. den abweichenden Anspruchsniveausetzungen oder auch dem relativen Anteil von Wahlmöglichkeiten, die Personen oder Personengruppen in unterschiedlichem Maße haben, und die daher auch unterschiedliche Reaktionen hervorrufen.

2.2.3.2 Informationsstruktur von Arbeitsverhältnissen und deren Auswirkung auf die Anwendung suizidärer Kausal- und Moralprinzipien

2.2.3.2.1 Informationsstruktur der Arbeitsverhältnisse von Risikoberufen

Zu den interessantesten Befunden der Selbstmordforschung im wirtschaftlichen Sektor gehört weniger das Ergebnis, daß schichtspezifische Variationen fehlen und auch massive Notlagen für Selbstmörder nicht typisch sind, sondern die Identifizierung von Risikoberufen, die aber auf den ersten Blick sehr heterogen sind. Auch hier hat Durkheim durch seine Feststellung, daß landwirtschaftliche Berufe auch im internationalen Vergleich kaum selbstmordgefährdet, Berufe aus dem Bereich von Handel und – weniger einheitlich – der Industrie stärker gefährdet sind, Pionierarbeit geleistet (vgl. Durkheim 1973, S. 295). Heute werden vor allem Angehörige von professionellen Berufen (Schriftsteller, Journalisten, Ärzte und Personen, die im Dienstleistungsbereich tätig sind (Köche, Kellner, Polizisten)), aber auch Manager (vgl. Resnik et al. 1974; Fuchs 1974; Labovitz und Hagedorn 1969, in: Maris 1981, S. 148 f.) zu den Risikogruppen gezählt. Angehörige technischer Berufe (vgl. Tab. 16/A3) und Handwerker (vgl. Breed 1963; Bayreuther 1959; Fuchs 1974; Maris 1981, S. 148, Tab. 14, 15/A3) sowie Arbeiter im Produktionsbereich und Büroangestellte (vgl. Fuchs 1974; Maris 1981, S. 148) scheinen eher gegenüber Selbstmord immun zu sein. Obwohl auch hier unterschiedliche Ergebnisse beobachtbar sind – Resnik (et al. 1974) und Fuchs (1974) für die BRD betonen die Suizidanfälligkeit der Juristen und Lehrer, die nach Labovitz und Hagedorn (1969) wiederum im mittleren Bereich liegen –, bestätigt sich nach dieser Verteilung, daß die Suizidgefährdung unabhängig von Berufsprestige und Einkommen ist (vgl. Resnik et al. 1974; Maris 1981, S. 146 ff.; 1969, S. 122; Rushing 1968, S. 105).

Andererseits könnte die übereinstimmend festgestellte hohe Gefährdung von Angehörigen bestimmter professioneller Berufe (Ärzte, Journalisten bzw. Schriftsteller), die auch nach Durkheim als Angehörige der freien Berufe mit erhöhten Suizidziffern belastet waren[13], und die vergleichsweise geringe Gefährdung von beruflichen Tätigkeiten im technischen und handwerklichen Bereich Hinweise auf kognitive Implikationen der sozialen Beziehungen am Arbeitsplatz des Arbeitsprodukts liefern.

---

13 Vgl. Durkheim 1973, S. 295, Tab. 24. Der Autor hebt diese Gruppe allerdings nicht besonders hervor. Dies mag daran liegen, daß ihn innerhalb der Abhandlungen zum anomischen Selbstmord die sozialen Beziehungen weniger interessierten. Diese waren vor allem Gegenstand der Erörterungen des Integrationsgrades einer Gesellschaft. Eine theoretische Verknüpfung beider Variablenkomplexe ist Durkheim nicht gelungen.

Der Arbeitsplatz von Journalisten, Rechtsanwälten und Ärzten – vor allem als freiberufliche Tätigkeit – ist durch ein relativ dünnes Netz sozialer Beziehungen gekennzeichnet. Der Kontakt zu Kollegen, aber auch zu Klienten ist eingeschränkt. Außerdem unterliegt das Arbeitsergebnis keiner eindeutigen und sofortigen Bewertung, die das Arbeitsprodukt – Beratung, Behandlung, Begutachtung – als Erfolg oder Mißerfolg erkennbar werden läßt. Der Vergleich mit den Arbeitsergebnissen anderer Kollegen ist erschwert, und eine interindividuelle *Konsensinformation*, die ungünstige Kausalattributionen aus logischen Gründen außer Kraft setzen könnte, fehlt oder ist daher nur vereinzelt zugänglich. Die exakte und erst verzögert mögliche Bewertung des Arbeitsergebnisses erschwert außerdem die Nutzung intraindividueller *Konsistenzinformationen*. Die Erkenntnis, daß im Vergleich zu früheren Arbeitsergebnissen ein Fortschritt erzielt wurde, eine Feststellung, die unabhängig von anderen Bewertungen, z.B. der Zufriedenheit von Kunden, gemacht werden und damit die mißerfolgsabhängige ungünstige Kausalzuschreibungen auf eigene Unfähigkeit korrigieren könnte, wird dadurch erschwert.

Umgekehrt sind berufliche Tätigkeit im technischen und handwerklichen Bereich relativ eindeutig und ohne Verzögerung in ihrem Arbeitsergebnis zu bewerten.

Intraindividuelle Konsistenzinformationen können daher Dispositionen zu ungünstigen Kausalattributionen ebenso außer Kraft setzen, wie der mögliche Vergleich mit den Arbeitsergebnissen der Kollegen am Arbeitsplatz eher entlastende Konsensinformation bieten kann. Diese Vermutung, daß eine bestimmte berufliche Tätigkeit durch die Art der sozialen Beziehungen am Arbeitsplatz bei isolierter Tätigkeit eine Konsensinformation weitgehend ausschließt und die verzögerte Bewertung des Arbeitserfolges Konsistenzinformationen liefert, erfährt beim Vergleich der Selbstmordgefährdung verschiedener ärztlicher Fachrichtungen eine weitere Bestätigung. Als empirischer Nachweis wäre allerdings hier eine direkte Erfassung von Konsens- und Konsistenzinformationen in ihrer Auswirkung auf subjektive Kausalprinzipien notwendig.

Blachley (1963, 1968) stellte zwischen den ärztlichen Fachrichtungen beträchtliche Unterschiede in der allgemein als stark suizidgefährdet erkannten Gruppe der Ärzte fest (vgl. Waltzer 1979). Am häufigsten brachten sich danach Psychiater um. Ihre Selbstmordrate betrug 61, die fast das Sechsfache der amerikanischen Selbstmordrate beträgt, während Chirurgen, Pathologen und Radiologen sich sehr viel seltener suizidierten (die Selbstmordrate betrug 25, 25 und 27). Man könnte auch hier vermuten, daß Psychiater – im Gegensatz etwa zu Chirurgen – nicht im Team arbeiten und ihre Arbeitserfolge – z.B. die Zahl erfolgreicher therapeutischer Behandlungen – weniger gut meßbar und erst nach längerer Zeit registrierbar sind oder ohne Rückmeldung bleiben. Die Arbeitsergebnisse von Chirurgen, Pathologen oder Radiologen könnten dagegen einfacher, schneller und vollständiger zu bewerten sein.

Besondere Beachtung muß die abweichend hohe Selbstmordrate von Frauen finden, wenn diese in besonderen Berufen tätig sind. So sind Ärztinnen nicht nur stärker gefährdet als die übrige Bevölkerung, sondern gleich stark bzw. noch stärker suizidgefährdet als ihre männlichen Kollegen (vgl. Fuchs 1974; Blachley 1968). Ebenso ist die weibliche und männliche Selbstmordneigung entgegen der üblichen relativen Selbstmordimmunität der Frau gleich hoch, wenn beide den Kellnerberuf ausüben (vgl. Fuchs 1974). Angesichts der Seltenheit, mit der Frauen in professionellen Berufen tätig sind, muß die Informationsstruktur der Arbeitsbeziehungen noch ungünstiger ausfallen, vorausgesetzt, daß die Vergleichbarkeit der Leistung als Konsensinformation bei gleichgeschlechtlichen Personen größer ist als bei Personen des anderen Geschlechts. Die Bewertung des Arbeitsergebnisses wäre im Hinblick auf die genannten fehlenden Konsistenzinformationen ähnlich ungünstig einzustufen.

Die erhöhte Selbstmordanfälligkeit von Personen im Dienstleistungsgewerbe – z.B. Kellner, für die auch Daten aus der Bundesrepublik vorliegen (vgl. Fuchs 1974) – wäre dann auf die fehlende Konsensinformation zurückzuführen, wenn eine relativ isolierte Beschäftigung für den Arbeitsablauf typisch ist, wie dies z.B. für die stark suizidgefährdeten Versicherungsmakler (vgl. Resnik et al. 1974) angenommen werden könnte. Im Kellnerberuf, in dem Dienstleistungen für andere Personen im Vordergrund stehen, fehlen insofern Konsistenzinformationen, als die Fremdmeinungen – die der zu bedienenden Kunden – dominieren und Vergleiche mit früheren, möglicherweise zufriedenstellenden Arbeitserfolgen weniger naheliegen. Im Falle negativer Fremdmeinungen, das sind z.B. Beschwerden der Gäste, fallen kompensierende positive Bewertungen aus früheren Beschäftigungen weniger ins Gewicht. Diese Situation könnte wegen des ständigen Umgangs mit fremden Personen auch als eine ständig sich ändernde und damit neue Situation eingestuft werden. Auch hier ist aus den Experimenten zur Konformitätsforschung (vgl. Asch 1958) bekannt, daß Fremdmeinungen in starkem Maße akzeptiert werden. Dominierende Fremdmeinungen reduzieren aber die Wahrscheinlichkeit, daß Konsistenzinformationen verwertet werden.

Im folgenden soll an dieser Stelle daher kurz auf die Neuartigkeit der Situation am Arbeitsplatz, die durch verschiedene äußere Umstände bedingt sein kann, eingegangen und in ihrer mutmaßlichen Auswirkung auf die Informationsstruktur untersucht werden.

2.2.3.2.2 Informationsstruktur der Arbeitsverhältnisse bei sozialem oder technischem Wandel

Wenn in neuen Situationen, wie oben ausgeführt wurde, Fremdmeinungen besonders stark akzeptiert werden, kann sich der Vergleich mit eigenen früheren Erfolgen am Arbeitsplatz und damit der Konsistenzinformation zur Attributionsentlastung nicht entlastend auswirken. Einige Hinweise auf solche Veränderungen am Arbeitsplatz finden sich bei Brodsky (1977) und Sandborn et al. (1974). Die Selbstmörder waren vermehrt von Betriebsumstellungen betroffen gewesen. Aber auch wirtschaftliche Krisenzeiten wie die Zeiten wirtschaftlicher Prosperität sind durch starken sozialen und auch technologischen Wandel charakterisiert, der sich auf eine Vielzahl beruflicher Aktivitäten auswirkt und bei fehlender Konsistenzinformation selbstbelastende Attributionen der Handlungserfolge begünstigt. Wenn einschneidende Veränderungen auch mit einem Wechsel des Arbeitsplatzes innerhalb des Betriebes oder mit einem Wechsel der Arbeitsstätte verbunden sind, ist gleichfalls die Konsensinformation durch den erschwerten sozialen Vergleich mit neuen Kollegen als Korrektur ungünstiger mißerfolgsabhängiger und internaler Kausalattribution beeinträchtigt. Die erhöhte Selbstmordrate in Zeiten wirtschaftlicher Krisen, aber auch wirtschaftlicher Hochkonjunktur, könnte daher auf die beiden konjunkturellen Phasen gemeinsamen einschneidenden Veränderungen der Informationsstruktur und deren Auswirkung auf individuelle Situationsbewertungen zurückgeführt werden. Die Zunahme der Selbstmordfälle in schnell wachsenden Gemeinden (vgl. Wechsler 1961) ist ein weiteres Beispiel für den Zusammenhang zwischen starken Veränderungen sozialer Beziehungen und der Selbstmordhäufigkeit, die eine – dadurch allerdings empirisch noch nicht erwiesene – Veränderung der Informationsstruktur bewirken und die Selbstmordanfälligkeit bereits disponierter Personen beeinflussen könnte.

Umgekehrt reduzieren aber politisch einschneidende Krisen und Kriege die Selbstmordrate einer Gesellschaft (vgl. A1, E7). Die Ähnlichkeit auch beruflicher Tätigkeiten, die den gesellschaftlichen Verteidigungsaufgaben untergeordnet werden, würde nach dieser theoretischen Einordnung nicht auf das nach Durkheim einigende ‚Kollektivbewußtsein' zurückzuführen sein, sondern auf die Durchlässigkeit und Eindeutigkeit der Informationsstruktur der sozialen Beziehungen, die in höchstem Maße sowohl Konsensinformation als auch Konsistenzinformation zulassen und damit abweichende Attributionen für Mißerfolg auf eigenes Unvermögen weitgehend eliminieren. Mißgeschicke, die auch in Kriegszeiten bei der Verfolgung wirtschaftlicher Tätigkeiten eintreten werden, sind nicht mehr intern, sondern relativ eindeutig wahrnehmbar auf externe Ursachen zurückführbar. Natürlich ist im Einklang mit der Integrationstheorie – wie oben ausgeführt wurde – auch eine Veränderung der Belohnungsstruktur möglich, insofern als durch die Ähnlichkeit der zu verfolgenden Ziele die Realisierung sozialer affiliativer Anreize wahrscheinlicher wird und soziale Isolation eingedämmt oder aufgehoben wird.

Das erhöhte Selbstmordrisiko von Studenten und Studentinnen im Vergleich zur altersspezifischen Population (vgl. Friedrich 1972) läßt sich gleichfalls unter dem theoretischen Gesichtspunkt einer situationalen Informationsstruktur interpretieren, die subjektiv ungünstige Interpretationen eigener Leistung im Rahmen einer Berufsausbildung fördert. Dies könnte auch erklären, warum die Studenten nach Friedrich (1972) über Studienschwierigkeiten berichten, obwohl die Versagerquote der Suizidenten nicht höher lag als der Durchschnitt. Der verminderte soziale Kontakt beim Wechsel in eine neue Umgebung erschwert den sozialen Vergleich und verringert Konsensinformationen. Allerdings kann auch gleichzeitig ein Defizit an affiliativen Anreizen, wie Zuwendung oder Beachtung, angenommen werden, vor allem dann, wenn das Elternhaus meist zum ersten Mal verlassen wird.

Die bisherigen Ausführungen machen auch plausibel, welche anderen Situationen nach dem vorliegenden Ansatz eine suizidbegünstigende oder suizidverhindernde Transparenz der Informationsstruktur beinhalten. So wäre zu vermuten, daß egoentlastende Erklärungen für Entlassungen eher akzeptiert werden können, wenn viele von den Entlassungen betroffen sind. Die Schließung eines ganzen Betriebes oder einer ganzen Abteilung würde sich unter dem Gesichtspunkt individueller Interpretationen weniger nachteilig auswirken als die Entlassung einzelner[14].

3. Massenmedien und Suizid

3.1 Bedeutung der sozialen Institution Massenmedien

Die Massenmedien unterscheiden sich von anderen sozialen Institutionen im Hinblick auf fast alle Parameter, die soziale Interaktionen kennzeichnen (vgl. Lindner-Braun 1976, S. 17). Der Kommunikator als Aussagesender und der Rezipient als Aussageempfänger[15] interagieren nicht direkt, sondern indirekt über ein häufig technisch definiertes Medium, das vom Buch über den Film zu den neuen Medien reicht. Kommen in den Aussagen Belohnungen oder Bestrafungen zum Ausdruck, lassen sich diese daher in der Regel nur stellvertretend erfahren. Zentrale Anreize materieller oder affiliativer Art, wie sie in der Familie oder bei wirtschaftlichen Tätigkeiten zu befriedigen sind, sind in massenmedialen Interaktionen nicht zu vermitteln. Allerdings könnte der Rezipient über massenmediale Sendungen lernen, auf welche Weise sich die Wahrscheinlichkeit, in den Genuß solcher Anreize zu gelangen, erhöht oder vermindert. Die Interaktionen verlaufen zumindest in den klassischen Medien – von Telefonsendungen in Rundfunk und Fernsehen abgesehen – einseitig. Soweit Rückmeldungen der Rezipienten – z.B. über die Erfassung der Einschaltquoten – stattfinden, ist der Ablauf wechselseitiger Interaktionen zumindest unregelmäßig.

Wenn diese genannten Besonderheiten massenmedialer Interaktionen den Einfluß der sozialen Institution Massenmedien auf die Reaktionen von Rezipienten eher einschränkt, lassen andere Besonderheiten einen größeren Einfluß massenmedialer Sendungen vermuten. Dazu gehört erstens, daß viele Menschen gleichzeitig erreicht werden. Zweitens sind alle Arten von Aussagen kommunizierbar, d.h. der übermittelte Aussageninhalt ist nahezu unbegrenzt variabel. Drittens kann der Aussageninhalt anders als Interaktionsinhalte, die für berufliche oder familiäre Beziehungen typisch sind, Mehrheitsmeinungen repräsentieren.

Die erste Besonderheit der sozialen Institution Massenmedien betrifft den *hohen Verbreitungsgrad* eines Mediums und die hohe Nutzungsintensität des Mediums, d.h. die Dauer der Nutzung. Wenn viele Personen mit massenmedialen

14 Diese Voraussagen gelten natürlich nur unter der Voraussetzung, daß die übrigen Bedingungen konstant gehalten werden.

15 Vgl. zu einer Systematik der Massenkommunikation Bessler und Bledjian (1967); zu einer informativen Darstellung von wichtigen Fragestellungen und Befunden McGuire (1969), und zu einem Theorienvergleich relevanter Lern- und Einstellungstheorien über die Wirkung massenmedialer Inhalte vgl. Lindner-Braun (1976).

Aussagen konfrontiert werden, heißt dies, daß auch Kinder und alte Menschen oder nicht außer Haus tätige Frauen, d.h. auch Nichtmitglieder der sozialen Institution Wirtschaft, aber auch Personen, die z.B. als alte Menschen keiner Familie angehören, Massenmedien nutzen können. Auch die zweite Besonderheit des sozialen Systems Massenmedien, daß die massenmedialen Aussagen *keiner inhaltlichen Beschränkung* unterliegen, ist für die mögliche Beeinflussung von Selbstmordhandlungen deswegen besonders bedeutsam, weil Selbstmordhandlungen relativ selten vorkommen. Allerdings ist der Einfluß massenmedialer Sendungen – wie im folgenden gezeigt werden kann – nicht auf Aussagen beschränkt, die Selbstmordhandlungen zum Gegenstand haben. Das dritte Charakteristikum der Massenmedien, das sich auf die in den Sendungen tatsächlich oder vorgeblich vertretenen Mehrheitsmeinungen bezieht, wirkt sich auf die Intensität des Einflusses der Massenmedien aus. Man kann sagen, daß *geglaubte Mehrheitsmeinungen* die Wirksamkeit erhöhen und dadurch andere Besonderheiten der massenmedialen Interaktionsstruktur, die die Wirksamkeit reduzieren, z.B. die Tatsache, daß in der Regel nur stellvertretende Erfahrung der Belohnungen bzw. Anreize über die Wahrnehmung von belohnten Modellen möglich ist, kompensiert werden können. Fremdmeinungen stellen einen Spezialfall kognitiver Glaubwürdigkeit dar, eine von drei in Abschnitt 3.3 zu behandelnden Bedingungen, unter denen Aussagen übernommen werden und somit Interaktionspartner – hier der Kommunikator – Einfluß nehmen können.

Im folgenden Abschnitt werden Aussagen mit suizidrelevantem Inhalt gemäß den hier entwickelten Modellen zur Erklärung von suizidalen Handlungen zusammengestellt.

3.2 Sozialisation suizidrelevanter Handlungsdeterminanten durch massenmediale Interaktionen

Nach dem bisher vorgestellten Ansatz beeinflussen massenmediale Sendungen dann das Selbstmordgeschehen, wenn durch die Wahrnehmung dieser Aussagen die einzelnen Determinanten für eine Selbstmordhandlung so verändert werden, daß sie die Wahrscheinlichkeit einer suizidalen Handlung erhöhen. Auf den vier Erklärungsebenen, dem Ergebnis-, Handlungs-, Instrumentalitäts- und Motivationsmodell, sind demnach massenmediale Aussagen dann einer suizidalen Handlung förderlich, wenn beim Rezipienten der Aussage das objektive Mittelpotential als Determinante für das Handlungsergebnis, das subjektive Mittelpotential als Determinante für den Handlungsbeginn, die Wert-Erwartungs-Matrizen als Determinanten im Instrumentalitätsmodell für die Ausprägung dominierender Handlungstendenzen zum Suizid- bzw. Suizidversuch und die Kausal- und Moralprinzipien als Determinanten im Motivationsmodell einer negativen Wert-Erwartungs-Bilanz suizidfördernd verändert werden.

Im einzelnen würden sich durch die Verbreitung massenmedialer Aussagen die Selbstmordfälle häufen (senken), wenn das *objektive Mittelpotential* potentieller

Selbstmörder erhöht (gesenkt) würde. Dies könnte dadurch geschehen, daß eine erfolgreiche Propagierung für das Unterlassen von Hilfeleistungen und Rettungsaktionen für Selbstmörder in den Aussagen zum Ausdruck kommt und auch mehrheitlich akzeptiert würde. Die mehrheitliche Übernahme oder Veränderung dieser Norm, zu helfen oder Hilfe zu unterlassen, würde das objektive Mittelpotential dann verändern, wenn diese Norm nicht nur akzeptiert würde, sondern auch in Handlungen umgesetzt würde. Eine normgerechte Handlung wäre identisch mit dem Unterlassen einer Hilfe für einen Selbstmörder. Interventionen bei einer Selbstmordhandlung würden dadurch weniger wahrscheinlich, und das objektive Mittelpotential nähert sich insofern dem subjektiven Mittelpotential an, als der Selbstmörder bei der Planung seiner Tat soziale Interventionen nicht mehr zu berücksichtigen braucht bzw. Fehleinschätzungen bei der Planung seines Selbstmordes nicht mehr vorkommen. Nachfolgende Erklärungsskizze (vgl. Übersicht 23) verdeutlicht den hypothetischen Einfluß der Massenmedien auf die Veränderung der suizidrelevanten Determinanten einschließlich des objektiven Mittelpotentials. Der Handlungsablauf würde durch diese Veränderung der Handlungsergebnisdeterminanten indirekt über die Beeinflussung potentieller Interaktionspartner bewirkt.

Das objektive Mittelpotential könnte auch durch massenmedial vermittelte ‚objektive' Informationen, z.B. über ‚richtiges' Wissen von der Anwendung tödlich wirkender Mitteln, vermittelt werden. Diese werden zum *subjektiven Mittelpotential*, wenn der Handelnde das Wissen aufnimmt und Instrumentalitätsbeziehungen zwischen dem Beginn der Selbstmordhandlung dem Einsatz des Mittels, und der Konsequenz der Handlung, dem Tod, gebildet werden.

Da es sich bei der Anwendung von Selbstmordmethoden um relativ triviales Wissen handelt, objektives und subjektives Mittelpotential in dieser Hinsicht daher häufig identisch sein werden, kommt der Beeinflussung des subjektiven Mittelpotentials über die Veränderung von wahrgenommenen Attraktivitäten der anzuwendenden Methoden eine besondere Bedeutung zu. Im Hinblick auf diese Anreize – Schmerzfreiheit oder antizipierte psychologische Befindlichkeiten bei der Einnahme von Medikamenten beispielsweise – können die Aussagen auch kurzfristig durch eine einmalige Exposition des Rezipienten dann wirksam werden, wenn über die Ausführung der Selbstmordhandlung berichtet wird.

Die Frage, ob auch die Instrumentalitätsbeziehungen einer dominierenden Suizid- bzw. Suizidversuchstendenz als Wert-Erwartungs-Matrizen kurzfristig durch massenmediale Sendungen so verändert werden können, daß *suizidäre Wert-Erwartungs-Matrizen* entstehen, stellt sich bei der Beurteilung verfügbarer empirischer Untersuchungen zu diesem Themenkomplex. Ob eine einmalige Exposition genügen soll, wie dies dabei vorausgesetzt wird, ist fraglich. Nach den Hypothesen des Instrumentalitätsmodells müßte eine Suizid- bzw. Suizidversuchstendenz aufgrund einer dominierend negativen Wert-Erwartungs-Bilanz für die Beurteilung von Handlungsalternativen zum Suizid- und Suizidversuch und eine weniger stark ausgeprägte negative bzw. positive Wert-Erwartungs-Bilanz für den Suizid bzw. für den Suizidversuch herausgebildet worden sein.

Die Herausbildung von *suizidären Kausal- und Moralprinzipien* ist aber nur nach einer langfristigen, primären Sozialisation durch massenmediale Kommunikation denkbar, da bei vorausgesetztem Handlungsspielraum und einer entsprechenden Informationsstruktur fortgesetzte, mißerfolgsabhängige und internale, bzw. erfolgsabhängige externale und variable sowie stabile Kausalzuschreibungen und abweichende Anspruchsniveausetzungen angenommen werden.

Veränderungen gesellschaftlicher Randbedingungen wie einer Ausweitung des Handlungsspielraumes für alle Gesellschaftsmitglieder oder einzelne benachteiligte soziale Gruppen, die z.B. Frauen oder Ältere als besonders suizid- bzw. suizidversuchsgefährdete Gruppen betreffen würde, kämen einem umfassenden sozialen Wandel gleich. Diese Frage läßt sich daher an dieser Stelle nicht weiter verfolgen[16].

Hingegen sind massenmedial vermittelte Veränderungen der Informationsstruktur sozialer Beziehungen in zweifacher Form denkbar. Als Vorgang der primären Sozialisation könnte die altruistische Norm ‚Weitergabe von Konsensinformationen, die den Interaktionspartner entlasten' erlernt werden. Dadurch würden auch in restriktiven sozialen Beziehungen am Arbeitsplatz Rückmeldungen über mutmaßliche Ursachen des eigenen oder fremden Handlungserfolgs häufiger auftreten[17]. Das Sozialisationsergebnis käme einer erhöhten Transparenz der Kommunikationsstruktur gleich, die den Gebrauch suizidärer Kausalprinzipien eindämmen würde. Der zweite Weg einer massenmedial vermittelten Veränderung der Informationsstruktur sozialer Beziehungen betrifft die Beobachtung von Modellen, die den Rezipienten zum Gebrauch entlastender Konsensus- und Konsistenzinformationen anregen könnte. Würden dadurch beim Beobachter situationsspezifische Wert-Erwartungs-Matrizen über die Ausschaltung suizidärer Kausal- und Moralprinzipien induziert, käme dieser Einfluß einer kurzfristigen, sekundären Sozialisation gleich. Es ist aber auch hier fraglich, ob eine einmalige Exposition angesichts der Mehrdeutigkeit realer sozialer Situationen ausreicht, handlungsrelevante Veränderungen beim Rezipienten zu bewirken. Alle Sozialisationsbedingungen, die im folgenden Abschnitt darzulegen sind – insbesondere ein glaubwürdiges Modell – müßten erfüllt sein.

In der nachfolgenden Übersicht 23 sind die einzelnen theoretischen Wirkungen massenmedialer Aussagen auf suizidrelevante Determinanten zusammengefaßt. Das Interaktionssystem besteht aus den Interaktionspartnern des oder der Kommunikatoren, die als Sozialisatoren fungieren, und den Rezipienten, die bei einer erfolgten Veränderung der Kognitionen, Einstellungen oder Verhaltensweisen, auch

---

16 Im Rahmen der Frage ‚evolutionärer Normenentstehung' (vgl. Opp 1983, S. 206) könnte jedoch von denselben Hypothesen ausgegangen werden, die eine massenmedial bewirkte Veränderung der spezifischen Suizidnorm ‚Unterlassen von Rettungsversuchen für Selbstmörder' erklären. Die Norm ‚Freigabe der Wahlmöglichkeit für alle Aufgaben und für jedermann' bedeutete jedoch eine totale Änderung der bestehenden Rechtsordnung und wäre in dieser Form kaum sinnvoll zu untersuchen.

17 Vgl. zur primären Sozialisation von Kausal- und Moralprinzipien Abschnitt 2.4.3.2.

Übersicht 23: *Massenmediales Interaktionssystem und Beeinflussung suizidrelevanter Handlungsdeterminanten*

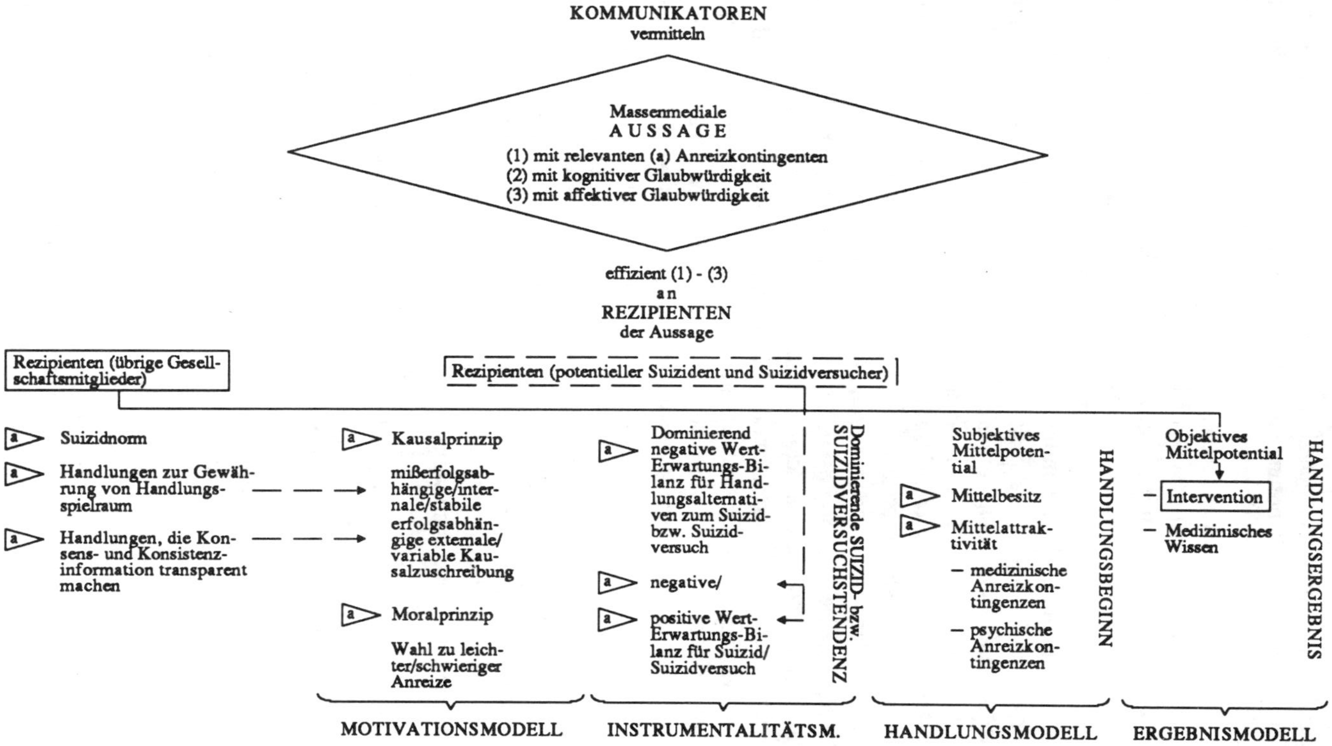

als Sozialisanden zu bezeichnen sind. Die theoretisch möglichen Aussageninhalte, die sich auf eine Suizidhandlung auswirken könnten, wurden mit einem Pfeil gekennzeichnet. Da die vom Kommunikator dargebotene Aussage (A) nicht identisch sein muß mit der vom Rezipienten übernommenen Aussage (a) und sich nur der akzeptierte Aussageninhalt auswirken kann, wurden diese wirksamen Aussagen in den einzelnen Pfeilen auch mit a gekennzeichnet. Bedingungen für die Wirksamkeit einer dargebotenen Aussage (A) werden im folgenden Abschnitt 3.2.3 erörtert.

Wegen der weiten Verbreitung und des hohen Nutzungsgrades der Massenmedien spielt eine mögliche Beeinflussung anderer Gesellschaftsmitglieder als Interaktionspartner der Suizidgefährdeten eine wichtige Rolle. Dies kommt am deutlichsten in einer möglichen *Veränderung der Suizidnorm* zum Ausdruck. Einmal würde durch die Induktion einer toleranten Suizidnorm das objektive Mittelpotential verändert. Eine positivere Einstellung gegenüber suizidalen Handlungen würde sich in weniger Rettungsversuchen niederschlagen: Es würde seltener interveniert werden. Die dadurch veränderten Verhaltensweisen der übrigen Gesellschaftsmitglieder als gesellschaftliche Reaktion auf den Suizid und die im objektiven Mittelpotential vorausgesetzten tatsächlichen Interventionen sind logisch identisch. Ein durchgezogener Pfeil kennzeichnet die Bezeichnung. Eine zweite Veränderung der gesellschaftlichen Reaktion, die sich auf die Handlungen auswirken müßte, ginge auch von einer veränderten Suizidnorm aus. Sanktionen einer Suizidhandlung würden bei einer veränderten toleranteren Suizidnorm als weniger wahrscheinlich wahrgenommen. Die Sanktionen für einen Suizid sind aber in den vorangegangenen Abschnitten aufgrund theoretischer und empirischer Erwägungen als relativ wenig bedeutsame erwartete negative Anreize eingestuft worden. Anders würde sich eine positivere Einstellung gegenüber suizidalen Handlungen auf die Suizidversuchshandlung auswirken. Die positiven suizidversuchskontingenten Anreize, „erwartete Hilfe und soziale Aufmerksamkeit" würden aus der Sicht des Handelnden weniger wahrscheinlich werden und damit, da diesen Anreizen mehr Bedeutung zukommt, die Suizidversuchshandlungen weniger attraktiv machen. Der gestrichelte Pfeil in der Übersicht soll diesen Wirkprozeß verdeutlichen. Ein Rückgang der Suizidversuchshandlungen kann aber mit einer Steigerung der Suizidhandlungen verknüpft sein, wie es beim weiblichen Suizid- und Suizidversuchsverhalten der Fall ist und spiegelt möglicherweise eine zunehmend tolerantere Haltung gegenüber dem Selbstmord wider.

Eine Diskussion der Sterbehilfe, ihrer Statute, die Veröffentlichung von Anleitungen zum Selbstmord in den Medien wären Beispiele für Aussagen, in denen positive oder negative Einstellungen gegenüber suizidalen Handlungen zum Ausdruck kommen (Pfeil (b)). Ein Wirkeffekt, der in Pfeil (c) aufgezeichnet ist, wird von den Autoren jüngster Untersuchungen über ‚Selbstmordepidemien' als Folge öffentlich bekannt gewordener Selbstmordfälle behauptet. Diese Untersuchungsergebnisse sollen im folgenden wegen ihres exemplarischen Charakters ausführlicher dargestellt und diskutiert werden.

3.2.1 Empirische Evidenz für die Wirkung massenmedialer Aussagen: Der Werther-Effekt und Selbstmordepidemien

Nach Erscheinen des „Werther“ von Goethe sollen viele Leser ihrem literarischen Vorbild in den Freitod gefolgt sein. Eine moderne Version dieses Werther-Effekts glauben die Autoren Phillips und Bollen in ihren Untersuchungen nachgewiesen zu haben. Sie stellten fest, daß nach der Veröffentlichung von Selbstmordgeschichten die Selbstmordrate anstieg. Nachdem in englischen und amerikanischen Zeitschriften an herausragender Stelle über die Selbstmorde bekannter Persönlichkeiten berichtet wurde, konnte im Einzugsgebiet der Zeitungen nach der Veröffentlichung eine Zunahme der Selbstmordrate beobachtet werden. Hinweis für einen Wirkungszusammenhang war einmal die zeitliche und örtliche Lokalisierung des Effekts: Die Selbstmorde häuften sich nach der Veröffentlichung aber nur im Einzugsgebiet der Medien, und der Effekt war größer, wenn die Geschichte größere Publizität erlangt hatte. So stieg die Selbstmordrate nach der Berichterstattung über den Tod von Marilyn Monroe in den USA um 12 % an, während die Selbstmordrate in England und Wales danach um 10 % zunahm (Phillips 1974). Replikationen gelangen in Kalifornien (vgl. Phillips 1977, 1979). Bollen und Phillips (1981) stellten auch eine 35- bis 45 %-ige Zunahme der Motorradunfälle, hinter denen sich getarnte Selbstmorde verbergen konnten, in Detroit immer dann fest, wenn Selbstmordberichterstattungen vorausgegangen waren.

Wegen des quasi-experimentellen und multifaktoriellen Designs ist die umfangreichste Untersuchung von Bollen und Phillips (1982) besonders beachtenswert. Die Selbstmordrate wurde sechs Tage vor einer bundesweit ausgestrahlten Fernsehsendung über einen Selbstmordfall mit der Selbstmordrate sechs Tage nach der Fernsehsendung verglichen und dies für Berichterstattungen in den Jahren 1972 bis 1976 unter Ausschluß der Sendungen, die vor den Ferien – eine Zeit allgemein erhöhter Selbstmordanfälligkeit – ausgestrahlt wurden. Statistisch kontrolliert wurden Ferientage, saisonale Schwankungen und Wochentage. Das sind Faktoren, die mit einer erhöhten Selbstmordzahl verbunden sind und als ‚soziale Klimafaktoren‘ theoretisch allerdings unspezifizierte alternative Erklärungsfaktoren darstellen (vgl. A3, Tab. 2). Dabei wird ein bimodaler Verlauf der Selbstmordzuwächse nach der Sendung erkennbar. Der erste Gipfel zeigt sich am zweiten Tag nach der Sendung und der zweite und höchste Gipfel am sechsten Tag nach der Sendung. Auch bei der beobachteten Zunahme der Motorradunfälle nach Berichten über Selbstmordfälle waren ‚Frühnachahmer‘ – am dritten Tag nach der Veröffentlichung – und ‚Spätnachahmer‘ – am achten Tag nach der Veröffentlichung – identifiziert worden (vgl. Bollen und Phillips 1981).

Werden die Selbstmordzuwächse zu Nettoeffekten kumuliert, übersteigen sie die bekannten überproportionalen Selbstmordabweichungen an bestimmten Wochentagen, Monaten und Jahresereignissen wie die des Ferienbeginns. Der kumulierte Nettoeffekt, d.h. die Summe der Tageszuwächse oder der gesamte Nachahmungseffekt ist jedoch geringer als der kumulierte Nettoeffekt saisonaler Abweichungen. Der multiple Regressionseffekt ist auch mit $R^2 = .16$ relativ gering, wenngleich die absolute Zunahme – so haben sich an einem Tag 63 Selbstmordfälle mehr ereignet – eines relativ seltenen Ereignisses, weitere Untersuchungen trotz bescheidener statistischer Signifikanzwerte nahelegen. Trotzdem sind folgende Kritikpunkte zu berücksichtigen.

Andere Autoren haben keinen Zusammenhang zwischen der Publikation von Selbstmordgeschichten und nachfolgendem Selbstmordverhalten herausgefunden. Motto (1967) konnte keine signifikante Zunahme der Selbstmorde in sieben Städten, in denen über einzelne Selbstmordfälle berichtet wurde, feststellen, nur in einem Fall eine signifikante Abnahme. Biller (1977) fand, daß ein allgemeines Depressionsklima, das nach dem Mord an Präsident Kennedy geherrscht haben soll, die Selbstmordneigung unverändert ließ.

Man könnte diesen beiden widersprechenden Resultaten vor allem angesichts der methodisch überlegenen Untersuchungen von Phillips und Bollen weniger Gewicht beimessen, wenn nicht in einer Nachuntersuchung einer Studie von Phillips (1982) durch Kessler und Stipp (1984) die festgestellten Effekte nicht repliziert werden konnten. Dies lag vor allem daran, daß das Design der before-after-Studie von Phillips (1982) einen schwerwiegenden Irrtum aufwies. 8 von 13 der analysierten Selbstmordgeschichten waren an einem Freitag passiert, ein Tag, der aus technischen Gründen eine Berichterstattung nicht wie irrtümlich angenommen in der folgenden Samstagsedition ermöglichte, sondern erst in der Samstagsedition der darauffolgenden Woche. Die Reanalyse unter Zugrundelegung des richtigen before-after-Zeitpunkts förderte sogar gegenteilige Effekte, eine Abnahme der Selbstmorde, nach der Veröffentlichung zutage.

Diese Entdeckung, die den Untersuchungsplan einer der Replikationen von Phillips wertlos macht, weist auf das grundsätzliche Problem hin, daß die tatsächliche Exposition und Aufmerksamkeit nicht über den Verbreitungsgrad kontrollierbar ist. Tatsächliche Exposition und Aufmerksamkeit ist dabei um so weniger gewährleistet, je eher das Verhalten von Minderheiten untersucht wird.

3.2.2 Erklärung des Werther-Effekts: Nachahmungstrieb oder Lernen suizidärer Wert-Erwartungs-Konstellationen?

Ein weiterer Einwand gegen die Untersuchungen von Phillips und Bollen ist theoretischer Natur. Von einem Nachahmungstrieb, den Tarde noch postulierte, bzw. einer mechanistischen Nachahmung von Handlungen des ‚matched-dependent behavior', die behavioristische Lerntheoretiker wie Miller und Dollard (1941) angenommen hatten, kann nicht nur angesichts des relativ schwachen statistischen Effekts nicht gesprochen werden. Nachahmungslernen bleibt nicht nur bei fehlender Belohnung des Beobachters für eine Nachahmung aus, es ist auch selektiv. Dies geht aus allen experimentellen Untersuchungen zum Lernen am Modell, die Bandura und seine Mitarbeiter durchgeführt haben, hervor[18]. Es werden nicht alle Mo-

18 Vgl. zu einer zusammenfassenden Darstellung verschiedener Imitationstheorien Flan-

dellstimuli imitiert. Modellstimuli sind einzelne Modelle wie auch verschiedene Handlungen, Einstellungen, Kognitionen und Affekte dieser Modelle, die in massenmedialen Aussagen zum Ausdruck kommen, aber auch in direkten Interaktionsbeziehungen wirken. Welche Stimuli der veröffentlichten Selbstmordgeschichte werden durch wen imitiert und, die möglicherweise viel brisantere Frage, welche Aussageninhalte ohne direkten Bezug zu Selbstmordhandlungen wirken sich gleichfalls selbstmordfördernd aus? Die Antwort, die sich nach den Untersuchungen von Phillips und Bollen unter Hinweis auf einen wirksamen Nachahmungstrieb ergibt, aber auch die Vorstellung vom mechanistischen Kopieren kompletter

ders (1968), zu den Grundlagen der sozial-kognitiven Lerntheorie von Bandura (Bandura und Walters 1963; Bandura 1979) und zu einer theoretischen Einordnung der sozial-kognitiven Lerntheorie von Bandura sowie zu einer zusammenfassenden Darstellung relevanter Untersuchungsergebnisse zur selektiven Modellwirkung Lindner-Braun 1976, S. 89-101, insbes. S. 100. In neueren Arbeiten von Bandura (1979) werden vor allem die mikrokognitiven Prozesse der symbolischen Kodierung, kognitiver Organisation und der symbolischen bzw. motorischen Reproduktion als Determinanten des Erwerbs herausgearbeitet. Diese strukturell-kognitiven Eigenschaften der Stimuli, deren konzeptionelle Ausarbeitung, z.B. des Begriffs symbolische Kodierung, nicht zufriedenstellen kann, unterscheiden sich von dem hier erweiterten motivationstheoretischen Ansatzes vor allem darin, daß den affektuellen Variablen beim Erwerb einer Antwort, die den Handlungstendenzen vergleichbar ist, kaum Bedeutung zugemessen wird. Lediglich die Ausführung einer Antwort wird in Abhängigkeit von Belohnungen, d.h. Anreizen, gesehen. Die kognitiven Konzepte sind außerdem stärker den behavioristischen Strukturparametern verhaftet geblieben. Die Metaprinzipien der Kausalzuschreibung stellen hingegen inhaltlich definierte kognitive Schemata dar, mit deren Hilfe sich über die Herausbildung von Anreizkontingenzen selbst seltene und komplexe Handlungen wie die eines Selbstmords prognostizieren lassen. Das Modell von Bandura wäre für die Erklärung eines so komplexen Verhaltens nicht geeignet. Weder die Kontinuität noch die Wiederholung der Modellstimuli sind hinreichende und notwendige Bedingungen für die Imitation von Selbstmordhandlungen. Gemeinsam ist beiden Ansätzen aber die analytische Trennung der Erwerbsphase (Handlungstendenzbildung) und Ausführung einer Antwort (Handlungsbeginn). Auch die motorische Repräsentation ist dem umfangreicheren Konzept des Mittelpotentials nicht gleichzusetzen, aber auf derselben Erklärungsstufe anzusiedeln. Die nachfolgende Erklärungsskizze macht den Vergleich beider Modelle deutlich:

Übersicht 24: *Theoretischer Vergleich der Erklärungsskizzen von der sozial-kognitiven Theorie von Bandura mit dem motivationstheoretischen Ansatz*

Sozial-kognitive Theorie von Bandura	Symbolische Kodierung von S →		Behalten von S →	Fähigkeit zur motorischen Reproduktion → Anreiz →	Ausführung von S
Motivations-theorie	Kausalprinzip → (Anspruchsniveau) →	Kontingenzen zwischen Anreizen und Handlung (Anreize) →	Handlungstendenz →	Mittelpotential →	Handlungsbeginn

Handlungsfolgen, ist empirisch nicht haltbar. Nach der sozialen Lerntheorie von Akers ist für Suizidhandlungen mit tödlichem Ausgang ohne vorhergehendem Suizidversuch neben den schon erörterten Rationalisierungen das Lernen von Problemlösungen (vgl. Abschnitt 3.1.3.1.3 und 3.2.3.2/I.) notwendig:

„In einigen Selbstmordfällen ohne vorausgehenden Selbstmordversuch mögen Selbstmordhandlungen von Personen imitiert worden sein, die auf diese Weise Probleme gelöst haben oder zumindest durch ihre Selbstmordhandlung Probleme gemieden haben" (Akers 1977, S. 300, Übers.: C.L.-B.)

Da eine weitere Präzisierung des Konzepts Problemlösung innerhalb der Selbstmordtheorie von Akers nicht erfolgt, könnten ergänzend die allgemeinen lerntheoretischen Aussagen zur Interpretation herangezogen werden. Während Rationalisierungen über diskriminierende Reize bzw. Sekundärverstärker erlernt werden sollen und dies aus logischen Gründen ausgeschlossen ist – einer einmaligen, tödlich endenden Handlung können keine vorher erlernbaren diskriminierbaren Reize vorausgehen –, könnten Problemlösungen, die erlernt werden, positive oder negative Verstärker darstellen. Welches Lernprinzip dabei Anwendung finden soll, bleibt jedoch offen. Instrumentelle Konditionierung scheidet als Lernprinzip wegen der Einmaligkeit einer Selbstmordhandlung aus. Zwar räumt Akers die Möglichkeit stellvertretender Verstärkung ein, in welcher Weise aber ein spezifisches Verhalten des Beobachters, das nicht direkt belohnt werden kann, bekräftigt wird, ohne mediatisierende Konzepte – wie die einer symbolischen Kodierung nach Bandura oder erwarteter Anreize – einzuführen, bleibt unklar. Aus dem allgemeinen Ansatz von Akers lassen sich aber Aussagen über die Beschaffenheit wirksamer Modellstimuli ableiten. Danach könnten nur solche Aussageninhalte selbstmordfördernd wirken, in denen *Selbstmordhandlungen,* aber keine anderen Handlungen des Modells belohnt oder bestraft würden. Die zweite Implikation beträfe die Art und die Modalität der Verstärker. Es kämen positive und negative Verstärker für gezeigtes Suizidverhalten in Frage und diese beobachteten Verstärker würden um so eher beim Beobachter zu Selbstmordhandlungen führen, je häufiger diese Verstärkungen beobachtet würden.

Der Unterschied zum hier entwickelten Ansatz wird nach dieser theoretischen Explikation der Selbstmordhypothesen von Akers deutlich. Erstens sind nach dem vorliegenden Ansatz positive und negative Anreize für das suizidale Handeln, aber auch für die Handlungsalternativen zum Suizid bzw. Suizidversuch bestimmend. Wenn der Abstoßungseffekt, definiert über die dominierend negative Wert-Erwartungs-Bilanz und daraus resultierender, überwiegend negativer Tendenzen zu Handlungsalternativen, zunimmt, steigt die Wahrscheinlichkeit suizidaler Handlungen, und sie ist am größten, wenn die Suizidtendenz weniger negativ ausgeprägt ist. Positive und negative Anreizkontingenzen für suizidale Handlungen können sich daher unabhängig von den Anreizkontingenzen der Handlungsalternativen zum Suizid entwickeln. Ein Vergleich der relativen Attraktivitäten bzw. im Falle des vollendeten Suizids der relativen Abstoßungen erfolgt nicht auf der Ebene der Instrumentalitäten bzw. der Anreizkontingenzen, sondern auf der der jeweiligen Handlungstendenzen.

Das Lernen einer Problemlösung durch Suizid umfaßt daher nach diesem Ansatz das Lernen zweier Klassen von Anreizkontingenzen: einmal die suizidabhängig erwarteten positiven und negativen Anreize und zum anderen die zu den Handlungsalternativen kontingent erwarteten positiven und negativen Anreize. Dies hat wichtige Implikationen für die Wirksamkeit sozialer Einflüsse in verschiedenen Interaktionssystemen. Massenmediale Inhalte können danach durch Präsentation von Anreizkontingenzen, die nicht zum Suizid in Beziehung stehen, *und* solchen, die Handlungsalternativen zum Suizid betreffen, suizidfördernd wirken. Eine massenmedial vermittelte Darbietung hoffnungsloser Bemühungen um einen Arbeitsplatz, die Aufrechterhaltung der Ehebeziehungen oder des gescheiterten Versuchs, aus der sozialen Isolation als alter Mensch oder als gleichfalls suizidgefährdeter homosexueller Mensch herauszukommen, könnte allein über die Herausbildung negativer Wert-Erwartungs-Bilanzen für Handlungsalternativen zum Suizid die Suizidgefahr erhöhen. Die Wirksamkeit solcher Aussageninhalte wurde in den genannten Untersuchungen nicht untersucht, und nach der sozialen Lerntheorie von Akers kämen sie nur als negative Verstärker in Verbindung mit Suizidhandlungen in Betracht. Schließt man das Lernen dieser Anreizkontingenzen und auch ihrer Determinanten, den Kausal- und Moralprinzipien, die sich selbst verstärkende negative Interpretationsspiralen begünstigen, durch massenmediale Aussageninhalte aus der Betrachtung aus, wird die Bedeutung der sozialen Institution Massenmedien für die Veränderung menschlichen Verhaltens, und hier speziell des Selbstmordverhaltens, unterschätzt. Die Anreizkontingenzen der Suizid- und der Suizidversuchshandlung – wie sie über positive und negative Anreize postuliert wurden – unterscheiden sich von den in der sozialen Lerntheorie angenommenen Modellstimuli insofern nicht, als sie auch die visuelle oder akustische Darbietung suizidaler Handlungen und ihrer Konsequenzen voraussetzen.

Eine Präzisierung wird aber im Vergleich zur sozialen Lerntheorie dadurch erreicht, daß der relative Anteil positiver und negativer Anreize festgelegt wird. Ein Suizidversuch setzt die Präsentierung überwiegend positiver Anreize voraus, die Anreize der Suizidhandlung müßten hingegen negativ ausgeprägt sein und würden entsprechend den Hypothesen des Instrumentalitätsmodells die Suizidwahrscheinlichkeit bei gleichzeitig stärker negativ ausgeprägten Wert-Erwartungs-Bilanzen der Handlungsalternativen zum Suizid erhöhen.

Der wichtigste Unterschied besteht jedoch darin, daß das Erwartungskonzept die wiederholte Darbietung von Verstärkern nicht als notwendige Bedingung voraussetzt. Das Lernen von Anreizkontingenzen über Beobachtung ist nach einmaliger Exposition theoretisch möglich, wie unzählige Untersuchungen aus der Einstellungsforschung zeigen (vgl. Abelson et al. 1968; Lindner-Braun 1976). Allerdings ist kaum anzunehmen, daß extreme Veränderungen, die die Herausbildung einer negativen Wert-Erwartungs-Bilanz für Handlungsalternativen in der Regel darstellt, nach einmaliger Exposition möglich ist. Dies wird im folgenden Abschnitt zu zeigen sein.

Anreizkontingenzen des Mittelpotentials kommen gleichfalls in der sozialen Lerntheorie von Akers nicht vor. Des weiteren wird die globale Exposition des nachzuahmenden Verhaltens als zureichender Aussagenstimulus angesehen. Die Spezifizierung verschiedener handlungsrelevanter Aussagenstimuli, wie sie bei Anwendung des vorliegenden Ansatzes möglich wird, kann jedoch erst die Frage nach den Bedingungen für selektive Nachahmung beantworten.

Die Vielzahl zu beeinflussender Handlungsdeterminanten und die Bedingungen für die Akzeptanz der vom Kommunikator dargebotenen Konsequenzen dieser Einstellungen und Handlungstendenzen durch die Rezipienten machen neben der vom Rezipienten wahrgenommenen kognitiven und affektiven Glaubwürdigkeit des Kommunikators die Effizienz oder Einflußmöglichkeiten der Massenmedien aus. Je weniger vom Rezipienten übernommen wird, um so selektiver ist die Nachahmung. Die Bedingungen, unter denen die Rezipienten generell die Aussagen übernehmen und speziell die Suizidwahrscheinlichkeit der Rezipienten erhöht wird, werden im folgenden Kapitel erörtert.

3.2.3 Relativierung des Werther-Effekts: Bedingungen wirksamer Sozialisation oder selektiver Rezeption

3.2.3.1 Auswahlprinzip: Relevante Anreizkontingenzen

Auf der Grundlage kognitiver und motivationstheoretischer Einstellungstheorien lassen sich Bedingungen für die Veränderung von Einstellungen bzw. Handlungstendenzen formulieren[19]. Die erste dieser Bedingungen setzt voraus, daß die in den Aussagen vom Kommunikator dargebotenen Stimuli, das ist die umfangreiche Klasse von Einstellungen[20], mit relevanten Anreizen verknüpft sind. Relevante Anreizkontingenzen sind solche generell vom Rezipienten wahrgenommenen Wert- und Zielvorstellungen, die der Rezipient akzeptiert oder ablehnt und in diesem Sinne für den Rezipienten nicht bedeutungslos sind. Da nicht alle Nachahmungen interessieren, sondern nur imitierte Suizidhandlungen, muß die inhaltliche Bestimmung des Relevanzbegriffs außerdem um suizidrelevante Handlungsdeterminanten erweitert werden. Damit lassen sich die ersten Sozialisationshypothesen formulieren:

---

19 Vgl. zu einer Übersicht verschiedener Einstellungstheorien und ihrer Relevanz für sozialisationstheoretische Fragen der Veränderung von Einstellungen Abelson et al. (1968); Kiesler et al. (1968); Insko (1967); vgl. zu einem Theorienvergleich kognitiver Einstellungstheorien, insbesondere der Dissonanztheorie und die hier angewandte motivationstheoretische Einstellungstheorie, die auf Ansätzen von Peak (1955) und Carlson (1953) basiert, aber auch mit dem bedürfnistheoretischen Ansatz vor Katz (1960) und dem später entwickelten Fishbein-Modell (Fishbein 1965) kompatibel ist, Lindner-Bräun (1976, insbes. S. 293-327). Diese Aussagen erweisen sich auch als generelle Aussagen, die mit vielen empirischen Untersuchungen über die Wirkung von Kommunikatoren und Modellen übereinstimmen, vgl. Lindner-Braun (1976, S. 27-102).

20 Vgl. zur terminologischen Abgrenzung von Einstellungen und Handlungstendenzen Abschnitt 2.1.3.

H_S22: Eine dargebotene massenmediale Aussage wird um so eher die Wahrscheinlichkeit von Suizid- bzw. Suizidversuchshandlungen beim Rezipienten der Aussagen erhöhen, je eher suizidrelevante Determinanten ($H_S22.1$) mit positiven Anreizen verbunden sind, je größer der versprochene Anreizwert ist, je mehr positive Anreizwerte angesprochen werden bzw. je weniger negativ die Anreizwerte sind im Vergleich zu nicht propagierten suizidrelevanten Determinanten, und je (un)wahrscheinlicher diese (negativen) positiven Anreize realisiert werden als Folge der Akzeptanz suizidrelevanter Determinanten ($H_S22.2$).

Von besonderem Interesse sind hierbei die suizidrelevanten Determinanten auf der Erklärungsstufe des Handlungsmodells, das ist die Tendenz, eine bestimmte Selbstmordmethode unter verschiedenen Anreizkontingenzen für geeignet zu halten, und die Suizid- bzw. Suizidversuchstendenz auf der Erklärungsstufe des Instrumentalitätsmodells.

Aber auch die Kausal- und Moralprinzipien sind unter den Begriff von Einstellungen subsumierbar und würden unter denselben Sozialisationsbedingungen erworben werden, wenn sie als Präferenzen für Kausalzuschreibungen und Anspruchsniveaupräferenzen aufgefaßt werden (vgl. Abschnitt 1.2). Die Wahl unterschiedlich schwieriger Zielvorstellungen oder die Anwendung eines Kausalfaktors kann so vom Kommunikator in einer Aussage als mehr oder weniger vorteilhaft und die Wahrscheinlichkeit einer Realisierung dieser positiven und negativen Konsequenzen als mehr oder weniger sicher vorgestellt werden.

Worin besteht nun die erste selektive Eingrenzung der Rezipienten, die als beeinflußbar gelten können? Sie ergibt sich aus dem Erklärungsmodell für suizidale Handlungen. Informiert ein Kommunikator aufgrund visueller oder akustischer Reize über die Vor- und Nachteile bestimmter Selbstmordmethoden, und ist er auch erfolgreich in der Vermittlung einer Präferenz für eine bestimmte Selbstmordmethode, so wird diese Präferenz, d.h. die vom Rezipienten positiv bewertete Methode, nur dann zu Suizidhandlungen führen, wenn der Rezipient bereits suizidär disponiert ist. Personen mit ausgeprägten Suizid- und Suizidversuchstendenzen dürften aber eine Minderheit unter den Rezipienten darstellen. Andererseits ist es plausibel anzunehmen, daß in den verbreiteten Geschichten über einzelne Selbstmordfälle, die in den genannten Untersuchungen jedoch nicht nach Aussageninhalten analysiert wurden, solche Hinweise über subjektiv geeignete Selbstmordmethoden enthalten waren. Dazu gehören z.B. auch erwartete psychologisch-physiologische Zielzustände, z.B. das subjektive Schmerzempfinden beim Einnehmen von Gift. Lernt man aus der Suizidgeschichte nur das Wie der Selbstmordhandlung, würde die Suizidhandlung lediglich – zu einem früheren Zeitpunkt – ausgelöst werden. Das Suizidpotential wäre dadurch nicht verändert worden. Diese These gewinnt auch an empirischer Plausibilität, wenn die umfangreichen Untersuchungen über die massenmediale Beeinflussung aggressiven Verhaltens zum Vergleich herangezogen werden. Die höchste Nachahmungsrate von gewalttätigen Handlungen hatten häufig solche Personen, die bereits vorher aggressiv disponiert waren (vgl. Stein und Friedrich 1972).

Eine hohe Nachahmungsrate müßte jedoch erwartet werden, wenn es gelänge, durch die Verbreitung von Selbstmordgeschichten Suiziddispositionen selbst zu induzieren. Dies wäre dann der Fall, wenn die Rezipienten eine in den Aussagen zum Ausdruck kommende überwiegend negative Wert-Erwartungs-Bilanz bezüglich der Ausführung von suizidalen Handlungen und relativ günstigere, d.h. schwächer ausgeprägte negative Anreize bei der Ausführung der Suizidhandlung, und positive Anreize bei der Ausführung einer Suizidversuchshandlung übernehmen würden. Die Wahrscheinlichkeit einer effizienten Sozialisation suizidaler Dispositionen durch einmalige Medienexposition muß aber als sehr gering angesehen werden. Diese Vermutung entspricht nicht nur dem Allgemeinverständnis von der Wirksamkeit möglicher ‚Suggestionen', sondern ist auch theoretisch begründbar. Warum sollte sich ein Rezipient – ‚glücklich' in Familie und Beruf –‚einreden' lassen, daß Selbstmord immer noch besser sei, als das Erdulden auswegloser familiärer und beruflicher Situationen? Der geringe Einfluß entsprechender massenmedialer Aussagen auf die Herausbildung suizidaler Disposition ist in zweifacher Hinsicht theoretisch begründbar.

Erstens war vermutet worden, daß nicht äußere direkt oder auch stellvertretend erfahrene Anreize zu einer dominierend negativen Wert-Erwartungs-Bilanz führen, sondern eine fortgesetzt ungünstige Kausalzuschreibung von Handlungserfolgen und/oder die Wahl zu schwieriger oder zu leichter Aufgaben. Einflußreiche Kommunikatoren müßten daher nicht nur Suizidhandlungen relativ zu den Handlungsalternativen attraktiv erscheinen lassen, sondern auch Kausal- und Moralprinzipien durch propagierte Anreizkontingenzen herauszubilden versuchen. Dargebotene Anreizkontingenzen für suizidale Handlungen allein wären daher nur für solche Rezipienten gefährlich, die aufgrund *prä-existenter Kausal- und Moralprinzipien* suizidäre Interpretationen und Aufgabenwahlen vornehmen.

Die *zweite* Relativierung einer effizienten Sozialisation ergibt sich aus der Art der vom Kommunikator intendierten oder nicht intendierten Belohnung, der *Belohnungsquelle*. Im ersten Teil der Arbeit wurden intrinsische und extrinsische Belohnungen bzw. Anreize unterschieden. Während intrinsische Anreize eine Belohnung durch eigenes Tun, also des Selbst beschreiben, sind extrinsische Anreize Belohnungen, die durch Handlungen anderer Personen zustandekommen. Die dritte Belohnungsquelle ist die stellvertretende Belohnung. Eine wünschenswerte oder abzulehnende Konsequenz wird nicht direkt, sondern über Beobachtung, stellvertretend für das Modell erfahren, das diesen Konsequenzen direkt ausgesetzt ist oder bei Selbstbelohnungen diese selbst realisiert.

Die Wirksamkeit stellvertretender Belohnungen kann als empirisch bestätigt gelten. Hinsichtlich der relativen Effizienz verschiedener Belohnungsarten kommt die zusammenfassende Beurteilung von Bandura, trotz einiger experimenteller Befunde, die gleiche Wirksamkeit stellvertretender und direkter Belohnung nahelegen (z.B. Kanfer 1965), der Realität wohl am nächsten, wenn er schreibt daß „Unmittelbare Anreize ... motivational wirksamer [sind] als stellvertretende, wenn die Menschen das Verhalten über *längere Zeit beibehalten* sollen. Beispielsweise kann man Arbeitgebern nicht empfehlen, die Produktivität ihrer Angestellten dadurch zu sichern, daß sie ihnen zeigen, wie eine kleine Gruppe von Arbeitern am Ende eines Monats ihre Lohntüte erhält" (Bandura 1979, S. 126; Hervorhebung C.L.-B.).

Geht man davon aus, daß in den klassischen Massenmedien – Print- und elektronischen Medien – nur stellvertretende Erfahrung der Anreizkontingenzen möglich ist, würde die Wirksamkeit im Vergleich zu den direkt erfahrenen Anreizen – materieller oder statusbezogener bzw. affiliativer Anreize, wie sie in beruflichen oder familiären Beziehungen ausgetauscht werden – reduziert sein. Die dargebotenen Anreizwertintensitäten würden unter der Bedingung stellvertretender Erfahrung dieser Anreizwerte geringer ausgeprägt sein als bei direkter Erfahrung und daher auch die Einflußchancen der Kommunikation mindern, d.h. zu weniger nachgeahmten suizidalen Handlungen führen (H_S22.1).

Die *dritte* theoretische Begründung für die zu vermutende relative Ineffizienz kurzfristig dargebotener massenkommunikatorischer Stimuli, die eine Selbstmordgefahr erhöhen würden, betrifft die Glaubwürdigkeit der Kommunikatoren, die Handlungskonsequenzen propagieren oder diese dem Rezipienten nahelegen. Diese Bedingungen sollen im nächsten Abschnitt erörtert werden.

3.2.3.2 Auswahlprinzip: wahrgenommene kognitive und affektive Glaubwürdigkeit der Kommunikatoren

Eine Vielzahl von experimentellen Untersuchungen der massenkommunikatorischen Wirkungsforschung und des Lernens am Modell belegt die Wichtigkeit des Kommunikators für eine intendierte erfolgreiche oder auch nicht intendierte Beeinflussung des Rezipienten, z.B. in Form einer hohen Nachahmungsrate des dargebotenen Modellverhaltens[21]. In Abhängigkeit von Alter, Geschlecht, Ähnlichkeit, Status, Realitätsnähe, wahrgenommener Überredungsabsicht der Kommunikatoren, Fachkompetenz, Zuneigung[22] variiert die Übernahme der Kommunikationsinhalte durch den Rezipienten. Eine vereinfachende theoretische Interpretation, die auch andere Sozialisationseffekte – die Wirkung unterschiedlicher Führungsstile oder die Einwirkung von Versuchsleitern – erklären kann[23], faßt diese imitationsfördernden Merkmale des Kommunikators in die beiden Konzepte der kognitiven und affektiven Glaubwürdigkeit.

Unter der *kognitiven Glaubwürdigkeit* des Kommunikators wird bei Verwendung der bisher eingeführten motivationstheoretischen Terme[24] die Diskrepanz zwischen der vom Kommunikator propagierten Wahrscheinlichkeit (Fremdwahrscheinlichkeit) für die Realisierung von Anreizen bei der Ausführung von nachzuahmenden Handlungen bzw. Übernahme von Handlungstendenzen und der präkommunikativen subjektiven Wahrscheinlichkeit, mit der der Rezipient dieselbe

---

21 Vgl. Hovland et al. (1953, S. 19 ff.); zusammenfassend McGuire (1969); Lindner-Braun (1976, S. 26-59), vgl. zu Diskrepanzen von Kommunikationsinhalten Hovland et al. (1957).

22 Vgl. Lindner-Braun (1976, S. 96 ff., S. 27 ff.; insbes. Übersicht 7, S. 43).

23 Vgl. ebenda, S. 68 ff., S. 86 ff.

24 Vgl. Abschnitt 2.2.2.2 und 3.1.1.

Handlung bzw. Handlungstendenzen als mehr oder weniger sicheres Instrument zur Realisierung der Anreize einstuft, verstanden.

Dabei soll die Glaubwürdigkeit um so geringer sein, je größer die Diskrepanz zwischen der Fremdwahrscheinlichkeit und der präkommunikativen subjektiven Wahrscheinlichkeit des Rezipienten ist, und umgekehrt um so größer, je kleiner die Diskrepanz der Wahrscheinlichkeitsrechnungen beider Interaktionspartner ist.

Die entsprechende Hypothese über den Einfluß des Kommunikators auf den Rezipienten lautet:

HS23: Je größer die kognitive Glaubwürdigkeit des Kommunikators, um so größer ist bei Konstanz der in der Aussage zum Ausdruck kommenden Anreizkontingenzen die Einflußchance des Kommunikators, d.h. um so eher wird die propagierte Handlung nachgeahmt bzw. die Handlungstendenz übernommen[25].

Durch die Wahrscheinlichkeitsdiskrepanz, die auch als Strukturparameter die Interaktionsbeziehungen kennzeichnet, gewinnt man relativ allgemeine Aussagen über die Bedingungen sozialer Einflußnahme. Es lassen sich damit auch Sozialisationseffekte in verschiedenen sozialen Kontexten vorhersagen und spezifische Aussagen erklären, z.B. über den Zusammenhang zwischen der Fachkompetenz eines Kommunikators und der Adoptionsrate der propagierten Inhalte durch die Rezipienten (vgl. Lindner-Braun 1976, S. 27 ff., insbes. Übersicht 7, S. 43 und Übersicht 10, S. 81). Weitere Ergänzungen der Glaubwürdigkeitshypothese mit Bedingungen über eine unterschiedliche Toleranzbreite dieser Wahrscheinlichkeitsdiskrepanz sind möglich und gestatten eine theoretische Einordnung einer bereits eingangs erwähnten Besonderheit des Interaktionssystems der Institution Massenmedien. Die zu tolerierende Erwartungsdiskrepanz unter Konstanz der affektiven Glaubwürdigkeit, d.h. bei hinreichender Ähnlichkeit der anzustrebenden Zielvorstellungen, ist bei einem wahrgenommenen größeren Erfahrungsgefälle zu-

---

25 Analog zu der für die Entstehung von Einstellungen als Folge massenkommunikatorischer Exposition entwickelten Funktionsgleichung (vgl. Lindner-Braun 1976, S. 293 f.) kann der Einfluß kognitiver und affektiver Glaubwürdigkeit, definiert über Diskrepanzen zwischen Wahrscheinlichkeitsrechnungen und Anreizwertintensitäten, so formalisiert werden, daß bei höchster kognitiver Glaubwürdigkeit die postkommunikative subjektive Wahrscheinlichkeit sich der Fremdwahrscheinlichkeitsrechnung des Kommunikators angleicht, während bei geringster Glaubwürdigkeit keine Angleichung zwischen präkommunikativer subjektiver und fremder Wahrscheinlichkeitsrechnung erfolgt. Die Gewichtung mit dem Glaubwürdigkeitsfaktor kommt daher einer ‚Mittelung' von Fremdwahrscheinlichkeit und subjektiver präkommunikativer Wahrscheinlichkeit des Rezipienten gleich.
Dieser ‚Verrechnungsmodus' könnte als Funktionsverlauf noch stärker differenziert werden. Zum Beispiel könnten analog der Präferenzfunktion mittleren Abweichungen Maximalwerte zugeordnet werden, während sehr große und sehr kleine Abweichungen, also fremde und übereinstimmende Fremdwahrscheinlichkeiten als unglaubwürdiger eingestuft würden und Minimalwerte erzielten.
Diese Glaubwürdigkeitsgewichte wirken sich unabhängig von den Anreizkontingenzen der fraglichen Einstellungen und Handlungen aus. Die vom Kommunikator versprochenen Belohnungen erhöhen die mutmaßliche Nachahmungsrate, sie würde nur bei eingeschränkter Glaubwürdigkeit die Wahrscheinlichkeit der Akzeptanz vermindern.

gunsten des Kommunikators größer als bei einem geringeren Erfahrungsgefälle (HS23.1).Dieses Erfahrungsgefälle könnte mit Hilfe der Zahl der angeblich oder tatsächlich gemachten Erfahrungen bzw. der Stabilität der Erwartungen definiert werden[26]. Wird der Rezipient daher mit neuen Kommunikationsinhalten konfrontiert und attestiert er dem Kommunikator eine größere Erfahrung im Hinblick auf die behaupteten Konsequenzen, wäre auch eine größere Erwartungsdiskrepanz tolerierbar und würde nicht das Mißtrauen des Rezipienten erregen. Dies könnte für relativ neue Aussageninhalte, z.B. in denen die Todesfurcht als ein suizidrelevanter Anreiz erörtert wird, relevant sein. Solche Einstellungen oder Anreizkonstellationen hätten dann auch bei größeren Erwartungsdiskrepanzen eine Chance, von Rezipienten aufgenommen zu werden.

Diese Zusatzhypothese ist außerdem anwendbar auf die Möglichkeit des Kommunikators, vorgebliche oder tatsächliche Mehrheitsmeinungen vertreten zu können (vgl. Noelle-Neumann 1980).

Wenn Massenmedien in stärkerem Maße als andere Sozialisationsinstanzen für sich beanspruchen können, eine Mehrheitsmeinung zu vertreten und diese Mehrheitsmeinung ein Erfahrungsgefälle zugunsten des Kommunikators ausmacht – ‚viele können sich nicht irren' oder ‚viele haben mehr Erfahrungen gemacht als ein einzelner' – könnte die Erwartungsdiskrepanz bei Kommunikatoren, die diese Mehrheitsmeinung suggerieren, größer ausfallen, ohne daß die Glaubwürdigkeit der Aussage Schaden erleidet. Die für die Massenmedien typische stellvertretende Belohnung, die die Einflußchancen unter Konstanz der übrigen Faktoren verringert, könnte dann durch den größeren Glaubwürdigkeitskredit wieder erhöht werden (HS23.2).

Die *affektive Glaubwürdigkeit,* die auch als Vertrauen, das der Rezipient in den Kommunikator setzt, bezeichnet werden kann, wird analog als Ausmaß der Übereinstimmung oder Diskrepanz zwischen Zahl und Intensität der beim Kommunikator wahrgenommenen und der vom Rezipienten selbst angestrebten Anreize verstanden. Die affektive Glaubwürdigkeit soll bei geringer Abweichung größer sein als bei großer Diskrepanz. Entsprechend muß die Hypothese, die die selektive Übernahme von Aussageninhalten durch den Rezipienten erklären kann, lauten:

HS24: Der Einfluß des Kommunikators ist um so größer, je geringer die Anreizdiskrepanz bzw. je größer die wahrgenommene affektive Glaubwürdigkeit des Kommunikators bei Konstanz der Anreizwertkontingenzen, d.h. den vom Kommunikator nahegelegten positiven oder negativen Konsequenzen der Handlung oder der propagiertem Einstellung bzw. Handlungstendenz, die in den Aussageninhalten zum Ausdruck kommen, ist.

Wenn das Zutrauen in die kognitiven Fähigkeiten des Kommunikators als kognitive Glaubwürdigkeit, die der Kommunikator genießt – und etwa durch die Fachkompetenz des Kommunikators in Untersuchungen oft ermittelt wurde –, konzeptualisiert wurde, stellen die anderen Bedingungen erfolgreicher oder nicht erfolg-

---

26 Vgl. zur theoretischen Ableitung des Theorems über die Stabilität der Erwartungen in Abhängigkeit der gemachten Erfahrungen aus der Rotterschem Handlungstheorie Lindner-Braun (1976, S. 280 und S. 319 ff.).

reicher Einflußnahme – z.B. die wahrgenommene Überredungsabsicht, die den Einfluß mindert, die wahrgenommene Zuneigung, die zu mehr Nachahmung anregt und Alter oder Geschlecht der Modelle – Indikatoren für das Vertrauen, das in den Kommunikator gesetzt wird, dar. So läßt sich vermuten, daß Kommunikatoren, denen Zuneigung entgegengebracht wird, oder gleich alte bzw. gleichgeschlechtliche Modelle, ähnliche Werthorizonte aufweisen wie die Rezipienten, daß aber Kommunikatoren, deren Überredungsabsicht vom Rezipienten erkannt wird, als Personen mit abweichenden Anreizkonstellationen vom Rezipienten wahrgenommen werden. Ihre Einflußchance würde unabhängig von den Anreizkontingenzen sinken. Die Tatsache allerdings, daß Modelle mit höherem Status bevorzugt nachgeahmt werden – hierzu wäre auch die dem Ähnlichkeitspostulat widersprechende Beobachtung zu rechnen, daß Erwachsenenmodelle für beobachtende Kinder attraktiver sind als gleichaltrige Modelle –, ist weniger plausibel auf die höhere Glaubwürdigkeit dieser Modelle zurückzuführen. Man kann vielmehr annehmen, daß die propagierten Handlungen oder Einstellungen vom Rezipienten als Mittel zur Erreichung dieser statusbezogenen positiven Anreize angesehen werden und sich daher die Adoptionsrate dieser beobachteten Reaktionen erhöht. Die Suggestivität solcher Anreizkontingenzen wird von der Werbebranche längst erfolgreich genutzt. Der Status eines Modells würde daher nicht als Modellmerkmal aufzufassen sein, sondern gehörte zu den ‚versprochenen' Anreizkontingenzen (vgl. Abschnitt 3.2.4.1).

3.2.3.3 Ableitung spezifischer massenmedialer Wirkungshypothesen: Suizid- und Suizidversuchsgefahr durch massenmediale Inhalte

Faßt man die bisherigen Ausführungen in folgende generelle Wirkungshypothesen *zusammen*, ist die Nachahmungsgefahr durch Rezipienten oder der Einfluß der Kommunikatoren auf die Übernahme von Einstellungen und Handlungen durch den Rezipienten dann größer, wenn der Kommunikator in seiner Aussage erstens bei der Übernahme von Einstellungen bzw. der Ausführung von Handlungen die *Realisierung relevanter Anreize* als wahrscheinlich ausgibt.

Zweitens muß seine *kognitive Glaubwürdigkeit* (Ausmaß der Diskrepanz zwischen den Erwartungen von Kommunikator und Rezipient) und drittens seine *affektive Glaubwürdigkeit* (Ausmaß der Diskrepanz zwischen den Anreizen von Kommunikator und Rezipient) groß sein (H$_S$22-24). Dabei wurde des weiteren angenommen, daß die Anreizwertintensität vermindert wird, so lange in den massenmedialen Aussagen die erkennbar zu erwartenden Anreize nur *stellvertretend* vom Rezipienten erfahren werden (H$_S$22.1). Umgekehrt wird die Glaubwürdigkeit gesteigert und damit die Einflußchance erhöht, wenn in der massenmedialen Aussage eine *Mehrheitsmeinung* zum Ausdruck gebracht wird (H$_S$23.2).

Diese Sozialisationshypothesen mit spezifischen Annahmen über die Ausprägung massenmedialer Wirkungsfaktoren und die soziale Motivationstheorie zur Erklärung suizidaler Handlungen lassen unter zusätzlichen Annahmen über die suizidrelevante Ausprägung massenmedialer Wirkfaktoren die Ableitung folgender Aussagen über die suizidfördernde Wirkung massenmedialer Aussagen zu:

Erstens: Präferenzen für Selbstmordmethoden sind nach einmaliger Exposition einfacher herauszubilden als Suiziddispositionen (H_T25).

Zweitens: Herausgebildete Präferenzen für Suizidmethoden erhöhen nur dann die Suizidwahrscheinlichkeit, wenn Suizid- bzw. Suizidversuchstendenzen für die Rezipienten typisch sind (H_T26).

Drittens: Suizid- und Suizidversuchstendenzen sind nur insoweit veränderbar, als die Rezipienten bereits eine ungünstige Bewertung der Handlungsalternativen zu suizidalen Handlungen vornehmen. Die Veränderung stellt dann eine ‚kritische' Verschlechterung dar (H_T27).

Viertens: Bei gleich ungünstiger Bewertung der Handlungsalternativen zu suizidalen Handlungen unterliegen Suizidversucher in stärkerem Maße einer Nachahmungsgefahr als Suizidenten (H_T28).

Fünftens: Eine kurzfristige Beeinflussung suizidaler Handlungen durch massenmediale Aussagen nimmt auf jeder Erklärungsstufe für die Determinanten suizidaler Handlungen ab.

Im folgenden werden diese Hypothesen über die stark selektive Rezeption massenmedialer Aussagen begründet. Warum sind die *Präferenzen für bestimmte Suizidmethoden,* nicht aber Suiziddispositionen nach einmaliger Exposition mutmaßlich übertragbar (H_T25)?

Die Anreizkonstellationen, die die subjektive Eignung einer Selbstmordmethode bestimmen, sind weniger komplex als die, die bei einer dominierend negativen Handlungstendenz als Suiziddisposition vorausgesetzt wurden. Allein die Zahl der postulierten Abstoßungseffekte betrifft eine Vielzahl von Handlungsalternativen zum Suizid, während die Zahl alternativer Selbstmordmethoden kleiner ist. Die Meinungsbildung über eine Selbstmordmethode unter Abwägung medizinisch-physiologischer, aber auch psychologischer und sozialer Beweggründe – z.B. ein schmerzfrei, schnell und sicher wirkendes Mittel – setzt aber auch weniger zu prüfende Konsequenzen voraus. Die einfachere Präferenzstruktur für Selbstmordmethoden macht es daher wahrscheinlicher, daß der Kommunikator erstens relevante Anreizkonstellationen des Rezipienten ansprechen kann. Zum zweiten sind aber auch Übereinstimmungen der tangierten Anreize eher möglich, und damit ist bei relativ vielen Rezipienten auch zumindest eine affektive Glaubwürdigkeit gewährleistet. Relativ einfach sind deswegen Präferenzen für Selbstmordmethoden herauszubilden. Sie erhöhen aber nur dann die Suizidwahrscheinlichkeit, wenn die Rezipienten Suizidtendenzen aufweisen (H_T26). Dies schränkt den Kreis der Rezipienten, die suizidale Handlungen als Folge der massenmedialer Exposition nachahmen, jedoch beträchtlich ein.

Bedeutet dies, daß *Suiziddispositionen* unbeeinflußbar sind? Die bisher formulierten Hypothesen lassen nur eine eingeschränkte Prägung dieser Suizidtendenz vermuten, nämlich dann, wenn der Rezipient zumindest bereits suizidäre Tendenzen aufweist, d.h. viele, aber nicht alle Handlungsalternativen bereits blockiert erscheinen und insofern keine ausgeprägte Suizidtendenz vorherrscht, aber die Wert-Erwartungs-Konstellationen und – auf der Ebene des Motivationsmodells – die Kausal- und Moralprinzipien suizidären Charakter haben (HT27). Davon wäre aber wiederum nur eine Minderheit der Rezipienten betroffen. Bei der Mehrheit der Rezipienten würde fehlende Relevanz, aber auch fehlende Glaubwürdigkeit eine Nachahmung verhindern.

Werden z.B. in Berichten über den Selbstmord einzelner Personen deren negative Wert-Erwartungs-Konstellationen angesprochen, muß bei den meisten Zuhörern oder Zuschauern von stark abweichenden Erwartungen, aber auch anderen Anreizkonstellationen ausgegangen werden. Wenn die Mehrzahl z.B. nicht in beruflichen oder familiären Schwierigkeiten steckt, herrscht nicht Hoffnungslosigkeit vor, sondern ist die dominierende Erwartungsstruktur durch Zuversicht gekennzeichnet. Solche Abweichungen würde die Glaubwürdigkeit des Kommunikators für eine den Rezipienten betreffende Empfehlung oder Beeinflussung schwächen. Andere Anreize sind außerdem zu vermuten. Damit fehlt die vorausgesetzte Relevanz der Anreizkontingenzen. Wenn z.B. bei gefährdeten Rezipienten negative Anreizklassen dominieren, z.B. die Furcht vor Zurückweisung oder die Furcht davor, schwach zu erscheinen, sind für nicht gefährdete Rezipienten eher positive Anreizklassen als Zielvorstellungen maßgeblich, z.B. die erhoffte Zuneigung von Freunden und die Erwartung, sich auch gegenüber Vorgesetzten und Untergebenen durchsetzen zu können. Auch andere Überlegungen, die in Sendungen zum Ausdruck kommen, können irrelevant sein, z.B. die Todesfurcht. Als Konsequenz einer Suizidhandlung wird sie für einen Suiziddisponierten von größter, für andere Rezipienten von geringer Bedeutung oder irrelevant sein. Irrelevante Anreizkontingenzen wären aber kaum geeignet, auch nur die Aufmerksamkeit der Rezipienten zu erlangen.

Anders ist die Ausgangssituation aber für einen Rezipienten, der bei der Verfolgung aller Handlungsalternativen zum Suizid bereits ungünstige Wert-Erwartungs-Matrizen herausgebildet hat. Ein Bericht über fremdes Leid, das nicht nur in Verbindung mit suizidalen Handlungen stehen muß, kann dann eine bereits vorhandene Hoffnungslosigkeit verstärken. Ähnlich wie ein direkt erfahrenes persönliches ‚Mißgeschick' als gemeinhin ‚unverständlicher Anlaß' für die Suizidhandlung angesehen wird, wären dann stellvertretend erfahrene ‚schlechte Nachrichten' geeignet, die kritische Verschlechterung der Wert-Erwartungs-Matrizen zu bewirken und einen Suizid auszulösen. Die Suizidwahrscheinlichkeit dieser Rezipienten wäre aber ohnehin angesichts einer präsuizidären Konstellation erhöht gewesen.

Diese kritische Verschlechterung verdient bei der Betrachtung einer *Suizidversuchsgefahr* noch eine besondere Erwähnung. Wenn dem Suizidgefährdeten, dem alle Handlungsalternativen versperrt erscheinen, durch positive Berichte über das Sterben allgemein oder auch speziell im Zusammenhang mit einem gelungenen Selbstmord die Furcht vor dem Sterben nicht genommen, sondern vermindert wird, ist bei gegebenem Mittelpotential nach diesem Erklärungsmodell die Suizidgefahr durch massenmediale Einwirkung in starkem Maße erhöht worden. Angesichts einer extremen und stark verankerten Todesfurcht ist allerdings eine glaubwürdige Vermittlung der gegenteiligen Ansicht – Tod als Erlösung – auch bei Suiziddisponierten erschwert. Im Gegensatz hierzu stellt sich die Suggestionsgefahr für Suizidversuchshandlungen bei bereits vorhandenen ungünstigen Bewertungen der Handlungsalternativen zum Suizidversuch dar (H_T28). Recht glaubhaft können zu erwartende soziale Aufmerksamkeit und Hilfe nach einem ‚mißlungenen' Suizid als wahrscheinliche positive Anreize in massenmedialen Sendungen vermittelt werden. Die anzunehmende hohe Glaubwürdigkeit kann sowohl darauf zurückgeführt werden, daß die Aussage als schwerer wiegende Mehrheitsmeinung vorgestellt wird, oder darauf, daß die Fremdmeinung mit der eigenen Erfahrung im starkem Maße übereinstimmt (vgl. H_S23).

Auch relevante Anreize würden bei suizidär Disponierten angesprochen. Beim Vergleich der beiden suizidalen Gruppen und unter der Annahme gleicher suizidärer Vorprägung, d.h. einer wahrgenommenen Blockierung vieler Handlungsalternativen, würden Suizidversucher daher in stärkerem Maße dem Einfluß massenmedialer Aussagen ausgesetzt sein als potentielle Suizidenten (vgl. H_S23.2).

Eine kurzfristige *Veränderung der Kausal- und Moralprinzipen* durch einmalige Konfrontation mit massenmedialen Aussageninhalten ist aus den gleichen Gründen wenig wahrscheinlich, wie eine Suiziddisposition kurzfristig nicht herausgebildet werden kann (H_T27). Generalisierte negative Erwartungen und eine negative Affektbilanz, beides Konsequenzen abweichender Kausalattributionen und Anspruchsniveauwahlen, treffen bei der Mehrheit der Rezipienten weder auf relevante Anreizstrukturen noch auf glaubwürdige Aufnahme solcher abweichender Vorstellungen, die sich auf viele Situationen und daher auch auf viele Handlungen beziehen. Auch hierbei könnten allenfalls situationsbezogene Konsensusinformationen, die mit präexistenten suizidären Kausalprinzipien übereinstimmen – internale Zuschreibung von Mißerfolg bzw. externale Zuschreibung von Erfolg – bereits vorgeprägte generalisierte negative Erwartungen und negative Affektbilanzen verstärken. Umgekehrt würden konträre Konsensusinformationen nicht geeignet sein, dauerhaft die suizidären Kausal- und Moralprinzipien außer Kraft zu setzen. Allenfalls könnte die Interpretation zu einem bestimmten Zeitpunkt beeinflußt werden. Solche Informationen beträfen z.B. eine glaubwürdige Vermittlung von Ursachen für Arbeitslosigkeit. Glaubhaft wahrgenommene kollektive Arbeitslosigkeit könnte bei einem arbeitslosen oder von Arbeitslosigkeit bedrohten Rezipienten eigene Schuldzuweisungen zumindest während der Zeit der massenmedialen Exposition verdrängen.

Vergleicht man die postulierten Veränderungschancen durch massenmediale Kommunikationsinhalte auf den verschiedenen Ebenen des Erklärungsmodells, kann man zeigen, daß sie auf jeder Erklärungsstufe abnehmen. Im Handlungsmodell kann davon ausgegangen werden, daß die Präferenz für Selbstmordmethoden auch nach einmaliger Exposition handlungsentscheidend gebildet werden kann, allerdings nur unter vorausgesetzter Suizidtendenz zu Selbstmordhandlungen führen wird. Auf der Ebene des Instrumentalitätsmodells sind lediglich kritische Verschlechterungen einer bereits vorhandenen ungünstigen Wert-Erwartungs-Bilanz für Handlungsalternativen zu suizidalen Handlungen bzw. zum Suizid oder Suizidversuch zu erwarten, d.h. es sind nur geringfügige Veränderungen plausibel. Die suizidären Kausal- und Moralprinzipien auf der Ebene des Motivationsmodells sind hingegen nahezu unveränderbar. Konträre situationsbezogene Konsensinformationen könnten diese jedoch zumindest zeitweilig außer Kraft setzen.

Empirische Bestätigung für diese Bedingungen selektiver Nachahmung sind allenfalls in anderen Bereichen – dem aggressiven Verhalten (vgl. z.B. Stein und Friedrich 1972) – gefunden worden. Lediglich Wassermann (1984) findet nur dann einen bedeutsamen Zusammenhang zwischen veröffentlichten Selbstmordgeschichten und der nationalen Selbstmordrate, wenn es sich um berühmte Selbstmörder gehandelt hatte. Da außerdem die Arbeitslosenrate als alternativer suizidbegünstigender Faktor konstant gehalten wurde, kann diese Untersuchung zumindest partiell die Selektivitätsthese bestätigen: Die größere Suggestivkraft statushöherer Modelle wurde mit den attraktiven Anreizkontingenzen erklärt. Hankoff (1971) stellte fest, daß Marinesoldaten, die in Einheiten mit hohen Selbstmordraten Dienst taten, hier also epidemieartige Selbstmordhäufungen beobachtbar waren, mit Suiziddispositionen belastet waren.

Auf der Grundlage der spezifischen massenmedialen Wirkungshypothesen und der sozialen Motivationstheorie zur Erklärung suizidaler Handlungen lassen sich auch Vermutungen über den Inhalt der massenmedialen Aussagen aufstellen. Welche massenmedialen Kommunikationsinhalte sind geeignet, die Wahrscheinlichkeit der bereits beschriebenen stark selektiven Rezeption zu erhöhen?

Erstens: Portraits prominenter Selbstmordopfer wirken in größerem Maße ‚ansteckend' als Berichte über unbekannte Selbstmordopfer. Dies ist dann der Fall, wenn der hohe Status Prominenter als zusätzliche, aber stellvertretende Belohnung erfahren wird. Wie bei anderen bereits erörterten Konsequenzen einer Selbstmordhandlung – positiver und negativer Ausprägung – können diese zusätzlichen Anreize aber nur kurzfristig und in der Vorstellung ‚erlebt' werden. Analog ist die gegenteilige Wirkung solcher suizidversuchsabhängiger Anreize: Diese wären auch nach dem Suizidversuch als ‚übernommener' Statuszuwachs konsumier- und daher auch antizipierbar. Daß der Statuszuwachs jedoch nur für einen eingeschränkten Rezipientenkreis von Bedeutung sein kann, bleibt von dieser Hypothese unberührt.

Zweitens: Suizidfördernde Aussageninhalte, die durch Massenmedien Verbreitung finden, sind nicht auf die Darstellung von Selbstmordhandlungen beschränkt. Die beschriebene kritische Verschlechterung der Bewertungen von Handlungen durch potentielle Suizidversucher und Suizidenten kann auch im Zusammenhang mit Darstellungen anderer suizidferner Einstellungen und Handlungen bewirkt werden. Dasselbe gilt für die Verbreitung von Präferenzen für Selbstmordmethoden. Medikamente oder bestimmte Gegenstände sind häufig auch, aber nicht ausschließlich, als Tötungsmittel geeignet. Insofern können natürlich auch Berichte über Unfälle, Bedienungsanleitungen etc. die Präferenzen für Selbstmordmethoden beeinflussen.

Drittens: Legen propagierte Aussageninhalte die Meinung der Mehrheit der übrigen Bevölkerung nahe, indem maßgebliche Bewertungen einer Suizidhandlung, die Reaktionen auf einen Suizidversuch, dargestellt werden, haben solche Aussageninhalte unter Konstanz der übrigen Wirkungsfaktoren eine größere Wirkung als Aussagen, in denen keine Mehrheitsmeinung suggeriert wird.

Dies gilt unter der bereits genannten Voraussetzung, daß Mehrheitsmeinungen ein Glaubwürdigkeitsbonus wegen vermuteter mehrfach bestätigter Erwartungen zukommt.

Die untersuchten massenmedialen Prozesse bezogen sich auf eine kurzfristige Wirkung massenmedialer Aussageninhalte. Entsprechend wurden nur situationsbezogene Veränderungen einzelner situationsspezifischer Wert-Erwartungs-Konstellationen untersucht, die Herausbildung situationsübergreifender Kausal- und Moralprinzipien sowie vollständig ausgeprägter Suiziddispositionen kann nicht Ergebnis einer einmaligen Konfrontation mit massenmedialen Kommunikationsinhalten sein. Genausowenig ist es denkbar, daß sich herrschende Normen – z.B. bezüglich der Bewertung suizidaler Handlungen – nach einmaliger Exposition bei der Mehrheit der Gesellschaftsmitglieder bilden und die wahrgenommenen Attraktivitäten einer Suizidversuchshandlung der Rezipienten verändern könnten. Zumindest wiederholte übereinstimmende und auch durch direkte Belohnungen bestätigte Erfahrungen sind hier vermutlich vorauszusetzen. Solche Sozialisationsprozesse laufen typischerweise in der sozialen Institution Familie ab, deren Einfluß auf das Selbstmordgeschehen im folgenden Kapitel untersucht werden soll.

4. Familie und Suizid

4.1 Bedeutung der sozialen Institution Familie

Die Familie erfüllt zentrale Funktionen für die Gesellschaft. Homans (1978) nennt Kinderaufzucht, Befriedigung sexueller Bedürfnisse und ökonomische Subsistenz, König (1976, S. 6) die Verteilung und Übertragung von Status, Rang und Würden sowie von Eigentum. Bei Broom und Selznick (1977, S. 302) werden außerdem die Schaffung von Blutsbanden und Affinitätsbindungen durch Heirat und Adoption aufgeführt. Der Funktionskatalog ist nach dieser Aufzählung nicht einheitlich, gemeinsam ist den Funktionen aber, daß die Familienmitglieder in den Interaktionen miteinander relativ zentrale Anreize realisieren können: ökonomische Anreize über den Erwerb, wenn die Produktionsstätte im häuslichen Bereich ist, über den Unterhalt einzelner abhängiger Mitglieder oder die Vererbung materieller Güter. Außerdem sind sexuelle und affiliative, aber auch statusbezogene Anreize realisierbar. Im letzteren Fall können einzelne Positionen von Ältesten, Erwachsenen oder Erwerbstätigen mit besonderem Status ausgestattet sein, oder es wird über die Ausbildung oder den Qualifikationserwerb die Voraussetzung für Statuserwerb außerhalb der Familie geschaffen. Als Indiz für die Zentralität[27], aber auch für die Exklusivität, mit der einzelne Anreize innerhalb des familialen Interaktionssystems

27 Vgl. zum strukturell definierten Zentralitätsbegriff S. 71.

erfüllt werden, könnte die Tatsache gewertet werden, daß im interkulturellen Vergleich die Kernfamilie bei unterschiedlichen Organisationsformen nicht nur zu den ältesten sozialen Institutionen zählt, sondern auch, daß sie überall auffindbar ist (vgl. Murdock 1949, S. 2).

Im folgenden wird der mutmaßliche Einfluß der sozialen Institution Familie auf allen hier bedeutsamen Erklärungsstufen mit Handlungsdeterminanten für Suizid und Suizidversuch geprüft. Dabei stellt sich erstens die Frage, inwieweit empirische Befunde verfügbar sind, die auf Anreizdefizite objektiver und subjektiver Art *als Ergebnis familialer Interaktionen* bei Suizid- und Suizidversuchsgefährdeten schließen lassen, und inwieweit strukturelle Voraussetzungen die Interpretation dieser realisierten negativen Anreize in der sozialen Institution Familie begünstigen.

Zum zweiten und dritten interessieren die Bedingungen, unter denen kurz- und langfristige Veränderungen dieser suizidalen Handlungsdeterminanten möglich sind. Kurzfristige Veränderungen betreffen Veränderungen auf den ersten Erklärungsstufen in der sekundären Sozialisation und langfristige Veränderungen von situationsübergreifenden Handlungsdeterminanten, den Kausal- und Moralprinzipien in der *primären Sozialisation*.

Langfristige Sozialisationseffekte sind empirisch schwer nachweisbar. Nach Befunden aus der Mobilitätsforschung kann z.B. der Status der Herkunftsfamilie, wenn die direkten und indirekten Effekte addiert werden, 48 % der geschätzten Varianz des individuellen Berufserfolges erklären (vgl. Jenks 1979). Angesichts der Tatsache, daß nur ein strukturelles Merkmal der Familie erfaßt wurde, kann eher noch von einer Unterschätzung ausgegangen werden (vgl. Bertram 1981, S. 152). Aus der Selbstmordforschung liegen keinerlei Befunde vor, die die relative Bedeutung verschiedener Institutionen, auch nur – wie dies in Mobilitätsuntersuchungen geschieht – über die Erfassung eines Strukturmerkmals ohne Berücksichtigung der Wirkfaktoren, aufzeigen könnte.

Ein empirisches Phänomen, das bisher keiner Erklärung zugänglich war[28], ist die relative Konstanz der Selbstmordrate eines Landes (vgl. A1, E1). Wenn die Länder trotz einschneidender gesellschaftspolitischer und wirtschaftlicher Änderungen ihren Rangplatz im Vergleich der nationalen Selbstmordraten beibehalten, d.h. die relative Selbstmordrate eines Landes im Vergleich zu den anderen Ländern dabei konstant bleibt, dann könnte dies auf langfristige Sozialisationseffekte zurückgeführt werden, die von der Institution Familie über die Bildung von Kausal-Moralprinzipien ausgehen. So bleibt die relative Selbstmordrate von Ländern mit

28 Obwohl Durkheim dieses Phänomen beschrieb und in Verbindung mit dem Integrationsgrad einer Gesellschaft brachte, erklärte er es nicht, da der Integrationsgrad einer Gesellschaft kurzfristig veränderbar sein könnte und keine Bedingungen für die Veränderungen – kurzfristiger oder langfristiger Art – aufgezeigt werden. Vielmehr beeinflussen die interaktiven Aspekte der Integration die intervenierenden Variablen der Anspruchsniveaubildung (vgl. Abschnitt 2.2.2.2). Im folgenden Abschnitt 4.3.2.2.3 wird die relative Konstanz der nationalen Selbstmordrate mit unterschiedlichen Sozialisationsprofilen der Länder zu erklären versucht.

derselben kulturellen Vergangenheit – wie z.B. die DDR und die BRD – trotz tiefgreifender, aber konträrer sozialer Änderungen, von denen allerdings die Familie wenig betroffen wurde – über die Zeit konstant.

Andere Indizien, die vor allem den Einfluß von Erziehungsmaßnahmen betreffen, werden nach dem Versuch einer theoretischen Präzisierung dieser Wirkfaktoren auf der Grundlage des vorliegenden Ansatzes auf ihre empirische Plausibilität geprüft.

4.2 Ausprägung suizidrelevanter Handlungsdeterminanten als Ergebnis von Interaktionen in der Familie

Aus der sozialen Motivationstheorie folgt, daß aus familialen Interaktionen um so eher suizidale Handlungen resultieren, je eher die Bildung von Präferenzen für Selbstmordmethoden und deren Beschaffung gefördert wird und Suizid- bzw. Suizidversuchstendenzen (Handlungsmodell) oder die sie bestimmenden suizidären Wert-Erwartungs-Matrizen (Instrumentalitätsmodell) bzw. suizidäre Kausal- und Moralprinzipien (Motivationsmodell) in Interaktionen entstehen und die strukturellen Voraussetzungen der Informationsstruktur und des Handlungsspielraums für das Interaktionssystem gelten (vgl. HG20,21).

Von geringerem Interesse – im Gegensatz zu Untersuchungen über die mutmaßliche Wirkung massenmedialer Kommunikationen – ist hierbei die Beeinflussung der Bewertung und Beschaffung des Mittelpotentials. Hingegen ist ähnlich wie bei wirtschaftlichen Aktivitäten der Frage nachzugehen, ob angesichts der Wichtigkeit der in beiden Institutionen verfolgten Zielvorstellungen Anreizdefizite im Zusammenhang mit suizidalen Handlungen beobachtbar sind. Auch die Prüfung der strukturellen Voraussetzungen des Handlungsspielraums und der Informationsstruktur gestattet eine neue theoretische Interpretation vereinzelter empirischer Befunde und alternativer theoretischer Vorstellungen.

Von besonderer Bedeutung ist aber angesichts der dauerhaften Interaktionsbeziehungen in der Familie eine Untersuchung des primären Sozialisationsprozesses. Dabei kann ein erster Versuch unternommen werden, nach Sozialisationsbedingungen für die Herausbildung von Kausal- und Moralprinzipien unter Einbeziehung der Erziehungsstile zu suchen.

4.2.1 Objektive Anreizdefizite bei affiliativen Anreizen

4.2.1.1 Integrationstheorie zur Erklärung der Suizidgefährdung nach Zivilstand, Elternstatus und Alter

Nach Durkheim begünstigt die fehlende Integration eines sozialen Systems den egoistischen Selbstmord. Das Ausmaß der Integration war über den herrschenden Normenkonsensus und die Interaktionsdichte der in einem sozialen System zueinander in Beziehung stehenden Mitglieder eines sozialen Systems definiert worden (vgl. Abschnitt 2.2.2.2 und Übersichten 20-22). Im sozialen System der Familie glaubt daher Durkheim, daß unverheiratete Männer deswegen besonders gefährdet sind, weil sie die bindende Kraft der Familie in normativer und interaktiver Hinsicht vermissen müssen. Ohne das Konstrukt des Integrationsgrades dabei direkt zu erfassen – wie oben bereits dargelegt wurde –, kann Durkheim den Ehemännern und auch Witwern, die an der häuslichen Gemeinschaft teilnehmen oder teilgenommen hatten, auf jeder Altersstufe der über 16jährigen eine geringere Selbstmordanfälligkeit attestieren als Unverheirateten (Durkheim 1973, S. 186 ff., insbes. Tabellen 20, 21). Obwohl die Vaterschaft den Schutz vor Selbstmord verstärkt, ist der Erhaltungskoeffizient der Ehemänner und Witwer auch ohne Kinder im Vergleich zu den unverheirateten Männern erhöht (vgl. ebenda, S. 218), wiewohl bei Frauen nur die Mutterschaft, nicht die Ehe selbstmordverhütend wirkt.

Bis heute läßt sich eine relative Schutzwirkung des Zivilstandes der Verheirateten gegenüber Selbstmord nachweisen, wenngleich das Alter einen weitaus größeren Zusammenhang zur Selbstmordhäufigkeit aufweist (vgl. A1/E3). Durkheim ist zwar die Tatsache, daß die Selbstmordgefahr mit zunehmendem Alter zunimmt, wohlbekannt, sie ergibt sich auch aus verschiedenen Tabellen (vgl. ebenda, S. 97, S. 188), der Zusammenhang selbst wird aber nicht erklärt. Einerseits wird er benutzt, um die Unwirksamkeit von erblichen Faktoren als alternative Erklärung nachzuweisen (S. 187 f.) – in jungen Jahren schützt das Alter vor Selbstmord, später begünstigt das Alter jedoch den Selbstmord –, und andererseits wird der Einfluß des Faktors Alter beim Nachweis der Wirksamkeit gesellschaftlicher Kräfte in der Familie, der auf die Erfassung des Zivilstandes beschränkt bleibt, konstant gehalten. Wie läßt sich aber die Tatsache erklären, daß die Selbstmordrate mit zunehmendem Alter zunimmt, und zwar unabhängig vom Familienstand? Auch Durkheim war diese Tatsache bekannt (vgl. Durkheim 1973, S. 96 f.; Tab. 20, S. 194). Die ‚bindende' Kraft der Familie versagt demnach nicht nur bei den Frauen, wie dies bereits oben dargelegt wurde, sondern geht auch mit zunehmendem Alter der Familienmitglieder verloren.

Wenn Durkheim bei der Erklärung der widersprüchlichen Fakten des weiblichen Suizidverhaltens explizit Zuflucht zu biologischen ad-hoc-Erklärungen nimmt und auf die stärkere Instinktsteuerung der Frau verweist (vgl. Abschnitt 2.2.2.1.2), legen die Ausführungen Durkheims zur Altersverteilung der Selbstmordhäufigkeit auch biologische Erklärungen nahe, allerdings wird ihnen hier im Gegensatz zu den geschlechtsspezifischen Ausnahmen nur eine untergeordnete Bedeutung zuerkannt.

Diese Beurteilung der empirischen Altersverteilung, die bei Konstanz des Familienstandes nur geringfügig zur Varianzaufklärung beitragen könne, ist nach den jüngsten multivariaten Untersuchungen (De Grove 1977, vgl. A1/E2.4) nicht haltbar. Der Faktor Alter kann hier bei Konstanz des Familienstandes, der nach Durkheim die Wirksamkeit gesellschaftlicher Kräfte indiziert, die weitaus meiste Varianz in der Selbstmordhäufigkeit erklären. Auch müßte dieser Tatbestand nicht zur Aufgabe gesellschaftlicher Erklärungen führen. Vielmehr zeigt sich hier die Schwäche des strukturellen Erklärungsansatzes, die darin besteht, daß von einer gleichartigen Wirkung der Strukturmerkmale auf alle Mitglieder des sozialen Systems ausgegangen wird.

4.2.1.2 Statusintegration und Suizid

Eine Verbesserung scheint hier die Statusintegrationstheorie von Gibbs und Martin (1964)[29] gegenüber Durkheim darzustellen, nicht nur weil der Integrationsgrad empirisch direkt zu erfassen versucht wird, sondern weil gleichzeitig verschiedene Statusfaktoren untersucht werden, die aufgrund mehrerer hypothetischer Konstrukte[30] das soziale Interaktionsgefüge widerspiegeln sollen[31]. Damit besteht theoretisch die Möglichkeit, auch die zugewiesenen Statusfaktoren Alter und Geschlecht im Hinblick auf ihre unterschiedliche selbstmordverhütende Wirkung zu untersuchen.

Nach Gibbs und Martin liegt eine hohe Statusintegration, die selbstmordverhütend wirken soll, dann vor, wenn viele Personen einer Population diesen Status besitzen. Dabei werden Bündel von Statusfaktoren untersucht: Alter, Geschlecht, Rasse, Zivilstand, Elternstatus, Beruf und in späteren Untersuchungen (vgl. Gibbs 1982) auch die Erwerbstätigkeit. Verschiedene Meßtypen resultieren aus der Bündelung von Statusfaktoren zu Statusfamilien auf der Ebene einzelner Statusfaktoren, auf der Ebene von Statuskonfigurationen und auf der Ebene unterschiedlicher Populationssegmente, die auch gesamtgesellschaftliche Vergleiche ermöglichen[32]. So wurde die Statusintegration für verschiedene Länder (England, Wales, Italien,

---

29 Vgl. zur ausführlichen Darstellung der Statusintegrationstheorie, dem Meßverfahren der Statuskonfigurationen und zu den empirischen Befunden Braun (1971, S. 63 ff.).

30 Über die einzelnen Axiome der Theorie, die aus hypothetischen Konstrukten der 'Stabilität und Dauerhaftigkeit sozialer Beziehungen', 'sanktionierten Erwartungen', 'Rollenkonflikten', 'Statusinkompatibilität' und zuletzt 'Statusintegration' bestehen, informieren Gibbs und Martin 1964 , S. 27; Gibbs 1982, S. 229, und zusammenfassend Braun 1971, S. 63 ff.

31 Die Anomietheorie von Durkheim, soweit sie nicht den normativen Aspekt der Integration umfaßt, sondern die Auswirkung variabler Anspruchsniveaubildungen, bleibt allerdings bei Gibbs und Martin außer Betracht.

32 Vgl. A3/Tab.22 zu einem hypothetischem Beispiel, in dem die Verwitweten innerhalb der Statuskonfiguration I die geringste Statusintegration besitzen, beim Vergleich der Spalten (SP 2) aber die Statuskonfiguration III die geringste Integration aufweist.

Belgien, Neuseeland, West-Bengalen) und innerhalb verschiedener Staaten in den Vereinigten Staaten von Amerika errechnet.

Die statistisch wenig bedeutsamen, aber überwiegend hypothesenkonformen Zusammenhänge zur Selbstmordrate dieser Länder konnten in späteren Untersuchungen verbessert werden. Dabei wurde vor allem auf die problematische Aggregierung der Integrationswerte einzelner Statusfaktoren zu Statuskonfigurationen[33] verzichtet und der ‚natürliche' Anteil von Personen, auf die die Kombination von Statusfaktorausprägungen zutraf, errechnet. Dieses Verfahren setzt relativ differenzierte statistische Kategorien für die untersuchte Population voraus. Die Ergebnisse der Statusintegrationswerte von weißen Frauen in verschiedenen Altersgruppen für die Statusfaktoren Erwerbstätigkeit, Zivilstand, Elternstatus sind in Tab. 12 zusammengefaßt (vgl. Gibbs 1982). Ein statistisch enger Zusammenhang ergibt sich dabei für die Statusintegration mit den Statusfaktoren Zivilstand, Erwerbstätigkeit und elterlicher Status von $r = -.665$, während die Korrelation erster Ordnung für die Statusintegration der sozialen Institution Familie (Zivilstand und Selbstmordrate) als zufällig anzusehen ist ($r = -.015$) und auch die partielle Korrelation zwischen Zivilstand und Selbstmordrate unter Kontrolle der Erwerbstätigkeit und Elternstatus – wenngleich höher ($r_p = -.353$) – die Signifikanzgrenze nicht erreicht.

Was besagen diese Untersuchungsergebnisse, und kann durch eine simultane Erfassung verschiedener Integrationsräume, die letztlich Interaktionssysteme repräsentieren sollen, der Vorwurf des Defizits struktureller Aussagen bei der Erklärung von Selbstmord ausgeräumt werden?

Die simultane Erfassung der Statusfaktorverteilung einer bestimmten Population erweist sich im Vergleich zu statistisch aggregierten Verteilungen nicht nur empirisch[34] von Vorteil. Solange die impliziten Gewichtungen rechnerischer Häufigkeitsverteilungen theoretisch nicht begründet werden können, stellen die Integrationsmaße willkürliche Operationalisierungen des Integrationskonzepts dar. Aber auch bei der Verwendung realer Häufigkeitsverteilungen bleibt der Einwand, daß es sich um ökologische Korrelationen handelt, da diese zu beträchtlichen Fehlschlüssen verleiten können, wie eine jüngere Untersuchung im deutschen Raum über die ökologische Verteilung von Selbstmordversuchen ganz gegen die Intentionen des Autors zeigt[35].

Die Überlegenheit der Statuskonfigurationen, die verschiedene soziale Systeme repräsentieren – Zivilstand und Elternstatus für Familie und Erwerbstätigkeit

---

33 Vgl. zur Kritik der Durchschnittsbildung von Statusfaktoren Blalock (1967, S. 790 ff.).

34 Die Korrelationen für additive bzw. multiplikative Aggregierung der Integrationswerte für einzelne Statusfaktoren betrugen im Vergleich zur realen Statusbesetzung ($r = -.665$) $r = -.372$ bzw. $r = -.473$.

35 Vgl. Welz et al. 1978. Resultat der Studie ist, daß sich die Verteilung der Selbstmordversuche in einzelnen Stadtbezirken bei jedem Wechsel der Untersuchungsebene verändert, was einer fortlaufenden Falsifizierung *einer* unterstellten ökologischen Verteilung gleichkommt und nicht zu dem Schluß des Autors berechtigt, daß die letzte Untersuchungsebene – die Selbstmordversuche, die sich in einzelnen Straßen häuften – die ‚richtige' Verteilung darstellen würde.

für Wirtschaft – gegenüber dem kontrollierten Einfluß einzelner Bereiche kann als wichtiger Hinweis nicht auf die notwendige gesamtgesellschaftliche Integration gewertet werden, sondern als Hinweis auf die notwendige Erfassung des gesamten sozialen Umfeldes aller Gesellschaftsmitglieder. Unter handlungstheoretischen Gesichtspunkten ist das gesamte Interaktionsgefüge, das in verschiedenen sozialen Institutionen verankert ist, für die resultierende Handlungstendenzen ausschlaggebend. Die empirische Realisierung der Durkheimschen Integrationshypothese geht auch über die Erfassung sozio-demographischer Variablen hinaus. Ungelöst bleibt aber auch bei der modifizierten Version des Integrationskonzepts von Gibbs und Martin das Problem strukturell-kollektivistischer Aussagen, gleichartige Reaktionen der Gesellschaftsmitglieder auf gleiche Strukturmerkmale vorauszusetzen.

Das Strukturmerkmal ist hier zunächst das Ausmaß der Statusintegration. Nach der soziologischen Definition von Status[36] sind alle Statusfaktoren eingeschlossen, die an wahrnehmbare und sozial sanktionierte Rollenerwartungen geknüpft sind. Alter und Geschlecht, obwohl sie unter den Statusbegriff fallen, da sie zu sozial sanktionierten Rollenerwartungen der Interaktionspartner anregen, werden jedoch aus der Reihe möglicher Statusfaktoren als Elemente erklärender Statuskonfigurationen, deren Integrationswert die Selbstmordrate bestimmen soll, mit der Begründung ausgeschlossen, daß diese als zugewiesene Statusmerkmale keine Statusmobilität und Statusinkompatibilität aufweisen (Gibbs und Martin 1964, S. 28 ff.). Eine theoretisch konsistente Begründung im Hinblick auf die Statusintegrationshypothese fehlt ebenso wie eine Begründung aufgrund der postulierten und ungeprüften Axiome, aus denen die Statusintegrationshypothese logisch folgt. Alter und Geschlecht könnte mit unterschiedlich dichten und stabilen Interaktionen, unterschiedlich sanktionierten Erwartungen, unterschiedlichen Rollenkonflikten oder Statusinkompatibilitäten verbunden sein. Theoretische Überlegungen können also keine Rolle gespielt haben. Vielmehr ist nicht zu übersehen, daß die anzunehmende gleichhohe Statusintegration von Mann und Frau, die wohl für alle Länder angesichts des fast proportionalen Geburtsanteils gilt, mit den beobachtbaren unterschiedlichen Selbstmordraten der Länder nicht in Einklang stehen kann. Ähnlich empirisch erfolglos wird die Statusintegration verschiedener Altersgruppen die Selbstmordrate prognostizieren können. Dies liegt aber weniger am Ausnahmecharakter dieser beiden ausgeschlossenen Statusfaktoren, sondern am theoretischen Konzept der Statusintegration. Der Populationsanteil, der auf einen Statusfaktor entfällt, könnte allenfalls die theoretisch möglichen Interaktionen erfassen und damit auch die in den Axiomen postulierten Rollenkonflikte etc., nicht aber die zwischen den Individuen tatsächlich stattfindenden Interaktionen.

Die Autoren schließen aber nicht nur zugewiesene Statusfaktoren wie Alter und Geschlecht aus dem Kreis relevanter Statusfaktoren aus, sondern auch solche Statusfaktoren, die ‚natürlich' knapp sind. Wenn etwa der Beruf Physiker aufgrund ‚natürlich' seltener Fähigkeiten nur von wenigen ausgeübt werden kann, handelt es

36 „A status is a recognized category of persons, to which particular socially sanctioned rights, duties, and obligations apply; and these rights, duties and obligations are the roles of the status" (Gibbs und Martin 1964, S. 23).

sich nach Gibbs und Martin um unbrauchbare Statusfaktoren zur Erfassung der Statusintegration (vgl. Gibbs und Martin 1964, S. 42). Warum sollte in der Tat eine kleine Gruppe der Bevölkerung, die z.B. ein sehr hohes Einkommen besitzt oder einen seltenen Beruf ausübt, besonders selbstmordgefährdet sein?[37] Das zu erwartende empirische Resultat bei der ‚Sortierung' relevanter und nicht relevanter Statusfaktoren, das bei dieser Meßmethode relativ einfach zu antizipieren ist, scheint daher die leitende Strategie der Autoren bei der Auswahl relevanter oder nicht relevanter Statusfaktoren gewesen zu sein. Wenn der antizipierte empirische Erfolg das theoretische Konzept bestimmt, werden theorieimmanente Schwächen kaschiert, in diesem Fall des strukturell-kollektivistischen Ansatzes, der subjektiv verschiedene Reaktionen auf gleichartige Strukturmerkmale trotz der weitergehenden Differenzierung mit Hilfe breit gefächerter Statuskonfigurationen nicht zuläßt. Im Unterschied zu Durkheim wird aber die Erklärung alters- und geschlechtsspezifischer Selbstmordraten – da diese Statusfaktoren nur als unabhängige Variablen abgelehnt wurden – mit Hilfe sozialer Fakten möglich und erübrigt den Rekurs auf unhaltbare biologische Erklärungen. Fraglich erscheint jedoch die empirische Realisierung. Will man die gleiche oder unterschiedliche Selbstmordrate zweier nach Geschlecht oder Alter aufgeteilten Gesellschaftsgruppen aufgrund ihrer Statusintegration erklären, müßten gleiche Statuskonfigurationen zugrunde gelegt werden. Bekannt ist – wie aus Tab. 12 auch hervorgeht –, daß nicht erwerbstätige und verheiratete Mütter einen hohen Selbstmordschutz genießen. Bei nicht erwerbstätigen verheirateten Vätern (Hausmännern!) muß eine extrem geringe Statusintegration angenommen werden, und deswegen wäre auf eine hohe Selbstmordrate dieser Gruppe zu schließen. Empirisch dürfte diese Gruppe jedoch kaum erfaßbar sein. Männliche Selbstmörder rekrutieren sich jedoch – den bekannten empirischen Generalisierungen zufolge – aus anderen soziodemographischen Gruppen, die andere Statusfaktorbündel nahelegen. Ähnliche Schwierigkeiten wären bei der Erklärung der zunehmenden Selbstmordgefahr im Alter zu erwarten. Die drastische Zunahme der Selbstmordgefahr ab dem Alter von 50 Jahren wird kaum mit einer gleichzeitigen Veränderung der Statusintegration im Hinblick auf die Erwerbstätigkeit, den Zivilstand oder den Elternstatus verbunden sein. Andererseits ist auch die Vorstellung plausibel, daß bestimmte Minderheiten in einer Gesellschaft – eine Minderheit von sehr jungen, nicht erwerbstätigen, unverheirateten Müttern oder von geschiedenen erwerbstätigen Frauen – einem erhöhten Selbstmordrisiko ausgesetzt ist. Dies würde aber nach dem hier entwickelten Ansatz nicht an den unterstellten reduzierten Interaktionsmöglichkeiten liegen, sondern an den vermutlich tatsächlich reduzierten Interaktionen und einem unbefriedigenden Interaktionsergebnis. Das Interaktionsergebnis bezieht sich z.B. nach dem vorliegenden Ansatz – je nach Erklärungsstufe, die suizidrelevante Handlungsdeterminanten liefert – auf reali-

37 Auch der Hinweis auf fehlende Statusinkompatibilität, die invers mit der Statusintegration variieren soll, immer nur dann, wenn empirisch falsche Resultate zu erwarten sind, erhöht nicht die theoretische Konsistenz der Aussagen und belegt gleichfalls die *Immunisierungsstrategie* (vgl. zur Kritik der postulierten Axiome und ihrer Rolle bei der Untersuchung von Gibbs und Martin Braun 1971, S. 71 ff.).

sierte oder erwartete Anreize.

Die Theorie von Henry und Short[38] und neuere empirische Untersuchungen von Lester (1970) und Davis und Short (1978) verdeutlichen gleichfalls die Unzulänglichkeiten des strukturellen Ansatzes, der den Strukturmerkmalen entsprechende gleichartige individuelle, kognitive und affektive Wahrnehmungen voraussetzt. Nach Henry und Short's sozialpsychologischem Ansatz, der soziologische Variablen – externe Zwänge als Stärke des Beziehungssystems – und psychologische Variablen – interne Zwänge[39] der Frustration – zu ‚integrieren' versucht, variiert die Selbstmordrate negativ mit der Stärke des Beziehungssystems horizontaler Differenzierung und positiv mit dem Statusgefälle (vertikale Differenzierung). Selbstmord würde danach bei hohem Status und schwachen sozialen Beziehungen (geringer extremer Zwang) prognostiziert.

Lester (1970) und Davis und Short (1978) fanden jedoch nur einen geringfügigen unabhängigen Effekt der Stärke des Beziehungssystems. Erfaßt wurde diese dem Konzept Statusintegration verwandte Variable mit Hilfe des Zivilstandes, des Wohngebietes und einer ökologischen Variablen der ‚community integration' mit einem Index aus den Kriminalitätsraten verschiedener Wohnbezirke. Verheiratet zu sein, außerhalb und in einem Bezirk mit wenig Kriminalität zu wohnen, bietet danach einen Schutz gegenüber Selbstmord. Die zum Teil widersprüchlichen Befunde – höhere gemeindliche Integration erhöhte und senkte *nicht* die Suizidwahrscheinlichkeit – und der schwache empirische Zusammenhang demonstrieren erneut die Problematik ökologischer Korrelationen, aber auch die aufgezeigten Mängel eines strukturell-kollektivistischen Ansatzes, der individuelle, aber auch subjektiv unterschiedliche Interpretationen des Interaktionsergebnisses nicht berücksichtigt.

Der wichtigste Unterschied des vorliegenden Ansatzes zu den strukturell-kollektivistischen Aussagen besteht aber nicht nur in der Explizierung des Interaktionsergebnisses, den Anreizdefiziten, also anderen theoretischen Variablen, sondern in der Annahme, daß die Zugehörigkeit zu einer Institution oder die Zahl der Mitglieder einer Institution nicht hinreichenden Aufschluß über die tatsächlichen Interaktionsprozesse und die *subjektiv* bewerteten Interaktionsergebnisse Aufschluß geben. Subjektiv erwartete Anreize oder realisierte Anreizdefizite sind auch nicht identisch mit objektiven Erwartungen oder objektiven Nutzen, die sich rechnerisch aus der Zahl der Mitglieder und statistisch errechneten Wahrscheinlichkeiten erge-

---

38 Vgl. Henry und Short (1954), vgl. zur Darstellung, theoretischen Einordnung und Kritik Braun (1971, S. 100 ff.).

39 Der interne Zwang wurde psychoanalytisch mit dem Grad der Über-Ich-Formation definiert, allerdings nicht empirisch überprüft. Kritik des psychoanalytischen Ansatzes findet sich in Abschnitt 3.2.3.1.2. Innerhalb der Anspruchsniveautheorie interpretierbar ist dagegen die Narzissmustheorie von Henseler (vgl. Abschnitt 4.3.3.1). Nach dem vorliegenden Ansatz ist jedoch ein ‚interner Zwang' insofern ubiquitär, als alle Handelnden subjektive Interpretationen ihres Handlungsergebnisses vornehmen. Die vorwiegend internale oder externale, generelle oder spezifische, stabile oder variable Dimension der akzeptierten Kausalfaktoren erlaubt erst Aussagen über das Ausmaß und vor allem die Auswirkungen unterschiedlich ‚be- oder entlastender' Attributionsmuster.

ben, wie dies strukturell-individualistische Modelle annehmen (z.B. Boudon 1982, S. 100). Es demonstriert ihre Ähnlichkeit mit strukturell-kollektivistischen Aussagen. Beide Ansätze gehen von objektiven institutionellen Merkmalen aus, die Homogenität der Mitglieder dieser Institution voraussetzen und subjektiv unterschiedliche Wahrnehmung gleichartig vorgegebener Anreize – Einkommenshöhe oder nach Alter zu berechnender Lebenseinkommen – ausschließen. Der Unterschied zwischen beiden Ansätzen, wie er einmal von Durkheim bzw. Gibbs und Martin vertreten wird, und zum anderen, wie er in der ökonomischen Selbstmordtheorie zum Ausdruck kommt, liegt darin, daß in strukturell-kollektivistischen Aussagen als Untersuchungseinheit das soziale System und bei strukturell-individualistischen Aussagen das Individuum gewählt wird, dessen homogene, theoretische Charakterisierung aber wieder institutionell – z.B. mit der Zahl der Mitglieder des Systems oder institutionell gebundenen Anreizen – begründet wird.

4.2.1.3 Soziale Desorganisation und Suizid

Die Replikation der Studien zur sozialen Desorganisation auf gesamtgesellschaftlicher Ebene[40] von Moschel und Häberle (1978) im deutschen Raum erbrachte trotz der Anwendung faktorenanalytischer Verfahren keine neuen empirischen oder theoretischen Einsichten. Eine Lokalisierung selbstmordgefährdeter Gebiete über die Identifizierung konzentrisch angeordneter selbstmordbelasteter Gebiete, die in gleichmäßiger zunehmender Entfernung vom Stadtkern nach der These von Schmid (1933) abnehmen sollte, gelingt nicht. Diese Annahme potenziert nur die Unzulänglichkeit strukturell-kollektivistischer Aussagen. Wenn schon soziale Desorganisation, entsprechend der Durkheimschen Vorstellung von fehlender Integration und hoher Anomie, kaum über die Statusfaktoren, Alter, Bildung, Zivilstand, Beruf und bei Moschel und Häberle noch Ausländer – ein Konglomerat verschiedener Statusfaktoren (Alter, Beruf, Bildung) – und Zahl der Alleinlebenden erfaßbar ist, verspricht die Annahme einer gesetzmäßigen lokalen Verteilung dieser Statusfaktoren, die nach der vorliegenden Explikation Interaktionsstrukturen und Interaktionsergebnisse und subjektive Interpretationen dieser Ergebnisse widerspiegeln sollen, noch weniger empirischen Erfolg[41].

Folgt man den bisherigen theoretischen Argumentationen des vorliegenden Ansatzes, müßten im Stadtkern vermehrt Personen wohnen, die sich durch abweichende Anspruchsniveausetzungen oder spezifische Kausalattributionen auszeichnen. Diese Konditionalisierung würde sich bei einer Erklärung der räumlichen Verteilung unter anderen Zusatzbedingungen, die der Ansatz liefern würde, erge-

40 Vgl. zur Kritik dieser Studien im angelsächsischen Raum Braun (1971, S. 20-24).

41 Die höchste Faktorladung erzielte der Faktor soziale Isolation, der den Anteil Verwitweter, über 65jähriger Männer und Frauen, Rentner, Geschiedener und die Anzahl weiblicher Einpersonenhaushalte als homogene items zusammenfaßte, gefolgt von weniger ausgeprägten Faktoren Bevölkerungsdichte, eines hohen Sozialstatus und verminderter sozialer Kontrolle (vgl. Moschel und Häberle 1978).

ben. Sie zeigt, wie weit sich ökologische Studien von den Bedingungen menschlichen Handelns, mit denen auch sie sich befassen, entfernt haben. Andererseits ist es weit weniger absurd, bei Ausländern, die einen relativen Selbstmordschutz genießen, weniger auf deren Statusmerkmale abzustellen, als zu vermuten, daß mit der Herkunft aus einem anderen Kulturkreis andere Bewertungen ökonomischer wie auch sozialer Erfolge verbunden sind, und somit andere Anspruchsniveaupräferenzen und andere Kausalattributionen sozialisiert wurden. Die Tatsache, daß Auswanderer ihren relativen Selbstmordschutz auch im Einwandererland behalten und die relative Selbstmordrate einer Nation relativ konstant bleibt (vgl. A1/E1.2 und Abschnitt 4.3.2.2.2.3), steht zumindest im Einklang mit diesen Vermutungen.

Im folgenden sollen verfügbare empirische Befunde, die Aufschlüsse über subjektive Anreizdefizite aus Interaktionen in der Familie und ihrer sozialen Umgebung geben, untersucht werden. Die Interaktionsergebnisse, die jedoch auf unterschiedlichen Wert-Erwartungs-Matrizen beruhen, werden unter den Begriffen der ‚sozialen Isolation' und ‚negativer sozialer Interaktion' zusammengefaßt. Sie beruhen jedoch auf jeweils unterschiedlichen Wert-Erwartungs-Matrizen oder Anreizdefiziten bereits realisierter Anreize. Empirische und theoretische Befunde deuten darauf hin, daß die Suizidgefahr bei sozialer Isolation und Suizidversuchsgefahr bei negativer sozialer Interaktion vorherrschend sein könnte.

4.2.2 Subjektive Anreizdefizite bei affiliativen und statusbezogenen Anreizen

Nach der unterschiedlichen Erklärung von Suizid- und Suizidversuchshandlungen auf der Ebene des Instrumentalitätsmodells besitzen potentielle Suizidversucher Suizidversuchstendenzen mit einer dominierend schwach positiven Ausprägung, während die Suizidenten bei vorherrschenden Suizidtendenzen eine dominierend negative Handlungstendenz aufweisen. Dies ist vereinbar mit etwas günstigeren, z.B. weniger stark negativen Anreizkontingenzen für Handlungsalternativen, die den Suizidversuchern noch offenstehen. Angewandt auf affiliative Anreizklassen, wie sie in Familien- oder Freundesbeziehungen verfolgt werden, könnte dies bedeuten, daß Suizidversucher häufiger positive Anreize anstreben, deren Erfolgswahrscheinlichkeit allerdings reduziert ist. Wenn Suizidenten im Gegensatz dazu häufiger auf die Vermeidung negativer Anreize bedacht sind und damit die Furcht vor Zurückweisung die Hoffnung auf Zuwendung übersteigt, oder diese Zielvorstellungen gar nicht mehr existieren, ist die Wahrscheinlichkeit dominierend negativer Wert-Erwartungs-Bilanzen selbst bei nicht sicher erwarteter Zurückweisung größer als bei nur schwach ausgeprägter Hoffnung auf Aufmerksamkeit, Fürsorge und Zuwendung beim Suizidversucher. Diese theoretischen Überlegungen, die sich aus den allgemeinen Aussagen des ersten Teils ergeben, würden das Fehlen sozialer Kontakte eher bei Suizidenten nahelegen als bei Suizidversuchern, deren bestehende soziale Kontakte dagegen insofern als gestört anzusehen wären, als ihre Hoffnung auf Zuwendung bei wahrgenommenen Abweisungen zunichte gemacht wird, oder indem sie allgemein zu wenig Aufmerksamkeit erlangen.

Für diese Vermutung gibt es einige empirische Hinweise, die in den beiden folgenden Abschnitten über die soziale Isolation als Interaktionsmuster für Suizidgefährdete und negative soziale Interaktion als Interaktionsmuster für Suizidversuchsgefährdete erörtert werden. Letzteres Interaktionsmuster gewinnt auch dadurch an Plausibilität, daß Suizidversucher durch ihre Handlung Beachtung, Aufmerksamkeit und Zuwendung zu erlangen hoffen, was andere Handlungen nicht oder nicht mehr erwarten ließen, aber in bestehenden Interaktionsbeziehungen leichter zu realisieren sind als bei fehlenden Sozialkontakten.

4.2.2.1 Subjektive Anreizdefizite als Folge sozialer Isolation

Wenn der Zivilstand von Selbstmördern – die Unverheirateten und vor allem die Geschiedenen haben das höchste Selbstmordrisiko (vgl. E2.5, E3) – nur unvollkommene Hinweise auf die tatsächliche Interaktionsstruktur und noch weniger auf das Interaktionsergebnis liefern kann, gibt es eine Reihe von Einzelergebnissen, die die These von der sozialen Isolation und der negativen sozialen Interaktion als Defizite bei affiliativen Anreizen bestätigen können.

Fast die Hälfte (49 %) der untersuchten Selbstmörder hatte nach der Vergleichsstudie von Maris keine engen Freunde, während in der Kontrollgruppe der sogar durchschnittlich älteren Personen, die eines natürlichen Todes gestorben waren, nur 33 % der Befragten nach Angaben der Angehörigen keinerlei enge Freunde hatten. Unter den Suizidversuchern war es nur knapp ein Fünftel, das selbst zugab – und damit möglicherweise diese Kategorie zu selten wählte –, keine engen Freunde zu besitzen (vgl. Maris 1981, S. 115, Tab. 13/A3). Diese relative soziale Isolation der Selbstmörder unterscheidet sich von den anderen beiden Gruppen auch signifikant, wenn die gesamte Verteilung der Variablen ‚Zahl der engen Freunde' im Mittel errechnet wird. Auch zu Lasten der Selbstmörder ergibt sich eine Antwortverteilung bei der Frage nach der sozialen Partizipation (vgl. Maris 1981, S. 114, Tab. 14/A3). Am stärksten zurückgezogen haben sich hier die Selbstmörder, allerdings unterscheiden sich die Mittelwerte aller drei Vergleichsgruppen nicht signifikant. Sehr geringe soziale Teilnahme scheint für über die Hälfte der Selbstmörder, aber für nur knapp ein Drittel der älteren Personen der Kontrollgruppe typisch gewesen zu sein, während die Selbstmordversucher vor allem eine hohe soziale Partizipation verneinen und insgesamt, wenn man die Ergebnisse, die offensichtlich mit Hilfe noch mangelhafter Skalen gewonnen wurden, nicht überinterpretieren will, ähnlich geringe Werte aufweisen.

Bock und Webber (1972) errechneten für einen Zeitraum von neun Jahren (1955 – 1963) die Selbstmordraten der männlichen und älteren Bewohner des Staates Florida auf der Basis eines Samples von 1246 Personen. Bei diesen besonders suizidgefährdeten Personen zeigte sich, daß der weitaus größere Teil Verwandte hatte, die abwesend waren, während bei einem geringen Teil (56.92 : 15.16) die Verwandten anwesend waren. Auch die Mitgliedschaft in sozialen Organisationen läßt auf fehlende soziale Kontakte vor allem der Selbstmörder schließen. Der Anteil der Selbstmörder am Sample, die sich einer sozialen Organisation angeschlossen hatten, betrug 16.28, während das siebenfache Selbstmordrisiko (114.27) diejenigen Personen hatten, die sich in keiner sozialen Organisation engagiert hatten.

Besonders aufschlußreich ist eine Untersuchung von Harry (1983) an Homosexuellen, die ein stark erhöhtes Selbstmordrisiko haben. Die multivariate log-lineare Analyse der Daten gestattet eine Aussage über den partiellen Effekt der Variablen soziale Isolation auf die Suizidalität von Personen mit abweichender homosexueller und nicht abweichender heterosexueller Orientierung. Hier zeigt sich, daß Frauen und Männer dann suizid- bzw. suizidversuchsgefährdet sind, wenn sie angaben, in ihrer Jugend sozial isoliert gewesen zu sein, und zwar unabhängig von ihrer gegenwärtigen abweichenden oder normalen sexuellen Orientierung und Geschlechtsrollenidentifizierung in ihrer Jugend (vgl. A3, Tab. 3a). Der Parasuizid wurde über ernsthaft erwogenen oder auch nur vorgestellten Suizid erfaßt. Die sexuelle Orientierung und die Geschlechtsrollenidentifikation verstärkt bei Männern die Wirkung sozialer Isolation, während bei Frauen zur abweichenden Geschlechtsrollenidentifikation und abweichenden sexuellen Orientierung soziale Isolation hinzukommen muß, um Suizidgefahr hervorzurufen. Mit anderen Worten: heterosexuelle wie auch homosexuelle Frauen und Männer sind dann in besonderem Maße suizidgefährdet, wenn sie sich sozial isoliert fühlen, während homosexuelle Männer auch – unabhängig von sozialer Isolation – suizidale Neigungen erkennen lassen. Dies gilt auch für Männer, die eine abweichende Geschlechtsrollenidentifikation während ihrer Kindheit an sich bemerkt haben. Ihre Suizidalität blieb bei hoher wie bei geringer Isolation und unabhängig von der späteren normalen oder abweichenden sexuellen Orientierung in Verbindung mit einer abweichenden Geschlechtsrollenidentifikation erhalten (vgl. A3, Tab. 3a.b). Die relative Stärke des Faktors soziale Isolation zeigt sich auch darin, daß die sexuelle Orientierung und auch die frühe Geschlechtsrollenidentifikation von Männern zwar eigenständige suizidbegünstigende Faktoren darstellen, ihr Zusammenhang aber bei Kontrolle wahrgenommener sozialer Isolation abgeschwächt wird. Dies ist ein erneuter Beleg dafür, daß die Kenntnis der Mitgliedschaft in Institutionen als strukturelles Merkmal weder die Annahme gleichartiger Anreizkonstellationen rechtfertigen noch als handlungsrelevante Bedingung ausreichen kann. Homosexuelle Personen sind mit größerer Wahrscheinlichkeit von familialen Interaktionssystemen ausgeschlossen, aber auch als Randgruppen nicht zur Isolation verdammt, wenngleich noch andere hier nicht zu untersuchende Risikofaktoren aus anderen sozialen Bereichen hinzukommen werden, die die Suizidgefahr Homosexueller aufgrund relativ ungünstiger Anreizkonstellationen erhöht.

Beim Vergleich der relativen Bedeutung einer früheren abweichenden Geschlechtsrollenidentifizierung von Frauen und Männern zeigte sich, daß sich die Bewertung einer Geschlechtsrolle in Abhängigkeit des Geschlechts verschieden auf die Suizidneigung auswirkte. Dies ist insofern von Interesse, als hier nicht affiliative Anreize, sondern macht- und statusbezogene Anreize angesprochen sind. In ihrer negativen Ausprägung analog dem negativen Machtmotiv ‚Furcht vor Schwäche‘ können sie gleichfalls zur Meidung sozialer Kontakte aber auch zu unbefriedigend verlaufenden sozialen Beziehungen führen. Homosexuelle Frauen waren dann besonders suiziddisponiert, wenn sie ihre abweichende sexuelle Orientierung nicht akzeptierten. Aber eine frühere abweichende Geschlechtsidentifikation – Mädchen identifizieren sich dann mit Jungen – blieb ohne Einfluß auf Suizidneigungen, unabhängig davon, ob sie ihre jetzige sexuelle Orientierung akzeptierten oder nicht (vgl. Harry 1983, S. 359). Demgegenüber beeinflußte eine frühere abweichende Geschlechtsrollenidentifikation von Männern die spätere Suizidneigung, unabhängig von der heutigen sexuellen Orientierung und auch unabhängig von gegenwärtiger sozialer Isolation. Für Frauen scheint eine frühere abweichende Identifizierung mit dem ‚starken' Geschlecht keine negativen Folgen zu haben, wohl aber eine abweichende Identifizierung der Jungen mit dem ‚schwachen' Geschlecht. Die von Kessler und McRae (1982) festgestellte höhere Suizidanfälligkeit von Männern bei hoher Arbeitslosigkeit und einem hohen Anteil erwerbstätiger Frauen[42] könnte gleichfalls macht- und statusbezogene Befürchtungen bei männlicher Geschlechtsrollenidentifizierung als negative Anreizklasse indizieren, die in sozialen Beziehungen in der Familie und unter Freunden suizidales Verhalten fördert.

Von sozialer Isolierung jugendlicher Suizidenten, die ihren Selbstmordversuch überlebten, berichtet auch Zumpe (1966). Teicher und Jacobs (1966) vermuten bei einem Drittel der 68 untersuchten jugendlichen Suizidversucher eine Loslösung aus allen sozialen Beziehungen. Als quantitatives Merkmal zitieren die phänomenologisch orientierten Autoren die Beobachtung, daß dieses Drittel der Jugendlichen zwar ohne Schulprobleme war, jedoch überproportional häufig neu in der Schule war und ebenfalls überdurchschnittlich häufig Geschwister verloren hatte. Böhme (1971) stellt fest, daß von den 368 untersuchten Patienten, die einen Suizidversuch unternommen hatten, die Mehrzahl nach eigenen Angaben keine Freunde und nur 10 % mehr als vier Freunde hatte, überwiegend waren hier jedoch – wie auch in anderen Untersuchungen über Suizidversucher – unbefriedigend verlaufende soziale Beziehungen beklagt worden. Die erhöhte Selbstmordrate unter männlichen und weiblichen Studenten im Vergleich zur altersspezifischen Bevölkerung (vgl. Friedrich 1972) legt neben der bereits erwähnten, möglicherweise ungünstigeren Informationsstruktur als Voraussetzung für negative Kausalinterpretationen der erzielten akademischen Leistungen auch nahe, daß nach Verlassen des Elternhauses affiliative Ziele der Zuwendung und sozialer Aufmerksamkeit unerreichbar erschienen. Friedrich (1972) berichtet z.B. über Kontaktschwierigkeiten bei den untersuchten suizidanfälligen Studenten.

Verschiedene empirische Untersuchungen an Suizidgefährdeten legen nach den bisher zitierten Befunden nahe, daß die Selbstmörder mehr als andere Personen sozial isoliert sind, d.h. weniger Gelegenheit zur Aufnahme sozialer Beziehungen hatte, und daß sie unter dieser sozialen Isolation auch litten. Das Interaktionsergeb-

42 Eine erhöhte Selbstmordanfälligkeit des Mannes bei einem hohen Anteil erwerbstätiger Frauen fanden auch Stack und Haas (1984) und Stack (1978) bestätigt. In letzterer Untersuchung ergab sich eine signifikante Beziehung unabhängig vom Industrialisierungsgrad und vom Ausmaß des wirtschaftlichen Wachstums.

nis als realisierter Mißerfolg bei erwarteter sozialer Zuwendung durch fehlende soziale Kontakte wird allerdings nicht theorieadäquat konzeptualisiert, wenngleich mit dem Begriff soziale Isolation im Alltagsverständnis bereits negative Wertungen im Hinblick auf nicht erlangte Zuwendung, Fürsorge oder Aufmerksamkeit assoziiert sein mögen.

Ein direkter Hinweis auf blockierte affiliative Zielvorstellungen liefern die Befragungsergebnisse der Untersuchung von Maris. Für 57 % der Suizidenten und gleichfalls 57 % der befragten Suizidversucher war ein verlorenes Interesse an anderen Leuten typisch, während nur ein Fünftel (21 %) der Kontrollgruppe älterer Personen, die eines natürlichen Todes starben, nach Auskünften der Angehörigen ein Desinteresse an sozialen Kontakten bekundete (vgl. Maris 1981, S. 122, Tab. 5.8).

Wenn durch die Erfassung struktureller Merkmale allein, z.B. der Mitgliedschaft in sozialen Institutionen, weder die tatsächlichen Interaktionsabläufe noch das Interaktionsergebnis verläßlich bekannt wird, gilt dies in noch größerem Maße für soziale Interaktionen, die stattfinden, aber nicht zur Zufriedenheit der Interaktionspartner verlaufen. Im folgenden sollen einige empirische Befunde unter diesem Gesichtspunkt erörtert werden. Auffällig ist hierbei, daß insbesondere Suizidversucher stärker als Suizidenten von diesen Interaktionsverläufen betroffen zu sein scheinen.

4.2.2.2 Subjektive Anreizdefizite als Folge negativer sozialer Interaktionen

Suizidversucher scheinen weniger häufiger sozial isoliert als von bestehenden sozialen Beziehungen enttäuscht zu sein. Böhme diagnostiziert bei 368 Suizidversuchspatienten nur in 17,1 % der Fälle ‚schicksalhafte Vereinsamung' gegenüber 41,3 % der Fälle, in denen soziale Interaktionen unbefriedigend verliefen. 6,3 % davon waren schuldhaft vereinsamt, 20,9 % fühlten sich ‚böswillig im Stich gelassen', 2,7 % gaben an, in verpflichtenden bzw. 11,4 % in beengenden Bindungen zu stehen. Linden (1969) stellt einen Zusammenhang fest zwischen sozialer Isolation und einem ernsthaften Selbstmordversuch einerseits, der dann als mißlungener Suizid anzusehen wäre, und dem Suizidversuch mit ‚appellativem' Charakter, für den aber erhaltene Sozialbezüge charakteristisch wären. In der Untersuchung von Maris (1981, S. 119, 122) unterscheiden sich die Suizidversucher signifikant von Selbstmördern und der Kontrollgruppe, die eines natürlichen Todes gestorben waren, darin, daß sie die höchsten Werte auf dem Index ‚negative soziale Interaktion' erzielen[43].

---

43 Der Index negative soziale Interaktionen setzt sich aus extrem unterschiedlichen items zusammen und schränkt daher seine Brauchbarkeit ein (vgl. Tab. 16/A3). Die einzelnen Fragen reichen von sexuellen Problemen, die die Suizidversucher überzufällig zu haben schienen, die aber auch auf eine selektive Auswahl der hauptsächlich jungen, aber unverheirateten Frauen, die häufig (10 % gegenüber 2 und 1 %) in einem sex-orientierten Beruf wie Bardame beschäftigt waren, zurückgeführt werden könnten, über den Erzie-

Unter den sehr heterogenen Indikatoren für negative soziale Interaktion scheint Alkohol- und Drogenkonsum eine besondere Rolle zu spielen. Dies zeigt sich nicht nur in der Antwortverteilung, die zu Lasten der Suizidversucher geht (vgl. Maris 1981, S. 91, 84-85; Tab. 18/A3) und auch die Probleme von Interaktionspartnern der Suizidversucher zu sein scheinen, sondern auch darin, daß in der Pfadanalyse negative soziale Interaktionen überzufällig häufig bei Suizidversuchern im Vergleich zur Gruppe der Selbstmörder nur in Verbindung mit Alkohol und Drogenproblemen feststellbar waren (vgl. Maris 1981, S. 324). Von besonders häufiger ehelicher Disharmonie bei Suizidversuchspatienten im Vergleich zur Kontrollgruppe psychiatrisch ambulant behandelter Patienten berichtet auch Bruhn (1962, S. 777). Farberow et al. (1966) stellten bei Suizidversuchspatienten signifikant häufiger schlechte Beziehungen der Suizidversuchspatienten zu Familienangehörigen und dem Krankenhauspersonal im Vergleich zu einer Kontrollgruppe fest, die der gleichen Religion angehörten, dasselbe Alter hatten und bei denen eine ähnlich schwere Krankheit diagnostiziert worden war. Kaplan befragte Jugendliche mit Suizidversuchserfahrung und auch solche, die delinquent wurden. Die suizidversuchsgefährdeten Jugendlichen berichteten häufiger über selbstbeeinträchtigende Erfahrungen in der Familie und der Schule (vgl. Kaplan 1980)[44]. Auch hier läßt sich den Befunden nicht entnehmen, welche Art von Anreizen vergeblich angestrebt wurden, jedoch deuten die Befunde auf unbefriedigend verlaufene soziale Interaktionen in der Familie hin und sprechen zumindest für die empirische Relevanz der zu prüfenden Hypothesen.

Obwohl in den genannten Untersuchungen häufig negative Bewertungen von Handlungen der Interaktionspartner, z.B. Verlassenwerden oder ‚Eheprobleme' erfaßt wurden, und daher keine theorieadäquate Prüfung der realisierten affektiven Anreizwerte, die sich die Suizidversuchsgefährdeten erhofft hatten, erfolgte, scheinen wegen der verschiedenartigen sozialen Probleme subjektive Anreizdefizite aus Interaktionen in der Familie oder ihrer sozialen Umgebung belegt zu sein. Das angenommene Interaktionsmuster für Suizidversucher, das im Einklang mit dem handlungstheoretischen Ansatz steht, erfährt dadurch noch zusätzliche Plausibili-

hungsstil der Eltern sowie Ehe und Partnerprobleme im weiteren Sinne bis zur Herkunft aus Multiproblemfamilien (vgl. Tab. 17/A3). Von Ehe- und Partnerproblemen im weiteren Sinne waren Suizidversucher auch nach der multivariaten Pfadanalyse signifikant häufiger betroffen (vgl. Maris 1981, S. 328). Allerdings betraf dies Ehebruch, ‚Inkompatibilitäten' und Drogen- und Alkoholmißbrauch. Der deutlichste Unterschied zu Lasten der Suizidversucher war die Herkunft aus einer sogenannten Multiproblemfamilie, d.h. die Suizidversucher hatten in fast der Hälfte der Fälle (41 %) gegenüber 10 % bei den Selbstmördern und 66 % der Kontrollgruppe Eltern oder Geschwister, die alkoholkrank, delinquent waren oder außereheliche Beziehungen unterhielten (vgl. Tab. 18/A3). Soweit mit diesen Familien noch zum Zeitpunkt der Suizidversuchshandlung Kontakt bestand, lassen sich deswegen gestörte soziale Beziehungen annehmen.
Treten die Beziehungen zu den Herkunftsfamilien aber in den Hintergrund wegen eigener familiärer Bindungen, sind dies Indikatoren für Sozialisationseinflüsse, die in ihrer Auswirkung auf späteres Verhalten der besonderen Klärung bedürfen.

44 Es ergaben sich korrelative Zusammenhänge von r = .37 (Familie) und r = .41 (Schule), vgl. Kaplan 1980, S. 162.

tät, daß die empirischen Generalisierungen für Suizidversucher erklärt werden können. Suizidversucher waren vornehmlich jünger, weiblichen Geschlechts und verheiratet. Nach der Statusintegrationstheorie von Gibbs und Martin wäre für diese Statuskonfiguration eine eher hohe Statusintegration und damit wenig suizidales Verhalten zu erwarten gewesen, für einen Teil dieser Gruppe trifft dies aber offensichtlich nicht zu. Trotz sozialer Bindung ist die Gefahr suizidaler Handlungen groß, weil das Interaktionsergebnis die Interaktionspartner nicht befriedigt. Wenn der Zivilstand ‚verheiratet' auf noch bestehende soziale Beziehungen schließen läßt und diese auch Hoffnungen auf Hilfe durch den noch verfügbaren Ausweg einer Suizidversuchshandlung wahrscheinlicher machen, wird damit der offenbar unbefriedigende, negative Verlauf der Interaktionen nicht erklärt. Die Bestimmungsfaktoren aus dem Motivationsmodell können das Zustandekommen dieser negativen Wert-Erwartungs-Bilanzen erklären helfen. Dazu gehörten einmal die Kausalattributionen und zum zweiten Anspruchsniveaupräferenzen. Die anzunehmende empirische Verteilung suizidaler Kausal- und Moralprinzipien in gefährdeten sozialen Gruppierungen wurde bereits erörtert (vgl. Abschnitt 4.2.2.3.4.3 und 4.3.3.2/I.). Im folgenden interessieren Befunde über die situativen Bedingungen suizidaler Kausalattribution und Anspruchsniveausetzung, die als strukturelle Randbedingungen das familiale Interaktionssystem charakterisieren können.

4.2.3 Strukturelle Voraussetzungen für die Wirksamkeit suizidärer Kausal- und Moralprinzipien in der Familie und ihrer sozialen Umgebung

4.2.3.1 Handlungsspielraum für abweichende Anspruchsniveausetzungen bei Interaktionen in der Familie und ihrer sozialen Umgebung

Gibt es Anzeichen für überhöhte Ansprüche, die die Suizid- und Suizidversuchsgefährdeten an ihre Interaktionspartner stellen? Wenn Suizidgefährdete vor allem von sozialer Isolation bedroht sind, würden sie dadurch das Anknüpfen neuer sozialer Kontakte erschweren, und Suizidversuchsgefährdete würden wegen der Wahl ungeeigneter Partner oder wegen zu schwer oder zu leicht zu erfüllender Forderungen an diese den unbefriedigenden Verlauf der Interaktionen mitbeeinflussen. In Abschnitt 4.3.3.1/I. wurden einige Beobachtungen zur vermuteten inadäquaten Anspruchsniveausetzung zitiert – für Suizidversucher z.B. Henseler (1980) und Farberow et al. (1966) –, die als empirischer Test dieser Hypothesen des Motivationsmodells jedoch kaum ausreichen würden. Wichtiger erscheint hier der experimentelle Nachweis, daß auch bei sozialen, extrinsischen Motiven mit negativer Motivausprägung affiliative Ziele gewählt werden, die nach dem Schwierigkeitsgrad unterscheidbar sind (vgl. Mehrabian 1971). Da weitergehende Befunde noch nicht verfügbar sind, kann zumindest die soziologisch interessante strukturelle Voraussetzung des Handlungsspielraums für inadäquate Zielsetzungen im Bereich der Familie und ihrer sozialen Umgebung geprüft werden. Die suizidversuchsgefährdeten jungen und verheirateten Frauen müßten demzufolge z.B. ihre Ehepartner selbst wählen können, eine Voraussetzung, die nicht zu allen Zeiten selbstverständlich war und auch heute noch vor allem in asiatischen Ländern nicht als erfüllt anzusehen ist. In allen westlichen Industriestaaten kann aber gegenwärtig von einer freien Partnerwahl ausgegangen werden. Dies macht aber auch die Wahl *,falscher' Partner* und inadäquater, d.h. das eigene Mittelpotential übersteigender und unterschreitender Forderungen an den Interaktionspartner möglich.

Wenn für die anzunehmende erhöhte Gefahr der suizidären Anspruchsniveausetzung als *Folge des erweiterten Handlungsspielraums* unter Frauen und Jüngeren *kaum Belege* verfügbar sind, so könnte das familiensoziologische Konzept der Überorganisation (vgl. König 1976, S. 131 ff.) der modernen Kernfamilie als gestiegenes Anspruchsniveau aller Familienmitglieder aufgefaßt werden und einen tatsächlich in Anspruch genommenen erweiterten Handlungsspielraum belegen, wenngleich die Verteilung suizidärer Nutzung daraus nicht hervorgeht. Die dabei verfolgten höheren Zielniveaus können affiliative und statusbezogene Anreizklassen betreffen: Es würde ein Mehr an Zuwendung, Aufmerksamkeit und Achtung verlangt. Eine Veränderung der relativen Statuspräferenzen würde die erstrebte oder abgelehnte Gleichstellung der Ehepartner beschreiben, die im rechtlichen Handlungsrahmen garantiert ist, an deren subjektiver Realisierung jedoch ein Teil der Frauen scheitern könnte, dann, wenn ihre Zielsetzungen – gemessen an ihren individuellen Möglichkeiten – verfehlt werden.

Auch die rechtliche Möglichkeit der Eheauflösung ist ein Beispiel für einen Handlungsspielraum, der abweichende Anspruchsniveaupräferenzen begünstigt. Durkheim hat im Bereich der Familie die Veränderung der Scheidungsrate und die Erlaubnis zur Scheidung in ihrer Auswirkung auf die männliche und weibliche Selbstmordrate untersucht und daran den anomischen Selbstmord exemplifiziert (vgl. Abschnitt 2.2.2). Er stellte fest, daß die Männer unter der Scheidungserlaubnis leiden würden, das heißt, daß in den Ländern mit Scheidungserlaubnis eine gestiegene Selbstmordrate der Männer zu beobachten war, während die Frauen im Gegenteil von den Scheidungsmöglichkeiten profitierten, d.h. in stärkerem Maße immun gegenüber Selbstmord waren (vgl. Durkheim 1973, S. 302). Seine bereits erörterte Erklärung dieser Vorgänge lautete für Frauen und Männer verschieden. Während er die höhere Selbstmordrate des Mannes auf Anomie zurückgeführte, erklärte er das den theoretischen Überlegungen zuwiderlaufende weibliche Selbstmordverhalten mit biologischen Faktoren. Anomie war in den Termen des vorliegenden Ansatzes als tatsächlicher oder zu erwartender Mißerfolg bei überhöhter Anspruchsniveausetzung definiert worden, die durch eine geschwächte Integration des sozialen Systems möglich wurde (vgl. Übersichten 20-22). Legt man die heute bekannten Daten zugrunde, kann man nicht mehr davon ausgehen, daß Frauen gegenüber suizidalem Verhalten allgemein geschützt wären, da die weibliche Selbstmordversuchsrate die des Mannes übersteigt. Lediglich die Selbstmordrate der Frau ist geringer als die des Mannes. Dies stünde nicht im Einklang mit Durkheims Vermutung einer biologischen Immunität gegenüber überhöhten Zielsetzungen, sondern mit einem unterschiedlichen bereichsspezifischen Handlungsspielraum der Frau, der sie vor überhöhten Zielsetzungen zumindest in beruflichen oder anderen nicht-familiären Bereichen mit geringeren Zugangschancen bewahrt. Wenn Frauen jedoch unter Ausnutzung der rechtlichen Gleichstellung über einen ähnlichen Handlungsspielraum verfügen und z.B. in professionellen Berufen tätig sind, sind sie genauso oder stärker suizidgefährdet als der Mann.

Auch die gestiegene Selbstmordrate der Frau kann in Verbindung mit einer Erweiterung des faktischen Handlungsspielraums für inadäquate Anspruchsniveausetzungen gesehen werden, wie dies im Abschnitt über die Anomiegefahr bei wirtschaftlichen Aktivitäten diskutiert wurde. Da gleichzeitig die relative Suizidversuchsrate der Frau im Abnehmen begriffen ist (vgl. A2/E10.2), könnte in Übereinstimmung mit diesen komplexen geschlechtsspezifischen Verteilungen der Selbstmordhäufigkeiten vermutet werden, daß – wenn eine Verlagerung der Aktivitäten der Frau von der Familie auf den wirtschaftlichen und auf andere außerfamiliäre Sektoren aufgrund einer Ausdehnung des Handlungsspielraumes erfolgt – die Selbstmordgefahr der Frau erhöht, deren Suizidversuchsgefahr jedoch gemindert wird. Die Suizidversuchsanfälligkeit wäre dann mit einem relativ großen Handlungsspielraum bei häuslichen Aktivitäten der Frau vereinbar, was bei unangepaßter Anspruchsniveausetzung, Mißerfolge aus unbefriedigend verlaufenden Interaktionsfolgen einerseits möglich macht, aber andererseits im Einklang mit dem traditionellen weiblichen Rollenbild als Folge der Suizidversuchshandlung auch Hilfe und Aufmerksamkeit wahrscheinlich macht. Eine Angleichung des faktischen Handlungsspielraumes in verschiedenen außerfamiliären Bereichen an den des Mannes würde die Selbstmordgefahr erhöhen und die Suizidversuchsgefahr analog der männlichen Verteilung des Suizidversuchsverhaltens senken. Verkürzt könnten diese Zusammenhänge auf die Formel gebracht werden, daß traditionelle Rollenbilder der Frau in gegenwärtigen Industrienationen nicht gegenüber suizidalem Verhalten, sondern nur gegenüber dem Selbstmord relativ immun macht, jedoch den Suizidversuch begünstigt, während eine Angleichung der Handlungsmöglichkeiten von Mann und Frau die Selbstmordanfälligkeit der ‚emanzipierten' Frau erhöht, aber ihre Suizidversuchsanfälligkeit mindert.

Die Suizidversuchsanfälligkeit ist nach dem Ansatz jedoch nicht auf Frauen und auch nicht auf Frauen, die dem traditionellen Rollenbild verhaftet sind, beschränkt. Sie ist bei allen sozialen Gruppierungen gegeben, die sich durch den Suizidversuch soziale Zuwendung erhoffen, die ihnen bei anderen Aktivitäten verwehrt bleibt. Diese subjektiven Erwartungen, die die Verteilung der Suizidhäufigkeit in sozialen Gruppen konditionalisieren, entsprechen dann den ‚objektiven' Erwartungen, wenn viele Gesellschaftsmitglieder bereit sind, bestimmten Personengruppen in diesen Situationen tatsächlich Zuwendung zu gewähren (vgl. Abschnitt 3.2.3.1.1). Der Kreis der Personen, die von dieser altruistischen Norm profitieren, kann sich mit einer Änderung des Geltungsbereichs der Norm ändern. Diese Norm kann zukünftig nicht nur für junge Menschen und Frauen gelten, sondern auf andere Personenkreise, z.B. Arbeitslose, Randgruppen etc. ausgedehnt werden. Aufgrund der Kenntnis solcher objektiven Erwartungen bzw. Normen allein lassen sich jedoch nach diesem Ansatz die tatsächlich ausgeführten suizidalen Handlungen nicht voraussagen. Die Beobachtung, daß zu den Suizidversuchsgefährdeten vor allem Jüngere und Frauen gerechnet werden müssen und ihre mutmaßlichen suizidversuchsabhängigen Erwartungen mit objektiven altruistischen Erwartungen übereinstimmen, bestätigt lediglich die hier mehrfach vertretene These, daß die Annahme pathologischer Realitätsverzerrungen der Selbstmordproblematik nicht gerecht wird.

Des weiteren muß in Verbindung mit der Erörterung struktureller Merkmale wie dem des Handlungsspielraumes, der für alle Mitglieder eines sozialen Systems – wenngleich für einzelne Personengruppen in unterschiedlicher Ausprägung – definiert ist, daran erinnert werden, daß nur eine Minderheit der Frauen und der Männer suizidale Handlungen ausführen wird. Die zusätzlichen Bedingungen, die Suizid- und Suizidversuchshandlungen prognostizieren können, betrafen unrealistische Anspruchsniveausetzungen und suizidäre Kausalzuschreibungen der Handlungserfolge bzw. -mißerfolge. Als Beispiel für die realistische Ausnutzung gegebener und im Vergleich zu früheren Zeiten sicher erweiterter Handlungsspielräume der Frau im familiären Bereich seien die Untersuchungsergebnisse von Veroff und Feld genannt. Sie stellen fest, daß hoch leistungsmotivierte, ältere, aber auch weniger gebildete (grade school) Frauen in Ehe und Familie besonders glücklich und zufrieden waren. Hervorstechendster Unterschied zu leistungsmotivierten Männern, die im Gegenteil in Ehe und Familie nicht, im Beruf aber sehr zufrieden waren, war ein ausgeprägtes Engagement für Kindererziehung und Karriereförderung des Ehemannes, wodurch sie sich auch bei gestiegenen, aber realistischen Ansprüchen Erfolgserlebnisse zu verschaffen verstanden (Veroff und Feld 1970, S. 169, 177, 300 ff.).

4.2.3.2 Informationsstruktur von Interaktionen in der Familie und ihrer sozialen Umgebung

Direkte empirische Hinweise auf suizidäre Kausalattributionen – abgesehen von den bereits erörterten einzelnen Befunden auf individueller Ebene in Abschnitt 4.2.2.3.4/I. –, wie sie für familiäre Interaktionen im besonderen typisch sein könnten, fehlen. Einige Befunde deuten zwar auf das Vorhandensein suizidärer Modelle hin – vgl. hierzu die folgenden Abschnitte –, inwieweit diese jedoch auch durch suizidäre Kausalattributionen belastet waren, ist den Untersuchungen nicht zu entnehmen. Allerdings fällt wie bei der Untersuchung der Arbeitsverhältnisse in Wirtschaft und Beruf in Abschnitt 2.2.3.2.2 auf, daß die Familien von Suizidversuchern überproportional häufig den Ort gewechselt hatten. Ortswechsel oder einschneidender sozialer Wandel, der alle sozialen Beziehungen berührt, wirkt sich aber insofern ungünstig auf bereits bestehende Kausalzuschreibungsmuster aus, als der soziale Vergleich, der ungünstige Interpretationen des eigenen Schicksals verhindern könnte, eingeschränkt wird. Damit wären weniger entlastende Konsensinformationen über ähnliche Schicksale anderer Personen aus der sozialen Umgebung, aber auch aus der Familie, ebenso wie der Vergleich mit früheren eigenen Erfahrungen (Konsistenzinformation) verfügbar. Die Erfahrung also, daß es ‚anderen ebenso ergeht' und deswegen Selbstbezichtigungen bei Mißerfolg unangebracht sind, ist in neuen Situationen weniger wahrscheinlich.

Bruhn (1962) stellte bei Suizidversuchern häufiger (47 %) einen Wohnungswechsel fest als bei einer Kontrollgruppe ambulant behandelter psychiatrischer Patienten (22 %). Buglass und Horton (1974) registrierten bei mehrfachen Suizidversuchern – dies waren bei drei untersuchten Samples von 847, 910 und 1052 Suizidversuchern jeweils 16, 14 und 17 % – gleichfalls einen häufigeren Wohnungswechsel. Die jugendlichen Suizidversucher waren besonders häufig Neulinge in der Schule, d.h. auch sie hatten vermehrt einen Wohnungswechsel hinter sich. Für Selbstmörder ist der Befund relevant, daß in schnell wachsenden Gemeinden die Selbstmordrate besonders groß ist (vgl. Wechsler 1961). Maller (1966) findet des weiteren unter Immigranten, die mit einer völlig neuen Umgebung zurechtkommen müssen, eine höhere Selbstmordrate als unter Ansässigen.

4.2.4 *Zusammenfassung:* Defizitäre Interaktionen in der Familie

Bisher wurden die Interaktionsstrukturen in der Familie und ihrer sozialen Umgebung daraufhin geprüft, ob sie suizidrelevante Handlungsdeterminanten erkennen lassen, z.B. in Form subjektiver Anreizdefizite. Eine Vielzahl empirischer Einzelbefunde deutet darauf hin, daß das Fehlen oder der negative Verlauf von sozialen Interaktionen zur Befriedigung affiliativer und auch statusbezogener Anreize Suizid und Suizidversuchshandlungen begünstigt. Wenn für den vollendeten Selbstmord vor allem fehlende soziale Interaktionen in Form sozialer Isolation zu einer suizidbegünstigenden Anreizstruktur gerechnet werden, die sich jedoch erst in der subjektiven Bewertung suizidfördernd auswirkt, sind es unbefriedigend verlaufene soziale Interaktionen, die den Suizidversuch dann begünstigen, wenn die verbliebenen Handlungsalternativen und die sie bedingenden Wert-Erwartungs-Matrizen gleichfalls negativ ausgeprägt sind. Bei suizidgefährdeten sozialen Gruppierungen, das sind ältere Personen, Männer sowie Homosexuelle, und bei suizidversuchsgefährdeten sozialen Gruppierungen, das sind Jüngere und Frauen, gab es empirische Hinweise auf die genannten Anreizdefizite. Empirische Anzeichen für das Vorhandensein struktureller Voraussetzungen, die über den Handlungsspielraum für abweichende Anspruchsniveausetzungen und über die Informationsstruktur die Anwendung suizidärer Kausalattributionen begünstigen, wurden gleichfalls festgestellt.

Im folgenden zweiten Teil werden die Bedingungen für die Sozialisation suizidrelevanter Handlungsdeterminanten untersucht.

Im folgenden sollen die Bedingungen untersucht werden, nach denen die Interaktionspartner von Suizid- und Suizidversuchsgefährdeten durch ihr Verhalten die Entscheidung zum Suizid oder Suizidversuch beeinflussen. Dabei kann auf die in Abschnitt 2.3 bereits entwickelten Sozialisationsvoraussetzungen zurückgegriffen werden. Die erste Voraussetzung war, daß *relevante Anreizkontingenzen* im Verhalten der Interaktionspartner, die als Sozialisatoren wirksam werden, zum Ausdruck kommen. Relevant sind die Anreizkontingenzen dann, wenn suizidale Handlungen oder Handlungsvoraussetzungen für Suizid bzw. Suizidversuch mit Anreizen verbunden und daher für den Suizidenten handlungsrelevant sind. Eine wirksame, allerdings kaum intendierte Sozialisation durch Familienangehörige der Betroffenen findet des weiteren statt, wenn die Interaktionspartner in der Familie sowohl *kognitive* als auch *affektive Glaubwürdigkeit* besitzen. Aufgrund der zahlreichen sozialen Kontakte unter den Familienangehörigen und der zu vermutenden wichtigen Anreize, die durch die Interaktionen eine lange Zeit hinweg ausgetauscht werden, ist zu vermuten, daß die gemeinsamen und intensiven Erfahrungen zu ähnlichen Erwartungen (geringe Wahrscheinlichkeitsdiskrepanz zwischen den Interaktionspartnern und daher hohe kognitive Glaubwürdigkeit) und auch ähnlichen Zielvorstellungen (geringe Anreizwertdiskrepanz und daher hohe affektive Glaubwürdigkeit) geführt haben[45]. Für alle behaupteten Wirkungen, z.B. den Einfluß suizidärer Modelle in der Familie oder die Wirksamkeit von Erziehungsmaßnahmen, gilt bei Konstanz der relevanten Anreizkontingenzen, daß diese Effekte in familialen Interaktionen wegen häufig anzunehmender hoher kognitiver und affektiver Glaubwürdigkeit potenziert werden.

Diese drei Sozialisationsbedingungen werden im folgenden daraufhin zu prüfen sein, ob sie familiale Interaktionsprozesse auslösen, die in suizidale Handlungen münden. Von besonderem Interesse, aber auch – gemessen an dem verfügbaren sozialisationstheoretischen Wissen – von besonderer Schwierigkeit ist die Frage, inwieweit früh zurückliegende Erfahrungen in der Herkunftsfamilie sehr viel später auftretende suizidale Handlungen beeinflussen können.

Nach dem vorliegenden Ansatz können aus logischen Gründen Handlungen früherer Interaktionspartner, z.B. das Erziehungsverhalten der Eltern, die spätere suizidale Handlung nicht direkt beeinflussen. Das Erziehungsverhalten kann allenfalls situationsübergreifende Interpretationsmuster – die Kausal- und Moralprinzipien, die im vorliegenden Erklärungsmodell auf der Erklärungsstufe des Motivationsmodells anzusiedeln sind – herausbilden, die ihrerseits die selektive Wahrnehmung situationaler Erwartungen und Anreize moderieren. In der Sozialisationsforschung wird bislang diesen fehlenden Gliedern in der Kausalkette bei der Erklärung von Handlungen durch frühere Sozialisationserfahrung, die primäre Sozialisation, wenig Beachtung geschenkt.

---

45 Eine Ausnahme bilden vermutlich die Beziehungen zwischen Kindern und Eltern, in denen geringe oder inkonsistente Kontrolle ausgeübt wird und auch Feindseligkeit vorherrschend ist (vgl. Abschnitt 4.3.2.1.2).

Aus diesen Überlegungen ergibt sich auch die Zweiteilung der folgenden Ausführungen. Zunächst soll nur kurz das vorliegende empirische Material daraufhin geprüft werden, ob Interaktionspartner zum Zeitpunkt der suizidalen Handlung durch ihre Reaktionen situationale Anreizkontingenzen induzieren konnten. Dann folgt die weitaus schwierigere Aufgabe, bekannte Erziehungsmuster in ihren Auswirkungen daraufhin zu prüfen, ob sie geeignet wären, suizidäre Kausal- und Moralprinzipien herauszubilden. Wenn der erste Teil als Untersuchung von Sozialisationseffekten auf den Erklärungsstufen des Ergebnis-, des Handlungs- und des Instrumentalitätsmodells zuzuordnen ist, hier aber wieder suizid- und suizidversuchskontingente Anreize von Interesse sind, kann dabei von sekundärer Sozialisation gesprochen werden. *Sekundäre Sozialisation* behandelt demnach die Auswirkung aktueller Interaktionsbezüge auf suizidale Handlungen und *primäre Sozialisation* die Auswirkung von Interaktionsprozessen auf zeitlich sehr viel später auftretende Handlungen. In der folgenden Übersicht 25 sind die Bedingungen effizienter Sozialisation in der sekundären und der primären Sozialisation noch einmal zusammengefaßt.

4.3.1 Sekundäre Sozialisation in aktuellen Interaktionen

4.3.1.1 Veränderung situativer Wert-Erwartungs-Bilanzen

4.3.1.1.1 Bedingungen wirksamer Sozialisation

Mit der Untersuchung der Frage, ob die gegenwärtigen Interaktionspartner als Familienmitglieder oder Freunde durch ihr Verhalten zur Entscheidung eines der Familienmitglieder oder des Freundes sich umzubringen, beigetragen haben, muß zunächst geprüft werden, ob die Bedingungen einer effizienten, d.h. verhaltenswirksamen Beeinflussung vorgelegen haben. Es war postuliert worden, daß die Personen, die als Modelle fungieren könnten, relevante Anreizkontingenzen in ihrem Verhalten zum Ausdruck bringen müssen. Zweitens und drittens mußten diese Modelle affektiv und kognitiv glaubwürdig sein. Relevante Anreizkontingenzen bedeuten, daß die zu erklärende Handlung oder ihre Determinanten – das ist die suizidale Handlung und ihre situationsspezifischen Determinanten, z.B. Anreizkontingenzen des Mittelpotentials oder Anreizkontingenzen, die den Selbstmord selbst instrumentell als vorteilhaft oder weniger bestrafend erscheinen lassen – in den beobachtbaren Äußerungen des Sozialisators selbst wiederum mit Anreizkontingenzen verknüpft werden. Das einfachste Beispiel für relevante Anreizkontingenzen, die ein Modell in der Familie oder im Freundeskreis zum Ausdruck bringt, ist ein suizidales Verhalten der Interaktionspartner, das als negative Problemlösung vorgeführt wird, d.h. die Suizidhandlung führt zur Vermeidung negativer Konsequenzen der Handlungsalternativen und ist selbst mit weniger negativen Folgen verknüpft bzw. bringt im Falle des Suizidversuchs eine Reihe von Vorteilen. Da durch

Übersicht 25: *Interaktionssystem der Familie und ihrer sozialen Umgebung und Beeinflussung suizid- und suizidversuchsrelevanter Handlungsdeterminanten (a) über Sozialisationsbedingungen (1) bis (3)*

a_1 : sekundäre Sozialisation: Beeinflussung in aktuellen Interaktionen
a_2 : primäre Sozialisation: Beeinflussung in vergangenen Interaktionen

SOZIALISATOREN
vermitteln

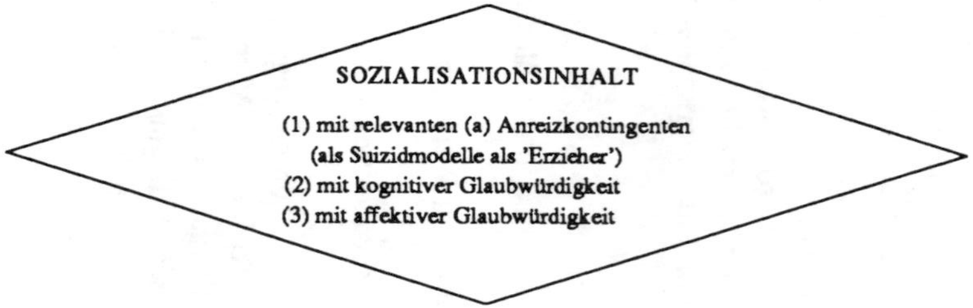

effizient (1) - (3)
an
SOZIALISAND
(potentieller Suizident bzw. Suizidversucher)

a_1 handlungsrelevante Wert-Erwartungs-Matrizen (Determinanten aus Handlungs- und Instrumentalitätsmodell)
a_2 handlungsrelevante Kausal- und Moralprinzipien (Determinanten aus Motivationsmodell)

die Nähe der Beziehungen zwischen dem Interaktionspartner und dem Suizid- bzw. Suizidversuchsgefährdeten eine Vielzahl dieser Kontingenzen zwischen Handlungen und Anreizen direkt ohne zwischengeschaltetes technisches Medium wahrgenommen und nachvollzogen werden kann, müßte im aktuellen Interaktionsgefüge von einer größeren Nachahmungswahrscheinlichkeit ausgegangen werden als dies bei der Aufnahme massenmedialer Aussageninhalte theoretisch vermutet und auch empirisch bestätigt werden konnte (vgl. die Annahme H_S22.1, S. 271).

Die Wahrscheinlichkeit einer Nachahmung suizidaler Handlungen wird auch erhöht, wenn die Interaktionspartner im Falle stellvertretend dargebotener Anreizkontingenzen die Rolle von Sozialisatoren übernehmen, in affektiver und kognitiver Hinsicht als glaubwürdig eingeschätzt werden. Die affektive Glaubwürdigkeit war definiert worden über ähnliche Interessen oder Zielvorstellungen bei den Interaktionspartnern, die in einem Zusammenhang mit der zu erklärenden Handlung stehen, die kognitive Glaubwürdigkeit als Übereinstimmung der Erwartungen hinsichtlich der Erreichung der in ähnlichem Maße angestrebten Zielvorstellungen (vgl. Abschnitt 3.2.3.2). Da im Familienverband und bei Freundschaften die Interaktionen auf Dauer angelegt sind und ähnliche Erfahrungen gemacht werden, konnte vermutet werden, daß häufiger als in anderen sozialen Institutionen von kognitiver und affektiver Glaubwürdigkeit ausgegangen werden kann. Dies gilt insbesondere für Freundesbeziehungen und Eltern-Kind-Beziehungen. Bei gestörten Eltern-Kind-Beziehungen muß aber gerade fehlende Glaubwürdigkeit in kognitiver oder affektiver Hinsicht vermutet werden. In einer Untersuchung von Schulte et al. (1980) wurde z.B. festgestellt, daß die Mütter von ungehorsamen Kindern im Gegensatz zu Müttern mit gehorsamen Kindern Belohnungen, deren Belohnungscharakter für die Kinder nicht in Frage zu stellen war, nicht vermitteln konnten. Die Mütter könnten für ihre Kinder z.B. wegen inkonsistenter Belohnungen die Glaubwürdigkeit verloren haben.

Die empirischen Befunde im familiären Bereich von Suizid- und Suizidversuchern im Jugendalter und in jungen Jahren deuten auf einen Unterschied in den Beziehungen zu den Eltern hin. Während bei Suizidenten gute Beziehungen zu den Eltern vorzuherrschen scheinen, ist für Suizidversucher das Verhältnis zu den Eltern eher schlecht. Das berichten unabhängig voneinander zwei Studien (vgl. Lungershausen 1968; Friedrich 1972). Die ‚Qualität' der Beziehungen kann allerdings sowohl ein Hinweis auf die bereits erörterten negativen sozialen Interaktionen, das Interaktionsergebnis, sein als auch fehlende Glaubwürdigkeit bei konträren Interessen oder unterschiedlichen Einschätzungen der zu erwartenden Verhaltenserfolge durch die Interaktionspartner widerspiegeln.

Würde die Annahme guter Glaubwürdigkeit der Interaktionspartner von Suizidenten und mangelnder Glaubwürdigkeit von Interaktionspartnern der Suizidversucher einer weiteren empirischen Prüfung standhalten, könnte unter Konstanz der Bedingung relevanter Anreizkontingenzen eine geringere Nachahmungswahrscheinlichkeit suizidärer Modelle in der Familie von Suizidversuchern vorausgesagt werden. Ein empirischer Vergleich der Nachahmungsrate über den relativen Anteil von Suizidfällen, die sich in den Familien der Suizidenten oder Suizidversucher ereignet haben, bestätigt nach der Untersuchung von Maris (1981, S. 55 f.) partiell die Hypothese einer erhöhten Suggestibilität der Suizidenten. Bei Selbstmördern sind mehr Suizide in der Familie (11 %) und bei Suizidversuchern weniger (7 %) vorgekommen. Ein Vergleich ist jedoch ohne die Prüfung der angenommenen Voraussetzung wenig sinnvoll. Auch die nachfolgenden empirischen Beobachtungen können diese Sozialisationshypothesen nicht testen. Mangels anderer verfügbarer Daten geben die folgenden Untersuchungsergebnisse zumindest über die Bedeutung sekundärer Sozialisationseffekte Aufschluß.

4.3.1.1.2 Empirische Prüfung der Wirkung suizidärer Modelle

Der empirische Befund, daß in den Familien von Selbstmördern und auch Selbstmordversuchern gehäuft suizidales Verhalten beobachtbar war, ist wiederholt bestätigt worden[46]. Dabei muß aber angenommen werden, daß diese Ereignisse zum Teil sehr weit zurückliegen und die Betroffenen auch nur über Erzählungen davon erfahren haben können. Wenn davon eine Wirkung ausgegangen ist und biologische Faktoren bislang keine plausible alternative Erklärung darstellen[46], können diese – ähnlich wie das Erziehungsverhalten der Eltern – nur indirekt ein sehr viel späteres suizidales Verhalten beeinflußt haben. Zur Erklärung dieser Zusammenhänge müssen daher Prozesse der primären Sozialisation, wie dies im folgenden Kapitel untersucht wird, herangezogen werden. Einige Untersuchungsergebnisse – z.B. die von Teicher und Jacobs 1966 – deuten aber darauf hin, daß auch aktuelle Interaktionsbezüge, die mit der suizidalen Handlung in einem zeitlich erkennbaren Zusammenhang standen, eine Rolle spielten. Von den 68 untersuchten Jugendlichen hatte fast die Hälfte (44 %) andere Personen gekannt, die einen Selbstmordversuch unternommen hatten.

Nach den Sozialisationshypothesen war die Nachahmungsgefahr in der Familie und ihrer sozialen Umgebung als relativ hoch eingeschätzt worden, weil häufiger von kognitiver und affektiver Glaubwürdigkeit und auch von der Kenntnisnahme eines breiten Spektrums der Anreizkontingenzen für die suizidale Handlung durch wiederholte Interaktionen ausgegangen werden kann. Gelten diese Annahmen nicht, vermindert sich die Nachahmungsgefahr bzw. sie gilt nur unter der Annahme bereits vorhandener suizidärer Tendenzen. Der Selbstmord z.B. eines Klassenkameraden, dessen Tun sich dem Beobachter wenig deutlich darstellt und der zu dem Beobachter auch nur wenig intensive soziale Beziehungen unterhalten hatte, die eine geringere Einflußnahme vermuten lassen, wird den Beobachter nur dann zur Nachahmung anregen, wenn dieser z.B. etwas über die verwendeten Mittel erfährt, d.h. sich dadurch Vorlieben für bestimmte Selbstmordmethoden bilden und der Beobachter vor allem bereits suizidale Dispositionen besitzt. Die Beeinflussung der suizidalen Tendenzen wäre dann auch – wie bereits bei der massenmedialen Wirkung – nur über eine kritische Verstärkung bereits vorhandener nega-

---

46 Vgl. dazu den folgenden Abschnitt 4.3.2.

tiver Anreizkontingenzen möglich.

Im Gegensatz zum vermuteten Einfluß der Medien bei einmaliger Exposition kann aber innerhalb eines dauerhaften Interaktionsgefüges, wie es z.B. für die Familie typisch ist, vermutet werden, daß nicht unbedingt über suizidale Handlungen, sondern über die stellvertretend, aber wiederholt stellvertretend erfahrene Vergeblichkeit bei der Verfolgung von Handlungsalternativen zum Selbstmord eine negative Wert-Erwartungs-Bilanz gelernt wird. Eine negative Problemlösung ergibt sich dann, wenn gleichzeitig die relativen Vorteile suizidaler Handlungen oder auch dem Selbstmordversuch ähnlicher Handlungen wie Alkoholismus oder Drogenkonsum gelernt werden. Diese relativen Vorteile müssen nicht gleichzeitig nach diesem Ansatz (vgl. Abschnitt 3.2.2) erlernt werden, d.h. verschiedene Personen können die Vor- und Nachteile verschiedener Handlungen aufzeigen.

Für diese Hypothese, daß die Familie auch in aktuellen Interaktionsbezügen, d.h. durch Erfahrungen, die zeitlich in einem Zusammenhang mit suizidalen Handlungen stehen, Einfluß nimmt, sprechen zwei verschiedene Befunde. Erstens war nach den Ergebnissen von Maris für Suizidversucher nicht nur typisch, daß sie selbst einen erhöhten Alkohol- und Drogenkonsum hatten, sondern daß in ihren Familien gleichfalls gehäuft Alkohol- und Drogenprobleme aufgetreten waren (vgl. Maris 1981, S. 328; S. 91, 84-85, vgl. Tab. 25/A3). Nach dieser Befragung waren Suizidversucher nicht nur suizidären Modellen ausgesetzt gewesen – dies kam auch gehäuft bei der Gruppe der Selbstmörder vor –, sondern auch Modellen für suizid*versuchs*ähnliches Verhalten wie Alkohol- und Drogenkonsum.

Zweitens ergab eine Studie von Wenz (1979)[47], daß in Familien, in denen Jugendliche einen Suizidversuch überlebt haben, im Vergleich zu Familien, in denen keine Suizidversuche vorgekommen waren, sowohl die durchschnittlichen Anomiewerte wie auch die Werte wahrgenommener Machtlosigkeit – zwei analytisch vom Autor nicht getrennte Konzepte, deren theoretische ‚Ähnlichkeit' auch in einer hohen Interkorrelation zum Ausdruck kam – erhöht war: Sowohl die Anomie

47 Er untersuchte die Mitglieder von 55 Familien, von denen 25 Familien den höheren und 30 den niedrigeren Schichten entstammten und die wegen der vorgekommenen suizidalen Handlungen als suizidäre Familie bzw., wenn sie ohne suizidäre Vorgeschichte waren, als Kontrollgruppenfamilien einzustufen waren. Sodann wurde der Grad der Normenlosigkeit mit Hilfe der Deanschen Entfremdungsskala und der Grad der Machtlosigkeit mit Hilfe der Seeman-Rotterschen Machtlosigkeit ermittelt. Die Instrumente wurden weder beschrieben noch haben diese Skalen Gütekriterien. Dies ist vor allem deswegen ein schwerwiegender Mangel, weil die Konzepte theoretisch nicht sinnvoll zu trennen sind, oder ihre analytische Trennung zumindest einer Erörterung bedurft hätte. Des weiteren läßt sich nach den Tabellen vermuten, daß die Untersuchungseinheit – individuelle Daten versus aggregierte Daten auf der Ebene der Familien – gewechselt wurde (vgl. Wenz 1979, S. 392). Die Aggregierung ist außerdem problematisch, da die Familiengröße der untersuchten 55 Familien stark unterschiedlich war. Die Untersuchungsergebnisse sind jedoch völlig unbrauchbar, wenn sich herausstellen würde, daß die Durchschnittswerte der suizidären Familie unter Einschluß der ermittelten Werte des Suizidversuchers zustandekamen. Die These von einer suizidären Umgebung oder einem anomischen Klima, das ursächlich für die Suizidversuchshandlung gewesen sein soll, würde dann auf einem statistischen Artefakt beruhen.

als auch die Machtlosigkeit ist mit einer negativen Wert-Erwartungs-Bilanz für Handlungsalternativen vergleichbar. Wenn die Anomie die fehlgeschlagene Zielerreichung betont, akzentuiert die Machtlosigkeitsskala den kognitiven Aspekt situationsspezifischer negativer oder situationsübergreifender generalisierter negativer Erwartungen (vgl. Abschnitt 2.2.2.2/II. und 4.2.2.3.4.1). Unter der Voraussetzung, daß die ermittelten Durchschnittswerte nicht auf statistischen Artefakten beruhen[47], könnte hiermit von einem suizidbegünstigenden Klima gesprochen werden. Das Umfeld wirkt dann ansteckend, wenn die Modelle auch in Abhängigkeit von Handlungsalternativen negative Erwartungen zum Ausdruck bringen und die Beobachter diese übernehmen. Der kausale Zusammenhang bleibt in dieser Studie allerdings ohne Nachweis, und die erfaßten Klimafaktoren können die hier präzisierten Sozialisationsbedingungen nicht abbilden.

4.3.1.2 Verstärkung von Kausal- und Moralprinzipien durch Fremdattribuierung

Obwohl es schwer vorstellbar ist, daß Motive durch einmalige Erfahrungen zu verändern sind, haben sich Kausalattributionen und einzelne Motive in Trainingsprogrammen, die einer wiederholten und intensiven Erfahrung in Alltagssituationen gleichkommen, als modifizierbar erwiesen (vgl. Krug 1976; Brewin und Antaki 1982). Es wäre daher auch zu fragen, ob Hinweise auf die Verstärkung bereits vorhandener Kausalattributionen vorliegen. Werden diese Erfahrungen in Situationen gemacht, die der suizidalen Handlung unmittelbar vorausgehen, könnte von einer sekundären Sozialisation gesprochen werden. Da sie aber auch länger zurückliegen können, wäre es genauso gerechtfertigt, dieser Frage im folgenden Kapitel über die primäre Sozialisation nachzugehen.

Die Bedingungen für die Übernahme von Kausal- und Moralprinzipien sind bekannt. Die kritischen Sozialisationseffekte – die Kausal- und Moralprinzipien – müßten mit relevanten Anreizkontingenzen verbunden und auch glaubwürdig dargeboten worden sein. Die erste dabei zu beantwortende Frage ist die, ob Kausalattributionen in Äußerungen der Interaktionspartner überhaupt wahrnehmbar sind. Fremdattribuierungen gehören als Erklärungen der Interaktionspartner für das Verhalten von ego zu solchen wahrnehmbaren Äußerungen der Interaktionspartner, die vom Handelnden übernommen werden könnten. Eine Reihe von Befunden legt nahe, daß suizid- bzw. suizidversuchsgefährdete Gruppen – z.B. Frauen – mit Fremdattribuierungen konfrontiert werden, die deren selbstwertungünstige belastende asymmetrische Kausalattribution bestätigt haben[48]. Die Interaktionspartner trauen Frauen bei Leistungsaufgaben Erfolge allenfalls aufgrund gemachter Anstrengungen zu, aber nicht weil sie dazu befähigt gewesen wären. Fähigkeit als Kausalattribution nach Erfolg ist aber ein stabiler und internaler Kausalfaktor, der als subjektive Erfolgserklärung vorwiegend kognitiv optimistisch stimmt und günstige affek-

---

48 Die ersten Untersuchungen von Jones und Nisbett (1971), nach denen bei Fremdattribuierungen generell häufiger internale Kausalfaktoren verwendet werden, sind nach diesen Untersuchungsergebnissen zu relativieren.

tive Grundhaltungen aufbaut. Umgekehrt wird Mißerfolg bei Frauen häufiger auf deren Unfähigkeit zurückgeführt. Sowohl nach Erfolg als auch nach Mißerfolg ergeben sich damit zumindest partiell die als suizidär beschriebenen Kausalattributionsmuster, die überproportional häufig von Frauen selbst als Erklärungen für ihre Leistungen akzeptiert wurden (vgl. Abschnitt 4.1.2.3.3.3.2).

So wurden Frauen, die als erfolgreich dargestellt wurden, seltener als Männer für fähig gehalten, während ein Mißerfolg bei Frauen häufiger zur Fremdattribuierung ‚unfähig' führte (vgl. Feather und Simon 1975). Etough und Brown (1975) fanden, daß Erfolg, den Frauen erzielt hatten, häufiger auf deren Anstrengungen, aber nicht auf ihre Fähigkeiten zurückgeführt wurde. Männliche Versuchspersonen brachten den Erfolg einer Physikerin häufiger mit deren Motivierung oder mit einer leichten Aufgabe in Verbindung (Feldmann-Summers und Kiesler 1974). Interessant ist, daß die weiblichen Versuchspersonen für den Erfolg ihrer Geschlechtsgenossinnen ähnliche Erklärungen parat hielten: Auch sie meinten, daß die zu beurteilenden Physikerinnen sich ‚nur' angestrengt hätten, während sie allerdings als Ursache für den Erfolg bei Physikern eine leichte Aufgabe ansahen. Daux und Emswiller (1974) stellten fest, daß bei der Fremdattribuierung der Verhaltenserfolge von Frauen instabile Faktoren, z.B. Anstrengung, vorherrschten, ein Kausalfaktor, der nach den obigen Hypothesen keine stabilen generalisierten Erfolgserwartungen entstehen läßt.

Auch das unterschiedliche Verhalten der Lehrer ihren Schülern und Schülerinnen gegenüber läßt Schlußfolgerungen über geschlechtsspezifische Fremdattribuierungen zu. Schülerinnen werden häufiger gelobt und nach Mißerfolg nicht getadelt, während die Schüler häufiger getadelt werden (vgl. Abschnitt 4.2.2.3.4.3.2). Da Tadel nur bei fehlender Anstrengung sinnvoll ist, schwierige Aufgabenstellung und Zufall als Leistungserklärungen des Lehrers bei selbstgestellten Aufgaben ausscheiden müssen, läßt der Tadel für Jungen nach Mißerfolg den Schluß fehlender Anstrengung zu, ein variabler Erklärungsfaktor, der spätere Leistungen weniger beeinträchtigt als eine unveränderliche Unfähigkeitsattribuierung. Umgekehrt wird Mädchen bei höherer Erwachsenenkonformität gleichbleibende Anstrengung bescheinigt. Ausbleibender Tadel nach Mißerfolg läßt daher auf fehlende Begabungsattribuierung durch den Lehrer schließen. Selteneres Tadeln und häufigeres Loben wirkt sich dann bei Mädchen paradox aus: Unfähigkeitsattribuierungen nach Mißerfolg verschlechtern unabhängig von der tatsächlichen Leistungsfähigkeit progressiv die tatsächlich erbrachten Leistungen (vgl. Abschnitt 5.1.3/I.).

Die bei den Lehrern wahrnehmbare Fremdattribuierung war außerdem begleitet von positiver Zuwendung durch die Lehrer. Die Fremdattribuierung könnte dadurch belohnt worden sein. Nach den Sozialisationsbedingungen – kognitive und affektive Glaubwürdigkeit vorausgesetzt – erhöht dies die Wahrscheinlichkeit einer Übernahme der Fremdattribuierung wegen ihrer Verbindung mit relevanten positiven Anreizen. Kognitive Glaubwürdigkeit wäre außerdem vorauszusetzen, da die eigenen Vorstellungen bei einer bereits ausgeprägten einseitigen Kausalattribution wenig von denen des Lehrers abweichen. Über die Anreizkontingenzen der sonst erfahrenen Fremdattribuierungen kann allerdings wenig ausgesagt werden.

Die zitierten Untersuchungen berichten lediglich über unterschiedliche Fremdattribuierungen. Es ist aber durchaus denkbar, daß Fähigkeitsattribuierungen im Leistungsbereich vor allem mit männlichen Rollenbildvorstellungen harmonieren, während fehlende Fähigkeitsattribuierungen weibliche Rollenvorstellungen nicht nur nicht tangieren, sondern die damit verbundenen positiven Attribute einer weiblichen Rolle bestätigen.

4.3.2 Primäre Sozialisation in früheren Interaktionen: Genese von Kausal- und Moralprinzipien

Ein relativ stabiler Befund in der Selbstmordforschung beinhaltet, daß Selbstmörder gehäuft aus Familien stammen, in denen bereits Selbstmorde anderer Familienmitglieder vorkamen (vgl. Resnik und Hathorne 1974; Ringel 1961, S. 120; Lester und Lester 1971, S. 39; Farber 1977). In der Untersuchung von Maris betraf dies 11 % der Selbstmörder und 8 % der Selbstmordversucher (Maris 1981, S. 55 f.). Teicher und Jacobs (1966) berichten, wie bereits erwähnt, bei jugendlichen Suizidversuchern von einem Anteil von 44 % und in dem allerdings kleinen Sample von Suizidversuchern, die Waage befragte, waren 50 % mit einer suizidären Familiengeschichte belastet (vgl. Waage 1966). Eine naheliegende Erklärung für die Wirksamkeit von zum Teil lange zurückliegenden Ereignissen, die außerdem das gleiche Verhalten genetisch Verwandter beschreiben, wäre die Suche nach biologischen Faktoren. Diese These hat bereits Durkheim (1973) mit ausführlichem empirischem Material widerlegt (Durkheim 1973, S. 72 ff.). Auch die starken nationalen und altersspezifischen Variationen sprechen gegen die Wirksamkeit biologischer Faktoren. Eine Zwillingsstudie von Kallmann und Anastasio (1947) widerlegt die Annahme wirksamer biologischer Faktoren im Range von notwendigen oder hinreichenden Bedingungen. Von 2500 Zwillingspaaren, die in New Yorker Nervenkrankenhäusern Aufnahme gefunden hatten, begingen 11 Personen, die Zwillingspartner von jeweils drei eineiigen und acht zweieiigen Zwillingspaaren waren, Selbstmord, aber keiner der überlebenden Zwillingspartner folgte dieser Handlung. Weder bei genetisch verschiedenen noch bei genetisch identischen Zwillingspaaren wiederholte sich die Suizidhandlung.

Biologische Faktoren können nach diesen Befunden weder gesellschaftsspezifische Selbstmordraten noch familiär gehäuft auftretende Selbstmordhandlungen erklären. Aber auch lerntheoretische Verhaltenstheorien, ebenso wie die ökonomische Theorie waren – wie oben gezeigt wurde – als Erklärungsgrundlage befriedigend. Objektive und situative Anreizdefizite reichen nicht aus, das Auftreten massenhafter Selbstmordhandlungen, das aber gleichzeitig ein Minderheitsphänomen ist, zu erklären. Noch weniger sind diese Ansätze geeignet, die Wirksamkeit früherer Erfahrungen zu konzeptualisieren. Welche Sozialisationstheorien im engeren Sinne könnten zur Erklärung herangezogen werden? Die sozial-kognitive Lerntheorie von Bandura wird dem zu erklärenden Phänomen der primären Sozialisation insoweit gerecht, als Erwerb und Verhalten analytisch getrennte Erklärungsstufen sind, die der Unterscheidung zwischen Handlungstendenzen und Handlung im vorliegenden Ansatz entsprechen könnten. Auch die Wirksamkeit stellvertretend erfahrener Anreize ist Teil der Imitationstheorie von Bandura. Die uninterpretierten Begriffe der subjektiven Wahrnehmung und Interpretation von situativen Anreizen – z.B. die symbolische Kodierung – liefern aber im Gegensatz zu den Aussagen des Motivationsmodells keine gehaltvollen Aussagen über relevante Sozialisationseffekte (vgl. Anm. 1 in Übersicht 24, S. 265).

Die hier dargelegten Interpretationsschemata sind jedoch einerseits die fehlenden Zwischenglieder einer Kausalkette, die das Verhalten, das auf die Lernphase folgt, erklären können. Andererseits repräsentieren die Kausal- und Moralprinzipien Sozialisationseffekte, d.h. sie fungieren als abhängige Variablen einer Sozialisationstheorie. Sozialisations- und Entwicklungstheorien, z.B. die kognitiven und moralischen Entwicklungstheorien von Kohlberg und Piaget[49] formulieren zwar Sozialisationseffekte, sie enthalten jedoch keine Aussagen über die Bedingungen, unter denen diese Sozialisationseffekte zu Handlungen führen.

Die Sozialisationseffekte, die Kohlberg und Piaget als eine Aufeinanderfolge von Entwicklungsstufen beschreiben, sind kaum eindeutig empirisch erfaßbar. Sie repräsentieren aber im weitesten Sinne moralische und kognitive Prinzipien. Die sechs Entwicklungsstufen der Moraltheorie von Kohlberg reichen von der ersten ‚egoistisch-hedonistischen' Stufe (‚Gut ist, was meinen Bedürfnissen dient') über eine autoritäre Fixierung (‚Gut ist, was Erwachsene bzw. später Gleichaltrige verlangen') zu einer autonomen Moral, die an Gesetz und Gemeinwohl orientiert ist (‚Gut ist, was das Gesetz vorschreibt', bzw. – als höchste Stufe – ‚gut ist, was dem Gemeinwohl dient oder aber einem an humanistischen Idealen orientierten Gewissen entspricht') (vgl. Kohlberg 1969). Prima facie sind aber die moralischen Prinzipien jeder Entwicklungsstufe mehrdimensional, und es werden jeweils unterschiedliche Dimensionen beschrieben. Sie betreffen z.B. die Art der Moralinstanz – Ego, Erwachsener, Peer, Gesetz, Gewissen –, die Intention des moralisch Urteilenden oder die Handlungsfolgen eines realisierten moralischen Prinzips. Des weiteren sind keine Bedingungen genannt, unter denen die verschiedenen Entwicklungsstufen durchlaufen werden. Das Postulat der Generalität und Hierarchisierung, d.h. der überall geltenden und in strikt aufsteigender Reihenfolge zu durchlaufenden Stufen moralischer Entwicklung ist empirisch falsch (vgl. Weiner und Peter 1974) und beruht auf einer metaphysischen Annahme naturimmanenter, teleologischer Prägung[50].

---

49 Vgl. den zusammenfassenden theoretischen Überblick am Beispiel der Moraltheorien, der auch die kognitiven Entwicklungstheorien von Kohlberg und Piaget beinhaltet, bei Hoffman (1977).

50 Der nicht explizit verdeutlichte normative Charakter wird deutlich, wenn die höchste und ‚wertvollste' Entwicklungsstufe ohne den Zusatz – Orientierung an humanistischen Prinzipien – formuliert würde. Jede allgemeingültige, auch faschistische Ideologie würde dieser Entwicklungsstufe zuzurechnen sein, andererseits wäre utilitaristisches Denken der ersten kindlichen Entwicklungsstufe zuzuordnen.

Lerntheoretische Moraltheorien von Aronfeed und Whiting und Child[51] erklären das Ausmaß moralischer Internalisation. Dieses Konstrukt wird über das Verhalten entsprechend der experimentellen Stimulus-Response-Anordnung definiert und bezieht sich auf normgemäßes Verhalten in Abwesenheit externer Sanktionen. Dieser Sozialisationseffekt ist im Gegensatz zum Kohlbergschen Moralkonzept hinreichend präzise erfaßt, eignet sich aber für die Konzeptualisierung der spezifischen Prinzipien nur bedingt[52], weil moralische Internalisation allenfalls die Konsequenzen spezifischer Kausalattribution erfaßt, z.B. Selbstbestrafung, Selbstkritik oder Anzeichen von Schuldgefühlen bei Normverstößen. Des weiteren wird negative Internalität nicht bewußt sozialisiert. Selbstwertungünstige Kausalattributionen entstehen daher kaum aufgrund von Sozialisationspraktiken, die die nicht immer wahrnehmbaren kognitiven Interpretationen des Sozialisanden systematisch und konsistent verstärken würden. Notwendig ist daher ein Ansatz, der dem kognitiven Aspekt der Kausalattribution gerecht wird, d.h. die Bildung von kognitiven Assoziationen erklären kann, ohne daß diese Assoziationen direkt vom Sozialisator verstärkt worden wären. Mit der Konzeptbildungstheorie von Lott (1967) steht ein solcher Ansatz zur Verfügung. Die Sozialisationsbedingungen, die sich aus dieser kognitiven Einstellungstheorie ergeben und die bisherigen Sozialisationsbedingungen ergänzen, werden im Abschnitt 4.3.2.1.2.2 und 4.3.2.1.2.3 in ihrer Auswirkung auf die Bildung kausalattributiver Konzepte untersucht. Diese müssen aber zunächst neu formuliert werden. Bei der Sozialisation von Kindern ist dem unterschiedlichen biologischen Reifegrad Rechnung getragen. Das suizidäre asymmetrische Kausalprinzip kann als rudimentäres Kausalprinzip, das weniger komplexe kognitive Algorithmem voraussetzt, definiert werden. Aufschluß darüber geben motivationspsychologische Untersuchungen zur Entstehung des Leistungsmotivs im Kindesalter. Diese Untersuchungen enthalten auch Hypothesen über die Wirkung von Sozialisationspraktiken, bzw. von Erziehungsstilen und beschreiben relativ komplexe Verhaltenssyndrome der Sozialisatoren. Verschiedene sozialisationstheoretische Untersuchungsergebnisse über die hier interessierende Sozialisationseffekte, z.B. die Moralprinzipien oder suizidäres Verhalten, deuten auf eine Konvergenz der Aussagen über wirksame Handlungskomponenten der Erzieher hin. Die Identifizierung solcher Handlungskomponenten wird neben der Definition eines Kausalprinzips der negativen und positiven Internalität daher eine weitere

51 Aronfeed versteht unter der Internalisation oder Gewissensbildung die Persistenz des (normgemäßen) Verhaltens in Abwesenheit externer Stimuli (vgl. Aronfeed 1968, S. 36). Dies setzt, da zum Zeitpunkt der Verhaltensausführung keine Verstärker präsent sind, die kognitive Repräsentation und motivationale Disposition voraus (vgl. Aronfeed 1968, S. 37). Whiting und Child zählen Verhaltensweisen auf, die Internalisation oder die Gewissensbildung repräsentieren, Wiedergutmachung, Selbstbestrafung, Selbstkritik, Schuldgefühle (1953). Zum Begriff der Internalisation vgl. Hogan 1975, S. 159.

52 Allenfalls das Vorhandensein von Modellen, wie sie im obigen Abschnitt bereits in ihrer Auswirkung auf die Sozialisation suizidrelevanter Handlungsdeterminanten untersuchten wurden, könnten die Übernahme von Kausal- und Moralprinzipien durch stellvertretend zu erfahrende Belohnungen sozialisieren, wenn die Anwendung dieser Prinzipien im Modellverhalten zum Ausdruck kommt.

Aufgabe des folgenden Abschnitts sein. Daran schließt sich der Versuch an, die Erziehungsstildimensionen in motivationstheoretische Terme zu reformulieren, um damit Sozialisationsbedingungen für die Genese kausalattributiver und moralischer Prinzipien zu gewinnen. Im letzten Abschnitt zur primären Sozialisation suizidaler Handlungsdeterminanten wird das verfügbare empirische Material aus der Selbstmordforschung auf der Grundlage dieser Hypothesen diskutiert.

4.3.2.1 Bedingungen wirksamer Sozialisation

4.3.2.1.1 Erziehungsstile mit relevanten Sozialisationseffekten

Becker (1964) reduziert die empirisch häufig replizierten Sozialisationspraktiken auf die beiden Erziehungsstildimensionen „Ausmaß der Kontrolle“ mit den beiden Polen – permissiv und restriktiv – und das „Ausmaß der Zuwendung“ mit den Polen Wärme und Feindseligkeit. Die Vier-Felder-Tafel in Übersicht 26 gruppiert die dabei empirisch von verschiedenen Autoren häufig beobachteten Sozialisationseffekte (vgl. Achenbach und Edelbrook 1978).

Versucht man, das suizidale Verhalten diesen empirisch festgestellten Sozialisationseffekten zuzuordnen, ist für *Selbstmordverhalten* die Erziehungsstilkombination warm-restriktiv typisch. Die Effekte – abhängig, wenig aggressiv, maximal konform – entsprechen dabei am ehesten dem Bild vom Suizidenten. *Suizidversuchsverhalten* wäre andererseits der dritten Kombination der beiden Erziehungsstilkombinationen feindselig-restriktiv zuzuordnen, ein Erziehungsverhalten, auf das häufig mit maximaler Selbstaggression, neurotischen Problemen, einer Verweigerung gegenüber Erwachsenenrollen, Konflikten mit Gleichaltrigen reagiert wurde, aber auch zu sozialer Zurückgezogenheit führte. Diese Beschreibungen passen am ehesten zum bisher bekannten Erscheinungsbild von Suizidversuchern.

Bei der Sozialisation moralischer Internalisation unterscheidet Baumrind (1974) nach ihren empirischen Untersuchungen „autoritative“, „permissive“ und „autoritäre“ Erziehungsstile, die eine autonome Internalisation der Normen, eine geringe und eine übermäßige Normeninternalisation bewirken sollen. Diese Hypothesen beruhen auf der Optimumstheorie von Bronfenbrenner und Devereux[53], die in neuerer Zeit durch empirische Untersuchungen von Crandall (1972) bestätigt wurde. Dabei sollen ein mittlerer Zuwendungsgrad, eine mittlere Kontrolle und eine mittlere, d.h. egalitäre Rollendifferenzierung der Erzieher, die höchste Unabhängigkeit von moralischen Instanzen, z.B. von den Eltern, Lehrern oder Gleichaltrigen, bewirken. Wenn wiederum Suizid- und Suizidversuchsverhalten einer nicht-optimalen Übersozialisation von Nornen zuzuordnen wäre, käme in Übereinstimmung mit den Beckerschen Erziehungsstilkombinationen zu viel und zu wenig

53 Vgl. Bronfenbrenner 1961; Devereux 1970. Die Autoren versuchten, im internationalen Vergleich die Bedingungen für die Abhängigkeit bzw. Unabhängigkeit der Kinder und Jugendlichen von moralischen Instanzen wie der der Eltern, Lehrer und Gleichaltrigen herauszufinden.

Übersicht 26: *Sozialisationseffekte der Erziehungsstildimensionen Kontrolle (restriktiv-permissiv) und Zuwendung (warm-feindselig) nach Becker 1964, S. 198*

Zuwendung	Kontrolle	
	Restriktivität	Permissivität
Wärme	Submissiv, abhängig, höflich, nett, gehorsam (Levy). Minimale Aggression (Sears). Maximale Regelbefolgung durch Jungen (Maccoby). Abhängig, nicht freundlich, nicht kreativ (Watson). Maximale Konformität (Meyers).	Aktiv, sozial nach außen gerichtet, kreativ, erfolgreich aggressiv (Baldwin). Minimale Regelbefolgung bei Jungen (Maccoby). Erleichtert die Übernahme von Erwachsenenrollen (Levin). Minimale Selbstaggression bei Jungen (Sears). Unabhängig, freundlich, kreativ, geringe projektive Feindseligkeit (Watson).
Feindseligkeit	'Neurotische' Probleme (Klinische Studien). Mehr Konflikte mit und Scheu vor Gleichaltrigen (Watson). Sozial zurückgezogen (Baldwin). Kaum Übernahme von Erwachsenenrollen (Levin). Maximale Selbstaggression bei Jungen (Sears).	Delinquenz (Gluecks, Bandura und Walters). Keine Konformität (Meyers). Maximale Aggression (Sears).

Zuwendung und zu viel Kontrolle als kritisches Erziehungsverhalten für eine Übersozialisation, die möglicherweise suizidales Verhalten begünstigt, in Frage.

Ähnlich wie Baumrind identifiziert Hoffman (1977) eine „humanistisch-flexible" moralische Orientierung bei Kindern, wenn sie einem Mittelmaß an Kontrolle mit induktiv-argumentativem Erziehungsverhalten ausgesetzt waren und ist dem autoritativen Erziehungsstil mit resultierender moralischer Autonomie bei Baumrind vergleichbar. Durch eine „humanistisch-rigide" Orientierung werden Kinder mit Mitteln eines machtorientierten Liebesentzugs übermäßig kontrolliert. Dies kommt dem autoritären Erziehungsverhalten mit resultierender übermäßiger Sozialisation bei Baumrind gleich und repräsentiert wiederum die für suizidales Verhalten kritischen Erziehungsmuster und Sozialisationseffekte[54].

Für die Relevanz dieser Erziehungsstilkombinationen – zu viel oder zu wenig Zuneigung und vermutlich ein Übermaß an Kontrolle – sprechen auch Untersuchungsergebnisse zur Entstehung von Kontrollerwartungen, die dem hier interessierenden Sozialisationseffekt der Kausalattribution nahekommen.

Nach einer Untersuchung von Loeb (1975) haben direktiv agierende Väter und Mütter signifikant mehr external orientierte Söhne, während suggestiv erziehende Eltern signifikant mehr Söhne mit internalen Kontrollerwartungen haben. Partiell wird damit das Attributionsmuster der „positiven Internalität" erfaßt: Internale führen Erfolg auf die eigene Fähigkeit bzw. internale Faktoren zurück, während Externale den Mißerfolg vor allem mit der eigenen Person in Zusammenhang bringen, d.h. negativ internal sind[55] (vgl. A3, Tab. 4).

Auch Rothbaum (1980) sieht in seinen Untersuchungen einen Zusammenhang zwischen hoher Kontrolle in direktiven Erziehungsaktivitäten und Externalität bei Jugendlichen und Kindern, die Suizidversuche hinter sich haben. Unter Einbeziehung aller Familienmitglieder scheinen nach einer internationalen Studie von Novicki und Schneewind (1982) an 403 amerikanischen und bundesdeutschen Jungen und Mädchen im Alter von 12 und 18 Jahren aus Familien zu kommen, in denen starke Kontrolle ausgeübt wurde, wenn diese external orientiert waren; bei internaler Orientierung war weniger Kontrolle ausgeübt worden.

Auch hier entspricht Internalität der positiven Internalität, d.h. Zuschreibung des Erfolgs auf eigene Fähigkeit und Externalität der negativen Internalität als internaler Zuschreibung von Mißerfolg.

Hubbell (1963) untersuchte den Erziehungsstil, dem Kinder mit „effizienter"

---

54 Übereinstimmung herrscht auch bei den für delinquentes Verhalten (vgl. die Erziehungsstilkombination permissiv-feindselig in Übersicht 26) vermuteten vorausgehenden Sozialisationspraktiken einer Unterkontrolle, die nach Hoffman mit externaler moralischer Orientierung verbunden sein soll und dem permissiven Erziehungsverhalten mit resultierender geringer Normeninternalisation bei Baumrind entspricht.

55 Der Begriff Externalität stellt auf die Konsequenzen der negativen generalisierten Erwartungen ab. Wie in Abschnitt 4.2.2.3.3.1 gezeigt wurde, ist das Konzept der Kontrollerwartung unvollständig und inkonsistent. Nicht nur, daß im Fall der Externalität die Konsequenzen, bei Internalen jedoch die Lokalisierung des Kausalfaktors erfaßt wurde, auch der Handlungserfolg ist unterschiedlich berücksichtigt. Externale sagen nicht „Ich kann *nichts* machen", sondern „*Ich* kann *nichts* machen".

und „nicht effizienter Selbstkontrolle“ ausgesetzt gewesen waren. Ineffiziente Selbstkontrolle war danach gegeben, wenn das tatsächliche Verhalten und die Verhaltensstandards auseinanderfielen. Obwohl als Selbstkontrolle konzeptualisiert, wird damit eine Zielerreichungsdiskrepanz definiert: Stimmt das tatsächliche Verhalten nicht mit dem angestrebten Zielniveau überein, waren die Anspruchsniveaupräferenzen zu hoch oder zu niedrig. Die Eltern von „effizienten Kontrolleuren“ mit realistischen Anspruchsniveaupräferenzen übten weniger direktive und mehr suggestive Erziehungspraktiken aus. Die Eltern von Kindern mit übermäßiger oder zu geringer Selbstkontrolle benutzten dagegen mehr direkte und weniger suggestive Mittel, d.h. sie kommunizierten weniger mit ihren Kindern über deren Belange und Bedürfnisse, verhängten aber mehr körperliche Strafen und appellierten weniger an Schuldgefühle.

Selbst in den Untersuchungen über Sozialisationspraktiken, die die Entstehung der Leistungsmotive beeinflußten, ist bei vergleichbaren Sozialisationseffekten ähnliches Erziehungsverhalten vorausgegangen. Wenn aber die Entstehung von positiver und negativer Leistungsmotivation untersucht wurde, beziehen sich die Sozialisationseffekte sowohl auf die Motivkomponente der Kausalattribution als auch auf die der Anspruchsniveaupräferenzen. In der Studie von Winterbottom (1958) wird ein später häufig replizierter Zusammenhang zwischen früher Erziehung zur Selbständigkeit und hoher positiver Leistungsmotivation entdeckt. Entscheidend bei diesem Selbständigkeitstraining war jedoch die Art der beim Kind induzierten Tätigkeiten. Es waren weniger solche Handlungen, die die Mutter entlasteten, z.B. Sauberkeitstraining, sondern eine Förderung solcher Handlungen, die die Bedürfnisse des Kindes berücksichtigten (vgl. Rosen und D'Andrade 1959). Zum zweiten sollte dieser Zeitpunkt nicht zu früh und nicht zu spät, sondern optimal, d.h. in Übereinstimmung mit der individuellen Entwicklungsstufe der kindlichen Fähigkeiten und damit dem Mittelpotential des Kindes gewählt werden (vgl. Rosen und D'Andrade 1959; Meyer 1973, S. 176 ff.; Trudewind 1976). Des weiteren war das optimale Selbständigkeitstraining nur dann erfolgreich für die Entwicklung einer positiven Leistungsmotivation, wenn den Kindern liebevoll begegnet wurde (vgl. Winterbottom 1985; Crandall et al. 1960; Meyer und Wacker 1970). Darin stimmen die Untersuchungsergebnisse von Novicki und Schneewind (1982) insoweit überein, als (positive) Internalität bei solchen Kindern und Jugendlichen ausgeprägt war, deren Familie durch wenig Konflikte und starke Expressivität, die auf enge soziale Kontakte schließen ließ, gekennzeichnet war.

Umgekehrt wurde aber beobachtet, daß die Mütter positiv leistungsmotivierter Kinder seltener lobten und häufiger tadelten (Bartlett und Smith 1966; vgl. Reif 1970, in: Heckhausen 1980, S. 691). Obwohl sich diese beobachtete erhöhte Mißfallenskundgebung zunächst als widersprüchlicher Befund darstellt, zeigen Untersuchungen von Dweck und Repucci (1973) ein entsprechendes Belohnungsmuster bei Lehrern ihren männlichen und weiblichen Schülern gegenüber. Die Jungen, die für positive Asymmetrie bei Kausalattribution anfällig waren, d.h. als hoch Leistungsmotivierte Erfolg auf eigene Begabung zurückführten, wurden vom Lehrer häufiger getadelt als Mädchen, die im Leistungsbereich vorzugsweise negativ attribuierten, d.h. Mißerfolg auf eigene Unfähigkeit und Erfolg auf externale Faktoren zurückführten (vgl. Abschnitt 4.2.2). Diese wurden auffallend oft gelobt und bei Mißerfolg selten getadelt. Unterstellt man, daß Mädchen in stärkerem Maße erwachsenenkonform sind (vgl. Maccoby und Jacklin 1974, S. 265 ff.) und damit häufiger sich anstrengten, drängt sich für die Wirkung dieser unterschiedlichen Verteilung von Lob und Tadel in Abhängigkeit des Handlungserfolgs eine attributionstheoretische Interpretation auf: Die Lehrer machen bei Jungen fehlende Anstrengung und damit nicht Unfähigkeit für deren Mißerfolg verantwortlich, während für den Mißerfolg von Mädchen mangelnde Anstrengung als Kausalfaktor ausscheidet, und daher Unfähigkeit als ein nicht tadelbarer Kausalfaktor vom Lehrer angenommen wird. Externale Faktoren sind bei Lob und Tadel durch den Lehrer, der die Aufgabenschwierigkeit kennt oder zufällige Ergebnisse nicht gelten lassen kann, ohnehin auszuschließen. Aufgrund der situationalen Kontexte, in denen gelobt oder getadelt wird, könnte daher auf die Fremdattributionen von den attribuierten Schülern geschlossen werden. Werden diese Fremdattributionen übernommen, wäre ein kognitiver Lernprozeß für die Übernahme von Kausalattributionen beschrieben (vgl. S. 306 oben). Mehr Lob durch den Lehrer würde sich dann, wenn die fremde Kausalattribution wahrgenommen und von den Schülern akzeptiert wird, paradox auswirken: induzierte negative Internalität senkt bei gleicher Leistungsfähigkeit die tatsächlich erbrachte Leistung (vgl. Abschnitt 5.1.3). Ob auf allen Altersstufen Fremdattributionen aus dem Verhalten anderer erschlossen werden können, ist allerdings fraglich.

Kinder unter zehn Jahren scheinen zumindest die kognitiven Voraussetzungen für eine vollständige multifaktorielle Kausalattribution noch nicht zu haben, d.h. eine Varianz- und Kovarianzanalyse, die die Kausalattribution auf variierende und nicht variierende Faktoren beinhaltet, noch nicht anwenden zu können. Allerdings ist im Vorschulalter und im mittleren Kindesalter bis ungefähr zum zehnten Lebensjahr das Erkennen einzelner Kovariationen und eines qualitativen funktionalen Zusammenhangs möglich (vgl. Flavell 1979, S. 100 f.; S. 124 ff.; Crandall et al. 1965, S. 94; Schmalt 1975, S. 31, 32). Diesen entwicklungspsychologischen Tatbestand vermuten nicht nur die Motivationspsychologen, sondern er stimmt auch mit den Erkenntnissen der kognitiven Theoretiker der Piagetschen Schule (vgl. Flavell 1979) überein und könnte die fehlende Stabilität von Motiven vor dem 10. bis 12. Lebensjahr erklären (vgl. Abschnitt 4.2.2.3.4.3.1).

Nun ist das zu lösende Problem zumindest formulierbar. Wenn sich die explizierten Motivkomponenten, das Kausalprinzip als Kausalattribution und ihre kognitiven und affektiven Konsequenzen im Kindesalter nicht vollständig sozialisieren lassen, muß ein rudimentäres Kausalprinzip als relevanter Sozialisationseffekt definiert werden. Erst dann können die bisher genannten Sozialisationsbedingungen – das Vorliegen relevanter Anreizkontingenzen, die von einem glaubwürdigen Sozialisator vermittelt werden – angewandt und um Bedingungen für das Besondere einer unbewußten Sozialisierung ergänzt werden.

Erste Experimente zur Entstehung von Motivkomponenten geben Hinweise darauf, daß zumindest eine negative Anreizgewichtung erfolgt. Mißerfolgsängstliche Kinder von Müttern, die ihre Kinder zu früh zur Selbständigkeit angeregt hatten, hatten vor allem eine Furcht vor den sozialen Konsequenzen ihrer Handlung entwickelt. Außerdem war ein Leistungsvergleich mit früheren eigenen Leistungen (Konsistenzinformationsverwertung), eine individuelle Bezugsnorm, beobachtet worden, aber noch keine soziale Bezugsnorm, d.h. die eigene Leistung wurde noch nicht auf einem Kontinuum der Leistungen anderer eingeordnet (vgl. Schmalt 1975, S. 31 f.). Beide Elemente zusammen gestatten die Definition einer rudimentären Kausalattribution. Sowohl Leistungsabstufungen im Vergleich mit früheren guten und schlechteren Leistungen einerseits als auch mit negativer Anreizgewichtung andererseits könnte zusammen kogniziert werden und wäre als ‚negative Internalität' zu bezeichnen. Genauer: *Negative (positive) Internalität könnte als Kontingenzbeziehung zwischen dem Verhaltensmißerfolg (erfolg) und der eigenen Person aufgefaßt werden.* Bei Mißerfolg lautet die Kognition: „*Ich* habe etwas *falsch* gemacht" und stellt eine retrospektive Kausalattribution dar. Die Kognition „Wenn etwas *mißlingt*, bin *ich* schuld" wäre ein Beispiel für eine prospektive Kausalattribution. Der Unterschied zur vollständigen Kausalattribution Erwachsener oder Jugendlicher liegt darin, daß nicht nach verschiedenen Ursachenfaktoren – Zufall, Aufgabenschwierigkeit, Anstrengung, Fähigkeit – differenziert wird. Diese sind erst im sozialen Vergleich und im Vergleich mit situationalen Veränderungen wahrnehmbar, wenn komplexere „varianzanalytische Rechnungen" einer höheren kognitiven Entwicklungsstufe möglich sind.

Mit Hilfe der so definierten negativen Internalität läßt sich auch der Begriff ‚Schuldgefühle' neu fassen, der in nahezu allen, auch in lerntheoretischen Untersuchungen zur moralischen Sozialisation auf verschiedenen Altersstufen verwendet (vgl. Aronfeed 1968) und insofern der kognitiven Entwicklung dieser Altersstufen auch gerecht wird. Der Begriff ‚Schuldgefühl' wird um affektive und kognitive Elemente und ihre Beziehung zueinander erweitert: Ein Schuldgefühl entsteht, wenn negative Ereignisse oder Handlungsergebnisse kognitiv mit der eigenen Person in der Weise verknüpft werden, daß der Handelnde sich selbst als Ursache für ein negativ zu bewertendes Ereignis ansieht.

Nachdem der zu untersuchende Sozialisationseffekt als negative bzw. positive Internalität bekannt ist, läßt sich die bisherige Sozialisationstheorie auch auf die primäre Sozialisation von Kausalprinzipien anwenden. Auf ihrer Grundlage lassen sich im folgenden Verhaltenssyndrome von Erziehern, sogenannte Erziehungsstile, interpretieren und in ihrer Auswirkung auf rudimentäre Kausalprinzipien der negativen bzw. positiven Internalität untersuchen.

4.3.2.1.2 Motivationstheoretische Interpretation relevanter Sozialisationsbedingungen und -effekte

4.3.2.1.2.1 Definition der Erziehungsstile Zuwendung und Kontrolle als Anreizkontingenzen

Die Anwendung der motivationstheoretischen Sozialisationshypothesen gestattet zunächst eine vereinfachende Definition des Erziehungsverhaltens, das als Verhaltenssyndrom in den beiden Erziehungsstildimensionen *Kontrolle* und *Zuwendung* zusammengefaßt wurde. Nach den Hypothesen über eine wirksame Sozialisation werden Sozialisationsinhalte dann wirksam vermittelt, wenn das vom Sozialisator intendierte Sozialisationsziel – oder ein anderer ‚relevanter' Sozialisationseffekt – als instrumentell für die wahrscheinliche Erreichung von Anreizen wahrgenommen wird, und der Sozialisator diese direkt oder stellvertretend in Aussicht gestellten Anreize glaubwürdig darbietet (vgl. Abschnitt 3.2.3, H_S22-24).

Das Ausmaß der Kontrolle, die vom Sozialisator ausgeübt wird, ist daher ebenso wie das Ausmaß geäußerter Zuwendung definierbar als die unterschiedlich glaubwürdige Darbietung von Anreizen, die in Verbindung mit den Sozialisationszielen zu erwarten sind.

Das Ausmaß der *Zuwendung*, die Eltern ihren Kindern in der Familie gewähren, läßt sich als die vom Sozialisator dem Sozialisanden in Aussicht gestellten oder tatsächlich gewährten, unterschiedlich intensiven Anreize extrinsischer, insbesondere affiliativer Art definieren. Es sind außerdem zentrale, aus der Sicht des Kindes kaum anderweitig erreichbare Anreize. Dies beruht auf der trivial anmutenden Tatsache, daß das Machtgefälle aufgrund der unterschiedlichen Ressourcen zu Lasten des Kindes sehr groß ist. Es wird ferner angenommen, daß die Zuneigungs- oder Abneigungsbezeugungen gegenüber dem Kind immer gleichzeitig mit anderen Erziehungsmaßnahmen auftreten. Ihre interaktive und möglicherweise störende Wirkung muß daher berücksichtigt werden.

Das *Ausmaß der Kontrolle* läßt sich definieren als die Häufigkeit, mit der die Sozialisatoren (Eltern) auf Handlungen der Sozialisanden (Kinder) mit positiven oder negativen Anreizen reagieren. Zu den Handlungen des Sozialisanden sind alle Arten von Äußerungen, auch wahrnehmbare Unterlassungen, auf die reagiert werden kann, zu rechnen. Die Reaktion des Sozialisators erfolgt in Abhängigkeit des Verhaltens des Sozialisanden und beinhaltet die direkte Gewährung von Anreizen, oder es werden bei der stellvertretenden Anreizdarbietung Anreize in Aussicht gestellt. Damit wurde Kontrolle über die Häufigkeit, mit der Kontingenzregeln angewandt wurden, definiert. Geringe Kontrolle als ein Extrem der Kontrolldimension bedeutet demnach das Fehlen von verhaltensabhängigen Anreizen, die der ‚kontrollierende' Sozialisator setzt oder präsent macht. Es bedeutet jedoch nicht Abwesenheit von positiven oder negativen Anreizen, sondern lediglich verhaltensnonkontingente Reaktionen. Die Reaktionen des Sozialisators erfolgen zufällig auf Handlungen des Sozialisanden. Dieses Extrem sei als *Unterkontrolle* bezeichnet. Das andere Extrem bedeutet eine stark ausgeprägte *übermäßige Kontrolle.* Kindliches Verhalten wird dabei relativ stark reglementiert, d.h. auf sein Verhalten folgen regelmäßig und häufig Belohnungen oder Bestrafungen. Bei einer mittleren Kontrolle wird auf das kindliche Verhalten weniger häufig reagiert, so daß ein Handlungsfreiraum bleibt. Dieser Spielraum bedeutet wiederum nicht, daß das Verhalten ohne Konsequenzen bliebe und damit keine Anreize existierten. Diese Anreize werden lediglich nicht nur von den Erziehungspersonen, sondern auch vom Kind selbst gesetzt.

Nach der Hypothesen über wirksame Sozialisation läßt sich nun vermuten, daß zufällige Reaktionen auf das Verhalten des Sozialisanden nicht zum Lernen von Verhaltensregeln führen werden. Entweder ist das Kind nicht in der Lage, die zu erlernende Regel, z.B. ein Verhaltensverbot, in Abhängigkeit der vom Sozialisator dargebotenen Anreize zu sehen – hier wäre die Voraussetzung relevanter Anreizkontingenzen nicht erfüllt – und/oder der Sozialisator verliert wegen seines wechselhaften und zufälligen Verhaltens seine Glaubwürdigkeit, sowohl in kognitiver als auch in affektiver Hinsicht. Regeltreues und vertragskonformes Verhalten wird dabei nicht erlernt. Als permissiv-verwöhnend kann diese Erziehungsstilkombination bezeichnet werden, wenn Zuneigung gegenüber dem Kind dominiert, und als autoritär-bestrafend, wenn geäußerte Feindseligkeit dominiert. Aggressives und delinquentes Verhalten scheint Folge dieses Erziehungsverhaltens zu sein (vgl. Rothbaum 1980; Seitz 1980). Zufällige Belohnungsmuster machen daher aus theoretischen und empirischen Gründen das Lernen einer negativen Internalität unwahrscheinlich. Diese Erziehungsstilkombination muß deshalb nicht weiter untersucht werden.

Es wurde angenommen, daß eine liebevolle oder abweisende Haltung dem Kind gegenüber auch während der Ausübung von Verhaltenskontrolle wirksam wird. Beispiel für eine negative (positive) Sanktionierung des Verhaltens und der Person des Kindes durch eine gleichzeitig geäußerte Zuneigung (Ablehnung) wären folgende vereinfachende Sätze: „Was Du gemacht hast, war falsch (richtig) und ich mag Dich (nicht)". Zu den *verhaltensspezifischen* oder leistungsbezogenen *Anreizen* positiver oder negativer Ausprägung kommen positive oder negative *personenspezifische Anreize* hinzu. Verschiedene positive oder negative Anreizwertklassen interagieren und wirken sich kumuliert oder reduziert auf das Verhalten aus.

Bevor die Folgen dieser Annahme in den Sozialisationshypothesen des folgenden Abschnittes weiter untersucht werden, muß aber geprüft werden, ob die Erziehungsstildimension Kontrolle neben dem Strukturparameter der Häufigkeit, mit der der Sozialisator auf Mißerfolg oder Erfolg reagiert und dadurch Kontingenzregeln für den Sozialisanden erkennbar werden, noch andere theoretisch relevante Besonderheiten aufweist, die mit Konsequenzen für den Sozialisanden verbunden sind.

Zwei weitere Merkmale des mittleren oder optimalen Kontrollverhaltens im Unterschied zur ausgeprägten Kontrolle kindlichen Verhaltens lassen sich auf der Grundlage handlungstheoretischer Terme identifizieren, wodurch unterschiedliche Wirkungen des Erziehungsverhaltens vorhersagbar werden. Bei der mittleren Kontrolle überwiegt im Gegensatz zur ausgeprägten Kontrolle häufiger ein ‚induktiver', „suggestiver' Erziehungsstil, allerdings kommen auch bestrafende, Schuldgefühle induzierende und auch permissive Erziehungselemente vor (vgl. Baumrind 1974; Hoffman 1977). Übermäßige Kontrolle beinhaltet hingegen mehr bestrafende, weniger induktive und weniger permissive Erziehungselemente. Wenn ein Verhalten, das von der Erziehungsperson als falsch angesehen wird, mit der Androhung von Körperstrafe oder Liebesentzug sanktioniert wird, handelt es sich dabei nicht um aufgabenzentrierte Sanktionen, sondern um personenzentrierte affiliative Anreize. Nicht ein bestimmtes Verhalten wird bestraft – oder auch belohnt –, sondern die ganze Person, die dieses Verhalten zur Unzufriedenheit oder Zufriedenheit der Erziehungsperson gezeigt hat: *„Du* hast das *falsch* gemacht und *(deswegen) mag* ich *Dich* (jetzt) *nicht".* Der Unterschied zu einer unspezifisch zum Ausdruck gebrachten Zuwendung oder Ablehnung besteht darin, daß die personenzentrierte Sanktionierung eines bestimmten Verhaltens eher situationsspezifischen Charakter trägt: *„Jetzt* mag ich Dich nicht".

Umgekehrt würde ein humanistisch-flexibler Erziehungsstil, wie er für ein mittleres Kontrollmaß typisch ist, indirekte, suggestiv-argumentative Elemente enthalten. In den Termen des vorliegenden Ansatzes läßt sich dieses Erziehungsverhalten recht gut präzisieren. Wenn auf ein ‚falsches' Verhalten mit dem Hinweis auf die Konsequenzen dieses Verhaltens für den Handelnden reagiert wird, stehen diese in Aussicht gestellten Anreizkonstellationen nicht unter der Kontrolle des Sozialisators, sondern unter der Kontrolle des Handelnden selbst. Mit Hinweisen auf ‚richtiges' oder ‚falsches' Verhalten stellt die Erziehungsperson einen Leistungserfolg in Aussicht oder in Abrede. Bei altruistischer Argumentation werden z.B. die Konsequenzen für andere Personen beschrieben. Diese in Aussicht gestellten Anreize werden vom Sozialisator lediglich beschrieben, die Verhaltensfolgen sind aber vom handelnden Sozialisanden selbst kontrollierbar. Die Reaktionen des Sozialisators sind nicht personen- sondern aufgabenzentriert. Der Sozialisator fungiert als eine Art von Modell, indem er die belohnenden oder bestrafenden Konsequenzen ‚stellvertretend' ‚vorführt': *„Du* hast das *falsch* gemacht, *deswegen* kannst Du dieses *Leistungsziel nicht* erreichen, verletzt Du andere *Personen"* etc.

Ein mittleres Maß an Kontrolle bedeutet jedoch nicht nur eine seltenere Sanktionierung, wodurch im Vergleich zur übermäßigen Kontrolle seltener auf Mißerfolge reagiert wird, sondern bedeutet bei einer Gleichsetzung mit optimalem Selbständigkeitstraining auch die Anleitung zu erfolgsbezogener Aufgabenwahl. Optimales Selbständigkeitstraining ist den Ausführungen des vorangegangenen Abschnitts zufolge mit fähigkeitsangepaßter Aufgabenstellung verbunden. Wäre für hohe Kontrolle Über- bzw. Unterforderung typisch, ist dabei kurz- bzw. langfristig eine höhere Mißerfolgsrate zu erwarten als bei einer mittleren Kontrolle, die mit fähigkeitsangepaßter Aufgabenstellung durch den Sozialisator zu einer höheren Erfolgsrate bzw. einer geringeren Mißerfolgsrate führen wird. Die höhere Mißerfolgsrate bei einer Überforderung ergibt sich daraus, daß die Aufgaben für das Kind zu schwierig sind und im Falle einer Unterforderung oder Überbehütung nur kurzfristig höhere Erfolge erzielt werden können, langfristig ist jedoch bei einer

Konfrontation mit realistischen, d.h. aber schwierigeren Ausgaben der Mißerfolg wahrscheinlicher. Eine günstigere Erfolgsquote wird außerdem bei optimalem Selbständigkeitstraining dadurch erzielt, daß das Kind selbstgesetzte Ziele verfolgen kann und der größere Handlungsspielraum für das ‚Erlernen' realistischer Aufgabensetzungen genutzt wird. Damit würde nicht nur eine günstigere Erfolgsrate bei nicht kontrollierten Handlungen beibehalten, sondern gleichzeitig die Übernahme einer Präferenz für realistische Aufgabensetzung in rudimentärer Form angeregt.

In der nachfolgenden Übersicht 27 sind die Erziehungsstildimensionen und ihre motivationstheoretischen Komponenten zusammengefaßt.

4.3.2.1.2.2 Auswirkung relevanter Anreizkontingenzen auf die Bildung negativer Internalität

Neben den Sozialisationsbedingungen hoher affektiver und kognitiver Glaubwürdigkeit der Erziehungspersonen waren auch relevante Anreizkontingenzen vorausgesetzt worden (vgl. Abschnitt 2.3.2.3). Relevante Anreizkontingenzen liegen vor, wenn in Verbindung mit dem Sozialisationseffekt – suizidalem Verhalten oder mit Determinanten für dieses Verhalten – positive Anreize direkt oder indirekt in Aussicht gestellt werden (H_S22). Auf der Erklärungsstufe des Motivationsmodells sind es die Kausal- und Moralprinzipien, bzw. die altersadäquate negative Internalität, die einerseits Verhaltensdeterminanten darstellen und andererseits als Sozialisationseffekte interessieren.

Negative Internalität entsteht dann mit einer bestimmten Wahrscheinlichkeit, wenn sie vom Sozialisanden beobachtet oder gezeigt wird und er gleichzeitig glaubwürdige positive Anreize bzw. die Vermeidung negativer Anreize in direkter oder stellvertretender Erfahrung erwarten kann. Die Herausbildung einer negativen Internalität kann aber kaum bewußt vom Sozialisator als Sozialisationsziel verfolgt werden. Am ehesten ist vorstellbar, daß die metakognitiven Prinzipien durch die Beobachtung von Modellen erfolgt. Familienmitglieder würden dann als Modelle fungieren, wenn in ihrem Verhalten solche Anreizkontingenzen glaubwürdig zum Ausdruck kommen, z.B. Selbstbeschuldigungen nach Mißerfolg, die in den Augen der Beobachter mit Vorteilen verknüpft sind, oder die es gestatten, Nachteilen auszuweichen. Ein Beobachter muß dabei dieses Verhalten nicht selbst gesehen haben, denkbar sind auch über Erzählungen vermittelte Vorstellungen von Anreizkontingenzen für negative Internalität.

Ob diese Lerninhalte vermehrt in suizidbelasteten Familien tradiert wurden und dadurch über den Erwerb negativer Internalität Suiziddispositionen entstanden sind, läßt sich auf der Grundlage der verfügbaren Daten nicht scheiden (vgl. Abschnitt 4.3.2.2.2.2.1).

Allerdings müssen negative Internalität bzw. vollständig ausgeprägte asymme-

Übersicht 27: *Motivationstheoretische Interpretation der Erziehungsstildimensionen Zuwendung und Kontrolle*

	Kontrolle					
	hoch		mittel		gering	
Anteil verhaltensabhängiger positiver und negativer Anreize	hoch		mittel		zufällig keine Kontingenzregel	
verhaltensabhängige personenzentrierte/aufgabenzentrierte positive oder negative Anreize	viel/wenig		wenig/viel		zufällig	
Anteil von external kontrollierten Verstärkungen	hoch		mittel		variabel	
Handlungsspielraum für internal kontrollierte Anreize	gering		mittel		variabel	
fähigkeitsangepaßte Aufgabenstellung Mißerfolgs-Erfolgsrate	Über/Unterforderung ME > ER		realistische Aufgabensetzung ME = ER		Über-/Unterforderung ME > ER	
	Zuwendung					
personenzentrierte Anreize, verhaltensunabhängig	positive affiliative Anreize	negative affiliative Anreize	positive affiliative Anreize	negative affiliative Anreize	positive affiliative Anreize	negative affiliative Anreize
Erziehungsstilkombination	autoritär liebevoll	autoritär bestrafend	autoritativ		permissiv-verwöhnend	permissiv-bestrafend

trische Kausalattribution nicht im Zusammenhang mit suizidalem Verhalten aufgetreten sein. Das beschriebene Modellverhalten ist aus diesem Grund nicht über die Suizidgeschichte einer Familie vollständig erfaßbar.

Eine Erweiterung der Sozialisationshypothesen ist möglich, wenn dem Lernen im Kindesalter als einem Lernvorgang, der in besonderem Maße unbewußt verläuft, Rechnung getragen wird. Die experimentell geprüfte Konzeptbildungstheorie von Lott[56] verknüpft als kognitive Einstellungstheorie Elemente der klassischen und instrumentellen Konditionierung. Die relevanten Anreizkontingenzen sind hier nicht direkt, sondern indirekt mit dem interessierenden Sozialisationseffekt der negativen Internalität verbunden. Die Herausbildung negativer Internalität entspricht dem in der Theorie vorausgesetzten Vorgang des Konzeptlernens, das keine Einstellung im engeren Sinne umfassen muß[56]. Negative Internalität als zu erlernende kognitive Assoziation muß nicht evaluativ bewertet, aber bewußt oder unbewußt kogniziert werden. Für die Konzeptbildung, die weder Befürwortung noch Ablehnung beinhalten muß, sind daher nicht nur positive, sondern auch negative Anreizkontingenzen bedeutsam.

Die Autorin Lott geht davon aus, daß neue Konzepte über ein mediatisierendes Konzept der ‚mediatisierenden Generalisation' und der Belohnung von Teilelementen, die Gegenstand der Verallgemeinerung sind, erlernt werden. Kinder[57] lernten den Namen ‚Ei' für einen weißen Dreiecksblock und einen grünen Rechtecksblock (Farbe und geometrische Figur). Unter dem weißen Dreiecksblock fanden die Kinder einen Murmel versteckt. Belohnt wurde also das Stimuluselement ‚Farbe' (‚weiß') und das Element ‚Figur' (‚Dreieck') . Diese Konfiguration trug außerdem den Namen ‚Ei', der auch für einen grünen Rechtecksblock erlernt wurde. Bei der nachfolgenden Wahl unter verschiedenen Gegenständen einer bestimmten Form, mit verschiedenen Farben – schwarz, gelb oder grün – wird vorhergesagt, daß aufgrund einer Verallgemeinerung das grüne Rechteck gewählt wird. Grün war die Farbe, die zwar nicht belohnt wurde – diese war weiß –, die aber eine Figur hatte, die denselben Namen trug wie das belohnte Objekt (‚weißes Dreieck') nämlich ‚Ei' (als ‚*grünes* Rechteck').

Die Theorie setzt nicht voraus, daß die Kinder für das Zeigen ‚negativer Internalität' direkt belohnt werden. Es genügt, daß Elemente der neu zu bildenden Assoziation, ‚negative Internalität' zwischen erwarteten negativen Anreizen (A_m) oder realisierten negativen Anreizen (A^*_m), dem Verhaltensmißerfolg einerseits, und der eigenen Person Ego andererseits mit Elementen verknüpft sind, die ihrerseits wieder mit einem belohnten oder bestraften Element verbunden sind.

---

56 Vgl. Lott 1967; Lott und Lott 1969; zur Darstellung und Kritik dieser und anderer Konzeptbildungstheorien vgl. Lindner-Braun 1976, S. 110 ff.

57 Die Autorin hat ihre Untersuchung an Kindern durchgeführt. Die theoretische Vermutung, daß die angenommene Komplexität der in der negativen Internalität implizierten Funktionsbeziehung dem empirisch festgestellten Reifegrad angemessen ist, wird mit dieser Untersuchung bestätigt. Die empirisch erfolgreiche Konzeptbildungstheorie setzt kognitive Schlußfolgerungen voraus, die auch bei der Übernahme der so definierten negativen Internalität angenommen werden und daher altersadäquat sind.

Die Elemente sind der nachfolgenden Skizze zu entnehmen:

(1) Erwartete positive oder negative Anreize (A_e, A_m),
(2) realisierte positive oder negative Anreize, der Verhaltenserfolg oder -mißerfolg (A^*_e, A_m), als Folge des von Ego in einer bestimmten Situation gezeigten Verhaltens (v_{ego}) und
(3) Ego als Person, der personenspezifische, extrinsische und affiliative Anreize gewährt werden (Ego <---> A_{aff}) und die sich wieder als Zuneigung (A_{aff}) oder Feindseligkeit (A_{aff}) äußern können[58].

Wenn der Person Ego unabhängig von ihrem Verhaltenserfolg positive oder negative affiliative Anreize gewährt werden, sind diese Anreize als personenzentrierte Anreize zu bezeichnen (rechte Hälfte der Skizze). Wird der Verhaltenserfolg von Ego durch Alter sanktioniert, liegen aufgabenzentrierte Anreize vor (linke Hälfte der Skizze). Diese Unterscheidung ist für die Frage der Herausbildung einer ‚negativen Internalität' besonders wichtig.

Nach der Konzeptbildungstheorie muß ein Element verstärkt worden sein und das neu zu bildende Element direkt oder indirekt mit diesem verstärkten Stimulusobjekt in Verbindung stehen. Das neu zu bildende Konzept der ‚negativen Internalität' als Assoziation zwischen Ego und Verhaltensmißerfolg (A^*_m) ergibt sich dann aufgrund relativ einfacher logischer Schlußfolgerungen aus den Verbindungen V_{ego} und Ego, das seinerseits verstärkt wird durch personenspezifische positive oder negative Anreize. Solange allerdings über die psychologisch kognizierten Konzepte und auch die nicht nur logisch möglichen Schlußfolgerungen, sondern die altersspezifisch anwendbaren und tatsächlich angewandten Kalküle[59] zu wenig bekannt ist, können bekannte lerntheoretische Parameter der Häufigkeit und Inten-

58 Das zuletzt genannte Element ‚Ego' ließe sich auch als die Summe der Verhaltensweisen auffassen, die von einer Person insgesamt geäußert werden (V_I), da auf Ego mit vielen, auch nonverbalen Verhaltensweisen positiv oder negativ reagiert wird, während bei situationsspezifischen Handlungen von Ego (V_I) das Element ‚Ego' nachrangige Bedeutung hat, aber zur Bildung einer neuen Assoziation, der negativen Internalität, ausreicht. Diese Generalisierung könnte aber auch aufgrund der bestrafenden Elemente, die in einer personenspezifischen Ablehnung und im Verhaltensmißerfolg enthalten sind (m), erfolgen und zu der Verbindung Ego & A^*_m führen. Dies demonstriert gleichzeitig die Schwäche der Konzeptbildungstheorie: die Zahl der kognizierten Elemente ist beliebig vermehrbar, und damit ist ohne die vorhergehende Festlegung dieser Elemente keine Vorhersage hinsichtlich der wahrscheinlich gebildeten Konzepte möglich. Nicht als Schwäche der Konzeptbildungstheorie ist jedoch der Umstand zu werten, daß alle Arten von relativ häufig gewährten personenspezifischen negativen und positiven Anreizen zur Bildung einer negativen Internalität beitragen können.

59 Die Tatsache, daß im logischen Denken Erwachsener mathematische Kalküle der Wahrscheinlichkeitsrechnung keine exakte Anwendung beim Entscheidungshandeln anwenden, wurde oben bereits erwähnt und diskutiert (vgl. Abschnitt 4.2.2.3.3.4). Das Erkennen von Kovariationen und qualitativen funktionalen Zusammenhängen kann in frühen und mittleren Kindheitsjahren vorausgesetzt werden (vgl. Flavell 1979, S. 100 f. und S. 124 ff.).

Übersicht 28: *Bildung NEGATIVER INTERNALITÄT als gefolgerte Assoziation (Konjunktion oder Implikation) zwischen Ego und erwartetem Verhaltensmißerfolg (A_m) oder realisiertem Verhaltensmißerfolg (A^*_m) nach der Konzeptbildungstheorie von Lott*

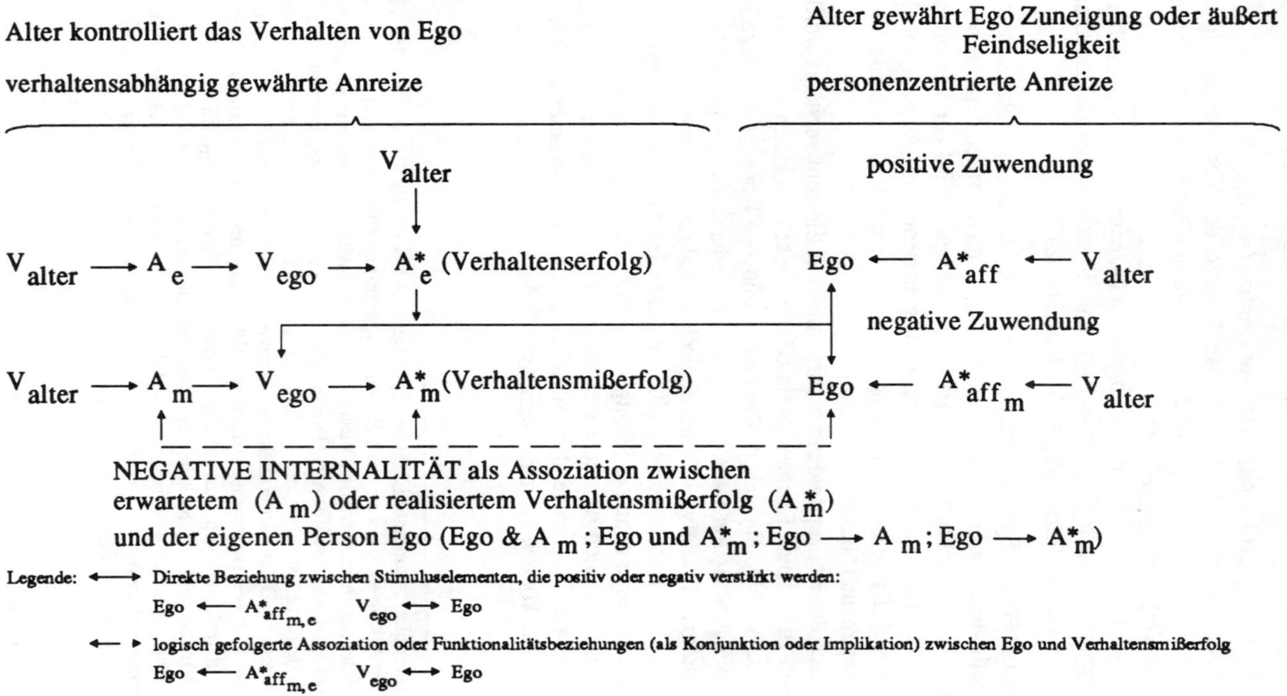

sität von Verstärkerserien die Hypothesen ergänzen[60]. Dies gilt sowohl für die Häufigkeit der Stimulusverbindungen wie auch für die Häufigkeit der Verstärkung einzelner Konzepte (vgl. Reich 1965).

Für die Wirkung von Sozialisationspraktiken auf die Herausbildung einer ‚negativen Internalität' läßt sich daher folgende Hypothese formulieren:

H_S29: Je häufiger einer Person ego personenzentrierte Anreize gewährt werden, und je häufiger diese in Verbindung mit kontrollierendem Erziehungsverhalten gewährt werden, und je häufiger ego kontrolliert wird, um so wahrscheinlicher ist die Herausbildung einer ‚negativen Internalität' bei ego.

Dabei wird angenommen, daß die Häufigkeit der Kontrolle die Zahl der sanktionalen Mißerfolge (A^*_m) erhöht.

Wenn die Intensität der Verstärkung die Herausbildung einer ‚negativen Internalität' fördert, wirkt sich eine feindselige Haltung gegenüber dem Sozialisanden stärker aus als eine vorherrschend liebevolle Zuwendung. Dies ergibt sich aus der Annahme, daß sich die in einer Situation erfahrenen Anreize im Falle personenspezifischer Anreize und negativer Sanktionierung kumulieren ($A^*_m \& A_{aff_m} > A^*_m \& A_{aff_e}$).

Die Hypothese über die Herausbildung einer ‚negativen Internalität' lautet unter dieser Annahme dann:

H_S29': Je häufiger einer Person ego negative personenzentrierte Anreize gewährt werden (Ego <--- A_{aff_m}), und je häufiger diese in Verbindung mit verhaltensabhängigen negativen Anreizen erfolgen (V_{ego} ---> A^*_m), um so wahrscheinlicher ist die Herausbildung einer ‚negativen Internalität'.

Das Ausmaß der Kontrolle war jedoch außerdem über unterschiedliche Anreizklassen und Anreizkontingenzen definiert worden. *Mittlere Kontrolle* beinhaltete einen höheren Anteil verhaltensunabhängig gewährter aufgabenzentrierter Anreize (argumentativer Hinweis auf positive oder negative Verhaltenskonsequenzen) und *hohe Kontrolle* einen höheren Anteil verhaltensabhängig gewährter personenzentrierter Anreize (Körperstrafe, Liebesentzug). Außerdem wurde bei fähigkeitsangepaßter mittlerer Kontrolle eine höhere Erfolgsrate als bei über- bzw. unterfordernder hoher Kontrolle unterstellt. Die Sozialisationshypothesen sind daher über den Anteil negativer bzw. positiver verhaltensabhängig gewährter personen- bzw. aufgabenzentrierter Anreize wie folgt zu ergänzen:

H_S29'': Je höher der Anteil negativer personenzentrierter, verhaltensabhängig gewährter Anreize und je geringer der Anteil positiver aufgabenzentrierter, verhaltensabhängig gewährter Anreize ist, um so größer ist die Wahrscheinlichkeit der Herausbildung ‚negativer Internalität'. Negative Internalität bildet sich außerdem um so wahrscheinlicher aus, je häufiger personenzentrierte Anreize gleichzeitig gewährt werden.

Die bisherigen Sozialisationsbedingungen für die Herausbildung einer ‚negativen Internalität' lassen sich graphisch in einer hypothetischen Funktionsbeziehung ver-

60 Vgl. Tarpy 1975; Häufigkeit und Intensität als Parameter der Verstärkung von Attitüden werden bei Reich (1965) und auf der Grundlage der Hullschen Lerntheorie bei Weiss (1968) berücksichtigt (vgl. Lindner-Braun 1976, S. 113 und S. 127-160).

Abbildung 6: *Hypothetischer Funktionsverlauf zwischen Erziehungsstildimensionen Zuwendung und Kontrolle und negativer Internalität als Vorform asymmetrischer Kausalattribution*

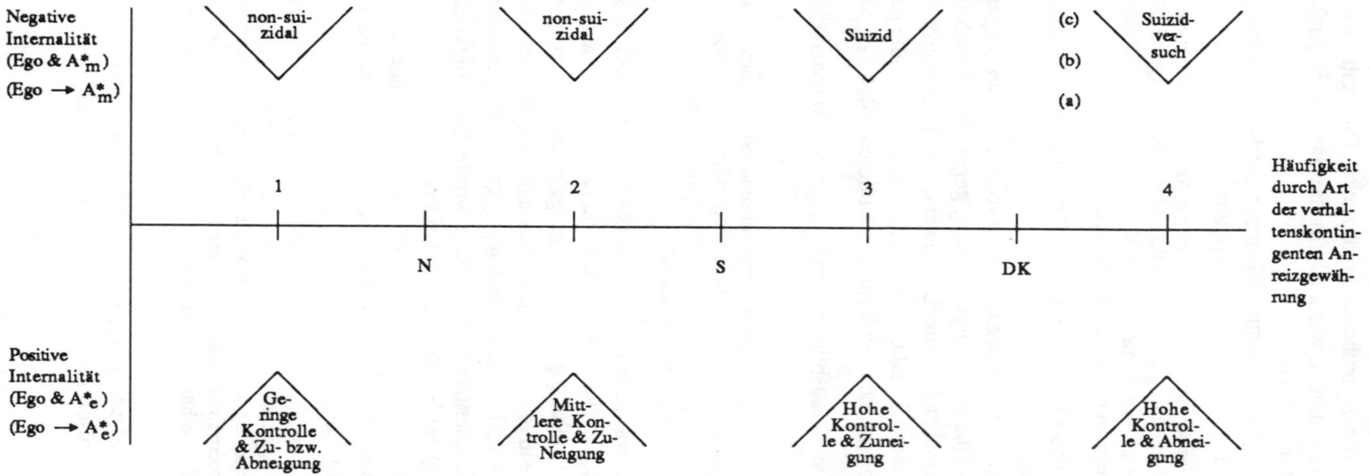

(a) Kontrolle (a): Das Verhalten von ego wird in Übereinstimmung mit den Sozialisationszielen positiv oder negativ sanktioniert: Verhalten $_{ego} \longrightarrow A^*_{e,m}$. Die Erfolgs- und Mißerfolgsrate ist gleich ($A^*_e = A^*_m$), aber die Zahl der Sanktionen steigt mit zunehmender Kontrolle.

(a) + (b) Kontrolle (b): Der Anteil personenzentrierter, external kontrollierter (affiliativer und extrinsischer) verhaltensabhängig gewährter Anreize ist bei hoher Kontrolle größer als bei mittlerer Kontrolle und der Anteil aufgabenzentrierter, internal kontrollierbarer, verhaltensabhängig gewährter Anreize

(a) + (b) + (c) Kontrolle (c): Die Mißerfolgsrate ist bei hoher Kontrolle höher als die Erfolgsrate ($A^*{}_m A^*{}_e$)

N: Norwegen; S: Schweden; DK: Dänemark (vgl. den Abschnitt über internationale Sozialisationsprofile im Vergleich)

anschaulichen (vgl. Abb. 6). Das Ausmaß der Kontrolle erhöht die ‚negative Internalität' bei Zunahme der insgesamt kontrollierten, d.h. verhaltensabhängig gewährten negativen oder positiven Anreize. Die Mißerfolgsrate steigt aber bei hoher Kontrolle im Vergleich zur mittleren Kontrolle wegen nicht-fähigkeitsangepaßter Aufgabenstellungen an. Des weiteren nimmt die Gefahr sich herausbildender ‚negativer Internalität' mit dem Anteil personenzentrierter Anreize zu, die als Verhaltenssanktionen in stärkerem Maße mit der handelnden Person ego verbunden sind als aufgabenzentrierte Sanktionen. Geäußerte Zuneigung reduziert und Ablehnung erhöht bei gleicher Art und gleichem Ausmaß der Kontrolle ‚negative Internalität' wegen der kumulativ wirkenden negativen Sanktionierung, die vom Sozialisanden als Mißerfolg erlebt wird.

Beim Versuch, auf der Erklärungsstufe der Kausal- und Moralprinzipien vollendete Suizide von Suizidversuchen zu unterscheiden, wurde behauptet, daß in der präsuizidalen Phase potentielle Suizidversucher eine ausgeprägtere negative Kausalattribution vornehmen als Selbstmordgefährdete. Letztere verfügen unter günstigen situationalen Bedingungen über eine partiell positive Internalität: Sie glauben, über Anstrengung den Erfolg kontrollieren zu können, während Suizidversucher von Anfang an – auch in der präsuizidalen Phase – eine ausgeprägtere passive Haltung bei der Erklärung und Verarbeitung von Handlungserfolgen zeigen. Sie sind im Rotterschen Sinne daher Externale, genauer aber negativ Internale, insofern als bei ihnen die Kognition, '*selbst* NICHTS bewirken zu können' am stärksten ausgeprägt ist (vgl. Abschnitt 4.1.1.3.1). Die Erziehungsstilkombination mit dem höchsten Effekt für negative Internalität – „Feindseligkeit" und „hohe Kontrolle" – würde daher Suizidversuchshandlungen und „hohe Kontrolle" bei vorherrschender „Zuneigung" Suizidhandlungen begünstigen.

Im Funktionsverlauf wurden die zusätzlichen Sozialisationsbedingungen der kognitiven oder affektiven Glaubwürdigkeit des Sozialisators nicht berücksichtigt. Neben der Intensität und Häufigkeit gewährter kritischer Anreize und Anreizkontingenzen, denen möglicherweise beim Lernen im Kindesalter eine besondere Bedeutung zukommt (vgl. McClelland 1951, S. 341 ff.), ist auch von der Wirksamkeit dieser Eigenschaften, die als Anreizwert- und Erwartungsdiskrepanzen definiert wurden, auszugehen.

Viele der empirischen Untersuchungen zum Einstellungslernen und zum Lernen am Modell (vgl. Lindner-Braun 1976, S. 26 ff., S. 89 ff.) wurden an Kindern durchgeführt. Die Sozialisationshypothese über die Herausbildung negativer Internalität kann daher dahingehend ergänzt werden, daß ‚negative Internalität' bei Konstanz der übrigen Variablen mit größerer Wahrscheinlichkeit herausgebildet wird, wenn die Sozialisatoren hohe affektive und/oder kognitive Glaubwürdigkeit besitzen (HS30). In den Übersichten 29 und 30 finden sich die motivationstheoretisch definierten Erziehungsstile in ihrer Auswirkung auf die ‚negative Internalität' wieder.

Wenn bei hoher Kontrolle zusätzlich eine Unter- und Überforderung durch die Sozialisatoren angenommen wird, könnte man nach den bekannten Sozialisationsbedingungen vermuten, daß unrealistische Anspruchsniveaupräferenzen zumindest

Übersicht 29: *Erziehungsstildimensionen Kontrolle und Zuwendung, ihre motivationstheoretische Definition (Klammerausdruck) und ihre Auswirkung auf die Bildung von rudimentären Kausalprinzipien (negative und positive Internalität) und das Verhalten*

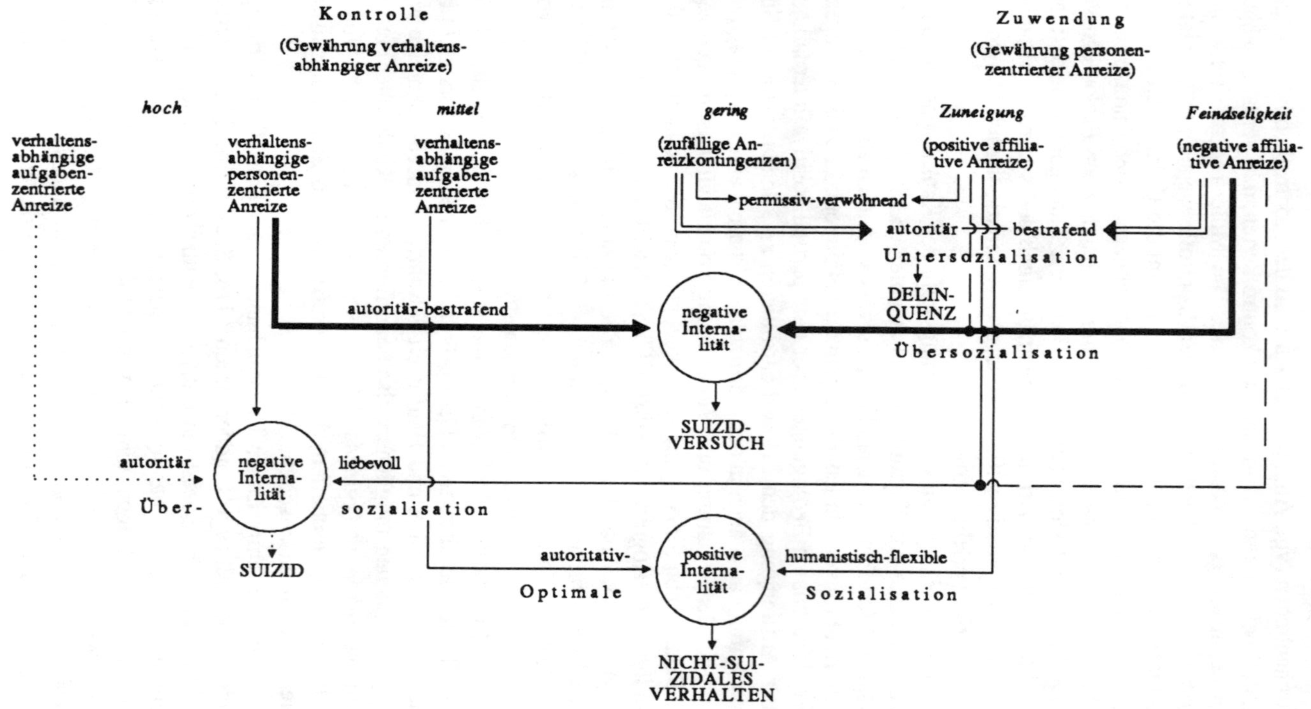

in einer rudimentären Form, z.B. im Vergleich zu den eigenen Leistungserfolgen, gelernt werden. Dies folgt nicht aus den Hypothesen über die Konzeptbildungstheorie, in der indirekt das zu erlernende Konzept verstärkt worden sein muß. Es folgt aus der eingangs kurz geprüften Sozialisationsbedingung über die Verknüpfung des interessierenden Sozialisationseffekts mit Anreizen. Über- oder Unterforderung oder bei optimaler Kontrolle – fähigkeitsangepaßte Aufgabenstellung – würde stellvertretend über das Verhalten der Erziehungspersonen, die dann als Modelle fungieren, belohnt werden können. Es ist auch davon auszugehen, daß die Eltern die selbständige Wahl von Aufgaben eines bestimmten Schwierigkeitsgrades durch das Kind direkt positiv oder negativ sanktionieren. Außerdem – dies gilt insbesondere für die Herausbildung einer positiven Internalität, die mit einer Vorliebe für realistische Anspruchsniveausetzung verbunden wäre – wird dadurch die eigene Erfahrung positiver und negativer Konsequenzen von Aufgaben unterschiedlicher Schwierigkeit möglich. Das setzt aber voraus, daß Kindern ein genügend großer Handlungsspielraum bleibt, um verschieden schwierige Aufgabenstellungen in ihren Auswirkungen selbständig erproben zu können. Insbesondere die Folgen eines genügend großen Handlungsspielraums bei Kindern, die einer übermäßigen Kontrolle ausgesetzt sind, sollen im folgenden Kapitel im Hinblick auf die Ausbildung rudimentärer Kausalattributionen untersucht werden.

4.3.2.1.2.3 Auswirkung relevanter Anreizkontingenzen auf die Bildung ‚positiver Internalität'

Das Ausmaß der Kontrolle wurde nicht nur über die Häufigkeit, mit der Verhalten sanktioniert wird und die Zahl erlebter Mißerfolge mitbestimmt, definiert, sondern auch über das Ausmaß personenzentrierter Sanktionen (Körperstrafe, Liebesentzug) bzw. aufgabenzentrierter Anreize, die beide in Abhängigkeit eines vom Sozialisator als richtig oder falsch anerkannten Verhaltens der Sozialisanden gewährt werden.

Beide Anreizklassen legen eine unterschiedliche Lokalisierung der Belohnungsquelle fest. Im Falle einer personenzentrierten Bestrafung ist die Quelle der Bestrafung external. Im Falle eines ‚argumentativen' Erziehungsstils wird auf die positiven oder negativen Konsequenzen des Verhaltens lediglich aufmerksam gemacht. Die so induzierten Anreizkontingenzen und ihre damit verbundenen Verhaltensänderungen werden vom Handelnden selbst, also internal kontrolliert. Das obige Schema zur Konzeptbildung könnte um diese Stimulusfolge erweitert werden:

$$\text{Ego} \longrightarrow A^*_e W \longrightarrow V_{ego} \longrightarrow A^*_e$$

‚positive Internalität'

Die ‚positive Internalität' (Ego $\rightarrow A^*_eW$; Ego & A^*_e) ergibt sich als gestrichelte Schlußfolgerung aus den direkt verknüpften Stimuluselementen Ego $\rightarrow A^*_eW$ (Ego wählt ein Anspruchsniveau), $A^*_e \rightarrow V_{ego}$ (Anspruchsniveaupräferenz führt zum Verhalten von ego) und $V_{ego} \rightarrow A^*_e$ (Verhalten von ego führt zum tatsächlichen Erfolg).

Da bei hoher Kontrolle diese selbst gesetzten Anreizwertvorstellungen und ihre Realisierung weniger oft vorkommen, wäre die Bildung ‚negativer Internalität' nach diesen Stimulusassoziationen nicht vorherzusagen. Allerdings könnte analog vermutet werden, daß sich bei vorwiegend external gesetzten Anreizen bzw. Aufgabenstellungen, die hier nicht weiter zu verfolgende negative Externalität, wie sie in der partiell negativen Externalität von Suizidversuchern vermutet wurde, analog herausbildet[61].

Bei fähigkeitsangepaßter optimaler Kontrolle durch die Erziehungspersonen wurde davon ausgegangen, daß die Erfolgsrate für den Sozialisanden höher liegt als bei einer übermäßigen und unter- oder überfordernden Kontrolle. Es ist nun zu vermuten, daß die Übernahme entsprechender optimaler oder zu hoher bzw. zu niedriger Anspruchsniveaupräferenzen als stellvertretendes oder direktes Lernen über die Verknüpfung mit relevanten Anreizkontingenzen erfolgt. Direkt erfahrene Konsequenzen bei der selbständigen Wahl von Aufgaben, aber auch das Modellverhalten der Sozialisatoren, die zu einer Aufgabenwahl anregen und selbst möglicherweise die Wahl richtiger Aufgaben und die Konsequenzen dieser Entscheidung in ihrem Verhalten zum Ausdruck bringen, könnten zumindest in einer rudimentären Form erste Vorlieben für Aufgaben mit bestimmtem Schwierigkeitsgrad prägen. Die Wahl und Durchführung von Aufgaben mit bestimmten Schwierigkeitsstandards sind in Experimenten zur Selbstkontrolle an Kindern bereits nachgewiesen worden (vgl. Mischel et al. 1972; Flavell 1979, S. 83 ff.). In der Abbildung 6, S. 326, sind die Folgen einer optimalen Kontrolle bei vorherrschender Zuwendung für die Herausbildung positiver Internalität im hypothetischen Funktionsverlauf abzulesen. Die im Zusammenhang mit der Entstehung negativer Internalität formulierten Sozialisationshypothesen lauten entsprechend für die Entstehung positiver Internalität nun wie folgt:

H_S31: Je geringer (höher) der Anteil negativer und external kontrollierter personenspezifischer sowie verhaltensabhängig gewährter Anreize ist, und je größer (geringer) der Anteil positiver und internal kontrollierter, verhaltensabhängig gewährter Anreize ist, um so größer ist die Wahrscheinlichkeit der Herausbildung ‚positiver („negativer') Internalität'. ‚Positive (negative) Internalität' bildet sich außerdem wahrscheinlicher aus, je häufiger positive (negative) personenzentrierte Anreize (Zuwendung) gleichzeitig gewährt werden.

61 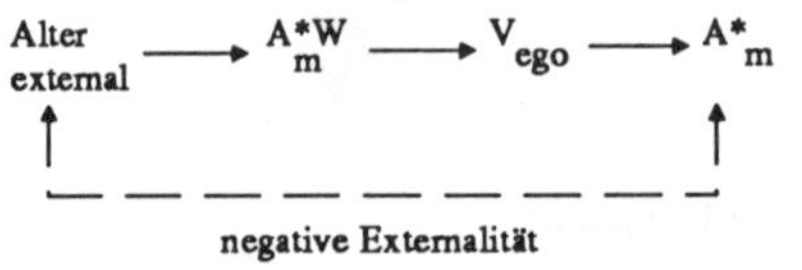

Zu den bereits bekannten Sozialisationsbedingungen über Ausmaß und Art von Kontrolle und Zuwendung kommt noch die Quelle der Kontrolle als externer (fremdgesetzter) oder interner (selbstgesetzter) Anreizkontingenzen hinzu.

In der folgenden Übersicht 30 sind neben den Sozialisationseffekten ‚negative‘ bzw. ‚positive Internalität‘ noch die der Anspruchsniveaupräferenzen als realistische, zu hohe oder zu niedrige Anspruchsniveaupräferenzen und deren mutmaßliche Sozialisationsbedingung eines fähigkeitsangepaßten oder nicht fähigkeitsangepaßten Kontrollverhaltens der Erzieher (vgl. Abb. 6, S. 326) aufgeführt. Außerdem findet sich dort die der rudimentären Kausalattribution entsprechende vollständig ausgebildete Kausalattribution als selbstwertgünstige oder -ungünstige Asymmetrie wieder. Zusammen mit den resultierenden Anspruchsniveaupräferenzen sind damit die in der primären Sozialisation mutmaßlich entstandenen Voraussetzungen für suizidale Handlungen auf der Ebene des Motivationsmodells zusammengefaßt. Gewährte Zuwendung als liebevolle oder feindselige Grundhaltung verschlechtert entsprechend dem ansteigenden Funktionsverlauf in Abbildung 6 im Falle einer eher feindseligen Grundhaltung die Chancen einer positiven Internalität und begünstigt auch bei einer nicht übermäßigen Kontrolle des Verhaltens der Sozialisanden den Erwerb negativer Internalität[62].

4.3.2.1.2.4 Optimales Erziehungsverhalten und Nutzung der Handlungsspielräume hochentwickelter Industriegesellschaften

Nach den theoretischen Ausführungen über die Entstehung von Kausalprinzipien, deren rudimentäre Form als ‚negative Internalität‘ untersucht wurde, kann eine nachträgliche Rechtfertigung für den normativen Gebrauch des Begriffs ‚optimale‘ Kontrolle versucht werden. Der Ausdruck ‚optimale‘ Kontrolle ist ebenso wertend wie die Bezeichnung ‚autoritativ‘, ‚autoritär‘ oder ‚permissiv‘. Die normative Bezeichnung für ein moralisch ‚richtiges‘ Erziehungsverhalten bezieht sich nicht nur darauf, daß durch diese Sozialisationspraktiken möglicherweise einem sozial unerwünschten Verhalten – Suizid oder Delinquenz – vorgebeugt wird. Der Erziehungsstil einer optimalen Kontrolle stellt außerdem auf die Besonderheiten industrialisierter, moderner und arbeitsteiliger Gesellschaften ab, die sich durch das auszeichnen, was Durkheim geringe Integration oder hohe Anomie genannt hat, nach dem vorliegenden Ansatz aber als nicht regulierte Handlungsspielräume und über die Informationsstruktur einer Gesellschaft erfaßt wird. Individuelle Handlungsspielräume und auch mehrdeutige Informationsstrukturen können manche

62 Die Konsequenzen einer Unterkontrolle bei vorherrschender Abneigung oder Zuneigung wurden der Vollständigkeit halber in den Feldern 11 und 22 aufgeführt. Die mutmaßlichen Sozialisationseffekte einer Anreizgewichtung zugunsten kurz- oder langfristiger Anreize und einer Kausalattribution mit vorherrschender Externalität bei Erfolg und bei Mißerfolg können an dieser Stelle nicht ausführlich erörtert werden.

Übersicht 30: *Multiple Effekte motivationstheoretisch definierter Erziehungsstildimensionen, Kontrolle und Zuwendung*

	KONTROLLE							
Qualität der Anreize, die verhaltensnonkontingent und zentral sind (personenspezifische Anreize)	Geringe Kontrolle (Untersozialisation) WENIG V-kontingente Anreize (++ VSP) keine Kontingenzregel und keine Anreize für Kontingenzen		Mittlere Kontrolle MEHR V-kontingente Anreize (+.VSP) aufgabenzentrierte Anreize		Hohe Kontrolle (Übersozialisation) VIEL V-kontingente Anreize (- - VSP)			
						aufgabenzentrierte und personenzentrierte Anreize	personenzentrierte Anreize	
Zuneigung	permissiv-verwöhnend	11 AN hoch/niedrig AG($A_{kurzf.} > A_{langfr.}$) KA external und positiv (AS, Z ⟶ VE) (AS, Z ⟶ VM) . . . . Aggressivität		12 AN real. AG: $A_e > A_m$ Positive Internalität Negative Internalität KAA positiv (F ⟶ VE) (ANS, Z, AS ⟶ VM) . . . . Nicht-suizidales Verhalten	autoritär-rigide	131 AN hoch/niedrig AG: $A_m > A_e$ Negative Internalität (positive Internalität) KAA negativ (ANS, Z, AS ⟶ VE) (F ⟶ VM) . . . . präsuizidal: bei Anreizverschl. SM	132 AN hoch/niedrig AG: $A_m > A_e$ Negative Internalität (positive Internalität) KAA external und negativ (F, ANS ⟶ VM) (AS, Z ⟶ VE) . . . . SMV	autoritär-verwöhnend
Feindseligkeit	permissiv-bestrafend	21 AN hoch/niedrig AG($A_{kurzf.} > > A_{langfr.}$) KA external und positiv (AS, Z ⟶ VE) (AS, Z ⟶ VM) . . . . Aggressivität	autoritativ-rigide	22 unbestimmt AG: $A_e > A_m$ Positive Internalität Negative Internalität KAA tend. positiv . . . . Autonom-rigides Verhalten (Fall Schweden - Hendin)	autoritär-bestrafend	231 AN hoch/niedrig AG: $A_m > > A_e$ Positive Externalität Negative Externalität KAA negativ ((ANS), Z, AS ⟶ VE) (F ⟶ VM) . . . . SM und SMV-Tendenz	232 AN hoch/niedrig AG: $A_m > > A_e$ Positive Externalität Negative Externalität KAA external und negativ (F, ANS ⟶ VM) (AS, Z ⟶ VE) . . . . SMV	autoritär-bestrafend

Legende zu Übersicht 30:

Erziehungsstile

Kontrolle: (1) Ausmaß verhaltenskontingenter Anreize
(2) Verhaltensspielraum (VSP), groß (++), mittel (+), gering (--)
(3) Aufgaben- oder personenspezifische Anreizkontingenzen

Zuwendung: Personenspezifische Anreize

Sozialisationseffekte

(1) AN: Anspruchsniveau realistisch, zu hoch, zu niedrig
(2) AG: Anreizgewichtung negativ (Am/Ae), positiv (Ae/Am)
(3) Kausalprinzip:
 a) rudimentär: positive (negative) Internalität (Externalität)
 b) Kausalattribution (multifaktoriell) KA, asymmetrische Kausalattribution KAA
 Kausalfaktoren: F = Fähigkeit, ANS = Anstrengung, AS = Aufgabenschwierigkeit, Z = Zufall; für Verhaltenserfolg (VE), -mißerfolg (VM)
(4) Resultierendes Verhalten: Aggressivität/nicht-suizidal/SM = Selbstmord/SMV = Selbstmordversuch

– nicht alle – Gesellschaftsmitglieder nicht zu ihrem Vorteil nutzen[63]. Eine vorteilhafte Nutzung dieser Handlungsspielräume besteht darin, unter Berücksichtigung individueller Mittelpotentiale, die soziale Ressourcen einschließen, sich langfristig durch die Wahl realistischer Aufgaben günstige Erfolgsraten zu sichern. Eine mehrdeutige Informationsstruktur wirkt sich z.B. dann nicht verhängnisvoll aus, wenn Mißerfolg nicht ausnahmslos einseitig auf eigenes, nicht veränderliches Versagen und Erfolg nicht ausnahmslos und einseitig auf externale und veränderliche Faktoren zurückgeführt werden. Die Vermeidung zu schwieriger Aufgaben, die auch ohne selbstwertungünstige Kausalinterpretationen bei fehlenden Handlungsalternativen zum Suizid disponieren würde, verhindert Mißerfolgsserien, und die Vermeidung zu leichter Aufgaben garantiert langfristig die Befriedigung, die die erfolgreiche Verrichtung nicht-trivialer Aufgaben verschafft.

Optimales Erziehungsverhalten wäre aber nicht optimal für Gesellschaften, in denen weniger Handlungsspielräume verfügbar sind, etwa in unterentwickelten Gesellschaften, für die stark kontrollierendes Erziehungsverhalten eine bessere Vorbereitung auf stark reglementierte Aktivitäten im Erwachsenenalter darstellen könnte.

4.3.2.2 Empirische Evidenz für suizid- und suizidversuchsgefährdende Erfahrungen in der familialen primären Sozialisation

Bisher wurde der Versuch unternommen, aufgrund von theoretischen und empirischen Befunden aus der Sozialisationsforschung die Erziehungsstile der wichtigsten Sozialisationsagenten in der Familie in motivationstheoretische Terme zu

63 Elias (1976, II, S. 312) bezeichnet das hohe Maß an Selbstkontrolle, das für moderne Industriegesellschaften typisch ist, als ‚gesellschaftlichen Zwang zum Selbstzwang'.

übersetzen und mit Hilfe sozialisationstheoretischer Hypothesen in ihrer Auswirkung auf kindliche Formen kausalattributiver Assoziationen – der ‚negativen Internalität' – zu untersuchen. Das verfügbare empirische Material über Besonderheiten der Herkunftsfamilien von Selbstmördern und Suizidversuchern enthält Daten zum Strukturmerkmal ‚Vollständigkeit' dieser Herkunftsfamilien und zum praktizierten Erziehungsverhalten in der Herkunftsfamilie. Die Vollständigkeit der Herkunftsfamilie ist als Strukturmerkmal dieser Familien kaum geeignet, die tatsächliche Interaktionsstruktur – z.B. Häufigkeit und Inhalt der Sanktionen für kindliches Verhalten – in der Familie abzubilden. Mit Hilfe der oben formulierten Hypothesen lassen sich nun aber uneinheitliche Befunde relativieren oder präzisieren.

4.3.2.2.1 Unvollständigkeit der Herkunftsfamilien von Suizidenten und Suizidversuchern

Den Untersuchungen über die Vollständigkeit der Herkunftsfamilie von Selbstmördern und Suizidversuchern liegen unterschiedliche Definitionen für die Vollständigkeit zugrunde, z.B. Verlust durch Tod, Scheidung oder Trennung der Eltern[64]. Auch die als *Suizidversucher* und Patienten ausgewählte Population variiert sehr stark (vgl. Braun 1971, 90 f.). Entsprechend groß sind die Unterschiede in den festgestellten familiären Anomalien. Nach Greer variiert der Anteil von 29 % bis 74 % unter den Selbstmordversuchern (1964, S. 698).

Wegen der sorgfältigeren Auswahl der Kontrollgruppen sei die Untersuchung von Greer hervorgehoben. 156 Suizidversucher wurden mit gleich großen Kontrollgruppen verglichen, die einmal aus non-suizidalen Patienten und zum zweiten aus non-suizidalen Personen ohne Patientenstatus bestanden und hinsichtlich Alter, Geschlecht und Herkunftsland vergleichbar waren. In jungen Jahren – im Alter bis zu 4 Jahren – hatte dabei über die Hälfte der Suizidversucher beide Eltern verloren. In den beiden Kontrollgruppen betrug dieser Anteil jeweils ein Drittel (34 % und 32 %). Der Verlust durch Scheidung (51 % gegenüber 35 und 41 %) war dabei größer als der Verlust durch Tod (36 % gegenüber 21 und 18 %). Obwohl die nach Greer festgestellten kleinsten Anteile von 24 % auf nicht signifikante Unterschiede hindeuten und auch einige Untersuchungen im Vergleich zu Kontrollgruppen mit Nichtpatienten bei Suizidversuchern keine familiären Besonderheiten beobachtet wurden (vgl. Schwab 1975; Lauterbach 1975), läßt die Vielzahl der positiven Befunde doch eher den Schluß zu, daß Suizidversucher tendenziell aus unvollständigen Familien stammen.

Diese uneinheitlichen Befunde lassen sich mit Hilfe der formulierten Sozialisationsbedingungen über das Zustandekommen suizidärer Kausal- und Moralprinzipien, die auch in einem späteren Lebensabschnitt dominierend negative Wert-Erwartungs-Matrizen induzieren und damit suizidale Handlungen hervorrufen können, relativieren.

---

64 Zum Versuch einer Systematisierung dieser Strukturmerkmale Yarrow (1964).

Das Fehlen wichtiger Familienmitglieder, das eine Familie zur ‚unvollständigen' Familie macht, würde danach bei Kindern und Jugendlichen nur dann gehäuft die Entstehung suizidärer Dispositionen begünstigen, wenn die Zahl suizidärer Modelle in der Familie *dadurch* erhöht würde oder das Erziehungsverhalten der verbliebenen Familienmitglieder bzw. das Verhalten der mit der Erziehung beauftragten Verwandten oder Heimerzieher dem aufgezeigten Erziehungsmuster entsprechen würde (vgl. HS31, S. 330). Es könnte zum Beispiel das Zeigen von Schuldgefühlen, das die Assoziation einer ‚negativen Internalität' beinhalten müßte, systematisch belohnt werden (vgl. S. 336 f.). Es könnte auch in eher unbewußten Reaktionen gegenüber den Kindern durch ein hohes Maß an Kontrolle bei z.B. vorherrschender feindseliger Haltung gegenüber dem Kind die Bildung einer ‚negativen Internalität' über die genannten Anreizkontingenzen gefördert und damit eine suizidäre Disposition in der Familie erzeugt werden. Diese Konditionalisierungen des Strukturmerkmals ‚Unvollständigkeit' besitzen insofern eine gewisse Plausibilität, als mit dem Tod oder auch dem Verlust eines Ehepartners durch Scheidung eine Problemsituation eintritt, die dem Alleinerziehenden eine erhöhte Verantwortung aufbürdet. Ihr könnte durch übermäßige Kontrolle begegnet werden. Andererseits könnte im Falle einer konfliktreichen Trennung durch Scheidung auch das Verhältnis zu den Kindern in stärkerem Maße belastet sein und feindselige Haltungen dem Kind gegenüber hervorrufen (vgl. Stierlin 1978). Trennung durch Tod oder Scheidung allein ist jedoch keine notwendige Bedingung für dieses vorauszusetzende Verhalten von Erziehungspersonen und anderen Mitgliedern in der Familie.

Daten zur Familienkonstellation von *Selbstmördern* weisen weniger eindeutig auf familiäre Besonderheiten hin. So fand Dubitscher (1957, S. 46 f.) bei Selbstmördern keine abweichenden Familienkonstellationen. Nach Dorpat (et al. 1965) war der Anteil unvollständiger Herkunftsfamilien bei Selbstmördern geringer als bei Suizidversuchern. Dies wird auch in der Vergleichsstudie von Maris bestätigt. Durch Tod verloren die Selbstmörder im Alter zwischen einem und 25 Jahren am seltensten Mutter (3,75 %) oder Vater (4,1 %) gegenüber der nicht-suizidalen Kontrollgruppe, in der Vater oder Mutter in 19,7 % der untersuchten Personen gestorben war und damit eher noch etwas häufiger den Verlust der Eltern zu beklagen hatten als die Suizidversucher (Vater in 14 % der Fälle und Mutter in 12,5 % der Fälle)[65].

Die Suizidversucher wuchsen aber am häufigsten in einer Familie auf, in der sich der Vater scheiden ließ (39 % gegenüber 4,2 % der Fälle in der Kontrollgruppe und 1,5 % der Selbstmörder). Dieser Unterschied zu Lasten der Suizidversucher

65 Die Prozentangaben wurden nach der Tabelle von Maris (1981, S. 77, Tab. 4.2) errechnet. Die übrigen Ursachen für Trennung vom elterlichen Zuhause – Arbeit, Schulbesuch, Militärdienst, Heirat – sind nicht geeignet, ungünstige Interaktionsabläufe auch nur indirekt zu erfassen. Noch traumatischere Erfahrungen – Gefängnisaufenthalt der Eltern – sind wegen der geringen Zahl auch für einen groben Vergleich der prozentualen Unterschiede nicht geeignet. Das trifft auch auf die Häufigkeitsverteilung für Adoptionen zu.

ist ähnlich groß, wenn Verluste durch Trennung, Tod oder Scheidung bei Familienmitgliedern einschließlich der Trennung von Geschwistern bis zum Alter von zehn Jahren verglichen werden[66]. In der frühen Kindheit muß danach fast die Hälfte (48 %) der Suizidversucher auf die Anwesenheit wichtiger Familienmitglieder verzichten, oder sie haben eine erzwungene Trennung erlebt. Unter den Selbstmördern waren dies nur 8,2 % und in der Kontrollgruppe 9,8 %. Konsistente Hinweise auf strukturelle Besonderheiten im Interaktionsgefüge der Herkunftsfamilien von Selbstmördern fehlen daher. In einer multivariaten, aber ökologischen Studie von Li (1974) fällt der Pfadkoeffizient für den Anteil von unvollständigen Familien im Zusammenhang mit der Selbstmordrate sehr viel geringer aus als der Assoziationskoeffizient für die Arbeitslosen- und Selbstmordrate. Dies schließt jedoch gehäufte negative Erfahrungen in der Familie zu einem früheren Zeitpunkt keineswegs aus. Die Relativierungen für strukturelle Merkmale des familialen Interaktionssystems für die Herkunftsfamilien von Suizidversuchern gelten daher auch für die Familienbeziehungen von Selbstmördern. Im folgenden Abschnitt sind die empirischen Befunde auf der Ebene des Verhaltens der Interaktionspartner zusammengestellt.

4.3.2.2.2 Verhalten der Interaktionspartner in der Familie und ihrer sozialen Umgebung

4.3.2.2.2.1 Familienmitglieder als suizidäre Modelle

Nach der ersten Sozialisationshypothese wird die Bildung ‚negativer Internalität' wahrscheinlich, wenn direkt oder stellvertretend zu erwartende und glaubwürdig dargebotene Anreize damit verknüpft werden (vgl. H_S20-24; H_S30, 31). Die stellvertretende Erfahrung belohnter, auch strafvermeidender ‚negativer Internalität' kann über die Beobachtung von Personen in der Familie erfolgen, die später Suizid begehen. Anstelle der Beobachtung könnte auch über das suizidale Verhalten berichtet worden sein. Die ‚negative Internalität' kann sich auf die negative Anreizgewichtung – z.B. Vermeidung negativer Erfahrungen –, auf die resultierenden negativen generalisierten Erwartungen – z.B. erfahrene Hoffnungslosigkeit, die die Eltern oder andere suizidäre Modelle zum Ausdruck brachten – oder auf die Kausalattribution – durch Selbstbezichtigung bei Fehlschlägen – beziehen. Die Belohnung oder Minimierung von bestrafenden Anreizen der Modelle kann über das Verhalten anderer Interaktionspartner erfolgen, z.B. indem ein Elternteil im Falle der Selbstbeschuldigung Trost durch andere Familienmitglieder erfährt oder anderen negativen Anreizen dadurch ausweichen kann.

Sowohl unter Suizidenten als auch unter Suizidversuchern war beobachtet

66 Vgl. Maris (1981, S. 75, Tab. 4.1). Nach den Erörterungen im Text wird nicht klar, ob der in der Tabelle erfaßte Index ‚frühes Trauma' sich nur auf die Familienkonstellation oder auch andere Problemverhaltensweisen in der Familie bezieht. Die Altersspezifizierung läßt vermuten, daß es sich nur um die auch hier interessierende Abwesenheit wichtiger Familienmitglieder handelt.

worden, daß in deren Familien gehäuft Selbstmorde vorkamen (vgl. Resnick und Hathorne 1974; Farber 1977). In der Vergleichsstudie von Maris waren dies 11 % bei Selbstmördern, 7 % bei Suizidversuchern und kein Fall von Selbstmord in der Herkunftsfamilie der Personen, die eines natürlichen Todes gestorben waren (vgl. Maris 1981, S. 55, Tab. 3.1). Welche Verhaltensweisen dieser suizidären Modelle dabei beobachtet wurden, läßt sich diesen Angaben natürlich nicht entnehmen. Der Befund ist aber kaum mit biologischen Faktoren zu erklären. Die hier postulierte Kausalkette über den Erwerb negativer Kausalattributionen geht von der Annahme erst später wirksamer selektiver Wahrnehmung von besonderen situativen Anreizkonstellationen aus. Es ist vor allem, wie bereits bei der Wirkung massenmedialer Vorbilder festgestellt wurde, nicht notwendig, daß das Verhalten und die Gebarensweisen der suizidären Modelle tatsächlich in Selbstmord enden. Sie können die Disposition lediglich „vererbt" haben, indem sie durch eigenes Vorbild oder über Erziehungsmaßnahmen Gelegenheit zum Erlernen suizidärer Dispositionen gaben. Die Zahl suizidärer Modelle oder suizidärer Sozialisatoren ohne und mit suizidalen Handlungen kann daher sehr viel höher sein als der Anteil festgestellter Selbstmordfälle in der Familie eines Selbstmörders.

Andere nicht-suizidale Verhaltensweisen, wie z.B. Drogen- und Alkoholkonsum (vgl. S. 29, Anm. 10; Abschnitt 4.3.1.1.2) beruhen auf einer ähnlichen Determinantenkonstellation wie der Suizidversuch. Daher könnten auch Alkoholiker oder Drogenabhängige als Modelle fungieren und über ihr Verhalten und die Interpretation ihrer Erfolge und Mißerfolge ‚negative Internalität' vermitteln.

Dieses Verhalten der Familienmitglieder wurde von Maris in allen drei Vergleichsgruppen erhoben. Dabei zeigt sich interessanterweise, daß die anderen Familienmitglieder – Eltern und Geschwister der Suizidversucher – in stärkstem Maße Problemverhaltensweisen an den Tag legten (vgl. Maris 1981, S. 343, und Tab. 25/A3). Es waren dies übermäßiger Alkohol- und Drogenkonsum, außereheliche Beziehungen sowie Kriminalität und Geisteskrankheit. Sie kamen unter den Familienangehörigen von Suizidversuchern signifikant häufiger vor als unter den Familienmitgliedern von Selbstmördern und denen der Kontrollgruppe (vgl. Maris 1981, S. 82, Tab. 4.3)[67].

---

67 Obwohl die Weiß-Nicht-Kategorie bei den Antworten, die die Angehörigen von Selbstmördern gaben, relativ hoch war – 10 % – und dies, da sie über eigenes Fehlverhalten berichten mußten, wenig überraschen kann, ist der Unterschied zu Lasten der Suizidversucher relativ hoch: 41 % der befragten Suizidversucher gaben solche Probleme ihrer Herkunftsfamilie zu, während dies nur 10 % bei den Selbstmördern und 6 % bei der Kontrollgruppe ausmachte. Im Index ‚frühes Trauma' – leider konfundiert mit anderen recht verschiedenen Erfahrungen der betroffenen Person – wird dieses Problemverhalten in der Herkunftsfamilie auch teilweise erfaßt. Auch hier zeigt sich ein signifikanter Unterschied zu Lasten der Suizidversucher, der in der multivariaten Analyse erhalten bleibt (vgl. Maris 1981, S. 328). Die größten prozentualen Belastungen der Familienangehörigen von Suizidversuchern im Vergleich mit den Familienmitgliedern der Selbstmörder und der Kontrollgruppe ergab sich bei Alkoholkonsum (46 % gegenüber 17 % bzw. 24 %) und bei Geisteskrankheiten (48 % gegenüber 14 % und 20 %) (vgl. Maris 1981, S. 84 f., Tab. 4.4).

4.3.2.2.2.2 Zuwendung, Kontrolle und suizidale Handlungen

In der vergleichenden Untersuchung von Maris ergeben sich tendenzielle Unterschiede wieder zu Lasten der Suizidversucher, bei denen nach diesen Hypothesen die vergleichsweise höchste ‚negative Internalität' vermutet wurde. Der Autor untersuchte die Nähe der Kinder zu ihren Eltern und könnte damit das Ausmaß persönlicher Zuwendung als geäußerte Zuneigung und Feindseligkeit erfaßt haben. Die Tab. 30/A3 gibt diese Untersuchungsergebnisse wieder. Es zeigt sich, daß in allen Gruppen – Selbstmörder, Selbstmordversucher und Kontrollgruppe – ein relativ enges Verhältnis zur Mutter bestand, während die Töchter, die ihren Selbstmordversuch überlebt hatten und allgemein unter den Selbstmordversuchern überrepräsentiert sind, am häufigsten – in 40 % der Fälle gegenüber 17 % der Fälle in der Kontrollgruppe und in 18 % der Fälle unter den Selbstmörderinnen – über eine fehlende Nähe zum Vater geklagt hatten[68]. Zu einem ähnlichen Ergebnis kommt Lungershausen (1968). Die untersuchten 104 Selbstmörder hatten gute Beziehungen zu ihren Eltern unterhalten, während die 89 Suizidversucher unter schlechten Familienbeziehungen gelitten hatten.

Mögliche methodische Artefakte[69] beeinträchtigen in noch stärkerem Maße die Antwortverteilungen in der Vergleichsstudie zum Ausmaß der von den Eltern ausgeübten Kontrolle oder Disziplinierungstechniken, da die befragten Angehörigen der Suizidenten in einem Viertel der Fälle keine Antworten geben wollten oder geben konnten (vgl. Maris 1981, S. 88, Tab. 4.7). Es zeigte sich, daß die Eltern der Selbstmörder und die der Selbstmordversucher tendenziell häufiger disziplinierten als die Eltern der Kontrollgruppe.

Außerdem schienen die überwiegend männlichen Selbstmörder einem strengeren Vater, die am häufigsten auch Körperstrafe einsetzten, ausgesetzt gewesen zu sein, während die Mutter verbale Disziplinierungen – in allen Gruppen in ähnlich hohem Maße – zu bevorzugen schien (Selbstmordversucher: 46,8 %; Kontrollgruppe: 43 % und Selbstmörder: 51,1 %). Setzt man beide Disziplinierungstechniken – verbale Disziplinierung und Körperstrafe – zueinander in Beziehung, ergeben sich für die Suizidversucher insofern tendenziell die größten Belastungen, als diese am häufigsten unter Körperstrafe im Vergleich zu verbaler Disziplinierung zu leiden hatten. Die Relation betrug (1 : 1,16) im Vergleich zur Kontrollgruppe (1 : 10) und zur Gruppe der Selbstmörder (1 : 6) (vgl. Maris 1981, S. 89). Berücksichtigt man außerdem die Häufigkeit der Disziplinierung in allen drei Gruppen, schneiden die Suizidversucher wieder am schlechtesten ab. Sie erfuhren mit 58 % im Vergleich zur Kontrollgruppe mit 33 % und der Gruppe der Selbstmörder mit 40 % am häufigsten Disziplinierungen. Nimmt man an, daß verbale Disziplinierung eher als die

68 Wieder sei auf die Problematik der Antwortverzerrungen an dieser Stelle verwiesen. Die Zahl der Weiß-Nicht-Antworten, die von befragten und wahrscheinlich betroffenen Angehörigen gegeben worden waren, in beiden Gruppen – NT und SM –, ist relativ hoch und vor allem höher als bei den Suizidversuchern, die selbst befragt wurden (vgl. Tab. 30, A3).

69 Siehe Anm. 68, S. 338.

Körperstrafe Elemente der induktiv-argumentativen Erziehung beinhaltet und daher weniger personenzentrierte negative Anreize ausdrückt, wären *Suizidversucher* entsprechend den Voraussagen dem ungünstigsten Familienklima ausgesetzt gewesen. Sie hätten sowohl in stärkerem Maße unter feindseligen Beziehungen als auch unter einem hohen Maß an disziplinierender Kontrolle zu leiden gehabt, eine Verhaltenskonstellation, die nach den entwickelten Sozialisationshypothesen die Herausbildung ‚negativer Internalität' begünstigt.

Tendenziell waren auch die *Suizidenten* einer erhöhten Kontrolle, aber bei vorherrschenden positiven Beziehungen zu den Eltern ausgesetzt und daher einerseits stärker gefährdet als die nicht-suizidale Kontrollgruppe. Im Vergleich zu den Suizidversuchern standen sie jedoch unter günstigeren Sozialisationseinflüssen.

Eine Untersuchung von De Palma (1974) ist für die empirische Relevanz der Auswirkungen des Erziehungsverhaltens auf suizidales Verhalten von besonderem Interesse, obwohl auch hier die Metakognitionen, deren Kenntnis erst situationsübergreifende Prognosen möglich macht, nicht erfaßt wurden. 8- bis 9jährige Grundschüler wurden nach ihrer moralischen Orientierung ausgewählt und beobachtet, inwieweit sie in Übereinstimmung oder unabhängig von vorgegebenen Regeln und externen Bestrafungen sich selbst bestraften oder altruistisch-großzügiges Verhalten an den Tag legten. Das Ausmaß der Selbstbestrafung ist dem suizidalen Verhalten vergleichbar, die untersuchten drei moralischen Orientierungen sollen jeweils das dominante Erziehungsmuster als Sozialisationsergebnis widerspiegeln. Dabei wurde eine moralisch-flexible Orientierung (1) erfaßt, die einer mittleren (optimalen) Kontrolle entsprechen soll, eine moralisch-rigide Orientierung (2), die der hohen Kontrolle zuzuordnen ist, und eine externale Orientierung (3), die als Ergebnis einer geringen Kontrolle angesehen wird. Alle drei Gruppen von Kindern wurden nun in gleichem Maße für ihr Verhalten bestraft. Dabei stellte sich heraus, daß die ‚übersozialisierten' Kinder aus der zweiten Gruppe, nachdem sie für Verhalten bestraft wurden, die meisten Selbstbestrafungen vornahmen, mehr als die moralisch-flexiblen (1) und die externalen Kinder (3).

4.3.2.2.2.3 Sozialisationsprofile im internationalen Vergleich und Konstanz nationaler Selbstmordraten

Betrachtet man die Befunde zur nationenspezifischen Sozialisation im Zusammenhang mit der jeweiligen Selbstmordrate, sind diese Beobachtungen zu den formulierten Wirkfaktoren, dem Verhalten der Interaktionspartner in der Familie, noch schwieriger zuzuordnen. Hendin (1964; 1978) verglich die drei skandinavischen Länder Dänemark, Schweden und Norwegen. Die *Dänen* mit einer ähnlich hohen Selbstmordrate wie die Schweden praktizierten nach der qualitativen Studie einen Erziehungsstil, der durch hohe Kontrolle und starke Zuwendung zu kennzeichnen wäre: Fürsorglichkeit und Liebe einerseits, aber striktes Verbot von Aggressivität und abweichendem Verhalten andererseits, wobei diese Kontrolle häufig durch angedrohten Liebesentzug ausgeübt wurde und auf die Entwicklung von Schuldgefühlen abgestellt war. Nach den Konzeptbildungshypothesen ließe sich daher vermuten, daß der Anteil personenzentrierter Anreize als Reaktion auf das Verhalten der Sozialisanden hoch und damit bei häufigen verhaltenskontingenten Reaktionen (hohe Kontrolle) ‚negative Internalität' wahrscheinlich sein wird. Durch das Ausmaß der Zuwendung wird zwar nach diesen Aussagen die Wahrscheinlichkeit der Herausbildung einer ‚negativen Internalität' reduziert, gleichzeitig aber die Erwartung für die Gewährung positiver Anreize bei suizidalem Verhalten erhöht. Suizidversuch wäre daher ein Verhalten, das bereits in der Sozialisationsgeschichte direkt oder indirekt belohnt wurde. Die Selbstmordversuchsrate dürfte daher als suizidales Verhalten besonders häufig auftreten. Bekannt ist lediglich eine relativ hohe Selbstmordrate (vgl. A1/E1).

Auch in *Schweden*, einem Land mit einer ähnlich hohen Selbstmordrate, scheint kontrollierendes Verhalten (strenges Urteil der Umwelt) zu dominieren. Allerdings ist es gepaart mit frühem Selbständigkeitstraining und einer eher feindseligen Haltung der erziehenden, häufig berufstätigen Mütter gegenüber ihren Kindern. Dies wäre ex post interpretierbar als eine superoptimale Kontrolle mit zu frühem, also überforderndem Selbständigkeitstraining, aber einem hohen Anteil aufgabenzentrierter Anreize. Als fehlgeleitetes Leistungsmotivtraining würde gleichfalls die Herausbildung ‚negativer Internalität' begünstigt. Die ‚negative Internalität' würde nach den konzeptbildungstheoretischen Vorstellungen durch den hohen Anteil der verhaltensabhängigen Reaktionen, die wahrscheinlich hohe Mißerfolgsrate bei Überforderung und eine eher ablehnende Haltung der Erziehungspersonen begünstigt werden. Der größere Anteil aufgabenzentrierter Disziplinierungstechniken schützt nach diesen Vorstellungen zwar vor Suizidversuch, nicht aber vor Suizid. In Schweden wäre demnach bei hoher Suizidrate eine relativ geringere Suizidversuchsrate zu erwarten.

In *Norwegen*, dem Land mit einer sehr viel niedrigeren Selbstmordrate im Vergleich zu den beiden skandinavischen Ländern, aber auch im europäischen Vergleich, wird weniger stark diszipliniert, und die Beziehung zur Mutter ist innig und dauerhaft – wie in Dänemark. Bei Sanktionen droht nicht Liebesentzug mit einem Appell an Schuldgefühle, dafür wird Aktivität und kämpferisches Verhalten, das gleichfalls mit früher Selbständigkeitserziehung verbunden ist, belohnt. Dieses Erziehungsmuster ähnelt, zumindest was das Ausmaß der Kontrolle anbelangt, eher der optimalen, mittleren Kontrolle bei ausgeprägter Zuwendung der Erziehungspersonen. Einer ‚negativen Internalität' wird insbesondere durch die Vermeidung personengebundener Anreize bei der Sanktionierung vorgebeugt. Andererseits geht aus den Beschreibungen von Hendin nicht hervor, ob das Selbständigkeitstraining mit fähigkeitsangepaßten Aufgabenstellungen gekoppelt war. Die Einstellung zur Leistung scheint eher irreal und fantastisch zu sein. Wenn aufgrund eher geringer, also suboptimaler Kontrolle und nicht fähigkeitsangepaßter Aufgabenstellung die Bildung zu hoher Anspruchsniveaupräferenzen angeregt würde, wäre zwar weniger suizidales Verhalten, dafür jedoch stärker delinquentes Verhalten als wahrscheinlicher Sozialisationseffekt zu erwarten.

Nach den vorausgegangenen Interpretationen wäre der in Norwegen häufig praktizierte Erziehungsstil in seiner Auswirkung auf die Herausbildung ‚negativer' bzw. ‚positiver Internalität' als suboptimal zu bezeichnen und zwischen geringer und mittlerer Kontrolle anzusiedeln (N; vgl. Abbildung 6). Die schwedischen Sozialisationspraktiken wären zwischen der optimalen und hohen Kontrolle bei vorherrschender Abneigung (S) und das übliche Erziehungsverhalten der Dänen zwischen hoher Kontrolle mit Zuneigung und hoher Kontrolle mit Abneigung einzuordnen.

Der optimalen Kontrolle am nächsten kämen die USA nach einem interkulturellen Vergleich des Erziehungsverhaltens amerikanischer Eltern mit dem (bundes)deutscher Eltern (vgl. Devereux et al. 1962). Die amerikanischen Kinder wurden seltener diszipliniert als deutsche Kinder und durften ihren Gefühlen freieren Lauf lassen. Auch indirekte Appelle – weniger Körperstrafe und Liebesentzug und mehr argumentatives Erziehungsverhalten – kamen häufiger vor: „In summary, we may say that, in comparison with their American counterparts, German children report more ‚parenting' behaviour, both in the form of affection and companionship and of direct punishment and control" (Devereux et al. 1962, S. 406). Weniger Kontrolle bei geäußerter Zuneigung, mehr aufgabenzentrierte Anreize – Argumente – und weniger personenzentrierte Anreize – Körperstrafe oder Liebesentzug – scheinen typisch für amerikanisches Erziehungsverhalten zu sein. Deutsche Eltern kontrollieren hingegen mehr als amerikanische Eltern, gewähren ihnen aber liebevolle Zuwendung. Diese Kombination beugt zwar gegenüber Delinquenz vor, erhöht aber die Gefahr der Herausbildung ‚negativer Internalität'. Im Einklang mit diesen Erziehungsmustern steht die vergleichsweise geringe Selbstmordrate der Amerikaner und die fast doppelt so hohe Selbstmordrate der Deutschen in der DDR und der BRD. Bei ähnlich hohem Lebensstandard der Amerikaner, aber geringerer sozialer Absicherung in Notfällen durch das amerikanische Sozialwesen im Vergleich zur Bundesrepublik und Schweden, könnten die beschriebenen Sozialisationspraktiken die Bildung einer ‚positiven Internalität' anregen. Nach den Hypothesen über die Wirkung kognitiver und moralischer Metaprinzipien verstärken sich Erfolgserlebnisse und werden Mißerfolgserlebnisse auf Dauer überkompensiert. Die Art der erlernten Verarbeitung von Erfolg oder Mißerfolg kann daher einen wertvollen Schutz vor den unvermeidbaren Fehlschlägen im Leben eines jeden Menschen darstellen.

Der Zusammenhang zwischen Sozialisationspraktiken und Suizid, dem auf nationaler Ebene nur vorläufige empirische Beweiskraft zukommt, kann noch ein anderes bislang unerklärtes empirisches Phänomen in der Selbstmordforschung erklären. Die These von der relativen Konstanz der Selbstmordrate einer Nation besagt, daß trotz periodischer Schwankungen der Selbstmordrate eines Landes die relative Selbstmordrate eines Landes konstant bleibt. Der Rangplatz, den ein Land im internationalen Vergleich einnimmt, bleibt größtenteils erhalten (vgl. Al/E1.2). Das Phänomen wird am augenfälligsten beim Vergleich der Selbstmordrate beider deutscher Länder, der DDR und der BRD, in den Jahren 1930 und 1958 (vgl. Cordes 1963). Trotz einschneidender gesellschaftspolitischer Änderungen, von denen der Produktionsbereich am stärksten, die Familie aber wohl am wenigsten betroffen war, übersteigt die Selbstmordrate der heutigen DDR die der heutigen BRD bei einem parallelen Abfall der Selbstmordrate beider Länder während des Zweiten Weltkriegs konstant um ein Drittel. Von 1930 bis 1958 ergibt sich eine Relation der Selbstmordrate der DDR zu der der BRD in einem Verhältnis von 1 : 0,64. Des weiteren ist bekannt, daß bei Einwanderungen der relative Schutz oder die relative Selbstmordgefährdung der Herkunftsnation erhalten bleibt (vgl. A1/E1.2).

Schließt man wiederum biologische Erklärungen für das offensichtlich stabile Verhalten der Mitglieder einer Gesellschaft aus, bietet sich eine Erklärung durch soziale Fakten an. Durkheim hätte sie allerdings nicht gelten lassen. Dem Erziehungswesen hat er keine verhaltensändernde und damit auch keine verhaltenskonservierende Funktion beigemessen (vgl. Durkheim 1973, S. 426 ff.).

Das Phänomen könnte mit der Wirksamkeit von Sozialisationspraktiken erklärt werden, die für eine Gesellschaft typisch sind und über eine lange Zeit beibehalten werden. Weniger genau könnte von dem kulturellen Erbe einer Nation gesprochen werden, das die Tradierung gültiger Wertvorstellungen, aber auch ihre kognitive Interpretation einschließt und über eine komplexe Reihe intervenierender Variablen handlungsrelevant wird und so das spezifische Selbstmordverhalten einer Nation beeinflußt. Wenn auch diese Sozialisationspraktiken kurzfristig nicht veränderbar sind, ist ihr Wandel langfristig beobachtbar (vgl. Remley 1980). Die These von der relativen Konstanz der Selbstmordrate einer Nation könnte daher ebenso, wie sich das Selbstmordverhalten der Frau in den letzten Jahrzehnten zu ändern begonnen hat, auf längere Sicht ihre Gültigkeit verlieren.

4.3.3 *Zusammenfassung:* Primäre und sekundäre Sozialisation in der Familie

In der *sekundären Sozialisation* werden kurzfristige Sozialisationseffekte im Hinblick auf die Veränderung situativer Handlungsdeterminanten untersucht. Das sind vor allem kritische Veränderungen der Wert-Erwartungs-Bilanzen, aber auch Informationen, die über wahrgenommene Fremdattribuierung zu einer Verstärkung bereits vorhandener ungünstiger Attributionsmuster führen können. Sozialisationsbedingungen für die Veränderung von Handlungen und ihrer Determinanten betreffen die bereits im vorigen Abschnitt über den Einfluß der Massenmedien auf suizidale Handlungen postulierten ‚relevanten Anreizkontingenzen‘ und ihre ‚kognitiv‘ wie ‚affektiv‘ glaubwürdige Darbietung‘. Die Tatsache, daß in den Familien von Selbstmördern und Suizidversuchern gehäuft Selbstmorde vorgekommen waren, läßt die Vermutung zu, daß suizidäre Modelle vorhanden waren. Solche Lernerfahrungen werden in ihrer Bedeutung eher unterschätzt, da nicht nur suizidales Verhalten, sondern auch ähnliches Meidungsverhalten wie Alkohol- und Drogenkonsum und deren wahrnehmbare metakognitive und metamoralische Handlungsvoraussetzungen gelernt werden können. Solchen affektiven und kognitiven Lernrouten ist umso mehr Bedeutung zu schenken, als familiäre Bindungen wegen der Intensität und der Dauer direkt oder indirekt erfahrener Anreizkontingenzen nachhaltigere Effekte vermuten lassen als z.B. die einmalige Rezeption massenmedialer

Kommunikationen. Zur Erklärung und Prognose suizidaler Risiken reicht die Kenntnis einer Belastung durch Selbstmordfälle in der Herkunftsfamilie nicht aus. Die Art und Zahl der in den Interaktionen ausgetauschten Anreizmuster sowie deren kognitive Kontingenzen müßten als Merkmale der Interaktionsstrukturen bekannt sein, um das suizidale Risiko abschätzen zu können.

Dies gilt in besonderem Maße auch für den Nachweis zurückliegender Wirkprozesse in der *primären Sozialisation,* der bislang über Erziehungsstile nicht nur wegen der retrospektiven Erfassung inkonsistente Untersuchungsergebnisse erbrachte und wenig erfolgreich war. Bei der primären Sozialisation werden Bedingungen für langfristige Sozialisationseffekte untersucht, d.h. Bedingungen für die Herausbildung situationsunabhängiger Dispositionen. Diese wirken sich erst im späteren Leben in bestimmten Situationen über die Selektion und Interpretation von Handlungsalternativen und ihrer wahrscheinlichen Konsequenzen handlungsrelevant aus. Als zu erklärende Sozialisationseffekte wurden rudimentäre, dem kognitiven Reifegrad von Kindern, die frühestens ab dem 10. Lebensjahr über vollständige Kausalattributionen verfügen, angepaßte Kausalattributionen definiert: die ‚negative', (‚positive') ‚Internalität' (‚Externalität'). Eine motivationstheoretische Definition der Erziehungsstile, Zuwendung und Kontrolle, erlaubt die Beschreibung von Interaktionsmustern über Häufigkeit, Zahl, Spezifität (verhaltensabhängige oder personenspezifische) und Schwierigkeitsgrad (Über- oder Unterforderung) der gewährten Anreizkontingenzen, die das Zustandekommen negativer Internalität, aber auch rudimentärer Anspruchsniveaupräferenzen nach der Konzeptbildungstheorie erklären können. Dabei wird angenommen, daß optimale Kontrolle und positive Zuwendung ‚positive Internalität' und übermäßige Kontrolle in einem vorherrschend feindseligen Familienklima ‚negative Internalität' und ‚positive Externalität' begünstigen, während bei vorherrschend liebevollen Beziehungen in geringerem Maße ‚negative Internalität' gefördert wird. Diese Hypothesen wurden mit den wenigen Daten zum Erziehungsverhalten der Eltern von Suizidenten und Suizidversuchern konfrontiert und Hypothesen über die Unvollständigkeit der Herkunftsfamilien von Suizidversuchern relativiert.

Im internationalen Vergleich wurden Sozialisationsprofile, die nach den Hypothesen die Herausbildung suizidärer Kausal- und Moralprinzipien begünstigen könnten, im Hinblick auf die Erklärung unterschiedlich hoher nationaler Selbstmordraten untersucht. Es zeigte sich, daß sich das Phänomen der relativen Konstanz nationaler Selbstmordraten durch die kurzfristig nicht veränderbaren, aber über die Sozialisation in der Familie tradierten Kausal- und Moralprinzipien erklären läßt.

Zusammenfassung: Soziologie des Selbstmords

1. Fragestellung

Ziel der Arbeit ist es, verschiedene Defizite bisher entwickelter Selbstmordtheorien auf der Grundlage eines theoretischen Ansatzes zu beheben und die gewonnenen Hypothesen mit verfügbaren empirischen Daten zu konfrontieren. Dabei lassen sich folgende Probleme skizzieren:

1. Selbstmord- und Selbstmordversuchshandlungen werden auf gesellschaftlicher Ebene, d.h. als massenhaftes soziales Problem zu erklären versucht. Verschiedene Erklärungsstufen sind eingeführt worden:
   a) Ergebnismodell: Wann endet eine suizidale Handlung tödlich und wann überlebt der Handelnde?
   b) Handlungsmodell: Wann wird eine suizidale Handlung ausgeführt?
   c) Instrumentalitätsmodell: Wie kommt es zu Suizid- bzw. Suizidversuchsbereitschaft? (Erwartete Anreize für Selbstmord- bzw. Selbstmordversuchshandlungen)
   d) Motivationsmodell: Wie entstehen Perspektiven der ‚Aussichtslosigkeit'? (Bedingungen für die Wahrnehmung negativer Anreize und Mißerfolgswahrscheinlichkeiten von Handlungsalternativen)
2. Selbstmorde und Selbstmordversuche sind kein psychologisch-pathologisches, sondern ein soziales Phänomen. Dies wird über die Ableitung struktureller Randbedingungen vor allem auf der vierten Erklärungsstufe deutlich.
3. Selbstmord- und Selbstmordversuchshandlungen sind zu unterscheidende Handlungen, die einer differentiellen Erklärung bedürfen: Suizidversuchsgefährdet sind vor allem Frauen und junge Menschen, suizidgefährdet hingegen Männer und ältere Menschen.
4. Ein tödlich endender Selbstmordversuch, dem eine Reihe nicht tödlich endende Selbstmordversuche vorausgegangen sind, ist anders zu bewerten als erste und wiederholte Suizidversuche.
5. Es gibt eine Reihe auch paradoxer empirischer Beobachtungen, die erklärungsbedürftig sind:
   - Nationale Selbstmordraten variieren sehr stark.
   - Die Selbstmordrate einer Nation unterliegt temporären Schwankungen, bleibt aber langfristig relativ, d.h. im Verhältnis zur Selbstmordrate anderer Länder, konstant.
   - In Kriegszeiten sinkt die Selbstmordrate.

- Frauen sind gegenüber Selbstmord relativ immun, aber sehr viel stärker als Männer suizidversuchsgefährdet.
- Der Selbstmord ist nahezu ‚demokratisch' auf alle Schichten verteilt.

2. Hypothesen und Ergebnisse

Grundlage der auf verschiedenen Erklärungsstufen postulierten Hypothesen ist eine Weiterentwicklung der wohl bekanntesten Handlungstheorie, der Wert-Erwartungs-Theorie, zu der auch das Risiko-Wahl-Modell von Atkinson und motivationstheoretische Attributionstheorien von Weiner und Heckhausen gehören. Wie die ökonomische Nutzentheorie entstammen ihre Hypothesen der Tradition des methodologischen Individualismus und gehen von hedonistischen Grundannahmen für menschliches Handeln aus, nicht aber von objektiven und gleichartigen Wahrscheinlichkeitskalkülen und gleichartigen meist ökonomischen Anreizklassen. Vielmehr basieren die Hypothesen auf selektiver Situationswahrnehmung, die durch erlernte, individuelle Dispositionen bedingt ist. Im nachfolgenden Schema sind die einzelnen Erklärungsstufen zusammengefaßt:

Handlungsmodell zur Erklärung suizidaler Handlungen und suizidaler Dispositionen (Selbstmord (SM), Selbstmordversuch (SMV))

Mißerfolgsrate & Informationsstruktur & Handlungsspielraum	& &	Kausalprinzip: Kausalattributionen mit kognitiven und affektiven Effekten & Moralprinzip: Anspruchsniveaupräferenzen mit kognitiven und affektiven Effekten	——→	Instrumentalitäten der suizidalen Handlungen + Handlungsalternativen (erwartete Anreize f. Handlungen)	——→	Handlungstendenzen & ——→ subjektives Mittelpotential (akzept. suizidale Methode)	Handlungsbeginn (SM, SMV) & objektives Mittelpotential (geeignete suizidale Methode) v Handlungsergebnis (SM, SMV)
MOTIVATIONSMODELL				INSTRUMENTALITÄTSMODELL		HANDLUNGS- UND ERGEBNIS-MODELL	

2.1 *Ergebnis der Handlung, Handlungsbeginn und Instrumentalitäten suizidaler Handlungen*

Über das *Handlungsergebnis* – ein tödlich endender Selbstmord bzw. Selbstmordversuch oder ein nicht tödlich endender Selbstmord bzw. Selbstmordversuch – entscheidet der Einsatz objektiv adäquater Mittel. Es sind Methoden, die auf ‚richtigen' Gesetzen und realisierten Anfangsbedingungen beruhen. Der *Handlungsbe-*

ginn setzt erstens die Verfügbarkeit und den Einsatz subjektiv adäquater Mittel und zweitens die Bereitschaft zum Suizid bzw. Suizidversuch voraus. Subjektiv adäquate Mittel werden als relativ attraktive Mittel akzeptiert, wenn sie sich nicht nur zur Selbsttötung oder Selbstverletzung eignen, sondern auch andere Ziele (z.B. Schmerzfreiheit, Ausschluß sozialer Intervention etc.) realisierbar erscheinen lassen.

Die Identifizierung mißlungener und erfolgreicher Selbstmorde bzw. Selbstmordversuche ist nach einer nicht-tautologischen Abgrenzung suizidaler Handlungen von anderen selbstschädigenden Handlungen, z.B. Alkoholismus oder Risikoverhalten, möglich:

Eine subjektiv intendierte Selbstmord-(Selbstmordversuchs-)handlung liegt dann vor, wenn die handelnde Person zum Zeitpunkt der Ausführung einer aktiven oder passiven Handlung die tödliche (nicht-tödliche) Selbstverletzung als Folge dieser Handlung in einem absehbaren Zeitraum unmittelbar nach Beginn der Handlungsausführung für wahrscheinlich hält.
Ein erfolgreicher Selbstmord oder Selbstmordversuch liegt vor, wenn das Handlungsergebnis mit dieser subjektiven Handlungsintention zum Zeitpunkt der Handlungsausführung übereinstimmt.

Diese Hypothesen stehen im Einklang mit zahlreichen Befunden über Art und Verbreitung einzelner Selbstmordmethoden. Sie beinhalten zwei Schlußfolgerungen:

- Frauen überleben nicht deswegen suizidale Handlungen häufiger als Männer, weil sie ungefährlichere (weiche) Methoden anwenden, sondern weil sie rollentypisch geprägte Präferenzen für weichere Methoden haben und unabhängig davon häufiger überleben und nicht sterben wollen.
- Der leichtere Zugang zu subjektiv relativ attraktiven Mitteln, die z.B. Schmerzfreiheit garantieren und soziale Intervention (Rettung) ausschließen, bedingt daher auch nicht die Bereitschaft zum Suizid bzw. Suizidversuch, sondern allenfalls Art und Zeitpunkt der Mittelwahl, den Handlungsbeginn.

Notwendige Voraussetzung für den Handlungsbeginn ist die Bereitschaft zum Suizid bzw. Suizidversuch. Eine *Suizidbereitschaft* wird als überwiegend negative Handlungstendenz aufgefaßt: Der Suizid und alle Handlungsalternativen zum Suizid werden negativ bewertet, der Suizid erscheint aber weniger negativ als alle Handlungsalternativen, die Weiterleben bedeuten. Eine Suizidtendenz wird durch die im *Instrumentalitätsmodell* postulierten erwarteten Handlungskonsequenzen bedingt:

Die Bereitschaft zum Suizid als überwiegend negative Handlungstendenz ist um so wahrscheinlicher,

a) je intensiver und je zahlreicher negative Anreize kogniziert werden, deren Realisierung als Folge der alternativen Handlungen erwartet werden,
b) je größer die subjektiven Wahrscheinlichkeiten für negative Anreize sind und,
c) je geringer die subjektiven Wahrscheinlichkeiten für weniger zahlreich kognizierte positive Anreize geringerer Intensität sind, die als Folge ausgeführter alternativer Handlungen erwartet werden;

des weiteren

d) je geringer die Zahl aggregierter negativer Anreize und je geringer ihre Wertintensität, bzw. je größer die Zahl aggregierter positiver Anreize und je größer ihre Wertintensität und,
e) je weniger wahrscheinlich diese negativen Anreize als Folge der Selbstmordhandlung gehalten werden, bzw. je größer die subjektiven Wahrscheinlichkeiten für positive Anreize sind. (Annahme: Suizidkontingent erwartete negative Anreize sind größer als suizidkontingent erwartete positive Anreize. Dasselbe gilt für erwartete Anreize als Folge ausgeführter Handlungsalternativen.)

Zu *negativen Anreizen,* die als *Folge eines Suizids* erwartet werden, gehört in erster Linie eine allen Menschen gemeinsame Todesfurcht. Wegen der damit verbundenen totalen Ungewißheit verkörpert sie einen extrem negativen Anreizwert von universeller Gültigkeit. Diese theoretisch und empirisch begründete Annahme steht im Widerspruch zur psychoanalytischen Theorie Menningers, wonach der „Wunsch zu sterben", ein positiver Anreiz, ursächlich für den Selbstmord sei. Andere negative Anreize kommen hinzu: Negative Sanktionen wirken trotz abgeschaffter strafrechtlicher Verfolgung von Selbstmord als informelle negative Sanktionen und stellen soziale (extrinsische) Kosten dar.

Sie lassen erkennen, daß Selbstmord in Gesellschaften mit Suizidverbotsnormen abweichendes Verhalten und in Gesellschaften mit Suizidgebotsnormen konformes Verhalten darstellt. Ganz unterschiedliche Maßnahmen müßten getroffen werden, die auch unterschiedliche Erfolgsaussichten haben (vgl. Punkt 3 S. 349). Durkheims „altruistischer" Selbstmord beschreibt den Suizid als konformes Verhalten. Die Selbstmordkommandos muslimischer Fundamentalisten, aber auch die Selbstmorde der Bader-Meinhoff-Gruppe tragen Elemente eines Selbstmords, der als konformes Verhalten einzustufen ist.

Bei einer Internalisierung der Norm, daß „Suizid unrechtmäßiges Verhalten darstellt", vermindern (intrinsische) moralische Kosten (z.B. „Ein Selbstmörder ist ein Feigling") die Suizidwahrscheinlichkeit.

Zu *positiven Anreizen,* die die Suizidwahrscheinlichkeit durch erwartete negative Folgen abmildern, gehören (intrinsische) moralische Gewinne wie die ‚Wahrung oder Demonstration menschlicher Würde und Autonomie'. Wenn der Selbstmord einer Person Hinterbliebenen reale ökonomische oder soziale Vorteile verschafft, können diese in der Regel nur über intrinsische moralische Gewinne, die Befriedigung ‚altruistischer Wertvorstellungen', wirksam werden. Außer der Todesfurcht sind aber alle suizidkontingent erwarteten positiven oder negativen Anreize wegen ihres fehlenden Realitätscharakters nur in der Vorstellung und nur kurzfristig konsumierbar. Dies reduziert die erwarteten Anreizwertintensitäten. Damit kommt sowohl extrinsischen sozialen Kosten (Sanktionen) als auch intrinsischen moralischen Gewinnen und Kosten verringerte Bedeutung zu. Drei Implikationen haben diese theoretisch und empirisch begründeten Annahmen für die Ausprägung der Bedingungen für Suizidtendenzen:

Erstens: Die differentielle Assoziationstheorie von Akers, eine der wenigen modernen Selbstmordtheorien, ist in Zweifel zu ziehen. Sie verlangt, daß einem Selbstmord notwendigerweise die Neutralisierung moralischer Kosten vorausgeht, d.h., ein Suizid würde ohne akzeptierte Rechtfertigung für die abweichende Handlung unwahrscheinlich, eine auch empirisch kaum plausible Hypothese: Warum sollten z.B. Frauen weniger und Männer mehr moralische Kosten bei Suizid empfinden bzw. diese moralischen Kosten unterschiedlich gut rechtfertigen können?

Zweitens sind Selbstmordhandlungen – anders als andere Formen abweichenden Verhaltens, z.B. Kriminalität, – relativ sanktionsunempfindlich: informelle und soziale Kontrolle von Suizidhandlungen kann wegen des fehlenden Realitätscharakters wenig – auch nicht bei internalisierten moralischen Kosten – vor Selbstmord abschrecken.
Drittens spielt bei der Beurteilung der Selbstmordgefährdung einer Person oder der Prognose der Selbstmordrate einer Nation vor allem das Ausmaß, in dem Handlungsalternativen verfügbar sind und diese blockiert erscheinen, die wichtigste Rolle: Der Selbstmord ist Resultat einer „ausweglos" erscheinenden Situation. Weiterleben wird vom Suizidgefährdeten als noch größere Bedrohung wie der Tod erlebt: Von Handlungsalternativen zum Suizid werden mit hoher Wahrscheinlichkeit negative Anreize erwartet, deren resultierende negative Handlungstendenz allenfalls durch wenig wahrscheinliche erstrebenswerte Zielvorstellungen geringfügig reduziert werden.

Der Suizidversuch unterscheidet sich auf allen Erklärungsstufen vom Suizid: Suizidversuchshandlungen geht die Bereitschaft zum Suizidversuch voraus: Im Gegensatz zur Suizidtendenz wird sie als eine überwiegend positive Handlungstendenz definiert.

Die Suizidversuchsbereitschaft ist um so ausgeprägter, je intensiver und je wahrscheinlicher bei Handlungsalternativen zum Suizidversuch negative Anreize erwartet oder positive Anreize für unrealisierbar gehalten werden, bzw. diese von geringer Wertintensität sind. Als Folge des Suizidversuchs werden jedoch eher positive Anreize mit hoher bzw. negative Anreize mit geringer Wahrscheinlichkeit erwartet.

Zu den *als Folge der Suizidversuchshandlung erwarteten positiven Anreizen* gehört die Hoffnung auf ‚soziale Aufmerksamkeit' bei anderen Gesellschaftsmitglieder, aber auch der ‚Tod auf Zeit', der als kurze, nicht endgültige Unterbrechung tiefste Ruhe oder Aufschub gewährt. Moralische Gewinne sind beim Suizidversuch nicht altruistischer sondern misanthropischer Natur: Anderen will man beim ‚Suizidversuch aus Rache' schaden oder auf andere Macht ausüben. Die moralischen Kosten entsprechen denen der Suizidhandlung, sind aber ebenso wie suizidversuchskontingent erhoffte Vorteile wegen der erlebbaren Konsequenzen nicht in ihrem Realitätscharakter geschmälert.

Suizidversuche wären daher über soziale Kontrollmaßnahmen im Unterschied zum Suizid eher beeinflußbar. Umgekehrt hätte jedoch nach diesen Annahmen ein institutionalisiertes Recht auf Sterben unbeabsichtigte Nebenfolgen – weniger für den Suizid als für den Suizidversuch: Suizidversuchsgefährdete soziale Gruppen – Frauen und junge Menschen – können durch ihre Handlung realistischerweise auf Zuwendung hoffen: Ihnen wird bei Hilflosigkeit bereitwilliger geholfen als Männern und älteren Menschen, dem suizidgefährdeten Personenkreis. In dem Maße wie Suizid durch institutionalisierte Sterbehilfe legitimiert würde, könnte auch die Hilfsbereitschaft und das Verständnis für Suizidversucher abnehmen, d.h., soziale Zuwendung und Aufmerksamkeit würde als Folge der Suizidversuchshandlung unwahrscheinlicher. Der Selbstmordversuch würde aufgrund einer abgeschwächten Altruismusnorm *ähnlich wie bei wiederholten Selbstmordversuchen* an Attraktivität verlieren. Eine unveränderte Blockierung aller Handlungsalternativen zum Suizidversuch vorausgesetzt, könnte mit weniger Selbstmordversuchen aber mit mehr Selbstmorden gerechnet werden.

2.2 Motivationsmodell

Wesentlicher Aspekt der Suizid- und der Suizidversuchsbereitschaft ist die empirisch gut belegbare These, daß der Suizid und kurzfristig auch der Suizidversuch vor allem einen unerträglichen Zustand, das Weiterleben, beenden soll. Objektive Not scheidet als Ursache für den Suizid aus. Wohlhabende Länder wie die USA weisen (im Gegensatz zu einigen ähnlich reichen europäischen Ländern, z.B. Dänemark, die BRD) eine relativ niedrige Selbstmordrate aus; in Afghanistan, einem der ärmsten Länder der Welt, ist Selbstmord praktisch unbekannt; Selbstmörder gehören nicht zu den Gescheiterten einer Gesellschaft, eher das Gegenteil ist zu vermuten, und dieselbe Notlage – familiäre oder berufliche Krisen, bzw. Krankheit – treibt nur eine Minderheit in den Suizid. Die Ursachen für wahrgenommene Ausweglosigkeit wurden deswegen nicht in der absoluten, auch nicht in der relativen, sondern in der subjektiv wahrgenommenen Deprivation gesucht.

Auf der vierten Erklärungsstufe – *dem Motivationsmodell* – werden durch Aufspalten der Motivkomponenten im Risiko-Wahl-Modell von Atkinson Bedingungen für „wahrgenommene Ausweglosigkeit" d.h. negative Wert-Erwartungs-Matrizen, gewonnen. Suizid- und Suizidversuchsgefährdeten wird ein „Motivationsdefizit" unterstellt. Es besteht darin, daß Suizidgefährdete Mißerfolg übermäßig häufig auf internale und stabile Kausalfaktoren (z.B. Unfähigkeit) und Erfolg übermäßig häufig externalen/variablen oder internalen/variablen Faktoren (z.B. Glück oder Anstrengung) zurückführen. Solche asymmetrischen und damit logisch inkonsistenten Attributionsmuster haben kognitive und affektive Folgen. Die kognitiven Effekte solcher Metakognitionen oder *Kausalprinzipien* beinhalten eine „pessimistische Perspektive": Es bilden sich ‚negative generalisierte Erwartungen', die die Wahrnehmung situationsspezifischer Mißerfolgswahrscheinlichkeiten für Handlungsalternativen zum Suizid bzw. Suizidversuch begünstigen. Die affektiven Folgen sind generell bei internalen Ursachenzuschreibungen stärker als bei externalen Attribuierungen und im Falle des Mißerfolgs negativ. Erfolgreiche Handlungen können andererseits selbst bei einer ausgeglichenen Erfolgs- und Mißerfolgsrate des Handelnden auf Dauer wegen des schwächeren affektiven Ertrags die akkumulierten negativen Affekte nicht kompensieren. Es resultiert eine ‚negative Affektbilanz', die gleichfalls die Kognition negativer Anreize und die Wahrnehmung von Mißerfolgswahrscheinlichkeiten begünstigt. In einem Prozeß negativer Selbstregulierung wird das verfügbare Verhaltensrepertoire kontinuierlich reduziert und Perspektiven der Aussichtslosigkeit verstärkt.

Für Suizid- und Suizidversuchsgefährdete gelten unterschiedliche Attributionsmuster, die deswegen als suizidäre Kausalprinzipien bezeichnet werden, weil sie erst im Laufe der Zeit bei wiederholtem Mißerfolg, also Krisensituationen, die Bereitschaft zum Suizid bzw. Suizidversuch entstehen lassen.

Ähnlich wirken sich die postulierten *Moralprinzipien* aus. Sie beschreiben die Vorliebe für Zielvorstellungen, die gemessen an den eigenen Möglichkeiten, ein zu hohes oder zu niedriges Anspruchsniveau repräsentieren und abweichende Anspruchsniveaupräferenzen darstellen. Damit wird einerseits direkt der Handlungserfolg beeinflußt: Bei zu hohen Anspruchsniveaupräferenzen ist der Mißerfolg vorprogrammiert. Wird das Handlungsergebnis aber wieder über selbstwertungünstige Kausalattributionen interpretiert, verstärken sich die negativen kognitiven und affektiven Effekte. Hinzu kommt, daß die Lösung schwieriger und leichter Aufgaben unterschiedliche Affekte auslöst. Der Ärger über eine schwierige, aber mißlungene Aufgabe begünstigt auch hier die Akkumulation negativer Affekte, während die Freude über eine leichte, aber gelöste Aufgabe durch deren Trivialität gemindert wird. Beide Strategien bedingen eine progressive Verstärkung von negativen Handlungstendenzen.

Alters- und geschlechtsspezifische Suizidanfälligkeit kovariiert mit empirischen Befunden über die unterschiedliche Verteilung suizidärer Kausal- und Moralprinzipien, d.h. im Alter – einer stark suizidgefährdeten Personengruppe – wurden z.B. selbstwertungünstige Kausalattributionen häufiger beobachtet als bei Jugendlichen.

Obwohl Kausalattributionen als suizidäres Kausalprinzip und Anspruchsniveaupräferenzen als suizidäres Moralprinzip nicht kurzfristig veränderbar und entsprechend den ihnen zugrundeliegenden Motiven als persönlichkeitsspezifische Dispositionen aufzufassen sind, handelt es sich dabei *nicht* um *pathologische* Kognitionen oder Affektkonstellationen, wie dies kognitive Selbstmordtheoretiker (Beck, Shneidman und Farberow) annehmen. Dies wird u.a. dadurch belegt, daß andere asymmetrische, d.h. auch logisch inkonsistente Kausalattributionen, allerdings mit selbstwertgünstigen Folgen, z.B. für Hoch-Leistungsmotivierte, nicht suizidgefährdete Personen typisch sind. Verschiedene – asymmetrische – Kausalattributionen setzen mehrdeutige Informationsstrukturen voraus, d.h. Ursachenzuschreibungen können weder logisch noch empirisch eindeutig identifiziert werden. Eine empirische Quelle zur Identifizierung von Ursachenzuschreibungen stellen *Informationen aus dem sozialen Vergleich* mit anderen oder eigenen Erfahrungen aus der Vergangenheit dar. Widersprechen diese Informationen der erlernten Neigung für bestimmte Attributionsmuster, können diese außer Kraft gesetzt werden. Nach der logischen Attributionstheorie von Kelley liefert der soziale Vergleich mit anderen *Konsensinformationen* und der Vergleich mit früheren Erfahrungen des einzelnen in ähnlichen Situationen *Konsistenzinformationen*. Wenn z.B. alle Arbeiter eines Betriebes entlassen werden, kann die individuelle Arbeitslosigkeit weniger gut auf eigene Fehlleistungen, also internale Kausalfaktoren, sondern eher auf externale Ursachen wie z.B. Pech oder Aufgabenschwierigkeit zurückgeführt werden.

Auf gesamtgesellschaftlicher Ebene sind damit *strukturelle Randbedingungen* ableitbar.

Erstens setzt die Präferenz für unrealistische Anspruchsniveaus individuelle Handlungsspielräume voraus, wie sie für hoch entwickelte, arbeitsteilige und komplexe Industriegesellschaften typisch sind. Die sozialen Beziehungen ihrer Gesellschaftsmitglieder minimieren *zweitens* den sozialen Vergleich mit anderen Gesellschaftsmitgliedern: *Konsensinformationen sind eher selten*. Auch soziale Isolierung und rascher sozialer Wandel erschweren den Vergleich und Austausch mit anderen. Außerdem wird in einer ständig sich ändernden Umwelt die Orientierung an eigenen Erfahrungen erschwert: *Konsistenzinformationen* gehen verloren. Elias umschreibt diese Situation global als ‚gesellschaftlichen Zwang zum Selbstzwang', d.h. Freiräume müssen durch adäquate Selbstkontrollmechanismen gestaltet werden. Die beschriebenen suizidären Kausal- und Moralprinzipien können daher auch als *fehlgeleitete Selbstkontrolle* bezeichnet werden.

Die strukturellen Randbedingungen können eine Reihe empirischer Verallgemeinerungen erklären: Die Selbstmordrate von Industrienationen ist höher als die von Entwicklungsländern traditionaler Prägung. Diese räumen dem einzelnen weniger Wahlmöglichkeiten ein. Die sozialen Beziehungen sind überschaubarer, d.h. die Informationsstruktur ist transparenter. Selbst wenn man von einer Gleichverteilung suizidärer Kausal- und Moralprinzipien ausgehen würde, kämen diese seltener zur Anwendung und würden daher eher die Herausbildung suizidaler Handlungstendenzen verhindern. Das Suizidgefälle zu Lasten hoch entwickelter, aber reicher Industrienationen wäre dadurch bereits erklärbar. Tatsächlich sind aber egozentrische Weltbilder, bei denen das Individuum im Mittelpunkt der Betrachtung steht und für sein eigenes Schicksal selbst verantwortlich ist, auch ein Kennzeichen westlich geprägter Gesellschaften. Es ist anzunehmen, daß suizidäre Attributionsmuster in traditionalen Gesellschaften seltener vorkommen und deren niedrigere Selbstmordraten erklären helfen.

3. Soziale Institutionen und die Entstehung suizidaler Handlungen

In den sozialen Institutionen Wirtschaft, Massenmedien und Familie werden die Voraussetzungen für die Entstehung suizidaler Tendenzen und die Verbreitung von Suizid- bzw. Suizidversuchshandlungen anhand verfügbarer empirischer Untersuchungen nachgeprüft. Dabei kommt den verschiedenen Erklärungsstufen jeweils unterschiedliche Bedeutung zu.

Bei der Diskussion der wenigen Untersuchungen, die ökonomische Aspekte berücksichtigen, spielen Anreizdefizite und ihre Interpretation durch den einzelnen eine besondere Rolle: In Zeiten *wirtschaftlichen* Auf- und Abschwunges erhöhen gehäufte Mißerfolgserlebnisse, z.B. in Form von Arbeitslosigkeit, die Suizidrate. Aber auch eine stagnierende berufliche Karriere steigert die Selbstmordgefahr, wenn materielle und statusbezogene Anreizdefizite aufgrund ungünstiger Ursachenerklärungen und Aufgabenwahlen einen Prozeß der negativen Selbstregulierung auslösen, das Verhaltensrepertoire reduzieren und Handlungsalternativen zum Suizid blockieren. Die Anomie- und Integrationstheorie von Durkheim läßt sich aufgrund des individualistischen Ansatzes revidieren, indem widersprüchliche Aussagen eliminiert und sein „holistisches Erkenntnisprogramm" modifiziert wird: Der Nachweis, daß soziale Fakten für das Selbstmordgeschehen verantwortlich sind, kann auch für das „paradoxe" Selbstmordverhalten von Frauen geführt werden. Durkheim erklärte sich die relative Selbstmordimmunität der Frau mit biologischen ad-hoc-Annahmen über die instinkthafte Steuerung ihres Verhaltens. Tatsächlich läßt sich die gleiche oder sogar erhöhte Suizidgefährdung von Frauen in professionellen Berufen, aber auch ihre starke Suizidversuchsgefährdung, ohne biologische ad-hoc-Annahme mit sozialen Fakten, den postulierten strukturellen Randbedingungen, eines nach wie vor geringeren Handlungsspielraumes im beruflichen Bereich, in Verbindung bringen. Eine erhöhte Neigung zu suizidären Attributionsmustern bei Frauen in rollenuntypischen Leistungssituationen und die besondere Informationsstruktur in Risikoberufen erklärt des weiteren die erhöhte Suizidanfälligkeit von Personen, die professionelle Berufe z.B. als Arzt ausüben.

Selbstmordepidemien als Folge *massenmedial* verbreiteter Selbstmordgeschichten erweisen sich als eher schwache Nachahmungseffekte. In Berichten über fremde Selbstmorde könnte vor allem die Einstellung gegenüber Selbstmordmethoden, die subjektiv geeignet erscheinen und die Selbstmordhandlung selbst betreffen, beeinflussen. Bedingungen für die Handlungsausführung und das Handlungsergebnis spielen dabei eine besondere Rolle. Nach einem entwickelten Sozialisationsmodell sind aber auch gravierendere Nachahmungseffekte dann zu erwarten, wenn über ganz andere Programminhalte kontinuierlich pessimistische Erwartungshaltungen verstärkt würden.

Das Sozialisationsmodell ist ebenso auf die Interaktionsprozesse in der *Familie* anwendbar. Relevante Anreizdefizite betreffen hier vor allem die soziale Isolation. Neben der Einwirkung ‚sekundärer Sozialisation', die gegenwärtige soziale Beziehungen in ihrem Einfluß auf suizidale Handlungen untersucht, werden des weiteren Bedingungen für die Genese der Motivkomponenten, d.h. Kausalattribution und Anspruchsniveaupräferenzen, im ‚primären Sozialisationsprozeß' formuliert. Die Tatsache, daß bei Kindern im Alter bis zu 10 Jahren Suizid praktisch nicht vorkommt, bis dahin aber auch Kausalattributionen noch nicht vollständig entwickelt sind, spricht nicht nur für die Wichtigkeit dieser kognitiven Deutungsmuster, sondern auch dafür, daß sie im frühen Sozialisationsprozeß erworben werden. Auch die relative Konstanz der Selbstmordrate einer Nation, die trotz periodischer Schwankungen im Nationenvergleich sehr unterschiedliche, aber gleichbleibende Selbstmordverteilungen erkennen läßt, könnte auf eine nur langfristig veränderbare Tradierung kognitiver und moralischer Prinzipien im Sozialisationsprozeß zurückgeführt werden.

Literatur

Abelson, R.P.; Aronson, E.; McGuire, W.J.; Newcomb, T.M.; Rosenberg, M J.; Tannenbaum, P.H. (Hrsg.) (1968a): Theories of cognitive consistency: A sourcebook. Chicago: Rand McNally.

– (1968b): Responses to heterogenous stimulus aggregates. In: R.P. Abelson et al. (Hrsg.): Theories of cognitive consistency: A sourcebook. Chicago: Rand McNally, 721 f.

Abramson, Lyn Y.; Sackeim, H.A.A. (1977): A paradox of depression: Uncontrollability and selfblame. Psychological Bulletin, 84, 838-851.

Abramson, L.; Seligman M.; Teasdale, J. (1978): Learned helplessness in humans: Critique and reformulation. Journal of Abnormal and Social Psychology, 87, 49-74.

Achenbach, T.M. (1978): Developmental aspects of psychopathology in children and adolescents. In: M.E. Lamb (Hrsg.): Social and personality development. New York: Holt, Rinehart and Winston, 272-303.

Achenbach, T.; Edelbrock, C. (1978): The classification of child psychopathology: A review and analysis of empirical efforts. Psychological Bulletin, 85, 1275-1301.

Ajzen, I.; Fishbein, M. (1973): Attitudinal and normative variables as predictors of specific behaviors. Journal of Personality and Social Psychology, 27, 41-57.

Akers, R.L. (1977): Deviant behavior. A social learning approach. Belmont, Cal.: Wadsworth.

Albert, H. (1964): Probleme der Theoriebildung. Entwicklung, Struktur und Anwendung sozialwissenschaftlicher Theorien. In: H. Albert: Theorie und Realität. Tübingen: Mohr, 3-70.

– (1970): Theorie, Verstehen und Geschichte. Zur Kritik des methodologischen Autonomieanspruches in den sogenannten Geisteswissenschaften. Zeitschrift für allgemeine Wissenschaftstheorie, I, 3 ff.

– (1971): Hermeneutik und Realwissenschaft. In: H. Albert (Hrsg.): Sozialtheorie und soziale Praxis. Eduard Baumgarten zum 70. Geburtstag. Meisenheim/Glan: Anton Hain.

– (1975): Transzendentale Träumereien – Karl-Otto Apels Sprachspiele und sein hermeneutischer Gott. Hamburg: Hoffmann und Campe.

Amelunxen, C. (1962): Der Selbstmord (Ethik – Recht – Kriminalstatistik). Hamburg: Verlag für Kriminalstatistik.

Améry, J. (1979): Hand an sich legen. Diskurs über den Freitod. Stuttgart: Ernst-Klett-Verlag, 15. Aufl.

Anderson, N.H. (1971): Integration theory and attitude change. Psychological Review, 78, 171-206.

Ansel, E.L.; McGee, R.K. (1971): A study of attitudes toward suicide attempters. Bulletin of Sociology, 8, 22-28.

Aronfeed, J. (1968): Conduct and conscience: The socialization of internalized control over behavior. New York: Academic Press.

Asch, S.E. (1958): Affects of group pressure upon the modification and distortion of judgements. In: E.E. Maccoby et al. (Hrsg.): Readings in social psychology. New York: Holt, Rinehart und Winston, 174-183.

Atkinson, J.W. (1964): An introduction of motivation. New York: Van Nostrand Comp.

– (1982): Motivational determinants of thematic apperception. In: A.J. Stewart (Hrsg.): Motivation and society. San Francisco: Jossey Bass Ltd., 3-40.

Atkinson, J.W.; Litwin, G.H. (1960): Achievement motive and test anxiety conceived as a motive to approach success and motive to avoid failure. Journal of Abnormal and Social Psychology, 60, 52-63.

Aurel, Marc (1954): Selbstbetrachtungen. Leipzig: Dieterich'sche Verlagsbuchhandlung.

Bächler, J. (1979): Suicides. New York: Basic Books.

– (1980): A strategic theory. Suicide and Life-Threatening Behavior, 10, 70-99.

Bagley, C.; Jacobson, S.; Rehin, A. (1976): Completed suicide: A taxonomic analysis of clinical and social data. Psychological Medicine, 6, 429-438.

Bainbridge, W.S.; Stark, R. (1981): Suicide, homicide and religion: Durkheim reassessed. Annual Review of the Social Sciences of Religion, 5, 33-56.

Ball, R.A. (1966): An empirical exploration of neutralisation theory. Criminologica, 4.

– (1983): Development of basic norm violation: Neutralization and self-concept in a male cohort. Criminology, 21, 75 ff.

Bancroft, J.H.; Skrimshire, A.M.; Simkin, S. (1976): The reasons people give for taking overdoses. British Journal of Psychiatry, 128, 538-548.

Bandura, A. (1969): Principles of behavior modification. New York: Holt, Rinehart und Winston.

– (1977): Social learning theory. Englewood Cliffs: Prentice Hall (Deutsch: Sozial-kognitive Lerntheorie. Stuttgart: Klett-Cotta).

Bandura, A.; Walters, R.H. (1963): Social learning and personality development. New York: Holt, Rinehart und Winston.

Barash, D.P. (1980): Soziobiologie und Verhalten. Berlin: Parey.

Barraclough, B. (1973): Differences between national suicide rates. British Journal of Psychiatry, 122, 95-96.

Bartlett, F.W.; Smith, C.P. (1966): Childrearing practices, birth order and the development of achievement-related motives. Psychological Reports, 19, 1207-1216.

Battle, E. (1966): Motivational determinants of academic task persistence. Journal of Personality and Social Psychology, 4, 634-642.

Baumrind, D. (1974): Socialization and instrumental competence in young children. In: P. Mussen; M.R. Rosenzweig (Hrsg.): Concepts in psychology. London: D.C. Heath and Comp., 176-195.

Bayreuther, H. (1959): Über die Bedeutung der Umweltbedingungen für den Selbstmord. Archiv für Psychiatrie und Nervenkrankheiten, 199, 72-102.

Beck, A.T. (1972): Depression. Philadelphia: University of Philadelphia Press.

Beck, A.T.; Schuyler, D.; Herman, I. (1974): Development of suicidal scales. In: A.T. Beck, H.L.P. Resnik & D.J. Lettieri (Hrsg.): The prediction of suicide. Bowie: The Charles Press Publ., 45-58.

Beck, R.W.; Morris, J.B. (1974): Moral attitude and suicidal behavior. Psychological Reports, 34, 697-698.

Becker, G.S. (1968): Crime and punishment: An economic approach: Journal of Political Economy, 76, 169-217.

Becker, U.; Kulessa, C.H.E.; Breitmaier, J,; Böhme, K.; Schaefer, D.O.; Drisch, D. (1982): Suizidale Intoxikationen im Raum Heidelberg 1974 – 1980 auf der Entgiftungsstation der medizinischen Klinik der Universität. Suicidprophylaxe, 4, 244-269.

Becker, W.C. (1964): Consequences of different kinds of parantal discipline. In: M.L. Hoffmann & L.W. Hoffmann (Hrsg.): Review of child development research I. New York: Russell Sage Foundation, 169-208.

Bedeian, A.G. (1982): Suicide and occupation: A review. Journal of Vocational Behavior, 21, 206-223.

Bedrosian, R.C.; Beck, A.T. (1979): Cognitive aspects of suicidal behavior. Suicide and Life-Threatening Behavior, 9, 87-96.

Beit-Hallahmi, B. (1975): Religion and suicidal behavior. Psychological Reports, 37, 1303-1306.

Benson, J.S.; Kennelly, K.J. (1976): Learned helplessness: The result of uncontrollable reinforcements or uncontrollable aversive stimuli? Journal of Personality and Social Psychology, 34, 138-145.
Berelson, B.; Steiner, G.A. (1964): Human behavior. New York: Harcourt, Brace & World (Deutsch: Menschliches Verhalten, Bd. I und II. Weinheim: Beltz 1970).
Berkowitz, L. (1972): Social norms, feelings, and other factors affecting helping and altruism. In: L. Berkowitz (Hrsg.): Advances in Experimental Social Psychology, Vol. 6, New York: Academic Press, 63-108.
Berlyne, D.E. (1966): Curiosity and exploration. Science, 153, 25-33.
Bertram, H. (1981): Sozialstruktur und Sozialisation. Darmstadt: Luchterhand.
Bessler, H.; Bledjian, F. (1967): Systematik der Massenkommunikationsforschung. München: Reinhard.
Bethge, C. (1964): Untersuchungen zur psychologischen Problematik von Selbstmordtendenzen bei Jugendlichen. Leipzig. Phil. F., Diss. vom 22. Februar 1964.
Biller, O.A. (1977): Suicide related to assassination of President John F. Kennedy. Journal of Life-Threatening Behavior, 7, 40-44.
Birch, D.; Atkinson, J.W.; Bongort, K. (1974): Cognitive control of action. In: B. Weiner (Hrsg.): Cognitive views of human motivation. New York: Academic Press, 71-84.
Birney, R.C.; Burdick, H.; Teevan R.D. (1969): Fear of failure. New York: Van Nostrand.
Bjerg, K. (1976): The suicidal life space: Attempts at a reconstruction from suicide notes. In: E. Shneidman (Hrsg.): Essays in self-destruction. New York: Jason Aronson, 475-493.
Blachly, P.H.; Disher, W.; Poduner, G. (1968): Suicide by physicians. Bulletin of Suicidology, 5, 1-18.
Blachly, P.H.; Osterud, M.D.; Josslin, R. (1963): Suicide in professional groups. New England Journal of Medicine, 265, 1278-1282.
Blalock, H.M. Jr. (1967): Status inconsistency, social mobility status integration and structural effects. American Socilogical Review, 32, 790-801.
Blaney, P.H. (1977): Contemporary theories of depression: Critique and comparison. Journal of Abnormoal Psychology, 86, 203-223.
Blatt, S.J.; D'Afflitti, J.P.; Quinlan, D.M. (1976): Experiences of depression in normal young adults. Journal of Abnormal Psychology, 85, 383-389.
Bock, E.W.; Webber, I.L. (1972): Social status and relational system of elderly suicides: A reexamination of the Henry-Short thesis. Life-Threatening Behavior, 2, 145-159.
Böcker, F. (1972): Suizide und Suizidversuche in der Großstadt. Stuttgart: Thieme.
– (1972b): Über Veränderungen der Selbstmordkurven in verschiedenen Bevölkerungsgruppen. Nervenarzt, 43, 574-577.
Böhme, K. (1971): Kommunikationsphänomene bei Selbstmordversuchen. Lübeck.
Bojanovsky, J. (1978): Beziehung der Selbstmordraten in deutschen Großstädten zu einigen sozialen Faktoren. In: H. Häfner (Hrsg.): Psychiatrische Epidemiologie. Berlin: Springer Verlag, 99-108.
Bollen, K.A.; Phillips, D.P. (1981): Suicidal motor vehicle fatalities in Detroit: A replication. American Journal of Sociology, 87, 404-412.
– (1982): Imitative suicides: A national study of the effects of television news stories. American Sociological Review, 47, 802-809.
Bolles, R.C. (1972): The avoidance learning problem. In: G.H. Bower (Hrsg.): The psychology of learning and motivation, Vol. 6. New York: Academic Press, 97-145.
– (1974): Cognition and motivation: Some historical trends. In: B. Weiner (Hrsg.): Cognitive views of human motivation. New York: Academic Press, 1-20.
Boor, M. (1976): Relationship of internal-external control and national suicide rates. Journal of Social Psychology, 100, 143-144.
– (1980): Relationships between unemployment rates and suicide rates in eight countries, 1962–1976. Psychological Reports, 47, 1095-1101.

Boudon, R. (1974): The logic of sociological explanation. Harmondsworth: Penguin Education.
– (1982): The unintended consequences of social action. London: McMillan Press Ltd.
Bourgeois, M. (1974): Insulin suicide: A new case of massive injection of insulin by a diabetic. Annales Medico-Psychologiques, 1, 631-640.
Bowers, K.S. (1973): Situationism in psychology: An analysis and a critique. Psychological Review, 80, 307-336.
Bradshaw, D.A. (1973): The social construction of suicide rates. Dissertation Abstracts, 6775, Order Nr. 74-8228.
Braun, Christa (1971): Selbstmord (Soziologie, Sozialpsychologie, Psychologie). München: Goldmann.
– (1971a): Bedingungen für eine Ableitbarkeitsbeziehung zwischen der Anomietheorie und der Motivationstheorie. Kriminologisches Journal, 3, 33-39.
Breed, W. (1963): Occupational mobility and suicides among white males. American Sociological Review, 28, 179-188.
Brewin, C.; Antaki, C. (1982): The role of attributions in psychological treatment. In: C. Antaki; C. Brewin (Hrsg,): Attributions and psychological change. London: Academic Press, 23-44.
Brodsky, K.M. (1977): Suicide attributed to work. Suicide and Life-Threatening Behavior, 7, 216-229.
Bronfenbrenner, U. (1961): The effects of social and cultural change on personality. Journal of Social Issues, 17, 6-18. (Wieder abgedruckt in: N.J. Smelser, W.T. Smelser (Hrsg.): Personality and social systems. New York: Wiley, 1964, 347-356.
Broom, L. ; Selznick, P. (1973, 1977): Sociology. New York : Harper & Row, Harper International Edition.
Broom, L.; Selznick, P.; Broom-Darroch, D. (1981): Sociology – A text with adapted readings. Cambridge: Harper & Row Publ., 7. ed.
Brown, J.; Weiner, B. (1984): Affective consequences of ability versus effort aspirations: Controversies, resolutions, and quandaries. Journal of Educational Psychology, 76, 146-158.
Bruhn, J.G. (1962): Broken homes among attempted suicides and psychiatric out-patients: A comparative study. Journal of Mental Science, 108, 772-779.
Buglass, D.; Horton, J. (1974): A scale for predicting subsequent suicidal behavior. British Journal of Psychiatry, 124, 573-578.
Bunge, M. (1967): Scientific research, Bd. II. Berlin: Springer Verlag.
Burger, A. (1964): Religionszugehörigkeit und soziales Verhalten. Göttingen.
Burgmayer, A. (1974): Suicid im Gefängnis. Kiel: Unveröffentlichte Dissertation. Med. Fak.
Cahalan, D. (1970): Problem drinkers. London: Jossey-Bass.
Cahalan, D.; Cisin, I.H. (1976): Epidemiological and social factors associated with drinking problems. In: R.F. Tarter & A.A. Sugerman (Hrsg.): Alcoholism – interdisciplinary approaches to an enduring problem. London: Addison-Wesley-Comp., 435-477.
Capstick, A. (1960): Urban rural suicide. Journal of Mental Science, 106, 1327-1336.
Carlson, F.R. (1953): Attitude change through modification of attitude structure. Unveröffentl. Diss., University of Michigan.
Cautela, J.R. (1970): Covert reinforcement. Behavior Therapy, 1, 33-50.
Child, I.L. (1954): Socialization. In: G. Lindzey (Hrsg.): Handbook of social psychology. Massachusetts: Addison-Wesley, 655-692.
Colson, C. (1973): An objective-analytic approach to the classification of suicidal motivation. Acta Psychiatrica Scandinavia, 49, 105-113.
Cordes, R. (1963): Das Selbstmordgeschehen in der DDR im gesamtdeutschen und internationalen Rahmen. Unveröffentl. Diss., Humboldt-Universität Berlin.
Corey, D.M.; Andress, V.R. (1977): Alcohol consumption and suicidal behavior. Psychological Reports, 40, 506 ff.

Covington, M.V.; Omelich, C.I. (1979): Are causal attributions causal? A path analysis of the cognitive model of achievement motivation. Journal of Personality and Social Psychology, 37, 1487-1504.

Crandall, V.C. (1972): Progress report to the National Institute of Mental Health, Grand No. MH-02238. In: Baumrind (1974), a.a.o., S. 132.

Crandall, V.C.: Katkovscy, W.; Crandall, V.J. (1965): Children's beliefs in their own control of reinforcements in intellectual-academic achievement situations. Child Development, 36, 91-109.

Crandall, V.J.: Preston, A.; Rabson, A. (1960): Maternal reactions and the development of independence and achievement behavior in young children. Child Development, 31, 243-251.

Cressey, D.R.; Ward, D.A. (1969): Delinquency, crime and social process. New York: Harper & Row.

Dahlgren, K.G. (1977): Attempted suicides – 35 years afterward. Suicide and Life-Threatening Behavior, 7, 75-79.

Danto, B.L.; Danto, J.M. (1983): Jewish and non-jewish suicide in Oakland county, Michigan. Crisis, 4, 33-60.

Daube, D. (1977): The linguistics of suicide. Suicide and Life-Threatening Behavior, 7, 132-181.

Davis, R.; Short, J.F. (1978): Dimensions of black suicide: A theoretical model. Suicide and Life-Threatening Behavior, 8, 161-173.

Davis, R.A. (1981): Female labor force participation, status integration and suicide, 1950 – 1969. Suicide and Life-Threatening Behavior, 11, 111-123.

Deaux, K.; Emswiller, T. (1974): Explanations of successful performance on sex-linked tasks: What's skill for the male is luck for the female. Journal of Personality and Social Psychology, 29, 80-85.

DeCharms, R. (1982): That's not psychology! The implications of McClelland's approach to motivation. In: A.J. Stewart (Hrsg.): Motivation and society. San Francisco: Jossey Bass Ltd., 41-62.

Decke, D. (1974): Der Suizidversuch im Enwachsenenalter: Analyse unter besonderer Berücksichtigung sozialer, sozial-psychologischer und sozialpsychopathologischer Aspekte als Grundlage für eine höhere Qualität der systematischen Betreuung Suizidgefährdeter. Unveröffentl. Diss., Dresden, Med. Ak.

DeFleur, M.L.; Westie, F.R. (1963): Attitude as a scientific concept. Social Force, 42, 17-31.

DeGrove, W. (1977): An assessment of community risk. Suicide and Life-Threatening Behavior, 7, 100-109.

Dembo, T. (1931): Der Ärger als dynamisches Problem. Psychologische Forschung, 15, 1-44.

DePalma, D.J. (1974): Effects of social class, moral orientation, and severity of punishment on boy's moral responses to transgression and generosity. Developmental Psychology, 10, 890-900.

Devereux, E.C. (1970): The role of peer-group experience in moral development. In: J.P. Hill (Hrsg.): Minnesota symposia on child psychology, Vol. 4. The University of Minnesota Press: Minneapolis, 94-140.

Devereux, E.C.; Bronfenbrenner, U.; Suci, G. (1962): Patterns of parent behavior in America and West-Germany. A cross-national comparison. International Social Science Journal, 14, 488-506.

Devries, A.G. (1966): Identification of suicide behavior by means of the MMPI. Psychological Reports, 19, 415-419.

Diener, C.I.; Dweck, C.S. (1978): An analysis of learned helplessness: Continuous change in performance, strategy and achievement cognitions following failure. Journal of Personality and Social Psychology, 36, 451-462 (Wieder abgedruckt in: W. Herkner: Attribution-Psychologie der Kausalität. Bern: Huber, 1980, 315-334).

Diggory, J.C. (1976): United States suicide rates, 1933–1968: An analysis of some trends. In: E.S. Shneidman (Hrsg.): Suicidology: Contemporary developments. New York: Grune & Stratton, 30-69.

Doll, H. (1959): Lehrbuch der Lebensversicherungsmedizin. Karlsruhe: G. Braun.

Doll, H.; Gabler, H. (1959): Die Wagnisbeurteilung verschiedener Krankheiten, Geistes- und Nervenkrankheiten. In: H. Doll (Hrsg.): Lehrbuch der Lebensversicherungsmedizin. Karlsruhe: G. Braun, 359-364.

Dominguez, O.N. (1958): El suicido y su analysis demografico-estadistico (Suicide and its demographic statistical analysis). Rev. Intern. Soc., 16, 64, 637-679. Aus: Psychological Abstracts Nr. 9788.

Dorpat, T.L.; Boswell, J.W. (1963): An evaluation of suicidal intent in suicide attempts. Comprehensive Psychiatry, 4, 117-125.

Dorpat, T.L.; Jackson, J.K.: Ripley, H.S. (1965): Broken homes and attempted and completed suicide. Archives of General Psychiatry, 12, 213-216.

Douglas, J.D. (1966): The sociological analysis of social meanings of suicide. Archives Européennes de Sociologie, 7, 249-275.

Drapkin, I.S. (1965): Aspects of suicide in Israel. Israel Annals of Psychiatry & Related Disciplines, 3, 35-50.

Dubitscher, F. (1957): Der Suicid. Stuttgart: Thieme.

Dublin, L.I. (1963): Suicide: A sociological and statistical study. New York: Ronald Press.

Duchac, R. (1964): Suicide au Japon, suicide à la Japonaise. Revue Française de Sociologie, 5, 4, 402-415.

Durkheim, E. (1967): Le suicide. Paris: Presses Universitaires.

– (1973): Der Selbstmord. Neuwied: Luchterhand Verlag (1. Aufl. Paris 1897).

Dweck, C. (1975): The role of expectations and attributions in the alleviation of learned helplessness. Journal of Personality and Social Psychology, 31, 674-685.

Dweck, C.S.; Gilliard, D. (1975): Expectancy statements as determinants of reactions to failure: Sex differences in persistence and expectancy change. Journal of Personality and Social Psychology, 25, 109-116.

Dweck, C.S.: Repucci, N.D. (1973): Learned helplessness and reinforcement responsibility in children. Journal of Personality and Social Psychology, 25, 109-116.

Ehrlich, I. (1973): Participation in illegitimate activities: A theoretical and empirical investigation. Journal of Political Economy, 81, 521-565.

Elias, N. (1976): Über den Prozeß der Zivilisation, Bd. 2. Frankfurt: Suhrkamp.

Etaugh, C.; Brown, B. (1975): Perceiving the causes of success and failure of male and female performers. Developmental Psychology, 11, 103.

Farber, M.L. (1977): Factors determining the incidence of suicide within families. Suicide and Life-Threatening Behavior, 7, 3-6.

Farberow, N.L.; MacKinnon, D.R. (1974): A suicide prediction schedule for neuropsychiatric hospital patients. Journal of Nervous and Mental Disease, 158, 408-419.

Farberow, N.L.; Shneidman, E.S. (1955): Attempted, threatened and completed suicide. Journal of Abnormal and Social Psychology, 50, 230.

– (1957): Suicide and age. In: N.L. Farberow & E.S. Shneidman (Hrsg.): Clues to suicide. New York: McGraw-Hill, 41-49.

– (1961): The cry for help. New York: McGraw-Hill.

Farberow, N.L.; Shneidman, E.S.; Neuringer, C. (1966): Case history and hospitalization factors in suicides of neuropsychiatric hospital patients. Journal of Nervous and Mental Disease, 142, 43-44.

Farmer, R.D.T. (1980): The relationship between suicide and parasuicide. In: R. Farmer & S. Hirsch (Hrsg.): The suicide syndrome. London: Croom Helm, 19-37.

Farnham-Diggory, S. (1964): Self-Evaluation and subjective life expectancy among suicidal and nonsuicidal psychotic males. Journal of Abnormal and Social Psychology, 69, 628-634.

Feather, N.T. (1969): Attribution of responsibility and valence of success and failure in relation to initial confidence and task performance. Journal of Personality and Social Psychology, 13, 129-144.
Feather, N.T.; Simon, J.G. (1975): Reactions to male and female success and failure in sex-linked occupations: Impressions of personality, causal attributions, and perceived likelihood of different consequences. Journal of Personality and Social Psychology, 31, 20-31.
Feldman, S. (1968) : What do you think of a cruel, wise man? The integrative response to a stimulus manifold. In: R.P. Abelson et al. (Hrsg.): Theories of cognitive consistency. A sourcebook. Chicago: Rand McNally and Comp., 744-755.
Feldmann-Sunmers, S.; Kiesler, S.B. (1974): Those who are number two try harder: The effects of sex on attributions of causality. Journal of Personality and Social Psychology, 30, 846-855.
Feuerlein, W. (1984): Rezidivgefahr bei Suizidversuchen. Lebensversicherungsmedizin, Heft 3, 56-59.
Finzen, A. (1984): Der Patientensuizid in der psychiatrischen Tagesklinik. Suicidprophylaxe, 35, 139-159.
Fishbein, M.A. (1965): A consideration of beliefs, attitudes, and their relationships. In: I.D. Steiner & M.A. Fishbein (Hrsg.): Current studies in social psychology. New York: Holt, Rinehart und Winston, 107-120.
Fishbein, M.; Hunter, R. (1964): Summation versus balance in attitude organization and change. Journal of Abnormal and Social Psychology, 69, 505-510.
Fishman, D.B. (1966): Need and expectancy as determinants of affiliative behavior in small groups. Journal of Personality and Social Psychology, 4, 155-164.
Fiske, D.W. (1961): Effects of monotonous and restricted stimulation. In: D.W. Fiske & S.R. Maddi (Hrsg.): Functions of varied experience. Homewood: The Dorsey Press, 106-144.
Fitch, G. (1970): Effects of self-esteem, perceived performance, and choice on causal attributions. Journal of Personality and Social Psychology, 16, 311-315.
Flanders, J.P. (1968): A review of research on imitative behavior. Psychological Bulletin, 69, 316-337.
Flavell, J.H. (1979): Kognitive Entwicklung. Stuttgart: Klett-Cotta.
Forrest, M.S.; Hokanson, J.E. (1975): Depression and autonomic arousal reduction accompanying self-punitive behavior. Journal of Abnormal Psychology, 84, 346-357.
Fox, K.; Weissman, M. (1975): Suicide attempts and drugs: Contradiction between method and intent. Social Psychiatry, 10, 31-38.
Fredericks, M.A.; Molnar, M. (1969): Relative occupational anticipations of delinquents and non-delinquents. Journal of Research in Crime and Delinquency, 6, 1-7.
Frey, B.S. (1980): Ökonomie als Verhaltenswissenschaft. Jahrbuch für Sozialwissenschaft, 31, 21-35.
Frey, B.S.; Opp, K.-D. (1979): Anomie, Nutzen und Kosten. Soziale Welt, 30, 275-294.
Friedrich, V. (1972): Selbstmord und Selbstmordversuch unter Göttinger Studierenden. Unveröffentl. Diss, Göttingen, Med. Fak.
Frieze, I.H. (1976): The role of information processing in making causal attributions for success and failure. In: J.S. Carroll & J.W. Payne (Hrsg.): Cognition and social behavior. New York: John Wiley, 95-112.
Frieze, I.H.; Fisher, J.; Hanusa, B.; McHough, M.C.; Valle, V.A. (1978): Attributions of the causes of success and failure as internal and external barriers to achievement in women. In: J.A. Sherman, F.L. Denmark (Hrsg.): The psychology of women: Future directions in research. New York: Wes-Den Property, 519-552.
Fuchs, D. (1974): Berufliche Beteiligung von Selbstmorden in den Jahren 1950 – 1965 im Raume Düsseldorf. Unveröffentl. Diss., Aachen, Techn. Hochsch. Med. Fak.

Fuhrmann, U. (1969): Untersuchungen suizidgefährdeter Gruppen. Reale Ansatzmöglichkeiten einer Suizidprophylaxe. Unveröffentl. Diss., Köln, Med. Fak.
Gargas, S. (1932): Suicide in the Netherlands. The American Journal of Sociology, 37, 697-713.
Gibbs, J.P. (1982): Testing the theory of status integration and suicide rates. American Sociological Review, 47, 227-237.
– (1963): Suicide. In: R.K. Merton & R.A. Nisbet (Hrsg.): Contemporary social problems. London: Harper & Row, 222-261.
Gibbs, J.P.; Martin, W.T. (1964): Status integration and suicide. Oregon: University of Oregon Books.
Glueck, E. (1940): Juvenil delinquents grown up. New York: The Commonwealth Fund.
Gobar, A.H. (1970): Suicide in Afghanistan. British Journal of Psychiatry, 116, 493-496.
Goodwin, D.W. (1973): Alcohol in suicide and homicide. Quarterly Journal of Studies on Alcohol, 34, 144-156.
Grahl, I. (1969): Todesursachen der Studierenden der Universität Hamburg in der Zeit von 1948 – 1966 unter besonderer Berücksichtigung des Selbstmordproblems. Unveröffentl. Diss., Hamburg, Med. Fak.
Greer, S. (1964): The relationship between parental loss and attempted suicide: A control study. British Journal of Psychiatry, 110, 698-705.
Gruhle, H.W. (1940): Selbstmord. Stuttgart: Thieme.
Hamermesh, D.; Soss, N.M. (1974): An economic theory of suicide. Journal of Political Economy, 82, 83-98.
Hankoff, L.D. (1961): An epidemic of attempted suicide. Comprehensive Psychiatry, 2, 294-298.
Harris, R.; Linn, M.W.; Hunter, K.I. (1979): Suicide attempts among drug abusers. Suicide and Life-Threatening Behavior, 9, 25-32.
Harrison, A.A. (1967): Response competition and attitude change as a function of repeated stimulus exposures. Unveröffentl. Diss., University of Michigan.
Harry, J. (1983): Parasuicide, gender, and gender deviance. Journal of Health and Social Behavior, 24, 350-361.
Heckhausen, H. (1974): Motive und ihre Entstehung. In: Franz E. Weinert et al. (Hrsg.): Pädagogische Psychologie 1. Frankfurt a.M.: Fischer Taschenbuch Verlag, 133-171.
– (1978): Selbstbewertung nach erwartungswidrigem Leistungsverlauf: Einfluß auf Motiv, Kausalattribution und Zielsetzung. Zeitschrift für Entwicklungspsychologie und Pädagogische Psychologie, 10, 191-216.
– (1980): Motivation und Handeln. Berlin: Springer.
– (1980a): Task-irrelevant cognitions during an exam: Incidence and effects. In: H.W. Krohne & L. Laux (Hrsg.): Achievement, stress, and anxiety. Washington, D.C.: Hemisphere, 1980.
Heider, F. (1977: Psychologie der interpersonalen Beziehungen. Stuttgart: Klett.
Heinrich, M. (1981): Zu diesem Heft. Suicidprophylaxe, 26, 2 f.
Helson, H.; Blake, R.R.; Mouton, J.S.; Olmstead, J.A. (1956): Attitudes as adjustments to stimulus, background, and residual factors. Journal of Abnormal and Social Psychology, 52, 314-322.
Hempel, C.G. (1965): Aspects of scientific explanation. New York: Free Press.
Hendin, H. (1964): Suicide and Scandinavia. New York: Grune & Stratton.
– (1978): Suicide, the psychosocial dimension. Suicide and Life-Threatening Behavior, 8, 99-117.
Henseler, H. (1980): Narzißtische Krisen. Reinbek: Rowohlt.
Henry, A.F.; Short, J.F. Jr. (1954): Suicide and homicide. New York: The Free Press.
Herkner, W. (1980): Attribution – Psychologie der Kausalität. In: W. Herkner (Hrsg.): Attribution – Psychologie der Kausalität. Bern: Huber, 11-88.

Herkner, W.; Pesta, T.; Maritsch, F.; Massoth, P. (1980): Die Beziehung zwischen Attributionen und Selbstverbalisierungen und die Wirkungen eines Attributionstrainings bei Leistungsstörungen. In: W. Herkner (Hrsg.): Attribution – Psychologie der Kausalität. Bern: Huber, 397-426.

Hilbert, B.U. (1971): Selbstmordversuch und sozialer Hintergrund. Unveröffentl. Diss., Bonn, Med. Fak.

Hiroto, D.S. (1974): Locus of control and learned helplessness. Journal of Experimental Psychology, 102, 187-193.

Hirschi, T. (1969): Causes of delinquency. Berkeley: University of California Press.

Hirschi, T.; Gottfredson, M. (1983): Age and the explanation of crime. American Journal of Sociology, 89, 552-584.

Hirsh, J. (1966): Cultural determinants of suicide: The perspective of the Japanese. Mental Hygiene, 50, 337-339.

Hirzel, T. (1907/1908): Der Selbstmord. In: A. Dietrich (Hrsg.): Archiv für Religionswissenschaft, 11 (1), Leipzig: Teubner, 74-104; 243-284; 417-476.

Hoebel, E.A. (1968): Das Recht der Naturvölker. Olten: Walter Verlag.

Hoffman, M.L. (1977): Moral internalization: Current theory and research. In: L. Berkowitz (Hrsg.): Advances in Experimental Social Psychology. Vol. 10. New York: Academic Press, 85-133.

Hogan, R. (1975): Moral development and the structure of personality. In: D. DePalma & J. Foley (Hrsg.): Moral development: current theory and research. Hillsdale: Lawrence Erlbaum, 153-167.

Homans, G.C. (1967): Fundamental social processes. In: N.J. Smelser (Hrsg.): Sociology: An introduction. New York: Wiley International Edition, 30-78.

– (1978): Theorie der soziale Gruppe. Opladen: Westdeutscher Verlag 1960, 7. Aufl.

Horner, M.S. (1972): Toward an understanding of achievement-related conflicts in women. Journal of Social Issues, 28, 157-175.

House, R.J. & Wahba, M.A. (1972): Expectancy theory in industrial and organizational psychology: An integrative model and a review of literature. Proceedings of the Annual Convention of the American Psychological Association, 465-466.

Hovland, C.I.; Janis, I.L.; Kelley, H.H. (1953): Communication and persuasion. New Haven: Yale University Press, 11th ed. 1968.

Hovland, C.I.; Harvey, O.J.; Sherif, M. (1957): Assimilation and contrast effects in reactions to communication and attitude change. Journal of Abnormal and Social Psychology, 55, 244-252.

Hubbell, A.B. (1963): Social origins of control of aggression. Dissertation Abstracts, 23, 9: 3526.

Hull, C.L. (1945): The discrimination of stimulus configurations and the hypothesis of afferent neural interaction. Psychological Review, 52, 133-142.

Hummell, H.J. (1969): Psychologische Ansätze zu einer Theorie sozialen Verhaltens. In: R. König (Hrsg.): Handbuch der empirischen Sozialforschung, Vol. 2, Stuttgart: Enke, 1167-1223.

– (1973): Methodologischer Individualismus, Struktureffekte und Systemkonsequenzen. In: K.D. Opp & H.J. Hummell: Soziales Verhalten und soziale Systeme, Probleme der Erklärung sozialer Prozesse. Vol. 2, Frankfurt a.M.: Athenäum.

Hummell, H.J.; Opp, K.D. (1971): Die Reduzierbarkeit von Soziologie auf Psychologie. Eine These, ihr Test und ihre theoretische Bedeutung. Braunschweig: Vieweg.

Hurlburt, W.C. (1962): Prosperity, depression, and the suicide rate. American Journal of Sociology, 37, 714-719.

Iga, M. (1961): Cultural factors in suicide of japanese youth with focus on personality. Sociology and Social Research, 46, 75-90.

Insko, C.A. (1967): Theories of attitude change. New York: Appleton Century Crofts.

Isen, A.M. (1982): The effect of feeling state on evaluation of positive, neutral and negative stimuli: When you ‚accentuate positive' do you ‚eliminate the negative'. Social Psychology Quarterly, 45, 58-63.

Jacobs, J. (1971): Adoloscent suicide. New York: Wiley Interscience.

Jencks, C. et al. (1979): Who gets ahead? The determinants of economic success in America. New York: Basic Books.

Jennings, C.; Barraclough, B. (1980): Legal and administrative influence on the English suicide rate since 1900. Psychological Medicine, 10, 407-418.

Jessor, R.; Graves, T.D.; Hanson, R.C.; Jessor, S.L. (1968): Society, personality and deviant behavior: A study of a tri-ethnic community. New York: Holt, Rinehart und Winston.

Joe, V.C. (1971): Review of the internal-external control construct as a personality variable. Psychological Reports, 28, 619-640.

Johnson, B.D. (1965): Durkheim's one cause of suicide. American Sociological Review, 30, 875-886.

Jones, E.E.; Nisbett, R.E. (1971): The actor and the observor: Divergent perception of the causes of behavior. New York: General Learning.

Kahnemann, D.; Tversky, A. (1979): Prospect theory: An analysis of decision under risk. Econometrica, 4, 263-291.

– (1982): The psychology of preferences. Scientific American, Jan., 160-173.

Kallmann, F.; Anastasio, M. (1947): Twin studies on the psychopathology of suicide. Journal of Nervous Disease, 109, 40-55.

Kamano, D.K.; Crawford, C.S. (1966): Self-evaluations of suicidal mental hospital patients. Journal of Clinical Psychology, 22, 278-279.

Kanfer, F.H. (1965): Vicarious human reinforcements: A glimpse into the black box. In: L. Krasner & L.P. Ullman (Hrsg.): Research in behavior modification. New York: Holt, Rinehart & Winston, 244-267.

Kaplan, H.B. (1980): Deviant behavior in the sense of self. New York: Academic Press.

Karabenick, S.A. (1972): Valence of success and failure as a function of achievement motives and locus of control. Journal of Personality and Social Psychology, 21, 101-110.

Karpmann, M.D. (1947): A psychiatrist looks at the social sciences. American Journal of Sociology, 53, 131-140.

Kasakos, G. (1971): Zeitperspektive, Planungsverhalten und Sozialisation: Überblick über internationale Forschungsergebnisse. München: Juventa.

Katschnig, H.; Sint, P.; Fuchs-Robetin, G. (1980): Suicide and Parasuicide: Identification of high- and low-risk groups by cluster analysis. In: R. Farmer & S. Hirsch (Hrsg,): Suicide syndrome. London: Croom Helm, 154-166.

Katz, D. (1960): The functional approach to the study of attitudes. Public Opinion Quarterly, 24, 163-204.

Kelley, H.H. (1967): Attribution theory in social psychology. In: D. Levine (Hrsg.): Nebraska symposium on motivation. Lincoln: University of Nebraska Press.

Kerner, H.J. (1981): Kriminalitätsverlauf und -struktur in der Bundesrepublik Deutschland. In: H.J. Schneider (Hrsg.): Auswirkungen auf die Kriminologie, Bd. XIV. Die Psychologie des 20. Jahrhunderts. Zürich: Kindler, 274-285.

Kerry, R.J.; Orme, J.E. (1973): Varietes of depression. Journal of Clinical Psychology, 31, 607-609.

Kessel, N. (1966): The respectability of self-poisoning and the fashion of survival. Journal of Psychosomatic Research, 10, 29-36.

Kessler, R.C.; McRae, J.A. Jr. (1982): The effect of wives' employment on the mental health of married men and women. American Sociological Review, 47, 216-227.

– (1983): Trends in the relationships between sex and attempted suicide. Journal of Health and Social Behavior, 24, 98-110.

Kessler, R.C.; Stipp, H. (1984): The impact of fictional television suicide stories on U.S. fatalities: A replication. American Journal of Sociology, 90, 151-167.

Kielholz, P.; Pöldinger, W. (1969): Depressionsdiagnostik und -therapie als Beitrag zur Selbstmordverhütung. In: E. Ringel (Hrsg.): Selbstmordverhütung. Bern: Huber, 202-219.

Kiesler, C.A.; Collins, B.E.; Miller, N. (1969): Attitude change: A critical analysis of theoretical approaches. New York: Wiley.

Klein, D.C.; Seligman, M.E.P. (1976): Reversal of performance deficits and perceptual deficits in learned helplessness and depression. Journal of Abnormal Psychology, 85, 11-26.

Kobler, A.L.; Stotland, E. (1964): The end of hope. New York: Free Press.

Koch, S. (1962): Über die sozialen Ursachen von Selbstmordversuchen in den Jahren 1948 – 1953 in Frankfurt am Main. Unveröffentl. Diss., Frankfurt, Med. Fak.

Kockott, G.; Heyse, H.; Feuerlein, W. (1970): Der Selbstmordversuch durch Intoxikation. Fortschr. Neurol. Psychiatr., 38, 441-465.

König, R. (1976): Familie. In: R. König (Hrsg.): Handbuch der empirischen Sozialforschung, Bd. 7, 2. neubearb. Aufl., Stuttgart: Enke, 1-217.

Kohlberg, L. (1969): Stage and sequence: The cognitive-developmental approach to socialization. In: D.A. Goslin (Hrsg.): Handbook of socialization. Theory and research. Chicago: Rand McNally, 347-480.

Koller, P.S.; Kaplan, R.M. (1978): A two-process theory in learned helplessness. Journal of Personality and Social Psychology, 36, 1177-1183.

Krech, D.; Crutchfield, R.; Ballachey, E.L. (1962): Individual in society. New York: McGraw Hill.

Kreitman, N. (1976): The coal gas story. United Kingdom suicide rates, 1960–71. British Journal of Preventative and Social Medicine, 30, 86-93.

Kreppner, K. (1980): Sozialisation in der Familie. In: K. Hurrelmann & D. Ulich (Hrsg.): Handbuch der Sozialforschung. Weinheim/Basel: Beltz, 395-422.

Krug, S. (1976): Förderung und Änderung des Leistungsmotivs: Theoretische Grundlagen und deren Anwendung. In: H.-D. Schmalt & W.-U. Meyer (Hrsg.): Leistungsmotivation und Verhalten, 221-248.

Kübler-Ross, E. (1971): Interviews mit Sterbenden. Stuttgart: Kreuz.

Kuhl, J. (1978): Standard setting and risk preference: An elaboration of the theory of achievement motivation and an empirical test. Psychological Review, 85, 239-248.

Kun, A.; Parsons, J.E.; Ruble, D.N. (1974): Development of integration processes using ability, and effort information to predict outcome. Developmental Psychology, 10, 721-732.

Kun, A.; Weiner, B. (1973): Necessary versus sufficient causal schemata for success and failure. Journal of Research in Personality, 7, 197-207.

Labovitz, S.; Hagedorn, R. (1971): An analysis of suicide rate among occupational categories. Sociological Inquiry, 41, 67-72.

Lambley, P.; Silbowitz, M. (1973): Rotter's internal-external scale and prediction of suicide contemplators among students. Psychological Reports, 33, 585-586.

Lauterbach, M. (1976): Suizidales Verhalten bei Kindern und Jugendlichen. Unveröffentl. Diss., Berlin, Freie Universität, Med. Fak.

Lefcourt, H.M. (1976): Locus of control: Current trends in theory and research. Hillsdale: Erlbaum.

Lendrum, F.C. (1933): A thousand cases of attempted suicide. American Journal of Psychiatry, November, 179-500.

Leonhard, K. (1959): Psychologische Entwicklung zum Selbstmord. Zeitschrift für Psychotherapie und medizinische Psychologie, 9, 8-17.

Leonard, C.V. (1973): Self-ratings of alienation in suicidal patients. Journal of Clinical Psychology, 29, 423-428.

Lester (1970): Status integration and suicide. Psychological Reports, 26, 492.

Lester, D. (1972): Migration and suicide. Medical Journal of Australia, 1, 941-942.
– (1973): Suicide and internal-external orientation. Psychology, 10, 35-39.
– (1983): Why people kill themselves: A 1980s summary of research findings on suicidal behavior. Springfield: Charles C. Thomas, 2nd ed. 1983.
Lester, G.; Lester, D. (1971): Suicide: The gamble with death. Englewood Cliffs: Prentice Hall Spectrum Books.
Lettieri, D.J. (1978): Theories of suicide. In: D.J. Lettieri (Hrsg.): Drugs and suicide – when other coping strategies fail. Beverly Hills: Sage Publications, 13-30.
Leventhal, H. (1974): Attitudes: Their nature, growth, and change. In: Ch. Nemeth (Hrsg.): Social psychology, classic and contemporary integrations. Chicago: Rand McNally, S. 52-126.
Lewin, K.; Dembo, T.; Festinger, L.; Sears, P.S. (1944): Level of aspiration. In: J.McV. Hunt (Hrsg.): Personality and the behavior disorders. Vol. I. New York: Ronald Press, 333-378.
Lewinsohn, P.M. (1976): Activity schedules in treatment of depression. In: J.D. Krumboltz, C.E. Thorenson (Hrsg.): Counseling methods. New York: Holt, Rinehart & Winston, 74-83.
Li, W. (1974): Structural interpretation of suicide. Sociological Focus, 7, 89-100.
Linden, K.J. (1969): Der Suizidversuch. Versuch einer Situationsanalyse. Stuttgart: Enke.
Lindesmith, A.R. (1968): Addiction and opiates. Chicago: Aldine.
Lindner, C. (1979): Kritik des symbolischen Interaktionismus. Soziale Welt, 30, 410-421.
Lindner-Braun, C. (1973): Die Dissonanztheorie und ihre Relevanz zur Erklärung von Einstellungsbildung durch massenkommunikatorische Aussagen. Nürnberg: Unveröffentl. Arbeitsbericht SFZ, Nr. 49.
– (1976): Einstellungsbildung durch kognitive Überzeugung' – Ein motivationstheoretischer Erklärungsansatz und seine Überprüfung. Unveröffentl. Diss., Universität Erlangen-Nürnberg.
– (1980): Soziales Lernen und Selbstmord. Nürnberg: Mimeo.
Litman, R.E. (1974): Models for predicting suicide risk. In: C. Neuringer (Hrsg.): Psychological assessment of suicidal risk. Springfield: Charles C. Thomas, 177-185.
Loeb, R.C. (1975): Concomitant of boys' locus of control examined in parent-child-interactions. Developmental Psychology, 11, 353-358.
Loosen, P. (1968): Untersuchungen an Selbstmörderabschiedsbriefen. Unveröffentl. Diss., Düsseldorf, Med. Fak.
Lorber, N.M. (1973): Interpersonal feelings and their perception: A review of research. Handbook of International Sociometry, Vol. 7, 60-70.
Lott, B.E. (1967): Attitude formation: The development of a color preference response through mediated generalization. In: M. Fishbein (Hrsg.): Readings in attitude theory and measurement. New York: Wiley, 366-372.
Lott, A.J.; Lott, B.E. (1969): Liked and disliked persons as reinforcing stimuli. Journal of Personality and Social Psychology, 11, 129-134.
Lovaas, I.O.; Freitag, G.; Gold, V.; Kassorla, I. (1965): Experimental studies in childhood schizophrenia, I.: Analysis of self-destructive behavior. Journal of Experimental Child Psychology, 2, 67-84.
Low, A.A.; Farmer, R.D.; Jones, D.R.; Rohde, J.R. (1981): Suicide in England and Wales: An analysis of 100 years, 1876–1975. Psychological Medicine, 11, 359-368.
Luginbuhl, J.E.; Crowe, D.H.; Kahan, J.P. (1975): Causal attributions for success and failure. Journal of Personality and Social Psychology, 31, 86-93.
Lukianowicz, N. (1973): Suicidal behavior: An attempt to modify the environment: II. Psychiatrica Clinica, 6, 171-190.
Lunden, W.A. (1947): Suicides in France, 1910–1943. American Journal of Sociology, 52, 321-334.

Lungershausen, E. (1968): Selbstmorde und Selbstmordversuche bei Studenten. Heidelberg: A. Hüthig.
Maccoby, E.E.; Jacklin, C.N. (1974): The psychology of sex differences. Stanford: Stanford University Press.
MacMahon, B.; Johnson, S.; Pugh, T.F. (1963): Relation of suicide rates to social conditions: Evidence from U.S. vital statistics. Public Health Reports, 78, 285-293.
Maier, S.F.; Seligman, M.E.P. (1976): Learned helplessness: Theory and evidence. Journal of Experimental Psychology, 105, 3-46.
Malewski, A. (1967): Verhalten und Interaktion. Tübingen: Mohr.
Maller, O. (1966): Suicide and migration. Israel Annuals of Psychiatry and Related Disciplines, 4, 67-77.
Maris, R.W. (1967): Suicide, status, and mobility in Chicago. Social Forces, 46, 240-256.
– (1969): Social forces in urban suicide. Homewood: Dorsey.
– (1981): Pathways to suicide: A survey of self-destructive behaviors. Baltimore: John Hopkins University Press.
Marks, A. (1980): Socioeconomic status and suicide in the state of Washington: 1950–1971. Psychological Reports, 46, 924-926.
Marshall, J.R. (1981): Political integration and the effect of war on suicide: United States, 1933–76. Social Forces, 59, 771-785.
Marshall, J.R.; Hodge, R.W. (1981): Durkheim and Pierce on suicide and economic change. Social Science Research, 10, 101-114.
Matsueda, R.L. (1982): Testing control theory and differential association: A causal modelling approach. American Sociological Review, 47, 489-504.
McArthur, L.A. (1972): The how and what to why: Some determinants and consequences of causal attribution. Journal of Personality and Social Psychology, 22, 171-193.
McAuliffe, W.E.; Gordon, R.B. (1974): A test of Lindesmith's theory of addiction: The frequency of euphoria among long-term addicts. American Journal of Sociology, 79, 795-840.
McCarthy, J.D.; Hoge, D.R. (1984): The dynamics of self-esteem and delinquency. American Journal of Sociology, 90, 396-410.
McClelland, D.C. (1951): Personality. New York: Holt, Rinehart und Winston.
– (1958): Methods of measuring human motivation. In: J.W. Atkinson (Hrsg.): Motives in fantasy, action, and society. A method of assessment and study. Princeton: Van Nostrand, 7-42.
– (1961): The achieving society. Princeton: Van Nostrand.
– (1975): The inner experience. New York: Irvington.
McGuire, W.J. (1969): The nature of attitudes and attitude change. In: G. Lindzey & E. Aronson (Hrsg.): Handbook of Social Psychology, Vol. III. Reading: Addison-Wesley, 236-314.
McIntosh, J.L. (1985): Research on suicide. A bibliography. Westport: Greenwood Press.
McMahan, I.D. (1973): Relationships between causal attributions and expectancy of success. Journal of Personality and Social Psychology, 28, 108-114.
McQuail, D. (1983): Mass communication theory. An introduction. London: Sage Publication.
Mehrabian, A. (1971): Verbal and nonverbal interaction of measures of affiliative tendency and sensitivity of rejection. Journal of Experimental Research in Personality, 5, 127-138.
Mehrabian, A.; Ksionzky, S. (1974): A theory of affiliation. Lexington: Heath.
Menapaee, R.H.; Doby, C. (1976): Causal attributes for success and failure for psychiatric rehabilitees and college students. Journal of Personality and Social Psychology, 34, 447-454.
Meyer, W.-U. (1973): Leistungsmotiv und Ursachenerklärung von Erfolg und Mißerfolg. Stuttgart: Klett.

Meyer, W.-U.; Wacker, A. (1970): Die Entstehung der erlebten Selbstverantwortlichkeit: (1) in Abhängigkeit vom Zeitpunkt der Selbständigkeitserziehung. Archiv für die gesamte Psychologie, 122, 24-39.
Menninger, K. (1974): Selbstzerstörung. Psychoanalyse des Selbstmordes. Frankfurt: Suhrkamp.
Menninger, K.A. (1933): Psychoanalytic aspects of suicide. The International Journal of Psycho-Analysis, Vol. XIV, 376-390.
Merton, R.K. (1957): Social theory and social structure. Glencoe: Free Press. (Deutsch: Sozialstruktur und Anomie. In: F. Sack und R. König (Hrsg.): Kriminalsoziologie, Frankfurt: Akademische Verlagsgesellschaft 1974, 283-313).
Miller, I.W.; Norman, W.H. (1979): Learned helplessness in humans. A review and attribution-theory model. Psychological Bulletin, 86, 93-118.
Miller, N.E.; Dollard, J. (1941): Social learning and imitation. New Haven: Yale University Press.
Miles, C.P. (1977): Conditions predisposing to suicide. A review. Journal of Nervous & Mental Disease, 164, 231-246.
Mischel, W.; Ebbesen, E.B.; Zeiss, A.R. (1972): Cognitive and attentional mechanism in delay of gratification. Journal of Personality and Social Psychology, 21, 204-218.
Miskimins, R.W.; Wilson, L.T. (1969): Revised suicide potential scale. Journal of Consulting and Clinical Psychology, 33, 258.
Moschel, G.; Häberle, H. (1978): Selbstmord und seine sozialräumlichen Bedingungen in Mannheim. In: H. Häfner (Hrsg.): Psychiatrische Epidemiologie. Berlin: Springer-Verlag, 59-80.
Motto, J.A. (1967): Suicide and suggestibility, the role of the press. American Journal of Psychiatry, 124, 156-160.
Motto, J.D. (1977): Estimation of suicide risk by the use of clinical models. Suicide and Life-Threatening Behavior, 7, 236-245.
Moulton, R.W. (1965): Effects of success and failure on level of aspiration as related to achievement motives. Journal of Personality and Social Psychology, 1, 399-406.
Murdock, G.P. (1949): Social structure. New York: Macmillan.
Nelson, E. (1939): Attitudes: I. Their nature and development. Journal of Genetic Psychology, 21, 367-399.
Nelson, F.L.; Farberow, N.L.; MackKinnon, D.R. (1978): The certification of suicide in eleven western states: An inquiry into the validity of reported suicide rates. Suicide and Life-Threatening Behavior, 8, 75-88.
Neuringer, C. (1961): Dichotomous evaluations in suicidal individuals. Journal of Consulting Psychology, 25, 445-449.
– (1964): Rigid thinking in suicidal individuals. Journal of Consulting Psychology, 28, 54-58.
– (1976): Current developments in the study of suicidal thinking. In: I.S. Shneidman (Hrsg.): Suicidology: Contemporary developments. New York: Grune & Stratton, 234-252.
Newman, J.F.; Whittemore, K.; Newman, H.G. (1973): Women in the labor force and suicide. Social Problems, 21, 220-230.
Nicholls, J.G. (1975): Causal attributions and other achievement-related cognitions: Effects of task outcome, attainment value, and sex. Journal of Personality and Social Psychology, 31, 379-389.
– (1976): Effort is virtuous, but it's better to have ability: Evaluative responses to perceptions of effort and ability. Journal of Personality Research, 10, 306-315.
Nisbett, N.; Ross, L. (19H): Human inference: Strategies and shortcomings of social judgement. Englewood Cliffs: Prentice Hall.
Noelle-Neumann, E. (1980): Die Schweigespirale. Öffentliche Meinung – unsere soziale Haut. München: Juventa.

Nowack, W. (1982): Hilfsbereitschaft gegenüber männlichen und weiblichen Straftätern im informellen Sozialbereich. In: G. Albrecht & M. Brusten (Hrsg.): Soziale Probleme und soziale Kontrolle. Opladen: Westdeutscher Verlag.

Novicki, S. Jr.; Schneewind, K. (1982): Relation of family climate variables to locus of control in German and American students. Journal of Genetic Psychology, 141, 277-287.

Oeconomo, C. (1961): Le comportement suicide et le problème de la tentative. Revue Française de Sociologie, 2, 67-71.

Oliver, R.G.; Hetzel, B.S. (1972): Rise and fall of suicide rates in Australia: Relation to sedative availability. Medical Journal of Australia, 2, 919-923.

Opp, K.-D. (1968): Kriminalität und Gesellschaftsstruktur. Neuwied: Luchterhand.

– (1974): Abweichendes Verhalten und Gesellschaftsstruktur. Darmstadt: Luchterhand.

– (1975): Einige Bedingungen für die Befolgung von Gesetzen. In: K. Lüderssen & F. Sack (Hrsg.): Seminar: Abweichendes Verhalten. I. Die selektiven Normen der Gesellschaft. Frankfurt: Suhrkamp, 214-243.

– (1976): Methodologie der Sozialwissenschaften. Einführung in Probleme ihrer Theoriebildung. Reinbek bei Hamburg: Rowohlt, TB-Verlag, 1970, 2. erw. Aufl. 1976.

– (1979): Individualistische Sozialwissenschaft. Arbeitsweise und Probleme individualistisch und kollektivistisch orientierter Sozialwissenschaften. Stuttgart: Enke.

– (1983): Die Entstehung sozialer Normen. Tübingen: Mohr.

Opp, K.-D.; Hummell, H.J. (1973): Kritik der Soziologie. Probleme der Erklärung sozialer Prozesse I. Frankfurt/M.: Athenäum Verlag.

Paerregaard, G. (1980): Suicide in Denmark: A statistical review for the past 150 years. Suicide and Life-Threatening Behavior, 10, 150-156.

Pansegrau, A. (1962): Selbstmordversuche in der Stadt Magdeburg in den Jahren 1948–1959. Unveröffentl. Diss., Magdeburg, Med. Ak.

Parnitzke, K.H. (1961): Bemerkungen zum Selbstmordgeschehen der letzten Jahre. Psychiatrie, Neurologie und Medizinische Psychologie, 13, 397-406.

Pavese, C. (1963): Das Handwerk des Lebens. München: dtv Nr. 148.

Paykel, E.; Rassaby, E. (1978): Classification of suicide attempters by cluster analysis. British Journal of Psychiatry, 133, 45-52.

Peak, H. (1955): Attitude and motivation. In: M.R. Jones (Hrsg.): Nebraska Symposium on motivation. Lincoln: University of Nebraska Press, 149-189.

Petersen, F. (1975): Suicid mit dem PKW in Gestalt eines vermeintlichen Verkehrsunfalls. Unveröffentl. Diss., Kiel, Med. Fak.

Phillips, D.P. (1974): The influence of suggestion on suicide: Substantive and theoretical implications of the Werther effect. American Sociological Review, 39, 340-354.

– (1977): Motor vehicle fatalities increase just after stories about murder and suicide. Science, 201, 748-750.

– (1979): Suicide, motor vehicle fatalities, and the mass media: Evidence toward a theory of suggestion. American Journal of Sociology, 84, 1150-1174.

– (1982): The impact of fictional television stories on U.S. adult fatalitities: New evidence on the effect of the mass media on violence. American Journal of Sociology, 87, 1340-1359.

Pierce, A. (1967): The economic cycle and the social suicide rate. American Sociological Review, 32, 457-462.

Pittman, N.L.; Pittman, T.S. (1979): Effects of amount of helplessness training and internal-external locus of control on mood and performance. Journal of Personality and Social Psychology, 37 I, 39-47.

Platt, J.J.; Spivack, G. (1972): Social competence and effective problem-solving thinking in psychiatric patients. Journal of Consulting Clinical Psychology, 28, 3-5.

Pöldinger, W. (1968): Die Abschätzung der Suizidalität. Bern: Huber.

Pope, W.; Danigelis, N. (1981): Sociology's „one law". Social Force, 60, 495-516.

Popitz, H. (1968): Prozesse der Machtbildung. Tübingen: Mohr.
– (1980): Die normative Konstruktion von Gesellschaft. Tübingen: Mohr.
Popper, K. (1964, 1972): Die Zielsetzung der Erfahrungswissenschaft. In: H. Albert (Hrsg.): Theorie und Realität. Tübingen: Mohr, 73-86.
Porterfield, A.L.; Gibbs, J.P. (1960): Occupational prestige and social mobility of suicides in New Zealand. American Journal of Sociology, 66, 147-157.
Powell, E.H. (1958): Occupation, status and suicide: Toward a redefinition of anomie. American Sociological Review, 23, 131-139.
Preiß, E. (1968): Die Problematik des Selbstmordes bei Frauen im Material des Institutes für gerichtliche Medizin der Martin-Luther-Universität, vom 1.1.1928 – 31.12.1962. Unveröffentl. Diss., Halle, Med. Fak.
Quinney, R. (1965): Suicide, homicide, and economic development. Social Forces, 43, 401-406.
Raestrup, O. (1982): Selbstmordproblematik. Lebensversicherungsmedizin, Heft 7, 146-152.
Raub, W.; Voss, T. (1985): Bedingungen der Kooperation im Licht der Theorie rationalen Handelns. Utrecht: Mimeo.
Raymondis, L.M.; Schektman, Y.; Moron, P.; Gayral, L. (1965): Une enquête psychosociale sur les tentatives de suicide et son exploitation statistique. Annales médico-psychologiques, 4, 563-608.
Reich, J.W. (1965): Some experimental factors in attitude formation. Unveröffentl. Diss., Denver, University of Colorado, Micro 66/3276.
Remley, A. (1988): From obedience to independence. Psychology Today, October, 56-58.
Resnik, H.L.P.; Hathorne, B.C. (1974): Teaching outlines in suicide studies and crisis intervention. Bowie, Maryland: The Charles Press Publishers.
Retterstol, N. (1975): Suicidal problems in Norway. Fortschritte der Neurologie, Psychiatrie und ihrer Grenzgebiete. 43 (1), 42-50.
Riecken, H.N.; Homans, G.C. (1954): Psychological aspects of social studies. In: G. Lindzey (Hrsg.): Handbook of social psychology, II, Reading: Addison-Wesley, 786-836.
Ringel, E. (1953): Der Selbstmord. Wien: Verlag für medizinische Wissenschaften W. Maudrich.
– (1961): Neue Untersuchungen zum Selbstmordproblem. Wien: Verlag Brüder Hollinek.
– (1969): Neue Gesichtspunkte zum präsuizidalen Syndrom. In: E. Ringel (Hrsg.): Selbstmordverhütung. Bern: Huber, 31-116.
Ringel, E.; Rotter, H. (1957): Zum Problem des Selbstmordversuches im Rausch. Wiener Zeitschrift für Nervenheilkunde, 13, 406-416.
Ripley, H.S. (1973): Suicidal behavior in Edinburgh and Seattle. American Journal of Psychiatry, 130, 995-1001.
Ritson, E.B. (1968): Suicide amongst alcoholics. British Journal of Medical Psychology, 41, 235-242.
Rizley, R. (1978): Depression and distortion in the attribution of causality. Journal of Abnormal Psychology, 87, 32-48.
Robins, E.; Schmidt, E.; O'Neal, P. (1957): Some interrelations of social factors and clinical diagnosis in attempted suicide: A study of 109 patients. American Journal of Psychiatry, 114, 221-231.
Rosen, B.C.; D'Andrade, R. (1959): The psychosocial origins of achievement motivation. Sociometry, 22, 185-218.
Rosen, L. (1968): The broken home and male delinquency. In: M.E. Wolfgang, L. Savitz & N. Johnston (Hrsg.): The sociology of crime and delinquency, 2nd ed., New York: John Wiley, 489-495.
Rosenberg, M.J. (1960): An analysis of affective-cognitive consistency. In: M.J. Rosenberg u.a. (Hrsg.): Attitude organization and change. New Haven: Yale University Press, 15-64.

Rost, H. (1927): Bibliographie des Selbstmordes mit textlichen Einführungen zu jedem Kapitel. Augsburg: Haas & Grabherr.
Rothbaum, F. (1980): Children's clinical syndromes and generalized expectations of control. In: H.W. Reeze & L.P. Lipsitt (Hrsg.): Advances in child development and behavior. New York: Academic Press, 15, 207-246.
Rotter, J.B. (1954): Social learning and clinical psychology. New York: Prentice Hall.
– (1960): Some implications of a social learning theory for the prediction of goal directed behavior from testing procedures. Psychological Review, 67, 301-316.
– (1966): Generalized expectancies for internal versus external control of reinforcement. Psychological Monographs: General & Applied, 80, 1-28.
– (1971): Generalized expectancies for internal versus external control of reinforcement. Psychology Today, 37, 42, 58-59.
Rudfeld, K. (1962): Suicides in Denmark: 1956. Acta Sociologica. 6, 203-212.
Rüegsegger, P. (1963): Selbstmordversuche. Psychiat. Neurol., Basel, 146, 81-104.
Rushing, W.A. (1978): Individual behavior and suicide. In: J.P. Gibbs (Hrsg.): Suicide. New York: Harper & Row, 96-124.
Rutter, M.; Graham, P.; Chadwick, O.F.D.; Yule, W. (1976): Adolescent turmoil: Fact or fiction. Journal of Child Psychology and Psychiatry, 17, 35-56.
Ryle, G. (1949): The concept of mind. New York: Barnes & Noble.
Saegert, S.C.; Jellison, J. (1970): Effects of initial level of response competition and frequency exposure on liking and exploratory behavior. Journal of Personality and Social Psychology, 16, 553-558.
Sainsbury, P. (1955): Suicide in London. London: Chapman & Hall.
Sainsbury, P.; Barraclough, B. (1968): Nature. 220, 1252.
Sainsbury, P.; Jenkins, J.; Levey, A. (1980): The social correlates of suicide in Europe. In: R. Farmer & S. Hirsch (Hrsg.): Suicide syndrome. London: Croom Helm, 38-53.
Sandborn, D.E.; Sandborn, C.J.; Cimbolic, P. (1974): Occupation and suicide. Diseases of the Nervous System, 35, 7-12.
Schachter, St.; Singer, J.E. (1962): Cognitive, social, and physiological determinants of emotional state. Psychological Review, 69, 379-399.
Schmalt, H.D. (1975): Selbständigkeitserziehung und verschiedene Aspekte des Leistungsmotivs. Zeitschrift für Entwicklungspsychologie und Pädagogische Psychologie, 7, 24-37.
Schmid, C.F. (1933): Suicide in Minneapolis, Minnesota 1928–32. American Journal of Sociology, 39, 30-48.
Schotter, A. (1981): The economic theory of social institutions. Cambridge: University Press.
Schulte, D.; Nobach, W. (1980): Auffordern und Befolgen. Eine Analyse kindlichen Ungehorsams. In: H. Lukesch et al. (Hrsg.): Familiäre Sozialisation und Intervention. Bern: Huber, 323-336.
Schwab, R. (1975): Suicidversuche im Kindes- und Jugendalter: Eine statistische Untersuchung an 157 Patienten der Klinik für Kinder- und Jugendpsychiatrie Marburg. Unveröffentl. Diss., Marburg, Fachber. Humanmedizin.
Schwarz, A. (1973): Suizidversuche bei Studenten. Unveröffentl. Diss., Berlin (West), F.U., Med. Fak.
Seitz, W. (1980): Vergleich des Erziehungshintergrundes zwischen Delinquenten und Nichtdelinquenten Jugendlichen. In: H. Lukesch et al. (Hrsg.): Familiäre Sozialisation und Intervention. Bern: Huber, 353-370.
Seligman, M.E.P. (1975): Helplessness. San Francisco: Freeman.
Sherman, S.J.; Skov, E.F.; Hervitz, E.F.; Stock, C.B. (1981): The effects of explaining hypothetical future events: from possibility to probability to actuality and beyond. Journal of Experimental Social Psychology, 17, 142-158.

Shneidman, E.S. (1964): Suicide, sleep, and death: Some possible interrelations among cessation, interruption, and continuous phenomena. Journal of Consulting Psychology, 28, 95-106.

Shneidman, E.S.; Farberow, N.L. (1957a): Some comparisons between genuine and simulated suicide notes in terms of Mowrer's concept of discomfort and relief. Journal of General Psychology, 56, 251-256.

– (1957b): The logic of suicide. In: E.S. Shneidman and N.L. Farberow (Hrsg.): Clues to suicide. New York: McGraw-Hill, 31-40.

Shore, J.H. (1974): Psychiatric epidemiology among american indians. Psychiatric Annals, 4, 56-66.

Spiegel, D.; Neuringer, C. (1963): Role of dread in suicidal behavior. Journal of Abnormal and Social Psychology, 66, 507-511.

Stack, S. (1978): Suicide: A comparative analysis. Social Forces, 57, 644-653.

– (1981a): Divorce and suicide: A time series analysis. 1933–1970. Journal of Family Issues, 2, 77-90.

– (1981b): Suicide and religion: A comparative analysis. Sociological Focus, 14, 207-220.

– (1983a): The effect of the decline of institutionalized religion on suicide, 1948–1978. Journal of the Scientific Study of Religion, 22, 239-252,

– (1983b): The effect of religious commitment on suicide: A cross-national analysis. Journal of Health and Social Behavior, 24, 362-374.

Stack, S.; Hass, A. (1984): The effect of unemployment duration on national suicide rates: A time series analysis, 1948–1982. Sociological Focus, 17, 17-29.

Statistisches Jahrbuch für die Bundesrepublik Deutschland (Hrsg.) (1988): Statistisches Bundesamt Wiesbaden. Stuttgart: Kohlhammer.

Stein, A.H.; Friedrich, L.K. (1972): Television content and young children's behavior. In: J.P. Murray et al. (Hrsg.): Television and social behavior, Vol. II, Washington: Government Printing Office, 202, 317.

Stengel, E. (1964): Suicide and attempted suicide. London: Penguin Books (deutsch: Selbstmord und Selbstmordversuch. Frankfurt: Fischer 1969).

Stewart, A.J.; Chester, N.L. (1982): Sex differences in human social motives: Achievement, affiliation, and power. In: A.J. Stewart (Hrsg.): Motivation and society. San Francisco. Jossey-Bass Ltd., 172-218.

Stierlin, H. (1978): Delegation und Familie. Frankfurt: Suhrkamp.

Suicidprophylaxe, 1. Sonderheft 1979, Mitteilungen der Deutschen Gesellschaft für Selbstmordverhütung.

Sutherland, E.H.; Cressey, D.R. (1974): Criminology. 9th ed. New York: Lippincott.

Sykes, G.M.; Matza, D. (1957): Techniques of neutralization: A theory of delinquency. American Sociological Review, 22, 664-670.

Tanner, B.A.; Zeiler, M. (1975): Punishment of self-injurious behavior using aromatic ammonia as the aversive stimulus. Journal of Applied Behavior Analysis, 8, 53-57.

Tarpy, R.M. (1975): Basic principles of learning. Glenview: Scott, Foresman and Company.

Teele, J.E. (1965): Suicidal behavior, assaultiveness and socialization principles. Social Forces, 43, 510-518.

Teicher, J.D.; Jacobs, J. (1966): Adolescents who attempt suicide: Preliminary findings. American Journal of Psychiatry, 122, 1248-1257.

Tennen, H.; Eller, S. (1977): Attributional components of learned helplessness and facilitation. Journal of Personality and Social Psychology, 35, 265-271.

Thomas, K. (1964): Handbuch der Selbstmordverhütung. Stuttgart: Enke.

Torhorst, A.; Wächtler, C.; Möller, J.H. (1983): Zum Problem der Ernsthaftigkeit von Suizidversuchen. Archiv für Psychiatrie und Nervenkrankheiten, 233, 151-166.

Trudewind, C. (1976): Die Entwicklung des Leistungsmotivs. In: H.-D. Schmalt & W.-U. Meyer (Hrsg.): Leistungsmotivation und Verhalten. Stuttgart: Klett, 193-220.

Tuckman, J.; Kleiner, R.J. (1960): Credibility of suicide notes. American Journal of Psychiatry, 116, 1104-1106.
Tuckman, J.; Youngman, W.F. (1963): Identifying suicide risk groups amoung attempted suicide. Public Health Report, 78, 585-587.
Tuckman, J.; Ziegler, R. (1966): Language usage and social maturity as related to suicide notes. Journal of Social Psychology, 68, 139-142.
Tversky, A.; Kahneman, D. (1973): Availability: A heuristic for judging frequency and probability. Cognitive Psychology, S, 207-232.
Valins, S. (1966): Cognitive effects of false heart-rate feedback. Journal of Personality and Social Psychology, 4, 400-408.
Valle, V.A.; Frieze, I.H. (1976): Stability of causal attributions as a mediator in changing expectations for success. Journal of Personality and Social Psychology, 33, 579-587.
Verbrugge, L.M. (1985): Gender and health: An update on hypotheses and evidence. Journal of Health and Social Behavior, 26, 156-182.
Veroff, J. (1958): A scoring manual for the power motive. In: J.W. Atkinson (Hrsg.): Motives in fantasy, action, and society. Princeton: Van Nostrand, 219-233.
– (1982): Assertive motivations: Achievement versus power. In: A.J. Stewart (Hrsg.): Motivation and society. San Francisco: Jossey Bass Ltd., 99-132.
Veroff, J.; Feld, S.C. (1970): Marriage and work in America. New York: Van Nostrand.
Veroff, J.; Veroff, J.B. (1972): Reconsideration of a measure of power motivation. Psychological Bulletin, 78, 279-291.
Vetter, H. (1970a): Atkinsons Motivationstheorie und die Erklärung von Selbstmord. Kriminologisches Journal, 2, (2), 104-106.
– (1970b): Weitere Bemerkung zur Ableitung der Selbstmordtheorien. Kriminologisches Journal, 2, (3), 194-196.
Vidgerhouse, G.; Fishman, G. (1978): The impact of unemployment and familial integration on changing suicide rates in the U.S.A., 1920–1969. Social Psychiatry, 13, 239-248.
Vroom, V.H. (1964): Work and motivation. New York: Wiley.
Waage, G. (1966): Selbstmordversuche bei Kindern und Jugendlichen. In: C. Haffter et al. (Hrsg.): Selbstmordversuche bei Kindern und Jugendlichen. Psychologische Praxis, 39, 27-48.
Walbran, B.; MacMahon, B.; Bailey, A. (1965): Suicide and unemployment in Pennsylvania, 1954–1961. Archives of Environmental Health, 20, 11-15.
Waltzer, H. (1979): Physicians. In: L.D. Hankoff & B. Einsidler (Hrsg.): Suicide: Theory and clinical aspects. Littleton, MA: PSG Publ., 323-333.
Wasserman, I.M. (1983): Presidential elections and suicide and mortality patterns. American Sociological Review, 48, 711-720.
– (1984): Imitation and suicide: A reexamination of the Werther effect. American Sociological Review, 49, 427-436.
Wechsler, H. (1961): Community growth, depressive disorders, and suicide. American Journal of Sociology, 67, 9-16.
Weiss, J.M. (1953): Suicide: An epidemiological analysis. Psychiatric Quarterly, 28, 225-252.
Weiner, B. (1972): Theories of motivation: From mechanism to cognition. Chicago: Rand McNally.
Weiner, B.; Friese, I.; Kukla, A.; Reed, L.; Rest, S.; Rosenbaum, R.M. (1971): Perceiving the causes of success and failure. In: E.R. Jones et al. (Hrsg.): Attribution: Perceiving the causes of behavior: Morristown: General Learning Press.
Weiner, B.; Heckhausen, H.; Meyer, W.U.; Cook, R.E. (1972): Causal ascriptions and achievement behavior: Conceptual analysis of effort and reanalysis of locus and control. Journal of Personality and Social Psychology, 21, 239-248.
Weiner, B.; Kukla, A. (1970): An attributional analysis of achievement motivation. Journal of Personality and Social Psychology, 15, 1-20.

Weiner, B.; Nierenberg, R.; Goldstein, M. (1976): Social learning (locus of control) versus attributional (causal stability) interpretations of expectancy of success. Journal of Personality, 44, 52-68.
Weiner, B.; Peter, N. (1973, 1974): A cognitive-developmental analysis of achievement and moral judgements. In: B. Weiner (Hrsg.): Achievement motivation and attribution theory. Morristown: General Learning Press, 153-184 (Original: Developmental Psychology, 1973, 9, 290-309).
Weiner, B.; Russell, D.; Lerman, D. (1978): Affective consequences of causal ascriptions. In: J.H. Harvey et al. (Hrsg.): New directions in attribution research. Vol. 2. Hillsdale: Erlbaum, 59-90 (deutsch: Affektive Auswirkungen von Attributionen. In: D. Görlitz et al. (Hrsg.): Bielefelder Symposium über Attributionen. Stuttgart: Klett, 1978, 139-174).
– (1979): The cognition-emotion process in achievement-related contexts. Journal of Personality and Social Psychology, 37, 1211-1220.
Weiner, B.; Sierad, J. (1975): Misattribution for failure and enhancement of achievement strivings. Journal of Personality and Social Psychology, 31, 415-421.
Weiss, H. (1964): Durkheim, Denmark and Suicide. A sociological interpretation of statistical data. Acta Sociologica, 7, 264-278.
Weiss, J.M. (1953): Suicide: An epidemiological analysis. Psychiatric Quarterly, 28, 225-252.
Weiss, J.M.; Nemez, N.; Schaie, K.W. (1961): Quantification of certain trends in attempted suicide. Proceedings 3. World Congress of Psychiatry, Montreal.
Weiss, R.F. (1968): An extension of Hullian learning theory to persuasive communication. In: A.G. Greenwald, T.C. Brock & T.M. Ostrom (Hrsg.): Psychological foundations of attitudes. New York: Academic Press, 109-145.
Welz, R.; Klug, J.; Häfner, H.; Rey, E.-R. (1978): Selbstmordversuche in Mannheim. Ein ökologischer Mehrebenenvergleich. In: H. Häfner (Hrsg.): Psychiatrische Epidemiologie. Berlin: Springer Verlag, 59-80.
Wenz, F.V. (1977): Subjective powerlessness, sex, and suicidal potential. Psychological Reports, 40, 927-929.
– (1979): Self-injury behavior, economic status and the family anomie syndrome among adolescents. Adolescence, 14, 387-398.
Wheaton, B. (1980): The sociogenesis of psychological disorder: An attributional theory. Journal of Health and Social Behavior, 21, 100-124.
Whiting, J.W.M.; Child, I.L. (1953): Child training and personality. New Haven: Yale University Press.
Wiendieck, G. (1972): Zur appellativen Funktion des Suizidversuchs. Unveröffentl. Diss., Köln, Wirtsch.- und Sozialw. Fak.
Wilkins, J. (1967): Suicidal behavior. American Sociological Review, 32, 286-298.
Williams, C.G.; Nickels, J.B. (1969): Internal-external control dimensions as related to accident and suicide proneness. Journal of Consulting and Clinical Psychology, 33, 485-494.
Wimmel, C. (1967): Über den Einfluß des Selbstmordversuchs auf die Stellung des Suicidenten in seinem Lebenskreis. Unveröffentl. Diss., Frankfurt, Med. Fak.
Winter, D.G. (1973): The power motive. New York: Free Press.
Winterbottom, M.R. (1958): The relation of need for achievement to learning experiences in independence and mastery. In: J.W. Atkinson (Hrsg.): Motives in fantasy, action, and society. Princeton: Van Nostrand, 453-478.
World Health Organization (1968): Prevention of suicide. Genf: WHO, Public Health Papers No. 35.
World Health Statistics Report (1974): Genf: WHO, 27.
Wylie, R. (1961): The self-concept. Lincoln: University of Nebraska Press.
Yap, P.M. (1958): Suicide in Hongkong. Hongkong: University of Hongkong Press.

Yarrow, L.J. (1964): Separation from parents during early childhood. Child Development Research, i, 89-136.
Yessler, P.G.; Gibbs, J.J.; Becker, H.A. (1960): On the communication of suicidal ideas. Archives of General Psychiatry, 3, 612-631 (I).
Zajonc, R.B. (1965): The attitudinal effects of mere exposure. Technical Report No. 34, September. Research Center for Group Dynamics, Institute for Social Research, Ann Arbor, Michigan.
– (1980): Preferences need no inferences. American Psychologist, 35, 151-175.
Zilboorg, G. (1936a): Differential diagnostic types of suicide. Archive of Neurological Psychiatry, 35, 270-291.
– (1936b): Suicide among civilized and primitive races. American Journal of Psychiatry, 92, 1347-1369.
– (1937): Considerations on suicide, with particular reference to that of the young. American Journal of Orthopsychiatry, 8, 15-31.
Zumpe, L. (1966): Selbstmordversuche von Kindern und Jugendlichen, Persönlichkeitsmerkmale und Entwicklungsverläufe anhand von 34 Katamnesen. In: C. Haffter et al. (Hrsg.): Selbstmordversuche bei Kindern und Jugendlichen. Psychologische Praxis, 39, 1-26.

Anhang

A 1 Empirische Generalisierungen über Selbstmord

E_1 *Nationale Selbstmordraten*

$E_{1.1}$ Die Selbstmordrate einzelner Nationen variiert sehr stark (vgl. nachfolgende Tabelle)

Tabelle 1: *Selbstmordraten nach Jahren (1952-54 und 1961-63) und Geschlecht, bezogen auf 100.000 Personen der Bevölkerung ab dem Alter von 15 Jahren*

Gebiet	Zeitraum	Durchschnitt pro Jahr männlich + weiblich	männlich	weiblich	m pro 100 w+
Australien	1952-54	14,9	21,9	7,7	221
	1961-63	19,6	27,0	12,2	
Dänemark	1952-54	31,9	43,6	20,6	200
	1961-63	24,2	32,4	16,2	
Deutschland, BRD	1952-54	23,6	33,7	15,1	206
	1961-63	24,1	33,3	16,2	
England & Wales	1952-54	13,8	18,5	9,5	150
	1961-63	15,1	18,3	12,2	
Finnland	1952-54	25,8	43,6	9,9	388
	1961-63	29,0	47,7	12,3	
Frankreich	1952-54	20,3	32,6	9,4	323
	1961-63	20,7	32,3	10,0	
Israel (jüd. Bev.)	1961-63	10,1	11,9	8,2	145
Italien	1952-54	6,4	11,9	4,8	243
	1961-63	7,1	10,2	4,2	
Japan	1952-54	31,4	38,8	24,5	141
	1961-63	24,7	29,0	20,6	
Kanada	1952-54	9,5	14,0	4,8	353
	1961-63	11,1	17,3	4,9	
Neuseeland	1952-54	13,5	19,9	7,1	225
	1961-63	13,0	18,0	8,0	
Niederlande	1952-54	9,0	11,9	6,2	169
	1961-63	9,1	11,5	6,8	
Norwegen	1952-54	9,8	15,1	4,6	349
	1961-63	10,0	15,7	4,5	

Gebiet	Zeit-raum	Durschnitt pro Jahr männlich + weiblich	männ-lich	weib-lich	m pro 100 w+
Österreich	1952-54	29,9	43,0	19,2	249
	1961-63	28,3	42,0	16,9	
Polen	1961-63	12,8	21,9	4,74	466
Schottland	1952-54	7,5	10,7	4,6	188
	1961-63	11,4	15,2	8,1	
Schweden	1952-54	23,4	35,2	10,7	276
	1961-63	21,7	32,0	11,6	
Schweiz	1952-54	28,8	44,9	14,3	257
	1961-63	23,3	33,9	13,2	
Tschechoslowakei	1961-63	28,2	40,9	16,5	248
Ungarn	1961-63	33,9	48,9	20,3	241
USA	1952-54	14,1	22,8	5,9	312
	1961-63	15,6	24,0	7,7	

+ Zahl der männlichen Selbstmorde pro 100 weibliche Selbstmorde

Quelle: WHO 1968, S. 69

Die Selbstmordrate in der Bundesrepublik einschließlich West-Berlin betrug im Jahre 1972 19,8. Dabei ist für die Zeit nach dem Zweiten Weltkrieg eine stetige Zunahme zu beobachten gewesen: Im Jahre 1946 kamen auf 100.000 Einwohner 17,7 Selbstmorde, während im Jahre 1973 die Zahl bei 20,8 lag (vgl. 1. Sonderheft der Suicidprophylaxe 1979, S. 26, vgl. Tab. 2).

Im internationalen Vergleich ist vor allem die starke Variation der Selbstmordraten innerhalb hoch industrialisierter Länder von Interesse. Trotz dieser beträchtlichen Unterschiede liegt deren durchschnittliche Selbstmordrate über den homogeneren Selbstmordraten der Entwicklungsländer und der Schwellenländer (vgl. Dublin 1963; Quinney 1965; Thomas 1964, S. 8ff. zur Zuverlässigkeit der verschiedenen Statistiken, die den Vergleich einschränkt, andererseits wurde eine hohe Übereinstimmung zwischen den Selbstmordraten der Immigranten mit der Selbstmordrate ihrer Herkunftsländer festgestellt (vgl. Sainsbury und Barraclough 1968 und Lester 1972)).

Tabelle 2: *Selbstmordrate und Selbstverletzungen für 100.000 der Bevölkerung*

Land		1970	1971	1972
Afrika	Ägypten	...	...	+
	Maurizien	1,7	4,0	2,3
Amerika	Kanada	11,3	11,9	12,2
	Chile	4,9	+	+
	Costa Rica	2,3	3,0	+
	Dominik. Republik	2,4	2,5	+
	El Salvador	7,0	8,1	+
	Mexiko	1,1	0,7	0,7
	Panama (ohne indianische Stämme)	3,0	2,6	2,1
	USA	11,1	11,1	11,7
	Uruguay	9,4	10,4	+
	Venezuela (ohne indianische Stämme)	7,2	6,4	+
Asien	Hong-Kong	13,7	9,8	10,6
	Israel (nur jüd. Bev.)	5,8	6,8	+
	Japan	15,1	15,6	16,8
	Singapur	8,9	10,9	10,9
	Thailand	4,2	3,6	+
Europa	Belgien	16,5	+	+
	Bulgarien	11,9	12,3	11,4
	BRD	21,2	20,9	+
	Dänemark	21,5	24,8	+
	DDR	30,5	...	+
	Finnland	21,3	21,8	+
	Frankreich	15,3	15,4	+
	Griechenland	3,1	3,3	+
	Großbritannien			
	England	8,0	8,1	7,7
	Nordirland	3,9	3,5	3,0
	Schottland	7,6	7,2	8,1
	Island	...	5,2	8,6
	Irland	1,8	2,7	+
	Italien	5,8	6,0	+
	Luxemburg	...	14,0	15,9
	Malta	1,2	0,3	0,3
	Niederlande	8,1	8,3	7,9
	Norwegen	8,4	8,1	+
	Österreich	24,2	22,9	23,3
	Polen	11,2	11,7	11,9
	Portugal	...	8,2	8,3
	Rumänien	...	...	...
	Schweden	22,2	20,3	+
	Schweiz	18,6	18,6	+
	Spanien	4,2	4,3	+
	Ungarn	34,8	36,1	36,9
	Yugoslawien	13,5	13,8	+
Ozeanien	Australien	12,4	13,7	12,5
	Neuseeland	9,6	8,3	+

Quelle: World Health Statistics Report, 1974, 27, S. 198-199.

$E_{1.2}$ Nationale Konstanz der Selbstmordrate

Die Selbstmordrate einer Nation bleibt trotz periodischer Schwankungen und vor allem im Verhältnis zu den anderen Ländern relativ konstant.

Einen eindrucksvollen Beleg für diese schon von Durkheim erkannte und von Bächler (1980) spekulativ in Zweifel gezogene These liefern die Selbstmordraten der beiden deutschen Länder DDR und BRD im Vergleich der Jahre 1930 bis 1978, wobei die Selbstmordrate der heutigen DDR vor und nach den grundlegenden gesellschaftspolitischen Änderungen unverändert um ungefähr ein Drittel höher liegt als die Selbstmordrate der heutigen BRD (vgl. Cordes 1963): 1 = heutige DDR

1930	1: 0,61
1936	1: 0,64
1954	1: 0,73
1955	1: 0,70
1956	1: 0,69
1958	1: 0,61

Für die nationale Konstanz der Selbstmordrate spricht die Tatsache, daß unter Einwanderern deren nationenspezifische Selbstmordrate erhalten bleibt. Lester (1972) ermittelte einen Korrelationskoeffizienten zwischen der Selbstmordrate der Einwanderer und der des Herkunftslandes von r = .79, Barraclougs (1973) von rho = .89.

Die nationenspezifischen Selbstmordraten sind allerdings periodischen Schwankungen unterworfen, die ihrerseits von Land zu Land sehr stark variieren. In Kanada z.B. ist eine konstante Selbstmordrate über vier Jahre beobachtet worden, während in Irland über 55 Jahre die Selbstmordrate praktisch unverändert blieb (Gibbs 1963, S. 249). In Zahlen ausgedrückt bedeutet dies: von 50 Staaten, deren Statistik vergleichbar ist – und offizielle Statistiken über die Selbstmordhäufigkeit eines Landes existieren in den westlichen Ländern ungefähr seit 100 Jahren – zeigen 32 Staaten eine leicht steigende, 14 eine sinkende Selbstmordrate und lediglich in 4 Staaten bleibt der relative Anteil der Selbstmörder an der übrigen Bevölkerung unverändert (vgl. auch die Trendanalyse von Diggory 1976; Resnik et al. 1974).

Insgesamt ist eine leichte Zunahme der Selbstmordrate zu beobachten, dies gilt insbesondere für die Selbstmordrate der Frau (vgl. E_2, Resnik et al. 1974).

Geschlechtsspezifische Unterschiede aller Todesursachen sind am ausgeprägtesten bei unnatürlichen Todesursachen. Selbstmord steht hier nach Mord an zweiter Stelle (3.33 und 3.87 sind die geschlechtsspezifischen Relationen für Selbstmord bzw. Mord.) Keine verbreitete Krankheit mit Todesfolge kann so deutliche Unterschiede zu Lasten der Männer bewirken. Günstigstenfalls sind die Krankheitsrisiken gleich verteilt (vgl. Verbrugge 1985).

E_2 *Selbstmordrate nach Geschlecht*

E2.1 Männer begehen häufiger Selbstmord als Frauen (vgl. Resnik et al. 1974; Tuckman und Youngman 1963; Stengel 1964, S. 22; Farberow und Shneidman 1961; Lendrum 1933)

E2.2 Größe der relativen Selbstmordimmunität der Frau

Im allgemeinen ist die Selbstmordrate des Mannes zwei- bis dreimal höher als die der Frau. Der geringste Abstand (1.42) ist in Nordirland im Jahr 1949 und in West-Berlin festgestellt worden, d.h. hier nähert sich die weibliche und männliche Suizidgefährdung an. In Norwegen ist der Abstand zugunsten der Frau mit 4.16, der sich im Jahre 1976 auf 3. verringerte (vgl. Retterstol 1975), am größten. In der Bundesrepublik Deutschland sind die Männer ohne Berücksichtigung der Altersverteilung ungefähr doppelt so stark gefährdet wie die Frauen. Für die Jahre 1960 bis 1972 ergibt sich eine durchschnittliche Selbstmordrate der Männer von 27.06, während die der Frauen für denselben Zeitraum 13.95 beträgt (vgl. 1. Sonderheft der Suicidprophylaxe 1979, S. 29).

Auch unter Berücksichtigung der Rassenzugehörigkeit ist das Selbstmordrisiko des Mannes größer als das der Frau. Dublin (1963, S. 25/26) stellte fest, daß die schwarze Frau gleichfalls seltener Selbstmord begeht als der schwarze Mann. Die absolute Selbstmordrate der Frau schwankt jedoch in verschiedenen Ländern sehr stark (vgl. Gibbs 1963, S. 239). So begehen die 24- bis 26jährigen Frauen in Japan zwanzigmal häufiger Selbstmord als gleichaltrige Frauen in den USA (vgl. Iga 1961; Hirsh 1966). Die relative Immunität der Frau im Vergleich zum Mann bleibt jedoch in der Regel in einzelnen Altersklassen bestehen (vgl. Schwab 1975 für 10- bis 18jährige), auch bei unterschiedlichen Bildungsgraden der beiden Geschlechter. So sind Studentinnen zwar stärker suizidgefährdet als ihre gleichaltrigen Geschlechtsgenossinnen der übrigen Bevölkerung, im Vergleich zu den männlichen Studierenden haben sie jedoch ihre relative Selbstmordimmunität bewahrt (vgl. Friedrich 1972; Schwarz 1975).

Ausnahme: In Indien bringen sich Frauen, die jünger als 30 Jahre sind, häufiger um als Männer (vgl. Sathyavathi et al. 1961) und während des Zweiten Weltkrieges waren jüngere japanische Frauen zwei- bis dreimal häufiger gefährdet als die Männer (vgl. Yap 1958, S. 13).

E2.3 Zunahme der weiblichen Selbstmordrate

Die Selbstmordrate der Frau hat nach 1950 zugenommen (vgl. die Trendanalyse von Diggory 1976; Newman et al. 1963; Davis 1981). Preiß (1968) stellte dies auch für die DDR fest, Paerregaard (1980) für Dänemark.

E2.4 Alter, Geschlecht und Selbstmord

Mit zunehmendem Alter steigt die Selbstmordgefährdung von Mann und Frau. Die Selbstmordrate der Frau erreicht Mitte 40 ihren Höhepunkt, während die männliche Selbstmordrate gleichmäßig mit zunehmendem Alter ansteigt (vgl. WHO 1968, S. 69ff.; Dublin 1963, S. 22; Moschel und Häberle 1978). Für die Bundesrepublik gilt eine geringfügig andere Verlaufsform: mit 30 Jahren ist bei Männern und auch geringfügig bei Frauen ein erster Selbstmordgipfel erkennbar. Der Höhepunkt liegt zwischen 50 und 60 Jahren bei beiden Geschlechtern, danach nimmt die Selbstmordhäufigkeit bei Mann und Frau stark ab. Insgesamt sind bei Männern stärkere altersabhängige Schwankungen zu beobachten als bei Frauen (vgl. 1. Sonderheft der Suicidprophylaxe 1979, S. 2). Abweichende Altersgipfel – bei Männern der 338 untersuchten Selbstmordfälle – stellte Fuhrmann (1969) fest. Die stärkste Gefährdung der Männer lag hier bei den über 85jährigen, während der übliche Gipfel bei Frauen zwischen Mitte vierzig und Mitte fünfzig lag. MacMahon (1963) registrierte für die USA bei den Männern mit zunehmendem Alter eine Zunahme der Selbstmordfälle. Die stärkste Abweichung von dieser Altersverteilung in den westlichen Industrienationen weisen China und Japan auf. Zwischen 45 und 50 Jahren ist die Chinesin am stärksten gefährdet, während die männliche Selbstmordrate bis zum Alter von 30 Jahren stark ansteigt und dann auf hohem Niveau konstant bleibt (vgl. Yap 1958, S. 13). Die Altersverteilung japanischer Suizide ist bimodal. Der erste Gipfel liegt zwischen 20 und 24 Jahren, und zwar gilt dies für Frauen und für Männer. Der zweite Höhepunkt wird von den über 65jährigen erreicht (vgl. Iga 1961).

E2.5 Geschlecht und Zivilstand: Verheiratete sind weniger selbstmordgefährdet

Verheiratete Männer begehen fünfmal weniger Selbstmord als unverheiratete, sechsmal weniger als verwitwete und siebenmal weniger als geschiedene Männer. Bei den Frauen zeigt sich dieselbe relative Immunität der verheirateten Frau, allerdings mit geringerem Unterschied innerhalb verschiedener Zivilstandsformen (vgl. Dublin 1963, S. 27; Gargas 1932 für die Niederlande). Dominguez berichtet jedoch, daß in Spanien verheiratete Männer stärker gefährdet sind (Dominguez 1958). De Grove (1977) weist nach, daß das Alter fünfzigmal wichtiger als der Zivilstand ist, wenn Alter, Zivilstand und soziale Isolation in ihrem Zusammenhang mit der Selbstmordhäufigkeit verglichen werden. Unabhängig von der Arbeitslosenrate bzw. Geburtenrate bestätigt Stack (1981a, 1981b) in einer ökologischen Studie eine starke Gefährdung der Geschiedenen.

Der Effekt zeigt sich in einer Querschnittsanalyse (1981b) und in einer Zeitreihenanalyse für die Jahre 1933-1970 (1981a), Vidgerhouse und Fishman (1970) können jedoch für die Jahre 1920-1969 keinen signifikanten Effekt des Zivilstandes auf die Selbstmordrate nachweisen.

E_3 *Zivilstand und Selbstmord*

Die Selbstmordrate Unverheirateter war nach einer Untersuchung von Bock und Webber (1972) ungefähr dreimal höher als die der Verheirateten (94.91 : 23.94). Im Dreijahresdurchschnitt von 1959-61 erweisen sich die Verheirateten nach einer bundesweiten Studie in den USA unabhängig vom Alter als relativ immun gegenüber dem Selbstmord, während die Selbstmordrate der Geschiedenen am höchsten ist und nur geringfügig mit dem Alter zunimmt, sind die Verwitweten in sehr jungen Jahren (20-24 Jahre) am gefährdetsten, die im Alter aber die relative Selbstmordimmunität von Verheirateten erreichen (vgl. Maris 1981, S. 116, Fig. 5.1). Beim Vergleich von 18 europäischen Ländern ist in Ländern mit hoher Selbstmordrate der Anteil der Geschiedenen hoch (vgl. Sainsbury 1980, S. 45, Tab. 2.5), und die wachsende Zahl der Scheidungen wird während eines Beobachtungszeitraumes von 10 Jahren von einer Zunahme der Selbstmordfälle begleitet. Der Zivilstand ‚verheiratet' scheint jedoch kein stabiler und signifikanter Prädiktor zu sein (vgl. Tab. 4, A 1).

E_4 *Selbstmord im Stadt-Land-Vergleich*

Der Unterschied zwischen der ländlichen und städtischen Selbstmordrate hat sich vom Jahre 1920 bis zum Jahre 1960 von ursprünglich 58 % auf 7 % verringert (vgl. Dublin 1963, S. 49). In Europa werdem noch deutlichere Stadt-Land-Unterschiede festgestellt.

Eine Ausnahme von dieser regionalen Verteilung macht auch hier Japan. Dort bringen sich auf dem Lande mehr Menschen um als in den Städten (vgl. Iga 1961; Duchac 1964). Capstick (1960) findet aber auch unter Farmern dann ein erhöhtes Selbstmordrisiko, wenn diese in entlegenen und spärlich bevölkerten Gegenden wohnten. Am wenigsten gefährdet waren dann Frauen, die auf dem Lande wohnten.

E_5 *Selbstmord und Religionszugehörigkeit*

Juden und Katholiken haben im allgemeinen eine niedrigere Selbstmordrate als Protestanten (vgl. Durkheim 1967; Bojanowsky 1978; Danto et al. 1983: Juden i.V. zu Nichtjuden). Die Selbstmordrate der Juden schwankt jedoch sehr stark (vgl. Gibbs 1963, S. 246). Für die USA stellt Powell (1958) keinen Zusammenhang zwischen der Religionszugehörigkeit und Selbstmordhäufigkeit fest. Die geringste Selbstmordrate der Welt hat Afghanistan (vgl. Gobar 1970) mit dem Islam als herrschender Religion.

Für die Bundesrepublik ist das immer noch beobachtbare Nord-Süd-Gefälle mit einem höheren Anteil der Protestanten im Norden verbunden (vgl. Burger 1964). Auch die höhere Selbstmordrate der DDR im Vergleich zur BRD kann mit den vornehmlich protestantischen Sachsen in der DDR in Beziehung gesetzt werden. Ausnahmen bilden die Länder Frankreich und Ungarn, die als katholische Länder eine relativ hohe Selbstmordrate aufweisen, während in neueren ökologischen Untersuchungen von Bainbridge und Stack (1981, 1983a,b) in den USA die Selbstmordneigung in keinem Zusammenhang zur katholischen Religionszugehörigkeit stand, wies Stack (1981, 1983a,b) aber den selbstmordschützenden Einfluß religiösen Engagements nach. Unter Kontrolle des wirtschaftlichen Entwicklungsstands ergibt sich auf gesamtgesellschaftlicher Ebene kein signifikanter Unterschied zu Lasten der protestantischen Länder (vgl. Pope et al. 1981).

E6 Wirtschaftliche Situation und Selbstmord

E6.1 Niveau und Veränderungen wirtschaftlicher Entwicklung

Äußerst schwierig ist eine empirische Verallgemeinerung formulierbar, die die wirtschaftliche Situation im Zusammenhang mit der Selbstmordhäufigkeit auf gesamtgesellschaftlicher umd individueller Ebene zutreffend wiedergibt. Die These von Durkheim (1967), daß in Zeiten wirtschaftlicher Prosperität und wirtschaftlicher Depression erhöhte Selbstmordziffern registriert werden, kann zumindest als nicht widerlegt gelten. 1933 stellt Leonhard (1959) für Deutschland die höchste Selbstmordrate fest. Weiss (1953) und Hurlburt (1932, S. 714ff.) und Lunden (1946/47) bestätigen die gestiegenen Selbstmorde während der Depression für andere europäische und außereuropäische Länder. Weniger Hinweise lassen sich für die Selbstmordzunahme in Zeiten wirtschaftlicher Hochkonjunktur finden (z.B. Pierce 1967, S. 460, 462; aber Marshall und Hodge 1981 in einer ökologischen Zeitreihenanalyse).

Einen interessanten Indikator für wachsenden Wohlstand verwenden Sainsbury und Mitarbeiter in einem Vergleich der veränderten Selbstmordraten in 18 europäischen Ländern. Je mehr Fernsehgeräte installiert werden in einem Land, um so stärker nimmt die Selbstmordrate zu (vgl. Sainsbury et al. 1980, S. 47; vgl. Tab. 3/A 1 mit den Querschnittdaten). Wenn das starke Wachstum von Gemeinden jedoch mit einer starken Verbesserung der wirtschaftlichen Verhältnisse verbunden ist, sprechen Fallstudien für eine solche Beziehung (vgl. Wechsler 1961). Während auf der individuellen Ebene Arbeitslosigkeit mit Suizid verbunden ist (Breed 1963; Maris 1969, 1981), finden Stack und Haas (1984) in einer multivariaten, ökologischen Studie (ebenso Wasserman (1983); Li (1974) und Vidgerhouse Fishman (1978) einen signifikanten Zusammenhang zwischen kollektiver Arbeitslosigkeit und Suizid, den frühere Untersuchungen nicht feststellen konnten (vgl. Walbran et al. 1965, S. 11; Sainsbury 1955, S. 75). Boor (1980) findet außer in Italien und Großbritannien einen engen Zusammenhang zwischen Arbeitslosenratenveränderungen und gleichzeitiger Zunahme der Selbstmordrate vor allem unter jungen Kanadiern, Franzosen, Deutschen, Japanern, Schweden und US-Bürgern.

Beim Vergleich unterschiedlich reicher Länder hat bereits Durkheim (1967) die relative Selbstmordimmunität armer Länder (z.B. Italien und Irland mit den niedrigsten Selbstmordraten) festgestellt. Quinney (1965) bestätigt dies beim Vergleich wohlhabender Industrieländer mit armen Entwicklungsländern.

Tabelle 3: *Pearsonsche Produktmomentkorrelationen zwischen Sozialindikatoren und Selbstmordraten in 18 europäischen Ländern*[1] *(nach Sainsbury et al. 1980, S. 45, Tab. 2.5)*

Sozialindikatoren (Anteil der...)		Insgesamt SMR	Männlich SMR	Weiblich SMR
1.	Bevölkerung < 15 Jahre	–.4057++	–.3296+	–.5426+++
2.	Bevölkerung 65 Jahre +	+.1453	+.0848	+.2720
3.	Verheirateten	+.2610	+.1891	+.4261++
4.	Scheidungen	+.8492++++	+.8198++++	+.8061++++
5.	Unehelichen	+.5790+++	+.5581+++	+.5818+++
6.	% Geburten/Frauen < 20 Jahre	+.6849++++	+.6544+++	+.6866++++
7.	% Geburten/Frauen > 30 Jahre	–.7211++++	–.6797++++	–.7453++++
8.	Frauen mit höherer Bildung	+.2364	+.2916	+.0771
9.	Weibliche Arbeitslosenrate	+.4763++	+.4904++	+.4120+
10.	TV/100.000 Bevölkerung	+.0638	+.0327	+.2476
11.	Wohnraumdichte	–.3170	–.2790	–.3670
12.	Arbeitslosigkeit	–.3463	–.3813+	–.2201
13.	Tod durch Leberzirrhose	+.2135	+.2184	+.2071
14.	Mordrate	+.4245++	+.4878++	+.2592
15.	Tödliche Verkehrsunfälle	+.3486+	+.3310	+.3707

p = .10+ p = .05++ p = .01+++ p = .0001++++

1 Deutschland, Frankreich, Griechenland, Schottland, Italien, England und Wales, Schweiz, Österreich, Belgien/Dänemark, Norwegen, Irland, Finnland, Tschechoslowakei, Polen, Schweden, Niederlande, Ungarn. Die hier zitierte Reihenfolge enthält außerdem die Gruppe der Länder mit einer hohen Änderungsrate (vor den beiden Teilstrichen) und die Länder mit einer geringen Selbstmordänderungsrate (nach den beiden Teilstrichen) (vgl. Sainsbury et al. 1980, S. 49).

E6.2 Selbstmord und Schichtzugehörigkeit

Kontrovers – nicht zuletzt wegen nicht vergleichbarer Berufsangaben bei Selbstmördern – bleiben die Befunde über einen Zusammemhang zwischen Schicht und Selbstmordhäufigkeit, so daß von einer demokratischen Verteilung der Selbstmordhäufigkeit auf verschiedene gesellschaftliche Schichten ausgegangen werdem kann. Allenfalls weisen einige Untersuchungen auf eine U-förmige Beziehung zwischen Schicht und Selbstmord hin mit einer erhöhten Selbstmordgefahr für die unteren und oberen Schichten (vgl. z.B. Weiss 1964 und Rudfeld 1962 für Dänemark; Fuchs 1974 für die BRD; Dublin 1963 für England und Resnik et al. 1974 für die USA). Nach Bayreuther (1959) und nach Moschel und Häberle (1978) in einer ökologischen Faktorenanalyse steigt hingegen mit zunehmender Bildung die Letalität, häufig Selbstmord zu begehen (Grahl 1969; Lungershausen 1968). Studenten scheinen auch überproportional häufig Selbstmord zu begehen (Grahl 1969; Lungershausen 1968). Einige der empirischen Befunde zu unterschiedlichen schichtspezifischen Verteilungen der Selbstmordhäufigkeit sind nachfolgend aufgeführt (SMR = Selbstmordrate; OS/MS/US = Ober-/Mittel-/Unterschicht).

$$SMR_1 \begin{matrix} > \\ = \\ < \end{matrix} SMR_2$$

OS > US	(Bock und Webber 1972; Weiss 1953, S. 325; Porterfield 1960)
OS = MS = US	(Resnik und Hathorne 1974; Maris 1967 f. Nichtweiße; Labovitz et al. 1971 (Prestige); Maris 1980 (SES))
OS, US > MS	(Dublin 1963, Maris 1969, S. 122)
MS, US > OS	(Teele 1965 bei Selbstmordversuch; Maris 1967 f. Weiße)
US > MS, OS	(Breed 1963)

E6.3 Beruf, Geschlecht und Selbstmord

Obwohl in Untersuchungen über die schichtspezifische Selbstmordrate, die Schichtzugehörigkeit teilweise über Berufsangaben erfaßt wurde (z.B. Dublin 1963), gibt es einige international replizierte Befunde, die weniger die Aufmerksamkeit auf den mit der Berufszugehörigkeit verbundenen Status lenken, als auf die berufstypischem sozialen Beziehungen und für die Kausalinterpretation wichtige kognitive Struktur dieser Beziehungen (vgl. Abschnitt 2.2.1.1).

So scheinen Angehörige professioneller Berufe und Angehörige von Dienstleistungsberufen besonders gefährdet zu sein (vgl. Resnik et al. 1974; Blachley et al. 1968; Bayreuther 1969, S. 76ff.; Rudfeld 1962; Bojanowsky 1978). Unter den Ärzten sind die Psychiater am stärksten suizidgefährdet (vgl. Blachley et al. 1968). Die geringste Letalquote mit der Todesursache Selbstmord haben nach Bayreuther (1959) die Handwerker. Nach der Berufszugehörigkeit zu urteilen, scheint daher der Mittelstand eine gewisse Immunität gegenüber Selbstmord zu besitzen. Am interessantesten ist der gleichfalls für die USA und die BRD replizierte Befund, daß Frauen, wenn sie in Berufen tätig sind, die als gefährdet einzustufen sind – Dienstleistungsgewerbe und professionelle Berufe – und sie dieselben Tätigkeiten ausüben wie die Männer, ihre geschlechtsspezifische Immunität verlieren. So begehen nach Blachley et al. (1968) Ärztinnen doppelt so häufig Suizid wie Männer. Ähnlich stellte Fuchs (1974) fest, daß in der BRD Kellner und Kellnerinnen dieselbe

und Ärztinnen eine im Vergleich zu ihren männlichen Kollegen erhöhte Selbstmordrate aufweisen.

E7 Selbstmord in Kriegszeiten

Tabelle 4: *Auswirkungen des 2. Weltkrieges auf die männliche und weibliche Selbstmordrate kriegsbeteiligter und neutraler Nationen (nach Sainsbury et al. 1980, S. 41; WHO 1956)*
SMR: Selbstmordrate per 100.000 der Bevölkerung bis 15 Jahre und mehr

Nation	männlich			weiblich		
	1938	1944	% Diff.	1938	1944	% Diff.
Kriegsbeteiligte Nationen						
Südafrika	15.5	10.7	–31	5.0	3.4	–32
Kanada	13.1	8.9	–32	3.7	3.2	–14
USA	23.5	14.9	–37	6.9	5.4	–22
Ceylon	10.1	8.2	–19	3.9	4.1	+5
Österreich	60.7	28.1	–54	28.6	13.8	–52
Frankreich	31.0	18.2	–41	8.9	6.1	–31
Italien	11.0	6.0	–45	3.6	2.0	–44
England u. Wales	18.0	13.5	–25	8.2	5.8	–29
Schottland	12.3	9.1	–25	6.3	4.5	–29
Nordirland	6.9	5.6	–19	6.9	5.6	–18
Australien	16.4	9.9	–40	5.0	4.9	–2
Neuseeland	19.5	14.6	–25	5.1	5.7	+12
Belgien	27.6	18.1	–34	8.6	6.5	–24
Dänemark	28.9	24.0	–17	12.9	20.5	+59
Finnland	32.8	27.7	–16	7.3	5.3	–27
Norwegen	10.7	8.2	–23	5.3	9.8	+85
Niederlande	11.6	7.4	–36	5.4	5.6	+4
Japan	21.0	18.7	–11	12.9	12.9	0
Neutrale Nationen						
Chile	6.8	6.5	–4	2.5	2.3	–8
Irland	4.7	4.2	–2	1.8	0.6	–67
Portugal	16.6	13.9	–16	5.0	4.8	–4
Schweden	25.0	20.6	–18	6.8	5.7	–16
Schweiz	38.4	37.2	–3	11.6	14.7	+27
Spanien	6.9	8.8	+28	2.3	2.6	+13

Während einschneidender Kriegs- und Krisenzeiten (vgl. Durkheim 1973, S. 224ff.), vor allem während der Weltkriege, wurde international ein Absinken der Selbstmordrate beobachtet (McMahon 1963, USA; Cordes 1963, Deutschland; vgl. Tab. 4/A 1).

Während des Vietnamkrieges wurde in Amerika gleichfalls unter Kontrolle der Arbeitslosigkeit eine Verminderung der Selbstmordfälle beobachtet, nicht aber während des Koreakrieges in den Jahren 1950-1953 (vgl. Marshall 1981; Wasserman 1983).

E8 Selbstmord psychisch und physisch Kranker

Personen mit *psychischen Störungen* haben ein erhöhtes Selbstmordrisiko. Resnik et al. (1974) schätzen es acht- bis zwölfmal so hoch ein wie das der allgemeinen Bevölkerung. Am stärksten gefährdet sind danach Depressive, bei denen Psychosen – hier insbesondere manisch-depressive Erkrankungen – diagnostiziert wurden (vgl. zu den Selbstmordraten eimzelner psychischer Erkrankungen Lester und Lester 1971). Linden (1969) schätzt angesichts der extremen Schwankungen – im deutschen Sprachbereich liegt er zwischen 3 und 66 % – den Anteil auf 8-15 %. Diese unterschiedlich festgestellten Selbstmordrisiken psychisch Kranker weist auf die mangelnde Reliabilität psychiatrischer Diagnosen hin. Eine Aussage wird außerdem noch dadurch erschwert, daß die meisten Selbstmörder nicht vorher als psychiatrische Patienten aufgenommen und diagnostiziert wurden.

Nach Resnik et al. (1974) weisen Patienten mit *unheilbaren* oder *schweren Krankheiten* – wie Herzkrankheiten – kein erhöhtes Selbstmordrisiko auf. Diabetiker sind weniger selbstmordgefährdet als die übrige Bevölkerung (vgl. Bourgois 1974), Schwangere während der Schwangerschaft nicht, wohl aber nach der Geburt des Kindes.

E9 Angewandte Selbstmordmethoden bei suizidalen Handlungen und Sterberisiko

E9.1 Die Anwendung letaler Selbstmordmethoden ist eher vor vollendeten Suizidhandlungen als für Suizidversuchshandlungen mit nicht-tödlichem Ausgang typisch (Maris 1981, S. 324; Linden 1969)

E9.2 Kessel (1966) identifizierte bei ungefähr 50 % der untersuchten 170 Männer und 352 Frauen, die ihren Selbstmordversuch überlebt hatten, suizidale Handlungen ohne erkennbare letale Absicht. Ebenso war die größte faktorenanalytisch nach Art und Anlage der gewählten Methode getrennte Gruppe (n = 172 von insgesamt 236 Selbstmordversuchern) eine Gruppe gewesen, die gleichzeitig ein sehr geringes Sterberisiko aufwies (vgl. Paykel et al. 1978).

A 2 Empirische Generalisierungen über Selbstmordversuche[1]

E10 Selbstmordversuchsrate nach Geschlecht

Frauen begehen häufiger als Männer suizidale Handlungen mit nicht-tödlichem Ausgang (Böcker 1972b).

E10.1 Veränderungen der geschlechtsspezifischen Selbstmordversuchsrate

Die Selbstmordversuche der Frauen im Verhältnis zu denen der Männer haben in den USA von 1941 bis zur Mitte der sechziger Jahre zunächst zugenommen. Die Relation verschlechterte sich also zu Lasten der Frau. Seit Mitte der sechziger Jahre bis 1980 ist jedoch eine signifikante lineare Abnahme des Geschlechtsquotienten zu verzeichnen bei gleichzeitiger absoluter Zunahme der Selbstmordversuche unter Frauen und Männern (vgl. Kessler umd McRae 1983). Eine Replikation der Befunde gelang den Autoren vor allem in den Großstädten, nicht aber in kleineren Städten. Da ein Zusammenhang der Veränderung der Selbstmordrate der Frau mit deren Erwerbstätigkeit nachweisbar ist (vgl. Newman et al. 1973; Preiß 1968; Davis 1981), gehören beide Veränderungen – die Zunahme der weiblichen Selbstmordrate und auch die relative Abnahme der weiblichen Selbstmordversuche – zu den wichtigsten empirischen Befunden der Selbstmordforschung in den letztem Jahren.

E11 Alter und Selbstmordversuche

Personen, die einen nicht-tödlich endenden Selbstmordversuch unternehmen, sind in der Regel jünger als Personen, deren Selbstmordhandlung tödlich verläuft (für den deutschem Bereich Becker et al. 1982).

Dieser altersspezifische Unterschied zwischen Selbstmord- und Selbstmordversuchshandlungen wiederholt sich in bestimmten Berufspopulationen. So begehen jüngere Studenten eher einen Selbstmordversuch, während der Anteil der älteren Studenten unter den Selbstmördern höher ist (vgl. Lungershausen 1968). Beim Militär enden mehr Selbstmordversuche nicht tödlich, wenn es sich um jüngere Rekruten handelt, während die meisten vollendeten Selbstmordhamdlungen unter den älteren Armeeangehörigen, vor allem den Offizieren, zu finden sind (vgl. Resnik et al. 1974)[1].

---

1 Die folgenden Aussagen beruhen größtenteils auf Untersuchungen von Tuckman und Youngman 1963: Stengel 1964; Farberow und Shneidman 1961, die sowohl Selbstmörder als auch Selbstmordversucher miteinander verglichen haben, soweit keine anderen Literaturangaben zitiert werden.

E_{12} *Rassenzugehörigkeit und Selbstmordversuch: Schwarze sind stärker suizidversuchsgefährdet als Weiße*

E_{13} *Zivilstand und Selbstmordversuche*

Verheiratete und alleinstehende Frauen begehen häufiger einen Suizidversuch mit nicht-tödlichem Ausgang als unverheiratete Frauen (vgl. Farberow und Shneidman 1961; Maris 1969; Becker et al. 1982). Unverheiratete und jüngere Männer sind gleichfalls suizidversuchsgefährdet.

E_{14} *Wirtschaftliche Situation und Selbstmordversuche*

Über die wirtschaftliche Situation von Selbstmordversuchern liegen weniger Daten vor als über die ökonomische Lage von Selbstmördern. Dies mag daran liegen, daß unter den Suizidversuchern die Frauen überrepräsentiert sind, deren ökonomischer Status vom dem des Mannes abgeleitet ist. Maris (1969) registriert einen überproportional hohen Anteil beruflich Erfolgloser, desgleichen Lendrum (1933). Neuere Untersuchungen in der BRD scheinen nicht auf eine überdurchschnittlich hohe Arbeitslosigkeit hinzuweisen. Nach Becker (et al. 1982) waren von den 3.035 untersuchten Patienten in den Jahren 1974 bis 1980 9,5 % arbeitslos gewesen.

In Frankfurt waren 29 % der während der Jahre 1948 bis 1953 untersuchten Krankenhauspatienten arbeitslos gewesen (vgl. Koch 1962), wobei angesichts der atypischen Dominanz männlicher Patienten eine Selektivität der Population nicht auszuschließen ist. In einer Studie von Buglass und Horton (1974) sind die Wiederholer von Suizidversuchen in 3 Kohorten (1968 N = 847, 1969 N = 910, 1970 N = 1.052) signifikant häufiger arbeitslos, wobei die Untersuchung wegen der geringen Zahl der Wiederholer – 16,14 und 17 % – einen statistischen Signifikanztest erschwert.

E_{15} *Selbstmordrisiko von Personen, die einen Selbstmordversuch überlebt haben*

Personen, die bereits einen nicht-tödlich endenden Selbstmordversuch hinter sich haben, haben im Vergleich zur übrigen Bevölkerung ein erhöhtes Selbstmordrisiko.

E_{16} *Selbstmordversuchsrisiko und Religionszugehörigkeit*

Beit-Hallahmi (1974) findet weder in Verbindung mit der Religionszugehörigkeit noch in Verbindung mit dem religiösen Engagement einen bedeutsamen Zusammenhang mit der Häufigkeit von Selbstmordversuchen.

A 3 Ergebnisse aus einzelnen Untersuchungen der Selbstmordforschung (vgl. A 4 zu einigen methodischen Anmerkungen)

Tabelle 1a: *Multiple Affekt-Effekte nach intensiver und schwacher Hilflosigkeit bei Internalen und Externalen (Mittelwerte) (nach Pittman und Pittman 1979, S. 43)*

Gruppe	Hohe Hilflosigkeit	Geringe Hilflosigkeit	Kontrollgruppe
	Depression		
Internal	26.60	12.80	11.93
External	20.86	13.13	12.00
	Feindseligkeit		
Internal	12.80	15.73	7.00
External	11.93	13.93	6.87
	Angst (anxiety)		
Internal	12.40	11.20	7.20
External	10.80	10.87	6.00

Tabelle 1b: *Mittlere Anagrammleistung als Funktion des Hilflosigkeitstrainings und Internaler-Externaler Klassifikation (nach Pittman und Pittman 1979, S. 42)*

Gruppe	Hohe Hilflosigkeit	Geringe Hilflosigkeit	Kontrollgruppe
	Zahl der Versuche		
Internal	16.80	5.66	7.66
External	14.40	10.60	8.26
	Zahl der Fehler		
Internal	4.80	.73	1.40
External	3.06	2.13	1.53
	Mittlere Zeitdauer		
Internal	51.02	24.84	29.51
External	42.85	37.43	30.93

Tabelle 2: *Absolute und relative Zunahme der Selbstmordfälle (SM) am Tage nach der Ausstrahlung einer Selbstmordgeschichte und an den folgenden sechs Tagen (experimentelle Gruppe) im Vergleich zur Zahl der Selbstmordfälle vor der Sendung (Kontrollgruppe) (nach Bollen und Phillips 1982)*

Tag nach der TV-Sendung	Absoluter Unterschied zwischen den SMen vor und nach der TV-Sendung	Relativer Unterschied zwischen den SMen vor und nach der TV-Sendung
0	28	5.2
1	35	6.8
2	45	9.5
3	32	6.7
4	35	7.4
5	6	1.1
6	63	12.3

Tabelle 3a: *Soziale Isolation, sexuelle Orientierung, Geschlechtsrollenidentifizierung und suizidales Verhalten nach Geschlecht*

Partielle Assoziationen (Sm, Parasuizid), Sexuelle Orientierung (S), Geschlechtsidentifikation (G), Isolation (I)					
		LR-Chi-Quadrat (p)			
Effekt	df	Männer		Frauen	
SMI.GS	2	50.23	(.001)	19.52	(.001)
SmG.IS	2	12.02	(.002)	0.06	(.971)
SmS.IG	2	23.02	(.001)	3.70	(.156)
SmIG.S	2	1.03	(1.03)	0.56	(.757)
SMIS.G	2	0.16	(.924)	1.10	(.577)
SMGS.I	2	3.86	(.145)	0.04	(.980)
SmIGS	2	1.38	(.501)	5.70	(.058)

Tabelle 3b: *Parasuizid von Frauen und Männern in Abhängigkeit von der sexuellen Orientierung, der Geschlechtsrollenidentifikation während der Kindheit und der Isolation in der Jugend (Loners, nach Harry 1983, S. 357)*

Männer

Sexuelle Orientierung	Geschlechtsrollen-identifikation wd. d. Kindheit (cross-gendering)	Isolation in d. Jugend	Parasuizid: erwogen/ Suizidversuch	nur vorgestellt	niemals	N (100%)
Homosexuell	gering	gering	17 (10)	34	49	77
		hoch	35 (23)	37	28	118
	hoch	gering	25 (13)	39	35	142
		hoch	43 (21)	36	20	346
Heterosexuell	gering	gering	5 (2)	32	62	160
		hoch	14 (3)	50	36	148
	hoch	gering	12 (0)	50	38	8
		hoch	38 (10)	29	33	21

Frauen

Sexuelle Orientierung	Geschlechtsrollen-identifikation (Kind)	Isolation (Jugend)	Parasuizid: erwogen SMV	nur vorgestellt	niemals	N (100%)
Homosexuell	gering	gering	24 (8)	44	32	25
		hoch	44 (28)	28	28	36
	hoch	gering	23 (16)	33	44	87
		hoch	47 (30)	34	19	145
Heterosexuell	gering	gering	22 (10)	32	46	59
		hoch	24 (7)	46	29	41
	hoch	gering	17 (11)	50	33	18
		hoch	33 (24)	29	38	21

Tabelle 4: *Zahl der Eltern, die direktive oder suggestive Erziehungsstile pflegten und Zahl der Kinder mit internalen bzw. externalen Kontrollerwartungen, die partiell den Attributionsmustern einer positiven bzw. negativen Internalität vergleichbar sind (nach Loeb 1975)*

Söhne	Mütter		Väter	
	direktiv	suggestiv	direktiv	suggestiv
Internal	6	18	8	16
External	12	9	13	8
	Chi-Quadrat $p < .05$; $n = 45$		Chi-Quadrat $p < .10$; $n = 45$	

Tabelle 5: *Prozentuale Verteilung der gewünschten Veränderungen in der Vergangenheit der Betroffenen (nach Maris 1981, S. 165)*

Erwünschte Änderung des Lebens	Natürlicher Tod		Selbstmordversuch	Selbstmord männl.		Selbstmord weibl.		Selbstmord Gesamt	
keine	39		8	12		12		12	
wollte andere Person sein oder andere Familie/Freunde	7	so	36	14		23		18	
andere Arbeit oder Ausbildung	8		9	16	s2	3		10	
Eheleben	8		8	7	n.s.	12		10	
Trinken – Krankheit (organ.)	6		6	14		8		11	
Tod eines signifikanten anderen	5		3	3		9		6	
Psychische Krankheit	2		19	5		6		5	
Anderes	11		8	4		6		5	
DK	14		3	25	(!)	21	!	23	!
Gesamt	100 % (71)		100 % (64)	100 % (145)		100 % (121)		100 % (266)	

so : $Z = 3.8$, $p > .001$ (Überlebende eines Suizidversuches versus der Personen, die eines natürlichen Todes starben)

n.s. : $Z = -1.4$ (Selbstmörder wollten seltener, aber n.s. ihr Eheleben verändert wissen als Selbstmörderinnen)

s2 : $Z = 3.6$, $p > .001$ (Selbstmörder wollten häufiger ihre Arbeitssituation verändern als Selbstmörderinnen)

Tabelle 6: *Prozentuale Verteilung der wichtigsten Lebensziele innerhalb und zwischen den drei Gruppen natürlicher Tod, Suizidversuch, Suizid (nach Maris 1981, S. 162)*

Wichtigste Lebensziele	Natürlicher Tod	Selbstmord-versuch		Selbstmord männl.		weibl.	Gesamt
Gute Arbeit, Bildung	11	11		21	so	5	13
Glückliche Ehe, Kinder aufziehen	38	53	s3	37	s3	59	47
Geld	12	5		12	s2	5	9
Anderen helfen	31	14		17		14	16
Andere, keine, weiß nicht	8	17		13		17	15
Gesamt	100 % (71)	100 % (64)		100 % (145)		100 % (121)	100 % (266)

so : $Z = 3.5,\ p < .001$ (Arbeit für Selbstmörder wichtiger als für Selbstmörderinnen)

s2 : $Z = 1.96,\ p < .001$ (Geld für männliche Suizidenten wichtiger als für weibliche Suizidenten)

s3 : $Z = -3.5,\ p < .001$ (Ehe, Kinder für weibliche Suizidenten und für Frauen mit nichttödlich endendem Selbstmordversuch wichtiger als für männliche Selbstmörder)

Tabelle 7: *Verteilung der prozentualen Zustimmung zur Frage: „Wie beurteilte der Verstorbene (oder ein Selbstmordversuch Überlebender) sein bisheriges Leben kurz vor dem Tod oder Selbstmordversuch?" (nach Maris 1981, S. 164)*

Lebenszufriedenheit	Natürlicher Tod	Selbstmord-versuch	Selbstmord männl.	weibl.		Gesamt	
sehr unzufrieden	6	45	26	24	so	25	s2
eher unzufrieden	13	30	12	23		17	
eher zufrieden	25	17	33	32		33	
sehr zufrieden	49	3	19	8		14	
DK	7	5	10	13		11	
Gesamt	100 % (71)	100 % (64)	100 % (145)	100 % (121)		100 % (266)	

so : $Z = 1.7,\ p < .10$ (Selbstmörderinnen sind häufiger sehr und etwas unzufrieden als Selbstmörder)

s2 : Z E $-2.9,\ p < .01$ (Selbstmörder (gesamt) sind seltener sehr unzufrieden als Überlebende eines Selbstmordversuchs)

Tabelle 8: *Prozentuale Verteilung des Ausmaßes blockierter Aspirationen innerhalb und zwischen beiden suizidalen Gruppen und der nicht-suizidalen (natürlicher Tod) Gruppe (nach Maris 1981, S. 163)*

Blockierte Aspirationen	Natürlicher Tod	Selbstmord-versuch	Selbstmord männl.[1]	Selbstmord weibl.	Selbstmord Gesamt
keine	76	22	46	54	50
gering	6	12	15	11	13
mittel	6	14	10	11	10
hoch	7	44	21	15	18
DK	5	8	8	9	9
Gesamt	100 % (71)	100 % (64)	100 % (145)	100 % (121)	100 % (266)

Signifikanzwerte der Gruppenunterschiede bei hoher Anomie

	Z	p-Wert
Selbstmörder (Gesamt) versus Selbstmordversuch	- 4.3	< .001
Selbstmörder (Gesamt) versus natürlicher Tod	2.4	< .05
Selbstmordversuch versus natürlicher Tod	5.1	< .001

1 Unter Kontrolle von Alter und Geschlecht ergab sich für jüngere (unter 45 Jahre) Selbstmörder ein höherer Grad von Anomie (35 %) als für ältere Selbstmörder (9 % der 45jährigen und Älteren). In allen Altersgruppen waren die männlichen Selbstmörder häufiger von Anomie betroffen als die weiblichen Suizidenten (vgl. Maris 1981, S. 162).

Tabelle 9: *Prozentuale Verteilung der Antworten der nicht-suizidalen und der beiden suizidalen Gruppen nach hoher Ausprägung der Items aus der Beckschen Depressionsskala (nach Maris 1981, S. 219ff.)*

Becksche Depressionsskala	prozentuale Verteilung der Antwortkategorie HOCH		
	Natürlicher Tod	Suizid-versuch	Suizid
Hoffnungslosigkeit	27	53	53
Unzufriedenheit	6	39	32
Wunsch zu sterben	4	66	51
Verlorenes Interesse an Leuten	3	20	21
Traurigkeit	11	69	43
Mißerfolg	10	66	32
Schuld	4	38	13
Verdiente oder unverdiente Strafe	6	33	13
Selbstabscheu	6	53	13
Selbsttadel	11	78	29
Irritierbarkeit	7	30	16
Entscheidungsunfähigkeit	13	34	26
Schlafstörungen	28	39	45
Gesundheitsbewußtsein	21	27	37
Häufiges Schreien	6	33	7
Sich unattraktiv und häßlich fühlen	7	19	7
Gewichtsverlust	52	27	25
Verlust an Interesse an Sex	38	25	21
Schwierigkeit zu arbeiten	37	36	37
Müde	24	30	24
Wenig oder keinen Appetit	0	0	0

Tabelle 10: *Gefühle und Verhaltensweisen nach der Beckschen Depressionsskala für Personen, die eines natürlichen Todes gestorben waren, einen Selbstmordversuch überlebt oder nicht überlebt haben (Prozentsatz hoher Zustimmung) (nach Maris 1981, S. 219-224)*

	Becksche Depressionsskala Skala-items	Natürliche Todesfälle (T)	Suizidversuche (SMV)	vollendete Suizide (SM)
(SMV = SM) > T	Hoffnungslosigkeit über Zukunft	27	53	53 s. > (27)
	Unzufriedenheit	6	39	32
	Wunsch zu sterben	4	66	51
	Verlorenes Interesse an anderen Menschen	3	20	21
SMV > SM > T	Traurigkeit	11	69 s.	43 s. > 11
	Mißerfolg	10	66 s.	32
	Schuldgefühl	4	38	13
	Verlangen nach Strafe	6	33	13
	Selbsthaß (self-disgust)	6	53	13
	Selbsttadel	11	78	29
	Irritierbarkeit	7	30	16
	kann keine Entscheidungen treffen	13	34	26
SM > (SMV = T)	Schlafstörungen	28	39 n.s.	45
	Mit seiner Gesundheit beschäftigt	21	27	37
SMV > (SM = T)	Häufiges Schreien	6	33	7
	Sich unattraktiv und häßlich fühlen	7	19	7
T > (SMV = SM)	Gewichtsverlust von 10-15 Pfund	52	27	25
	Interesse an Sex verloren	38	25	21
SMV = SM = T	Schwierigkeiten zu arbeiten	37	36	37
	Müde oder zurückgezogen	24	30	24
	Wenig oder keinen Appetit	0	0	0

s. = signifikante Unterschiede zwischen den Gruppen, soweit diese im Text angegeben wurden. Man kann annehmen, daß mehr signifikante Unterschiede feststellbar sind.

Tabelle 11: *Zusammenhang zwischen durchschnittlichen nationalen I-E-Skores und den nationalen Selbstmordraten pro 100.000 der Bevölkerung nach Boor (1976)*

Nation	Durchschnittliche I-E-Skores pro 100.000 der Bevölkerung 1974	Selbstmordrate pro 100.000
Australien	10.9	12.5
Frankreich	11.0	15.4
Israel	10.3	6.8
Italien	10.5	6.0
Japan	12.1	16.8
Kanada	10.9	12.2
Neuseeland	10.1	8.3
Schweden	14.6	20.3
USA	10.3	11.7
Westdeutschland	10.9	20.9

$r = .68$, $df = 8$, $p < 0.5$

Tabelle 12: *Zahl der Suizidversuche (tödlich endende und vorausgehende nicht tödlich endende) von Selbstmördern nach Alter und Geschlecht in Prozent (nach Maris 1981, S. 268)*

Zahl der Suizidversuche	Männer ≤ 45 J.	Männer > 45 J.	Frauen ≤ 45 J.	Frauen > 45 J.	Gesamt
0	–	–	–	–	–
1	79	88	34	26	75
2-4	19	10	34	26	20
5+	0	0	16	3	3
Weiß nicht	2	2	–	–	2
Gesamt %	100	100	100	100	100
	(55)	(90)	(44)	(77)	(266)

Tabelle 13a: *Zahl der (nicht tödlich endenden) Suizidversuche nach Alter und Geschlecht von Überlebenden eines Suizidversuches in Prozent (nach Maris 1981, S. 268)*

Zahl der Suizidversuche	Männer ≤ 45 J.	Männer > 45 J.	Frauen ≤ 45 J.	Frauen > 45 J.	Gesamt
0	–	–	–	–	–
1	53	–	38	38	42
2-4	47	–	49	62	49
5+	–	–	7	–	5
Weiß nicht	–	–	6	–	4
Gesamt %	100 (15)	100 (–)	100 (41)	100 (8)	100 (64)

Tabelle 13b: *Prozentuale Verteilung und Mittelwerte für die Zahl der engen Freunde bei Personen, die eines natürlichen Todes starben, sich erfolglos umzubringen suchten und die einen tödlich endenden Selbstmordversuch unternahmen (nach Maris 1981, S. 115)*

Zahl der engen Freunde	Natürlicher Tod		Selbstmord-versuch		Selbstmord	
0	33		22		49	
1	11		11		18	
2	13		27		11	
3 +	14		5		11	
Gesamt	100 % (71)		100 % (64)		100 % (266)	
$\bar{x}$	2.4	n.s.	2.0	s.	1.0	s. (2.4)

Tabelle 14a: *Prozentuale Verteilung des Grades der sozialen Partizipation nach der Chapman-Skala für die drei Gruppen (natürlicher Tod, Selbstmordversuch, Selbstmord)*

Grad der sozialen Partizipation	Natürlicher Tod		Selbstmord-versuch		Selbstmord	
0 (gering)	30		43		54	
1-5	21		17		7	
6-10	22		14		13	
11-15	14		6		6	
16-20	3		9		4	
20 + (hoch)	9		5		10	
weiß nicht	1		6		6	
Gesamt	100 %		100 %		100 %	
	(71)		(64)		(266)	
$\bar{x}$	7.6	n.s.	5.8	n.s.	6.5	n.s. (7.6)

Tabelle 14b: *Selbstmordrate auf 100.000 der Bevölkerung nach Schichtzugehörigkeit und Beruf für männliche Personen in Cook County/Illinois, 1959-1963 (nach Maris 1969, S. 122)*

Beruf	Selbst-mordrate	%	N
Oberschicht			
Professionelle, Techniker u.ä.	14.8	7	111
Farmer und Farm-Manager	–	–	6
Manager, Kapitaleigner, Beamte (manager, proprietors, officials)	15.8	7	110
Mittelschicht			
Angestellte (clerical workers)	13.0	6	88
Verkäufer (sales workers)	19.8	8	102
Handwerker, Vorarbeiter	20.9	19	102
Unterschicht			
Facharbeiter (operatives)	23.3	21	325
Hausangestellte	–	–	–
services workers	46.4	15	236
Landarbeiter und Vorarbeiter (foremen)	–	–	1
Hilfsarbeiter (laborers)	50.6	13	209
Beruf unbekannt+	12.5	4	67
Gesamt	–	100	1.548

+ einschließlich der Arbeitslosen

Tabelle 15: *Prozentualer Anteil der Selbstmörder nach Berufsgruppen des Samples im Vergleich zum prozentualen Anteil dieser Berufe bei der weißen männlichen Bevölkerung von New Orleans (City Census) und der Kontrollgruppe (in Prozent) (nach Breed 1963)*

Beruf	Sample Selbstmord	City Census	Non-suizidale Kontrollgruppe
Professionelle	7	15	13
Manager	16	17	23
Angestellte	7	13	11
Verkäufer	6	11	6
Handwerker-Vorabeiter	14	19	22
Arbeiter (Fach-)	17	14	14
Dienstleistungs-gewerbe	19	7	7
Landarbeiter	0	0	0
Hilfsarbeiter	13	5	3
Gesamt %	99	101	99
N	103	92.320	206

Tabelle 16: *Selbstmordrate, Prestige und Einkommen für 36 Berufsgruppen (nach Labovitz und Hagedorn 1969, in: Maris 1981, S. 148-149)*

Berufsbezeichnung	SMR (m)[1]	Berufs-prestige[2]	Mittleres Ein-kommen[3] ($)
Manager, officials, Kapitaleigner (proprietors)[4]: Selbständige, Produktionsbereich	64.8	81	4.700
Bergarbeiter, Arbeiter[4] (mine workers, laborers)	41.7	15	2.410
Polizisten verschiedener Dienstgrade und Bereiche: (detectives, sheriffs, bailiffs, marshals, constables)	47.6	41	2.866
Manager, officials, Kapitaleigner, (proprietors)[4]: Selbständige, Groß- und Einzelhandel	47.3	45	3.806
Zahnärzte	45.6	90	6.448
Köche (nicht in Privathaushalt)	42.2	16	2.249
Wachmänner (quards, watchmen)	38.2	11	2.551
Architekten	37.5	90	5.509
Schriftsteller, Journalisten	37.0	76	4.303
Frisöre, Kosmetiker	36.0	20	2.357
Maschinen-Metallfacharbeiter (machinists and job setter, metal)	34.5	57	3.303
Lokomotivführer	34.2	67	4.648
Zimmerleute	32.7	33	2.450

Berufsbezeichnung	SMR (m)[1]	Berufs-prestige[2]	Mittleres Ein-kommen[3] ($)
Versicherungsagenten, Makler	32.4	41	3.771
Ärzte, Chirurgen[4]	31.9	97	8.302
Maschinenbauer (civil engineers)	31.9	88	4.590
Elektriker	30.8	53	3.447
Klempner, Rohrleger	29.4	29	3.353
Taxifahrer, Chauffeure	24.9	10	2.213
Mechaniker	24.4	26	2.693
Kellner (waiters, bartenders, counter and fountain workers)	24.4	7	1.942
Rechtsanwälte, Richter	24.3	69	6.284
Verkäufer (Einzelhandel)	24.1	16	2.543
Buchprüfer (accountants, auditors)	23.8	82	3.977
Buchhalter	21.9	39	2.828
Chemiker	20.7	90	4.391
Pförtner, Küster	20.3	8	1.866
Fahrer (motormen: street, subway, elevated railwaiy)	19.2	19	3.424
Fernlastfahrer (truck and tractor drivers: delivery men and routemen)	17.9	13	2.590
Lehrer[4]	16.8	73	3.465
Briefträger	16.5	34	3.480
Sozialarbeiter (social welfare; recreation and group workers)	16.0	59	3.176
Arbeiter[4] (Maschinenbau außer Elektriker)	15.7	24	2.915
Parkwächter, Tankstellenwärter	14.4	10	1.898
Universitätspräsidenten, Professoren, Dozenten	14.2	93	4.366
Geistliche	10.6	87	2.410

1 Die Selbstmordrate wurde für Männer im Alter zwischen 20 und 64 Jahren ermittelt (Vital Statistics, Special Report, 53, no. 3, September 1963).

2 Das Berufsprestige errechnete sich nach der NORC Prestige Rating Scale aus einer Befragung aus dem Jahre 1947 (vgl. Reiss et al. 1961, S. 122-123).

3 Das mittlere Einkommen bezieht sich auf das Jahr 1949 (United States Census of Population, 1950, Occupational Characteristics, Special Report, P-E no. 1B, Tabelle 19).

4 Keine ausschließliche Kategorie.

Tabelle 17: *Beschäftigungsstatus vor dem Tod, dem Selbstmord oder dem Selbstmordversuch (Prozentsatz der Ja-Antworten)*[1] *(nach Maris 1981, S. 157)*

Beschäftigungsstatus	Natürlicher Tod	Selbstmordversuch	Selbstmord männl.	Selbstmord weibl.	Selbstmord Ges.	New Orleans männliche Selbstmörder
Arbeitslos	16	33	35	32	34 (89)	22
in der Schule	3	16	5	3	4 (11)	–
arbeitsunfähig	48	2	21	17	19 (50)	8
Rentner	48	–	21	13	18 (47)	5
Beurlaubt	2	5	3	1	2 (5)	3
Halbzeitbeschäftigt	6	8	10	6	8 (21)	11
Vollbeschäftigt	13	34	33	12	23 (62)	50
Hausfrau	24	31	–	48	22 (159)	–
Andere	1	3	10	8	9 (24)	2
Gesamt: N	(71)	(64)	(146)	(120)	(266)	(103)

1 Da Mehrfachantworten möglich waren, übersteigt die Summe 100 %.

Tabelle 18: *Prozentualer Anteil der Mobilität (intergenerationale, intragenerationale, Einkommen) von Selbstmördern und Personen der Kontrollgruppe nach Schichtzugehörigkeit der Suizidenten (nach Maris 1963, S. 183ff.)*

Mobilitätsklassen	White-collar			skilled			labour			Kontrollgr.	
	Inter	Intra	Eink.	Inter	Intra	Eink.	Inter	Intra	Eink.	Inter	Eink.
Aufwärts	37	22	14	38	13	6	6	3	3	38	35
Gleich	41	54	28	8	58	50	13	33	42	31	54
Abwärts	22	24	58	51	37	44	88	64	55	31	11

Tabelle 19: *Prozentuale Verteilung der Berufe des Vaters nach dem sozioökonomischen Status des väterlichen Berufes im Vergleich zum sozioökonomischen Status des Berufs der verstorbenen Suizid- und Nicht-Suizidgruppe bei Maris und der Suizid- und Kontrollgruppe bei Breed (nach Maris 1981, S. 153)*

SES	Natürlicher Tod	Selbstmordversuch	Selbstmord (SM) männl.	Selbstmord (SM) weibl.	Selbstmord (SM) Gesamt	Breeds SM	Breeds non-suizidale Kontrollgruppe
Vater niedriger (Aufwärts)	41	50	60	55	57	25	38
Vater gleich	4	6	10	2	7	22	31
Vater höher (Abwärts)	55	44	30	43	36	53	31
Gesamt %	100	100	100	100	100	100	100
N	(49) [1]	(48) [1]	(87) [1]	(73) [1]	(160) [1]	(75)	(169)

1 weiß nicht (33) und O-Skorer wurden ausgeschieden.

Tabelle 20: *Intragenerationale Mobilität der Suizidenten und Kontrollgruppe nach Census bzw. (in Klammern) nach North-Hatt-Kategorie (Breed 1963)*
Vergleichszeitraum für Suizidenten: zwischen letztem und vorhergehendem Arbeitsplatz
Vergleichszeitraum für Kontrollgruppe: für eine kürzere Zeitspanne von zehn Jahren

Beschäftigungsstatus	Suizid-Gruppe Vollzeitbeschäftigt	Suizid-Gruppe Teilzeitbeschäftigt	Kontrollgruppe
Aufwärts	19 (17)	9 (9)	12 (12)
Abwärts	24 (33)	47 (50)	5 (5)
Gleich	57 (50)	45 (41)	83 (83)

Tabelle 21: *Prozentuale Verteilung der Mobilitätsmuster von Personen, die eines natürlichen Todes starben und von Selbstmördern. Das Mobilitätsmuster ist in der letzten Spalte abgebildet. Die Mobilitätswerte beziehen sich auf jede der neun SES-Intergenerationalen Mobilitätskategorien (nach Maris 1981, S. 155)*

Mobilitätskategorie	Natürlicher Tod	vollendeter Suizid	Mobilitätsmuster
			Beginn -5 J zuletzt
Gleich	27	32	
Aufwärts (kontinuierlich)	4	2	
Abwärts (kontinuierlich)	1	1	
Aufwärts-Stagnation	13	12	
Abwärts-Stagnation	1	4	
Stagnation-Aufwärts	6	4	
Stagnation-Abwärts	6	5	
Aufwärts-Abwärts	7 s.+	1	
Abwärts-Aufwärts			
Andere & DK	14	21	
Gesamt %	100	100	
N	(71)	(266)	

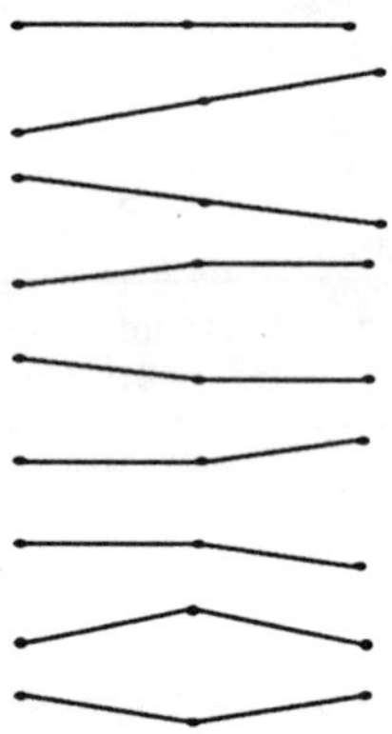

s.+ : signifikanter Unterschied zwischen beiden Gruppen ($Z = 2.4$; $p < .05$)

Tabelle 22: *Messung der Statusintegration für den Statusfaktor Zivilstand für eine hypothetische soziale Einheit mit der Statuskonfiguration I, II, III (nach Gibbs 1982, S. 230)*

Zivilstand	I[1] A_3-S_1-E_3 O_4-R_2-P_2	II A_4-S_1-E_2 O_3-R_1-P_1	III A_r-S_2-E_2 O_1-R_3-P_3
Unverheiratet	.912	.000	.247
Verheiratet	.063	1.000	.252
Verwitwet	.010	.000	.251
Geschieden	.015	.000	.250
p	1.000	1.000	1.000
p^2	.836	1.000	.250

1 Statusfaktoren: A = Alter; S = Geschlecht; E = Ethnische Zugehörigkeit; O = Beruf; R = Rasse; P = Elternstatus

Tabelle 23: *Durchschnittliche jährliche Selbstmordrate für die Jahre 1969-1971, Statusintegration für die Erwerbstätigkeit, den Zivilstand und den elterlichen Status von weißen Frauen aus den USA für das Jahr 1970 und nach Altersklassen*

Alters-klasse	Selbst-mordrate	Erwerbstätigkeit, Zivilstand, Elternstatus, Absolute Werte	Erwerbstätigkeit		Zivilstand		Elterlicher Status		Summe++	Kumulat. Produkt
			Absolut	Angepaßt+	Absolut	Angepaßt+	Absolut	Angepaßt+		
	1	2	3	4	5	6	7	8	9	10
16-19	2.8	.432	.566	.132	.754	.693	.897	.846	1.671	.077
20-24	5.7	.185	.507	.014	.474	.343	.560	.340	.697	.002
25-29	8.1	.232	.508	.016	.652	.565	.451	.177	.758	.002
30-34	9.4	.190	.512	.024	.709	.636	.362	.043	.703	.001
35-44	12.9	.170	.500	.000	.706	.633	.387	.081	.714	.000
45-49	13.7	.159	.501	.002	.666	.583	.474	.211	.796	.000
50-54	14.0	.179	.500	.000	.604	.505	.641	.462	.976	.000
55-59	12.9	.224	.502	.004	.525	.406	.859	.789	1.199	.001
50-64	11.5	.251	.540	.080	.441	.301	.975	.963	1.344	.023
65-69	10.3	.291	.718	.436	.388	.235	.992	.988	1.659	.101
70-74	9.3	.328	.837	.674	.386	.233	.996	.994	1.901	.156
75 +	6.8	.461	.914	.828	.498	.373	.993	.990	2.191	.306

\+ Die angepaßten Werte wurden aus Minimu (Mi) und Maximumwerte (Mx) der jeweiligen Statusintegrationswerte und den tatsächlichen Mittelwerten (Av) : (Av-Mi) / Mx-Mi) errechnet (vgl. zu den einzelnen Werten Gibbs 1982, S. 232)

\+ + Die Summe der zusammengesetzten Stausintegrationswerte aus den Spalten 4, 6 und 8

Tabelle 23.1: *Verteilung der Besetzung der Statusfaktoren Geschlecht, Erwerbstätigkeit, Zivilstand und Kinderzahl (nach Gibbs 1982; vgl. auch Text Abschnitt 4.2.1.2*

Erwerbstätig/Ehemann im Haushalt/mit eigenen Kindern unter 6 Jahre:	584.654
Nicht erwerbstätig/Ehemann im Haushalt/mit eigenen Kindern unter 6 Jahre:	1.749.690
Erwerbstätig/Ehemann im Haushalt/mit eigenen Kindern von 6-17 Jahre:	767.790
Nicht erwerbstätig/Ehemann im Haushalt/mit eigenen Kindern von 6-17 Jahre:	846.038
Erwerbstätig/Ehemann im Haushalt/and. elterl. Status:	198.201
Nicht erwerbstätig/Ehemann im Haushalt/and. elterl. Status:	99.304
Erwerbstätig/Ehemann abwesend:	99.445
Nicht erwerbstätig/Ehemann abwesend:	94.444
Erwerbstätig/Unverheiratet:	266.442
Nicht erwerbstätig/Unverheiratet:	68.941
Erwerbstätig/Verwitwet:	36.360
Nicht erwerbstätig/Verwitwet:	25.550
Erwerbstätig/Geschieden:	183.356
Nicht erwerbstätig/Geschieden:	51.770

Wenn die Mehrzahl die erste Statuskonfiguration besetzt, nämlich nicht erwerbstätig ist und Kinder und Ehemann im Haushalt hat und demnach eine hohe Statusintegration besitzt, hat die erwerbstätige und geschiedene Frau die höhere Statusintegration, da weitaus mehr geschiedene Frauen erwerbstätig als nicht erwerbstätig sind.

Tabelle 24: *Prozentuale Verteilung des Grades und der Mittelwerte negativer Interaktionen nach den Gruppen natürlicher Tod, Selbstmordversuch, Selbstmord (nach Maris 1981, S. 119)*

Negative Interaktion[1]	Natürlicher Tod	Selbstmord-versuch	Selbstmord
0 (gering)	1	0	4
1-10	36	3	20
11-20	34	11	17
21-30	17	27	17
31 + (hoch)	2	3	2
Gesamt	100 %	100 %	100 %
	(71)	(64)	(266)
$\bar{x}$	18.5 s.	34.6 s.	20.5 n.s. 18.5

1 Der Index für soziale negative Interaktionen setzt sich aus sehr verschiedenen Items zusammen: Nicht zu Hause bis zum 25. Lebensjahr, enge Beziehung zu Vater bzw. Mutter, Vater oder Mutter übt Körperstrafe als Disziplinierung, Mulitproblemfamilien, Reaktion des Befragten auf den Suizidversuch oder Tod der untersuchten Personen (Resignation, Erleichterung, Ärger), zwei oder mehrere Male verheiratet, Ehe oder Partnerprobleme (Inkompatibilität, Ehebruch, Alkohol, Finanzen), Pn wurde vergewaltigt oder verführt, Pn hat sex-orientierten Beruf (Bardame), Pn ist frigide (die Verteilung lautet hier: NT: 6 %, SMV 25 % und SM 6 %, ein Beispiel für zu vermutenden Antwortartefakt durch Befragung von Angehörigen also für die Gruppen NT und SM), zwei oder

mehr Freundschaften sind in die Brüche gegangen, Pn war jemals in Untersuchungshaft, hauptsächlichstes Lebensziel war eine glückliche Ehe, Achtung zu erringen, Tod wurde definitiv oder wahrscheinlich als Möglichkeit ins Reine zu kommen (,to get even') angesehen, geringes Interesse an anderen Leuten (NT: 21 %, SMV 57 %, SM 57 %).

Tabelle 25: *Prozentuale Verteilung der hauptsächlichsten sozialen Probleme, wie sie von den drei Gruppen NT, SMV, SM bzw. von Familienmitgliedern (Klammerausdrucke) erfahren werden (nach Maris 1981, S. 91, 84-85)*

Problem (Mehrfachnennungen)	Natürlicher Tod		Selbstmord-versuch		Selbstmord	
Alkoholkonsum[1]	7	(24)	22	(46)	14	(17)
Sex: vorehelich	3		39		5	
Vergewaltigung	–		14		2	
Abtreibung	1		13		2	
außerehelich	1		28		3	
Untersuchungshaft (ohne Verkehrsdelikt)	7	(1)	33	(29)	12	(5)
Diebstahl (über $ 100)	1	(1)	3	(10)	9	(2)
Drogen (ill. ohne Mißbrauch)	6	(0)	34	(19)	6	(2)
Psychische Krankheit	23	(14)	80	(48)	55	(20)
Pflegeeltern	4	(3)	3	(9)	1	(7)
Schwere Krankheit ohne Verletzung	93	(93)	30	(76)	46	(73)
N	71	(71)	64	(64)	266	(266)

1 Alkoholkonsum, wenn drei oder mehr Drinks hochprozentiger Alkoholgetränke oder Bier pro Tag oder 1 Flasche Wein pro Tag getrunken wurden.

Ein Vergleich der Probleme aufgrund ihrer Rangordnung innerhalb der Familienangehörigen der drei Gruppen NT, SMV, SM ergibt signifikante Unterschiede:
Rho = .96, p < .00 (NT versus SM)
Rho = .79, p < .05 (NT versus SM)
Rho = .85, p < .01 (SMV versus SM)

Tabelle 26: *Drogenkonsum nach Alter und Geschlecht der drei Gruppen (prozentuale Verteilung[1]) (nach Maris 1981, S. 189)*

Drogenkonsum	Alter	Natürlicher Tod		Selbstmord-versuch		Selbstmord	
		männl.	weibl.	männl.	weibl.	männl.	weibl.
gering (0-10)	≤ 45	0	3	14	4	28	18
	> 45	94	87	0	2	52	39
hoch (11-100)	≤ 45	0	0	86	77	7	17
	≥ 45	6	10	0	17	13	26
Gesamt		100 % (36)	100 % (30)	100 % (14)	100 % (47)	100 % (143)	100 % (119)

1 Ohne Weiß-nicht-Kategorie

Tabelle 27: *Mittelwerte, Menge und Häufigkeit des Alkoholkonsums nach den Gruppen NT, SMV, SM (nach Maris 1981, S. 174, 176)*

Alkoholkonsum	Natürlicher Tod	Selbstmord-versuch	Selbstmord
Bier (Menge)	1.4 so	1.9 s2	1.1 n.s.1
Spiritousen (Menge)	1.1	1.9	1.4
Bier (Häufigkeit)	1.3 n.s.	1.4 n.s.	1.2

n.s.1 t = 1.3 (Natürlicher Tod versus vollendeter Selbstmord)
s2 t = 3.7, p < .05 (Selbstmordversuch versus vollendeter Selbstmord)
so t = 2.0, p < .001 (Natürlicher Tod versus Selbstmordversuch)

Tabelle 28: *Prozentuale Verteilung der Herkunft aus mehrfach belasteten Problemfamilien nach den drei Gruppen natürlicher Tod, Selbstmordversuch, Selbstmord und Signifikanzunterschiede zwischen den Gruppen (nach Maris 1981, S. 82)*

Ursprungsfamilie mehrfach belastet	Natürlicher Tod	Selbstmord-versuch	Selbstmord
Keine	92	59	80
Ja	6	41	10
Weiß nicht	2	–	10
Gesamt	100 % (71)	100 % (64)	100 % (266)

	x^2	p
NT versus SM	0.79	n.s.
NT versus SMV	21.2	< .001
SMV versus SM	5.1	< .001

Tabelle 29: *Variablen, die Brüche im Lebenslauf und Stagnationen während des Lebens kennzeichnen sollen (nach Maris 1981, S. 55f.)*

Variable	Natürlicher Tod	Selbstmord-versuch	Selbstmord
1. Selbstmord in der Herkunftsfamilie	-	7 %	11 %
2. Frühes Trauma ($\bar{x}$)	4	12	4 n.s. 4
3. Mulitproblem-Familie (Herkunftsfamilie)	6 %	41 %	10 % n.s. (6 %)
4. Zahl der Ehen (keine)	6 %	38 %	17 % s., $p < .05$
5. Negative Interaktion ($\bar{x}$)	19	35	21
6. Zahl der engen Freunde ($\bar{x}$)	2.5	2	1 s., $p < .001$
7. Soziale Partizipation (o)	30 %	43 %	54 % s., $p < .001$
8. Intragenerationale Mobilität (keine)	27 %	-	54 % n.s.
9. Hauptsächl. Krankheit (Krebs)	-	3 %	9 %
10. Freunde und Verwandte sahen Versager	10 %	24 %	21 % s., $p < .05$
11. Unzufriedenheit mit bisher Erreichtem kurz vor Tod oder Selbstmordversuch (% sehr unzufrieden)	6 %	45 %	25 % s., $p < .001$
12. Blockierte Aspirationen (% hoch)	7 %	44 %	18 % s., $p < .05$
13. Gewünschte Veränderung im Leben			
a) keine	40 %	8 %	12 % s., $p < .05$
b) andere Person sein	0	20 %	5 %
c) Eheliche Situation	9 %	6 %	7 % (m) 12 % (w)
d) Erfolg und Arbeit	1 %	3 %	8 % (m) 1 % (w)
e) Physische Krankheit	6 %	2 %	12 % (m) 7 % (w)
14. Rigider Denkstil	50 %	37 %	65 % s., $p < .05$
15. Tod als Ausweg aufgefaßt	51 %	68 %	82 % s., $p < .001$
16. Wollte sterben	4 %	51 %	66 % s., $p < .001$
17. Hoffnungslosigkeit	27 %	53 %	53 % s., $p < .001$
Gesamt	N = 71	N = 64	N = 266

Übersicht Tabelle 29: *Variablen, die signifikant bzw. nicht-signifikant zwischen den beiden Gruppen ‚Tod infolge von Selbstmord' und ‚Tod infolge einer nicht gewaltsamen Einwirkung' unterscheiden (nach Maris 1981, S. 56*

Nicht signifikant auf dem 5 %-Niveau	Signifikant auf dem 5 % Niveau	Signifikant auf dem 1 % Niveau
Frühes Trauma	Keine Heirat	Zahl der engen Freunde
Multi-Problem-Familie (Herkunftsfamilie)	Wird als Versager angesehen	Keine soziale Partizipation
Intragenerationale Mobilität	Anomie	Unzufriedenheit mit dem bisher Erreichten
Negative Interaktion	Rigides Denken	Wunsch etwas zu ändern
		Tod als Ausweg
		Wunsch zu sterben
		Hoffnungslosigkeit

Tabelle 30: *Anteil der Personen in der Gruppe, die eines natürliche Todes starben (NT), in der Gruppe, die ihren Selbstmordversuch überlebten (SMV) und der Suizidenten (SM) nach dem Grad der Nähe zum Vater oder zur Mutter (nach Maris 1981, S. 87)*

Nähe zum Vater	Männer NT	Männer SMV	Männer SM	Frauen NT	Frauen SMV	Frauen SM
überhaupt nicht kaum	15	47	33	17	40	18
ziemlich sehr	69	54	55	54	55	66
Weiß nicht	17	0	13	10	4	15
Gesamt	101 %	101 %	101 %	99 %	99 %	99 %
n	(35)	(15)	(143)	(30)	(49)	(119)

Nähe zur Mutter	Männer NT	Männer SMV	Männer SM	Frauen NT	Frauen SMV	Frauen SM
überhaupt nicht kaum	11	27	12	10	24	15
ziemlich sehr	84	73	75	80	74	72
Weiß nicht	6	0	13	10	2	12
Gesamt	101 %	101 %	101 %	99 %	99 %	99 %
n	(36)	(15)	(143)	(30)	(49)	(119)

Tabelle 31: *Beta-Koeffizienten (Multivariate Nominal-Skalen Analyse) als Einfluß von 23 Prädiktoren auf natürlichen Tod, Selbstmordversuch und Selbstmord (nach Maris 1981, S. 28*

Prädiktor	Beta - Faktoren Natürlicher Tod	Selbstmordversuch	Selbstmord
Geschlecht	.00	.18	.13
Alter	.03	.27	.18
Religion	.02	.11	.08
Zahl der Selbstmordversuche[1]	.94	.18	.64
Hoffnungslosigkeit	.03	.09	.09
Depression	.03	.12	.08
Psychische Krankheit	.03	.08	.06
Rigider Denkstil	.03	.11	.09
Physische Gesundheit	.01	.11	.09
Bierkonsum	.02	.13	.11
Drogenkonsum	.10	.22	.24
Negative Interaktion	.08	.24	.16
Soziale Partizipation	.03	.11	.11
Religiös-Ethnische Partizipation	.02	.06	.04
Sexuelle Devianz	.03	.18	.14
Frühes Trauma	.12	.21	.15
Intragenerationale Mobilität	.12	.13	.20
Zufriedenheit mit bisherigem Leben	.05	.18	.16
Anomie	.03	.08	.05
Tod als Flucht vor Elend (pain)	.02	.17	.13
Letale Kontingenzen[2]	.04	.08	.04
Lebenslaufbrüche[3]	.04	.07	.06

1 Je höher die Seltenheit der Selbstmordversuche, um so höher der Beta-Koeffizient, das heißt, Personen, die eines natürlichen Todes sterben, und Personen, die einen tödlich endenden Selbstmordversuch unternehmen, unternehmen sehr selten einen Selbstmordversuch vorher (für 75 % der Suizidenten ist der erste Selbstmordversuch der tödlich endende).

2 Index aus den folgenden 16 items: Bruder oder Schwester, Mutter, Vater oder unmittelbare Verwandten, die sich suizidierten, Methode des Selbstmordversuchs (Gewehr, Erhängen, Herabspringen), Lebensrettende Vorkehrungen (keine), Soziale Partizipation (keine), maximale Zahl der Personen im Haushalt (1 oder keine), Zahl der engen Freunde im letzten Jahr (keine), in Nervenheilanstalt gewesen (1 oder häufiger), Becks Depressions-Skala (25 oder höher), Zufriedenheit mit dem bisher im Leben Erreichten (etwas und sehr zufrieden), Freunde oder Verwandte hielten Betroffenen für einen Versager, hauptsächlichster Wunsch war zu sterben, Tod wurde als positiver Zustand angesehen.

3 Ordinal-Skalen-Index aus 19 items, geschieden oder getrennt lebend, andere ernste Eheprobleme, *Zahl der engen Freunde* (keine), Abwärtsmobilität (Einkommensverlust im Vergleich zum ersten Job), arbeitslos, behindert, Rentner, Religionszugehörigkeit gewechselt, im Ausland geboren/in die USA immigriert, psychisch krank/injury nach dem 12. Lebensjahr, kann sich nicht entscheiden, fühlt sich unattraktiv, hat Arbeitsschwierigkeiten, Gefängnis oder Untersuchungshaft, Unzufriedenheit mit dem bisher Erreichten seit mehr als 10 Jahren, kann die Meinung nicht ändern.

Übersicht 31: *Erklärung empirischer Generalisierungen über Selbstmord mit Hilfe des motivationstheoretisch interpretierten Integrations- und Anomiegrades*

Theoretische Erklärung der emp. Generalisierungen (E_{1-11}) nach Durkheim	Institution	Empirische Generalisierungen über Selbstmord (SM) bei Durkheim	Konditionalisierungen für den Integrationsgrad: Häufigkeit des Austausches von sozialen Beziehungen (Anreizwertintensitäten)	Zahl der in direkten und indirekten Interaktionen realiserbaren positiven Anreize und die Wahrscheinlichkeit der Realisierung	Anomiegrad: Anspruchsniveaupräferenzen asymmetrische Kausalattributionen
			Randbedingungen für GERINGERE SM-Wahrscheinlichkeit		
Integrationsgrad	Soziale Institution Familie	Ehefrauen und Witwen mit Kindern begehen seltener SM als unverheiratete Frauen (Geschlecht, Zivilstand, Elternstatus) (E_1)	Mütter (verheiratet und verwitwet) haben eine höhere Interaktionsrate als unverheiratete Frauen (R_{C1})	Mütter glauben, durch ihre Kinder als Interaktionspartner mehr positive Anreizwerte sicher realisieren zu können als unverheiratete Frauen (R_{C8})	Für die in E_1 - E_7 genannten sozialen Gruppen und Kontextbedingungen ist die SM-Wahrscheinlichkeit gering, wenn nach realistischen Anspruchsniveausetzungen geringe Zieldiskrepanzen auftreten und diese 'selbstwertgünstigen' Kausalfaktoren zugeschrieben werden (R_{C14-21})
Integrationsgrad		Unverheiratete Frauen begehen seltener SM als Ehefrauen ohne Kinder (E_2)	Unverh. Frauen haben eine höhere Interaktionsrate als kinderlose Ehefrauen (R_{C2})	Für unverheiratete Frauen gilt mehr als für kinderlose Ehefrauen (R_{C9}), für Frauen mehr als für Männer (R_{C10}), für unverheiratete Personen beiderlei Geschlechts mehr als für verwitwete (R_{C11}) und für unverheiratete, geschiedene Personen beiderlei Geschlechts mehr als für Geschiedene beiderlei Geschlechts (R_{C12}), daß sie durch ihre Interaktionspartner an die sichere Realisierung von mehr Anreizwerten glauben.	
Integrationsgrad		Frauen begehen seltener SM als Männer (E_3)	Frauen haben eine höhere Interaktionsrate als Männer (R_{C3})		
Integrationsgrad		Ehemänner und Witwer mit und ohne Kinder begehen seltener SM als unverh. Männer (E_4)	Männer (verh. oder verwitwet) haben eine höhere Interaktionsrate als unverh. Männer (R_{C4})		
Anomiegrad		Unverh. Männer bzw. unverh. Frauen sind weniger suizidgefährdet als Witwer u. (weniger ausgeprägt) Witwen (bei Erhalt des geschlechtsspezifischen Immunitätskoeffizienten zugunsten der Frau) (E_5)	Unverh. Männer und Frauen haben eine höhere Interaktionsrate als verwitwete Männer und Frauen (R_{C5})		
Anomiegrad		Gesch. Männer und gesch. Frauen sind am stärksten gefährdet im Vergleich zu Witwe(r)n, Unverheirateten und Verheirateten (bei Erhalt des geschlechtsspezifischen Immunitätskoeffizienten zugunsten der Frau) (E_6)	Verwitwte und unverheiratete Männer und Frauen haben eine höhere Interaktionsrate als geschiedene Männer und Frauen (R_{C6})		

Anomiegrad		Männer, die in einem Land mit Scheidungserlaubnis leben, sind stärker gefährdet als Männer, die in einem Land mit Scheidungsverbot leben. Frauen, die in einem Land mit Scheidungserlaubnis leben, sind weniger suizidgefährdet als Frauen, die in einem Land mit Scheidungsverbot leben (E_7)	Männer in einem Land mit Scheidungsverbot und Frauen in einem Land mit Scheidungserlaubnis haben eine höhere Interaktionsrate als Männer in einem Land mit Scheidungserlaubnis und Frauen in einem Land mit Scheidungsverbot (R_{C7})	Männer in einem Land mit Scheidungsverbot bzw. Frauen in einem Land mit Scheidungserlaubnis glauben eher an die sichere Realisierung von nicht positiven Anreizwerten als Männer in einem Land mit Scheidungserlaubnis bzw. als Frauen in einem Land mit Scheidungsverbot (R_{C13})	
Integrationsgrad	Religion	Juden, Katholiken und Anglikaner begehen seltener Suizid als Protestanten (E_8)	Die Interaktionsrate von Juden, Katholiken und Anglikanern ist größer als die von Protestanten (R_{C22})	Juden, Katholiken und Anglikaner glauben, durch Interaktionen mit Glaubensgenossen mehr positive Anreizwerte sicherer realisieren zu können, als dies Protestanten erwarten (R_{C26})	Zieldiskrepanzen und selbstwertungünstige asymmetrische Kausalattributionen der Handlungserfolge für Juden, Katholiken und Anglikaner als Folge der Interaktionen sind weniger wahrscheinlich als für Protestanten (R_{C30})
Integrationsgrad	Politische Gemeinschaft	Während nationaler Krisen sinkt die SMR (E_9)	Die Interaktionsrate der Gesellschaftsmitglieder steigt in Zeiten nationaler Krisen (R_{C23})	Bei Mitgliedern einer Gesellschaft, die sich ineiner nationalen Krise befindet, erhöht sich der Glaube an die sichere Realisierung von mehr positiven Anreizwerten unter den Interaktionspartnern (R_{C27})	Zieldiskrepanzen und selbstwertungünstige asymmetrische Kausalattribution sind in Zeiten nationaler Krisen weniger wahrscheinlich (R_{C31})
Anomiegrad	Wirtschaft / Beruf	Während eines wirtschaftlichen Aufschwungs und eines wirtschaftlichen Niederganges steigt die SMR(E_{10})	Die Interaktionsrate steigt in Zeiten wirtschaftlichen Gleichgewichts und sinkt in Zeiten wirtschaftlicher Depression und Hochkonjunktur(R_{C24})	Während eines wirtschaftlichen Gleichgewichts steigt und während starker wirtschaftlicher Veränderungen sinkt die Hoffnung auf sichere Realisierung von mehr positiven Anreizwerten (R_{C28})	Zieldiskrepanzen und selbstwertungünstige asymmetrische Kausalattributionen sind in Zeiten wirtschaftlicher Depression und wirtschaftlichen Aufschwungs wahrscheinlicher (größere SM-Wahrscheinlichkeit) und nehmen in Phasen relativ stetiger wirtschaftlicher Entwicklung ab (geringere SM-Wahrscheinlichkeit) (R_{C32})
Anomiegrad	Wirtschaft / Beruf	Personen, die beruflich in Wirtschaft und Handel tätig sind, sind stärker suizidgefährdet als Personen, die in der Landwirtschaft tätig sind (E_{11})	Die Interaktionsrate zwischen Angehörigen landwirtschaftlicher Berufe ist höher als die zwischen Angehörigen, die in Wirtschaft oder Handel beschäftigt sind (R_{C25})	In landwirtschaftlichen Berufen ist die Hoffnung auf eine sichere Realisierung von mehr positiven Anreizwerten größer als bei beruflichen Aktivitäten in Wirtschaft und Handel (R_{C29})	Zieldiskrepanzen und selbstwertungünstige asymmetrische Kausalfaktoren sind bei beruflichen Aktivitäten in Wirtschaft und Handel wahrscheinlicher (größere SM-Wahrscheinlichkeit) als bei landwirtschaftlichen Berufsaktivitäten (geringere SM-Wahrscheinlichkeit) (R_{C33})

A 4 Methodische Anmerkungen

A4.1 *Methodenprobleme* bei der Erfassung der Häufigkeit vollendeter und nicht-vollendeter Selbstmordhandlungen in offiziellen Statistiken

Die Antwort auf die Frage, inwieweit valide und reliable Erhebungen von vollendeten und nicht-vollendeten Selbstmordhandlungen offiziellen Statistiken zugrunde liegen, läßt sich theoretisch und empirisch beantworten. Theoretisch kann eine Theorie des Anzeigeverhaltens, die Bestimmumgsgründe aufführen, nach denen eine Anzeige und Registrierung der Anzeige durch beteiligte Personen – Angehörige, Arzt, Polizei – erfolgt (vgl. Opp 1974, S. 52ff.; Opp 1975).

Zu den wichtigsten Faktoren hierbei gehören die negativen und positiven Anreize und deren eingeschätzte Realisierungschancen, die eine Anzeige und Weiterleitung der Anzeige beeinflussen. Je höher die erwarteten informellen und formellen Sanktionen und je geringer die Realisierungschance dieser Sanktionen, die z.B. bei geringer Verfolgungsintensität und bei großen Möglichkeiten der Geheimhaltung von Todesursachen gering ausgeprägt sein werden, um so schwächer wird die Bereitschaft sein, Anzeige zu erstatten, d.h. die genaue Todesursache zu melden. Wird Selbstmord in einer Gesellschaft daher stark abgelehnt, d.h., verurteilt die Mehrheit einer Gesellschaft diese Handlung – was die Verfolgungsintensität und somit die Sanktionswahrscheinlichkeit für formelle und informelle Sanktionen erhöht –, dürften die offiziellen Schätzungen der Selbstmordhäufigkeit in größerem Maße zu wenig Selbstmordfälle enthalten. Die empirischen Befunde legen Unterschätzungem nahe (vgl. Dublin 1963).

Die Genauigkeit der Registrierung hängt auch vom ‚Mittelpotential', d.h. den Instrumenten zur Feststellung von Todesursachen durch die registrierenden Behörden ab. Je schlechter das Instrumemtarium der zuständigen Personen, um so eher werden nicht-natürliche Todesursachen nicht entdeckt. Nur in 45 % werden in den USA Autopsien vorgenommen, über die Hälfte der Todesfälle, die als nicht-natürlich bereits eingestuft wurden, bleibt ohne genaue Untersuchung (vgl. Seiden 1967, in: Nelson et al. 1978, S. 78). Turkel entdeckte eine positive Korrelation zwischen der Zahl der Untersuchungen im Hinblick auf eine Vergiftung und der Zahl festgestellter Vergiftungen (Turkel 1953, in: Nelson et al. 1978). In einer regressionsanalytischen Zeitreihenuntersuchung von Jennings und Barraclough (1980) in England konnten allerdings für einen Zeitraum von 100 Jahren verschiedene administrative Besonderheiten bei der Registrierung von Selbstmordfällen als Erklärungen für die Schwankungen der Selbstmordfälle ausgeschieden werden.

A4.2 Methodische Anmerkungen zur Untersuchung von Maris (1981)

Die Untersuchungsergebnisse von Maris (1981) werden in der vorliegenden Arbeit wiederholt zitiert und Teile der Untersuchungsergebnisse tabelliert im Anhang zusammengefaßt. Die wiederholte Diskussion dieser Befunde verdient daher eine Begründung, da die Arbeit trotz des wertvollen Untersuchungsplanes und breit gestreuter Fragen einige Mängel aufweist, auf die im Text vereinzelt verwiesen wurde, die aber nicht umfassend diskutiert werden konnten.

Die *Verdienste* der Untersuchung von Maris (1981) sind *erstens* in der Anlage der Untersuchung zu sehen. Es werden individuelle Daten von Selbstmördern mit denen von Selbstmordversuchern und Personen einer Kontrollgruppe verglichen. Individuelle Daten von Selbstmördern wurden bislang jedoch sehr selten erhoben, da eine retrospektive Befragung ausscheidet und eine prospektive Befragung im Hinblick auf künftige Verhaltenweisem, die nur eine kleine Minderheit der Befragten betreffen wird, äußerst aufwendig wäre. Die wenigen Untersuchungen mit individuellen Daten von Selbstmördern, die über die Erhebung sozio-demographischer Merkmale hinausgehen, weisen entweder beträchtliche methodische Mängel auf, z.B. die bereits kritisierte Untersuchung von Ringel, oder sie beschränken sich auf wenige Daten, wie die Untersuchung von Breed, in der nur die berufliche Situation erfaßt wurde. Maris verfügt aber nicht nur über individuelle Daten von Selbstmördern, sondern vergleicht sie auch mit denen von Selbstmordversuchern und einer Kontrollgruppe. *Zweitens* ist die Untersuchung von Maris sehr breit angelegt und umfaßt die verschiedensten Fragebereiche von der Familie bis zur Wirtschaft.

Maris interviewte die Angehörigen von 517 Selbstmördern und konnte bei einer Verweigerungsquote von 35 % 266 Fälle in die Untersuchung mit einbeziehen. Von den 138 befragten Angehörigen der Personen aus der Kontrollgruppe, die eines natürlichen Todes gestorben waren (Herzversagen, Krebs, Kreislaufversagen), gingen bei einer Antwortquote von 51 % 71 Fälle in die Untersuchung ein. Fast vollständig (92 %) konnten die direkt befragten Suizidversucher mit 64 Personen die dritte Vergleichsgruppe bilden. Bei der Befragung der Angehörigen hatten die Ehegatten die Priorität, dann folgten Verwandte derselben Altersstufe, die Geschwister, die Eltern, Kinder oder andere Verwandte, sowie am Schluß der Rangliste Bekannte der Selbstmörder.

Trotz der Einmaligkeit des Designs muß gerade am *Untersuchungsplan Kritik* geübt werden, da er im wesentlichen die Validität der Daten bestimmt. *Erstens* waren die Vergleichsgruppen unterschiedlich groß, was insbesondere bei der Anwendung multivariater parametrischer Statistiken, die auch Maris heranzieht, problematisch ist. *Zweitens* – dies ist der gravierendste Einwand – sind die Vergleichsgruppen nicht im Hinblick auf theoretisch-relevante Variablen vergleichbar gemacht worden. Die „Kontrollgruppe" der Personen, die eines natürlichen Todes starben, waren – den ungenauen Angaben im Text zufolge – 20 Jahre älter als die „suicides", womit beide suizidalen Gruppen gemeint sein konnten (vgl. Maris 1981, S. 156). Tatsächlich war der größte Teil der Personen aus der Komtrollgruppe pensioniert, im Vergleich zu einem 18 %igen Anteil bei den Selbstmördern und einem 5 %igen Anteil bei den Suizidversuchern (vgl. Maris 1981, S. 157). Das macht einen Vergleich z.B. des Anteils der Arbeitslosen, der bei den Selbstmördern am größten war, sinnlos, ebenso wie die Frage nach erreichten Lebenszielen im Alter von 25 Jahren wohl eher verneint wird, ohne daß dadurch auf suizidäre Dispositionen geschlossen werden kann.

Drittens werden die Ausfälle, obwohl sie in der Gruppe der Selbstmörder und der Kontrollgruppe ähnlich „gering" waren, keiner Selektivitätsprüfung unterzogen, die allerdings die Kenntnis theoretisch relevanter Variablen voraussetzen würde. Damit ist der zweite Mangel der Untersuchung von Maris angesprochen. Maris greift nahezu alle Fragebereiche und theoretische Ansätze von Durkheim bis zur Psychoanalyse auf, formuliert auch „Axiome", ein kohärentes Aussagensystem ist jedoch nicht erkennbar, das dem Ziel deduktiv-nomologischer Erklärungen nahekäme. Auf der empirischen Ebene manifestiert sich die atheoretische Vorgehensweise in der extrem hohen Interkorrelation der Prädiktorvariablen (vgl. Maris 1981, S. 37). Hoffnungslosigkeit, Anomie, Depression sind kaum Konzepte, die sich vollständig analytisch trennen lassen. Die Tatsache, daß andererseits die Index-Komstruktion ohne Reliabilitäts- und Validitätsprüfung erfolgt und extrem heterogene Items zusammengefaßt wurden, läßt die Vermutung zu, daß die eher enttäuschenden Assoziationskoeffizienten auf die genannten methodischen und theoretischen Mängel zurückzuführem sind.

Sachregister

Kursiv gesetzte Seitenzahlen verweisen auf grundlegende Erörterungen